Internationales Privatrecht – Internationales Wirtschaftsrecht

Internationale Fachgespräche

veranstaltet durch die
Alexander von Humboldt-Stiftung
Bonn-Bad Godesberg

Internationales Privatrecht
Internationales Wirtschaftsrecht

Referate eines Symposiums der
Alexander von Humboldt-Stiftung
vom 26. bis 30. September 1983
in Ludwigsburg

Herausgegeben von
Wolfgang Holl und Ulrich Klinke

Carl Heymanns Verlag KG · Köln · Berlin · Bonn · München

CIP-Kurztitelaufnahme der Deutschen Bibliothek
Internationales Privatrecht, internationales Wirtschaftsrecht : Referate e. Symposiums d. Alexander-von-Humboldt-Stiftung vom 26. – 30. September 1983 in Ludwigsburg / hrsg. von Wolfgang Holl u. Ulrich Klinke. – Köln ; Berlin ; Bonn ; München : Heymann, 1985.
(Internationale Fachgespräche / Alexander-von-Humboldt-Stiftung Bonn-Bad Godesberg)
ISBN 3-452-20168-6
NE: Holl, Wolfgang [Hrsg.]; Alexander-von-Humboldt-Stiftung

ISBN 3-452-20168-6

Vorwort

Der vorliegende Band versammelt 28 Beiträge von Juristen aus 20 Ländern. Die ausländischen Autoren sind Forschungsstipendiaten und Preisträger der Alexander von Humboldt-Stiftung (AvH). Auf Einladung der Stiftung kamen sie vom 26.–30. September 1983 nach Ludwigsburg zu dem 8. Fachsymposium der AvH, um über ihre Forschungsarbeiten zu berichten und mit deutschen Fachkollegen zu diskutieren. Die Symposien sind Teil des Förderungsprogramms der AvH, das einen langfristigen Forschungsaufenthalt ausländischer Wissenschaftler in der Bundesrepublik Deutschland und anschließend eine zeitlich unbegrenzte Förderung nach Rückkehr ins Heimatland vorsieht. Damit will die AvH nicht nur hochqualifizierte Forscher individuell fördern, sondern darüber hinaus die intensive Zusammenarbeit zwischen der ausländischen und deutschen Forschung ermöglichen. Daher nehmen an den Fachsymposien auch deutsche Wissenschaftler teil, die den Forschungsstipendiaten und Preisträgern als Gastgeber und Gesprächspartner in Deutschland zur Verfügung standen.

Die beiden ersten juristischen Tagungen, 1973 für Strafrechtler und 1978 für Öffentlichrechtler, ermöglichten in erster Linie eine rechtsvergleichende Sicht. Das dritte juristische Symposium, dessen Ergebnisse hier vorgelegt werden, beschäftigt sich mit dem internationalen Privat- und Wirtschaftsrecht und damit mit eher internationalen Lösungen für internationale Rechtsfragen. Der Leser möge entscheiden, wie weit die Juristen verschiedener Länder auf diesem Wege vorangekommen sind!

Die Übersicht über die ausländischen Teilnehmer an diesem Symposium läßt sogleich erkennen, aus welchen Ländern besonders zahlreiche Juristen von der AvH gefördert wurden. Während es bei der Auswahl der AvH-Gastwissenschaftler keinerlei festgelegte Quoten oder unausgesprochene Präferenzen für bestimmte Länder oder Fächer gibt, werden aber doch traditionelle Verbindungen zur deutschen Rechtswissenschaft sichtbar. Die Zeit, in der sich manche ausländischen Rechtssysteme in großem Umfang am deutschen Recht orientierten, ist freilich vorüber – doch werden gemeinsame Lösungen oder wenigstens gemeinsame Diskussionsgrundlagen immer wichtiger. Daß unter den von der AvH geförderten Geisteswissenschaftlern die Juristen mit 25 % als stärkste Disziplin vertreten sind, ist dafür ein Zeichen.

Bei allem Bemühen um gemeinsame Antworten auf internationale Rechtsfragen spiegeln die hier zusammengefaßten Beiträge selbstverständlich auch die Verschiedenheit des Vortrags- und Arbeitsstils in den Heimatländern der Autoren. Die Redaktion der Referate konnte und wollte dies nicht künstlich glätten – auch nicht die Nuancen, die sich daraus ergeben, daß fast alle ausländischen Autoren in einer fremden Sprache vorzutragen hatten.

Den ausländischen und den deutschen Teilnehmern des Fachsymposiums sei hier noch einmal für die Mitarbeit und für die wahre Internationalität der Diskussionen und Gespräche gedankt. Ein besonderer Dank gilt Herrn Professor Gerhard Kegel, Köln, der dem Symposium ein wahrer Mentor war. Nicht minder sei den Herausgebern, Herrn Dr. Wolfgang Holl und Herrn Dr. Ulrich Klinke, für ihren Beitrag gedankt. Dieser bestand nicht nur in der oft schwierigen Redaktion der Manuskripte, sondern auch in der Ergänzung vieler Fußnoten und Nachweise; diese Arbeit wurde zusätzlich zu den Tagespflichten im Beruf geleistet. Dafür, daß das Fachsymposium überhaupt geplant und durchgeführt werden konnte, danken wir dem Stifterverband für die Deutsche Wissenschaft, der die Reihe der Symposien von Anfang an durch finanzielle Zuwendungen ermöglichte.

Dr. Heinrich Pfeiffer
Generalsekretär der Alexander von Humboldt-Stiftung

Inhalt

Teil 2

Internationales Handels- und Wirtschaftsrecht

Teil 3

Internationaler Gewerblicher Rechtsschutz und internationales Urheberrechtsschutz

Teil 4

Internationales Ehe-und Kindschaftsrecht

Anhang

Einführung

Zum heutigen Stand des internationalen Privatrechts: Theorie und Rechtspolitik

GERHARD KEGEL, KÖLN*

Wenn man nachts in einem voll besetzten, aber dunklen Stadion ein Streichholz anzündet, sieht man für einen Augenblick die Gesichter in seiner nächsten Umgebung[1]. Ähnlich steht es mit mancher Wissenschaft.

So können auch wir den heutigen Stand des IPR nicht vollständig wahrnehmen. Dies gelänge nur jemandem, der sich viele Jahre mit nichts anderem beschäftigte, als internationale Privatrechte zu vergleichen, und der dabei in alle Winkel dränge.

Zwar wird man im Tschad keine schöpferischen Beiträge zum »conflit des lois« entdecken, aber in den romanischen Rechten Europas und in vielen Ländern Lateinamerikas, in den Vereinigten Staaten, Kanada, England und anderen Gebieten des common law, in Skandinavien, in Deutschland, Österreich und der Schweiz, in Japan gibt es viel Interessantes.

Wie sonst in der Rechtsvergleichung muß man sich beschränken und bei einem Gesamtbild ganz besonders beschränken. Ich werde daher im wesentlichen von Deutschland und, wenn man es genau haben will, von der Bundes-

* Dieser Aufsatz wird auch in einer Festschrift in Portugal erscheinen. In Ludwigsburg wurde er stark verkürzt vorgetragen.

1 Dies Bild gebraucht BERNSTEIN, From the Center of the Earth, The Search for the Truth about China, 1982, 175.

republik und West-Berlin reden in der Hoffnung, hier etwas für die Gegenwart Typisches zu vermitteln. Nur zum Teil wollen wir weiter ausgreifen.

Dabei sollen zwei Fragen geprüft werden:

1. Wie steht es mit der *Theorie* des IPR? D. h. wie beurteilt man seine Eigenart im Verhältnis zu anderen Rechtsgebieten und wie gedenkt man sein System weiterzuentwickeln?
2. Wohin strebt man *rechtspolitisch?* D. h. will man überhaupt Normen und, wenn ja, was für Normen will man?

Nicht untersuchen werde ich eine dritte Frage, die von ganz anderer Art, aber sehr wichtig ist: wie bewältigt man den massenhaften *Stoff* an Gesetzen, Staatsverträgen, Schriften und Entscheidungen? Ursprünglich sollte diese Frage einbezogen werden. Aber sie sprengt den Rahmen und muß vertagt werden.

I. Theorie

Erste Frage also: Wie steht es mit der Theorie? Hier ereignete sich von 1956 bis etwa 1970 in den USA eine Art Kulturrevolution. Currie und einige andere verbrannten die Schiffe, auf denen sie gekommen waren, und verkündeten radikale neue Lehren. Einiges davon drang nach Europa. Ganz überwiegend aber verhielt man sich hier und in der übrigen Welt zugeknöpft und blieb beim Überlieferten.

1. Tradition

Die Tradition wird in Deutschland oft mit dem Namen Savigny (1779–1861) verbunden. Aber in den hundert Jahren nach seinem Tod war man – unbeschadet seines grundlegenden Verdienstes – sehr viel weiter gelangt. Dafür stehen in Deutschland von Bar und Zitelmann vor dem ersten Weltkrieg und in einem großen Aufschwung Frankenstein, Lewald, Rabel, Raape, Nussbaum, Melchior und Martin Wolff zwischen den Kriegen.

Das Dritte Reich brachte einen furchtbaren Einschnitt. Nach seinem Zusammenbruch mußte das früher Erreichte aufgenommen und fortgebildet werden.

Wir wollen das hier kurz skizzieren nach der *dogmatischen* Seite (Begriffe und Strukturen) wie nach der *teleologischen* (Arten der für das IPR erheblichen Interessen). Wir wollen auf die Ausdehnung der *Sachgebiete* hinweisen und die wichtigsten *Mischformen* berühren, schließlich einen Blick auf *künftige Aufgaben* richten.

a) Begriffe und Strukturen

Anfang der 30er Jahre rang man vor allem um das *Qualifikations*problem, d. h. um die Frage, wie man Begriffe wie Heirat, Ehegüterrecht, Beerbung, die von jeweils verschiedenen Kollisionsnormen benutzt werden, auszulegen hatte: sollte man vom eigenen materiellen Recht ausgehen (lex fori) oder vom materiellen Recht des Staates, dessen Recht für anwendbar erklärt wird (lex causae), oder sollte man diese Systembegriffe rechtsvergleichend auffüllen? Man sagt, Ernst Rabel, der in einem großen Aufsatz die rechtsvergleichende Qualifikation vertreten hat[2], habe sich vorher einen Winter lang häufig mit Martin Wolff (der von der lex causae ausging) zum Frühstück getroffen und diskutiert; schließlich aber habe jeder den Eindruck gehabt, der andere verstehe nicht, worum es gehe.

Das Qualifikationsproblem ist m. E. nicht auf der materiellrechtlichen Ebene zu lösen (lex fori, lex causae, Rechtsvergleichung), sondern auf der kollisionsrechtlichen: der *Zweck* jeder Kollisionsnorm bestimmt, wieweit sie trägt und was unter den von ihr benutzten Systembegriff fällt. Wenn zum Beispiel im deutschen materiellen Recht bei Scheidung der Ehe die Versorgungsansprüche aus der Sozialversicherung oder Beamtenversorgung geteilt werden (»Versorgungsausgleich«), dann könnte das wie eine Ergänzung des Güterstandes aussehen, insbesondere des gesetzlichen, nach dem bei Scheidung geteilt wird, was während der Ehe erworben wurde (»Zugewinnausgleich«). Aber beim Versorgungsausgleich geht es um *Unterhalts*sicherung und, wenn geschieden wird, erscheint es richtig, wie das geltende deutsche IPR tut und auch das künftige tun wird, den Unterhalt nach der Scheidung demselben Recht zu unterwerfen wie die Scheidung selbst. Denn ein starkes Ordnungsinteresse spricht gegen unnötige »dépeçage« und dies kann man vom Unterhalt auf den Versorgungsausgleich erweitern. Mit Recht hat daher der Bundesgerichtshof den Versorgungsausgleich dem Scheidungsstatut unterstellt[3].

Aber, wenn auch viele einzelne Qualifikationsfragen, wie die nach dem Versorgungsausgleich, aktuell sind: um die grundsätzliche Frage ist es still geworden. Man gedenkt des Satzes von Max Planck: »Wissenschaftliche Theorien werden nicht widerlegt, sondern sie sterben aus.«

Man interessiert sich mehr für die *Angleichung*[4]. Sie wird nötig, wenn durch Anwendung von Teilstücken zweier (oder mehr) Rechtsordnungen Ergebnisse erzielt würden, die abweichen vom übereinstimmenden Inhalt beider Rechts-

2 Rabel, Das Problem der Qualifikation, RabelsZ 5 (1931), 241–288.

3 BGHZ 75, 241 (248); BGHZ 86, 57 (70f.).

4 Z. B. Schröder, Die Anpassung von Kollisions- und Sachnormen, 1961; Batiffol, Réflexions sur la coordination des systèmes nationaux, Rec. des Cours 1967 II, 165–190 (= Batiffol, Choix d'articles, 1976, 199–212); Schurig, Kollisionsnorm und Sachrecht, 1981, 234–239.

ordnungen (duo conformes), falls jede allein angewandt würde. Die Amerikaner würden hier von einem »false conflict« sprechen.

So kann beim Tod des Unterhaltspflichtigen die Unterhaltspflicht erlöschen. Das ist die Regel. Man kann aber auch die Unterhaltspflicht in den Nachlaß des Pflichtigen fortsetzen und dies entweder so, daß der Erbe für die Unterhaltsschuld haftet[5], oder so, daß der Unterhaltsberechtigte einen Erbteil oder eine Geldforderung in Höhe von dessen Wert[6] oder ein Noterbrecht oder eine Geldforderung in Höhe von dessen Wert (Pflichtteil)[7] erhält.

Sind Unterhalts- und Erbstatut verschieden, dann kann sich ergeben, daß nach dem Unterhaltsstatut der Anspruch gegen den Nachlaß fortbesteht, außerdem aber nach dem Erbstatut ein Erbrecht oder dergleichen gewährt wird: der Berechtigte bekäme doppelt; im Umkehrfall ginge er leer aus.

Beides kann man nicht annehmen. Aber wie man hilft, ist oft nicht leicht zu sagen. Man wird den Weg des geringsten Widerstands wählen und entweder die eine oder andere eigene Kollisionsnorm ändern (die eine ausdehnen, die andere einschränken), oder man wird das eine oder andere der anwendbaren materiellen Rechte abwandeln.

Andere Probleme, die man seit dem zweiten Weltkrieg sehr gefördert hat, sind die *Gesetzesumgehung*[8], der *ordre public*[9], der *Renvoi*[10], die *Spaltung* im berufenen Recht nach Religionen[11] oder Gebieten[12], der *Statutenwechsel*[13] und die *Anwendung ausländischen Rechts*[14].

All das liegt im *Allgemeinen* Teil des IPR, der uns hier, wo wir die theoretischen Neigungen in den letzten Jahrzehnten betrachten, vornehmlich angeht. Aber natürlich gibt es Fortschritte auch im *Besonderen* Teil des IPR, d.h. bei den selbständigen Kollisionsnormen, z.B. für Geschäftsfähigkeit, Heirat, Scheidung oder Erbfolge. Solche Fortschritte bewirken teils die

5 So früher § 1712 Abs. 2 BGB für die Unterhaltspflicht des unehelichen Vaters und heute § 1586b Abs. 1 Satz 1 BGB für die Unterhaltspflicht des Geschiedenen.

6 So heute das nichteheliche Kind nach § 1934a Abs. 1 BGB.

7 So heute der Geschiedene nach § 1586b Abs. 1 Satz 3 BGB insofern, als der Erbe nicht über den Wert des fiktiven Pflichtteils des Geschiedenen hinaus haftet.

8 Z.B. Vidal, Essai d'une théorie générale de la fraude en droit français, 1957; Audit, La fraude à la loi, 1974.

9 Z.B. Schurig (Fn. 4), 248–269.

10 Z.B. Pagenstecher, Der Grundsatz des Entscheidungseinklangs im IPR, Abhandlungen 1951, Nr. 5 der Akademie der Wissenschaften und Literatur Mainz, 353–420; Francescakis, La théorie du renvoi, 1958; Ferrer Correia, Estudos jurídicos III, 1970, 99–240.

11 Z.B. K. Wähler, Interreligiöses Kollisionsrecht im Bereich privatrechtlicher Rechtsbeziehungen, 1978.

12 Z.B. De Nova, Rec. des Cours 1966 II, 538–557.

13 Courbe, Les objectifs temporels des règles de droit international privé, 1981.

14 Z.B. Die Anwendung ausländischen Rechts im IPR, Festveranstaltung und Kolloquium anläßlich des 40jährigen Bestehens des Max-Planck-Instituts für ausländisches und internationales Privatrecht, im Institut bearbeitet von Dierk Müller, 1968.

Gerichte allein (vor allem in Einzelfällen), teils im Zusammenwirken mit der die Praxis begleitenden Rechtswissenschaft (namentlich in Fällen, die häufig vorkommen, wie im Recht des Namens der Eheleute oder der Kinder, im Recht des nichtehelichen Kindes sowie bei der Legitimation und Adoption).

b) Interessen

Begriffe und Strukturen haben etwas Dogmatisches an sich und kommen der Mathematik nahe. Das begründet ihren Rang bei der Wahrheitsfindung.

Sie bleiben aber blutleer, wenn nicht auch die mit den Rechtssätzen verfolgten Ziele beachtet werden. Die Zuteilung von Rechten und die Auferlegung von Pflichten (um nur das Wichtigste zu nennen) fördern die Interessen des einen und drängen die Interessen des anderen zurück. Welchen Interessen die Rechtssätze dienen und welchen nicht, das muß man wissen, wenn man die Rechtssätze richtig anwenden will. Neben ihrer begrifflichen und strukturellen Seite müssen daher auch die Zwecke der Normen beachtet werden.

Beide müssen sogar in ständiger Wechselwirkung stehen. Wer neue Einzellösungen sucht, muß ihre Rückwirkungen auf die Gesamtstruktur im Auge behalten, und wer neue allgemeine Regeln sucht, muß sie nicht nur an praktischen Beispielen darlegen, sondern sollte sogar in der Regel auf sie verzichten, wenn keine Anwendungsfälle zu sehen sind.

Die »Interessenjurisprudenz« Philipp HECKS drang für das deutsche materielle Recht zwischen den Weltkriegen durch. Sie auf das IPR zu übertragen, war eine Sache für sich[15].

Denn hier sind die Interessen blasser. Es geht ja z. B. nicht darum, ob mir etwas gehört, sondern nur darum, welches Recht bestimmt, ob mir etwas gehört.

Der kleine Mann wird sagen: »Das Recht soll gelten, das mir am meisten gibt.« Sein Gegner wird das gleiche erklären. So aber kommt man zu keinem anwendbaren Recht, ganz abgesehen davon, daß nicht nur die Interessen der Parteien zu berücksichtigen sind.

Vielmehr sind unabhängig vom materiellen Ergebnis die Interessen zu ermitteln und abzuwägen, die für die Anwendung des einen oder anderen Rechts sprechen. Hauptsächlich sind das Interessen einzelner Parteien (besonders im internationalen Personen-, Familien- und Erbrecht und im internationalen Schuldvertragsrecht), Interessen des Verkehrs (besonders im internationalen Sachen- und Deliktsrecht) und Interessen an einer vernünftigen Rechtspflege (z. B. bei der erwähnten Angleichung oder bei den Regeln über die Anwendung ausländischen Rechts). Die Verantwortung für die materiell richtige Lösung muß dem anwendbaren materiellen Recht überlassen bleiben.

15 KEGEL, Begriffs- und Interessenjurisprudenz im IPR, FS Lewald, 1953, 259–288.

Denn das IPR behandelt die verschiedenen materiellen Rechte grundsätzlich gleich. Auch hier gilt: »One state, one vote.« Die einzige Ausnahme bilden für jeden Staat seine Grundvorstellungen von materiellrechtlicher Gerechtigkeit: sie werden mit Hilfe des ordre public gewahrt.

Es ergibt sich also eine scharfe Trennung von materiellprivatrechtlicher Gerechtigkeit und internationalprivatrechtlicher Gerechtigkeit (conflicts justice), von Sachnormen und Kollisionsnormen. Ihre gegenseitige Unabhängigkeit, aber auch ihre Zusammenhänge zu bestimmen, ist ein großes Thema[16].

So könnte man meinen, wenn für die Geschäftsfähigkeit Heimat- oder Wohnsitzrecht gilt, für die Übereignung von Sachen die lex rei sitae, dann zeige sich hier ein Einfluß des materiellen Rechts auf die Kollisionsnormen. Aber dem ist nicht so. Vielmehr sind die Interessen an der Anwendung eines Rechts verschieden: im einen Fall (Geschäftsfähigkeit) ist nur eine Person betroffen, daher kann man ihrem Interesse Rechnung tragen, nach einem Recht beurteilt zu werden, mit dem sie eng verbunden ist. Im anderen Fall (Übereignung) ist auch die Umwelt im Spiel: der Verkehr muß darauf vertrauen können, daß nach den ortsüblichen Regeln übereignet wird.

Gegenbeispiel: für Delikte gilt grundsätzlich Tatortrecht. Aber wenn in Spanien ein deutscher Urlauber einen anderen anfährt, wird deutsches Recht angewandt, weil nur Interessen Deutscher im Spiel sind.

c) Sachgebiete

Hat man also die Fundamente tiefer gelegt, indem man verschiedenartige Interessen an der Anwendung dieses oder jenes Rechts als ihre Grundlage sichtbar machte, so drang man andererseits in die Breite, indem man internationales Verfahrensrecht und internationales öffentliches Recht voll in die Betrachtung einbezog.

Das *internationale Privatverfahrensrecht*, nämlich Zivilprozeß, freiwillige Gerichtsbarkeit, Zwangsvollstreckung, Konkurs- und Vergleichsrecht, hatte freilich in seinen Hauptteilen – Gerichtsbarkeit, internationale Zuständigkeit, Anerkennung ausländischer Entscheidungen – seit langem Beachtung gefunden. Englisch-amerikanische Darstellungen erörtern die »jurisdiction« vor dem »conflict of laws«[17]. In den französischen Büchern folgt das internationale Verfahrensrecht meist als »conflits de juridictions« den »conflits de lois«[18].

16 Vor allem Schurig, Kollisionsnorm und Sachrecht, 1981.

17 Z. B. Cheshire and North, Private International Law, 10. Aufl. 1979; Dicey and Morris, On the Conflict of Laws I, II, 10. Aufl. 1980; Leflar, American Conflicts Law, 3. Aufl. 1977; Scoles and Hay, Conflict of Laws, 1982.

18 Z. B. Loussouarn und Bourel, Droit international privé, 1978; Batiffol und Lagarde, Droit international privé, 7. Aufl., I 1981, II 1983.

Auch in Deutschland hatten stark praxisbezogene Darstellungen das internationale Verfahrensrecht grundsätzlich[19] oder doch in wichtigen Teilen[20] vorgeführt. Aber erst nach dem zweiten Weltkrieg bürgerte sich das stärker ein[21], weil die Gerichte das internationale Verfahrensrecht brauchen. Auch die deutschen Vorarbeiten zur *Reform* des IPR enthalten Verfahrensvorschriften[22] und in der Schweiz will man sogar jeder Kollisionsnorm oder Kollisionsnormengruppe eigene Zuständigkeitsnormen voranstellen und Anerkennungsnormen anfügen und das internationale Konkursrecht ausdrücklich regeln[23].

Allerdings gibt es in Deutschland auch Gegenströmungen. Denn dem Bedürfnis der Gerichte entspricht die Fülle ihrer Entscheidungen. IPR und internationales Verfahrensrecht angemessen zu bewältigen fängt an, die Darstellungskraft der Autoren und die Kaufkraft oder wenigstens den Kaufwillen der Leser zu übersteigen. So schränken neueste Großkommentare zum IPR das Verfahrensrecht stark ein[24]. Statt dessen ist eine große Darstellung des internationalen Verfahrensrechts im Gange und sind drei Teile erschienen[25].

Teils ins internationale Verfahrensrecht, teils ins internationale Schuldrecht gehört das *Schiedsgerichts*wesen. Über kein internationales Gebiet ist im letzten Menschenalter so unendlich viel geschrieben worden wie hierüber. Es hat sich zu einer eigenen Disziplin entwickelt.

Nicht so alltäglich wie das internationale Verfahrensrecht, dafür aber spektakulärer ist das *internationale öffentliche Recht*. Denn es hat zu tun mit hohen Streitwerten und politischen Emotionen. Deutschland, das nach dem zweiten Weltkrieg halbiert worden ist, dessen Hauptstadt, im östlichen Gebiet gelegen, selbst wieder geteilt ist und dessen Bevölkerung in den Westen drängte, bis CHRUSCHTSCHOW 1961 durch Mauerbau und Todeszäune der »Abstimmung mit den Füßen« ein Ende setzte, mußte auch noch Versuche der Kommunisten erleben, in den freien Teil hineinzulangen.

Dies führte zu einer umfassenden Ausbildung des interlokalen und internationalen *Enteignungs*rechts. Später sorgten Enteignungseingriffe der Niederlander in deutsches »Feindvermögen«, enteigneter indonesischer Tabak, persisches Öl, chilenisches Kupfer und jüngst die Nationalisierungsmaßnahmen

19 NUSSBAUM, Deutsches IPR, 1932.

20 LEWALD, Das deutsche IPR auf Grundlage der Rechtsprechung, 1931.

21 SOERGEL-KEGEL, BGB VII, 10. Aufl. 1970, Art. 7–31 EGBGB; STAUDINGER-GAMILLSCHEG, EGBGB, Teil 3, 10./11. Aufl. 1973.

22 Z. B. Entwurf eines Gesetzes der Bundesregierung zur Neuregelung des IPR, Bundesrat Drucksache 222/83, Art. 4, 5 (S. 15–18).

23 Botschaft zum Bundesgesetz über das internationale Privatrecht (IPR-Gesetz) vom 10. 11. 1982.

24 *MünchKomm* zum BGB VII, 1983; STAUDINGER-VON BAR, EGBGB, Internationales Eherecht (Art. 13–17), 12. Aufl. 1983.

25 Handbuch des Internationalen Verfahrensrechts I (HERRMANN, BASEDOW, KROPHOLLER) 1982, III 1 (MARTINY) 1984, III 2 (MARTINY, J. P. WAEHLER, WOLFF) 1984.

MITTERANDS für Beschäftigung mit dem Enteignungskollisionsrecht. Grundlegend wurde eine Monographie von SEIDL-HOHENVELDERN[26] und auch die Interessenlage untersuchte man genau[27] mit dem Ergebnis, daß, soweit *Staatsinteressen* im Spiel sind (hauptsächlich politische und wirtschaftspolitische), das »Territorialitätsprinzip« gilt, nämlich ausländisches öffentliches Recht im allgemeinen nicht angewandt wird, während die Anwendung ausländischen Privatrechts an keine Landesgrenzen gebunden ist.

Ebenfalls durch die Spaltung Deutschlands mit Einführung unterschiedlicher Währungen in Ost und West wurden interlokales und internationales *Währungs*recht und das eng mit ihm zusammenhängende *Devisen*-Kollisionsrecht bedeutsam, und Artikel VIII 2 b des Abkommens von Bretton Woods, der die grundsätzliche Anerkennung des Devisenrechts der Vertragsstaaten vorschreibt, sorgte für andauernde Beschäftigung. Außerhalb des genannten Abkommens konnten die im internationalen Enteignungsrecht entwickelten Regeln übernommen werden.

Ebenso grundsätzlich im internationalen *Kartell*recht, das sich wegen der amerikanischen Versuche, in fremde Staaten hineinzuwirken, in dauernder Unruhe befindet. Desgleichen im Bereich *wirtschaftspolitischer* Staatseingriffe wie Ein- und Ausfuhrverbote, insbesondere Embargos, und Verbote des Abschlusses bestimmter Versicherungsverträge, ferner im internationalen öffentlichen *Arbeits*recht und *Sozialversicherungs*recht.

d) Grenzfiguren

Die Entwicklung des internationalen Kollisionsrechts nach seiner begrifflich-strukturellen Seite und den zugrunde liegenden Wertentscheidungen (Interessen) und die Einbeziehung des internationalen Verfahrens- und öffentlichen Rechts vollziehen sich nicht auf gerader Linie. Es gibt auch andere Sichtweisen (»Theorien«).

So hat man »*autolimitierte* Sachnormen« entdeckt, d. h. Sätze des materiellen Rechts, denen man kollisionsrechtlichen Gehalt zuschreibt[28]. Wenn z. B. in einem Staat das Recht der Allgemeinen Geschäftsbedingungen geregelt ist und »überraschende Klauseln« verbietet (wie § 3 des deutschen AGBG), dann, meint man, könnte solch ein Rechtssatz wegen seiner wichtigen Schutzfunktion ohne Rücksicht auf das den Schuldvertrag sonst beherrschende Recht gelten wollen, z. B. wenn ein Ausländer im Inland unter Vereinbarung seines Heimatrechts Waren verkauft, Reise- oder Versicherungsverträge abschließt.

26 SEIDL-HOHENVELDERN, Internationales Enteignungs- und Konfiskationsrecht, 1952.

27 KEGEL und SEIDL-HOHENVELDERN, FS Ferid, 1978, 233–277 (236–244).

28 Z. B. DE NOVA, Dir.Int. 1959, 13–30 (französisch: Mélanges Maury I, 1960, 377–401); FRANCESCAKIS, Rev. crit. dr. i. p. 1966, 1–18; SIEHR, RabelsZ 46 (1982), 357–383.

Dann müsse der Richter des Staats, der solche Normen erlassen hat, sie in jedem Fall anwenden.

Das mag sein. Aber, wenn es so ist, folgt es nicht aus dem Inhalt der Sachnormen. Verbraucherschutz ist eine Sache, Bestimmung der internationalen Tragweite von Verbraucherschutznormen ist eine andere. Im einen Fall geht es um Interessen der Verbraucher und entgegengesetzte Interessen ihrer Vertragspartner an bestimmten Vertragsinhalten (oder Modalitäten des Zustandekommens des Vertrags). Im anderen Fall geht es darum, wessen Interesse an der Anwendung »seines« Rechts (im Guten wie im Bösen) vorgehen soll. So wie man im *Partei*interesse die Geschäftsfähigkeit dem Personalstatut (Staatsangehörigkeit oder Wohnsitz) unterwirft, weil es der Person am nächsten liegt und ihr Interesse an der Anwendung »ihres« Rechts schwerer wiegt als das des Gegners (mit gewissen Einschränkungen für den *Verkehrs*schutz), so mag man das Verbraucherinteresse höher werten als die Interessen, die sonst das Schuldvertragsstatut ergeben, z. B. der Sitz des Verkäufers, des Reiseunternehmers, der Versicherungsgesellschaft (wenn nichts anderes vereinbart ist).

Doch wird man hier wie sonst eine Kollisionsnorm bilden müssen, die nicht einer Rechtsordnung einen größeren Anwendungsbereich gibt als anderen. Man darf also Verbraucherschutznormen nicht sowohl anwenden, wenn das Geschäft im Inland geschlossen wird, wie wenn – bei Vertragsschluß im Ausland – ein Inländer beteiligt ist. Vielmehr muß man alle Rechte gleich behandeln und daher einheitlich anknüpfen, z. B. immer das Recht des Abschlußorts oder immer das Recht des Verbrauchers entscheiden lassen.

Daher sind autolimitierte Sachnormen zwar rechtspolitisch für das IPR interessant (wie ist der Verbraucherschutz anzuknüpfen?), aber nicht begrifflich-strukturell: es geht um Kollisionsnormen wie immer.

Dem Bedürfnis nach paritätischer Anknüpfung trägt für Verbraucherverträge Rechnung das *EWG-Übereinkommen* über das auf vertragliche Schuldverhältnisse anzuwendende Recht vom 19. 6. 1980[29], das von der Bundesrepublik Deutschland übernommen werden soll[30], und zwar in seinem Artikel 5[31]. Es enthält aber noch eine andere Vorschrift, nämlich den mehr berüchtigten als berühmten *Artikel 7*[32].

29 ABl. L 266 vom 9. 10. 1980.

30 Entwurf eines Gesetzes der Bundesregierung zur Neuregelung des IPR (Fn. 22), Art. 1 Nr. 7 Art. 27–37.

31 Im Entwurf eines Gesetzes der Bundesregierung zur Neuregelung des IPR (Fn. 22) erscheint Art. 5 des EWG-Abkommens über das auf vertragliche Schuldverhältnisse anzuwendende Recht in Art. 1 Nr. 7 Art. 29.

32 Schrifttum zu Art. 7 siehe Soergel, BGB VIII, 11. Aufl. 1984, S. 314. Im Entwurf eines Gesetzes der Bundesregierung zur Neuregelung des IPR (Fn. 22) erscheint Art. 7 des EWG-Abkommens über das auf vertragliche Schuldverhältnisse anzuwendende Recht in Art. 1 Nr. 7 Art. 34.

Hier wird nicht nur für Verbraucherverträge, sondern allgemein bestimmt: »Bei Anwendung des Rechts eines bestimmten Staates ... kann den zwingenden Bestimmungen des Rechts eines anderen Staates, mit dem der Sachverhalt eine enge Verbindung aufweist, Wirkung verliehen werden, soweit diese Bestimmungen nach dem Recht des letztgenannten Staates ohne Rücksicht darauf anzuwenden sind, welchem Recht der Vertrag unterliegt. Bei der Entscheidung, ob diesen zwingenden Bestimmungen Wirkung zu verleihen ist, sind ihre Natur und ihr Gegenstand sowie die Folgen zu berücksichtigen, die sich aus ihrer Anwendung oder Nichtanwendung ergeben würden.«

Zwingende Vorschriften eines Staates, dessen Recht nicht den Vertrag beherrscht, zu dem aber der Sachverhalt eine »enge Verbindung« hat, »können« danach angewandt werden, wenn dieser Staat sie angewandt wissen will (d. h. nicht zurück- oder weiterverweist). Dabei sind bestimmte Umstände zu »berücksichtigen«.

Drei Gummigelenke also: »enge Verbindung«, »können«, »berücksichtigt werden«. D. h. der Gesetzgeber stochert im Dunkeln. Er setzt nicht Recht, sondern beschränkt sich auf Rechtsanzeichen. Schweigen wäre besser.

Möglich ist, daß *mehrere* Staaten, zu denen eine enge Verbindung besteht, mit jeweils eigenen zwingenden Vorschriften den Vertrag zunichte machen. Z. B. Haustürgeschäfte seien nur in Deutschland, überraschende Klauseln nur in Dänemark verboten und in den Niederlanden sei zu entscheiden über ein Haustürgeschäft mit Überraschungsklauseln, das ein Deutscher im dänischen Urlaub geschlossen hat. Der Verbraucher sucht sich aus dem Kuchen die Rosinen heraus: er wird mehr geschützt als in jedem einzelnen Recht für sich.

Vor allem aber sind »zwingende Vorschriften« nicht nur solche des Privatrechts. Soll z. B. ein amerikanisches Embargo auch wirken, wenn sich die ausländische Tochter einer amerikanischen Gesellschaft darüber hinwegsetzt?

Neben den »autolimitierten Sachnormen« (bei denen materielles und Kollisionsrecht vermischt werden) und den mehrdeutigen »zwingenden Vorschriften« (bei denen materielles Privat- und öffentliches Recht in einen Topf geworfen werden) ist in den letzten Jahrzehnten eine weitere Mischfigur erschienen und hat besonders in England und Frankreich Anklang gefunden[33]: die Nova Lex Mercatoria, the *New Law Merchant*. Hier mischen sich übernationale Entstehung und nationaler Charakter von Sachnormen.

Hierher rechnet man hauptsächlich die von der Internationalen Handelskammer in Paris veröffentlichten mannigfachen Regeln für Schuldverträge des Außenhandels, z. B. cif- und fob-Käufe oder Akkreditive, aber auch andere sich im internationalen Handel herausbildende Gebräuche und vor allem das ausgedehnte internationale Schiedsgerichtswesen. Aber auch wenn hier zwei-

33 Z. B. Kahn, La vente commerciale internationale, 1961, 1–43, 365–367; Schmitthoff, FS Dölle, 1963, II, 257–272.

fellos beachtliches Einheitsrecht heranwächst: es muß von den staatlichen Gerichten als Recht dieses oder jenes Landes angenommen (geduldet) werden und sei es nur auf dem Weg über die Anerkennung von Schiedssprüchen. Mit Recht sagte jüngst ein hoher englischer Richter: »I find the concept of a supernational or transnational body of law difficult to accept. It seems to me that all private law has a nationality ...«[34]

e) *Forschungsaufgaben*

In die Zukunft zu blicken ist riskant. Aber man sollte sich doch fragen, welche Aufgaben sich denen stellen, die das IPR oder allgemeiner das internationale Kollisionsrecht weiterbilden wollen.

Hinsichtlich der *Interessen* an der Anwendung dieses oder jenes Rechts erscheint zunächst für IPR und internationales Privatverfahrensrecht die Ausarbeitung eines *Allgemeinen Teils* wünschenswert, der die großen Gruppen der Partei-, Verkehrs- und Ordnungsinteressen mehr als bisher unterteilt. Anfänge sind gemacht[35].

Im *begrifflich-strukturellen* Feld ist noch immer unerreicht ein *Allgemeines Kollisionsrecht.*

So fehlt schon ein durchgehender Vergleich zwischen *internationalem Privat- und Privatverfahrensrecht.* Man sieht zwar leicht, daß den Kollisionsnormen des IPR die Zuständigkeitsnormen des internationalen Verfahrensrechts entsprechen, daß der Renvoi als Zuständigkeitsrückverweisung, die Gesetzesumgehung als Zuständigkeitserschleichung auch im internationalen Verfahrensrecht erscheinen und daß der ordre public bei der Anerkennung ausländischer Entscheidungen weiter greift als im IPR, da er auch grobe Verfahrensverstöße des ausländischen Gerichts erfaßt. Auch gehören Qualifikations- und Angleichungsfragen der Abgrenzung von IPR und internationalem Verfahrensrecht seit langem zum festen Bestand des IPR, z. B. mit Bezug auf Verjährung und Aufrechnung, die im Common Law weithin als Prozeßgebilde, sonst aber als Institute des materiellen Rechts verstanden werden. Doch anderes ist weniger durchsichtig, z. B. was die Vorfrage im internationalen Verfahrensrecht bedeutet.

Auch eine Klärung des Verhältnisses zwischen *internationalem und intertemporalem Privatrecht* wäre nötig, vor allem mit Blick auf den Statutenwechsel im IPR. Schon *Savigny* hatte das versprochen[36], aber kaum gehalten. Nur

34 Sir John Donaldson, M. R., in *Amin Rasheed Corpn.* v. *Kuwait Insurance (C. A.),* [1983] 1 W. L. R. 228 at p. 237 sub G.

35 Z. B. Schröder, Internationale Zuständigkeit, 1981; Lüderitz, FS Kegel, 1977, 31–54.

36 Savigny, System des heutigen Römischen Rechts VIII, 1949, VI a. E. f.

punktweise suchen wir heute in Fällen des Statutenwechsels Hilfe bei den Kollisionsnormen des Übergangsrechts[37].

Außerdem wissen wir viel zu wenig von den Strukturen des *Rangkollisionsrechts* (hierarchical conflicts law) und von dem besonders reizvollen *sachlichen Kollisionsrecht* (droit interréel, Gesetzeskonkurrenz), in dem anders als sonst nicht die Gegenstände (z. B. Heirat, Scheidung) gleich, die Anknüpfungen verschieden sind (z. B. der Mann wohnt in Kolumbien, die Frau in Venezuela), sondern die Anknüpfungen gleich (es handelt sich z. B. um einen reinen Inlandsfall), aber die Gegenstände verschieden (z. B. es geht um das Verhältnis von Irrtumsanfechtung und Sachmängelhaftung).

Tieferer Einblick ins sachliche Kollisionsrecht könnte auch bei der *Angleichung* helfen, weil hier das Problem dadurch entsteht, daß Teile aus dem Gesamtzusammenhang einer Rechtsordnung herausgenommen und mit Teilen einer anderen Rechtsordnung verknüpft werden, die gleichfalls aus ihrem Zusammenhang gelöst werden.

Von der Angleichung, die es mit Wertungswidersprüchen zu tun hat, die entstehen, wenn Teile verschiedener Rechtsordnungen im selben Fall angewandt werden, oft schwer zu unterscheiden ist der *Auslandssachverhalt.* Das sind die Fälle, in denen inländisches Recht anzuwenden ist, dieses aber möglicherweise abzuwandeln ist, weil der Fall das Ausland berührt. Z. B. die Frist für die Ausschlagung der Erbschaft ist länger, wenn der Erbe im Ausland lebt[38]. Diese »Berührung« kann natürlich auch darin bestehen, daß ausländische *Rechtssätze* im Spiel sind.

Wenn ein ausländisches Handelsverbot *nicht angewandt* wird, weil es über die Grenzen des ausländischen Staats hinauswirkt oder gegen den inländischen ordre public verstößt, kann doch der von ihm erzeugte tatsächliche Druck auf den Schuldner die Leistung *unmöglich* machen wie ein Naturereignis[39]. Hier ist per definitionem klar, daß die ausländischen Rechtssätze nicht angewandt werden.

Wie aber, wenn ein inländisches Grundstück im Ausland aufgelassen wird, nur die inländische Form erlaubt ist und diese die Auflassung vor einem Notar

37 Z. B. für die Nachwirkung früheren Scheidungs- und Trennungsrechts im Falle eines Statutenwechsels (Art. 17 Abs. 2 EGBGB) durch Vergleich mit der Übergangsvorschrift des Art. 201 Abs. 2 EGBGB: Soergel, BGB VIII (Fn. 32), Art. 17 EGBGB Rz. 36; für Nachwirkungen früheren Erbrechts bei Wechsel des Erbstatuts durch Vergleich mit den Übergangsvorschriften der Art. 214, 215, 217 EGBGB: Kegel, IPR, 4. Aufl. 1977, 460–463. Siehe auch Raape in J. v. Staudingers Kommentar zum Bürgerlichen Gesetzbuch und Einführungsgesetz, VI 2, 9. Aufl. 1931, S. 388 über entsprechende Anwendung von Art. 169 EGBGB (Übergangsregelung der Verjährung) auf Statutenwechsel, wenn Dauerzustände mit verschiedenen Fristen zur Scheidung oder Trennung berechtigen.

38 § 1944 Abs. 3 BGB.

39 Z. B. RGZ 93, 182 (184).

gebietet? Dann entsteht die Frage, ob der ausländische Notar, z.B. ein amerikanischer »notary public«, dem inländischen gleichwertig ist. Hier muß man die Rechtssätze prüfen, die für einen amerikanischen Notar gelten. Werden diese Rechtssätze nun angewandt (dann haben wir ein Angleichungsproblem: Anwendung amerikanischer Rechtssätze im Rahmen des deutschen Gebots notarieller Beurkundung) oder – wie das Handelsverbot mit dem Feind – bloß als Tatsache in Rechnung gestellt (dann haben wir einen Auslandssachverhalt)?

Fälle des Auslandssachverhalts sind ungemein häufig[40]. Darf der Standesbeamte das Aufgebot verbieten, weil die Heirat zwischen einem Ausländer und einer Inländerin nur dazu dienen soll, dem Ausländer Asyl zu verschaffen? Darf ich einem inländischen Kind einen ausländischen Vornamen geben? Kommt dem Ausländer im inländischen Rechtsverkehr zugute, daß er die inländische Sprache nicht beherrscht? Darf ein inländischer Kaufmann im Ausland gegen einen anderen inländischen Kaufmann nach den laxeren Regeln des ausländischen Wettbewerbsrechts handeln? Haftet der Staat Ausländern weniger als Inländern? Darf ich mit einem ausländischen Führerschein im Inland fahren?

Es geht also um sehr verschiedene Dinge. Aber vielleicht gibt es Gemeinsamkeiten. Ist jemand geneigt, diesen kräftigen Stier bei den Hörnern zu packen auf die Gefahr hin, daß sein Fleisch sich als ungenießbar herausstellt, eine »Fehlanzeige« am Ende steht?

2. *Revolution*

Solche begrifflich-strukturellen Neigungen sind den modernen Amerikanern ein Greuel. Nicht allen natürlich, aber denen, die den Ton angeben.

Das sind vor allem CURRIE (1912–1965), der stark nachwirkt, EHRENZWEIG (1906–1974), der etwas zurücktritt, CAVERS und LEFLAR. Wir können ihre Ansichten hier nicht näher vorführen, einige Stichworte müssen genügen.

CURRIE's Zentralbegriff sind die »governmental interests«. Jeder Staat ist in der Regel daran interessiert, daß sein Recht und nur sein Recht angewandt wird. Ist er uninteressiert, dann ist das Recht des Staates anzuwenden, der interessiert ist. Sind das mehrere, dann wird das eigene Recht angewandt. Im praktischen Ergebnis heißt das: Herrschaft der lex fori mit wenigen Ausnahmen.

Das gleiche will EHRENZWEIG, obgleich er es, wohl aus taktischen Gründen, stets geleugnet hat. Auszugehen ist von der lex fori. Sie kann verdrängt werden durch ausdrückliche Normen in Gesetzen und Staatsverträgen, zum Teil auch

40 Nachweise aus der deutschen Rechtsprechung von 1970–1982 SOERGEL, BGB VIII (Fn. 32), S. 56–64.

durch Normen, die sich sonst entwickelt haben. Die internationalprivatrechtliche Herrschaft der lex fori wird etwas gemildert durch internationalfreundliche Regeln über die internationale Zuständigkeit: es herrscht die lex fori in *foro proprio.*

CAVERS hat den Begriff der internationalprivatrechtlichen Gerechtigkeit übernommen (conflicts justice). Gleichwohl hält er Normen noch nicht für möglich, sondern sucht nach »principles of preference«, um die Entscheidung des einzelnen Falls zu erleichtern.

Eine Art Interessenkatalog empfiehlt auch LEFLAR in fünf »choice influencing considerations«:

- predictability of result,
- maintenance of interstate and international order,
- simplification of the judicial task,
- advancement of the forum's governmental interests,
- application of the better rule of law.

Alle Reformer sind sich einig in der Ablehnung fester Kollisionsnormen, wie sie BEALE im ersten Restatement of Conflict of Laws aufgestellt hatte, von einer Theorie des Schutzes erworbener Rechte (vested rights) ausgehend. Gegen ihn hatten sich schon die Internationalprivatrechtler des »realist movement« gewandt (COOK, LORENZEN) und EHRENZWEIG scheute sich nicht, BEALE einen Betrüger zu nennen. Das Heil sucht man im *Einzelfall* unter möglichster Abkehr von allen Regeln (rules). Werden schon die selbständigen Kollisionsnormen verworfen wie die Herrschaft des Tatortrechts über Delikte, so erst recht die unselbständigen, d.h. der Allgemeine Teil des IPR mit Regeln über Qualifikation, Angleichung, Vorfrage, Gesetzesumgehung, Renvoi u.a.

Dies ist wahrhaft verwunderlich. Denn Verallgemeinerung ist wie in der Mathematik ein Fortschritt und müßte in einem von der Technik beherrschten Land wie den USA naheliegen. Sollte der Grund sein, daß das common law vom Fall ausgeht?

Aber warum dann keine rules gerade im IPR, wenn sie in allen anderen Rechtsgebieten vorkommen? Weil die Interessen, in deren Abwägung die conflicts justice liegt, so schwer faßbar sind?

So könnte es schon zu dem proton pseudos gekommen sein, Currie's governmental interests. Denn sie enthalten *zwei Fehler* zugleich: einmal die Vorstellung, der Staat habe ein eigenes Interesse daran, daß in einem Rechtsstreit zwischen Privaten *sein eigenes*, kein fremdes *Privatrecht* angewandt werde; das ist aber für Wohlergehen und Sicherheit des Staates völlig gleichgültig, und ein etwaiges Ordnungsinteresse am Obsiegen des eigenen Rechts wie der eigenen Mannschaft auf einer Olympiade kommt für die gerechte Entscheidung von Rechtssachen nicht in Betracht. Zum anderen die ungenügende Trennung von *Staatsinteressen* (z.B. politischen, wirtschaftlichen, militärischen, sanitären und solchen des Umweltschutzes) und *Privatinteressen* (materiellrechtlich z. B. Interessen an der Scheidung von Ehegatten, an der elterlichen Sorge für das Kind, internationalprivatrechtlich z. B. das Interesse, in persönlichen Dingen nach einem Recht beurteilt zu werden, dem man nahesteht) mit der Folge, daß sie bei Bestimmung des anwendbaren Rechts durcheinandergeworfen werden (z. B. muß der Arbeitsvertrag nicht demselben Recht unterliegen wie Unfallverhütungsvorschriften oder Verbot der Sonntagsarbeit).

Die Schwierigkeit, conflicts interests zu ermitteln, könnte zu dem weiteren Fehler geführt haben, *aus den Sachnormen* (den substantive rules), die zweifelsfrei vorhanden sind, die *kollisionsrechtliche Entscheidung* zu gewinnen, nachdem man die vorhandenen conflicts rules verworfen hatte. Aber wer einen Apfel in Stücke schneidet, erhält keine Birnenstücke: aus der Norm, daß man mit 18 Jahren volljährig wird, läßt sich nicht ablesen, daß sie nur für eigene Staatsangehörige oder nur für die im eigenen Lande wohnhaften oder nur für Verträge, die im eigenen Lande geschlossen werden, gelten solle. Das ist vielmehr eine ganz andere Frage.

Sie stellt sich in gleicher Weise für viele andere Sachnormen, z. B. die über Volljährigkeitserklärung, Entmündigung, Rechtsfähigkeit, Parteifähigkeit, Prozeßfähigkeit. Es wäre zwar theoretisch möglich, ist aber tatsächlich ein Irrtum, daß für jede Sachnorm eines Staates im Verhältnis zu jeder gleichartigen Sachnorm jedes anderen Staates eine eigene kollisionsrechtliche Lösung gesucht werden muß. Im Gegenteil: wegen Gleichheit der internationalprivatrechtlichen Interessen stehen große Massen von Sachnormen unter einer einzigen Kollisionsnorm, z. B. fast das ganze Erbrecht unter der einen Kollisionsnorm, daß wegen des Interesses des Erblassers, nach einer Rechtsordnung beerbt zu werden, mit der er eng verbunden ist, die Erbfolge dem Heimatrecht oder Wohnsitzrecht des Erblassers unterliegt.

Auf der ungenügenden Trennung von Sach- und Kollisionsrecht beruht auch das Vorurteil: wer einen internationalprivatrechtlichen Fall zu entscheiden habe, dürfe nicht *»blind«* (Cavers), nämlich ohne Ansehen der möglicherweise anwendbaren Sachnormen, die kollisionsrechtliche Entscheidung treffen, einen »Sprung ins Dunkle« (Raape) tun. Abgesehen davon, daß es meist gar nicht so dunkel ist, zeugt dies von wenig praktischer Erfahrung. Denn der Richter oder Gutachter wird alles zu Hilfe nehmen, was er weiß, und ist sogar dazu verpflichtet.

Ist ihm bekannt, daß die möglicherweise anwendbaren Rechte inhaltlich übereinstimmen (ist er also »sehend«), dann wird er sich nicht lange mit der Frage aufhalten, welches Recht anzuwenden ist, sondern dies offen lassen. Es handelt sich dann, wie schon bemerkt[41], um einen »false conflict«. Weiß er

41 Oben S. 4.

dagegen vom Inhalt der möglicherweise anwendbaren Rechte nichts, dann sollte und wird er nicht erst alle mühsam erforschen, sondern den leichteren Weg nehmen, also die kollisionsrechtliche Frage entscheiden und dann nur das eine anwendbare Recht untersuchen.

Im zweiten Restatement of Conflict of Laws hat sich der Reporter REESE um einen *Kompromiß* zwischen Überlieferung und modernem Radikalismus bemüht und einerseits selbständige Kollisionsnormen aufgestellt, andererseits vielen eine »Ausweichklausel« angefügt, nach der die »most significant relationship« den Ausschlag geben soll[42]. Dies ist eine Leerformel. Denn die Aufgabe allen internationalen Privatrechts ist, die »engste Verbindung« des Sachverhalts zu einer Rechtsordnung zu ermitteln und deren Anwendung zu gebieten. Aber der gleisnerische Schein hat die Europäer bestochen: Österreich hat die »engste Verbindung« übernommen[43], die Schweiz will es tun[44]. Das EWG-Übereinkommen über das auf vertragliche Schuldverhältnisse anzuwendende Recht[45] tut es[46], und dieses Abkommen will die Bundesrepublik Deutschland dem geplanten IPR-Gesetz einverleiben[47]. Auch in neuen Haager Abkommen findet sich die engste Verbindung[48].

In Amerika selbst folgen die Gerichte selten einer der Theorien. Öfter verwenden sie Mischformeln. Herma KAY (eine Nachfolgerin CURRIE's) hat sich jüngst das Verdienst erworben, das Durchdringen der neuen Lehren in der Praxis zu untersuchen und in einer Tabelle aufzuzeichnen[49]. Ihr Ergebnis: nur rund ein Drittel der Einzelstaaten hat der Überlieferung den Rücken gekehrt. Auch ist zu bedenken, daß der Streit hauptsächlich im internationalen Deliktsrecht ausgetragen worden ist; die Tatortregel erschien zu eng. Auf anderen Gebieten wie dem internationalen Sachen-, Familien- und Erbrecht bewegt sich wenig.

Während die amerikanischen Reformer sich um das Ausland so gut wie

42 Restatement of the Law Second, Conflict of Laws 2d, As Adopted by the American Law Institute, Washington, D.C., May 23, 1969 I–III, z. B. §§ 145 (1), 146, 149, 152, 154, 155, 188 (2), 189–197.

43 Bundesgesetz vom 15. 6. 1978 über das internationale Privatrecht (IPR-Gesetz), § 1 Abs. 1.

44 Botschaft zum Bundesgesetz über das internationale Privatrecht (IPR-Gesetz) vom 10. 11. 1982, Entwurf Art. 14 Abs. 1, 18 Abs. 1, 46 Abs. 2, 114 Abs. 1.

45 Oben zu und in Fn. 29.

46 Art. 4, 6 Abs. 2, 7 Abs. 1.

47 Entwurf eines Gesetzes zur Neuregelung des IPR (Fn. 22), hier Art. 1 Nr. 7 Art. 28, 30 Abs. 2, 34 Abs. 1.

48 Haager Abkommen über das auf Ehegüterstände anwendbare Recht vom 23. 10. 1976, Art. 4 Abs. 3; Haager Abkommen über das auf Stellvertretung anwendbare Recht vom 16. 6. 1977, Art. 6 Abs. 3, 11 Abs. 3; Haager Abkommen über das auf *trusts* anzuwendende Recht vom 20. 10. 1984, Art. 7 Abs. 1.

49 KAY, Theory into Practice: Choice of Law in the Courts, 34 (1983) Mercer L. Rev. 521–592.

nicht gekümmert haben[50] – teils mangels Sprachkenntnissen, teils weil sie überwiegend mit »interstate« conflicts beschäftigt sind, teils vielleicht auch wegen des dunklen Gefühls, daß ihr ganzes Gebäude zusammenbrechen könne –, hat die übrige Welt die amerikanische Entwicklung sorgfältig beobachtet[51]. Eine internationale Diskussion, eine Art Rechtsvergleichung, ist auch notwendig, um zu der einen Wahrheit durchzustoßen, die gerade den Juristen mit ihren verschiedenen »Rastern«, mit unterschiedlichen, mühsam erlernten und zäh festgehaltenen Denk- und Argumentationsweisen oft verborgen bleibt. Sie trennen sich auch von ihren Vorurteilen so schwer wie chinesische Kommunisten. Als einem von ihnen im Hinblick auf die Privilegien der Funktionärsschicht vorgehalten wurde: »I thought you had abolished class in China?«, war die Antwort: »Yes, we have abolished *class.* But not *rank.*«[52]

So kann man von den beträchtlichen Anstrengungen der amerikanischen Neuerer viel lernen, wenngleich weniger von ihren Ergebnissen, als um den eigenen Standpunkt zu vertiefen und sich nicht in falsche Sicherheit zu wiegen.

II. Rechtspolitik

1. Verfassungsrecht

In einer Reihe von Ländern hat nach dem zweiten Weltkrieg das Verfassungsrecht auf das internationale Privatrecht gewirkt.

Dies geschah hauptsächlich in den *Vereinigten Staaten,* in denen von jeher die Constitution auf alle Rechtsgebiete starken Einfluß hatte. Besonders eingehend widmete sich Currie vier Klauseln der Verfassung[53]:

- due process,
- full faith and credit,
- privileges and immunities,
- equal protection.

Die spärlichen Entscheidungen des Supreme Court der USA werden nach allen Seiten gedreht und gewendet[54].

50 Ausnahmen z. B. McDougal, Codification of Choice of Law: A Critique of the Recent European Trend, 55 (1980) Tul. L. Rev. 114–143; Juenger, American and European Conflicts Law, 30 (1982) Am. J. Comp. L. 117–133.

51 Z. B. Hanotiau, Le droit international privé américain, 1979; Ferrer Correia, Estudos vários de direito, 1982, 223–254, 380–390, 414–417.

52 Butterfield, China, Alive in the Bitter Sea, 1982, 66.

53 Näher Kegel, Rec. des Cours 1964 II, 165–176.

54 Z. B. Juenger, Kollisionsrecht und Verfassung: Eine Stellungnahme des Supreme Court der Vereinigten Staaten, IPRax 1982, 206 f.; Hay, Full Faith and Credit and Federalism in Choice of Law, 34 (1983) Mercer L. Rev. 709–729.

Aber auch in *Kanada*, in *Italien*, *Spanien* und *Portugal* kümmern sich Autoren des IPR um die Verfassung[55].

In *Deutschland* neigt man zum Grundsätzlichen und so gibt es eine lebhafte Diskussion[56]. Sie wurde ausgelöst durch die Anordnung des Grundgesetzes (Art. 3 Abs. 2, 117 Abs. 1), daß alles Recht, das der Gleichberechtigung von Mann und Frau widerspricht, mit dem 1. 4. 1953 außer Kraft trete. Die Frage war, ob damit bloß materielles Recht gemeint war, das die Frau benachteiligte, oder auch Kollisionsnormen, die den Vorrang des Ehemannes und Vaters durch Anwendung seines Heimatrechts zum Ausdruck brachten. Denn Kollisionsnormen hatten den Vätern des Grundgesetzes sicherlich nicht vor Augen gestanden. Da man schon Mitte der 50er Jahre zur gesetzlichen Reform des IPR ansetzte, erschien den meisten Schriftstellern und den Gerichten[57] im Interesse der Rechtssicherheit geboten, an den bisherigen Kollisionsnormen bis zur gesetzlichen Änderung festzuhalten, obwohl *rechtspolitisch* unstreitig war, daß der internationalprivatrechtliche Vorrang des Mannes nicht fortbestehen dürfe.

Daran vermochte auch eine berühmte, aber meist abgelehnte Entscheidung des *BVerfG* vom 4. 5. 1971[58] nichts zu ändern, die – obiter – erklärt hatte, die Normen des IPR seien »in vollem Umfang an den Grundrechten zu messen«[59]. Erst eine Entscheidung des *BVerfG* vom 22. 2. 1983[60], die den Art. 15 EGBGB (nach dem das Heimatrecht des Mannes das eheliche Güterrecht beherrscht) im wesentlichen für nichtig erklärt hat, könnte eine Lawine losgetreten haben und das, obwohl nunmehr ein Regierungsentwurf für ein IPR-Gesetz dem Bundestag vorliegt.

Die Grundrechte sollten ursprünglich nur Staatseingriffe in Freiheit und Eigentum des Bürgers abwehren. Heute versteht man sie meist als fundamentale Wertentscheidungen, die alle Rechtsgebiete durchdringen sollen.

Soweit sie auch in die anderen Rechtsgebiete wie das IPR hineinreichen, könnte man diese Gebiete dem Verfassungsrecht zuschlagen und die Diskussion verfassungsrechtlich führen, also deduktiv vorgehen. Das könnte eine auf allen Gebieten gleiche Wirkung der Grundrechte fördern.

Es könnte hingegen den Zusammenhang innerhalb jedes einzelnen Gebietes beeinträchtigen. Darum liegt es näher, die rechtspolitischen Fragen, die ein Gebiet aufwirft, innerhalb dieses Gebietes zu erörtern, also induktiv vorzugehen und darauf zu vertrauen, daß Grundwerte nirgends mißachtet werden.

55 Nachweise SOERGEL, BGB VIII (Fn. 32), S. 15 a. E. f.
56 Nachweise ebenda S. 15.
57 Nachweise ebenda S. 17 Fn. 2 und Rz. 9 vor Art. 13 EGBGB Fn. 2.
58 *BVerfG* 31, 58.
59 Ebenda, S. 73.
60 IPRax 1983, 223 mit kritischem Aufsatz HENRICH = NJW 1983, 1968 mit zustimmendem Aufsatz VON BAR, 1929–1936 (1933 f.).

Letztlich sollte gleich sein, für welchen Weg man sich entscheidet. Nur muß man denen entgegentreten, die mit schematischer Berufung auf Grundrechte die Sachprobleme niederwalzen wollen. Schreiben doch manche der Verfassung höhere Vernunft zu und treten mit fast religiösem Eifer auf. Dabei fällt ins Gewicht, daß Verfassungsgerichte leicht überfordert sind, wenn sie versuchen, in verwickelten Rechtsgebieten sehr spezielle Dinge zu entscheiden. Meist halten sie sich darum wie gegenüber der Politik zurück (judicial self-restraint).

Obwohl demnach die Frage nach dem Verhältnis von Verfassungsrecht und anderen Rechtsgebieten grundsätzlich mit einem »sowohl ... als auch«, mit Synthese, nicht mit Antithese zu beantworten ist, wird den einzelnen Rechtsgebieten ein gewisses Übergewicht zukommen, da konkrete Argumente am meisten überzeugen. Für das IPR kommt hinzu, daß sich Rücksicht auf das Ausland empfiehlt: die Verständigung ist leichter, wenn man beim eigenen Leisten bleibt und sich nicht mit ausländischen verfassungsrechtlichen Spezialitäten befassen muß, z. B. mit den verschiedenen Klauseln der Constitution der USA.

So gegenüber Frankreich, wo man ziemlich konservativ denkt. René David sollte einst in New Orleans vortragen und hatte, um den Amerikanern entgegenzukommen, als Thema angekündigt »Die französische Verfassung von 1946 und ihr Einfluß auf das Zivilrecht«. Als er sich an die Ausarbeitung machte, ergab sich, daß weder diese Verfassung noch frühere den geringsten Einfluß auf das Zivilrecht gehabt haben. Daher sprach er nur sechs Minuten und meldete Fehlanzeige[61].

Das Verhältnis von Verfassung und *IPR* hat ein interessantes Gegenstück im Verhältnis von Grundrechten und *ausländischem Recht* (hauptsächlich materielles, aber auch – z. B. gleichberechtigungswidriges – Kollisionsrecht). Man hat nämlich vorgeschlagen ein *Grundrechts-Kollisionsrecht* zu entwickeln[62]. Ausgeführt ist dieser Plan freilich noch nicht, so daß man im Gedenken an Joseph Haydn von einem »Paukenschlag ohne Symphonie« gesprochen hat (Gamillscheg). Üblicherweise wird vielmehr der *ordre public* eingesetzt, der die grundlegenden eigenen Vorstellungen von *materiell*privatrechtlicher Gerechtigkeit wahren soll. Er hat aber auch eine *kollisions*rechtliche Seite, da er eine *»Inlandsberührung«* voraussetzt: je stärker diese ist, um so eher greift er ein[63]. Allerdings verlangt er *»Untragbarkeit«* der Anwendung des ausländischen Rechts im Einzelfall und das ist dem deutschen *BVerfG* zu eng erschienen. Es hat sich aber mit der Beachtung der Grundrechte mit Hilfe des ordre public zufriedengegeben, falls bei Grundrechtsverletzungen auf der Untragbarkeit

61 David, Les avatars d'un comparatiste, 1982, 215 a. E. f.
62 Bernstein, NJW 1965, 2273–2276.
63 Schurig (Fn. 4), 252 f.

nicht beharrt werde[64]. Mit der Formel: »Grundrechtsverletzungen sind immer untragbar« könnte man Einklang herstellen, vielleicht auch nur vorgeben. Immerhin ist es bisher nicht notwendig geworden zu unterscheiden. Daher darf man sich bis jetzt und wahrscheinlich auch in Zukunft mit dem ordre public begnügen und hat so den Vorteil, konkret und induktiv die richtige Lösung zu finden.

2. *Gleiches Recht für Mann und Frau*

Der Einfluß des Verfassungsrechts auf das IPR, der sich in einigen Ländern nach dem zweiten Weltkrieg herausgebildet hat, könnte als bloße Strukturverschiebung verstanden werden. Tatsächlich dient es als Mittel zum *rechtspolitischen* Wandel. Doch vollzieht sich dieser Wandel anderwärts unabhängig vom Verfassungsrecht.

So läßt schon der *portugiesische* Código civil 1966 für persönliche Ehewirkungen, Ehegüterrecht, Scheidung, Ehelichkeit, Verhältnis zu den ehelichen Kindern und Adoption das gemeinsame Heimatrecht, hilfsweise das Recht des gemeinsamen gewöhnlichen Aufenthalts der Eheleute und Eltern und nur zweithilfsweise das Personalstatut des Ehemannes und Vaters entscheiden[65].

Die neueren Gesetze *Österreichs* und der *Türkei* und die Entwürfe der *Schweiz* und der Bundesrepublik *Deutschland* verdrängen das Heimatrecht des Mannes und Vaters selbst als äußersten Notanker[66] und wählen an dessen Stelle die *lex fori*[67], im Verhältnis zum *Kind* das Recht seines *gewöhnlichen Aufenthalts*[68], gelegentlich die *lex rei sitae*[69], oder sie verzichten durch Anrufung der »engsten Verbindung«[70] auf eine Lösung.

64 *BVerfG* 31, 58 (86).

65 Art. 52, 53, 55–57, 60; deutsche Übersetzung RabelsZ 32 (1968), 521–523.

66 *Österreich:* IPR-Gesetz 1978 (Fn. 43), § 18 (persönliche Ehewirkungen), § 19 (Ehegüterrecht), § 20 (Ehescheidung), § 21 (eheliche Abstammung), § 22 (Legitimation durch nachfolgende Ehe). *Türkei:* Gesetz Nr. 2675 über das internationale Privat- und Zivilverfahrensrecht, in Kraft am 22. 11. 1982, übersetzt und erläutert von KRÜGER, IPRax 1982, 254–259, Art. 12 Abs. 2 (persönliche Ehewirkungen), Art. 13 (Scheidung und Trennung), Art. 14 (Ehegüterrecht), Art. 15 (eheliche Abstammung), Art. 19 (elterliche Gewalt). *Schweiz:* IPR-Gesetz-Entwurf (Fn. 23), Art. 46 (eheliche Rechte und Pflichten), Art. 47 (Unterhalt zwischen Ehegatten), Art. 52 (Ehegüterrecht), Art. 59 (Scheidung und Ehetrennung), Art. 66 (Entstehung des Kindesverhältnisses), Art. 70 (Legitimation), Art. 80 (Beziehungen zwischen Eltern und Kind), Art. 81 (Unterhalt zwischen Eltern und Kind). Bundesrepublik *Deutschland:* IPR-Gesetz-Entwurf (Fn. 22), Art. 1 Nr. 7 Art. 14 (persönliche Ehewirkungen), 15 (Güterstand), 17 (Scheidung), 18 (Unterhalt), 19 (eheliche Kindschaft), 21 Abs. 1 (Legitimation durch nachfolgende Ehe).

67 *Türkei* (Fn. 66), Art. 12 Abs. 2, 13, 15, 19; *Schweiz* (Fn. 66), Art. 52, 59.

68 *Österreich* (Fn. 66), § 21; *Schweiz* (Fn. 66), Art. 47, 66, 70, 80, 81; Bundesrepublik *Deutschland* (Fn. 66), Art. 1 Nr. 7 Art. 18, 19 Abs. 2 Satz 2, 20.

69 *Türkei* (Fn. 66), Art. 14.

70 *Schweiz* (Fn. 66), Art. 46. Bundesrepublik *Deutschland*, Entwurf eines Gesetzes zur Neurege-

In *Deutschland* geht, wie bemerkt[71], de lege lata der Streit darum, ob das Gleichberechtigungsgebot der Verfassung die bestehenden Vorschriften, die den Vorrang des Mannes- und Vaterrechts aussprechen, geändert hat. Aber rechtspolitisch ist die Gleichberechtigung unbestritten und war schon vor dem Regierungsentwurf eines IPR-Gesetzes von 1983 in allen Entwürfen niedergelegt.

3. *Vorrang des Kindes*

Eine breite neuere Strömung entthront nicht nur den Mann gegenüber der Frau, sondern auch die Eltern gegenüber den Kindern. Internationalprivatrechtlich heißt das: nicht Eltern-, sondern Kindesrecht entscheidet über das Verhältnis zwischen Eltern und Kind.

So in den Haager Unterhaltsabkommen von 1956 und 1973 und im Haager Abkommen über den Schutz Minderjähriger von 1961. Die Abkommen von 1956 und 1961 gelten in Österreich, der Schweiz und in der Bundesrepublik Deutschland. Daneben hat *Österreich* im eigenen IPR das Kindesrecht gewählt[72]. Gleiches erstrebt die *Schweiz*[73], die außerdem das Haager Unterhaltsabkommen von 1973 ins Landesrecht übernehmen will[74]. Auch die Bundesrepublik *Deutschland* plant, teilweise zum Kindesrecht überzugehen[75].

Im »Jahrhundert des Kindes« kommt das Kind zuerst. Daß in der gleichen Familie gleiches Recht gelte, erscheint belanglos.

M. E. widerspricht das den natürlichen Gegebenheiten. »Wer zahlt, schafft an« heißt ein Spruch der Verwaltung. Wer leisten muß, sollte nach seinem Recht leisten dürfen. Daher sollte im Verhältnis zum ehelichen Kind, solange beide Gatten leben, das in der Ehe geltende Recht maßgeben und gegenüber nichtehelichen Kindern im Verhältnis zu jedem Elternteil dessen Recht. Diesen Weg hat man in der *Türkei* beschritten[76]. Hier bleibt es auch für eheliche Kinder beim Elternrecht[77]; nur dem Haager Unterhaltsabkommen von 1956 ist man beigetreten.

lung des IPR (Fn. 22), Art. 1 Nr. 7 Art. 14 Abs. 1 Nr. 3 (persönliche Ehewirkungen), 15 Abs. 1 (Güterstand), 17 (Scheidung), 19 (eheliche Abstammung und Rechtsverhältnis zwischen Eltern und ehelichem Kind), 21 Abs. 1 (Legitimation durch nachfolgende Ehe).

71 Oben S. 18 f.

72 IPR-Gesetz 1978 (Fn. 43), § 24 (Ehelichkeits- und Legitimationswirkungen), § 25 (Uneheliche Abstammung und deren Wirkungen).

73 IPR-Gesetz-Entwurf (Fn. 23), Art. 66 Abs. 1 (Entstehung und Feststellung des Kindesverhältnisses), Art. 80 (Beziehungen zwischen Eltern und Kind).

74 Ebenda, Art. 81.

75 IPR-Gesetz-Entwurf (Fn. 22), Art. 1 Nr. 7 Art. 18 (Kindesunterhalt), 20 Abs. 2 (Rechtsverhältnis zwischen Eltern und nichtehelichem Kind).

76 IPR-Gesetz (Fn. 66), Art. 17.

77 Ebenda Art. 15 (eheliche Abstammung), Art. 19 (elterliche Gewalt), Art. 21 (Unterhaltspflicht unterliegt dem Recht des Schuldners).

4. Namensrecht

Eheleute und Kinder haben viele Probleme, manchmal auch die Frage, wie sie heißen. Während sich dies in fast allen Ländern mehr oder weniger von selbst regelt, ist bei den Deutschen der Name eine überaus empfindliche Stelle. Mit penibler Gewissenhaftigkeit hat man die in Österreich und anderswo nach dem ersten Weltkrieg ihres Adelsprädikats Beraubten an der Weiterführung des ererbten Namens in Deutschland gehindert (obwohl es sich um eine Art Enteignung handelt, deren Wirkung auf das Gebiet des Enteignungsstaats hätte beschränkt werden müssen). Mein eigener Großvater hatte – freilich als Schüler – den Adel mißbilligt. Eines Morgens redete ihn sein Klassenlehrer mit »Egel« an und bemerkte auf den erstaunten Blick des Zöglings: »Wenn du andern Teile ihres Namens abnehmen willst, darfst du dich nicht beklagen.«

Schwingen hier noch politische Interessen mit, so geht es den Standesbeamten um die makellose Ordnung ihrer Bücher, und sie scheuen auch gegen den Willen der Betroffenen kein Rechtsmittel, um ihre Vorstellungen vom richtigen Namen durchzusetzen. Hier gibt es in Deutschland sogar das Unikum, daß die Standesbeamten (genauer ihre Aufsichtsbehörden), selbst wenn sie vor Gericht gewonnen haben, Rechtsmittel einlegen dürfen (und fleißig davon Gebrauch machen), um eine höchstrichterliche Entscheidung herbeizuführen, vermeintlich im Interesse der Rechtssicherheit, in Wahrheit aus Pedanterie.

Das hat zu einer gewaltigen Aufblähung und zugleich Konfusion vor allem des *internationalen* Namens geführt.

Das Unglück rührt hauptsächlich daher, daß der Gesetzgeber über den Ehenamen in der gemischtnationalen Ehe geschwiegen hat. Nimmt man mit der früher herrschenden Meinung an, daß Heimatrecht des Mannes entscheide, dann konnte die deutsche Frau, die nach deutschem Recht den Mannesnamen führte, aber einen Spanier ehelichte und nach dessen Heimatrecht ihren Mädchennamen behielt, in Deutschland – meinte der *BGH* – in den Verdacht kommen, daß sie den Mann gar nicht geheiratet hätte.

M. E. war ihr das zuzumuten, da jeder weiß, daß im Ausland anderes Recht gilt. Der *BGH* aber griff nach einer Lehre, die auf Wengler zurückgeht[78] und den Namen wie die Staatsangehörigkeit dem Heimatrecht der Person unterstellt, und räumte in einer gemischtnationalen Ehe jedem Gatten das Recht ein, den Ehenamen nach Wohnsitzrecht zu wählen. Auch der Name des Kindes soll seinem Heimatrecht unterliegen; ob das Kind den Namen wählen darf, den ihm das Wohnsitzrecht gibt, steht noch offen.

Man mag das damit erklären, daß die Reform des deutschen IPR vorweggenommen werden sollte, die sicherlich in einer gemischtnationalen Ehe das

78 Wengler, NJW 1963, 593–595, 2230f.

Wohnsitzrecht maßgeben lassen wird. Aber der Weg über das Personalstatut verletzt elementare Grundsätze.

Er wäre richtig, wenn in der ganzen Welt wie in den USA freie Namenswahl herrschte und wenn von diesem Wahlrecht auch überwiegend Gebrauch gemacht würde. Letzteres ist nicht der Fall: in der Masse der Fälle führt, so viel ich sehe, auch in den USA die Ehefrau den Namen des Mannes, das eheliche Kind den Vatersnamen und das uneheliche Kind den Namen der Mutter.

Der Mensch bricht nicht wie Pallas Athene aus der Stirn des Zeus: er wird geboren in oder außerhalb einer Ehe, und wie er heißt, sollte das Recht bestimmen, das sein Verhältnis zu den Eltern regelt (zumal auch sein Personalstatut nicht vom Himmel fällt, sondern von Vater und/oder Mutter abgeleitet ist). Ebenso ist es rechtspolitisch richtig, die Namensverhältnisse in der Ehe nach dem Recht zu beurteilen, das in der Ehe (für ihre persönlichen Wirkungen) gilt. Dieses mag entscheiden, ob die Frau ihren Namen behält oder den des Mannes annimmt, ob sich die Eheleute auf einen von beiden Namen oder auf einen zusammengesetzten Namen einigen dürfen. Am Ehenamen ist man nicht nur selbst interessiert, sondern auch der Gatte; am Kindesnamen liegt auch Eltern und Geschwistern. Darum darf nicht das Personalstatut, sondern sollten die Statuten von Ehe und Kindschaft maßgeben.

Ja selbst, ob jemand den ererbten Namen in freier Namenswahl abschütteln darf, kann man getrost dem Recht überlassen, dem er seinen Namen verdankt. Nur bei Findelkindern und mit Tieren Aufgewachsenen (Tarzan, Kaspar Hauser), deren Abstammung unbekannt ist, könnte das Personalstatut entscheiden. Dies ist aber genauso unbekannt und daher muß man auf den Ort des ersten Erscheinens (Fundort, Ort des Hervortretens) zurückgreifen.

Obwohl demnach der familienrechtlichen Einbindung des Namens auch kollisionsrechtlich Rechnung getragen werden sollte, wird der deutsche Gesetzgeber wahrscheinlich dem *BGH* folgen und das Personalstatut entscheiden lassen[79].

III. Ausblick

Wir sehen also beim Namen und mehr noch bei der Stellung des Kindes und beim Verhältnis von Mann und Frau in der Ehe das IPR *rechtspolitisch* in Bewegung; in Deutschland hat zudem rechtspolitisch wie begrifflich-strukturell die Frage nach der Bedeutung des Verfassungsrechts für das IPR Bedeutung. *Theoretisch* trennt überdies ein tiefer Graben die USA, wo man zu neuen Ufern strebt, von der übrigen Welt, die an der Überlieferung festhält,

79 IPR-Gesetz-Entwurf (Fn. 22), Art. 1 Nr. 7 Art. 10 Abs. 1.

aber kräftig weiterbaut sowohl nach der begrifflich-strukturellen Seite wie in der Interessenforschung wie in der Ausweitung vom internationalen Privatrecht zum internationalen Verfahrensrecht und internationalen öffentlichen Recht.

Kann man angesichts all dessen von einem »well-watered plateau« sprechen wie Leflar[80] für die USA? Auf den ersten Blick sicher ja. Eine abschließende Antwort ist aber nicht möglich, ohne die hier ausgeklammerte Frage[81] zu klären, wie es mit der *Stoffbewältigung* steht. Wir könnten nämlich zuviel an Staatsverträgen, Gesetzen, Gerichtsentscheidungen und Lehrmeinungen haben und damit eine *Vermassung*, die zur Zersplitterung (seit dem Mittelalter eine Gefahr für das IPR), zu unausgewogenen rechtspolitischen Entscheidungen (etwa im Namens- und Kindschaftsrecht) und zum Ersticken im Material statt zum Fortschritt führt. So könnte man das IPR in Deutschland zwischen den Weltkriegen als einen eleganten Sportwagen, das heutige als einen abgenutzten schweren Lastzug sehen wollen. Das lassen wir offen und begnügen uns mit der Feststellung: Das IPR ist noch immer ein fesselndes Rechtsgebiet.

80 Leflar, Choice of Law: A Well-Watered Plateau, 41 (1977) Law & Contemp. Prob. 10–26 (26).

81 Oben S. 2. Darüber inzwischen Kegel, FS Hübner, 1984, 505–520.

Festvortrag

Rechtsfragen einer Ordnung der Weltwirtschaft

Ernst-Joachim Mestmäcker, Hamburg

I. Interdependenzen

Weltrechtliche Betrachtungen des internationalen Wirtschaftssystems werden in der Regel mit dem Hinweis auf die gesteigerte wirtschaftliche und politische Interdependenz zwischen den Staaten, den Unternehmen und den Menschen eingeleitet. In der Tat haben Technik und Wirtschaftsverkehr wichtige Lebensbereiche internationalisiert. Diese Internationalisierung ist zunächst ein Sachverhalt, der den Rechts- und Sozialwissenschaften vorgegeben ist. Er läßt sich kennzeichnen anhand der grenzüberschreitenden Wirkungen von Konflikten, die in den einzelstaatlichen Politiken als regelungsbedürftig behandelt werden. Derselbe Zusammenhang erklärt, daß die einzelnen Staaten immer weniger in der Lage sind, die Ziele ihrer Politik autonom zu verwirklichen, und daß die von ihnen autonom getroffenen Maßnahmen unmittelbar oder mittelbar die Interessen anderer Staaten berühren. Aus der rechtlichen Regelung dieser Beziehungen entstehen die Rechtsfragen, die wir in den nationalen Rechten als Fragen seiner internationalen Anwendung behandeln.

Die genannten Wechselwirkungen begründen jedoch einen über die einseitige Anwendung nationalen Rechts hinausgehenden internationalen Regelungsbedarf. Er reicht über die traditionellen, dem Anspruch nach weltrechtlichen Regelungen des freien Warenverkehrs im GATT und der internationalen Währungsordnung im International Monetary Fund, hinaus. Beispiele sind der Umweltschutz, das Wachstum der Weltbevölkerung, das Seerecht oder die Kontrolle multinationaler Unternehmen. So dringend und zutageliegend ist die sachliche Notwendigkeit weltrechtlicher oder doch staatsübergreifender Regelungen, daß häufig von einem Sachzwang zur Entwicklung einer Weltwirtschaftsordnung gesprochen wird. Theoretische Überlegungen und praktische Erfahrung lehren jedoch, daß der Sachzwang nur selten und nur in engen, überwiegend technisch umschriebenen Bereichen zu den notwendigen Lösungen führt. Ein Beispiel bietet die den europäischen Verträgen zugrunde liegende und vor allem von Walter Hallstein, dem ersten Präsidenten der EG-

Kommission, formulierte These, daß die wirtschaftliche Integration kraft Sachzwanges zu fortschreitender politischer Integration führen werde. Heute sehen wir deutliche Zeichen der Zersetzung auch der auf Rechtsregeln beruhenden wirtschaftlichen Integration. Es zeigt sich, daß die Mitgliedstaaten die in den Verträgen von Rom übernommenen Rechtspflichten immer häufiger als lästige Fesseln der nationalen Politik betrachten.

Rechtsregeln haben vor allem den Zweck, die friedliche Lösung von Konflikten anhand materialer Entscheidungskriterien auf Dauer zu stellen. Das ist nur möglich, wenn die an einer Rechtsgemeinschaft Beteiligten bereit sind, die kurzfristige Durchsetzung der eigenen Interessen den langfristigen Interessen an gemeinsamen Regeln unterzuordnen. Betrachtet man die für das internationale Wirtschaftssystem kennzeichnenden Konflikte unter diesem Gesichtspunkt, so kann es kaum überraschen, daß der Bedarf an weltweiten Regelungen um so deutlicher hervortritt, je geringer das kurzfristige Eigeninteresse der Staaten an solchen Regelungen ist. Schon Thomas Hobbes hat bemerkt, daß Menschen und Staaten in der Regel unfähig seien, ihre eigenen kurzfristigen Interessen den eigenen langfristigen Interessen unterzuordnen. Hinzu kommen die spezifisch wirtschaftsrechtlichen Schwierigkeiten. Wirtschaftsrecht nennen wir die Normen, welche die Steuerung des Wirtschaftsablaufs zum Gegenstand haben. Mit Hilfe der Wirtschaftsordnung sollen die für die Gesamtheit wirtschaftsrechtlicher Normen und Institutionen kennzeichnenden materiellen Prinzipien gekennzeichnet werden. Die bekanntesten und wichtigsten, aber keineswegs die einzigen Prinzipien dieser Art sind Markt und Plan. Die Weltwirtschaft ist durch verschiedene nationale und regionale Wirtschaftsordnungen gekennzeichnet. Jedes dieser Systeme hat unabhängig von den zugrunde liegenden Ideologien die Tendenz, die Rationalität des eigenen Steuerungsprinzips soweit wie möglich auszudehnen. Die politischen Auseinandersetzungen um die neue Weltwirtschaftsordnung sind ein Ausschnitt aus den daraus entstehenden Konflikten. Die Staaten identifizieren ihr Souveränitätsverständnis mit der eigenen Wirtschaftsordnung. In der Weltwirtschaft tendieren diese Auffassungen zum wirtschaftlichen Wettbewerb mit Hilfe staatlicher Hoheitsrechte.

II. Staatssouveränitäten im wirtschaftlichen Wettbewerb

1. *Neue Weltwirtschaftsordnung*

Die Forderung nach einer neuen Ordnung der Weltwirtschaft beherrscht seit mehr als zwei Jahrzehnten die Tagesordnungen der internationalen Organisationen. Die neue Weltwirtschaftsordnung soll den Markt durch internationale

Planung ersetzen oder ergänzen, die auf die Kolonialisierung zurückgeführten Nachteile ausgleichen und eine gleichmäßige Beteiligung aller Staaten am wirtschaftlichen Erbe der Menschheit gewährleisten. Mit dieser Begründung werden neue Regeln gefordert für den Abbau von Rohstoffen, für die industrielle Nutzung des Meeresbodens und des Weltraums. Die Fortschritte in der Kommunikationstechnik, insbesondere in der Satellitentechnik, haben den Ruf nach einer neuen World Information Order ausgelöst. Die rechtlichen Vorstellungen, die der neuen Weltwirtschaftsordnung zugrunde liegen, können der Charter der wirtschaftlichen Rechte und Pflichten der Staaten entnommen werden, die von der UN-Generalversammlung am 12. 11. 1974 mehrheitlich angenommen wurde. Das wichtigste Rechtsprinzip der Erklärung ist die Staatssouveränität und das Prinzip der Nichteinmischung in die inneren Angelegenheiten: »Jeder Staat hat das souveräne und unveräußerliche Recht, sein Wirtschaftssystem sowie sein politisches, soziales und kulturelles System entsprechend dem Willen seines Volkes ohne Einmischung, Zwang oder Drohung von außen zu wählen.« Die wichtigste Implikation dieses Grundsatzes, der von den sozialistischen Ländern vorbehaltlos unterstützt wird, ist negativer Art. Rechtssubjekte des internationalen Wirtschaftsrechts sollen nur die Staaten, nicht die Bürger in den Staaten sein. In dem Gegensatz von unveräußerlichen Rechten der Staaten und unveräußerlichen Rechten der Menschen finden die zugrunde liegenden politischen Gegensätze ihren rechtlichen Ausdruck.

2. *Staat und Unternehmen*

Wirtschaftsordnungen werden ebenso wie Staatsverfassungen durch die Stellung geprägt, die sie dem Bürger im Verhältnis zur Staatsgewalt zuweisen. Deshalb lassen sich die Grundfragen der nationalen Wirtschaftsordnungen auf das Verhaltnis von zentraler staatlicher und dezentraler privater Wirtschaftsplanung zurückführen. In den westlichen Industriestaaten folgt daraus die traditionelle Trennung von öffentlichem Wirtschaftsrecht und Planungsfreiheit der Unternehmen mit den Mitteln des Privatrechts. Im grenzüberschreitenden Wirtschaftsverkehr entspricht dem das Verhältnis von Außenwirtschaftsrecht und internationalem Privatrecht. Die überkommenen völkerrechtlichen Regeln des grenzüberschreitenden Wirtschaftsverkehrs (im folgenden internationales Wirtschaftsrecht genannt) setzen diese Trennung von Staat und Unternehmen voraus. Die Staaten beschränken oder eröffnen Handlungsmöglichkeiten für Unternehmen, ohne selbst unternehmerisch tätig zu sein. Nur unter dieser Voraussetzung werden die Staaten als solche von Vereinbarungen über die Freiheit des Warenverkehrs oder über Zölle und mengenmäßige Beschränkungen in neutraler Weise betroffen. Neutral bedeutet in diesem

Zusammenhang, daß die Staaten die Marktwirkungen ihrer Politik hinnehmen. Im gleichen Maße, in dem die Staaten selbst am Wirtschaftsverkehr teilnehmen, versagen die auf der Trennung von Staat und Unternehmen beruhenden wirtschaftsrechtlichen Instrumente. Das gilt vor allem, soweit der Außenwirtschaftsverkehr einem Staatsmonopol untersteht. In den sozialistischen Planwirtschaften trifft das kraft Verfassung für den Außenwirtschaftsverkehr im ganzen zu. Prinzipiell gleiche Schwierigkeiten entstehen, wenn die Staaten die nur ihnen zu Gebote stehenden Instrumente hoheitlichen Handelns zu nationalen Zwecken im internationalen Wirtschaftsverkehr einsetzen. Wir sprechen von Protektionismus, wenn sich Staaten mit hoheitlichen Mitteln so verhalten, als ob sie Unternehmen in einer Marktwirtschaft wären. Bekannte Beispiele sind die Kettenreaktionen von Zöllen und Abwehrzöllen, von Quoten und Abwehrquoten, von Dumping und Antidumping, von Subventionen und Abwehrsubventionen oder von wechselseitigen Manipulationen der Wechselkurse der nationalen Währungen. Die vorhersehbare Wirkung dieser Art des Wettbewerbs im internationalen Wirtschaftsverkehr besteht in der Balkanisierung der Weltwirtschaft, in der Zerstörung der internationalen Arbeitsteilung und in der Verstärkung der Tendenzen zur wirtschaftlichen Autarkie. Im Gegensatz zum wirtschaftlichen Wettbewerb der Unternehmen tendiert der Wettbewerb mit Hilfe von Hoheitsrechten nicht zum Interessenausgleich, sondern zur Verschärfung der Konflikte und zum Umschlag in politische Machtfragen. Die Forderungen nach einer neuen Weltwirtschaftsordnung sind dadurch gekennzeichnet, daß der Einsatz von Hoheitsrechten zu nationalwirtschaftlichen Zwecken nicht als protektionistischer Sündenfall betrachtet wird, sondern als systemgerechtes Verhalten im Wettbewerb der Systeme. Dies ist der Grund, aus dem die Weltwirtschaftsordnung, wie sie aufgrund der Havanna-Charter nach dem Zweiten Weltkrieg unter Führung der USA konstituiert wurde, in ihren Grundlagen erschüttert ist. Das Prinzip fester Wechselkurse, wie es im System von Bretton Woods vereinbart war, um Wechselkursmanipulationen im nationalen Interesse zu verhindern, ist seit langem zusammengebrochen. Die Prinzipien des freien Warenverkehrs, wie sie im GATT verankert sind, lassen sich im Verhältnis zu den sozialistischen Planwirtschaften nicht verwirklichen. Die Disziplin der Vertragsstaaten zerbröckelt angesichts immer neuer nichttarifärer Handelshindernisse und sog. Selbstbeschränkungsabkommen. Ganz unkoordiniert werden neue Rohstoffabkommen im Rahmen der Vereinten Nationen und in offenem Widerspruch zum GATT gefördert.

III. Weltwirtschaftsrecht

1. Freiheit, Gleichheit und Solidarität unter Staaten

Den modernen Bemühungen in der Rechtswissenschaft um die Neubegründung einer Weltwirtschaftsordnung ist gemeinsam, daß sie deren Grundlage im Rechtsprinzip suchen. Fikentscher gründet seinen Entwurf eines Weltwirtschaftsrechts auf den »völkerrechtlich direkt wirksamen Bestand interkultureller Grundrechte und die darin enthaltenen wirtschaftlichen Aussagen« (Weltwirtschaftsrecht, 1983, Bd. 1, S. 131). Daraus folge der Inhalt eines metaökonomischen Weltwirtschaftsmodells. Auch John H. Jackson hält es für möglich, ein universal anwendbares rechtsförmiges Verfahren zur Konfliktlösung im internationalen Wirtschaftsverkehr nach dem Vorbild der Europäischen Gemeinschaften zu entwickeln (Governmental Disputes in International Trade Relations: A Proposal in the Context of GATT, Journal of World Trade Law, 1979, 1 ff.). Ver Loren van Themaat hat auf der Grundlage einer umfassenden niederländischen Analyse der wichtigsten internationalen Wirtschaftsorganisationen die rechtlichen Grundprinzipien einer Weltwirtschaftsordnung expliziert. Er sieht sie in der Entfaltung der Prinzipien der Freiheit, der Gleichheit und der Solidarität (The Changing Structure of World Economic Law, 1980, S. 239 ff.). Diese Prinzipien seien auf die Beziehungen der Staaten zueinander anzuwenden. Das Prinzip der Freiheit, wie es dem historischen Weltwirtschaftsmodell zugrunde gelegen habe, stoße an seine Grenzen. Das Prinzip der formalen Gleichheit, wie es in dem Verbot der Diskriminierung aus Gründen der Staatsangehörigkeit und in der Meistbegünstigungsklausel enthalten sei, radikalisiere sich zum Prinzip der materiellen Gleichheit. Daraus folge der Anspruch der Länder der dritten Welt auf die ungleiche Behandlung ungleicher Sachverhalte. Neu entwickelt habe sich das Prinzip der Solidarität. Es erkläre den Vermögenstransfer zwischen armen und reichen Ländern (internationaler Finanzausgleich) sowie die internationale Koordination der Wirtschafts- und Finanzpolitiken. Das Prinzip lasse sich zwischen Staaten zwar nicht moralisch begründen, aber es folge aus der erhöhten Interdependenz der Weltgesellschaft und begründe die Verantwortung der Staaten für die internationalen Wirkungen ihrer Maßnahmen (aaO., S. 247). Die Anknüpfung dieser Prinzipien an die Ideale der europäischen Aufklärung liegt zutage. Ich vernachlässige die Frage, in welcher Weise sich die Prinzipien der Freiheit, Gleichheit und Solidarität inhaltlich verändern, wenn man sie nicht auf die Beziehungen von Einzelpersonen, sondern auf die von Staaten anwendet. Eine Besinnung auf die ideengeschichtlichen Grundlagen mag dazu beitragen, die Systemfragen zu erhellen, mit denen eine solche Entwicklung weltweiter Rechtsregeln zu rechnen hat.

2. *Weltbürger und Weltgesellschaft*

Die unter dem Einfluß der europäischen Aufklärung entstandenen Gesellschaftstheorien beanspruchen, Theorien einer Weltgesellschaft zu sein. Das scheint notwendig aus der ihnen gemeinsamen Berufung auf Freiheit und Gleichheit und Brüderlichkeit zu folgen. Fragt man nach der Rolle, die dem Recht in der Entwicklung zur Weltgesellschaft zugewiesen ist, so zeigen sich tiefgreifende Unterschiede. Ich möchte sie anhand eines Vergleichs von Marx und Kant erläutern.

Nach Marx ist der Ursprung der Konflikte in der Gesellschaft nicht der Mensch, sondern der Kapitalismus. Die internationale Erscheinungsform dieses Systems ist der Imperialismus. Mit der Überwindung des kapitalistischen Systems und der für es kennzeichnenden Rechts- und Wirtschaftsordnung soll die Ausbeutung des Menschen durch den Menschen ihr Ende finden. An die Stelle der Konflikte um die Verteilung knapper Güter soll die konfliktfreie Verteilung des Überschusses anhand eines »Gesamtplans frei vereinigter Individuen« treten (Marx-Engels, Die deutsche Ideologie, MEGA Bd. 3, 72). Der Weg zur kommunistischen Weltgesellschaft führt über das fortschreitende Absterben von Staat und Recht. Gerechtigkeit im Sinne von Marx ist die Verteilungsgerechtigkeit. Der Internationalismus der Marx'schen Theorie wird in der Wirklichkeit von der orthodoxen Souveränitätslehre der kommunistischen Staaten verdrängt. Sie wird im wesentlichen damit begründet, daß sie zur Sicherung des Sozialismus in der Koexistenz mit kapitalistischen Staaten unerläßlich sei.

Kants Theorie der Gesellschaft ist im Gegensatz zur Marx'schen Position eine Konfliktstheorie. Gerechtigkeit im Sinne von Kant ist die gleiche Freiheit unter Rechtsregeln. Auf dieser Grundlage hat Kant eine Rechtstheorie entwikkelt, die in gleicher Weise für den einzelnen, für die Staaten und für die Weltgesellschaft Geltung beansprucht. In seiner Anthropologie folgt Kant dem Skeptiker Hobbes, aber an die Stelle, die bei Hobbes dem Staat zugewiesen ist, tritt bei Kant das Recht. Es liegt zutage, daß die Hobbes'sche Theorie, welche die Anarchie mit Hilfe des absoluten Staates überwinden will, nicht zu einer Theorie der Weltgesellschaft führen kann. Der Leviathan ist das einzige Rechtssubjekt der internationalen Gesellschaft. Was der Staat dem einzelnen mit Feuer und Schwert austreiben darf, dazu soll er im Außenverhältnis gegenüber anderen Staaten befugt sein. Denn das Recht auf Selbstverteidigung ist es, auf das der Bürger zugunsten des Staates verzichtet, um es in seiner Hand um so wirksamer werden zu lassen. Das Recht, das bei Kant an die Stelle des Staates bei Hobbes tritt, darf nicht mit der positiven staatlichen Gesetzgebung verwechselt werden. Die aus der Vernunft abgeleiteten Regeln der Ehtik und des Rechts sind vielmehr der Maßstab, an dem sich das Handeln der einzelnen und der Staaten orientieren soll. Die Bedeutung der Formel von dem

Zusammenbestehen der Freiheit jedes einzelnen mit der Freiheit aller anderen unter einem allgemeinen Gesetz liegt vor allem in der Begrenzung der Staatsaufgaben. Den Vorstellungen über das, was nützlich ist und was zur Glückseligkeit beiträgt, kann nach Kant kein Rechtsprinzip entnommen werden. Das gilt für den einzelnen im Verhältnis zu anderen, und es gilt für das Verhältnis zwischen Staaten.

Das Austragen von Konflikten anhand von Rechtsregeln, die dem Prinzip der gleichen Freiheit entsprechen, wird von Kant auf das Verhältnis der Staaten untereinander angewendet. Notwendig sei eine Vereinigung von Staaten mit anderen benachbarten oder auch entfernten Staaten, um zu einer einem allgemeinen Staat analogischen gesetzlichen Ausgleichung ihrer Streitigkeiten zu gelangen:

> »Dieser Satz will nichts anderes sagen als: die politischen Maximen müssen nicht von der aus ihrer Befolgung zu erwartenden Wohlfahrt und Glückseligkeit eines jeden Staates, also nicht vom Zweck, den sich ein jeder derselben zum Gegenstande macht (vom Wollen als dem obersten [aber empirischen] Prinzip der Staatsweisheit), sondern von dem reinen Begriff der Rechtspflicht (vom Sollen, dessen Prinzip a priori durch reine Vernunft gegeben ist) ausgehen, die physischen Folgen darauf mögen auch sein, welche sie wollen« (Zum ewigen Frieden, Akademieausgabe Bd. VIII, S. 379).

Nur auf diese Weise sei es möglich, schrittweise zur Konstituierung einer weltbürgerlichen Gesellschaft zu gelangen, die nach Rechtsregeln lebt. In der Abhandlung »Über den Gemeinspruch: Das mag in der Theorie richtig sein, taugt aber nicht für die Praxis« hat Kant eine den Europäischen Gemeinschaften in den Grundzügen entsprechende Rechtsordnung im einzelnen beschrieben.

3. *Erfahrungen der europäischen Integration*

Auf diesem Hintergrund lassen sich wichtige Strukturprobleme einer Weltwirtschaftsordnung erläutern. Dabei kommt den Erfahrungen in den Europäischen Gemeinschaften exemplarische Bedeutung zu, weil sie darauf angelegt sind, die internationale Arbeitsteilung mit Hilfe von Rechtsregeln zu verwirklichen.

a) Die europäischen Verträge legitimieren die Gemeinschaftskompetenzen primär durch Rechtsnormen. Politische Entscheidungen werden vom Rat getroffen, so daß eine unmittelbare demokratische Legitimation fehlt. Die Entwicklung des Gemeinschaftsrechts läßt gerade deshalb wichtige Rückschlüsse darauf zu, unter welchen Voraussetzungen eine gemeinsame Wirtschaftsordnung aufgrund von Generalklauseln durch Rechtsprechung entwikkelt werden kann. Für die Rechtsstellung des Bürgers in der Gemeinschaft ist die auf der Rechtsprechung des Europäischen Gerichtshofes beruhende unmittelbare Anwendbarkeit der staatsgerichteten und justitiablen Normen des Vertrages am wichtigsten. Diese Rechtsprechung hat die Bürger in den Mitgliedstaaten zu Rechtssubjekten der Integration gemacht. Die unmittelbare Anwendbarkeit des Gemeinschaftsrechts setzt ihren Vorrang vor widersprechendem nationalen Recht voraus. Dieser Vorrang wird mit Hilfe verschiedener Verfahren verwirklicht. In der Praxis hat sich das Vorlageverfahren des Art. 177, die Anwendung des unmittelbar geltenden Gemeinschaftsrechts durch die staatlichen Gerichte, als am wirksamsten erwiesen. Nur dieses Verfahren gewährleistet den Vorrang des Rechts, indem es die Politisierung der zugrunde liegenden Konflikte weitgehend verhindert.

b) Die Rechtsprechung zeigt in den Bereichen den höchsten Grad materiellrechtlicher Konkretisierung, in denen die Freiheitsgewährleistungen des Vertrages gegen staatliche Interventionen durchgesetzt werden. Durch die an den Zielen des Gemeinsamen Marktes orientierte Auslegung der Freiheitsgarantien ist das Gemeinschaftsrecht in seinen auch praktisch wichtigsten Teilen Richterrecht. Die Konkretisierbarkeit des Verbots von Maßnahmen gleicher Wirkung in Art. 30 oder der Wettbewerbsregeln beruht auf der vom Vertrag vorausgesetzten und in Bezug genommenen Eigengesetzlichkeit freier Märkte und unverfälschten Wettbewerbs.

c) In den Bereichen, in denen dieser Bezug fehlt, vor allem in der Landwirtschaftspolitik, bietet auch die Rechtsprechung des Gerichtshofs nicht mehr als eine Legitimation durch Verfahren. Alle Erfahrungen, auch die außerhalb der EG, deuten darauf hin, daß sich die regionale oder sektorale Wirtschaftsplanung der rechtsstaatlichen Kontrolle im Ergebnis entzieht. Übrig bleibt die Prüfung der formellen Ordnungsmäßigkeit des Verfahrens, der Delegation und der Entscheidungsbegründung. Das gilt vor allem für die Politiken, die auf einen sachlich begrenzten Finanzausgleich zwischen den Mitgliedstaaten gerichtet sind (Regionalpolitik, Forschungspolitik, Sozialpolitik). Diese Politiken bestehen im wesentlichen in der Verteilung von Finanzhilfen. Es gilt aber ebenso für die sektorale Industriepolitik. Hier haben sich die zwingenden Regeln des Gemeinschaftsrechts wiederholt als nicht ausreichend erwiesen, um die Konflikte zwischen den Mitgliedstaaten zu vermeiden oder zu lösen. Selbst die Kommission als die berufene Hüterin des Gemeinschaftsrechts hat vermeintlich politischen Notwendigkeiten in wichtigen Fällen den Vorrang vor der Beachtung des Gemeinschaftsrechts eingeräumt. Die Degenerierung des Gemeinsamen Marktes für Stahl in einen staatlichen Subventionswettbewerb gehört in diesen Zusammenhang. Die Kommission hat ihre Aufgabe im wesentlichen darin gesehen, diese Entwicklung trotz des klaren Subventionsverbotes des Montanvertrages industriepolitisch zu steuern. Am Ende hat der politische und der ökonomische Mißerfolg gestanden. Die Erfahrungen der EG sprechen ferner dafür, daß Staaten strukturell unfähig sind, sich am System der Arbeitsteilung auf der Grundlage der ökonomischen Leistung zu beteiligen. Die europäische industrielle Zusammenarbeit für fortgeschrittene Techniken, insbesondere für Satelliten, ist immer wieder daran gescheitert, daß die Staaten eine Beteiligung an den Aufträgen in Überstimmung mit ihren Finanzbeiträgen unabhängig davon forderten, inwieweit die heimische Industrie im gegenwärtigen Zeitpunkt zur Ausführung dieser Arbeiten überhaupt in der Lage ist.

d) Die angeführten Erfahrungen lassen sich für eine Weltwirtschaftsordnung generalisieren. Die Wohlfahrt, d.h. die Verteilung der Güter und des Reichtums, hat, wie Kant lehrt, als solche kein Rechtsprinzip. Verteilungsfragen sind, jedenfalls auf internationaler Ebene, Machtfragen, die sich als solche nicht durch rechtsförmige Verfahren lösen lassen. Die Begründung von Verteilungsforderungen mit Hilfe rechtlicher Überlegungen vermag die zugrunde liegenden politischen Konflikte nicht zu neutralisieren.

e) Der Charakter der Europäischen Wirtschaftsgemeinschaft als einer übernationalen Rechts- und Wirtschaftsordnung bewährt sich im wesentlichen dadurch, daß die Bürger in den Mitgliedstaaten zu Rechtssubjekten der Gemeinschaft geworden sind. Einer entsprechenden Entwicklung steht auf der Weltebene das Souveränitätsverständnis der Länder der dritten Welt und der sozialistischen Staaten entgegen. Die normative Verankerung des Freihandels und des Prinzips unverfälschten Wettbewerbs scheitert an den entgegenstehenden planwirtschaftlichen Wirtschaftsordnungen und an den wirtschaftspolitischen Forderungen der Länder der dritten Welt. Die im Rahmen der neuen Weltwirtschaftsordnung im Mittelpunkt stehenden Fragen nach einer Umverteilung von Reichtum und Macht sind politische Machtfragen, die der Entwicklung einer neuen Weltwirtschaftsordnung eher im Wege stehen als sie fördern. Das gilt jedenfalls dann, wenn man den Kern einer Wirtschaftsordnung darin sieht, daß sie die für den Wirtschaftsablauf maßgeblichen Prinzipien normativ festlegt. Betrachtet man die Wirklichkeit des gegenwärtigen Weltwirtschaftssystems, so wird deutlich, daß seine Funktionsfähigkeit immer noch von den Resten der Weltwirtschaftsordnung abhängt, wie sie am Ende des Zweiten Weltkrieges im Gefolge der Havanna-Charter geschaffen wurde. Die Weltmarktpreise sind selbst für die sozialistischen Planwirtschaften der Maßstab für rationales ökonomisches Handeln. Das Weltwährungssystem hängt in seiner gefährdeten Funktionsfähigkeit ab von der Stabilität der Währungen der Industrieländer. Die Gefährdungen des Weltwährungssystems kommen in der Überschuldung wichtiger Staaten zum Ausdruck. In dieser Beziehung besteht zwischen den Kontinenten Amerikas, besonders Südamerikas, Afrikas und der sozialistischen Planwirtschaften kein grundsätzlicher

Unterschied. Alle Kontinente haben zu der krisenhaften Lage beigetragen. Die Gefährdungen sind darauf zurückzuführen, daß die Banken der Hartwährungsländer im internationalen Bereich keiner wirksamen Bankenaufsicht unterstehen und die Instrumente der nationalen Notenbanken nicht oder nur unzureichend greifen. Man kann nur hoffen, daß die jetzt auf nationaler Ebene in Angriff genommenen Reformen nicht zu spät kommen. Das gleiche gilt für den wachsenden Protektionismus, auch im Verhältnis der Industriestaaten untereinander. Faktisch hängt mithin die Funktionsfähigkeit des Wirtschaftssystems davon ab, daß die Industrieländer mit harter Währung in der Lage sind, in ihrem Verhältnis zueinander die Prinzipien des Freihandels und der Konvertibilität der Währungen zu bewahren. Diese Aufgabe ist, wie die Europäische Wirtschaftsgemeinschaft eindringlich zeigt, schwierig genug. Angesichts gegensätzlicher Wirtschaftsordnungen in der Welt scheint mir der Weg zu einer rechtlich begründeten neuen Weltwirtschaftsordnung verschlossen zu sein. Um so größeres Gewicht kommt der Frage zu, in welcher Weise die nach verschiedenen Prinzipien organisierten Wirtschaftsordnungen miteinander kooperieren. Damit kehren wir zurück zur juristischen Wirklichkeit, nämlich zur Anwendung des nationalen Wirtschaftsrechts auf internationale Sachverhalte.

IV. Die internationale Anwendung nationalen Wirtschaftsrechts

Über die Rolle, die dem Internationalen Privatrecht im internationalen Wirtschaftsverkehr zukommt, will ich nichts sagen. Ich möchte einige Hinweise geben auf das Verhältnis des Internationalen Privatrechts zum internationalen Wirtschaftsrecht und auf Tendenzen ihrer Entwicklung im Verhältnis zueinander. Ein Grund für einen teilweisen Funktionsverlust des internationalen Privatrechts ist das Vordringen der zwingenden Normen öffentlichen Wirtschaftsrechts. Die Anwendung dieser Normen steht nicht zur Disposition der Parteien. Sie werden von den Gerichten anderer Staaten als öffentliches Recht grundsätzlich nicht angewendet. Materiellrechtliche Geltung und kollisionsrechtlicher Anwendungsbereich fallen zusammen. Die Rede von einseitigen Kollisionsnormen darf nicht darüber hinwegtäuschen, daß es sich der Sache nach um die einseitige materiellrechtliche Anwendung der Normen nationalen Rechts auf Sachverhalte mit Auslandsbezug handelt. Das nationale und auch das europäische Recht können ihren internationalen Geltungsbereich selbst bestimmen. Als völkerrechtliche Grenze gilt dabei das Territorialitätsprinzip unter Beachtung des Prinzips der Nichteinmischung. Unterschiede im internationalen Geltungsbereich nationaler Normen sind auf Erwägungen gesetzgeberischer und wirtschaftspolitischer Zweckmäßigkeit, nicht auf internationalrechtliche Grenzen zurückzuführen. Die weitreichende und grundsätzliche Problematik läßt sich anhand eines Verfahrens zeigen, das gegenwärtig von der Kommission der Europäischen Gemeinschaften gegen die International Business Machine Corporation (IBM) geführt wird. Gegen die Einleitung des Verfahrens und die Übersendung der Beschwerdepunkte machte IBM geltend, jede Entscheidung der Kommission der Europäischen Gemeinschaften über das Marktverhalten des Unternehmens werde die Wettbewerbsbedingungen weltweit verändern. Dies sei der Grund, aus dem der Gemeinschaft aus völkerrechtlichen Gründen die Zuständigkeit zur Durchführung eines solchen Verfahrens fehle (EuGH, 11. XI. 1981, IBM/Kommission, Rs. 60/81, Slg. 1981, 2639). Die Argumentation mag als Plädoyer für die Notwendigkeit einer Weltregierung überzeugend sein. Als Maxime für die Einschränkung nationaler Zuständigkeiten ist sie ungeeignet. Sie liefe im Ergebnis darauf hinaus, daß weltweit tätige Unternehmen der Anwendung nationalen oder regional begrenzten übernationalen Rechts entzogen wären. Es ist ein Kennzeichen für den fortschreitenden Protektionismus zwischen den Industriestaaten, daß sie nicht mehr bereit sind, die internationale Anwendung nationalen Wirtschaftsrechts, insbesondere des Kartellrechts, hinzunehmen, wenn dadurch nationale Unternehmen betroffen werden. Die englische Gesetzgebung, die gegen die Anwendung des amerikanischen Antitrustrechts gerichtet ist (Protection of Trading Interests Act), dokumentiert die Identifikation von Staaten mit den Interessen »ihrer Unternehmen«. Die internationale Konsultation und Kooperation auf diesem Gebiet mag auf der Ermittlungs- und Verfahrensebene sinnvoll sein. Wenn man die Anwendbarkeit des nationalen Rechts von der Zustimmung potentiell betroffener Staaten abhängig machen würde, wäre damit zu rechnen, daß die nationalen Rechte im Dienste einer internationalisierten bilateralen Industriepolitik fortschreitend außer Kraft gesetzt würden. Die sog. Selbstbeschränkungsabkommen im internationalen Wirtschaftsverkehr sind dafür ein kennzeichnendes Beispiel. Kartelle hören nicht deshalb auf, den Wettbewerb zu beschränken, weil man von Selbstbeschränkungen spricht.

Betrachtet man die angeführten Konflikte im Hinblick auf eine rechtliche Ordnung der Weltwirtschaft, so zeigt sich, daß zwischen Ländern gegensätzlicher Wirtschaftsordnungen gemeinsame wirtschaftsrechtliche Regelungen wegen der Rückwirkung auf die interne Wirtschaftsordnung nahezu ausgeschlossen sind. Nicht ausgeschlossen ist dadurch jedoch der Wirtschaftsverkehr nach den Regeln des Privatrechts.

So wird der Wirtschaftsverkehr zwischen sozialistischen Planwirtschaften und privatwirtschaftlich geführten Unternehmen ganz auf der Ebene des Privatrechts abgewickelt (Vgl. Mestmäcker, Rechtsgrundlagen der Verträge über die Errichtung großer Industrieanlagen und Anlagen zur Rohstoffgewinnung auf Kompensationsbasis zwischen der Bundesrepublik Deutschland und der Sowjetunion, in: Deutsches und Sowjetisches Wirtschaftsrecht II. Studien zum ausländischen und internationalen Privatrecht, Bd. 9 [1983], 207–226). Zwar vereinbart man Schiedsgerichte und die Geltung einer neutralen Rechtsordnung, aber diese Vereinbarungen sind kaum je praktisch geworden. Ein Kennzeichen der vertraglichen Regelungen ist ihre Ausführlichkeit, weil sie nicht auf ein in den Grundzügen übereinstimmendes Privatrecht zurückgreifen können. Diese Art des Wirtschaftsverkehrs bedeutet nicht, daß keine Konflikte auftreten, die wirtschaftsrechtlich erheblich werden können. Erwähnt seien die Nebenwirkungen, die von den Kreditbedingungen mit Staatsbürgschaft ausgehen können, die Problematik der Kompensationsvereinbarungen mit Abnahmegarantien bei der Lieferung von Industrieanlagen oder die Vereinbarungen über die Übertragung von technischem Know-how bei Fehlen eines nationalen Patentrechts. Diese Fragen können zwar von den nationalen oder überregionalen Gesetzgebern einseitig geregelt werden. Im Ergebnis scheint jedoch bisher das gemeinsame Interesse am Wirtschaftsaustausch größer gewesen zu sein als ordnungspolitische Bedenken.

V. Schluss

Ich habe versucht, die verschiedenen Perspektiven aufzuzeigen, unter denen die Ordnung der Weltwirtschaft für den Juristen erheblich wird. Die Perspektiven einer Weltwirtschaftsordnung sind zu unterscheiden von den Regeln, die für die Anwendung nationalen Rechts auf grenzüberschreitende Sachverhalte gelten. Beiden Betrachtungsweisen gemeinsam ist das Problem, daß Beziehungen zwischen verschiedenen Rechts- und Wirtschaftssystemen zu regeln sind. Weil unter den gegenwärtigen politischen und wirtschaftlichen Bedingungen weltrechtliche Überlegungen nur in engen, technisch erzwungenen Bereichen Aussicht auf Verwirklichung haben, kommt der Abstimmung der verschiedenen Rechts- und Wirtschaftssysteme aufeinander um so größere Bedeutung zu. Dies sind die Fragen, mit denen sich die weiteren Beiträge beschäftigen werden. Auch deren Lösung trägt zur Ordnung der Weltwirtschaft bei, wenn auch ganz überwiegend in dem von nationalen Gesetzgebern bestimmten Rahmen.

Teil 1
Grundlagen des internationalen Privatrechts

Öffentliches Recht und internationales Privatrecht

Kurt Lipstein, Cambridge

I.

1. Bis vor kurzem war es geradezu axiomatisch, daß öffentliches Recht territorial ist und der Respekt vor der Souveränität anderer Staaten seine Anwendung außerhalb der Grenzen des Staates, der es erließ, unmöglich macht. Schon seit Huber die Statutenlehre widerlegte, ist bekannt, daß Gesetze automatisch innerhalb der Grenzen des erlassenden Staates gelten, aber nicht außerhalb[1]. Die Anwendung ausländischen Rechts hängt von den IPR-Regeln der einzelnen Staaten ab; weder anderes staatliches Recht noch Völkerrecht zwingt zur Anwendung von spezifischen Regeln ausländischen Rechts.

Trotzdem haben die Untersuchungen von F. A. Mann[2] nochmals versucht, die Grenzen aufzuzeigen, die der gesetzgebenden, ausführenden (Exekutive) und richterlichen Gewalt der Staaten vom Völkerrecht auferlegt werden[3]. Nicht nötig ist, hier zu behandeln, ob und in welchem Ausmaß solche Regeln de lege lata bestehen. Soweit es öffentliches Recht betrifft, ist bedeutsam, daß, anders als bei der Behandlung des Privatrechts, Mann nur die Grenzen untersucht, innerhalb deren der Staat die Macht hat, öffentliches Recht zu erlassen und durch seine eigenen Gerichte, oder außerhalb seiner Grenzen, in die Tat umzusetzen. Die Frage, ob solche Gesetze oder Verwaltungsakte in anderen Ländern berücksichtigt, anerkannt oder möglicherweise vollstreckt werden und, bejahendenfalls, ob Rechtsanwendungsregeln bestehen, die solche Gesetze und Verwaltungsakte behandeln, blieb bei Mann mehr oder weniger unberührt. In der Tat hat eine angesehene Stimme angedeutet, daß einschlägige staatliche Rechtsanwendungsregeln bislang nicht bestehen[4]. Es ist niemals behauptet worden, daß die vom Völkerrecht den Staaten auferlegte Pflicht, nicht ihr öffentliches Recht zu exportieren, eine entsprechende Pflicht

1 Praelectiones II.1.3.2; Heedendagse Rechtsgeleertheyt I,3,4; De jure civitatis III 4.1.14.
2 Rec. des Cours 1964 I, 1; 46 (1972–1973) Brit. Y. B. Int. L. 117.
3 Lipstein, Rec. des Cours 1972 I, 167ff., 192ff.
4 Lalive, Ann. Inst. Dr. Int. 56 (1975), 252.

anderer Staaten einschließt, solche Gesetze nicht anzuerkennen oder anzuwenden – unabhängig davon, ob diese Gesetze innerhalb ihrer zulässigen Grenzen oder ganz allgemein gelten wollen.

2. Im Jahre 1975 sprach sich das Institut de Droit international zugunsten der Einbeziehung öffentlichen Rechts in ein breiter gefaßtes Rechtsanwendungssystem aus[5], das die folgenden Prinzipien enthält:

(1) Die Verweisung auf ausländisches Recht als lex causae schließt dessen öffentliches Recht ein.

(2) Inzidenter kann ausländisches öffentliches Recht eine Tatsache oder ein *datum* darstellen.

(3) In beiden Fällen schließt öffentliches Recht nicht nur die zum Schutz von Einzelpersonen, sondern auch die zum Schutz des Staates erlassenen Regeln ein.

(4) Gegenwärtig ist die Anwendung dadurch begrenzt, daß
 (a) ausländisches öffentliches Recht als territorial begrenzt angesehen wird;
 (b) die Gerichtsbarkeit anderswo nicht ausgeübt werden kann, insbesondere in Verwaltungssachen;
 (c) keine völkerrechtliche Verpflichtung besteht, es sei denn kraft eines Staatsvertrages;
 (d) Ansprüche ausländischer Behörden oder internationaler Institutionen, die auf öffentliches Recht in Ausübung eines *jus imperii* gestützt werden, nicht verfolgt werden können, es sei denn kraft eines Abkommens;

(5) De lege ferenda sollten solche Ansprüche erlaubt werden,
 (a) falls nach der Meinung des Staates des Forums die spezifische Natur des Anspruchs (z. B. eines aus dem Sozialversicherungs- oder Arbeitsrecht) ihre Durchsetzung rechtfertigt;
 (b) falls nach der Meinung des Staates des Forums der Anspruch *jure gestionis* erwächst oder doch aus einem privatrechtlichen Anspruch folgt oder ihm akzessorisch ist.

Endlich kam das Institut auf die Frage zurück, ob solche Ansprüche nach Völkerrecht in anderen Staaten durchgesetzt werden müssen, und verneinte dies.

3. Es ist behauptet worden, daß die Nichtanwendung ausländischen öffentlichen Rechts auf der Territorialität des öffentlichen Rechts beruht. Solch eine Phrase[5] behandelt irrig die fehlende Macht eines Staates, sein Recht und seine Verwaltungsakte zu *exportieren*, als identisch mit der fehlenden Macht anderer Staaten, die Gesetze und Verwaltungsakte anderer Staaten zu *importieren*. Modernes IPR beweist dies. Trotzdem muß man zugeben, daß de lege lata die

5 Ann. Inst. Dr. Int. 56 (1975), 550; 57 II (1978), 2.

Kriterien für eine solche Anwendung noch unklar sind, und de lege ferenda hat die Debatte kaum begonnen.

Schließlich: da der *ordre public* im IPR dazu dient, ausländisches Recht, das normalerweise anwendbar wäre, auszuschließen, kann es nicht gleichfalls demselben Zweck dienen, ganze Materien ausländischen Rechts von vornherein aus dem Wege zu räumen, ehe feststeht, daß dieses ausländische Recht anwendbar ist. Falls aber damit nicht mehr gesagt wird, als daß gewisse Vorschriften der lex fori absolut Anwendung verlangen unter Ausschluß aller anderen Rechtssysteme, so stellt dies einen wertvollen Hinweis dar für die Lösung des Problems der Anwendung und Anerkennung ausländischen öffentlichen Rechts und ausländischer Verwaltungsakte.

4. Dieser Hinweis legt den Schluß nahe, daß es nicht der öffentlich-rechtliche Charakter des ausländischen Rechts ist, der eine Rechtswahl ausschließt. Es ist richtig, daß nach herrschender Meinung ausländisches Straf-, Verwaltungs- und Steuerrecht (einschließlich Stempelgebühren und Sozialabgaben) sowie Enteignungsmaßnahmen und Verfahrensrecht anderswo nicht angewandt werden. Jedoch erklärt der Charakter solcher ausländischer Rechte nicht allein, warum andere Länder sie nicht anwenden. Auch die Tatsache, daß diese Vorschriften absolut und ausschließlich in dem Lande gelten, wo sie erlassen wurden *(Territorialität)*, ist ebensowenig ein Grund wie die Tatsache, daß diese Vorschriften außerhalb der Staatsgrenzen Anwendung finden wollen (und damit die Souveränität anderer Staaten antasten).

Statt dessen muß der Grund in der lex fori der anderen Staaten zu suchen sein; diese sind frei, ausländisches öffentliches Recht in Betracht zu ziehen oder anzuwenden. Die einfache Feststellung, daß solche Vorschriften anderswo nicht Anwendung finden, erklärt nicht, warum dies so ist. Der wahre Grund ist, daß gewisse Vorschriften der lex fori absolut und ausschließlich Geltung beanspruchen und damit jede Möglichkeit einer Rechtswahl ausschließen.

Deshalb kann behauptet werden, daß nicht der öffentlich-rechtliche Charakter ausländischen Rechts – der auch zusätzlich ein Problem der Qualifikation auslösen würde –, sondern der Anspruch gewisser Vorschriften der lex fori, exklusiv zu wirken, den Schlüssel zur Lösung des vorliegenden Problems bietet. Die Frage ist, welche Vorschriften der lex fori diesen Charakter besitzen und ob solche absolut geltenden Vorschriften ihren Anspruch auf Ausschließlichkeit beschränken und somit ausländischem Recht ähnlicher Natur Einlaß gewähren[7].

6 Mann, Rec. des Cours 1964 I, 113ff.

7 Lalive (Fn. 4), 165, 235; Mann, RabelsZ 21 (1956), 10f.; ders., 40 (1955) Transactions of the Grotius Society 25, 32ff.

5. Soweit privatrechtliche Vorschriften betroffen sind, ist wohl klar, daß sie normalerweise allgemein wirken, ohne eine Beschränkung ratione personae oder loci, und daß jedes Rechtssystem mittels seiner IPR-Regeln (die einseitig oder zweiseitig sein können) bezüglich gewisser Kategorien von Vorschriften auf ausländisches Recht verweisen kann.

Diese Verweisung auf ausländisches Recht ersetzt nicht nur das nachgiebige Recht (»droit supplétif«) der lex fori, sondern auch deren unabdingbare Vorschriften. Ein Unterschied besteht aber für absolut und ausschließlich geltende Regeln. Nicht nur enthalten sie keine Verweisung auf ausländisches Recht, sondern sie schließen es auch aus. Nur ausnahmsweise lassen sie es zwecks kumulativer Ergänzung des eigenen öffentlichen Rechts zu (wie gezeigt werden soll).

Die Frage ist darum, ob unter gewissen Umständen die absoluten Vorschriften der lex fori überhaupt ausländisches öffentliches Recht zulassen, und welches diese Umstände sind. Zur Beantwortung ist es notwendig, die einzelnen Vorschriften zu untersuchen und gegebenenfalls durch Auslegung zu ermitteln, ob sie absolute und exklusive Wirkung beanspruchen oder ob sie unter gewissen Umständen ausländische Vorschriften gleicher Art zwecks Anerkennung oder Anwendung zulassen. Somit ist die Untersuchung darauf beschränkt, die Grenzen der lex fori – d.h. inwieweit sie absolut gilt – zu ermitteln. Es verbleibt die zusätzliche Frage, ob mehr generelle Folgerungen gezogen werden können.

In diesem Zusammenhang muß unterschieden werden zwischen der Anwendung des ausländischen öffentlichen Rechts, das lediglich verbietend wirkt, und desjenigen, das positives Handeln verlangt. Auch ist entscheidend, ob die Anwendung direkt erfolgt oder inzident, gleich einer Vorfrage.

6. Der hier erarbeitete Begriff des öffentlichen Rechts schließt nicht nur Strafrecht, Steuerrecht, Sozialabgaben und Enteignungen ein – Fälle also, in denen der einzelne dem Staat gegenübersteht –, sondern ebenfalls Vorschriften, die die Interessen des Staates beinhalten, insbesondere wirtschaftlicher Art als Ausdruck des wirtschaftlichen »dirigisme«, die indirekt wirken, indem sie privatrechtliche Beziehungen zwischen Einzelpersonen beeinflussen. Dieser Art sind potentiell Kartell-, Monopol- und Währungsgesetze, Moratorien, Import- und Exportbeschränkungen, Preiskontrollbestimmungen, Vorschriften zum Schutz wirtschaftlich schwacher Parteien, wie z.B. Allgemeine Geschäftsbedingungen und Arbeitsgesetze, einschließlich derjenigen, die die Beziehungen von Arbeitgebern und Handelsagenten betreffen, sowie Börsenkontrollbestimmungen.

Alle diese Vorschriften haben eines gemein: sie sind bindend und erlauben keine vertragliche Abänderung. Jedoch sind nicht alle Vorschriften, die keine vertragliche Abänderung erlauben, allein aus diesem Grund öffentlich-rechtlicher Art. Manche Vorschriften, die *jus cogens* darstellen, sind nur dann bindend, falls das sie enthaltende Rechtssystem kraft der IPR-Regeln der lex fori auf das privatrechtliche Rechtsverhältnis Anwendung findet[8].

7. Die Frage ist deshalb, wann – vom IPR aus gesehen – bindende Vorschriften absolut und darum als öffentliches Recht gelten. Gegenwärtig scheint es, als ob die Natur gewisser Rechtsmaterien diesen nach allgemeiner Meinung den Charakter öffentlichen Rechts verleiht mit der Folge, daß gleiche Vorschriften ausländischen Rechts nicht in Frage kommen, während die Antwort bezüglich anderer Materien unsicher bleibt.

In der letzten Zeit ist die Aufmerksamkeit auf einen Typ von Vorschriften gelenkt worden, die unter verschiedenen Bezeichnungen bekannt geworden sind: »règles d'application immédiate, normes fixant leur propre domaine d'application, norme con apposita delimitazione della sfera di efficacia, norme autolimitate, norme di applicazione necessaria, selbstgerechte Normen, spatially conditioned internal rules, legislatively localised laws, laws containing localising limitations, functionally restricting rules oder auch special substantive rules for multi-State problems«.

Es hat sich jedoch als schwierig erwiesen, zu entscheiden, ob eine bestimmte Vorschrift der einen oder anderen dieser Kategorien angehört. Hier soll trotzdem versucht werden, die Eigentümlichkeiten solcher Vorschriften zu beschreiben.

8. Vielleicht kann englisches Recht, obwohl oder auch weil es die Spaltung zwischen öffentlichem Recht und Privatrecht nicht kennt, hier einen Beitrag leisten. Dort ist es nicht ungewöhnlich, Gesetze *ratione personae* oder *ratione loci* zu begrenzen oder einem Gesetz absolute oder sogar exklusive Wirkung zuzuerkennen. Allerdings muß eine andere (neue) gesetzgeberische Technik als irrelevant beiseite gelassen werden. Es handelt sich dabei um Gesetze, die eine »particular choice of law clause« (eine spezifische Verweisung auf ein gewisses Rechtssystem) enthalten; z. B. kann ein Gesetz materiellrechtliche Vorschriften enthalten mit der Maßgabe, daß sie nur Anwendung finden, falls englisches Recht gemäß englischem IPR anwendbar ist[10].

Hier ist von einer anderen Entwicklung die Rede. Gemäß einer alten Praxis werden in England Gesetze als territorial begrenzt behandelt, es sei denn, daß das Gesetz etwas anderes bestimmt oder anders ausgelegt wird[11]. Das heißt,

8 Neumayer, Rev. crit. d. i. p. 1958, 53, 55, 69; ders., RabelsZ 25 (1960), 649, 654; Lipstein, Festschrift für Zajtay, 1982, 357, 360.

9 Nachweise bei Lipstein, 26 (1977) Int. Comp. L. Q. 884f.; Kegel, Gedächtnisschrift für Ehrenzweig, 1976, 50ff.

10 Beispiele bei Lipstein (Fn. 8), 362.

11 *Ebenda*, 362 mit weit. Nachw.

gleich Gesetzen des französischen oder deutschen Rechtskreises sind englische Gesetze nur anwendbar, falls englisches Recht die *lex causae* bildet, können jedoch andererseits auch nur auf solche Sachlagen Anwendung finden, die innerhalb des Gebietes erwachsen, in dem sie Geltung besitzen. Aus diesen einfachen Anfängen erwuchsen verschiedene Typen.

9. Gewisse Gesetze sind *ratione personae* oder *ratione loci* begrenzt: z. B. findet der *Inheritance (Family and Dependants) Act* 1975, s. 1, nur Anwendung, falls der Erblasser mit einem englischen Domizil verstarb; der *Equal Pay Act* 1970, s. 1 (2), (7), gilt nur für Unternehmen in Großbritannien; der *Unfair Contract Terms Act*, s. 26 (3), (4), gilt nur für Vertragspartner in verschiedenen Ländern.

Manche Gesetze gehen weiter, indem sie eine örtliche Beschränkung mit einer Vorschrift verbinden, wonach innerhalb dieser Grenzen das Gesetz anwendbar ist, unabhängig davon, ob englisches oder ausländisches Recht das Rechtsverhältnis als solches beherrscht; z. B. gelten gewisse arbeitsrechtliche Vorschriften nur, falls die Arbeit normalerweise in England ausgeführt wird, gleich welches Recht auf den Vertrag als solchen anwendbar ist[12]; andere arbeitsrechtliche Regeln gelten für alle Arbeitsperioden in England, selbst wenn der Vertrag im allgemeinen im Ausland erfüllt werden muß[13]. Gleichfalls enthalten Gesetze, die internationale Übereinkommen in englisches Recht verwandeln, vom *Carriage by Air Act* 1961 an, gewisse territoriale Beschränkungen, innerhalb deren sie absolut und exklusiv Geltung beanspruchen. So findet der *Carriage of Goods by Sea Act* 1971, s. 1 (1), und *Schedule, Art. X* auf Konnossemente für Transporte zwischen mehreren Staaten Anwendung,

(a) falls sie in einem Vertragsstaat oder

(b) für einen Transport ab einem in einem Vertragsstaat gelegenen Hafen ausgestellt sind oder

(c) falls der Transportvertrag auf die Haager Regeln oder auf eine einzelstaatliche Gesetzgebung verweist, die diese übernommen hat.

In England ist entschieden worden, daß dieses Gesetz Anwendung findet, selbst wenn das Konnossement fremdem Recht unterliegt[14].

Einige Gesetze gehen noch weiter und beanspruchen absolute und exklusive Geltung ohne irgendwelche örtliche oder persönliche Beschränkung. Z. B. besagt der *Law Reform (Miscellaneous Provisions) Act* 1970, s. 1 (1):

»An agreement between persons to marry one another shall not under the law of England and Wales have effect as a contract giving rise to legal duties,

12 *Ebenda*, 363.
13 *Ebenda*, 363.
14 *The Hollandia*, [1982] 3 All E. R. 1141 (H. L.) auf Berufung von [1982] 1 All E. R. 1076 (C. A.).

and no action shall lie in England and Wales, whatever the law applicable to the agreement.«

Art. 7 des EWG-Übereinkommens über das auf vertragliche Schuldverhältnisse anzuwendende Recht vom 19.6.1980, das belgische Gesetz vom 27.7.1961 betreffend ausschließliche Handelsvertreterverträge von unbestimmter Dauer[15] und das deutsche Gesetz zur Regelung des Rechts der Allgemeinen Geschäftsbedingungen vom 9.12.1976[16] folgen derselben Methode. Im Weg der Auslegung ist eine gleiche Tragweite den Art. 375 bis 375-8 des französischen Code civil[17], § 6 des deutschen Börsengesetzes vom 22.6.1896[18] und § 98 Abs. 2 des deutschen Gesetzes gegen Wettbewerbsbeschränkungen vom 24.9.1980[19] zuerkannt worden.

10. Für die hiesigen Überlegungen sind lediglich die letzten zwei Typen von Gesetzen von Bedeutung, die absolute und (oder teilweise) exklusive Geltung beanspruchen. Diese Gesetze betreffen entweder die aktive Erfüllung von Verpflichtungen oder, negativ, das Verbot gewisser Tätigkeiten. Ferner verlangen sie Anwendung durch die Gerichte des gesetzgebenden Landes unabhängig davon, ob ausländisches oder lokales Recht auf das Rechtsverhältnis Anwendung findet und ob das Rechtsverhältnis zwischen Privatpersonen oder zwischen dem einzelnen und dem Staat besteht.

Dieser absolute und exklusive Charakter hat schon Savignys Aufmerksamkeit erweckt, als er zwischen der *negativen* und der *positiven* Funktion des *ordre public* unterschied[20], sowie die von Pillet, der von »lois rigoureusement obligatoires« spricht[21], und neuerdings von all denjenigen, die sich mit »règles d'application immédiate« und dergleichen befassen. Die Tatsache, daß der *US Supreme Court* als Hüter der Verfassung sich damit beschäftigte, ob die *Workmens' Compensation Acts* mehrerer Staaten ein Interesse hatten, angewandt zu werden, mag auch die ursprüngliche Haltung von Currie beeinflußt haben, indem er den Akzent auf das berechtigte Interesse eines Gesetzes legte, unter Ausschluß jeder Rechtswahl Anwendung zu finden, selbst wenn das Rechtsverhältnis ausschließlich privatrechtlicher Natur ist.

11. Ich glaube, der Schlüssel zur Lösung des vorliegenden Problems muß in dem Anspruch der lex fori gefunden werden, absolut und (ganz oder teilweise) exklusiv zu gelten. Vom Standpunkt der lex fori aus gesehen, die allein eine

15 Lipstein (Fn. 8), 363.
16 *Ebenda*, 363.
17 *Ebenda*, 364 Fn. 33.
18 *Ebenda*, 364 Fn. 33.
19 *Ebenda*, 364 Fn. 33.
20 System des heutigen Römischen Rechts VIII (1849), § 349, S. 35; § 361, S. 130.
21 Traité pratique de droit international privé II, 1924, 236ff.

Rechtswahl bestimmt, sind alle Vorschriften der lex fori, die unbedingte Anwendung beanspruchen, öffentlich-rechtlicher Art, selbst wenn sie ratione personae oder ratione loci begrenzt sind. Sie finden Anwendung, gleich welchem Recht das Rechtsverhältnis vor Gericht unterworfen ist. Die Frage ist nur, in welchem Umfang gleichartige Vorschriften anderer Rechtssysteme heutzutage anerkannt oder angewandt werden, verneinendenfalls, in welchem Umfang eine solche Anerkennung oder Anwendung wünschenswert ist und mit der Anwendung der Vorschriften des öffentlichen Rechts (im hier gebrauchten Sinn) des Forums vereinbar ist[22].

Eine Folgerung ist bereits jetzt klar: Wenn die lex fori eine Reihe von fremdrechtsfeindlichen und selbstgenügsamen Vorschriften enthält (wie sie hier beschrieben wurden), besteht zwar keine Möglichkeit, ausländisches Recht als Alternative anzuwenden. Jedoch ist eine Kumulation *supplemendi et adiuvandi gratia* nicht ausgeschlossen. Innerhalb dieses Rahmens ist die Anerkennung und Anwendung ähnlicher ausländischer Vorschriften nicht ausgeschlossen, falls der Anspruch der lex fori auf absolute Geltung beschränkt ist und einen gewissen Spielraum offenläßt oder wenn die Vorschriften des ausländischen Rechts inzidenter als *data* fungieren.

II.

1. *Ausländische, absolut geltende Vorschriften des ausländischen, auf einen Vertrag anwendbaren Rechts*

12. In der Literatur verschiedener Länder ist die Meinung vertreten worden, daß eine Verweisung seitens des IPR des Forums auf ein ausländisches Recht nicht nur das ausländische Privatrecht, sondern auch dessen öffentliches Recht (in dem hier gebrauchten weiten Sinn) einschließen kann[23].

Dies bedeutet, daß ein zwischen Einzelpersonen bestehendes Rechtsverhältnis vom öffentlichen Recht der ausländischen *lex causae* betroffen werden kann. Jedoch ersetzt das letztere nicht dasjenige der *lex fori;* es ergänzt es. Es ist hier nicht nötig, die Frage zu untersuchen, ob das ausländische öffentliche Recht als Bestandteil der ausländischen lex causae Anwendung findet oder ob es inzidenter als ein faktisches *datum* behandelt wird.

22 Heiz, Das fremde Recht im internationalen Kollisionsrecht, 1959, 36; ebenso Mann, RabelsZ 21 (1956), 8 ff.; Neumayer, RabelsZ 25 (1966), 649, 654 sub b.

23 Lalive, Ann. suisse dr. int. 27 (1971), 135; Ann. Inst. dr. int. 56 (1975) 253; Mann, RabelsZ 21 (1956), 3; Zweigert, Rev. crit. d. i. p. 1965, 646 ff.; Neumayer, Rev. crit. d. i. p. 1957, 579; 1958, 53; van Hecke, Rec. des Cours 1969 I, 493; ders., Rev. belge dr. int. 1969, 62, 64. Soergel-Kegel, Kommentar zum Bürgerlichen Gesetzbuch VII, 10. Aufl. 1970, Rn. 285 vor Art. 7 EGBGB; Conforti, Riv. dir. int. 47 (1964), 117 mit Nachweisen; ders., L'esecuzione delle obbligazioni, 1962, 47.

Im letzteren Sinn kann es als das Gegenstück zur Vorfrage im IPR verstanden werden. Jedoch unterscheidet es sich von der Vorfrage, da diese eine subsidiäre Rechtswahl benötigen kann[24]. Statt dessen wird hier eine bestimmte Vorschrift oder ein Rechtsakt öffentlich-rechtlicher Art in das auf das Rechtsverhältnis als Ganzes anwendbare Recht allein aufgrund der Tatsache integriert, daß die Vorschrift oder der Rechtsakt besteht.

Die amerikanische „*Act of State*"-Lehre beruht auf derselben Einsicht; der Rechtsgrund liegt im Völkerrecht. Die englische Regel in Phillips v. Eyre[25] ist ein weiteres Beispiel für diese Denkart.

Andererseits ist klar, daß Vorschriften des ausländischen öffentlichen Rechts, die eine positive Verpflichtung gegenüber Behörden eines fremden Staates auferlegen, nicht zugunsten dieses Staates oder seiner Regierung im Rahmen eines privatrechtlichen Rechtsverhältnisses vom lokalen Forum angewandt werden.

2. *Ausländische, absolut geltende Vorschriften der ausländischen lex loci solutionis*

13. Es ist nunmehr möglich, die Frage zu beantworten, ob eine Verletzung der öffentlich-rechtlichen Vorschriften der *lex loci solutionis,* falls nicht identisch mit der *lex causae,* zusätzlich in Betracht gezogen werden muß. Es ist natürlich möglich, Vorschriften – einschließlich derjenigen öffentlichen Rechts – anderer Rechte als der lex fori und der lex causae zu mißachten. Dem stehen jedoch Effektivitätsüberlegungen entgegen. Stimmen sind geäußert worden, daß eine Sonderanknüpfung geschaffen werden muß, die eine separate, zusätzliche und damit kumulative Rechtswahlregel beinhaltet. Diese könnte aus denselben Tatbestandsmerkmalen *(operative facts)* bestehen, wie sie die Hauptverweisungsregel enthält, verbunden mit einem anderen Anknüpfungspunkt. Sie würde somit allgemein auf ein zweites anwendbares Recht verweisen, einschließlich dessen öffentlich-rechtlicher Vorschriften[26] und unabhängig davon, ob die *lex causae* (falls nicht identisch mit der *lex fori*) die öffentlich-rechtlichen Vorschriften irgendeines anderen Landes beachten würde oder nicht.

Andererseits kann es aber auch sein, daß die zweite, zusätzliche Rechtsverweisungsregel nur den Zweck verfolgt, zu bestimmen, inwieweit das von einer gegebenen lex causae beherrschte Privatrechtsverhältnis vom öffentlichen Recht dritter Staaten beeinflußt werden kann – in erster Linie von der *lex loci solutionis.* Diese Folgerung wird durch die bekannte englische Entscheidung in

24 Lipstein, in: Jus Privatum Gentium, Festschrift für Max Rheinstein I, 1969, 411, 421.

25 (1970) L. R. 6 Q. B. 1.

26 Z. B. Neumayer, RabelsZ 25 (1960), 650.

Ralli Bros. v. *Cia Naviera Sota y Aznar*[27] bestärkt; hier wurde die spanische lex loci solutionis herangezogen, um zu entscheiden, ob gemäß dem auf den Vertrag anwendbaren englischen Recht, das auch die lex fori war, das privatrechtliche Verhältnis zwischen den Parteien von einem spanischen Verbot betroffen werden kann, das die Erfüllung verhinderte.

Falls die letztgenannte Erklärung richtig ist, so ergibt sich bereits die erste IPR-Regel für öffentliches Recht: Soweit es um Verträge geht, verweist eine besondere Regel auf das öffentliche Recht des Erfüllungsortes, um anhand des letzteren als eines *inzidenten datums* zu bestimmen, ob das privatrechtliche Verhältnis infolge einer abstrakten Vorschrift der lex loci solutionis nicht realisiert werden kann. Bejahendenfalls verbleibt die Frage, ob gemäß den materiellrechtlichen Bestimmungen des auf den Vertrag als solchen anwendbaren Rechts der Vertrag darum nichtig oder lediglich unklagbar geworden ist. Anders als allgemein die Vorfrage im IPR erfordert die Beachtung ausländischen öffentlichen Rechts nicht eine weitere Rechtswahl, sondern eine Untersuchung, ob es mit den absoluten Vorschriften der lex fori, d. h. mit deren öffentlichem Recht, vereinbar ist. Eine Prüfung, ob es mit der *lex causae*, falls verschieden von der *lex fori*, vereinbar ist[28], ist niemals notwendig.

3. *Absolut geltende Vorschriften anderer Rechtssysteme*

14. Bejaht man, daß in einigen Ländern Verbotsvorschriften mit absoluter Geltung im Lande des Erfüllungsortes als *lex lata* kraft einer besonderen IPR-Regel in Betracht gezogen werden, um als Tatsachen die absolut geltenden Vorschriften der lex fori und der lex causae zu ergänzen, und so auch *de lege ferenda* in Betracht zu ziehen sind, so verbleibt eine weitere Frage. Bestehen *de lege lata* zusätzliche IPR-Regeln, die auf ausländisches öffentliches Recht verweisen, oder sollen sie *de lege ferenda* eingeführt werden? Es ist zuzugeben, daß die Verweisung auf die lex loci solutionis meistens realistisch und effektiv ist; dennoch wird der Erfüllungsort manchmal künstlich bestimmt, und andere Länder mögen enger mit der Erfüllung einer Verpflichtung verbunden sein. In erster Linie kommt das am Wohnsitz des Beklagten geltende Recht in Betracht. Obwohl diese Lösung in England abgelehnt wird[29], ist es trotzdem offenbar so, daß, wenn es sich im Forum um die Erfüllung eines Vertrages handelt, der gemäß dem auf ihn anwendbaren Recht und den absolut geltenden Vorschriften der lex loci solutionis gültig ist, die absolut geltenden Vorschriften des am Wohnsitz des Schuldners geltenden Rechts nicht über-

27 (1920) 2 K. B. 287.

28 Soergel-Kegel (Fn. 23), vor Art. 7 EGBGB.

29 *Kleinwort Sons & Co.* v. *Ungarische Baumwolle Industrie* A.G., [1939] 2 K. B. 678; *Toprak* v. *Finagrain,* [1979] 2 LL. Rep. 98.

sehen werden sollten. Der Grund ist, daß von einem solchen Schuldner nicht erwartet werden kann, den absolut geltenden Vorschriften seines Wohnsitzrechts zuwiderzuhandeln; darum sollte er auch nicht zu Schadensersatz verurteilt werden, wenn er den Vertrag nicht erfüllt. Es ist zuzugeben, daß eine Verweisung auf das Recht des Schuldnerwohnsitzes Ausweichmanöver ermöglicht, indem der Schuldner seinen Wohnsitz in ein (anderes) Land verlegt, das die Erfüllung verbietet, nachdem er einen Vertrag eingegangen ist, der gemäß dem für diesen allgemein geltenden Recht gültig ist und nicht die absoluten Vorschriften der lex loci solutionis oder der lex fori verletzt.

Es fragt sich, ob auch die absoluten Vorschriften am Wohnsitz des Gläubigers in Betracht gezogen werden sollten. Obwohl es zunächst unwahrscheinlich erscheint, daß das dort geltende Recht betroffen wird, wenn ein anderes Recht die lex causae des Vertrages ist, der Erfüllungsort im Ausland liegt und der Schuldner im Ausland wohnt, so darf nicht übersehen werden, daß vertragliche Schuldverhältnisse meist zweiseitig sind und somit auch das Recht am Wohnsitz des Gläubigers berühren können. Auch die lex situs darf nicht übersehen werden, wenn das Rechtsgeschäft dort gelegene Güter betrifft[30]. Damit verbleibt die Frage, ob auch die absolut geltenden Vorschriften anderer Rechte berücksichtigt werden sollen. Die Praxis in England[31] und Deutschland[32] sowie Art. 7 Abs. 1 des EWG-Übereinkommens über das auf vertragliche Schuldverhältnisse anzuwendende Recht vom 19. 6. 1980[33] scheinen für diese Möglichkeit zu sprechen, ohne aber die einzelnen Umstände zu bestimmen, unter denen solche anwendbaren Rechte in Betracht gezogen werden sollen[34]. Indem das EWG-Übereinkommen einen Ermessensspielraum einräumt, gibt es zu Unsicherheiten Anlaß. Es bleibt zweifelhaft, ob die absolut geltenden Vorschriften anderer als der oben aufgeführten Rechte Beachtung verdienen.

4. *Die Qualifikation ausländischen Rechts als öffentlich rechtlich*

15. Die vorstehenden Überlegungen wirken sich auf die Notwendigkeit aus, ausländische Vorschriften als öffentlich-rechtlich zu qualifizieren, sowie auf die anzuwendende Methode. Keine Notwendigkeit dazu besteht, wenn man annimmt, daß eine Verweisung auf ausländisches Recht als solches dessen öffentlich-rechtliche Vorschriften einschließt. Die Notwendigkeit besteht nur,

30 Z. B. *Re Emery's Investment Trusts,* [1959] Ch. 411.

31 *Regazzoni* v. *Sethia,* [1958] A. C. 301.

32 Soergel-Kegel (Fn. 23).

33 ABl. 1980 L 266.

34 Van Hecke (Fn. 23), 493; Lalive, Ann. Inst. dr. int. 56 (1975), 240; Zweigert (Fn. 23), 649; Neumayer (Fn. 23), 1958, 23; Lipstein, Clunet 1961, 1134.

falls zusätzlich einer oder mehreren zusätzlichen IPR-Regeln ein Sachverhalt öffentlich-rechtlicher Art zugrunde liegt und die absolute Geltung beanspruchende Vorschriften der lex fori nicht exklusiv sind. Ob eine ausländische Vorschrift absolut Geltung verlangt, ist eine auf das ausländische Recht gestützte Sache der Auslegung.

5. Grenzen der vorstehenden Folgerungen

16. Es ist bemerkenswert, daß sich die Erörterung bislang auf die Wirkung ausländischen öffentlichen Rechts in dem hier gebrauchten Sinn auf Vertragsverhältnisse beschränkte. Der Grund ist, daß die Untersuchung ausländische Verbotsvorschriften behandelte, die kein direktes Handeln einer ausländischen Behörde voraussetzen. Ein anderer Grund ist, daß Schuldverhältnisse, die international verknüpft sind, oft mehrere Länder berühren. Status, Eigentum, Erbfälle und unerlaubte Handlungen stellen normalerweise Probleme, die nur ein Rechtssystem betreffen, doch ist auch hier die Notwendigkeit erkennbar, absolute Geltung erheischende Vorschriften anderer Rechte in Betracht zu ziehen, z. B. Beamte betreffende Ehehindernisse, Straßenverkehrsvorschriften u. a.

Da absolut geltende ausländische Vorschriften (d. h. ausländisches öffentliches Recht) als Tatsachen in einer Reihe von Fällen unter bislang unbestimmten und vielleicht unbestimmbaren Umständen berücksichtigt werden, üben sie einen größeren, obgleich örtlich begrenzten Einfluß in anderen Ländern aus als ausländische Privatrechtsnormen, da die letzteren nur kraft spezifischer IPR-Regeln der lex fori Anwendung finden. Andererseits wird ausländisches Privatrecht angewandt, während absolut geltende ausländische Verbotsvorschriften lediglich anerkannt und in Betracht gezogen werden.

III.

1. Direkte Anwendbarkeit ausländischen öffentlichen Rechts

17. Ein ganz anderes Problem ist, ob ausländisches öffentliches Recht anderswo kraft eigener Autorität direkt Anwendung finden kann[35]. Dies setzt voraus, daß eine ausländische Behörde bei der Ausübung von Regierungsgewalt die Einhaltung und Befolgung bestimmter (aktiver oder positiver) Pflich-

35 Z. B. Neumayer, RabelsZ 25 (1960), 651 (sub b); Ferrari-Bravo, Riv. dir. int. 43 (1960), 37, 39, 56.

ten verlangt, die ihr von Einzelpersonen *jure imperii* geschuldet werden. Ansprüche *jure gestionis* unterliegen dem Privatrecht, das aufgrund der IPR-Regeln Anwendung findet.

2. *Ausländisches Strafrecht*

18. Auf einigen Gebieten ist die Antwort klar – ausländisches Strafrecht wird nicht angewandt, einschließlich der Ansprüche auf Zahlung von Geldbußen[36]. Die Gründe sind im Prozeßrecht und im Beweisverfahren zu suchen. Die Strafverfolgung würde von den Behörden eines Staates zu übernehmen sein, der kein Interesse daran hat; das Beweismaterial kann nicht leicht vorgebracht werden, abgesehen von sprachlichen und anderen Schwierigkeiten.

Auslieferungsverträge und Abkommen, nach denen mehrere Staaten die Strafverfolgung aufgrund ihres eigenen Rechts ausüben können, sind besser geeignet, der Gerechtigkeit zu dienen[37]. Die exklusive Geltung des staatlichen Strafrechts kann aus den oben genannten praktischen Gründen nicht durch eine subsidiäre Verweisung auf ausländisches Strafrecht ergänzt werden, das eine Verfolgung von Straftaten im Ausland von Personen erlaubt, die nicht dem absoluten Geltungsanspruch des Strafrechts des Forums unterliegen[38]. Andererseits sollte die Exklusivität des örtlichen Straf- und Strafprozeßrechts nicht notwendigerweise der Vollstreckung von ausländischen, zu Geldstrafen verurteilenden Entscheidungen entgegenstehen, vorausgesetzt, daß das Strafrecht des vollstreckenden Gerichts nicht exklusive Geltung beansprucht. Innerhalb von bislang unsicheren persönlichen und räumlichen Grenzen kann nicht behauptet werden, daß eine solche Vollstreckung das Strafmonopol oder die finanzielle Kraft des Staates des ersuchten Gerichts beeinträchtigt.

3. *Steuerrecht*

19. Ähnliche Überlegungen entscheiden die Frage, ob ausländisches Steuerrecht (im weitesten Sinn) angewandt werden soll[39]. Wiederum stehen dem praktische Beweisfragen entgegen. Ferner wird es nicht leicht sein, ergänzende

36 Mann, 40 (1955) Transactions of the Grotius Society 25, 28; ders., RabelsZ 21 (1956), 1, 5.

37 Z. B. Tokioter Abkommen vom 14. 9. 1963 betreffend Straftaten an Bord eines Flugzeugs, U.N.T.S. 704, 219; Vertrag zwischen Dänemark, Schweden und Norwegen vom 8. 3. 1948, U.N.T.S. 27, 119; Europäische Konvention betreffend die internationale Gültigkeit von Strafurteilen vom 28. 5. 1970, Europ. T. S. No. 70 und das schweizerische Gesetz vom 20. 3. 1981 betreffend Internationale Rechtshilfe, Art. 94 ff., A. S. 1982, 846.

38 Ferrari-Bravo (Fn. 35), 27 f., 32.

39 Mann, 40 (1955) Transactions of the Grotius Society 25, 31; ders., RabelsZ 21 (1956), 6 f.

Verweisungsregeln zu entwickeln, da der Wirkungsbereich des Steuerrechts des Forums exklusiv sein kann. Andererseits kann man sich vorstellen, daß von einer ausländischen Finanzbehörde erlangte, auf Geldzahlung gerichtete Urteile anderswo vollstreckt werden können, vorausgesetzt, der Anspruch der lex fori, absolut ratione personae et materiae zu gelten, sowie die Interessen der im Staate des Forums befindlichen Gläubiger werden beachtet[40].

20. Gegenwärtig werden Ansprüche auf Zahlung von Sozialversicherungsbeiträgen wie Ansprüche der Finanzämter behandelt[41]. Selbstverständlich steht ein System absolute Geltung beanspruchender Sozialversicherungsvorschriften des Forums, einschließlich der Sozialversicherungsbeiträge, der Vollstreckung von kumulativen Ansprüchen ausländischer Behörden entgegen. Wenn aber Einvernehmen darüber besteht, welche Behörden von mehreren Staaten die Beiträge erheben können, wie dies z. B. in der EWG-Verordnung Nr. 1408/71[42] niedergelegt ist, ist der Weg offen zur Vollstreckung solcher Ansprüche in anderen Staaten.

Umgekehrt sollten Gerichte in anderen Staaten nicht Ansprüche als auf *jus imperii* gegründet abweisen, die infolge einer Legalzession erwachsen, wenn eine ausländische Behörde einen Versicherungsnehmer für eine von einem Dritten gegen ihn begangene unerlaubte Handlung schadlos gehalten hat[43]. Die Tatsache, daß die Legalzession zugunsten einer *Behörde* erfolgt, sollte die Zession nicht als eine Enteignung kennzeichnen oder als einen Versuch, ein ausländisches Sozialversicherungsgesetz zu vollstrecken (falls dies entgegen der oben dargelegten Meinung ausgeschlossen sein sollte). Der Anspruch beruht auf einer von einer Privatperson begangenen unerlaubten Handlung.

Eng damit verbunden ist das umgekehrte Problem, ob die Zahlung von Steuern und ähnlichen Schulden seiten eines von mehreren Gemeinschuldnern den letzteren berechtigt, je nach den Umständen einen Teil der Zahlung von den Mitschuldnern ersetzt zu bekommen. Obwohl die Zahlung erfolgte, um eine gesetzliche Schuld gegenüber einer Behörde zu begleichen, geht der Anspruch der Behörde nicht auf den zahlenden Schuldner über. Der Schuldner zahlte die Schuld eines anderen, und sein Anspruch beruht auf ungerechtfertigter Bereicherung[44].

21. Eigentumsansprüche eines Staates in anderen Ländern, die auf ausländischen Enteignungsgesetzen oder vorläufigen Sicherungsmaßnahmen beruhen, werden oft aus dem Grunde abgewiesen, weil Rechte an Sachen von der *lex rei sitae* bestimmt werden[45]. Allgemein ist dies natürlich richtig, doch darf nicht

40 Frank, RabelsZ 34 (1970), 66.

41 Siehe für die Praxis Lipstein (Fn. 8), 372 Fn. 71.

42 ABl. 1971 L 149, S. 2.

43 Lipstein (Fn. 8), 373 Fn. 73.

44 Lipstein (Fn. 8), 373 Fn. 75.

45 Z. B. *Bank van Handel en Schepvaart N. V.* v. *Slatford,* [1953] 1 Q. B. 248.

übersehen werden, daß dieses Prinzip bestenfalls auf Eigentumsübertragung von beweglichen Sachen und Immobilien *inter vivos* beschränkt ist und in dieser Formulierung nicht einmal auf Erbfolge und Konkurs Anwendung findet. Der Verweisung auf die lex situs liegt der Gedanke zugrunde, daß der Staat, in dem die Mobilien oder Immobilien gelegen sind, nicht nur unter Ausschluß aller anderen bestimmen kann, welche Arten von privatrechtlichen Sachenrechten bestehen können, sondern auch, daß ihm das Enteignungsmonopol zusteht. Dies bedeutet, daß sich Staaten das Recht anmaßen, Enteignungsgesetze zu erlassen, die absolute und exklusive Geltung beanspruchen. Die Anwendbarkeit der lex situs folgt aus dem exklusiven Geltungsanspruch dieses Rechts, soweit es um Enteignung geht; es ist nicht die Folge einer Verweisung durch die IPR-Regeln des Forums, welche die lex situs frei wählen könnten[46].

Aus demselben Grunde sind Ansprüche eines ausländischen Staates auf „*bona vacantia*" erfolglos geblieben und sollten ebenfalls nicht zugelassen werden, wenn sie in der Verkleidung als Ansprüche privatrechtlicher Natur unter dem Namen eines „*ultimus heres*" geltend gemacht werden[47].

22. Eng verknüpft mit dem Versuch eines Staates, Eigentum im Ausland mittels Enteignung oder Verfall zu erfassen, ist die Gesetzgebung, wie z. B. in den USA, die zur Aufgabe von Eigentum im Ausland führen kann. Da in diesem Fall eine ähnliche Gesetzgebung mit absoluter Geltung in anderen Staaten fehlt, ist es nicht möglich, eine eindeutige Antwort zu geben.

IV.

Schlußfolgerungen:

1) Ausländisches öffentliches Recht (im Sinn von Vorschriften, die absolute Geltung in dem Staat, in dem sie erlassen worden sind, beanspruchen) ist anwendbar, falls eine Verbotsvorschrift vorliegt, die der lex *causae* angehört, auf die die IPR-Regeln der lex *fori* verweisen.

2) Absolute Geltung beanspruchende Vorschriften der lex fori schließen die Anwendung absolut geltender ausländischer Vorschriften aus, gleichviel, ob sie Verbote oder Gebote enthalten. Die eventuell ratione *personae* oder *loci* geltenden Grenzen dieser Vorschriften der lex fori erlauben die Anwendung absolut geltender ausländischer Vorschriften entweder zur Lückenfüllung oder inzidenter.

46. Lalive, Ann. Inst. dr. int. 56 (1975), 252.
47. Lalive (Fn. 46).

3) Ausländische öffentlich-rechtliche Verbotsvorschriften werden, mindestens in einigen Staaten, aufgrund einer besonderen Verweisung auf das öffentliche Recht des Erfüllungsortes angewandt, d. h. anerkannt. Dies stellt indirekt ein *datum* dar, das die Wirksamkeit der lex causae beeinflußt.

4) Neuerdings besteht eine Tendenz, auch die absolute Geltung beanspruchenden Verbotsvorschriften anderer Rechte in Betracht zu ziehen, falls sie die Erfüllung eines Vertrages betreffen. Jedoch sind die Kriterien für die Ermittlung, welche anderen Rechte betroffen sind, noch nicht sicher. Eine unbegrenzte Verweisung auf absolut geltende Vorschriften anderer Rechte ist nicht zu empfehlen; möglicherweise sollte entscheiden, ob das ausländische Recht in der Lage ist, seine Verbotsvorschriften so zu verwirklichen, daß es die von der lex causae verlangte Erfüllung unterbinden kann.

5) Die direkte Anwendung absolut geltender ausländischer Vorschriften, die die Erfüllung einer positiven Pflicht gegenüber einer ausländischen Behörde gebietet, wird gegenwärtig allgemein abgelehnt.

6) Insbesondere wird ausländisches Strafrecht nicht angewandt. Es ist jedoch zu überlegen, ob ausländische Urteile, die eine Geldstrafe auferlegen, nicht vollstreckt werden sollten, vorausgesetzt, daß eine klare Kompetenzverteilung zwischen den Gerichten des Urteilsstaates und des ersuchten Staates vereinbart werden kann.

7) Ähnliche Überlegungen betreffen die Vollstreckung von ausländischen Urteilen in Steuersachen.

8) Sind mehrere Staaten befugt, Sozialversicherungsbeiträge zu erheben, ist es vielleicht zulässig, Ansprüchen ausländischer Sozialversicherungen stattzugeben. Durch den Übergang von Ansprüchen aus unerlaubter Handlung im Wege der Legalzession sollte der Anspruch des zahlenden Sozialversicherers nicht zum Ausfluß seines *jus imperii* werden.

9) Ausländische Enteignungsgesetze sind anderswo nicht anwendbar. Jedoch besteht kein Grund – wenn das Objekt im Ausland erfaßt und später in den Staat des Forums gebracht worden ist –, den Eigentumsübergang nicht anzuerkennen. Anders ist es, wenn der Übergang nicht von einer Besitznahme begleitet wurde oder wenn die ausländische Gesetzgebung Sachen früheren Eigentümern, die sie durch Wegnahme verloren hatten, zurückzuübertragen versucht, nachdem die Objekte von ihren gegenwärtigen Eigentümern in ein anderes Land gebracht worden sind.

10) Ausländische, „*bona vacantia*" betreffende Gesetze, die eine in anderen Ländern belegene Erbschaft zugunsten des ausländischen Staates erfassen, sollten als öffentlich-rechtlich behandelt werden, ohne Rücksicht darauf, ob der ausländische Staat den Anspruch als Erbe erhebt oder nicht.

11) Ausländische wirtschaftslenkende Gesetze, wie z. B. die Antitrustgesetze in den USA, die zur Aufgabe von Eigentum im Ausland führen können, sind anderswo nicht anwendbar.

Lois d'application immédiate und Sonderanknüpfung zwingenden Rechts: Erkenntnisfortschritt oder Mystifikation?

Klaus Schurig, Passau

A. Einführung

Das Thema, über das ich referieren möchte[1], ist neu und alt zugleich; es betrifft angeblich Ausnahmen von der »gewöhnlichen« Anknüpfungstechnik

1 Die Literaturstimmen hierzu sind kaum noch überschaubar. Diese Tatsache und die Verzahnung des Problems mit den anderen allgemeinen Fragen des Kollisionsrechts haben leider häufigere Verweisungen auf eigene frühere Ausführungen unumgänglich gemacht: s. Schurig, Kollisionsnorm und Sachrecht. Zu Struktur, Standort und Methode des internationalen Privatrechts, 1981. Die folgenden Nachweise beschränken sich darum zur Vermeidung von Wiederholungen weitgehend auf neuere Äußerungen. Vgl. insoweit insbesondere: Heini, Ausländische Staatsinteressen und internationales Privatrecht, ZSchweizR 1981, 65–83; Mayer, Les lois de police étrangères, Journ. dr. int. (Clunet) 1981, 277–345; Coester, Die Berücksichtigung fremden zwingenden Rechts neben dem Vertragsstatut, ZVglRWiss 82 (1983), 1–30; Schultsz, Dutch Antecedents and Parallels to Article 7 of the EEC Contracts Convention of 1980, RabelsZ 47 (1983), 267–283; Treves, Norme imperative e di applicazione necessaria nella Convenzione di Roma del 19 giugno 1980, Riv. dir. int. priv. e process. 1983, 25–41; Ballarino, Diritto internazionale privato, 1982, 413–419, 497–510; Lipstein, Conflict of Public Laws – Visions and Realities, FS Zajtay, 1982, 357–378. – *Nicht mehr berücksichtigt* werden konnten: Grigera Naón, Les règles de droit limitant leur propre domaine d'application: Doctrine comparé et droit argentin, Gedächtnisschrift Constantinesco, 1983, 185ff.; Pérez Beviá, Disposiciones imperativas y leyes de policia en el convenio de Roma, de 19 de junio de 1980, sobre la ley aplicable a las obligaciones contractuales, Rev. Esp. Derecho Internacional 1982, 99–124. Derains, Les normes d'application immédiate dans la jurisprudence arbitrale internationale, FS Goldmann, 1982, 29–46; Jayme, Rechtswahlklausel und zwingendes ausländisches Recht beim Franchise-Vertrag, IPRax 1983, 105–107; Keller, Schutz des Schwächeren im Internationalen Vertragsrecht, FS Vischer, 1983, 175–188; Kreuzer, Parteiautonomie und fremdes Außenwirtschaftsrecht, in: Zum Deutschen und Internationalen Schuldrecht, 1983, 89–111; Vitta, Influenze Americane nella convenzione C.E.E. sulle obbligazioni contrattuali, Riv. dir. int. priv. e process. 1983, 261–278; Nott, Title to Illegally Exported Items of Historic or Artistic Worth, Int. Comp. L. Q. 1984, 203–207; Ders., The Impact of Statutes on the Conflict of Laws, Int. Comp. L. Q. 1984, 437–448; Lowe, Public International Law and the Conflict of Laws: The European Response to the United States

des IPR[2] und berührt doch auch dessen innersten Kern. Wird hier das klassische Kollisionsrecht entscheidend weiterentwickelt und an die Aufgaben unserer Zeit herangeführt? Wird es im Gegenteil in seinem Bestand gefährdet, droht es aufzuweichen, seine Struktur zu verlieren? Oder handelt es sich um viel Lärm um wenig, allenfalls um einen »Beleuchtungseffekt«[3]?

Die Grundfälle sind bekannt; sie gehören häufiger dem internationalen Vertragsrecht an, aber nicht ausschließlich. Es geht in ihnen um die Anwendbarkeit oder »Berücksichtigung« gewisser, meist sog. zwingender Normen neben oder statt der »an sich« vom Kollisionsrecht berufenen, und zwar um solche der *lex fori* einerseits, solche *dritter Staaten* andererseits.

So stellt sich, bezogen auf unsere lex fori, z. B. die Frage, ob nach § 244 Abs. 1 BGB in der Bundesrepublik im Zweifel in deutscher Währung gezahlt werden kann, auch wenn das Schuldstatut ein fremdes ist; ob – bei fremdem Schuldstatut – eine Wertsicherungsklausel genehmigungspflichtig nach § 3 Währungsgesetz ist; ob Handelsvertreter im Inland den Schutz des § 92 c HGB unabhängig vom Vertragsstatut genießen; ob allgemein Normen zum Schutz sozial Schwacher sich gegenüber fremdem Vertragsstatut durchsetzen. Vielleicht kann man in dem Zusammenhang auch Art. 22 Abs. 2 EGBGB nennen, der bei der Legitimation und Adoption deutscher Kinder gewisse deutsche Vorschriften durchsetzt, oder Art. 13 Abs. 3, der in Deutschland deutsche Heiratsform verlangt (eine Besonderheit ist hier die ausdrückliche Normierung).

Behaupten sich solche materiellen Regeln gegenüber dem »eigentlichen« Statut, so werden sie nach einer verbreiteten Ansicht »unabhängig vom IPR« angewandt, ohne Vermittlung des Kollisionsrechts, also »unmittelbar«[4]. Und hier liegt auch der Grund für die Namensgebung: »lois d'application immédiate«, »norme di applicazione necessaria« und ähnliches[5]. Eine deutsche Benennung hat sich noch nicht durchgesetzt: KEGELS »selbstgerechte Sachnorm«[6] ist plastisch, wird aber wahrscheinlich nur von Eingeweihten verstanden; die farblosere »autolimitierte Sachnorm« deutet wohl auf das Problem der räumlichen Ausdehnung hin, paßt aber auch nicht so richtig, weil es gewöhn-

Export Administration Regulations, Int. Comp. L. Q. 1984, 515–530; JAFFEY, The English Proper Law Doctrine and the EEC Convention, Int. Comp. L. Q. 1984, 531–557; SCHWUNG, Die Grenzen der freien Rechtswahl im Internationalen Vertragsrecht – unter besonderer Berücksichtigung des Entwurfs eines „Gesetzes zur Neuregelung des Internationalen Privatrechts" –, WM 1984, 1301–1308.

2 Vgl. etwa den Titel des Buches von SCHWANDER, Lois d'application immédiate, Sonderanknüpfung, IPR-Sachnormen und andere Ausnahmen von der gewöhnlichen Anknüpfung im internationalen Privatrecht, 1975.

3 So KEGEL, Die selbstgerechte Sachnorm, Gedächtnisschrift Ehrenzweig, 1976, 51–87, 87.

4 Hierzu SCHURIG (Fn. 1), 38 f., 319 f. Vgl. auch unten zu Fn. 32.

5 Nachweise zur Benennung SCHURIG (Fn. 1), 38 Fn. 132.

6 Oben Fn. 3.

lich um eine Erweiterung, nicht »Limitierung« des Anwendungsbereiches geht; »international zwingendes Recht« ist, wie noch zu zeigen sein wird, mißverständlich und sachlich angreifbar. Lassen wir es daher bei der französischen Bezeichnung.

Komplizierter wird die Lage, wenn es sich um entsprechende Normen *dritter* Staaten handelt. Im zu einer gewissen Bedeutung gekommenen niederländischen *Alnati-Fall*[7] ist beispielsweise zwischen niederländischen Parteien nach niederländischem Recht in Antwerpen (Belgien) ein Konnossement erteilt worden, die Ware kam in Rio de Janeiro beschädigt an; der niederländische Versicherer wollte den Verfrachter in Regreß nehmen. Im belgischen Recht gab es aus belgischer Sicht zwingend anwendbare Haftungsnormen, im niederländischen damals nicht. Der *Hoge Raad* hielt es zwar grundsätzlich für *möglich*, daß besonders wichtige zwingende Normen dritter Staaten herangezogen werden könnten; lehnte das in casu (entgegen der Vorinstanz) aber ab. – Kann, wer in England nach englischem Recht etwas zum Zweck des Imports in die Türkei kauft, sich darauf berufen, der Vertrag sei ungültig wegen eines türkischen Importverbots[8]? Kann, wer nach deutschem Recht Kulturgüter aus Nigeria nach Deutschland *ver*kauft, sich darauf berufen, daß nach nigerianischem Recht ein solcher *Ex*port verboten ist[9]? Können amerikanische Embargobestimmungen oder Antitrustregeln in fremde Vertragsstatute hineinregieren[10]?

Das mag genügen. Offenbar handelt es sich bei dieser Variante um die »Verlängerung« des nationalen »lois-d'application-immédiate«-Problems in den internationalen Bereich hinein. Im Ausland findet die Diskussion häufig unter dem Thema statt: »Beachtlichkeit fremder lois d'application immédiate«[11]. Das bekannteste Schlagwort aber ist diesmal ein deutsches: Es geht um die sog. *»Sonderanknüpfung fremden zwingenden Rechts«*.

Deren Konturen sind bereits vorgezeichnet in *Wenglers* Aufsatz von 1941 über »die Anknüpfung des zwingenden Schuldrechts im internationalen Privatrecht«[12] Sie wurden in der Folgezeit häufig und in unterschiedlicher

7 Eingehend dargestellt bei Schultsz (Fn. 1), 273–275. Der *Hoge Raad* wird wegen des in dieser Entscheidung enthaltenen obiter dictum und trotz eher weiterer Abschwächung in der folgenden Rechtsprechung (dazu Schultsz, ebd., 277–283, auch Heini [Fn. 1], 74f.) mitunter zum Paten des Art. 7 IPR-Vertragsübereinkommen gemacht; vgl. Schultsz, ebd., 275–277; Treves (Fn. 1), 31; zurückhaltend Ballarino (Fn. 1), 418.

8 Vgl. Heini (Fn. 1), 65 m. weit. Fällen und Nachweisen, 70f.

9 Vgl. *BGH* (22. 6. 1972), BGHZ 59, 82. In casu hatte sich der Versicherer hierauf berufen.

10 Hier geht es meist nicht darum, fremden Vorschriften zur Durchsetzung zu verhelfen, sondern im Gegenteil, sie abzuwehren. Vgl. z. B. Lipstein (Fn. 1), 377; Heini (Fn. 1), 66, 75, 79.

11 So z. B. Treves (Fn. 1), 31f.; Ballarino (Fn. 1), 412–419; Karaquillo, Étude de quelques manifestations des lois d'application immédiate, Thèse Limoges (o. J.), 169–174.

12 ZvglRW, Bd. 54, 1941, 168–212.

Weise ausgemalt[13]. Der gemeinsame Grundgedanke: Die Durchsetzung gewisser Gesetze ist für manche Staaten so wichtig, daß andere im Wege einer Art von »Rechtshilfe« auf den Anwendungswillen Rücksicht nehmen und ihm zur Durchsetzung verhelfen müssen. Es gilt somit zunächst, zu ermitteln, welche dieser Gesetze *anwendungswillig* sind. Freilich beugen wir uns auch dann nicht ohne weiteres: Wir dürfen unsere Rücksichtnahme auf den fremden Anwendungswillen davon abhängig machen, daß wenigstens eine »genügend enge Beziehung zu dem Rechtsverhältnis« besteht. Daneben befürworten manche noch eine Art inhaltlicher Kontrolle[14].

Beide Ideen – »lois d'application immédiate« und Sonderanknüpfung – haben im Schrifttum breite Resonanz gefunden[15]. Die neuen IPR-Kodifikationen halten sich freilich meist zurück, mit einer bedeutenden Ausnahme: Art. 18 des schweizerischen (jetzt Regierungs-)Entwurfs[16]. Die zugrunde liegenden Vorstellungen fanden aber auch Eingang in das Europäische (Römische) IPR-Vertragsübereinkommen v. 11.6.1980, dessen Art. 7 im 1. Absatz nach allgemeiner Lesart der Sonderanknüpfungslehre folgt und im 2. Absatz den jeweils eigenen »lois d'application immédiate« Tribut zollt. Die Bestimmung ist inzwischen Gegenstand umfangreicher Auseinandersetzungen gewesen[17]. Immerhin läßt das Abkommen Vorbehalte zu. Für uns Deutsche wird es jetzt aber ernst: Im Regierungsentwurf eines IPR-Gesetzes vom 20.5.1983 wird eben dieser Artikel 7 als Art. 34 des künftigen autonomen deutschen Kollisionsrechts präsentiert[18]: Anlaß genug, die gedanklichen Grundlagen noch einmal aufzurollen.

13 Nachweise bei SCHURIG (Fn. 1), 40f.

14 Vgl. hierzu COESTER (Fn. 1), 3, 22–25; HEINI (Fn. 1), 68, 75. – WENGLER scheint den Anwendungsbereich seiner Sonderanknüpfungslehre in neuerer Zeit selbst erheblich einzuengen, vgl. WENGLER, Die Gestaltung des internationalen Privatrechts der Schuldverhältnisse unter allgemeinen Leitprinzipien, RabelsZ 47 (1983), 215–266, 250f. Ob indessen die Gewährleistung der Gegenseitigkeit ein brauchbares Kriterium ist, erscheint mir äußerst zweifelhaft; kritisch auch COESTER (Fn. 1), 28.

15 Nachweise bei SCHURIG (Fn. 1), 37–41, 317–330, sowie oben Fn. 1.

16 Art. 18 des schweizerischen Entwurfs lautet: »Unter Vorbehalt von Artikel 17 können die Bestimmungen eines anderen als des nach diesem Gesetz anwendbaren ausländischen Rechts angewendet oder berücksichtigt werden, wenn sie im konkreten Fall und im Hinblick auf ihre besondere Zielsetzung ausschließliche Geltung beanspruchen und wenn nach Ermessen des Richters: a) der Sachverhalt mit diesem Recht in einem genügend engen Zusammenhang steht; b) das Interesse daran, daß dieses Recht angewendet oder berücksichtigt wird, offensichtlich überwiegt; und c) das Interesse daran, daß dieses Recht angewendet oder berücksichtigt wird, im Hinblick auf die Umstände des Falles und auf den von diesem Recht verfolgten Zweck als schützenswert anzuerkennen ist.« – Zu den Änderungswünschen des Bundesrates vgl. GUTZWILLER, Die Botschaft des Bundesrates zum Bundesgesetz über das internationale Privatrecht, ZSchweizR 1983, 277–291, 279f.

17 Nachweise bei den unten Fn. 82 Genannten.

18 Art. 34 IPRG-Entwurf lautet: »(1) Bei Anwendung des Rechts eines bestimmten Staates auf Grund dieses Unterabschnitts kann den zwingenden Bestimmungen des Rechts eines anderen

B. Lois d'application immédiate

I. Beginnen wir damit, die lois d'application immédiate unter die Lupe zu nehmen, schon deshalb, weil die Struktur dieser Lehre wesentlich simpler ist, als diejenige der Sonderanknüpfung.

Die Beobachtung, daß es innerhalb der lex fori Sachnormen gibt, die angewandt werden, auch wenn das »Statut« des jeweiligen Rechtsverhältnisses ein anderes ist, ist nun von so offensichtlicher Richtigkeit – und ist das immer gewesen –, daß hierin kaum die besondere Entdeckung der Lehre von den lois d'application immédiate liegen kann[19]. Genau genommen gab es insoweit überhaupt nichts zu entdecken. Die Statutenlehre hat nach allgemeiner Auffassung ohnehin vornehmlich den Anwendungsbereich der jeweiligen Rechtsregeln bestimmt; bei Savigny nehmen die »Gesetze von streng positiver, zwingender Natur« mit der »Natur eines Gesetzes über die Kollision« schon quantitativ breitesten Raum ein. Und für die romanische Schule (Mancini, Laurent, Bartin, Pillet, Niboyet) bildeten die »ordre public-Gesetze« geradezu den zweiten Pfeiler des kollisionsrechtlichen Systems[20]. Demgegenüber hat die neuere Auffassung hauptsächlich nur die Bezeichnung von inhaltlichen Merkmalen zu kollisionsrechtlichen verlagert[21].

Die Kernaussage muß also eine andere sein. Sie ist zunächst dogmatisch-systematisch-methodischer Natur und liegt in der Abgrenzung gegenüber dem, was man als den Wirkungsbereich des kollisionsrechtlichen Systems versteht. M. a. W.: Entscheidend für diese Lehre ist keineswegs nur die Aussage über die »lois d'application immédiate« selbst, sondern – wegen der Polarität – auch die über das »normale« kollisionsrechtliche System. *Beide* muß man also überprüfen, will man zu einer Bewertung gelangen.

Zu der erwähnten Polarität kann es nur kommen, wenn man als Aufgabe des Kollisionsrechts ausschließlich die Zuordnung von Rechts- oder Lebensverhältnissen in ihrer Gesamtheit zu einer (Zivil-)Rechtsordnung in ihrer Gesamt-

Staates, mit dem der Sachverhalt eine enge Verbindung aufweist, Wirkung verliehen werden, soweit diese Bestimmungen nach dem Recht des letztgenannten Staates ohne Rücksicht darauf anzuwenden sind, welchem Recht der Vertrag unterliegt. Bei der Entscheidung, ob diesen zwingenden Bestimmungen Wirkung zu verleihen ist, sind ihre Natur und ihr Gegenstand sowie die Folgen zu berücksichtigen, die sich aus ihrer Anwendung oder ihrer Nichtanwendung ergeben würden. (2) Dieser Unterabschnitt berührt nicht die Anwendung der Bestimmungen des deutschen Rechts, die ohne Rücksicht auf das auf den Vertrag anzuwendende Recht den Sachverhalt zwingend regeln.«

19 Bezeichnenderweise sah Wengler – mit Recht – in seiner Abhandlung von 1941 (Fn. 12) das Problem eigentlich nur in der Behandlung entsprechender *ausländischer* Gesetze.

20 Näher Schurig (Fn. 1), 35f., 274, 316f., m. Nachw.

21 Vgl. Schurig (Fn. 1), 318.

heit sieht[22]. Dann allerdings steht jede Anwendung eines so nicht berufenen Gesetzes außerhalb des Systems.

Nun kann allerdings die Unfähigkeit, Erscheinungen wie den lois d'application immédiate ihren Platz *innerhalb* des Kollisionsrechts zuzuweisen, durchaus auch auf einer unzureichenden Sicht des letzteren beruhen. Wir kommen daher nicht umhin, an dieser Stelle einige sehr grundsätzliche Überlegungen über Seinsgrund, Funktion und Struktur des Kollisionsrechts anzustellen. Aus zeitlichen Gründen kann ich hier allerdings nur einige Thesen aufstellen, die ich anderswo eingehender begründet habe[23].

II.1. Kollisionsnormen sind Normen, die Sachnormen ihren örtlichen Anwendungsbereich zuweisen. Daß es sie geben *muß*, ist Konsequenz des formalen Prinzips der Anerkennung ausländischer Rechtsordnungen als Recht. Dieses hat zur Folge, daß wir die sachlichen Regelungen aller Normen, nicht nur der eigenen, im Prinzip als mögliche, gerechte, »richtige« Konfliktlösungen zu akzeptieren haben, also das jeweilige »rationale Element« solcher Normen als gleichwertig anerkennen (während der Befehlscharakter, das »imperative Element« uns – als nicht der fremden Hoheit unterworfen – grundsätzlich nichts angeht; es wird gegebenenfalls durch den in unseren Kollisionsnormen enthaltenen Anwendungsbefehl substituiert)[24]. – Die mögliche Gleich- oder Ungleichbehandlung vergleichbarer oder nicht vergleichbarer Sachverhalte betrifft dann schon die Ausgestaltung des Kollisionsrechts, nicht seinen Grund[25].

Da die Anerkennung fremden Rechts als Recht unabhängig ist vom Vorhandensein irgendwelcher Auslandsbeziehungen, ergibt sich schon aus der stets

22 Z. B. Heini (Fn. 1), 77f.

23 Schurig (Fn. 1), 51–108.

24 Insoweit hat die Kollisionsnorm in bezug auf fremdes Recht in der Tat eine zusätzliche Funktion, denn ein fremder Anwendungsbefehl *kann* uns nicht binden. Das ist der richtige Kern einer vornehmlich in Italien vertretenen (Nachweise: Schurig [Fn. 1], 72 Fn. 106, 107) – und in der Diskussion von Picone vorgetragenen – Auffassung. Zu weit geht diese aber, wenn sie das Vorhandensein von die lex fori berufenden Kollisionsnormen entweder überhaupt leugnet oder aber diesen eine grundsätzlich andere Struktur beilegen will. Denn im Vordergrund steht die »Auswahlfunktion« der Kollisionsnorm in bezug auf das »räumlich richtige« Recht, die sich homogen auf in- und ausländisches Recht erstreckt. Die – sozusagen staatsrechtliche – »Ergänzungsfunktion« für ausländische Normen ist nur ein notwendiger Nebeneffekt.

25 Anders die Auffassung von E. Lorenz, Zur Struktur des internationalen Privatrechts, 1977, 60–87. Dagegen Schurig (Fn. 1), 56; hierzu wiederum E. Lorenz, Die Reform des deutschen IPR, ZRP 1982, 148–156, 150 Fn. 20, wo meine Einwände allerdings nicht ganz zutreffend wiedergegeben werden: *Natürlich* sind Gleich- und Ungleichbehandlungserwägungen auch im IPR anzustellen; es handelt sich dabei indessen um nichts anderes als das Grundprinzip *jeden* Rechts, das die *besondere* Eigenart und Funktion des Kollisionsrechts m. E. nicht zu erklären vermag.

erforderlichen Auswahl, daß Kollisionsrecht funktionell auch relevant ist in selbstverständlichen (nämlich reinen Inlands-)Fällen[26].

2. Kollisionsnormen sind also primär *nicht* oder nicht nur sachverhalts- oder rechtsverhältnisbezogen, sondern (auch) *rechtssatzbezogen.*

Aber steht diese Aussage nicht im Widerspruch zu den generellen allseitigen Kollisionsnormen, die das Bild unseres IPR bestimmen, zu Savignys – mitunter als »kopernikanische Wende« bezeichnetem – Ansatzwechsel vom Statut zum Rechts- oder »Lebens«-Verhältnis?

Ich meine – und auch insoweit kann ich jetzt nur einige Stichworte vortragen –, daß dem *nicht* so ist. Betrachten wir eine Kollisionsnorm in einem konkreten Anwendungsfall, etwa: »ein italienischer Erblasser wird von seinen Kindern nach italienischem Recht beerbt«, dann erkennen wir gleich, daß es völlig dasselbe ist, ob wir sagen: *»hinterläßt ein Italiener bei seinem Tode Vermögen,* so beurteilt sich die Erbfolge nach italienischem Recht«, oder: *»die Regel des italienischen Erbrechts wenden wir an,* sofern der Erblasser Italiener war«. Der unterschiedliche Ansatz ändert – so konkret – am Inhalt des kollisionsrechtlichen Satzes *nichts*[27].

Als aus lauter solchen Elementen zusammengesetzt kann man sich nun aber unsere herkömmlichen allseitigen Kollisionsnormen denken[28]: Alle diese Einzelanknüpfungen (Element-Kollisionsnormen) sind in den »vollständigen« internationalprivatrechtlichen Anknüpfungen zusammen*»gebündelt«* – struk-

26 Schurig (Fn. 1), 51–57. Anders eine verbreitete Ansicht, die IPR nur auf Sachverhalte mit Auslandsberührungen für anwendbar hält. Abgesehen von den m. E. durchschlagenden rechtstheoretischen Gründen machte eine solche Aufteilung indessen auch wenig Sinn. Da ja die »Auslandsbeziehungen«, die Voraussetzung der Anwendbarkeit von IPR sein sollen, irgendwie *sinnvoll* sein müssen (es kann nicht genügen, wenn ich im Supermarkt französischen Cognac kaufe!), brauchte man bereits eine Art kollisionsrechtlicher Entscheidung, um festzustellen, ob es sich um eine *beachtliche* Auslandsbeziehung handelt oder nicht. Das hat nichts zu tun mit der angeblich »unausrottbaren Fehlvorstellung, daß Fälle mit Auslandsberührung identisch seien mit Fällen, auf die ausländisches Recht anzuwenden ist«, die E. Lorenz (Reform [Fn. 25], 149) mir unterstellt. Denn was nützt diese Vorentscheidung, wenn man ohnehin die »eigentliche« kollisionsrechtliche Entscheidung erst noch treffen muß; welchen Unterschied macht es, wenn man deutsches Recht anwendet, weil alle relevanten Beziehungen zum deutschen Recht führen, oder wenn man es anwendet, weil der Sachverhalt kein »internationaler« ist? (Das war es, was ich an der von Lorenz, ebd., 149 Fn. 17, zitierten Stelle gemeint habe). Gerade die von Lorenz, 149, vorgenommene saubere Aufteilung in die »zwei Grundfragen« zeigt m. E., daß diese überflüssig ist.

27 Die verschiedenen »Ansätze« sind also zwei »Enden« ein und derselben Anknüpfungsnorm, näher Schurig (Fn. 1), 89–92, 107. – Daß Savigny der Betrachtungsweise vom Sachverhalt her »den *Vorzug* gegeben habe« und daß er damit einer besseren kollisionsrechtlichen Rationalität, ja der Interessenjurisprudenz im IPR, den Weg geebnet hat, habe ich übrigens – entgegen Neuhaus, Abschied von Savigny?, RabelsZ 46 (1982), 4–25, 8 f., 19 – niemals bestritten; vgl. nur Schurig (Fn. 1), 117, 120.

28 Eingehend zu diesem »Bündelungsmodell« Schurig (Fn. 1), 89–106.

turell, nicht unbedingt im Sinne eines tatsächlichen Vorgangs. Allseitige IPR-Normen umfassen somit (»horizontal«) die Anknüpfung international funktionell vergleichbarer Sachnormen (gesetzliche Erbfolge in Italien, Deutschland, Japan und sonstwo) und außerdem (»vertikal«) die sachlich zusammenhängenden, ein »Statut« bildenden Normen derselben jeweiligen Rechtsordnung. Der innere Grund solcher Bündelung ist, daß die den (Element-) Anknüpfungen jeweils zugrunde liegenden kollisionsrechtlichen Interessen und ihre Bewertung übereinstimmen, bedingt durch die funktionelle Übereinstimmung, Ähnlichkeit oder Verwandtschaft der angeknüpften *Sach*normen. Die von IPR-Kritikern oft so gescholtene Qualifikation etwa ist nichts anderes als die Überprüfung, unter welche Bündelung die Anknüpfung einer bestimmten fremden Sachnorm gehört (falls überhaupt)[29].

Nun ist eine solche Bündelung zur allseitigen Norm der End- und vielleicht auch Idealzustand kollisionsrechtlicher Normbildung, keineswegs aber die einzige Erscheinungsform im kollisionsrechtlichen »Kosmos«. Kollisionsrechtliche Systeme sind nämlich notwendig stets offen, in ständiger Entwicklung und in Anpassung begriffen an die sich ändernde Welt des Sachrechts und seiner Werte. Hinzu kommt, daß Kollisionsnormen im allgemeinen nur dort herausgebildet werden, wo man sie benötigt, nicht um ihrer abstrakten Existenz willen. Sind z. B. die tatsächlichen internationalen Kontakte, ist unsere internationale Zuständigkeit so beschaffen, daß wir selten oder nie in die Lage kommen, uns mit der Anwendbarkeit fremden Rechts zu befassen, dann entstehen Kollisionsnormen in bezug auf dieses gar nicht erst; es bleibt bei nur nach Sachzusammenhang (vertikal) gebündelten einseitigen Kollisionsnormen oder gar bei Einzelkollisionsnormen für bestimmte inländische Sachnormen, wie wir es bei den meisten Normen mit öffentlich-rechtlichem Charakter kennengelernt haben[30].

Geht man von diesem – hier nur kurz angedeuteten – »Bündelungsmodell« aus, dann zeigt sich das kollisionsrechtliche System als ein Nebeneinander solcher rechtssatzbezogener Elementkollisionsnormen auf den verschieden-

29 Die Qualifikation – wie übrigens auch die anderen Probleme des »Allgemeinen Teils« – ist darum gar kein »gimmick« zur Verschleierung rechtspolitischer, »ergebnisorientierter« Wertungen. Richtig gesehen bezeichnet man damit vielmehr einen der Brennpunkte rechtspolitischer Wertung im IPR selbst (vgl. Schurig [Fn. 1], 215–226). Es handelt sich um die typisierende Aufarbeitung solcher Wertungsprobleme in dogmatisch-struktureller Hinsicht. Wer sich dagegen wendet, müßte sich konsequenterweise gegen die Verwissenschaftlichung des Rechts überhaupt wenden. – *Unrichtig* ist aus diesen Gründen übrigens auch die immer wieder aufgestellte Behauptung, „mit der Berücksichtigung des Zwecks des materiellen Rechts“ werde „die klassische kollisionsrechtliche Methode im Sinne von Kegel verlassen“, so z. B. zuletzt noch Keller (Fn. 1 a. E.), 180; Schnitzer, Grundsätzliche Bemerkungen zum Internationalen Privatrecht von heute und morgen, IPRax 1984, 233–236, 234 Fn. 8.

30 Zum Ganzen vgl. Schurig (Fn. 1), 166–176, zum Kollisionsrecht des öffentlichen Rechts ebd., 138–166.

sten Entwicklungsstufen und damit auch in den verschiedensten Bündelungszuständen. Einseitige und Einzelkollisionsnormen sind somit integrierte Bestandteile dieses Systems, vielleicht – aber nicht notwendig – Keimzellen für neue »allseitige Bündelungen«, keineswegs aber völlig anders strukturierte Fremdkörper[31].

Welchen Platz nehmen in einem *solchen* System die lois d'application immédiate ein?

3. Der vorhin genannte Gegensatz bliebe bestehen, wenn solche Sachnormen wirklich *ohne* jede kollisionsrechtliche Berufung anwendbar wären. Ob das der Fall ist oder ob es sich doch um Sachnormen im *Verbund* mit speziellen Kollisionsnormen handelt, darüber ist sich diese Lehre freilich selbst nicht einig[32].

Abgesehen davon, daß m. E. Sachrecht ohnehin *niemals* ohne eine zwischengeschaltete kollisionsrechtliche Entscheidung angewandt wird – mag diese wegen ihrer Selbstverständlichkeit auch unbewußt bleiben –, stößt die Vorstellung, hier werde das Kollisionsrecht ausgeschaltet, auch sonst auf unüberwindliche Schwierigkeiten. Die größte liegt darin, die Sachnormen inhaltlich zu bestimmen, die sich der kollisionsrechtlichen Vorentscheidung entziehen. Ich kann schon aus zeitlichen Gründen nicht eingehen auf die zahlreichen, allesamt fehlgeschlagenen Versuche, beginnend mit den Bemühungen Mancinis, vom »persönlich« das »territorial« wirkende Recht zu scheiden, über Pillet's »but social« bis zu dem von Francescakis herausgestellten Bezug zur »organisation étatique«. Denn, und diesen Einwand hat bereits der geniale Franz Kahn unangreifbar vorgetragen[33], solche Sachnormen, die schon allein wegen ihrer Wichtigkeit, wegen ihres Gehalts an »sozialem Öl« ohne jedwede Rücksicht auf die Verknüpfung des Sachverhalts in jedem denkbaren Fall anwendbar wären, die gibt es nicht. Verhältnismäßig unwichtige Normen können heranzuziehen sein, wie nach wohl überwiegender Auffassung der (sogar abdingbare) § 244 Abs. 1 BGB bei Zahlbarkeit einer Schuld in Deutschland[34]; wichtige Normen, wie die über betriebliche Mitbestimmung, dagegen sind unanwendbar, wenn es an der nötigen Verknüpfung

31 Schurig (Fn. 1), 147, 160, 167–170, 196.

32 Näher Schurig (Fn. 1), 319 m. Nachw. Vgl. auch Ballarino (Fn. 1), 497–510; Karaquillo (Fn. 11), 154f., der einen Unterschied zwischen »rattachement« bei Kollisionsnormen und »point de contact« bei den »règles d'application immédiate« konstruieren will.

33 Kahn, Die Lehre vom ordre public (Prohibitivgesetze), in: Abhandlungen zum internationalen Privatrecht, Bd. 1 (1928), 182.

34 Näheres und Nachweise z. B. *Münchener Kommentar*/Martiny, BGB, Bd. 7: EGBGB, 1983, vor Art. 12, Rdn. 391. A. A. z. B. Siehr, Normen mit eigener Bestimmung ihres räumlich-persönlichen Anwendungsbereichs im Kollisionsrecht der Bundesrepublik Deutschland, RabelsZ 46 (1982), 357–383, 365.

fehlt (mag diese im einzelnen auch umstritten sein)[35]. Es kommt eben immer darauf an, die *maßgebliche Anknüpfung* zu bestimmen, und das kann – jedenfalls zunächst – nur für die jeweilige Einzelnorm geschehen. – Die Bezeichnung als lois d'application immédiate drückt dabei nur ein *Negativum* aus, die Tatsache nämlich, daß die Anknüpfung *nicht* unter eine der etablierten allseitigen Bündelungen paßt; bei der eigentlichen Aufgabe hilft sie nicht weiter.

Allenfalls könnte man einen Sinn sehen in einer Ermächtigung an den Richter, für die sog. lois d'application immédiate eigene, passende Anknüpfungen zu *suchen*. Das wäre an sich wenigstens unschädlich. Nur braucht man dafür keine Kategorie besonderer Gesetze; es ist also nicht nötig, daß man zunächst eine Vorschrift als »lois d'application immédiate« »erkennt«, damit man sich Gedanken darüber machen darf, ob die Anknüpfung dieser Sachnorm entsprechend den implizierten kollisionsrechtlichen Interessen unter eine allseitige Bündelung gezogen werden kann oder nicht. Gerade im Kollisionsrecht spielt diese ständige Kontrolle, die Weiter- und Neuentwicklung in einem offenen System, eine noch bedeutendere Rolle als im Sachrecht (auch das kann ich hier nicht näher ausführen)[36]. Verweigert man allerdings dem kollisionsrechtlichen System die erforderliche und wesensimmanente Beweglichkeit (etwa weil man es als im Sinn des Universalismus vorgegeben erachtet), dann führt das in der Tat dazu, daß man die erforderliche rechtspolitische Anpassung außerhalb dieses Systems vorzunehmen sucht, z. B. in sog. lois d'application immédiate.

III. Daß es die kollisionsrechtlichen *Erscheinungen*, die der Lehre von den lois d'application immédiate zugrunde liegen, wirklich gibt, soll also nicht geleugnet werden. Nur werden sie von dieser Lehre meist falsch gedeutet. Es handelt sich um normale Vorgänge kollisionsrechtlicher Rechtssatzgewinnung *innerhalb* des Systems.

1. Natürlich bleibt eine Reihe von Zweifelsfragen. So ist es keineswegs immer selbstverständlich, daß es sich bei der einer Sachnorm beigegebenen Bestimmung des Anwendungsbereichs stets um eine kollisionsrechtliche handelt. Im Falle des § 92 c HGB ist die Unabdingbarkeit der Schutznormen deutlich an das Anknüpfungsmoment »Niederlassung im Inland« gebunden. Trotzdem schließt das nach Ansicht des BGH[37] nicht aus, daß auch in diesem Fall alle jene Vorschriften nicht anwendbar sein können, weil nämlich Vertragsstatut

35 Vgl. insoweit zuletzt Richardi, Mitbestimmung und Auslandsbeschäftigung, IPRax 1983, 217–221; Birk, Das internationale Arbeitsrecht der Bundesrepublik Deutschland, RabelsZ 46 (1982), 384–420, 407–410.

36 Näher Schurig (Fn. 1), 170–184.

37 *BGH* (30. 1. 1961) NJW 1961, 1061.

ein anderes Recht ist. Die Bestimmung wird also nicht aus der Bündelung »Vertragsstatut« herausgenommen, sondern wie die übrigen vertraglichen Regeln angeknüpft. Die Festlegung des räumlichen Anwendungsbereichs hat hier lediglich sachrechtlichen Charakter.

Das Verhältnis zwischen sachrechtlichen und kollisionsrechtlichen räumlichen Verknüpfungen zu vertiefen, würde hier zu weit führen. Für die Unterscheidung möchte ich meinen »Alternativentest« empfehlen[38]: Durch (zugegebenermaßen nicht immer einfache) Auslegung ist festzustellen, ob bei Nichtverwirklichung der Anknüpfung die Regelung der Rechtsfrage einer *anderen* Rechtsordnung überlassen bleiben soll – dann handelt es sich um eine kollisionsrechtliche Anwendungsbestimmung – oder ob bei Nichtverwirklichung der Anknüpfung die Regelung von anderen Teilen *derselben* Rechtsordnung übernommen wird (etwa bei § 92c HGB Abdingbarkeit statt zwingenden Charakters) – dann handelt es sich um eine lediglich sachrechtliche Bestimmung des örtlichen Anwendungsbereichs.

2. Noch ein Wort zum Verhältnis gegenüber dem »positiven« ordre public: Lois d'application immédiate sind ja zumindest die Nachfolger der früheren ordre public-Gesetze bzw. der teils noch früheren Prohibitivgesetze. Mich hat bisher noch niemand überzeugen können, daß nicht ohnehin alles *dasselbe* ist[39]. Jedenfalls geht es um dieselben Fragen. Auch die Gesetze, die möglicherweise über den positiven ordre public durchgesetzt werden (wie etwa §§ 764, 762 BGB über die Unklagbarkeit von Differenzgeschäften)[40], werden dies nur, wenn bestimmte Anknüpfungen gegeben sind, die sich allerdings unterscheiden von denen für das dazugehörige Statut (etwa wenn es sich bei den Differenzgeschäften nach fremdem Vertragsstatut um Deutsche oder in Deutschland Ansässige handelt). Der Schutzcharakter ist es, der hier eine andere (evtl. zusätzliche) Anknüpfung gebietet.

Daß es sich bei den lois d'application immédiate vielfach um solche Normen handelt, die dem öffentlichen Recht zumindest nahestehen, hat keine selbständige, unmittelbare Bedeutung[41]. Nur führt das eben häufig auch dazu, daß andere kollisionsrechtliche Interessen im Spiel sind als z. B. bei den »rein« privatrechtlichen Regeln des Vertragsrechts, und daraus wieder ergibt sich die Notwendigkeit, nach eigenen passenden Anknüpfungen außerhalb der allseitigen Bündelungen zu suchen.

38 SCHURIG (Fn. 1), 58–64.

39 Über den Zusammenhang SCHURIG (Fn. 1), 36–40, 317f. Auch BALLARINO (Fn. 1), 502, spricht von einer »rinascita delle lois de police«.

40 Vgl. zuletzt STEINDORFF, Europäisches Gemeinschaftsrecht und deutsches Internationales Privatrecht, EuR 1981, 426–441, 428–430; DERS., Termingeschäfte an ausländischen Börsen, IPRax 1982, 49–51; s. a. *Münchener Kommentar*/SONNENBERGER (Fn. 34), Einl. Rdn. 38.

41 S. auch unten zu Fn. 69.

C. »Sonderanknüpfung«

I. Bei dem Problem der Sonderanknüpfung, dem ich mich nun zuwenden möchte, handelt es sich – wie gesagt – um die Frage, wie entsprechende Gesetze zu behandeln sind, wenn sie *nicht* der lex fori angehören, sondern einer anderen Rechtsordnung. Anders als bei den »eigenen« lois d'application immédiate ist hier eine mögliche »Methoden-« oder richtiger – weitergehend – eine *System*abweichung[42] zu beobachten, die die Lösung zu erschweren scheint. Solche besonderen Normen *der lex fori* werden ja, wie gezeigt, einfach durch spezielle Kollisionsnormen berufen, die ebenfalls in der lex fori zu finden oder zu entwickeln, nur (vielleicht: noch) nicht in einer allseitigen Bündelung enthalten sind[43]. Bei den Normen der *Drittstaaten*, um die es nun geht, soll es sich aber um solche handeln, die – so ist die theoretische Vorstellung – von unserem Kollisionsrecht *gar nicht berufen* sind, die vielmehr lediglich aus eigener Kraft zur Anwendung drängen, und bei denen folglich zu entscheiden ist, ob wir diesem »Anwendungswillen« nun stattgeben oder nicht. Die allgemein zusätzlich geforderte – wenn auch verschieden verstandene – »enge Beziehung« enthält diesen Ideen zufolge also nicht den positiven Grund für die Anwendung durch uns, sondern umgekehrt: Die »genügend enge Beziehung« wird benutzt, um negativ die Fälle auszugrenzen, in denen einem exorbitanten Anwendungsanspruch entgegenzutreten ist[44].

Diese Umschreibung des Problems erinnert sogleich an die in der Geschichte unserer Wissenschaft immer wieder neu vorgenommenen Versuche, ein IPR-System aus (weitgehend) nur einseitigen Normen aufzubauen, ebenfalls auf der Basis der Anerkennung fremden Anwendungswillens, verbunden mit Hilfsnormen für den Stichentscheid bei Normenhäufung, die Lückenfüllung bei Normenmangel und evtl. die Abwehr überzogener Geltungsansprüche. Dieser Anwendungswille kann sich ergeben aus den fremden sachnormbezogenen einseitigen Kollisionsnormen (bzw. zur Einseitigkeit verstümmelten fremden allseitigen Kollisionsnormen, die man ja schließlich nicht beseitigen kann!) – so die europäischen Versionen etwa bei Pilenko, Quadri[45] –, oder aber aus den fremden »governmental interests«, zumindest in der »reinen« Lehre Curries[46]. Bekanntlich haben die europäischen Varianten dieses sog. *Unilateralismus* keinen Eingang in die Praxis gefunden und auch die amerikanische nur in sehr modifizierter Form (bei der die Einseitigkeit

42 Schurig (Fn. 1), 324 f., 336–338, und unten II. So jetzt auch Coester (Fn. 1), 5, 29.

43 Hier handelt es sich also *nicht* um eine Systemabweichung: auf die lex fori bezogene Kollisionsnormen bilden sozusagen die »Schnittmenge« multilateralistischer und unilateralistischer Systeme.

44 Vgl. auch Heini (Fn. 1), 68.

45 Näher Schurig (Fn. 1), 29–32, 76.

46 Näher Schurig (Fn. 1), 24–26, 301–304.

nicht mehr so deutlich zu erkennen ist). Indessen gibt es in neuerer Zeit eine starke Bewegung, unilateralistische Gedanken *partiell* im IPR nachzuweisen oder sie dort einzuführen, »piecemeal« sozusagen. Ich erinnere z. B. an die Arbeit von Gothot[47]. Wenn auch m. E. ganz überwiegend die angeblichen Beziehungen zum Unilateralismus nur gewaltsam hergestellt werden können[48], so handelt es sich gerade bei der »Sonderanknüpfung« in der Tat um ein »Stück Unilateralismus«.

Somit hat das Sonderanknüpfungsproblem zwei ganz unterschiedliche und – wie zu zeigen ist – weitgehend, wenn auch nicht vollständig, voneinander unabhängige Seiten. Die eine ist dogmatisch-theoretischer Art: Bedarf man, um »zwingendes Recht« fremder Staaten ähnlich wie die eigenen sog. lois d'application immédiate berücksichtigen zu können, wirklich eines dem IPR aufgepfropften unilateralistischen Teilsystems? Die andere Frage ist rechtspolitisch-praktischer Art: *Sollte* man überhaupt entsprechende Normen dritter Staaten gesondert beachten, und wenn ja, in welchem Umfang? Beides wird meist nicht genügend auseinandergehalten. Wir wollen dies hier tun und uns zunächst mit der dogmatischen Seite befassen.

II. Der beschriebene Gegensatz zwischen dem gebräuchlichen Vorgehen im Kollisionsrecht und der sog. Sonderanknüpfung wird gewöhnlich als »Methodenpluralismus« (oder auch nur »-dualismus«) verharmlost. In Wahrheit geht es um mehr, nämlich darum, welche Kollisionsnorm wir zur primären Anwendung berufen, um eine Art Kollisions-Kollisionsrecht, Kollisionsrecht der »zweiten Potenz« also[49]. Bis auf einige Ansätze in der Literatur[50] macht man sich nun allerdings in dieser Hinsicht im allgemeinen nicht viele Gedanken. Mit Recht, denn im geltenden kollisionsrechtlichen System gehen wir ziemlich selbstverständlich von der (jedenfalls) primären Anwendbarkeit unserer eigenen Kollisionsnormen aus. Ganz anders aber beim unilateralistischen Ansatz: Hier werden wir im Wege einer ungezielt-globalen Verweisung dazu angehalten, unmittelbar fremdes Kollisionsrecht anzuwenden, und zwar theoretisch jeden Staates, nur beschränkt auf das jeweils eigene Sachrecht. Praktisch bleibt dieses System deswegen gerade noch zu handhaben, weil man vernünftigerweise nur mit einer beschränkten Anzahl von Anknüpfungen zu

47 Gothot, Le renouveau de la tendance unilatéraliste en droit international privé, Rev. crit. dr. i. p. 1971, 1–36, 209–243, 415–450.

48 Ausführlicher Schurig (Fn. 1), 192–197.

49 Ich habe diese Art von Kollisionsnormen – faute de mieux – »Kollisionsgrundnormen« genannt; näher Schurig (Fn. 1), 73–77.

50 Etwa die Vorschläge von Eckstein, Frankenstein, Melchior, Meister, der »nouvelle doctrine des droits acquis«; zu allem Schurig (Fn. 1), 74 f. m. Nachw. – Vgl. jetzt auch Bucher, Über die räumlichen Grenzen der Kollisionsnormen, FS Vischer, 1983, 93–105.

rechnen hat. Deutlich wird aber, daß der Unterschied des Vorgehens *im Normativen* begründet ist, nicht nur in der *Methode*[51].

Daß dieser Unilateralismus sich nirgends hat in toto durchsetzen können, hat seine guten Gründe, die jetzt nicht alle im einzelnen dargelegt werden können[52]. Vor allem nimmt er die eigene, autonome kollisionsrechtliche Bewegungsfreiheit, ohne dafür Vorteile (etwa die versprochene Vereinfachung) zu bieten, die dies aufwiegen könnten. Und er läßt sich ohnehin nicht konsequent durchführen, da wir in Konflikts- und Extremfällen doch das letzte Wort zu sprechen hätten.

Daß aber, was insgesamt nur abgelehnt werden kann, partiell von Nutzen ist, müßte erst einmal nachgewiesen werden. Hier kommt sogar eine weitere Schwierigkeit hinzu: Geht man nämlich an die unterschiedlichen kollisionsrechtlichen Fragen mit einem unterschiedlichen kollisionsrechtlichen System heran, dann muß natürlich die Grenze für eine solche Bruchstelle genauestens festgelegt werden. Und gerade da hapert es bei der Sonderanknüpfungslehre: *Welche* Normen dritter Staaten nun allein wegen ihres Anwendungswillens beachtlich sein sollen, darüber streitet man ebenso wie über die Grenzen, in denen das zu geschehen hat. WENGLER[53] nannte das »zwingende Schuldrecht«, meinte aber weniger: vornehmlich das Devisen- und Wirtschaftsrecht. Andere sprechen von »Verbots-« oder »Eingriffsnormen«, von »ordnungsrelevanten«, »international zwingenden«, »konfliktfesten« Sachnormen, wollen Normen zum »Schutz des Schwächeren« mit einbeziehen[54]. Mit diesem Wortgeklingel kann man alles und nichts erfassen; eine schöne Illustration dafür findet sich in einem neueren österreichischen IPR-Grundriß, wo sogar die gesetzliche Gewährung eines Direktanspruchs gegen den Haftpflichtversicherer als eine der »Sonderanknüpfung« unterliegende Sachnorm mit angeblich »sozialpolitischem Eingriffscharakter« bewertet wird[55]. Es ist also schon der auch nur zu empfehlende Anwendungsbereich der Sonderanknüpfungslehre unter ihren Anhängern hoffnungslos umstritten und konturlos geblieben, man denke nur

51 Gegen einen wirklichen »bloßen« Methodenpluralismus ist hingegen nichts einzuwenden. Um eine reine Methodenfrage handelt es sich etwa, wenn es darum geht, ob man zunächst einzelne – eigene oder fremde – Sachnormen (auf die unten näher beschriebene Art) anknüpfen und die weitere systematische Entwicklung der Zukunft überlassen oder ob man sich gleich um allseitig formulierte (»gebündelte«) Kollisionsnormen bemühen soll. *Insoweit* stehen in der Tat beide Wege wahlweise offen. Mit wirklichen Methodenfragen befaßt sich auch LANDO, Über Methoden und Hintergründe internationalprivatrechtlicher Urteile, RabelsZ 30 (1966), 17–39.

52 Hierzu SCHURIG (Fn. 1), 77f., 288–296.

53 Oben Fn. 12.

54 Näher SCHURIG (Fn. 1), 40f., 325–327.

55 SCHWIMANN, Grundriß des internationalen Privatrechts, 1982, 175.

an das internationale Devisen- und Wirtschaftsrecht, Kartell-, Arbeits-[56], Konzernrecht usw. Und warum sind dann andere zwingende Normen des Schuld-, Sachen-, Ehe-, Erbrechts *nicht* primär nach ihrem selbstgesteckten Anwendungswillen zu befragen, warum nicht § 313 BGB, der doch auch zwingend ist[57]?

Der wirkliche innere Grund der Sonderanknüpfungslehre scheint ein anderer zu sein: *Wenn* man *einzelne* fremde Gesetze berücksichtigen will, meint man dies nur zu können, indem man – abweichend von der gängigen Anknüpfungsweise – vom eigenen Anwendungswillen des jeweiligen Gesetzes ausgeht. Dieses unilateralistische Vorgehen nennt man »statutistisch« (in Verkennung der Tatsache, daß es unter der Statutenlehre gar keinen Unilateralismus geben *konnte*, weil die kollisionsrechtliche Eigenständigkeit der einzelnen Rechtsordnungen noch nicht anerkannt war)[58]. Es handelt sich um nichts anderes als eine Verwechslung des Ansatzes bei der fremden *Sachnorm*[59] mit dem Ansatz bei deren eigenem *Anwendungswillen*.

Herkömmliche Kollisionsnormen kann man sich nämlich anscheinend nur vorstellen in Form der fertigen allseitig gebündelten umfassenden Anknüpfungsnormen, die überdies noch orientiert sind am Muster der Verweisung auf die eigene ähnliche Sachnorm. Und in bezug auf ausländische »Eingriffsnormen« erscheint auf dieser Grundlage allenfalls eine »Bilateralisation« eigener spezieller Anknüpfungsnormen (mit Ansatz bei einem entsprechenden Sachverhalt) denkbar, um den Anschluß an das gewöhnliche IPR-System zu gewinnen[60]. So wurde es wohl zum Teil in Frankreich vorgeschlagen[61] (und so hat man auch schon meinen eigenen Vorschlag mißverstanden)[62].

56 Sehr instruktiv und kritisch zur »Sonderanknüpfung« im internationalen Arbeitsrecht neuestens REBHAHN, Österreichisches Arbeitsrecht bei Sachverhalten mit Auslandsberührung, FS Strasser, 1983, 59–86, 60–69.

57 Auch wird es – etwa im Rahmen von Art. 7 IPR-Vertragsübereinkommen/Art. 34 IPRG-Entwurf – nicht immer einfach sein, festzustellen, ob die Normen »ohne Rücksicht« auf das Vertragsstatut anzuwenden sind, zumal wenn die Frage in dem entsprechenden Land noch nicht aufgetaucht und entschieden ist, was besonders bei neueren Gesetzen gut möglich ist. Dann wird, wie COESTER (Fn. 1), 16 (auch 22–24), zu Recht bemerkt, »die *Erkennung* von Sonderanknüpfungen zur zentralen Frage«, m. a. W.: wir müssen uns fremde Köpfe zerbrechen (über Parallelen zur amerikanischen Governmental-Interests-Lehre SCHURIG [Fn. 1], 301 f.).

58 Näher SCHURIG (Fn. 1), 110–113.

59 Zur generellen Austauschbarkeit des »Ansatzes« bei autonomen Kollisionsnormen SCHURIG (Fn. 1), 89–94. S. a. oben Fn. 27.

60 Vgl. WENGLER, Zum Internationalen Privatrecht des Handelsvertretervertrages, ZHR 146 (1982), 30–47, 32 f. Fn. 5; HEINI (Fn. 1), 76 f.; besonders eingehend KARAQUILLO (Fn. 11), 169–174.

61 Insbes. von TOUBIANA, Le domaine de la loi du contrat en droit international privé, 1972, insbes. 244–254, 258–266, 333 f.; ähnlich DEBY-GÉRARD, Le rôle de la règle de conflit dans le règlement des rapports internationaux, 1973, 54–61.

62 Insbes. WENGLER (Fn. 60). – Auf diesem Mißverständnis beruht es wohl auch, wenn WENGLER

Einem solchen Versuch der »Bilateralisation« wird aber entgegengehalten[63], einmal sei es ungenügend, sich an den *eigenen* Eingriffsnormen zu orientieren, da man die möglicherweise andersgearteten fremden so überhaupt nicht erfassen könne, was indessen rechtspolitisch erforderlich sei. Im übrigen sei überhaupt die Beschränkung auf allseitige Kollisionsnormen »angesichts der unübersehbaren Möglichkeiten für Sachnormen, die für eine Sonderanknüpfung in Frage kommen, undurchführbar«[64]. Das ist völlig richtig! Nur läßt sich daraus kein zwingendes Argument gerade zugunsten der unilateralistischen Sonderanknüpfungslehre herleiten.

Gestatten Sie mir, noch einmal auf mein Bündelungsmodell zurückzukommen. Wenn man sich klarmacht, daß wir im Rahmen unserer allseitigen Normen die einzelnen Elementanknüpfungen durchaus auch vom (fremden) Gesetz her formulieren können (etwa: italienisches Erbrecht wenden wir an, wenn der Erblasser Italiener war), dann steht dem Gedanken nichts entgegen, auch *einzelne* fremde Normen, für die wir keine Entsprechungen in unserem eigenen Sachrecht haben, aufgrund unserer eigenen Interessenwertung ebenso autonom – also nicht *primär* nach deren eigenem Anwendungswillen – anzuknüpfen. Schon Franz KAHN hat ja – nach anfänglichem Schwanken – zu Recht SAVIGNYS Auffassung abgelehnt, »ungleichartigen« Rechtsverhältnissen sei die Anerkennung zu verweigern[65]. Er erkannte bereits, daß wir auch uns fremden Sachnormen dritter Staaten ihren angemessenen Anwendungsbereich zuzumessen haben, wenn wir insoweit »gefordert« werden[66].

Geht man hiervon aus, dann *kann* man im Ergebnis ebenso fremde »Eingriffsnormen« u. ä. gesondert heranziehen, jedoch – genau wie alle anderen

(JR 1982, 350f.) mir vorhält, die Frage »neuer bilateraler Zuweisungsnormen« sei bei KARAQUILLO bereits »weit eingehender erörtert worden« als überall sonst. Auch KARAQUILLO (Fn. 11) wendet sich nämlich ausdrücklich lediglich gegen die »bilateralisation des lois d'application immédiate du for« (S. 169) und bringt insoweit die bekannten, oben wiedergegebenen Argumente. Mit der von mir aufgeworfenen Frage einer autonomen rechtssatzbezogenen Anknüpfung solcher Normen aus Drittstaaten befaßt er sich überhaupt nicht. – Wieweit KARAQUILLOS Kritik den oben (Fn. 61) Genannten gerecht wird, stehe hier dahin.

63 HEINI (Fn. 1), 76f.; WENGLER (Fn. 60); KARAQUILLO (Fn. 11), 169–174, der statt dessen eine »sonderanknüpfungs«ähnliche »prise en considération des lois d'application immédiate étrangères« empfiehlt: S. 175–189. Den angeblich grundlegenden Unterschied zwischen »rattachement« und »point de contact« (154f., dazu oben Fn. 32) vermag ich nicht zu erkennen.

64 WENGLER (Fn. 60).

65 KAHN, Über Inhalt, Natur und Methode des internationalen Privatrechts, in: Abhandlungen zum internationalen Privatrecht, 1928, 255–326, 311–316. Hierzu SCHURIG (Fn. 1), 128.

66 HEINI (Fn. 1), 76f., verkennt die Dynamik des offenen, notwendig »unfertigen« kollisionsrechtlichen Systems (vgl. oben B II 2), wenn er meint, die Verwendung autonomer besonderer Kollisionsnormen verlange, »alle nur denkbaren Interessen ausländischer Staaten in zweiseitigen Verweisungsnormen einzufangen«, und sich »sträubt, ... das Bild zu Ende zu malen«. Man *muß* es gar nicht zu Ende malen; man muß es nur bei Bedarf *weiter*malen! Im übrigen ist die apodiktische Beschränkung des Kollisionsrechts auf »funktional austauschbare« (?) »privatrechtliche Interessen« unscharf und unhaltbar; dazu SCHURIG (Fn. 1), 274–279.

Sachnormen auch – aufgrund eigener kollisionsrechtlich autonomer, auf selbständiger Abwägung der IPR-Interessen beruhender Entscheidung. Einer »Bilateralisierung« eigener »lois d'application immédiate« bedarf es dazu nicht, wenn sie auch ein nicht auszuschließendes Ergebnis weiterer Rechtsentwicklung sein *kann.*

Was nach der Sonderanknüpfungslehre an Ergebnissen wünschenswert erscheinen *mag,* läßt sich so ebenso erreichen. Nicht selbst »anwendungswillige« fremde Normen werden in aller Regel nicht herangezogen. Entweder ist die fremde Abgrenzung – wie oft im Graubereich zum öffentlichen Recht – ohnehin sachrechtlicher Art, dann ist sie ohne weiteres anzuwenden. Oder sie ist kollisionsrechtlicher Art, dann können wir entweder einem renvoi folgen oder unsere Verweisung (wie bei Art. 28 EGBGB) zu einer bedingten machen, bedingt nämlich durch die »Anwendungswilligkeit«. Sachnormen in Drittländern aufzuspüren und für diese eventuell autonome Kollisionsnormen zu entwickeln, ist jedenfalls nicht schwieriger, als alle Rechtsordnungen auf »anwendungswillige« Normen abzuklopfen[67]. Und wenn die Sonderanknüpfungslehre *nach* Feststellung der Anwendungswilligkeit mit der Elle der genügend engen Beziehungen nachmißt, dann können wir ebensogut systemkonform *zuerst* die Frage der richtigen Anknüpfung lösen[68], wobei auch hier durchaus Anknüpfungshäufungen, also ggf. die Anwendung entsprechender Regeln mehrerer Rechtsordnungen, in Betracht zu ziehen sein können.

Daß es sich auch hier um Sachnormen handelt, die dem öffentlichen Recht meist zumindest nahestehen, ändert wiederum nichts. Denn, wie ich anderswo versucht habe nachzuweisen[69]: strukturell wird öffentliches Recht auf genau dieselbe Art kollisionsrechtlich berufen wie Privatrecht[70]; einen Bruch kann es hier schon wegen der gleitenden Übergänge und der funktionellen Relativität dieser Unterscheidung nicht geben. Nur *im Ergebnis* wird im Rahmen des öffentlichen Rechts meist – wie man es nennt – »territorial« angeknüpft, was in der Masse der Fälle (aber nicht notwendig) zur selbstverständlichen und praktisch ausschließlichen Anwendung des eigenen Rechts führt.

Nun könnte man fragen: Wenn – wie ausgeführt – über die »Sonderanknüpfung« und die von mir für richtig gehaltene systemkonforme autonome »besondere Anknüpfung« fremder materieller Normen dieselben Ergebnisse erreichbar sind, lohnt sich dann überhaupt der Aufwand einer Auseinandersetzung? Ich meine: ja. Zunächst einmal ist es Sache derer, die ein alternatives

67 WENGLERS (Fn. 60) Einwand der Unpraktikabilität trifft darum seine eigenen Vorstellungen mindestens im selben Maße.

68 Ähnlich wohl *Münchener Kommentar*/MARTINY (Fn. 34), vor Art. 12, Rdn. 360. Um generelle Kriterien einer autonomen Anknüpfung scheint sich im Ergebnis auch LIPSTEIN (Fn. 1), 365–369, zu bemühen.

69 SCHURIG (Fn. 1), 138–160.

70 Im Rahmen des internationalen Arbeitsrechts bestätigt dies REBHAHN (Fn. 56), 68.

Teilsystem einführen wollen, nachzuweisen, daß der Systembruch auch notwendig ist; und dieser Nachweis ist bislang nicht gelungen. Es macht aber auch einen ganz erheblichen – und sei es psychologischen – Unterschied, ob ich aufgrund Abwägung wohlerwogener kollisionsrechtlicher Interessen (einschließlich derer an einheitlicher und kontinuierlicher Rechtsanwendung) eine Norm, die ich in einer anderen Rechtsordnung finde, *ausnahmsweise* auf besondere Art anknüpfe und heranziehe (mit der Chance – nicht Notwendigkeit –, daß daraus eine neue allseitige Norm entstehen kann) oder ob ich für eine kaum näher bestimmbare Kategorie spezieller Sachnormen von vornherein den fremden Anwendungswillen für beachtlich erkläre und diese Beachtung nur *ausnahmsweise* verweigere, weil und wenn eine genügend enge Beziehung nicht besteht (und damit evtl. fremde Gesetzgeber vor den Kopf stoße). Die Ausnahme befindet sich nämlich jeweils auf der anderen Seite der Scheidelinie.

III. Und damit sind wir bei der zweiten, der rechtspolitischen Seite des Problems. Gibt es *überhaupt* ein Bedürfnis, gewisse fremde Verbots-, Eingriffs-, ordnungsrelevante Normen – oder was auch immer – unter Umständen auch dann heranzuziehen, wenn sie weder der lex fori, noch dem allgemein berufenen Statut, der sog. *lex causae,* angehören? Gewichtige Stimmen, etwa Mann oder Serick, bestreiten dies rundweg[71], und Heini[72] hat kürzlich in einer eindrucksvollen Untersuchung belegt, daß es in keiner neueren Entscheidung wirklich zu einer »Sonderanknüpfung« gekommen sei. Natürlich kann man auch nach Auffassung dieser Autoren etwa Erfüllungsverbote fremder Länder bei der Beurteilung z. B. vertraglicher Verpflichtungen nicht völlig unbeachtet lassen. Das fremde Recht werde aber nicht »angewandt«, sondern nur als (oder wie) eine Tatsache »berücksichtigt«[73].

Soviel ist sicher richtig: Die Anwendung solcher Bestimmungen eines anderen, »dritten« Rechts sollte der – sorgfältig kollisionsrechtlich zu begründende und abzuwägende – Sonderfall bleiben. Darum darf es nicht genügen, daß diese Bestimmungen in eine Scheinkategorie besonderer Normen eingeordnet werden, deren Anwendungswille grundsätzlich zu berücksichtigen sei, – und lediglich die Abwehr mißlingt. Ganz ausschließen sollte man die Anwendung im Ergebnis andererseits aber nicht[74], weil es stimmt, daß die

71 Mann, Eingriffsgesetze und Internationales Privatrecht, FS Wahl, 1973, 139–160, 156ff.; Serick, Die Sonderanknüpfung von Teilfragen im internationalen Privatrecht, RabelsZ 18 (1953), 633–650, 646ff. Kritisch auch Staudinger/Firsching, EGBGB Teil 2b, 10./11. Aufl. 1978, vor Art. 12, Rdn. 368f.

72 Heini (Fn. 1), insbes. auch S. 69.

73 Vgl. etwa Heini (Fn. 1), 72f., 78–83; wohl auch Lipstein (Fn. 1), 365, 369.

74 So schon Schurig (Fn. 1), 328–330. Wenglers (Fn. 60) Vorwurf, der Gedanke, daß solche Rechtssätze *möglicherweise* zu beachten sein könnten, sei seit Jahren »Gegenstand heftigster

»unübersehbaren Möglichkeiten für Sachnormen« nicht von vornherein fixierbar sind. Wie weit man dann dem Interesse an einheitlicher, ungebrochener Beurteilung eines Sachverhalts[75] den Vorrang gibt gegenüber kollisionsrechtlichen Interessen an der Anwendung zwingender Normen (etwa des Schutzes sozial Schwacher, die sich in einem Staat *aufhalten*, oder der Aufrechterhaltung währungspolitischer Grundsätze in einem *Staatsgebiet*), ist – jedenfalls bis zu einer konkreten Normbildung – eine Frage der rechtspolitischen Diskussion und letztlich »vorpositiver« Wertung[76]. Ich neige z. B. dazu, währungspolitische Interessen bezogen auf das Territorium anzuerkennen, jedoch solche des sozialen Schutzes eher nur in schwerwiegenden Fällen der Einheitlichkeit der Bewertung eines Rechtsverhältnisses überzuordnen (so ist im o. g. Alnati-Fall die Anwendung der belgischen Vorschriften gewiß zu Recht abgelehnt worden).

Eine weitere Überlegung spricht noch gegen den grundsätzlichen Ausschluß jeder »besonderen Anknüpfung«. Wenn man nämlich – wie allgemein als selbstverständlich empfunden – bestimmte Regeln des *eigenen* Rechts (die angeblichen lois d'application immédiate) infolge besonderer kollisionsrechtlicher Interessenlagen *neben* oder *statt* der Regeln des Statuts anwendet, dann ist es inkonsequent, in bezug auf Drittländer solche Regeln *nur* im Rahmen des Statuts heranzuziehen. Sind oder wären sie besonders anzuknüpfen, sofern sie unserer Rechtsordnung entstammen, dann sind sie in aller Regel auch besonders anzuknüpfen, wenn sie einem Drittrecht entstammen. Eine solche Kongruenz der Anknüpfung ist – von speziellen Ausnahmen zugunsten der lex fori vielleicht abgesehen – ein Gebot der internationalprivatrechtlichen Gerechtigkeit und Gleichbehandlung.

Ob man sich wirklich regelmäßig damit aus der Affäre ziehen kann, daß man erklärt, man wende die fremden Normen nicht an, man »berücksichtige« sie ja nur, bezweifle ich. Gewiß, wenn ein ausländisches Leistungsverbot die Erfüllung tatsächlich unmöglich macht, können wir dies, auch wenn wir das Verbot als solches nicht anerkennen, eben als »Unmöglichkeit« behandeln. Wie aber, wenn die Leistung zwar noch ohne großes Risiko tatsächlich

Anfeindungen« (und Schlimmeres), geht darum, jedenfalls was meine Zugehörigkeit zu diesem »Lager« anlangt, ins Leere. – Für die Durchsetzung bestimmter Gesetze aus Drittstaaten in *Ausnahmefällen* im Ergebnis auch E. LORENZ, Reform (Fn. 25), 150 f. (wohl ohne sich in systematisch-dogmatischer Hinsicht festzulegen. Mit ordre public-Erwägungen wird man die *Heranziehung* fremder Rechtsnormen m. E. freilich nicht begründen können, es sei denn, man will sich dazu entschließen, im Ausnahmefall auch einen *fremden* ordre public anzuerkennen; vgl. insoweit SCHURIG [Fn. 1], 262 f.).

75 Es handelt sich aber auch *nur* um ein – wenn auch gewichtiges – kollisionsrechtliches *Interesse*, das darum grundsätzlich auch von anderen verdrängt werden *kann*. Anders anscheinend HEINI (Fn. 1), 78. Vgl. auch COESTER (Fn. 1), 7.

76 Eine *einzige* allgemeingültige »Sonderanknüpfungsregel«, die HEINI (Fn. 1), 69, vermißt, *kann* es darum gar nicht geben. – Über das »Rechtsgefühl« im IPR SCHURIG (Fn. 1), 178, 183, 226.

möglich, nur eben verboten ist, wenn Ausfuhrverbote in bezug auf Kulturgüter infolge ungenügender Kontrollen im entsprechenden Land tatsächlich gar nicht greifen, wenn sich der Staat – etwas utopisch – auf Anstand und Loyalität seiner Bürger verläßt? Der *BGH* hat sich dem Problem zu entziehen versucht, indem er solche Geschäfte nach deutschem Gesetz für sittenwidrig und darum nichtig erklärt hat[77]. Andere Gerichte haben es ähnlich gemacht[78]. Aber es handelt sich eben doch nicht um einen rein tatsächlichen Vorgang: »Sittenwidrig« war die Absprache, *weil* sie unter den Tatbestand des fremden Gesetzes fiel und weil zu dem nigerianischen Verbotsgesetz eine Verknüpfung bestand, nämlich Ausfuhr aus Nigeria. Hätte – theoretisch – Nigeria die Ausfuhr aus dem Kamerun verboten, ginge uns das gar nichts an.

Auch wenn man in solchen Fällen nicht die *Sanktionen* dem fremden Recht entnimmt, wendet man m. E. das *Verbot* gleichwohl an, nämlich im Rahmen einer gemischten Norm mit Auslandssachverhalt, etwa des Inhalts: »Nichtig wegen Sittenwidrigkeit (nach deutschem Recht) ist ein Vertrag, der gegen ein rechtspolitisch zu billigendes Exportverbot des Exportlandes verstößt«. *Ob* er dagegen verstößt, ist nur durch Subsumtion unter das Verbotsgesetz und gegebenenfalls seine Auslegung, kurz: durch seine *Anwendung* feststellbar.

D. Resümee

1. Lois d'application immédiate als eine sich dem Kollisionsrecht überhaupt entziehende Kategorie von Rechtsnormen der lex fori gibt es nicht. Es gibt aber in jeder Rechtsordnung zum kollisionsrechtlichen System gehörige einseitige oder spezielle Kollisionsnormen für eigene Sachnormen, die wegen der durch ihren besonderen Regelungsinhalt implizierten besonderen kollisionsrechtlichen Interessen von den gewöhnlichen »allseitigen« Bündelungen nicht erfaßt werden.
2. Ebensowenig gibt es eine besondere Kategorie von Sachnormen in Drittstaaten, die einem eigenen unilateralistischen Teilsystem »Sonderanknüpfung« unterlägen; die Gegenansicht hat auch nicht vermocht, brauchbare Abgrenzungskriterien für eine solche Kategorie aufzustellen. Das kollisionsrechtliche System enthält aber die Möglichkeit, ebenso wie für besondere eigene Sachnormen auch für besondere Sachnormen anderer Länder autonom spezielle, rechtssatzbezogene Kollisionsnormen herauszubilden und diese Sachnormen damit neben dem eigentlichen Statut für anwendbar zu erklären. Dies sollte behutsam, unter Beachtung aller kollisionsrechtlichen Interessen, wie z. B. auch derer an einheitlicher Beurteilung von Rechtsverhältnissen, aber auch

77 *BGH* (22. 6. 1972) BGHZ 59, 83.
78 Nachweise bei Heini (Fn. 1), 80–82.

unter dem Gesichtspunkt der kollisionsrechtlichen Anknüpfungskongruenz geschehen.

3. Ob die genannten speziellen Kollisionsnormen beider Gruppen sich zu neuen allseitigen Normen zusammenschließen oder isoliert bleiben, ist eine Frage der weiteren permanenten Fortentwicklung des kollisionsrechtlichen Systems. Es besteht die *Möglichkeit,* aber *nicht* die *Notwendigkeit* hierzu; um die »Bilateralisation eigener lois d'application immédiate« geht es also – jedenfalls zunächst – nicht.

E. ANHANG: ART. 34 DES DEUTSCHEN REGIERUNGSENTWURFS EINES IPR-GESETZES

Zu Art. 34 des IPR-Gesetzentwurfs[79] – der dem Art. 7 des IPR-Vertragsabkommens entspricht – kann im Rahmen einer allgemeinen Stellungnahme nur kurz etwas gesagt werden. Abs. 1 ist ebenso wie Art. 18 des schweizerischen Entwurfs[80] eine – wohl eher unreife – Frucht der bisherigen Sonderanknüpfungsdiskussion; anders als jener Art. 18 legt er sich aber nicht in methodisch-systematischer Hinsicht auf die strikte unilateralistische Sonderanknüpfung fest, sondern *kann* auch im Sinn der hier vertretenen autonomen »besonderen Anknüpfung« verstanden werden[81]. Immerhin steht die »enge Verbindung« an erster Stelle, und wenn es sich auch um eine der nichtssagenden Leerformeln handelt – anderes wäre so allgemein auch kaum möglich –, so beginnt man doch mit der Suche nach der Anknüpfung. Mit dem einschränkenden Nebensatz, der darauf abstellt, daß der »zwingende« Rechtssatz in seinem Herkunftsstaat ohne Rücksicht auf das Vertragsstatut anzuwenden ist, kann das Ganze als eine bedingte Verweisung interpretiert werden, wie ich sie hier auch befürwortet habe. Insoweit hätte es also noch schlimmer kommen können.

Im übrigen ist die Vorschrift aber ein Monument gesetzgeberischer Hilflosigkeit[82]. Was bedeutet etwa, der Richter könne »Wirkung verleihen«? Er *wendet* den fremden Rechtssatz offenbar an; das heißt, er »kann« es; er soll insoweit nämlich einen »verhältnismäßig weiten Ermessensspielraum« haben.

79 Text oben Fn. 18.

80 Text oben Fn. 16.

81 Vgl. auch COESTER (Fn. 1), 9f., sowie TREVES (Fn. 1), 31.

82 Zur Kritik dieser Vorschrift vgl. aus neuerer Zeit JUENGER, Parteiautonomie und objektive Anknüpfung im EG-Übereinkommen zum Internationalen Privatrecht, RabelsZ 46 (1982), 57–84, insbes. 62, 67f., 80–82 (mit weiteren Nachweisen 80 Fn. 99); COESTER (Fn. 1), insbes. 7f., 16f., 18f., 20f., 23, 29f., dort auch interessante Hinweise auf Wertungsbrüche zwischen dem renvoi-Verbot und der Beachtlichkeit von »Sonderanknüpfungen«: 10–16; FIRSCHING, Übereinkommen über das auf vertragliche Schuldverhältnisse anzuwendende Recht (IPR-VertragsÜ) vom 11. 6. 1980, IPRax 1981, 37–43, 40; HEINI (Fn. 1), 69, 76. Insgesamt positiver TREVES (Fn. 1). – S. ferner Fn. 1 a. E.

Die »enge Verbindung« muß er aber *zuvor* festgestellt haben; mit dieser kann nur ein kollisionsrechtlich relevantes Anknüpfungsmoment gemeint sein. Wie kann er das aber beurteilen, ohne »Natur«, »Gegenstand« und »Folgen« der Rechtsnorm zu berücksichtigen[83]? Soll er dies *alles nach* Feststellung der »engen Verbindung« noch einmal bewerten und dann eventuell die Wirkung ablehnen dürfen? Und was bedeutet »Ermessen«? Auch hier geht es um Rechtsfindung und nicht um irgendwelche Zweckmäßigkeitserwägungen. Dürfte der Richter aus reinen Zweckmäßigkeitsgründen fremde Rechtsnormen bei bestehender »enger Beziehung« *anwenden oder auch nicht*, dann wäre dies wahrscheinlich schon verfassungsrechtlich höchst bedenklich[84].

Dem Richter gibt die Vorschrift in Wahrheit überhaupt keine Entscheidungshilfen (ebensowenig übrigens Abs. 2 in bezug auf das deutsche Recht). Ihm wird lediglich gesagt, daß aus gewichtigen Gründen (eigene oder) fremde »zwingende« Sachnormen auch außerhalb der allgemeinen Statute berufen sein könnten. Darauf hätte man auch anders hinweisen können. Sicherlich entziehen sich die komplizierten Fragen, mit denen wir uns befaßt haben, weitgehend einer Kodifizierung. Aber dann sollte man auch entsprechende Zurückhaltung üben. Es sei an den letzten Satz von Wittgensteins Tractatus logicophilosophicus erinnert[85], der auch für den Gesetzgeber gilt: »Wovon man nicht sprechen kann, darüber muß man schweigen«.

Noch ist Gelegenheit dazu[86].

83 Vgl. Schurig (Fn. 1), 98–102, 184–188; Coester (Fn. 1), 21–26.

84 Ähnlich wohl Coester (Fn. 1), 17f.

85 So schon Kegel, Vaterhaus und Traumhaus. Herkömmliches internationales Privatrecht und Hauptthesen der amerikanischen Reformer, FS Beitzke, 1979, 551–573, 567 (in bezug auf § 1 öst. IPRG und Art. 14 schweiz. IPRG-Entwurf).

86 Die Stimmen, die von einer Übernahme der Vorschrift abraten, mehren sich. Vgl. nur aus neuerer Zeit Coester (Fn. 1), 30; Juenger (Fn. 82), 82; i. E. auch Heini (Fn. 1), 76. – A. A. (bei vorsichtigem Gebrauch der Vorschrift) Treves (Fn. 1), 41.

Moderne amerikanische IPR-Theorie

COURTLAND H. PETERSON*, BOULDER/COLORADO

Den aktuellen Zustand der IPR-Theorie in den Vereinigten Staaten zu beschreiben, ist Aufgabe dieses Beitrags. Gerhard KEGEL hat sich diesem Thema in mehreren Aufsätzen über die Jahre hinweg gewidmet. Einer der letzten von diesen erscheint unter dem Titel »Vaterhaus und Traumhaus – Herkömmliches internationales Privatrecht und Hauptthesen der amerikanischen Reformer«.[1] In derselben Weise könnte man vielleicht die hier gestellte Aufgabe als »Das Leben in einem Traumhaus« bezeichnen.

I. DIE NATUR DES IPR IN DEN VEREINIGTEN STAATEN

1. Landesrecht im Gegensatz zu Bundesrecht

Vor der unmittelbaren Behandlung dieses Themas ist an einige Charakteristika der amerikanischen Rechtsordnung zu erinnern, die wichtigen Einfluß auf Struktur und Entwicklung der amerikanischen IPR-Theorie gehabt haben. Das erste davon ist, daß das IPR mehr als eine Angelegenheit des Landesrechts als des Bundesrechts aufgefaßt wird[2]. Eine wichtige Konsequenz dieses Konzepts ist, daß man anstelle eines einzigen »amerikanischen Systems« einundfünfzig verschiedene Rechtsordnungen berücksichtigen muß – die der fünfzig Bundesstaaten und des »District of Columbia«. Natürlich unterscheiden sich nicht alle diese Rechtsordnungen voneinander. Sie gliedern sich vielmehr in

* Der Verf. möchte den Herren John JACUS und Herbert RUDHOLZNER herzlichen Dank für ihre sprachliche Hilfe aussprechen.

1 In: Festschrift Beitzke, 1979, 551ff. Engl. Fassung: Paternal Home and Dream Home: Traditional Conflict of Laws and the American Reformers, 27 Am. J. Comp. Law 615ff. (1979).

2 Zum größten Teil bestehen IPR-Regeln aus »common law« und fallen deshalb unter die Rubrik »there is no federal common law«. Siehe *Erie R.R. Co.* v. *Tompkins,* 304 U.S. 64 (1938).

mehrere Gruppen, die zu beschreiben ich versuchen will; dadurch wird die Analyse der amerikanischen Theorie etwas weniger kompliziert, als es zunächst den Anschein gehabt haben mochte. Eine andere Folge des Konzepts von IPR als Landesrecht ist, daß die Bundesgerichte Landesrecht anwenden müssen, und zwar einschließlich der Kollisionsnormen jener Staaten, in denen sie ihren Sitz haben[3]. Deshalb gibt es kein bundesweites IPR-System; allerdings hat der »Federal Congress« spezifische Gesetze erlassen, die die Anwendung einer besonderen Bundesnorm oder der Norm eines bestimmten Bundesstaates erfordern können[4]. Nach amerikanischem Verfassungsrecht hat der Kongreß die Macht, bundesweite Kollisionsnormen zu beschließen, die für die Bundesstaaten bindend sein würden[5]; aber bis auf wenige Ausnahmen ist dieses Recht nicht ausgeübt worden. Eine andere Möglichkeit, durch die die Bundeskontrolle über Landesrecht verwirklicht werden könnte, wäre eine verfassungsgemäße Einschränkung der Bundesstaaten bei der Anwendung ihres eigenen Rechts. Am Anfang dieses Jahrhunderts hat der *Supreme Court* in einer Anzahl von Entscheidungen den Bundesstaaten solche Restriktionen auferlegt, hauptsächlich aufgrund des sogenannten Grundsatzes des wohlerworbenen Rechts, der in der traditionellen amerikanischen Erörterung des IPR vorherrschend war. Auf der Grundlage des wohlerworbenen Rechts bestimmten sich die Rechte der streitenden Parteien nach der Natur des Falles; in Anlehnung daran urteilte der *Supreme Court*, daß das Unvermögen eines Landesgerichts, einen Fall zu entscheiden, eine Verweigerung des »due process of law« sei[6] oder das verfassungswidrige Unterlassen bedeute, den Urteilen und Aufzeichnungen eines Schwesterstaates »full faith and credit« einzuräumen[7]. Diese frühen Versuche, Kollisionsnormen in den Rahmen der Verfassung einzupassen, sind fortschreitend schwächer geworden, besonders angesichts der grundlegenden Veränderungen in der IPR-Theorie. Erst kürzlich, im Jahre 1981, hat der *Supreme Court* im berühmten *Allstate Insurance Co.* v. *Hague*-Fall praktisch jeder weiteren Bundeskontrolle über eine bundesstaatliche »choice of law«-Theorie eine Absage erteilt[8].

3 *Klaxon Co.* v. *Stentor Electric Mfg. Co.,* 313 U.S. 487 (1941). Siehe auch Cook, The Federal Courts and the Conflict of Laws, 36 Ill. Law Rev. 493 (1942).

4 Z.B. Federal Tort Claims Act, 28 U.S. Code Sec. 1346 (b). S. *Richards* v. *United States,* 369 U.S. 1, 6–15 (1962).

5 S. *U.S. Constitution,* Art. I, Sec. 8: »The Congress shall have the power... to regulate Commerce with foreign nations, and among the several States...« (Sog. »Commerce Clause«). Ferner Cook, The Powers of Congress Under the Full Faith and Credit Clause, 28 Yale L.J. 421 (1919).

6 *U.S. Constitution,* Amendment XIV, Sec. 1.

7 *U.S. Constitution,* Art. IV, Sec. 1.

8 449 U.S. 302 (1981).

2. *Bundeskontrolle über landesgerichtliche »jurisdiction«*

Die zweite Besonderheit des amerikanischen Systems auf diesem Gebiet ist eine enge Beziehung zwischen der »choice of law« und den Auffassungen über die »jurisdiction«. Zwei Aspekte dieser Verbindung sollten erwähnt werden. Erstens hat der *Supreme Court* im Gegensatz zu seinem erklärten Widerwillen, bundesstaatliche Kollisionsnormen direkt zu kontrollieren, eine solche Kontrolle indirekt auch weiterhin ausgeübt; tatsächlich hat er sie auf einigen Gebieten durch Beschränkung der Zuständigkeit der Landesgerichte, über bestimmte Personen und bestimmte Fälle zu entscheiden, sogar ausgebaut[9]. Zweitens wird diese Art von bundesgerichtlicher »jurisdictional control« zunehmend wichtiger, zumal Änderungen in der IPR-Lehre zur Anwendung von »forum law« führen. Früher war es nicht allzu wichtig, daß diese »jurisdictional control« ausgeübt wurde, weil die Bundesstaaten neutrale Kollisionsnormen anwendeten. Was die Tatsache betrifft, daß die moderne Lehre dieses Ziel der Einheitlichkeit verunglimpft bzw. fallenläßt und sich für die Verwirklichung lokaler Interessen durch die Anwendung des »forum law« ausspricht, so wird die »jurisdictional control« zu einem viel wichtigeren Gesichtspunkt des »choice of law«-Systems an sich. M.E. bedeutet diese Tendenz amerikanischer Bundesgerichte, bundesstaatliche Kollisionsnormen indirekt statt direkt zu kontrollieren, eine ernsthafte Schwachstelle im amerikanischen System, weil die bei solchen Entscheidungen zu berücksichtigenden Faktoren denen, die für eine IPR-Entscheidung maßgeblich sind, ähneln, aber mit ihnen nicht identisch sind. Das Ergebnis ist, daß eine solche »jurisdictional control« die »choice of law« kontrolliert, ohne aber alle relevanten Faktoren zu bedenken[10].

3. *Interlokaler statt internationaler Charakter der meisten amerikanischen Fälle*

Als dritte Vorbemerkung muß erwähnt werden, daß die große Mehrheit der amerikanischen Fälle, die eine »choice of law« mit sich bringen – schätzungsweise bis zu 95 % –, eher im Zusammenhang mit interlokalen als mit internationalen Tatbeständen auftauchen. Viele Jahre lang hat EHRENZWEIG eine Kampagne geführt, mit der er amerikanische Juristen davon überzeugen wollte, daß

9 *Shaffer* v. *Heitner*, 443 U.S. 186 (1977); *Kulko* v. *Superior Court*, 436 U.S. 84 (1978); *Rush* v. *Savchuk*, 444 U.S. 320 (1980); *World-Wide Volkswagen Corp.* v. *Woodson*, 444 U.S. 286 (1980).

10 PETERSON, Proposals of Marriage Between Jurisdiction and Choice of Law, 14 U.C. Davis L. Rev. 869 (1981).

IPR-Fälle und »interstate conflicts of laws« einer getrennten und unterschiedlichen Analyse bedürfen[11]. Es gibt natürlich einige Gesichtspunkte, in denen die Struktur des amerikanischen Systems solche Unterschiede anerkennt. So weist zum Beispiel die sogenannte »Full Faith and Credit«-Klausel der US-Verfassung die Landesgerichte an, die Gesetze von Schwesterstaaten anzuwenden und deren Urteile durchzusetzen; aber diese Klausel findet keine Anwendung auf das Ausland[12]. Ein weiteres, weniger offensichtliches Beispiel ist das Maß, das Landesgerichte daran hindern könnte, den ordre public als Basis dafür zu nehmen, um die Anwendung ausländischen Rechts, wozu ihre Kollisionsnormen ansonsten führen würden, abzulehnen. Nach der amerikanischen Verfassung ist die Durchführung von auswärtigen Angelegenheiten Bundessache[13], und Bundesstaaten haben nicht die Freiheit, Regeln des ordre public zu formulieren, die mit der Ausübung dieser Macht durch den Bund in Konflikt kommen könnten[14].

Diese und ähnliche Tatsachen sind jedoch lediglich die Ausnahmen, die die Regel bestätigen. Zum größten Teil waren EHRENZWEIGS Anstrengungen erfolglos, und die amerikanischen Gerichte analysieren und entscheiden IPR-Fälle im allgemeinen auch weiterhin nach derselben Theorie, die sie im interlokalen Recht anwenden. Dieses Ergebnis hat zumindest den Vorteil, daß es die Aufgabe, die Tätigkeit der amerikanischen Gerichte zu beschreiben, erleichtert. Dies erklärt auch, warum ich bei der Diskussion der modernen amerikanischen Theorie nicht terminologisch zwischen »conflict of laws«-Fällen und »private international law«-Fällen unterschieden habe und auch nicht unterscheiden werde. Eine wichtige Anmerkung zu diesem Thema ist jedoch, daß der Charakter der modernen Theorie einen praktischen Grund für die Unterscheidung zwischen interlokalen und internationalen Fällen darstellen könnte. Angesichts der Tatsache, daß die moderne Theorie eine Prüfung des inneren Gehalts der Normen des potentiell anwendbaren Rechtssystems verlangt, bevor die »choice of law«-Entscheidung getroffen wird, eliminiert man durch das Unvermögen, den Anwendungsbereich oder den Zweck eines ausländischen Gesetzes zu verstehen, einen Teil der Basis für die Anwendung ausländischen Rechts. Ein Gericht wird das Recht eines Schwesterstaates immer leichter verstehen als den Anwendungsbereich oder den Zweck der Norm eines fremden Landes, besonders wenn dies verschiedene Sprachen mit sich bringt. Die Folge ist eine noch größere Tendenz zur Anwendung des Forumrechts in internationalen Fällen, als dies in interlokalen Fällen der Fall ist.

11 Z. B. EHRENZWEIG, Conflict of Laws, 1962, 16ff.

12 »Full Faith and Credit shall be given in each State to the public Acts, Records, and judicial Proceedings of every other State«, *U.S. Constitution,* Art. IV, Sec. 1; ferner 28 U.S. Code, Sec. 1738 (1964).

13 *U.S. Constitution,* Art. II, Sec. 2; s. auch Art. I, Sec. 8.

14 Z. B. *Zschernig* v. *Miller,* 389 U.S. 429 (1968).

II. Der Beginn des Wandels in der amerikanischen Theorie

Bevor wir die Dimensionen des modernen amerikanischen Traumhauses betrachten, mag es nützlich erscheinen, sich zunächst zwei Fragen zuzuwenden: Wer hat es gebaut? Welche Materialien hat man benutzt? Die Arbeiter, die das ursprüngliche Fundament legten, waren zweifellos die Kritiker des Grundsatzes des wohlerworbenen Rechts während der zwanziger Jahre; Cook und Lorenzen[15], und wohl vor allem David Cavers, der 1933 seine berühmte heftige Kritik an der »jurisdiction selective«-Struktur der Kollisionsnormen veröffentlicht hat[16]: der »Sprung ins Dunkle«, wie es Juenger genannt hat[17], nach dem ein »applicable law« ohne Blick auf den materiellen Gehalt der Norm ausgewählt wird.

Das Manko ist – wenn man den Bau des amerikanischen Traumhauses von Cavers herleitet –, daß lange Zeit danach nichts passierte; Cavers' Aufsatz hat vieles von dem, was später folgen sollte, angedeutet, hat aber selbst höchstens das Fundament gelegt. Mehr als zwanzig Jahre lang hat das erste Restatement of Conflict of Laws, basierend auf Beales Konzept des wohlerworbenen Rechts, weiterhin die Rechtsprechung beherrscht[18].

Größere Bauarbeiten über der Erde begannen schließlich in den fünfziger Jahren. Das American Law Institute entschloß sich, ein Second Restatement of Conflicts ausarbeiten zu lassen, und bestellte Reese von der Columbia Universität zum »Chief Reporter«[19]. Einige einflußreiche amerikanische Richter, vor allem Justice Traynor vom kalifornischen Supreme Court, traten als Kritiker der traditionellen Lehre in Erscheinung, und zwar nicht nur in theoretischen Aufsätzen, sondern auch in Urteilsbegründungen[20]. Auch an den Universitäten fanden sich Kritiker, vor allem Ehrenzweig und Leflar[21]. Am wichtigsten

15 Cook, The Logical and Legal Bases of the Conflict of Laws, 33 Yale L. J. 457 (1924); ders., The Logical and Legal Bases of the Conflict of Laws, 1942; Lorenzen, Territoriality, Public Policy and the Conflict Laws, 33 Yale L. J. 736 (1924); ders., Selected Articles on the Conflict of Laws, 1947. Siehe auch Yntema, The Hornbook Method and the Conflict of Laws, 37 Yale L. J. 468 (1928); Rheinstein, The Place of the Wrong: A Study in the Method of the Case Law, 19 Tulane L. Rev. 4 (1944).

16 Cavers, A Critique of the Choice-of-Law Problem, 47 Harv. L. Rev. 173 (1933).

17 Juenger, Zum Wandel des Internationalen Privatrechts, 1974, 13.

18 *American Law Institute*, Restatement of Conflict of Laws, 1934. Beale war »Chief Reporter«. Vgl. Beale, Conflict of Laws (3 Bände), 1935.

19 Wechsler, Introduction to Restatement (Second) Conflict of Laws, VII, IX, 1972.

20 Traynor, Is This Conflict Really Necessary? – 37 Texas L. Rev. 657 (1959). Siehe auch *Grant* v. *McAuliffe,* 41 Cal. 2d 859, 264 P. 2d 944 (1953); *Bernkrant* v. *Fowler,* 55 Cal. 2d 588, 360 P. 2d 906 (1961).

21 Ehrenzweig, Conflict of Laws, 1962, sowie auch eine Reihe von Aufsätzen, die in den fünfziger Jahren veröffentlicht wurden. Leflar, Conflict of Laws, 1959; ders., American Conflicts Law, 3. Aufl. 1977.

war schließlich das Erscheinen einer wahren Flut von Aufsätzen von Brainerd Currie Anfang 1958, in dem er begann, seine sogenannte »governmental interest analysis« zu formulieren[22].

Die Materialien, die diese verschiedenen Arbeiter benutzten, waren nicht allesamt neu. Es gibt im IPR wie auch anderswo nichts wirklich Neues unter der Sonne. Die verschiedenen Überlegungen, die zu einer Bevorzugung des Forumrechts führen, die Versuche, den »seat of a relationship« logischer zu definieren, die auffassungsmäßigen Verbindungen zwischen »jurisdiction« und »choice of law«, sogar die Interessenstypen, die Currie beschrieben hat, wurden von Lipstein bei seinen Haager Lesungen 1972 von ihren verschiedenen europäischen Vorläufern abgeleitet[23]. Auch Juenger hat ähnliche Beobachtungen bezüglich kontinentaler Vorbilder bei einigen der amerikanischen Theoretiker gemacht. Wie er jedoch kürzlich darlegte, scheinen sich einige der amerikanischen Theorien ungeachtet ihrer Ähnlichkeit zu früheren europäischen Ideen unabhängig davon entwickelt zu haben[24].

Auf jeden Fall gab es im Gegensatz zu dem, was der Veröffentlichung von Cavers' Aufsatz folgte, unmittelbare und dramatische Reaktionen auf die Arbeiten von Currie, Ehrenzweig und Traynor. Der gewaltige Aufruhr unter den amerikanischen Theoretikern griff auf die Gerichte über, und eine aufsehenerregende Zahl von Urteilsbegründungen, in denen sowohl die Logik als auch der Nutzen traditioneller IPR-Theorien in Frage gestellt wurde, begann zu erscheinen. All dies geschah so plötzlich, daß Kegel, als er 1964 eine Einladung der Haager Akademie erhielt, eine allgemeine Vorlesungen über IPR zu halten, seinen Vortrag »The Crisis of Conflict of Laws« überschrieb[25]. In der Tat war seine Definition von »crisis« »a weakening of fundamentals« (Schwächung der Grundsätze) durch die Arbeit ernstzunehmender Kritiker, was aber eine Situation zur Folge hatte, in der alte Grundsätze unerschüttert blieben und weiterhin das traditionelle IPR-System unterstützten[26]. In seinen Augen kann man nur dann, wenn die Grundsätze eine »rapid transformation« erfahren, von einer erfolgreichen Revolution sprechen[27]. Wenn man diese Definition als Maßstab nimmt, könnte man meinen, es habe noch keine »successful revolution« in Europa gegeben. Mir als außenstehendem Beobachter erscheint es jedoch, daß sich hier ein großer Wandel während der letzten Jahre abgespielt hat und daß dieser zumindest teilweise grundlegend war. Aber

22 Vierzehn Aufsätze erschienen zwischen 1958 und 1963: Currie, Selected Essays on the Conflict of Laws, 1963.

23 Lipstein, The General Principles of Private International Law, Rec. des Cours 135 (1972), 97–229 (143–161).

24 Juenger, American and European Conflicts Law, 30 Am. J. Comp. L. 117, 118ff. (1982).

25 Kegel, The Crisis of Conflict of Laws, Rec. des Cours 112 (1964), 91–268.

26 Kegel (Fn. 25), 95.

27 Ebenda.

andere können das sicher besser beurteilen. KEGEL ist offenbar der Meinung, daß die Grundsätze der traditionellen Lehre unerschüttert bleiben. Aber mit seiner eigenen Definition als Maßstab muß man m. E. zu dem Schluß kommen, daß es mindestens in den Vereinigten Staaten eine erfolgreiche Revolution in der IPR-Theorie gegeben hat.

III. DIE DIMENSIONEN DES WANDELS

Welche Dimensionen hat der Wandel angenommen? Wie sehr ist das amerikanische Haus ein Traumhaus von der Art, wie es KEGEL beschrieben hat? Es wäre leicht, zu übertreiben, und bis zu einem gewissen Grad hängt die Antwort davon ab, ob man eher Gewicht legt auf die benutzte Sprache und die angewandte Methode, oder eher auf das Ergebnis, das erreicht wird.

Ich stimme beispielsweise mit den zahlreichen Kommentatoren überein, die behauptet haben, daß der größte Teil des Wandels in der amerikanischen Theorie im Bereich des Schuldrechts stattgefunden hat[28]. Tatsächlich haben die meisten amerikanischen Fälle, bei denen eine neue Theorie angewendet wurde, Deliktsrecht enthalten, und vielleicht stimmt es, daß dieses Gebiet am unbeständigsten gewesen ist, weil das amerikanische Recht hier bis vor kurzem mit einer großen Anzahl archaischer Normen belastet gewesen ist[29]. Andererseits scheint es jedoch klar zu sein, daß in vielen Fällen, die Status, Nachfolge oder andere Merkmale des Eigentumsrechts einbeziehen, die sogenannte neue Lehre zu denselben Ergebnissen kommt wie die traditionelle Lehre. Die Erklärung dafür ist, daß dies rechtliche Fragen sind, bei denen Stabilität und Vorhersagbarkeit durch die neue Lehre nicht weniger hoch geschätzt werden als durch die traditionelle; und diese Werte bzw. Ziele führen ohne Ansehen der Sprache, in denen sie diskutiert werden, zu diesen Ergebnissen[30].

Es kann jedoch keinen Zweifel geben, daß es wichtige Veränderungen gegeben hat, und zwar nicht nur in den wesentlichen Ergebnissen bei Delikts- und Vertragsfällen, sondern auch in der Methodenlehre, wie sie von amerikanischen Gerichten angewendet wird. Mehrere Studien wurden angefertigt, um zu versuchen, die Anzahl der amerikanischen »jurisdictions«, die zumindest auf diesen unsicheren Gebieten und wenigstens methodologisch die traditionelle IPR-Theorie aufgegeben haben, präzise festzustellen.

28 Siehe WEINTRAUB, Commentary on the Conflict of Laws, 2. Aufl. 1980, 273 ff.; REESE, American Choice of Law, 30 Am. J. Comp. L. 135, 139 f. (1982); JUENGER (Fn. 24), 122; KEGEL (Fn. 1), 616.

29 Z. B. die sog. »Guest Statutes«, die die Haftung für Körperverletzung eines Fahrgasts ausgeschlossen oder beschränkt haben.

30 Vgl. REESE (Fn. 28), 30 Am. J. Comp. L. 135, 142 f. (1982).

Eine umfassende Analyse von KAY von der University of California in Berkeley besagt, daß zweiundzwanzig amerikanische »jurisdictions« die traditionelle Lehre beibehalten und daß denen, die die neue Methodologie übernommen haben, sechs Typen der neuen Lehre zugeteilt werden können: »center of gravity« (2), »interest analysis« (2), Restatement Second (14), »choice-influencing considerations« (3), »combined approach« (6), und lex fori (2)[31]. KAY selbst ist Anhänger von CURRIES Theorie der Interessenanalyse und war Mitautor bei einigen seiner Aufsätzen[32]. Diese Analyse kommt zu dem Ergebnis, daß *nur zwei* Staaten (Kalifornien und New Jersey) die *Reinform* der Interessenanalyse verwenden. Andere Staaten, eingeschlossen diejenigen, die vorgeben, die Ansichten des Restatement Second übernommen zu haben, benutzen Interessenanalyse nur als Teil oder als Beigabe zu einer anderen Theorie.

IV. DIE HAUPTTHEORIEN

Da die Hauptzüge der modernen amerikanischen Theorien wohl bekannt sein dürften, werden sie nur kurz in einer vereinfachten Weise beschrieben. Das Restatement Second, das die größte Zahl von Anhängern angezogen hat, besteht aus »black-letter rules« für jedes der traditionellen IPR-Gebiete, aber diese unterscheiden sich von traditionellen Kollisionsnormen in einigen wichtigen Punkten. Erstens werden diese Normen, obwohl sie auf die meisten traditionellen Anknüpfungsfaktoren Bezug nehmen, nur als widerlegbare Vermutungen wirksam. Diese können durch den Beweis, daß ein anderes anwendbares Recht eine »more significant relationship« zum erörterten rechtlichen Problem hat, umgestürzt werden[33]. Die Suche nach der »most significant relationship« (bedeutendsten Beziehung) kann durch Bezug auf die »general principles«, die in § 6 Abs. 2 des Restatement Second formuliert sind, geführt werden[34]. Das Resultat ist, wie SIEHR deutlich gemacht hat, eine

31 KAY, Theory into Practice: Choice of Law in the Courts, 34 Mercer L. Rev. 521–592 (1983); siehe Appendix, 591 f.

32 CURRIE (Fn. 22), 445 ff., 526 ff.

33 Z. B. § 146 *Restatement (Second) Conflict of Laws,* lautet: »In an action for a personal injury, the local law of the state where the injury occurred determines the rights and liabilities of the parties, unless, with respect to the particular issue, some other state has a more significant relationship under the principles stated in § 6 to the occurrence and the parties, in which event the local law of the other state will be applied.«

34 § 6 lautet:
»1. A court, subject to constitutional restrictions, will follow a statutory directive of its own state on choice of law.
2. When there is no such directive, the factors relevant to the choice of the applicable rule of law include:
a) the needs of the interstate and international systems,

Kombination von »black-letter rules« und nicht abgeschlossenen (d. h. »open-ended«) Kollisionsnormen[35]. Ein zweiter erwähnenswerter Zug des neuen Restatements ist das Drängen darauf, das anwendbare Recht mit Rücksicht auf jeden einzelnen rechtlichen Aspekt zu bestimmen. Das Ergebnis ist, zumal da die Bestimmungen des Restatement Second eher als »rules« denn einfach als »conflict methods« bezeichnet werden können, daß die in Frage gestellten Normen beschränkt sind. Sie können nicht nur nicht ein einzelnes anwendbares Recht für den ganzen Fall bestimmen, tatsächlich können sie nicht einmal ein einzelnes anwendbares Recht für eine allgemeine rechtliche Kategorie, die der Fall beinhaltet, herausfiltern[36]. Es sollte auch angemerkt werden, daß die allgemeinen Grundsätze des Restatement Second auch Hinweise auf die »relevant policies of the forum, the relevant policies of other interested states, and the relative interests of those states in the determination of the particular issue« beinhalten[37].

Dieses Kennzeichen der allgemeinen Grundsätze erlaubt einem Gericht, das das Restatement Second übernommen hat, Fälle in einer Weise zu entscheiden, die sogar die Billigung von Befürwortern der »governmental interest analysis« erhalten kann. Deshalb behauptet Sedler, ein weiterer Vertreter von Currie's Theorie, daß die meisten amerikanischen Gerichte, die die moderne Theorie übernommen haben, zumindest in Deliktsfällen Interessenanalyse betreiben, auch wenn sie behaupten, etwas anderes zu tun[38].

Was ist diese Theorie der »interest analysis«, die das Ziel so großer Aufmerksamkeit und Kritik geworden ist? Currie drängte auf eine generelle Ablehnung von Kollisionsnormen[39]. Statt dessen schlug er eine Lösung kollisionsrechtlicher Konflikte durch eine Methode vor, die auf der Auslegung der Gesetze der Staaten basiert, die faktisch mit dem Fall verbunden sind. Der

b) the relevant policies of the forum,

c) the relevant policies of other interested states and the relative interests of those states in the determination of the particular issue,

d) the protection of justified expectations,

e) the basic policies underlying the particular field of law,

f) certainty, predictability and uniformity of result, and

g) ease in the determination and application of the law to be applied.

35 Siehr, Domestic Relations in Europe: European Equivalents to American Evolutions, 30 Am. J. Comp. L. 37, 42ff. (1982).

36 Die »most significant relationship« wird nach *einem* »issue« bestimmt, und die relevanten Kontakte «are to be evaluated according to their relative importance with respect to the particular issue«.

37 S. oben Fn. 34, § 6 Abs. 2 (b) und (c).

38 Sedler, Interest Analysis and Forum Preference in the Conflict of Laws: A Response to the »New Critics«, 34 Mercer L. Rev. 593f. (1983).

39 Siehe Currie (Fn. 22), 183ff.

Vorgang, den er ins Gespräch brachte, ist von Schurig in hervorragender und prägnanter Weise so beschrieben worden[40]:

»Ausgangspunkt ist die materielle Rechtsnorm: Sie wurde stets erlassen, weil der Staat mit ihr eine bestimmte Absicht, einen Zweck, eine ›policy‹ verfolgte. An der Durchsetzung dieser ›policy‹ hat er daher ein Interesse. Da aber die ›policies‹ gewöhnlich in irgendeiner Weise mit dem Staat zusammenhängen, kann das Interesse, das ›governmental interest‹ fehlen, wenn der Sachverhalt die erforderlichen Berührungspunkte zu dem Staat nicht aufweist...

Man hat somit stets festzustellen, welcher Staat ein ›governmental interest‹ an der Anwendung seiner Rechtsnormen hat. Hat nur ein Staat – sei es der Forumstaat, sei es ein anderer – ein solches Interesse, handelt es sich insoweit um gar keinen Konflikt (›false conflicts‹); es wird das Recht desjenigen Staates angewandt, der ein Interesse an der Anwendung hat. Ein Konflikt ist ferner nicht vorhanden, wenn die betreffenden Rechte inhaltsgleich sind.

Echte Konflikte (›true conflicts‹) treten erst auf, wenn zwei oder mehr Staaten ein Interesse an der Anwendung ihres Rechts haben. Ein solches Interesse wird nur anerkannt, wenn es ›legitim‹ oder ›vernünftig‹ ist. Daher sollen, wenn echte Konflikte auftreten, die Interessen ›reconsidered‹ und eventuell bescheidener und zurückhaltender interpretiert werden. Bleibt der Interessenkonflikt gleichwohl bestehen, dann ist seine Lösung etwa unter Aufopferung der Interessen des Forumstaats eine hochpolitische Aufgabe und kann nur durch übergeordnete politische Instanzen bewirkt werden. Bis das der Fall ist, kann das Gericht nur dem Interesse des eigenen Staates folgen, wenn ein solches zu bejahen ist, und die lex fori anwenden.«

Die anderen Kategorien der Staaten (nach der Einteilung von Kay) können kürzer behandelt werden. Die Theorie von »choice-influencing considerations« (wahlbeeinflussenden Überlegungen) ist die Lehre, die vor allen von Leflar vertreten wird und jetzt in drei Staaten befolgt wird. Sie basiert zunächst auf der Annahme, daß traditionelle Kollisionsnormen zwar in der Regel anwendbar sein werden, aber deshalb leicht angreifbar sind, weil sie in irgendeinem vorliegenden Fall mit den allgemeinen Grundsätzen des IPR unvereinbar sein können[41]. Bei genauerer Prüfung stellt sich heraus, daß diese Prinzipien fast identisch mit dem Grundsatz des § 6 des Restatement Second sind, mit einem wichtigen Unterschied: Leflars Grundsätze schließen die ausdrückliche Billigung der Überlegung ein, welcher von verschiedenen konkurrierenden materiellen Rechtssätzen das *bessere Gesetz* ist[42].

Bei der lex fori-Theorie, auf die sich Kay bezieht, und die in zwei Staaten befolgt wird, wird Forumrecht einfach in all jenen Fällen angewendet, zu denen das Gericht irgendwelche bedeutsamen Beziehungen hat[43]. Theoretisch könnte das Forumrecht durch ausländisches Recht verdrängt werden, wenn das Gericht keine Beziehungen hat, aber die Praxis in diesen Staaten muß noch zeigen, wie und wann eine solche Verlagerung stattfinden soll. Zumindest in Kentucky, wo sich diese Betrachtungsweise zuerst entwickelte, hat der Oberste Gerichtshof angedeutet, daß eine Entscheidung nicht auf irgendeiner

40 Schurig, Kollisionsnorm und Sachrecht, 1981, 24. Currie (Fn. 22), 177ff.

41 Leflar (Fn. 21), American Conflicts Law, 215ff. Siehe auch Kay (Fn. 31), 562ff.

42 Leflar (Fn. 41), 212ff.

43 Kay (Fn. 31), 579ff.

Analyse von vorliegender »policy« basieren wird[44]. Andere Staaten, natürlich einschließlich jener, die vorgeben, die Ansicht des Restatement Second übernommen zu haben, benutzen die Interessenanalyse unter anderem oder zusätzlich zu einer anderen Theorie.

Mit der sogenannten »center of gravity«-Theorie, die Kay nur dem Staat New York und North Dakota zuordnet, lebt die Terminologie einer früheren Ära wieder auf, in der man flexible Normen durch die Bewertung oder Abwägung all der verschiedenen Beziehungen, die verschiedene Bundesstaaten mit dem fraglichen Fall haben könnten (ein Vorgang, der der sogenannten »most-significant-relationship«-Prüfung des Restatement Second nicht unähnlich ist), suchte[45]. Es erscheint mir jedoch eine unzutreffende Beschreibung des aktuellen Rechts des Staates New York zu sein, das sich eher von einem neuen Versuch ableitet, feste Kollisionsnormen zu formulieren[46]. Das Hauptkennzeichen dieser Betrachtungsweise ist ein IPR, das auf die Anwendung des Rechts des gemeinsamen Wohnsitz gegründet ist, falls einer vorhanden ist, und spezielle Normen entwickelt, falls keiner vorhanden ist[47].

Der Kategorie schließlich, die Kay als »combined approach« umschreibt, werden die Bundesstaaten zugerechnet, die die traditionelle Lehre eindeutig aufgegeben haben, aber statt dessen eine Vielzahl moderner Theorien benutzt haben, ohne sich bereits auf eine bestimmte Theorie festgelegt zu haben, die die traditionellen Normen ersetzen soll. Dieser Gruppe sind nach der Analyse wohl sechs Bundesstaaten zuzuordnen[48]. Ich neige zu der Annahme, daß diese Gruppe viel größer ist und möglicherweise einige der Bundesstaaten einschließt, die vorgeben, dem Restatement Second anzuhängen, sich aber nicht immer entsprechend verhalten haben[49].

V. Das Leben im Traumhaus

Wie läßt es sich schließlich in diesem Traumhaus leben? Die Risiken und Probleme, die die moderne amerikanische IPR-Theorie erzeugt, und die nicht

44 Siehe *Arnett* v. *Thompson,* 433 S.W. 2d 109, 113 (Ky, 1968).

45 Kay (Fn. 31), 525ff. Vgl. Restatement (Second) passim.

46 *Neumeier* v. *Kuehner,* 31 NY2d 121, 335 N.Y.S. 2d 64, 286 N.E. 2d 454 (1972).

47 *Neumeier* (Fn. 46), 286 N.E. 2d, 457f. Vgl. aber Kay (Fn. 31), 535: »The lower court cases have gone even further in limiting *Neumeier* to its facts. In conflict cases involving contracts, Auten and its center of gravity or grouping of contacts approach is followed. And in torts conflicts cases involving issues such as the measure of recovery in wrongful death suits, charitable immunity, and contribution in interstate workers' compensation cases, the center of gravity or grouping of contacts approach is also used, often without bothering to cite *Neumeier*.«

48 Kay (Fn. 31), 572ff.

49 So auch Leflar (Fn. 41), 197ff., 219ff.

nur von europäischen, sondern auch von amerikanischen Kritikern vorhergesehen wurden, ziehen einige miteinander verwandte Gedanken nach sich. Erstens hat die moderne Theorie große Unsicherheit und Unvorhersehbarkeit hervorgerufen[50]; dies verursacht nicht nur Unfairneß in dem Sinn, daß berechtigte Erwartungen zerstört werden, sondern es macht auch die Planung schwierig. Solche Unsicherheit ist auch teuer, und zwar nicht nur für die Parteien in einem IPR-Streitfall, sondern auch für die gesellschaftlichen Institutionen[51]. Man sagt, daß, wenn der Ausgang nicht vorhergesagt werden kann, fast jeder Fall, bei dem hohe Geldsummen oder große Eigentumswerte auf dem Spiel stehen, bis in die letzte Instanz geht. Die Grundlagen für Urteile sind so wechselnd und zahlreich, daß sogar jene, die als »rules« (Normen) dienen sollen, dieser Aufgabe nicht gerecht werden; praktisch jedes Urteil wird ein *Ad-hoc*-Urteil[52].

Zweitens sind die neuen Theorien dogmatisch fehlerhaft, weil sie es unterlassen, zwischen materiellem Recht und Kollisionsnormen zu unterscheiden, und nicht ausreichend zwischen IPR und Völkerrecht differenzieren[53]. Besonders jene Theorien, die irgendeine Form der »interest analysis« übernommen haben, machen den Fehler, »government interest« oder »policies« mit dem Schutz privater Interessen zu vermengen; die Interessen, die in den meisten IPR-Fällen auf dem Spiel stehen, sind ganz einfach privater Natur[54].

Sollten die neuen amerikanischen Theorien überhaupt lebensfähig sein, dann kommt dies drittens von der eigenartigen Szenerie, in der sie sich entwickelt haben. Das heißt, mit anderen Worten, daß die neuen Theorien in den Vereinigten Staaten, mit ihrer gemeinsamen Kultur und Sprache, als Angelegenheit des »interstate conflicts law« in die Praxis umgesetzt werden können. Aber es ist nicht sinnvoll, sie zu exportieren, und sie würden auf internationaler Ebene nicht wirkungsvoll funktionieren[55].

Dieser letzte Punkt der Kritik kann sehr wohl zutreffend sein. Die neuen amerikanischen Theorien verdienen es m. E., daß man sich im Ausland mit ihnen beschäftigt – was auch tatsächlich geschehen ist. Sollte für andere Rechtsordnungen irgend etwas Nützliches zur Entwicklung ihrer eigenen Gesetze zu finden sein, so macht man hoffentlich davon Gebrauch; aber ich will nicht als Anwalt für den Export amerikanischer Theorien verstanden werden. Ich neige im Gegenteil zu der Ansicht, daß die Amerikaner auch weiterhin von den Erfahrungen der Europäer lernen können.

50 BRILMAYER, Interest Analysis and the Myth of Legislative Intent, 78 Mich. L. Rev. 392, 402 ff. (1980).

51 ROSENBERG, Conflict of Laws Symposium, 49 Texas L. Rev. 229 ff. (1971).

52 KEGEL (Fn. 1), 619, 625 ff.; ROSENBERG, Comment on *Reich* v. *Purcell*, 15 U.C.L.A. L. Rev. 641, 645 (1968).

53 KEGEL (Fn. 1), 621 ff., 631.

55 Vgl. LIPSTEIN (Fn. 23), 161 ff.

Was jedoch die beiden anderen Punkte der Kritik an der amerikanischen Theorie betrifft, so werden sie meiner Meinung nach in der Regel übertrieben. Eines der Hauptmotive für die Entwicklung der neuen Theorien in den Vereinigten Staaten war die Annahme, daß Ergebnisse von »conflict cases« nach traditioneller Lehre selbst unvorhersehbar sind, weil hier Manipulationsmöglichkeiten durch Manöver wie *Qualifikation*, *Rückverweisung* oder *»public policy«*-Verteidigung bestanden[56]. Es gab eine Tendenz in den frühen Jahren dieser »Revolution«, in einer unverhältnismäßig hohen Zahl von »conflict cases« in die Berufung zu gehen, zweifellos aufgrund des unbestimmten Charakters des Rechts. Anzeichen dafür, daß sich dieser Trend fortsetzt, sind mir nicht bekannt; tatsächlich hat sich einer der Kritiker der modernen amerikanischen Theorie beklagt, daß im Staate New York nur in wenigen Fällen Berufungsgerichte angerufen worden sind, obwohl dies ein bevölkerungsreicher Staat mit zahlreichen Berührungspunkten zu anderen Bundesstaaten und Nationen ist[57]. Das Argument, daß der Ausgang von Prozessen, die auf einer »interest analysis« beruhen, unvorhersehbar ist, muß ebenfalls zurückgewiesen werden – tatsächlich sind solche Fälle *allzu* vorhersehbar[58]. Offenbar in der großen Mehrzahl solcher Fälle sind die Gerichte der Ansicht, daß für das Forum ein Interesse besteht, und sie wenden Forumrecht an, auch wenn dies unangebracht sein kann.

Zwei andere Punkte bezüglich der Unsicherheit sollten erwähnt werden. Erstens ist Sicherheit im Sinne von Schutz berechtigter Interessen ein Wert, der hauptsächlich bei gegenseitigen Rechtsgeschäften auf dem Spiel steht und normalerweise keine größere Beachtung im Deliktsrecht findet. Ein wichtiger Aspekt der amerikanischen »Revolution« ist die generelle Annahme des Konzepts der Privatautonomie bei gegenseitigen Rechtsgeschäften, und man kann wohl sagen, daß fast alle Verträge in den Vereinigten Staaten, die von größerer Bedeutung sind oder Personen oder Eigentum in mehr als einem Bundesstaat einbeziehen, jetzt mit »choice-of-law«-Klauseln ausgearbeitet werden[59]. Obwohl es stimmt, daß diese mit Vorsicht behandelt werden müssen, um die Ausbeutung von Notlagen bei »adhesion contract situations« zu umgehen, so kann der richtige Umgang mit solchen Klauseln doch viel von jener Unsicherheit vermeiden, die in unserem früheren »conflicts law« zu finden war[60].

56 REESE/ROSENBERG, Conflict of Laws, 7. Aufl. 1978, 440 ff.; vgl. CURRIE (Fn. 22), 134 ff.

57 KORN, The Choice-of-Law Revolution: A Critique, 83 Colum. L. Rev. 772, 956 (1983). Vgl. LOWENFELD, Renvoi Among the Law Professors: An American's View of the European View of American Conflict of Laws, 30 Am. J. Comp. L. 99, 101 (1982).

58 TWERSKI, *Neumeier* v. *Kuehener*: Where are the Emperor's New Clothes, 1 Hofstra L. Rev. 104, 121 (1973); vgl. SEDLER, The Governmental Interest Approach to Choice of Law: An Analysis and a Reformulation, 25 U.C.L.A. L. Rev. 181, 201 ff. (1977).

59 CRAMTON/CURRIE/KAY, Conflict of Laws, 3. Aufl. 1981, 159: »A choice-of-law provision (is) virtually a status symbol of the well-drafted modern instrument...«

60 REESE (Fn. 30), 138 f.

Zweitens können Juristen im common law-System ein hohes Maß an Unsicherheit ertragen, nicht nur wegen der Vielfalt von Rechtsordnungen, auf die man sich bezieht, sondern auch aufgrund von Quellen unterschiedlicher rechtlicher Autorität innerhalb jedes einzelnen common law-Systems.

Ungeachtet einiger offensichtlicher Mängel sehen viele amerikanische Autoren, Anwälte und Richter diese modernen Entwicklungen in der IPR-Theorie als wichtigen Fortschritt zu einem zweckmäßigeren System.

Wandel und Wandlungen des internationalen Privatrechts

FRIEDRICH K. JUENGER, DAVIS/KALIFORNIEN

Von den Themen des Symposions ist dieses wohl das leichteste. Über den Wandel des IPR läßt sich viel sagen, denn seit seiner Entdeckung war das IPR, von kurzen Ruhepausen abgesehen, stets dem Wandel unterworfen. Zugleich, um KEGELS Wortspiel zu folgen[1], ist es gewandelt. In der Tat, das wirklich Stetige an unserer dynamischen Disziplin ist ihr Wandel und ihre Wandlungen.

I.

Die Peripatetik kennzeichnete bereits den Gegenstand unserer Wissenschaft, das Recht der internationalen Transaktionen, lange bevor man von einem IPR im heutigen Sinn sprechen konnte. Der *grenzüberschreitende Verkehr* ist ein Phänomen, dem bereits die alten Griechen dadurch begegneten, daß sie ihre Stadtrechte abwandelten. Vielleicht schufen sie ein gemeingriechisches Recht, ein »private international law«, wie VINOGRADOFF es nannte[2]; jedenfalls aber entwickelte sich in Athen eine Sondergerichtsbarkeit für Handels- und Seerechtsfälle[3], und spezifisch seerechtliche Institutionen sowie Kautelarpraktiken förderten den supranationalen Handel der Antike[4].

Griechische Gedankengänge gelangten später nach Rom, wo der »praetor peregrinus« ein Sonderrecht für die Transaktionen mit und zwischen Nichtrömern schuf. Der Grund dafür war eben der, der die Athener dazu bewogen hatte, eine besondere Handels- und Schiffahrtsgerichtsbarkeit zu gründen: rein lokale Gepflogenheiten passen oft schlecht auf internationale Sachverhalte. Das starre, formalistische *ius civile* behinderte den Verkehr mit anderen,

1 KEGEL, Wandel auf dünnem Eis, in: JUENGER, Zum Wandel des Internationalen Privatrechts, 1974, 35.

2 VINOGRADOFF, Collected Papers II, 1928, 263.

3 COHEN, Ancient Athenian Maritime Courts, 1973.

4 WIEACKER, On the History of Supranational Legal System of Commerce, in: The Legal Organization of Commerce and its Relations to the Social Conditions, 1978 Symposium of the Faculty of Social Sciences of the University of Aarhus, 1979, 9–10.

statt ihn zu erleichtern. Ein Wandel, zum Teil unter Übernahme fremden, insbesondere griechischen, Gedankenguts[5] war deshalb nötig. Später bewirkte das vom praetor peregrinus geschaffene *ius gentium,* ein Vorläufer unseres IPR, weitere Wandlungen: das *ius civile* absorbierte diesen Fremdkörper und wurde dadurch besser, geschmeidiger und überlebensfähiger. Die hohe Qualität des später in Justinians Corpus iuris zusammengefaßten Rechts dürfte sich teilweise dadurch erklären, daß es zahlreiche Institutionen enthielt, die dem progressiveren *ius gentium* entlehnt waren. Diese fortschrittliche Komponente könnte dazu beigetragen haben, daß das römische Recht im Mittelalter eine neue Blüte erleben durfte; daß sich ein gemeines Recht entwickeln konnte, welches die wichtigste Grundlage der heutigen kontinentaleuropäischen Rechtskultur bildet. So ist also bereits vor der Entdeckung des IPR im Recht der grenzüberschreitenden Transaktionen ein reger Wandel im doppelten Wortsinne zu verzeichnen.

Später allerdings wandelte sich die Dinge erst einmal zum Schlechten: Das römische Reich brach zusammen und mit ihm die römische Justiz. Es wanderten die Völker; als sie wieder seßhaft wurden, lebten Germanen mit den Römern zusammen. Aufgrund dieses Zusammenlebens entwickelte sich ein System persönlicher Rechte; denn die Germanen brachten ihre Stammesrechte mit sich (die sie allerdings unter dem Eindruck einer höherstehenden Kultur zum Teil abwandelten), versuchten jedoch nicht, das Recht der von ihnen unterworfenen Bevölkerung auszumerzen. Das Nebeneinander von germanischen Rechten und römischem Vulgarrecht mußte zu Kollisionen führen, sobald man miteinander juristisch zu tun hatte. Welches Recht sollte etwa gelten, wenn ein Westgote mit einem Iberoromanen kontrahierte? In dieser dunklen Epoche behalf man sich offenbar zum ersten Mal mit Rechtswahlregeln, mit einem *personalen* Kollisionsrecht.

Dem Wandel zum eigentlichen, d. h. *territorialen,* Kollisionsrecht wurde jedoch erst dann der Boden bereitet, als Rechtslehrer begannen, den Corpus iuris wissenschaftlich zu bearbeiten. Dies mag paradox erscheinen, denn das auf Universalität Anspruch erhebende römische Recht hätte eigentlich alle Rechtskollisionen ausräumen sollen. Jedoch standen seiner ratio scripta die oberitalienischen Stadtrechte entgegen, und diese Statuten waren von großer praktischer und politischer Bedeutung. Somit ergab sich zunächst eine Frage des *Rangkollisionsrechts,* nämlich wie man den jeweiligen Geltungsbereich des römischen Rechts von dem der Statuten abgrenzen sollte. Erst wenn man die direkte Anwendbarkeit römischen Rechts verneinte, mußte erörtert werden, welches Statut auf Rechtsverhältnisse zwischen Bürgern verschiedener Städte anzuwenden war. Dieses Problem beschäftigte bereits die Glossatoren, und im

5 Nach Wieacker (Fn. 4), 8 geht die Institution des *praetor peregrinus* auf griechische Vorbilder zurück.

13. Jahrhundert wiesen sie dem Kollisionsrecht erst einmal einen festen Platz zu: Es wurde im Codex I.1.1. angesiedelt, und dem folgten die Kommentatoren, obgleich das Kollisionsrecht an dieser Stelle eigentlich gar nichts zu suchen hatte. Nur Scholastikern konnte es einleuchten, die Statutenkollisionen dort zu erörtern, wo von des Kaisers Wunsch die Rede ist, seinen Untertanen die Dreieinigkeitslehre aufzuerlegen. So sonderbar jedoch die Wahl dieser ursprünglichen Heimstätte des Kollisionsrechts uns heute erscheinen mag, sie hatte den großen Vorteil, dem jungen Rechtsgebiet einen sicheren Hort im Corpus iuris zu gewähren, wo jedermann es finden konnte.

Wie allerdings die dort auftauchenden Probleme zu lösen waren, darüber herrschte keine Einigkeit. Naturgemäß lenkte die »lex cunctos populos« den Blick auf das persönliche Band zwischen Herrscher und Untertan, denn es war ja darin die Rede von den der Herrschaft des Kaisers Unterworfenen. Analog ließ sich argumentieren, die Herrschaft der Stadtrechte erstrecke sich auf alle Bürger, auch auf die, die sich außerhalb der Stadtgrenzen befinden. Damit war man beim *Personalitätsprinzip.* Andererseits jedoch suggerierte die kaum zu übersehende Realität der Stadtmauer das *Territorialitätsprinzip.* Konsequenterweise unterschied man denn auch früh zwischen *statuta personalia* und *territorialia,* d. h. den Regeln, die auch außerhalb des Rechtsgebiets für die Bürger der Stadt galten und solchen, die innerhalb desselben für alle verbindlich waren. Diese recht logisch erscheinende Einteilung hatte leider ihre Tücken, weil es sich nicht ohne weiteres feststellen ließ, welche Regeln nun persönlicher und welche räumlicher Natur waren. Darüber gingen die Meinungen so weit auseinander, daß die Frage der Klassifizierung von Rechtsregeln später den Kernpunkt der Statutenlehre bildete.

Der Beitrag der Glossatoren und Kommentatoren erschöpfte sich jedoch nicht in der Erarbeitung der Grundlagen der Statutentheorie. Neben der Erörterung der Reichweite materieller Regeln beschäftigten sie sich auch mit kollisionsrechtlichen Prinzipien, die in eine ganz andere Richtung zielten. Bereits vor BARTOLUS kannte man die Maxime *locus regit actum* und behauptete, Verträge seien entweder der *lex loci contractus* oder der *lex loci solutionis* unterworfen. D. h. schon damals existierten der unilateralistische Ansatz beim Gesetz und mehrseitige Kollisionsregeln nebeneinander. Ein solcher Methodenpluralismus hat notwendigerweise ein gewisses Maß von Labilität zur Folge. Zwar hatte das IPR im *Corpus iuris* einen festen Platz gefunden, aber es blieb dennoch wandelbar, weil Unklarheit darüber herrschte, wann römisches Recht anwendbar war und wann die Statuten, welche derselben und nach welchen Prinzipien. Nur die Kaufleute blieben von der daraus resultierenden Rechtsunsicherheit einigermaßen verschont, denn sie hatten sich ihr eigenes supranationales Sonderrecht, die *lex mercatoria,* geschaffen.

Diese drei im Mittelalter entdeckten Methoden, d. h. die Anwendung überstaatlichen Rechts, der Ansatz beim Gesetz und die Aufstellung mehrseitiger Kollisionsregeln, finden sich noch heute im IPR; seit dem berühmten Kommentar des BARTOLUS ist nicht mehr viel hinzugekommen. Die Wandlungen des IPR beruhen seitdem hauptsächlich auf Änderungen der Ansichten darüber, welche der drei Ansätze sich am besten dazu eignet, die bei grenzüberschreitenden Transaktionen auftretenden Probleme zu lösen. Lange Zeit herrschte der unilateralistische Ansatz der Statutenlehre. Diese wurde jedoch später von HUBER, STORY und SAVIGNY so erfolgreich bekämpft, daß man zeitweise glaubte, das »klassische« System mehrseitiger Kollisionsnormen habe den Ansatz beim Gesetz endgültig verdrängt, es sei gelungen, das Kollisionsrecht klar von den Sachnormen zu trennen. Man sprach von einer von SAVIGNY hervorgerufenen »kopernikanischen Wende«[6] hin zum Multilateralismus, obgleich gerade SAVIGNY das Vorhandensein und die Notwendigkeit gewisser »Ausnahmen« zugunsten des Unilateralismus besonders betonte[7]. Ferner schien es, als ob der Triumph des Souveränitätsgedankens der Schöpfung überstaatlicher Sachnormen für grenzüberschreitende Transaktionen die Grundlage entzogen hätte. Jedoch liest man heute wieder viel über einseitige Kollisionsnormen und auch die *lex mercatoria* feiert als »new law merchant« fröhliche Urstände.

II.

Die durch die Koexistenz divergierender Methoden hervorgerufenen inneren Spannungen sind ein Grund für die Wandelbarkeit des IPR. Es gibt aber noch andere. Das Kollisionsrecht ist nicht aus einem Guß entstanden; viele Juristen aus vielen Nationen haben zu seiner Ausgestaltung beigetragen. Wie sich die Zeiten und Probleme seit BARTOLUS' Erörterung der »quaestio anglica« gewandelt haben, so hat auch der Standort der jeweils führenden IPR-Schulen gewechselt.

Ursprünglich herrschte der *mos italicus* oder besser gesagt, der sogenannte *mos italicus,* denn auch in Südfrankreich und Spanien gab es bedeutende Vertreter dieser Lehre. Im 16. Jahrhundert, als die italienische wissenschaftliche Diskussion stagnierte und Erstarrungserscheinungen drohten, waren es Franzosen, insbesondere DUMOULIN und D'ARGENTRÉ, die dem IPR neue Impulse vermittelten. Hundert Jahre später übernahmen die Holländer die Führung, von denen sich später die Engländer und Amerikaner ihr Kollisionsrecht holten. In den USA verhalf STORY mit seinen 1834 erschienenen »Commentaries on the Conflict of Laws« dem IPR zu neuem Glanze. Kurz darauf

6 NEUHAUS, Die Grundbegriffe des Internationalen Privatrechts, 2. Aufl. 1976, 94.

7 SAVIGNY, System des heutigen Römischen Rechts VIII, 1849, 32–38. Außerdem glaubte SAVIGNY offenbar, der Ansatz beim Gesetz sei lediglich die Kehrseite des Ansatzes beim Rechtsverhältnis, ebenda, 1–3.

errangen zwei Deutsche den Wanderpokal, WÄCHTER und SAVIGNY, die das IPR von völlig verschiedenen Ausgangspunkten her analysierten. Nach ihnen übernahm noch einmal ein Italiener die Führung: MANCINI, dem es gelang, das von SAVIGNY verworfene Staatsangehörigkeitsprinzip zu legitimieren (und damit der von SAVIGNY propagierten Entscheidungsharmonie den Garaus zu machen), und der als erster den Abschluß kollisionsrechtlicher Staatsverträge propagierte.

Im Wandel der Zeiten wechselte das IPR vielfach seine Heimstätte. Einige französische Schriftsteller versuchten, es aus dem Corpus iuris zu vertreiben und in ihren »coutumes« anzusiedeln. Die Holländer brachten das Kollisionsrecht in der Nähe des Völkerrechts unter, wo auch die Amerikaner und MANCINI seinen Sitz vermuteten. WÄCHTER hingegen lehrte, es sei in der lex fori zuhause, während SAVIGNY es zeitweilig zum ursprünglichen Hort zurückführte, indem er es im achten Bande seines »Systems des heutigen Römischen Rechts« behandelte. Die damit verbundene Dogmatisierung hat dem IPR wohl eher geschadet als genutzt. Ich kann es mir nicht verkneifen, IHERINGS Bemerkungen über ein früheres Werk SAVIGNYS abzuwandeln, denn sie passen auch auf den achten Band des Systems. In IHERINGS Worten handelt es sich um

»eine wissenschaftliche Tat ersten Ranges, vollbracht von einem ... [schon über siebzigjährigen] Manne, fortan das maßgebende Vorbild, der Kanon für die dogmatische Behandlung des ... [IPR]. Aber so hervorragend das Werk als geistige Schöpfung ist, so bewundernswert die Selbständigkeit und Kraft des ... [alten] Mannes ... – das Buch ist dennoch, wenn man den praktischen Maßstab anlegt, ein durch und durch ungesundes, es ist geschrieben ohne reale Anschauung des Verhältnisses, das es behandelt, und ohne Rücksicht auf die Anwendbarkeit der darin entwickelten Sätze. ... [E]r hätte innewerden müssen, daß dieselben aller sicheren Anwendung spotten, sie sind weich wie Wachs, elastisch wie Gummi, man kann mit ihnen ausrichten, was man will ... [D]er neuere Fortschritt in der Lehre hat von den Fundamentalsätzen Savigny's einen nach dem andern als irrig erwiesen, – von dem ganzen Gebäude ist kaum ein Stein auf dem andern geblieben.«[8]

Obgleich sich SAVIGNY zu einer weltoffenen Haltung gegenüber ausländischen Rechtsordnungen bekannte, war ihm im Grunde doch mehr an der Seßhaftigkeit des IPR als an dessen transnationalen Eigenheiten gelegen. Trotz seiner engen Beziehungen zu den Romantikern hielt dieser bedeutende Dogmatiker offenbar recht wenig von der Wanderlust, jedenfalls äußerte er sich sehr ungehalten über das »große Übel« seiner Zeit, Landstreicher und Vagabunden, »die ohne einen festen Lebenslauf in unbestimmter Weise umher ziehen«[9]. Vielleicht erklärt die Abneigung gegenüber dem Herumstreunen seinen Versuch, den immerfort über die Grenzen hin- und herhuschenden Rechtsverhältnissen das Sitzen beizubringen. SAVIGNYS Lehren waren trotz ihrer offensichtlichen Mängel erfolgreich, und schon bald teilten viele seine

8 VON IHERING, Scherz und Ernst in der Jurisprudenz, 14. Aufl. 1924, 356–357.

9 SAVIGNY (Fn. 7), 65.

Ansicht, die Aufgabe des IPR erschöpfe sich darin, Rechtsverhältnisse zu lokalisieren, ihren Sitz[10] (oder ihre »Heimat«[11]) aufzuspüren.

Das hinter diesen Bildern steckende Prinzip der Einbettung internationaler Sachverhalte in innerstaatliche Rechtsordnungen kam später den Positivisten und Nationalisten sehr gelegen; sie konnten dem vorher im freien Raum schwebenden Kollisionsrecht nun einen festen Platz im nationalen Recht zuweisen. Als es dort heimisch zu werden schien, wollten ihm einige sogar den Verkehr mit seinen ausländischen Verwandten untersagen; es sollte nicht einmal mehr über die Grenze schielen. So liest man schon bei WÄCHTER, die

»Beachtung ausländischer Praxis und Rechtsansichten, namentlich der Englischen und Nordamerikanischen, ... [ist] zwar an sich interessant..., aber... für eine Schrift, wenn sie das bei uns in Deutschland geltende positive Recht darstellen soll, ganz ungeeignet...«[12]

Selbst der urbane SAVIGNY zog aus der Eingliederung des IPR in die lex fori die bedenkliche Folgerung, fremden Rechtsinstituten, die dem heimischen Recht unbekannt sind, sei kurzerhand der Rechtsschutz zu verweigern[13].

Eine Zeitlang schien es in der Tat, als ob es mit dem vorherigen unsteten Lebenswandel des Kollisionsrechts vorbei sei; in einem geschlossenen System allseitiger innerstaatlicher Kollisionsnormen war kein Raum für den unbeständigen und wechselhaften Methodenpluralismus. Doch auf die Dauer bekam dem IPR die Einbettung nicht sehr gut. Wer rastet, der rostet, und bald schon mußte man sich um die Gesundheit des Kollisionsrechts Sorgen machen. Wie bei bettlägerigen Menschen traten Krankheitssymptome auf, die man mit großem Interesse diagnostizierte. So entdecken Wissenschaftler etwa die Rückverweisung (und noch schlimmer, die versteckte Rückverweisung), die Qualifikation, die Vorfrage, die Anpassung und noch weitere Übel, wie Blindheitserscheinungen und hinkende Rechtverhältnisse, die dem IPR und seinen Doktoren viel zu schaffen machten. Juristen konnten sich unsterblichen Ruhm dadurch erringen, daß sie auf solche Gebrechen aufmerksam machten und ihnen interessante Namen verliehen[14], ähnlich wie bedeutende Ärzte in der medizinischen Nomenklatur verewigt sind, man denke nur etwa an die Parkinsonsche Krankheit.

Allerdings ist hier auf einen Unterschied zwischen unserer und der anderen Fakultät hinzuweisen: Beim IPR versucht man zumeist nicht, die wahren Ursachen für die zutage tretenden Krankheitserscheinungen zu finden; auch

10 Ebenda, 108, 118, 120, 200.

11 Ebenda, 120, 200. Noch heute spricht der *BGH* von der »Einbettung« rechtlicher Beziehungen, *BGH*, 8.3.1983, NJW 1983, 1972, 1973.

12 WÄCHTER, Über die Collision der Privatrechtsgesetze verschiedener Staaten, AcP 25 (1842), 1, 33. Ähnlich BEALE, The Conflict of Laws I, 1935, x–xi.

13 SAVIGNY (Fn. 7), 33, 37–38.

14 Vgl. hierzu SIEHR, Scherz und Ernst im Internationalen Privatrecht, Festschrift Zajtay, 1982, 409, 412–417.

gleichen die Versuche der kollisionsrechtlichen Dogmatiker, dem Patienten Erleichterung zu verschaffen, eher den Beschwörungsformeln von Medizinmännern als einer seriösen Behandlung. Obgleich ihre »Diskussion solche Höhen erreicht, daß Kollisionsrechtler ... sich selbst nicht mehr verstehen«[15], kurieren sie zumeist nur an den Symptomen herum. Sie übersehen offenbar, daß es sich bei diesen um Folgeerscheinungen einer verfehlten Lebensweise handelt und verordnen deshalb, der Kranke solle weiter sein Bett hüten und nur nicht herumwandeln, vor allem nicht auf dünnem Eis[16], wo er einbrechen und schließlich gar in einem schwarzen Loch versinken könnte[17]. Europäische Kollisionsrechtler entsetzten sich darüber, daß in den USA nach längerer Beobachtung und beängstigenden Diagnosen schließlich versucht wurde, den Patienten wieder zum Wandeln zu ermutigen. Diese Behandlungsweise empfindet man offenbar als Roßkur, die letztlich das IPR eher umbringen als heilen könnte. Nicht sein Dahinsiechen, sondern die amerikanischen Versuche, ihm wieder auf die Beine zu helfen, bezeichnete man als »Krise«[18], und noch immer herrscht auf dem alten Kontinent weithin der Glaube, das Verweilen im Vaterhaus[19] biete die besten Genesungsaussichten.

Aber vielleicht läuft dieses Rezept selbst in der Bundesrepublik bald ab. Das Vaterhaus umwehen die rauhen Winde der Rechtswirklichkeit, und für eine erste schwere Störung der Bettruhe sorgte das *BVerfG* schon vor nunmehr vierzehn Jahren[20]. Die hohen Richter befahlen dem IPR, verfassungskonforme Entscheidungen mittels verfassungskonformer Normen zu liefern und bürdeten ihm damit eine Tätigkeit auf, die vom Faulbett aus nur schwer zu bewältigen ist. Offenbar meinte man in Karlsruhe, das IPR habe seine Ruhepause überzogen. Seitdem sogar der *BGH* kürzlich sein tatenloses Dahindämmern rügte[21], ist auch hierzulande ein gewisser Wandel des IPR zu erwarten. Um ein Minimum an Bewegungstherapie zu gewährleisten, hat man die Kegelsche Leiter erfunden, auf deren Sprossen der Patient herumturnen soll. Es gibt ferner bereits einen Regierungsentwurf eines Gesetzes zur Neuregelung des Internationalen Privatrechts[22]. Inwieweit dieser gesetzgeberische Aderlaß einer Gesundung des IPR zuträglich ist, mag dahinstehen. Wenn man z. B. liest, Anknüpfungen zugunsten einer sachgerechten Lösung kämen »für

15 Ebenda, 417.

16 Kegel (Fn. 1), 37.

17 Kegel, Vaterhaus und Traumhaus. Herkömmliches internationales Privatrecht und Hauptthesen der amerikanischen Reformer, in: Festschrift Beitzke, 1979, 551, 553 (»black hole«).

18 Kegel, The Crisis of Conflict of Laws, Rec. des Cours 112 (1964 II), 95. S. auch Jayme, Zur Krise des »Governmental-Interest Approach«, in: Festschrift Kegel, 1977, 359.

19 Vom Vaterhaus spricht Kegel, oben Fn. 17.

20 Siehe *BVerfG*, 4. 5. 1971, BVerfGE 31, 58.

21 *BGH*, 8. 12. 1982, BGHZ 86, 57; *BGH*, 8. 6. 1983, NJW 1983, 1970.

22 Bundesrats-Drucksache 222/83 (20. 5. 1983).

eine gesetzgeberische Neuordnung des IPR... nicht in Betracht[23]«, so stellen sich schon Zweifel hinsichtlich der Qualifizierung des Behandlungspersonals ein. Aber zumindest hat es sich doch auch beim Gesetzgeber herumgesprochen, daß der Patient nicht einfach weiterruhen kann.

Auch außerhalb der Bundesrepublik sind Wandlungen zu verzeichnen; »das internationale Privatrecht ist weltweit in Bewegung geraten«[24]. Die Notwendigkeit *einseitiger* Kollisionsnormen wird insbesondere in Frankreich und Italien betont, und selbst konservative Autoren bejahen den *Methodenpluralismus*[25]. Wo jedoch die Grenze zwischen Einseitigkeit und Allseitigkeit verläuft, weiß man nicht genau; hoffen wir, daß es der Wissenschaft irgendwann gelingt, sie zu ziehen. Ferner hört man wieder von *Sachnormen* im *internationalen Privatrecht*[26] und von anderen supranationalen Ansätzen, wie der neuen *lex mercatoria*[27]. Selbst innerhalb der verschiedenen Methoden vollzieht sich ein gewisser Wandel. So verwenden modernere allseitige Vorschriften vielfach statt fester Anknüpfungsmomente Leerformeln (wie den »engsten Zusammenhang« oder die »stärkste Bindung«); sie differenzieren auch viel feiner zwischen verschiedenen Rechtsfragen, als es früher üblich war. Der heutige Unilateralismus sieht ebenfalls anders aus als der der Statutarier. Statt die Rechtsnormen einfach in personale und territoriale aufzuteilen, spricht man jetzt von lois d'application immédiate, selbstgerechten Sachnormen und ähnlichen verwirrend modernen Dingen. Der Materialisierung des IPR wird nicht allein durch die Hypothese eines transnationalen Handelsrechts Vorschub geleistet, sondern auch durch den Ruf nach Alternativanknüpfungen, den man in der Hochburg des deutschen IPR, im Hamburger Max-Planck-Institut, hört[28].

Kaum jemand bezweifelt heute noch, daß das IPR gewisse Gerechtigkeitsvorstellungen zu erfüllen hat. Viele glauben zwar noch immer, es gäbe eine eigenartige »IPR-Gerechtigkeit«, nach der nicht das sachlich bessere Recht, sondern das räumlich bessere zu wählen ist[29]. Zumindest auf der zwischenstaatlichen Ebene hingegen hegt und pflegt man auch materielle Erwägungen.

23 Ebenda, 26.

24 Schurig, Kollisionsnorm und Sachrecht, 1981, 13.

25 Batiffol, Le pluralisme des méthodes en droit international privé, Rec. des Cours 1973 II, 75; Neuhaus (Fn. 6), 40–41.

26 Steindorff, Sachnormen im internationalen Privatrecht, 1958; Vitta, Cours général de droit international privé, Rec. des Cours 162 (1978 IV), 126–132, 137–143.

27 Langen, Transnationales Recht, 1981; Schmitthoff, Das neue Recht des Welthandels, RabelsZ 28 (1964), 47.

28 Siehe die Thesen zur Reform des internationalen Privat- und Verfahrensrechts in: RabelsZ 44 (1980), 344.

29 Kegel (Fn. 1), 552, 561. S. jedoch Kegel, Internationales Privatrecht, 4. Aufl. 1977, 63 (»es gibt nur eine Gerechtigkeit«).

So etwa räumen europäische Übereinkommen den Schwächeren (wie Verbrauchern) nicht nur jurisdiktionelle[30], sondern auch kollisionsrechtliche Privilegien[31] ein. Kindern wird seit einiger Zeit auf staatsvertraglicher Grundlage das Recht zugebilligt, sich durch *»forum shopping«* das für sie günstigere Recht auszusuchen[32]. Aber auch nationale Gesetze und Entwürfe liefern zahlreiche Beispiele für die fortschreitende Materialisierung des IPR[33]. Selbst eingeschworene Vertreter des Multilateralismus befürworten materiellrechtliche Manipulationen in Fällen, in denen ihre Methode zu untragbaren Ergebnissen führt, die notgedrungen revidiert werden müssen[34].

III.

All dies spricht dafür, daß das Kollisionsrecht sich wieder einmal im Wandel befindet. Allein wo es hinwandelt, und wo es hinwandeln soll, darüber herrscht Streit. Einige loben den Methodenpluralismus; andere hingegen sind der Meinung, ein Eklektizismus, der einmal diese und einmal jene Richtung einschlägt, sei kaum geeignet, irgendeine der möglichen Zielvorstellungen zu verwirklichen. Ein bloßes Dahintreiben erscheint insbesondere dann bedenklich, wenn durch den zunehmenden Verkehr grenzüberschreitende Transaktionen mit einer gewissen Häufigkeit auftreten. Dann sind reine ad-hoc-Lösungen nicht so leicht vertretbar, denn trotz des beträchtlichen intellektuellen Aufwands, den sie erfordern, vermögen sie naturgemäß nicht zu garantieren, daß gleiche Fälle gleich entschieden werden. Sei dem wie es sei, eines jedenfalls steht fest: unsere Disziplin ist komplizierter geworden, als sie es einmal war. Es genügt nicht mehr, die Probleme der Rückverweisung und der Qualifikation zu beherrschen, man muß sich auch mit der Sonderanknüpfung sowie den »cumuls« und »lacunes« auseinandersetzen oder, wie sie im neuamerikanischen Fachjargon heißen, den »true conflicts« und den »unprovided-for cases«. Ferner ist es mit dem Blick in die Fachliteratur nicht mehr getan, es wird erwartet, daß wir uns auch ein wenig um die Rechtswirklichkeit kümmern.

30 Siehe Art. 5 Nr. 2, 8, 11, 12, 14, 15 des Brüsseler Übereinkommens über die gerichtliche Zuständigkeit und die Vollstreckung gerichtlicher Entscheidungen in Zivil- und Handelssachen.

31 Siehe Art. 5 und 6 des Übereinkommens von Rom über das auf vertragliche Schuldverhältnisse anzuwendende Recht.

32 Hierzu SIEHR, Domestic Relations in Europe: European Equivalents to American Evolutions, 30 (1982) Am. J. Comp. L. 37, 50–55, 59–61.

33 S. VON OVERBECK, Cours général de droit international privé, Rec. des Cours 176 (1982 III) 71–90. Überhaupt ist das Kindeswohl »eine Maxime, die in den letzten Jahrzehnten mehr und Bedeutung nicht nur für unser materielles Kindschaftsrecht, sondern auch für das Kollisionsrecht gewonnen hat«. BEITZKE, In favorem legitimatis aut legitimationis?, Festschrift Kegel, 1977, 99.

34 Siehe z. B. KEGEL (Fn. 29), 153–155, 243; NEUHAUS (Fn. 6), 357–359.

Wenn unsere Geheimwissenschaft dadurch noch unübersichtlicher wird, als sie es ohnehin schon war, so hat sich doch gottlob ihr Aufgabenbereich etwas eingeschränkt. Erfahrene Wirtschaftsjuristen wissen, wie man unseren düsteren Sumpf[35] durch eine geschickt gehandhabte Kautelarjurisprudenz umgehen kann. Mit Hilfe von Rechtswahl- oder Gerichtsstandsvereinbarungen, u. U. sogar Schiedsklauseln, läßt sich ein Maß von Voraussehbarkeit und Entscheidungsharmonie erreichen, welches das Kollisionsrecht alter oder neuer Prägung nie zu erzielen vermag. Prozeßanwälte, die ihr Honorar wert sind, können durch geschicktes »forum shopping« von Kollisionsnormen weithin unabhängige Ergebnisse erstreiten. Im Grunde genommen sind es meist nur die armen und schlecht beratenen Parteien, wie in der Bundesrepublik die Gastarbeiter und ihre Familien, die die Ungereimtheiten eines ebenso verworrenen wie rigorosen Kollisionsrechts hinnehmen müssen.

Deshalb ist es nur folgerichtig, wenn das internationale Ehe-, Familien- und Erbrecht das Kernstück der geplanten westdeutschen IPR-Novellierung bilden, während man sich über das für die Wirtschaft wichtigere internationale Vertragsrecht und andere bedeutsame Materien (wie etwa den internationalen Schutz dinglicher Sicherungsrechte) offensichtlich nur wenig Gedanken gemacht hat. Im ganzen gesehen wirkt der hiesige Regierungsentwurf, verglichen etwa mit dem der Schweiz[36], dementsprechend recht bescheiden. Mit so dringend der Reform bedürftigen Problemen wie der internationalen Zuständigkeit und der Anerkennung ausländischer Entscheidungen haben sich seine Verfasser (außer in familienrechtlichen Teilbereichen) erst gar nicht auseinandergesetzt, obgleich diese Fragen in einem engen inneren Zusammenhang mit dem Kollisionsrecht stehen. Der exorbitante Vermögensgerichtsstand des § 23 ZPO soll bestehenbleiben, ebenso wie das nach allgemeiner Meinung verfehlte Erfordernis der Verbürgung der Gegenseitigkeit in § 328 ZPO. Schon wegen dieser augenfälligen Versäumnisse bleibt zu erwarten, daß sich der Wandlungsprozeß in der Bundesrepublik selbst dann fortsetzt, wenn der vorliegende Entwurf Gesetz wird.

Bejaht man die Notwendigkeit eines Wandels, so ist allerdings auch die Gefahr eines möglichen Rückschritts ins Auge zu fassen, der sich beim IPR vom Fortschritt oft nur schwer unterscheiden läßt, weil alles schon einmal dagewesen ist. Aber man sollte diese Gefahr nicht überschätzen. Wir sind heutzutage vielleicht besser in der Lage also früher, die Realität von der

35 »Das Reich des Kollisionsrechts ist ein düsteres Moor, voll bebender Sumpfböden, bewohnt von gelehrten, aber exzentrischen Professoren, die über geheimnisvolle Dinge in einem seltsamen und unverständlichen Fachjargon theoretisieren«, Prosser, Interstate Publication, 51 (1953) Mich. L. Rev. 959, 971.

36 Botschaft zum Bundesgesetz über das internationale Privatrecht (IPR-Gesetz) vom 10. 11. 1982.

Metaphysik zu unterscheiden. Die Begriffsjurisprudenz wird weniger ernst genommen, statt dessen betreibt man die Rechtsvergleichung vielenorts, insbesondere in der Bundesrepublik, wieder mit größerer Hingabe. Auch schärfen Massenprobleme, wie die grenzüberschreitenden Blechlawinen und das Millionenheer der Gastarbeiter, den Blick für soziale Gegebenheiten. Sobald kollisionsrechtliche Fragen eine gewisse quantitative Grenze überschreiten, stellen sie das IPR auf die Probe und drängen nach vernünftigen Sachentscheidungen. Dann verlangt man vom Kollisionsrecht, es solle die Lösung ohnehin schwieriger Probleme zumindest nicht noch weiter erschweren. Das *BVerfG* hat zurecht betont, daß der Mensch im Mittelpunkt der Rechtsordnung steht und daß auch das IPR nicht Selbstzweck sein darf[37]. Wenn der Zweck im Recht den Wandel fordert, kann das IPR nicht einfach stehen bleiben. *Tempora mutantur et ius mutatur in illis.* Die Hoffnung bleibt, daß sich auch unsere Disziplin zum Besten wandeln möge.

37 *BVerfG*, 4.5.1971, BVerfGE 31, 85.

Sachrecht im IPR, transnationales Recht und lex mercatoria

KURT SIEHR, HAMBURG/ZÜRICH

I. GEGENSTAND DES IPR

Das internationale Privatrecht hat privatrechtliche Sachverhalte mit Auslandsberührung zum Gegenstand. Diesen Gegenstand bewältigt das IPR mit Normen unterschiedlichen Charakters und ungleichartiger Herkunft. Die Verweisungsnormen bilden den Kern des heutigen IPR. Sie werden diese Stellung auch in Zukunft noch lange einnehmen. Diese Position verdanken die Verweisungsnormen nicht etwa deshalb, weil sie besonders gut zur Regelung von Sachverhalten mit Auslandsberührung geeignet sind. Unentbehrlich sind sie vielmehr aus einem anderen Grunde. Da es speziell für internationale Sachverhalte – abgesehen von einigen Rechtsgebieten (z. B. internationales Transportrecht) – nur verhältnismäßig wenig Sachrecht gibt, übernehmen die Verweisungsnormen die Aufgabe, diese internationalen Sachverhalte einzelnen nationalen Sachrechtsordnungen zur Regelung zuzuweisen. Dieses Verfahren der Nationalisierung internationaler Sachverhalte ist zwar meistens nicht zu vermeiden, jedoch häufig wenig sachgerecht. Denn viele Sachverhalte mit Auslandsberührung haben eine andere Qualität als ihre rein innerstaatlichen Gegenstücke und verdienten deshalb eher eine sachgerechte Sonderbehandlung als eine simple Gleichstellung mit Inlandssachverhalten.

Diese vielfach besondere Qualität internationaler Sachverhalte kann unterschiedliche Ursachen haben. In erster Linie ist an den internationalen Waren- und Güterverkehr zu denken. Ein Überseegeschäft ist etwas anderes als ein Barkauf beim Krämer um die Ecke oder ein Binnentransport. Deshalb gibt es gerade für den grenzüberschreitenden Waren- und Güterverkehr besonders zahlreiche Übereinkommen zur Vereinheitlichung des Sachrechts. Eine andere Ursache für die Unzulänglichkeit des allgemeinen nationalen Sachrechts, internationale Sachverhalte angemessen zu regeln, beruht auf der Orientierung dieses Rechts an inländischen Gebräuchen und Rechtsvorstellungen. Diese sind einem Ausländer häufig fremd, und er empfindet deshalb die Anwendung des für ihn ausländischen Rechts als unbillig. Dieses Empfinden teilen wir nicht selten. Durch Sonderanknüpfungen versuchen wir dann, Unbilligkeiten zu vermeiden.

Im Bereich des Personalstatuts begegnet man wohl nur selten einem internationalen Sachverhalt, der gerade wegen seiner Auslandsberührung eine andere Qualität aufweist als ein rein nationaler Sachverhalt. Wenn auch dort die Anwendung des allgemeinen nationalen Sachrechts zu Schwierigkeiten führt, so beruht dies vielfach auf mangelnder Koordination mehrerer anwendbarer nationaler Rechtsordnungen.

II. Sachrecht im IPR

1. Sachnormen für Auslandssachverhalte

a) In *IPR-Gesetzen* finden sich nicht selten Sachnormen. Hingewiesen sei z. B. auf spezielle Vorbehaltsklauseln (vgl. Art. 12 EGBGB). Auch im ungeschriebenen Kollisionsrecht begegnet man Sachnormen, etwa den Anpassungsregeln zur Lösung eines Normenwiderspruchs. Auf dieses Sachrecht im IPR soll unten bei II 2 näher eingegangen werden.

b) Im *nationalen Sachrecht* sind spezielle Vorschriften für Sachverhalte mit Auslandsberührung anzutreffen. Zu denken ist nicht nur an ganze Gesetze über internationale Wirtschaftsverträge[1], sondern auch an verstreute Einzelvorschriften über Liberalisierungen zugunsten des Rechtsverkehrs mit dem Ausland[2], über die Berücksichtigung ausländischer Ortsgebräuche[3], über die großzügigere Bemessung prozessualer Fristen[4] oder über die Gleichstellung[5] bzw. Ungleichbehandlung von Ausländern[6].

1 Vgl. das Gesetz der DDR über internationale Wirtschaftsverträge vom 5. 2. 1976, GBl. DDR 1976 I 61, und das tschechoslowakische Gesetz Nr. 101 vom 4. 12. 1963 über die Rechtsbeziehungen im internationalen Handelsverkehr, abgedruckt in deutscher Übersetzung in: Neuregelung des internationalen Handelsrechts und des IPR in der ČSSR, 1968, Bd. 1, S. 15 ff.

2 Siehe etwa §§ 68 II, 75 b, 92 c HGB; sec. 26 des britischen Unfair Contract Terms Act 1977 (1977 c. 50).

3 Vgl. die §§ 568 I 1, 575, 593, 595 I 1, 599 HGB zu Ortsgebrauch über die Ladezeit, die Löschkosten und die Löschzeit im Seefrachtrecht.

4 Siehe z. B. die §§ 274 III 3 und 520 III 2 ZPO über die richterliche Bestimmung der Einlassungsfrist.

5 So z. B. bei der Prozeßkostenhilfe zugunsten natürlicher Personen: § 114 ZPO.

6 Siehe etwa § 121 IV 2 und V, § 124 i. V. m. § 121 Urheberrechtsgesetz; § 23 Warenzeichengesetz, soweit der Heimatstaat des Ausländers keine Gegenseitigkeit verbürgt.

Auch hier gibt es geschriebene und ungeschriebene Sachnormen. Ob und wie ihre Anzahl kraft autonomer Gesetzgebung oder Rechtsprechung vergrößert werden kann, soll im Rahmen des Abschnitts IV über die lex mercatoria erörtert werden.

c) *Staatsverträge* über den internationalen Rechtsverkehr enthalten zum großen Teil Sachrecht. Nicht nur der internationale Warenkauf ist staatsvertraglich vereinheitlicht worden[7], sondern auch das Recht des grenzüberschreitenden Personen- und Warentransports[8]. Auf anderen Rechtsgebieten hat sich ein solches internationales Sachrecht ebenfalls gebildet[9]. Diese Sachrechtsvereinheitlichung wird in Zukunft nicht zum Stillstand kommen und das Geflecht internationalen Sachrechts erweitern und verfeinern (s. unten IV 4 a).

2. *Stellung der Sachnormen für Auslandssachverhalte*

Allen Sachnormen für Auslandssachverhalte ist gemeinsam, daß sie *Entscheidungs*normen sind im Gegensatz zu den *Verweisungs*normen des IPR. Im übrigen jedoch ist die Stellung dieser Sachnormen in einem nationalen Rechtssystem recht unterschiedlich.

a) Staatsvertraglich *vereinheitlichte Sachnormen* machen im Rahmen ihres Anwendungsbereichs das Verweisungsrecht überflüssig. Frage ist nur, ob der jeweilige Staatsvertrag anwendbar ist. Wird dies bejaht, so kommen die Sachnormen des Staatsvertrags unmittelbar zur Anwendung. Die Berufung autonomen Sachrechts durch Verweisungsnormen ist nicht notwendig. Die erfaßten Sachverhalte mit Auslandsberührung werden in kein nationalstaatliches Prokrustesbett gezwängt, sondern nach den internationalen Maßstäben des grenzüberschreitenden Rechtsverkehrs beurteilt.

b) Die meisten im *autonomen Sachrecht* enthaltenen Sachnormen für Auslandssachverhalte kommen nur dann zur Anwendung, wenn das IPR das Sachrecht, dessen Teil diese Sachnormen sind, für maßgebend erklärt. So ist es z. B. mit § 92c HGB und dem prozessualen Fremdenrecht[10]. Es gibt jedoch auch Ausnahmen. Erinnert sei an § 244 BGB und die alte Streitfrage, ob eine

7 Haager Kaufrechtsübereinkommen vom 1. 7. 1964, abgedruckt bei DÖLLE, Kommentar zum Einheitlichen Kaufrecht, 1976, 771 ff.; UN-Übereinkommen vom 11. 4. 1980 über Verträge betreffend den internationalen Warenkauf, abgedruckt bei SCHLECHTRIEM, Einheitliches UN-Kaufrecht, 1981, 118 ff.

8 ZWEIGERT/KROPHOLLER, Quellen des internationalen Einheitsrechts, Bd. 2, 1972.

9 Zum Immaterialgüterrecht und Wettbewerbsrecht vgl. ZWEIGERT/KROPHOLLER (Fn. 8), Bd. 3, 1973.

10 Zu § 92c HGB vgl. *BGH*, 30. 1. 1961, AWD 1961, 103 = IPRspr. 1960–1961 Nr. 39b; *OLG Karlsruhe*, 8. 10. 1980, WuW 1981, 71 = IPRspr. 1980 Nr. 24; im Prozeßrecht wird die Geltung der lex fori vorausgesetzt.

im Inland zahlbare und in ausländischer Währung ausgedrückte Valutaschuld nur bei *deutschem* Schuldstatut oder *stets* in Inlandswährung getilgt werden darf[11]. Nur nach der zuletzt genannten Auffassung macht der § 244 BGB eine Ausnahme vom Schuldstatut und trifft unmittelbar (d. h. ohne Zwischenschaltung einer außerhalb des § 244 BGB bestehenden Verweisungsnorm) eine Sachentscheidung für die im Inland zahlbaren Valutaschulden in ausländischer Währung. Insofern wäre der § 244 BGB eine »loi d'application immédiate«.

Ob eine bestimmte Sachnorm für Auslandssachverhalte nur mittelbar kraft Verweisung durch eine Norm des IPR oder unmittelbar anwendbar ist, läßt sich nicht leicht entscheiden. Diese Frage ist nach Sinn und Zweck der jeweiligen Sachnorm zu beantworten[12]. Soviel läßt sich immerhin sagen: Je vollständiger und zusammenfassender ein nationales IPR-Gesetz ist, desto geringer ist die Notwendigkeit, außerhalb dieser Kodifikation eine »selbstgerechte Sachnorm« zu entdecken[13].

c) Sachnormen in einer *IPR-Kodifikation* kommen ohne Zwischenschaltung einer Verweisungsnorm, also unmittelbar zur Anwendung. Das ergibt sich aus ihrer Funktion, der ich mich nun zuwende.

3. Funktion des Sachrechts im IPR

Der Begriff »Sachrecht im IPR« wird für alle unter II 1 beschriebenen Typen des Sachrechts für Auslandssachverhalte benutzt[14]. Um überhaupt einen Vergleich mit anderen Lehren und Theorien zu ermöglichen (s. unten IV 1), möchte ich den Begriff hier auf die unmittelbar anwendbaren Sachnormen innerhalb des Verweisungsrechts beschränken (s. oben II 1 a und 2 c). Außerdem stehen allein diese Normen dem Verweisungsrecht näher als einem Gebiet, das auf mehr oder weniger globale sachrechtliche Lösungen fixiert ist. Diese Nähe der Sachnormen im IPR (also im engeren Sinne) zum Verweisungsrecht wird deutlich bei Betrachtung ihrer Funktionen.

a) Der *Anpassung* dienen solche Sachnormen im IPR, die einen Konflikt zwischen zwei berufenen und einander widersprechenden Rechtsordnungen schlichten sollen. Die meisten dieser Anpassungsnormen sind durch Recht-

11 Hierzu zuletzt *MünchKomm* / Martiny, Vor Art. 12 EGBGB RdNr. 391.

12 Hierzu Siehr, Normen mit eigener Bestimmung ihres räumlich-persönlichen Anwendungsbereichs im Kollisionsrecht der Bundesrepublik Deutschland, RabelsZ 46 (1982), 357, 374f.

13 Zu diesem Terminus vgl. Kegel, Die selbstgerechte Sachnorm, in: Gedächtnisschrift für Albert A. Ehrenzweig, 1976, 51ff.

14 So mehr oder weniger Steindorff, Sachnormen im IPR, 1958, 17ff.

sprechung und Lehre für das internationale Familienrecht entwickelt worden[15]. Jedoch gibt es sie auch im Vermögensrecht[16].

b) Der *Überleitung* sind gewisse Sachnormen im IPR dann gewidmet, wenn beim Statutenwechsel die Herrschaft des neuen Statuts die des alten ablöst. Die bekannteste Sachnorm im IPR mit dieser Funktion ist der Satz »semel maior semper maior«[17]. Eine andere Vorschrift dieser Kategorie will die Schweiz kodifizieren: »Gelangt eine bewegliche Sache in die Schweiz und ist an ihr im Ausland ein Sicherungsrecht begründet worden, das den Anforderungen des schweizerischen Rechts nicht genügt, so bleibt dieses in der Schweiz noch während drei Monaten gültig.«[18]

Solche sachrechtlichen Überleitungsregeln sind unbedenklich, soweit sie sich auf einen Eingangsstatutenwechsel beschränken. Wenn sie sich jedoch auf jeglichen Statutenwechsel erstrecken, können diese Sachnormen mit dem neuen Statut in Konflikt geraten und dadurch gerade die Harmonie mit dem berufenen neuen Statut stören.

c) Eine *Internationalisierung* der Entscheidung sollen diejenigen Normen herstellen, die aufgrund sachrechtlicher Argumente die Berücksichtigung zusätzlicher Rechtsordnungen ermöglichen. Beispiele hierfür sind nicht nur der Art. 7 I des EG-Schuldvertragsübereinkommens vom 19. 6. 1980 und der Art. 18 des schweizerischen Entwurfs für ein IPR-Gesetz[19]. Diese Normen verlangen, sofern – wie nur der Art. 18 ausdrücklich hervorhebt[20] – »schützenswerte und offensichtlich überwiegende Interessen es gebieten«, zwingende Normen einer dritten Rechtsordnung (d. h. abgesehen von der lex causae und der lex fori) zu berücksichtigen[21]. Konkreter ist der Art. 8c des schweizerischen NAG, der fremdes Recht ausnahmsweise zu berücksichtigen heißt, um dem Kind »schwere Nachteile« zu ersparen.

In all diesen Vorschriften wird zwar auf fremdes Recht verwiesen, jedoch diese Verweisung von sachrechtlichen Erwägungen abhängig gemacht. Hier treffen also Sachnorm und Verweisungsnorm zusammen. Ob man hier noch

15 NEUHAUS, Die Grundbegriffe des IPR, 2. Aufl. 1976, 357–359; Jochen SCHRÖDER, Die Anpassung von Kollisions- und Sachnormen, 1961, 75 ff.

16 Zu Konflikten zwischen Güterrechts- und Erbstatut vgl. NEUHAUS (Fn. 15), 356 f.

17 Art. 7 II EGBGB; §§ 7, 12 österr. IPR-Gesetz; Art. 29 port. Código civil; Art. 9 Nr. 1 II span. Código civil; Art. 8 III türk. IPR-Gesetz vom 20. 5. 1982.

18 Vgl. Art. 101 II des Entwurfs eines Bundesgesetzes über das internationale Privatrecht, BBl. 1983 I 263, 472, 496 = Sonderdruck der Botschaft des Bundesrates vom 10. 11. 1982, S. 210, 234.

19 Vgl. außerdem Art. 16 des Haager Übereinkommens vom 14. 3. 1978 über das auf die Stellvertretung anwendbare Recht, in: RabelsZ 43 (1979), 176, 182 f.

20 Vgl. Entwurf (Fn. 18), 476 = Sonderdruck 214.

21 Ebenso für Art. 7 I des EG-Schuldvertragsübereinkommens (ABl. EG L 266 vom 9. 10. 1980, S. 3) der Bericht zu diesem Übereinkommen von GIULIANO/LAGARDE, BR-Drucksache 224/83 vom 20. 5. 1983, S. 33, 59.

von einer Sachnorm im IPR sprechen kann, erscheint fraglich; denn das verweisungsrechtliche Element dieser Normen überwiegt. Gleichfalls sollen sie schon hier als spezielle Kategorie von Kollisionsnormen erwähnt werden, weil sie einen interessanten sachrechtlichen Aspekt der Diskussion um die Internationalisierung der zwischenstaatlichen Rechtsprechung beleuchten.

d) Aus Gründen des *ordre public* sind schließlich eine letzte Kategorie von Sachnormen im IPR anzutreffen. Diese Vorbehaltsklauseln können sehr unterschiedlicher Art sein. Sie reichen von universell akzeptierbaren Aussagen wie »rechtsfähig ist jedermann«[22], über allgemeine Gebote der Gerechtigkeit[23] bis hin zu recht nationalistischen Sonderregeln zugunsten von Inländern[24].

Diese Art von Sachnormen im IPR sind der allgemeinen Kollisionsrechtswissenschaft am besten bekannt, weil sie im Zusammenhang mit dem ordre public auftauchen. Interessant sind sie für die folgenden Eröterungen jedoch nur insoweit, als sie Ausdruck übernationaler Rechtsanschauungen sind.

III. Transnationales Recht

Mit dem Ausdruck »transnationales Recht« werden unterschiedliche Bedeutungen verbunden. Grob gesehen, kann man vier verschiedene Begriffsinhalte und Begriffsvarianten feststellen.

1. *International gemeinsames Recht*

Der Ausdruck »transnationales Recht« wurde in den dreißiger Jahren zuerst im deutschen Sprachraum benutzt. Er sollte international gemeinsames Recht kennzeichnen. Max Gutzwiller sprach bei international üblichen Verweisungsnormen (z. B. locus regit actum) von »transnationalen Normen«, die Teil eines »transnationalen (gemeinsamen) IPR« oder »Zwischenprivatrechts« seien[25].

22 Art. 32 I des schweizerischen Entwurfs zu einem IPR-Gesetz (Fn. 18), 480 = Sonderdruck, 218.

23 Art. 11 II des Haager Übereinkommens vom 2. 10. 1973 über das auf Unterhaltspflichten anzuwendende Recht: »Jedoch sind bei der Bemessung des Unterhaltsbeitrags die Bedürfnisse des Berechtigten und die wirtschaftlichen Verhältnisse des Unterhaltsverpflichteten zu berücksichtigen, selbst wenn das anzuwendende Recht etwas anderes bestimmt.«

24 Vgl. z. B. Art. 12 und Art. 21 Halbsatz 2 EGBGB.

25 Max Gutzwiller, Das Internationalprivatrecht der durch die Friedensverträge eingesetzten Gemischten Schiedsgerichtshöfe, Int. Jb. für Schiedsgerichtswesen 3 (1931), 123 ff. spricht von »transnationalen Normen« (S. 128), »transnationalem (gemeinsamem) IPR« (S. 131, 146, 148, 152), »transnationalem Zwischenprivatrecht« (S. 138), »transnational anerkannten IPR-Sätzen« (S. 145 Fn. 67) und »transnationalem materiellen Recht« (S. 131).

Rabel nannte in demselben Sinne gewisse international verbreitete Verweisungsregeln »trans-national rules«[26].

Das Attribut »transnational« ist nicht nur dem IPR oder einigen Verweisungsnormen beigefügt worden. Auch das Sachrecht hat man mit ihm verbunden. Max Gutzwiller stellte bereits dem völkerrechtlichen und dem transnationalen (gemeinsamen) IPR »das völkerrechtliche und das transnationale materielle Privatrecht« gegenüber[27]. In demselben Sinne findet sich bei Walker der Ausdruck eines »sogenannten ›transnationalen‹ Privatrechts» als Synonym für »international gemeinsames Privatrecht«, das vom IPR zu unterscheiden sei[28].

Heute ist dieser frühe Begriff des transnationalen Rechts wenig gebräuchlich. Er ist entbehrlich; denn für international gemeinsames Recht hat man heute Ausdrücke wie »staatsvertragliches IPR« und »internationales Einheitsrecht« sowie die entsprechenden Bezeichnungen in anderen Sprachen. Der Glaube an international gemeinsame Verweisungsnormen, die auf keinem Staatsvertrag beruhen, ist so gut wie geschwunden[29].

2. *Recht der grenzüberschreitenden Sachverhalte*

Internationaler Diskussionsgegenstand wurde das transnationale Recht erst seit den fünfziger Jahren, nachdem Jessup den Begriff »transnational law« – offenbar ohne Kenntnis der europäischen Vorläufer – eigenständig definiert hatte[30] und andere Amerikaner ihm darin gefolgt waren[31].

a) Jessup will mit dem von ihm in Umlauf gebrachten Begriff »transnational law« nicht so sehr eine neue Doktrin verkünden, sondern all das *zusammenfassen,* was man das Recht der grenzüberschreitenden Sachverhalte nennen könnte. Der Autor sagt wörtlich: »... I shall use, instead of ›international law‹ the term ›transnational law‹ to include all law which regulates actions or events that transcend national frontiers. Both public and private international law are

26 Rabel, The Conflict of Laws – A Comparative Study, Bd. 1, 1. Aufl. 1945, 39; 2. Aufl. 1958, 45.

27 Gutzwiller (Fn. 25), 131.

28 Walker, IPR, 5. Aufl. 1934, 13.

29 Vgl. Nussbaum, Rise and Decline of the Law-of-Nations Doctrine in the Conflict of Laws, Colum. L. Rev. 42 (1942), 189–206; Pocar, Public International Law Solutions for Conflict of Laws Problems, Italian Yb. Int. L. 1 (1975), 179–191; Neuhaus, Der Beitrag des Völkerrechts zum IPR, German Yb. Int. L. 21 (1978), 60, 64–66.

30 Jessup, Transnational Law, 1956, 2; vgl. auch ders., The Concept of Transnational Law – An Introduction, Colum. J. of Transnational Law 3 (1965), 1 f.

31 Vgl. Steiner/Vagts, Transnational Legal Problems, 1968, XI f.; Ehrenzweig, Specific Principles of Private Transnational Law, Rec. des Cours 124 (1968 II), 167, 255 f.; Delaume, Transnational Contracts, Applicable Law and Settlement of Disputes (A Study in Conflict Avoidance), Bd. 1–5, 1980 ff.

included, as are other rules which do not wholly fit into such standard categories«[32]. Diese weite Umschreibung mag dann noch zu eng sein, wenn sie u. a. auch interlokale Rechtsbeziehungen oder Verhältnisse zu internationalen Organisationen mit eigener Rechtsordnung erfassen soll[33].

Über eine begriffliche Zusammenfassung des Rechts grenzüberschreitender Sachverhalte unter dem Namen »transnationales Recht« läßt sich reden, wenn man nicht den Ausdruck »Internationales Recht« vorzieht. Unter diesem werden im italienischen akademischen Sprachgebrauch sowohl das Völkerrecht als auch das IPR und Europarecht verstanden. Wichtiger als diese terminologischen Fragen sind jedoch die Folgerungen aus einer solchen begrifflichen Zusammenfassung. Ihr sollte eine stärkere Verbindung der zusammengefaßten Forschungsbereiche folgen[34], ohne daß der Bezug zum Sachrecht verloren geht.

b) Zu einem *inhaltlichen Aspekt* des »transnational law« nimmt JESSUP am Ende des letzten Kapitels über »The Choice of Law Governing the Problems« Stellung: »There is no inherent reason why a judicial tribunal, whether national or international, should not be authorized to choose from all of these bodies of law [d. h. Völkerrecht, IPR, nationales Sachrecht des Zivil-, Straf- und Verwaltungsrechts] the rule considered to be most in conformity with reason and justice for the solution of any particular controversy. The choice need not be determined by territoriality, personality, nationality, domicile, jurisdiction, sovereignty, or any other rubric save as these labels are reasonable reflections of human experience with the absolute and relative convenience of the law and of the forum – lex conveniens and forum conveniens.«[35] Der Autor geht auf ähnliche Gedanken einer früheren Zeit nicht ein[36], sondern verteidigt seinen Vorschlag gegenüber den Einwänden der Rechtsunsicherheit und Schwierigkeit der Rechtsfindung[37]. Darauf soll hier nicht näher eingegan-

32 JESSUP, Transnational Law (Fn. 30), 2.

33 So ÖKÇÜN, Trans-Municipal Law – A Critical Analysis of Private International Law, 1968, 12f.

34 So kürzlich zu Recht SCHWIND, Das Studium der Rechtswissenschaft, in: Festschrift Strasser, 1983, 971, 977.

35 JESSUP, Transnational Law (Fn. 30), 106f.

36 Vgl. in historischer Reihenfolge u. a. JOSEPHUS JITTA, La méthode du droit international privé, 1890, 200–215, abgedruckt bei: PICONE/WENGLER, IPR, 1974, 21–34; DERS., Das Wesen des IPR, ArchÖffR 14 (1899), 301, 309ff.; DERS., Alte und neue Methoden des IPR, ArchÖffR 15 (1900), 564–581; KOSTERS, Het internationaal burgerlijk recht in Nederland, 1917, 67ff.; FRÄNKEL, Der Irrgarten des IPR, RabelsZ 4 (1930), 239–243; HIJMANS, Algemeene Problemen van Internationaal Privaatrecht, 1937, 18ff.; teilweise in deutscher Übersetzung abgedruckt bei PICONE/WENGLER, oben, 177–180; allgemein zu dieser Strömung VON OVERBECK, Les règles de droit international privé matériel, in: De conflictu legum, Mélanges Kollewijn/Offerhaus, 1962, 362, 364–366.

37 JESSUP, Transnational Law (Fn. 30), 107–113.

gen werden; denn gerade diese Aufgabe der autonomen Rechtsfindung ist Anliegen des nun anzusprechenden Verständnisses eines »transnationalen Rechts«.

3. Recht der Beziehungen zwischen Staaten und ausländischen Privatunternehmen

Eine Variante des transnationalen Rechts im Sinne von JESSUP ist diejenige Auffassung, welche diesen Begriff schwerpunktmäßig anwendet auf die Rechtsbeziehungen zwischen Staaten und ausländischen Privatunternehmen[38]. Bei diesen Partnern stehen der Internationale Gerichtshof, internationale Schiedsinstanzen und staatliche Gerichte vor dem Problem, welches Recht sie auf Streitigkeiten anzuwenden haben. Würde man das nationale Recht des beteiligten Staates berufen, so hätte es eine Partei in der Hand, durch Gesetzesänderung ihre eigenen Rechte und Pflichten nachträglich zu ändern. Deshalb wird die Anwendbarkeit des Völkerrechts befürwortet oder eines flexibleren »transnationalen Rechts«[39].

Auf diese Spezialmaterie soll hier nicht näher eingegangen werden[40]. Soviel nur sei angemerkt: Selbst wo die Parteien nicht wenigstens subsidiär auf die allgemeinen Rechtsgrundsätze (general principles of law, principes généraux du droit) ausdrücklich verweisen[41], sollen nach Meinung mancher Schiedsgerichte sie als Hauptquelle des transnationalen Rechts zur Anwendung kommen[42].

4. Transnationales Handelsrecht

Schließlich wird der Begriff »transnationales Recht« im Sinne eines transnationalen Handelsrechts verstanden. Gerade in der Bundesrepublik hat sich Eugen

38 RIGAUX, Droit public et droit privé dans les relation internationales, 1977, 368, 370; DERS., Souveraineté des États et arbitrage transnational, in: Le droit des relations économiques internationales, Études offertes à Berthold Goldman, 1982, 261, 271–275.

39 Vgl. VERDROSS, Zwei Schweizer Schiedssprüche über quasivölkerrechtliche Verträge, SchweizJbIntR 21 (1964), 15f., 24.

40 Hierzu zuletzt ausführlich Jutta STOLL, Vereinbarungen zwischen Staat und ausländischem Investor, 1982; bespr. von PICONE, RabelsZ 48 (1984), 409ff.

41 Vgl. z.B. *BP* v. *Libya* (10.10.1973; Richter: LAGERGREN), YbCommArbitr. V (1980), 143, 149; *Texaco* v. *Libya* (19.1.1977; Richter: DUPUY), Clunet 104 (1977), 350, 353 = YbCommArbitr. IV (1979), 177, 181 (engl. Übersetzung); *Liamco* v. *Libya* (12.4.1977; Richter: MAHMASSANI), YbCommArbitr. VI (1981), 89, 92.

42 Zum Schiedsspruch *Sapphire International Petroleum Limited* v. *National Iranian Oil Company*, bei: J. F. LALIVE, Un récent arbitrage suisse entre un organisme d'état et une société priveé étrangère, SchweizJbIntR 19 (1962), 273, 297 (Richter CAVIN).

Langen für eine solche Auffassung eingesetzt[43]. Er betrachtet also ebenfalls nur einen Ausschnitt des transnationalen Rechts im Sinne von Jessup und verfolgt damit dieselben Ziele wie die Anhänger der lex mercatoria. Diese Lehre verdient eine eingehendere Betrachtung im nächsten Abschnitt.

5. Zwischenergebnis

Der Begriff »transnationales Recht« wird in unterschiedlichem Sinn benutzt. Praktisch ist die von Jessup propagierte Zusammenfassung allen Rechts für grenzüberschreitende Sachverhalte unter diesem Namen (oben 2a). Einheitsrecht und Welthandelsrecht sollte man nicht so bezeichnen (oben 1 und 4). Ob und in welcher Form neues Recht für grenzüberschreitende Sachverhalte zu entwickeln ist (vgl. oben 2b und 3), soll im Rahmen der lex mercatoria behandelt werden (unten IV 4).

IV. Lex mercatoria

1. Begriff der »lex mercatoria«

Seit etwa zwanzig Jahren plädieren zahlreiche, vor allem europäische Autoren für ein autonomes neues Recht des Welthandels, ein transnationales Handelsrecht, ein »Law of International Trade«, ein »Droit du commerce international«, ein »new law merchant« oder – kurz gesagt – für eine autonome neue »lex mercatoria«[44]. Genannt seien einige Protagonisten dieser Lehre: Clive Schmitthoff[45], Philippe Kahn[46], Berthold Goldman[47], Eugen Langen[48], Ronald Graveson[49], Aleksander Goldštajn[50], Gyula Eörsi[51] und Jerzy Jakubowski[52].

43 Langen, Vom IPR zum transantionalen Handelsrecht, NJW 1969, 358–360; ders., Transnationales Handelsrecht, NJW 1969, 2229–2233; ders., Transnational Commercial Law, 1973; ders., Transnationales Recht, 1981.

44 Vgl. hierzu Schmitthoff (Hrsg.), The Sources of the Law of International Trade, 1964.

45 Schmitthoff, International Business Law – A New Law Merchant, Current Law and Social Problems 2 (1961), 129ff.; ders., International Trade Law and Private International Law, in: Vom deutschen zum europäischen Recht, Festschrift Dölle, Bd. 2, 1963, 257–272; ders., Das neue Recht des Welthandels, RabelsZ 28 (1964), 47–77; ders., The Unification of the Law of International Trade, 1964; ders., The Law of International Trade, its Growth, Formulation and Operation, in: Schmitthoff (Hrsg. [Fn. 44]), 3–38; ders., The Unification of the Law of International Trade, J.B.L. 1968, 105–119; Horn/Schmitthoff (Hrsg.), The Transnational Law of International Commercial Transactions, 1983.

46 Kahn, La vente commerciale internationale, 1961; ders., Lex mercatoria et Euro-Obligations, in: Law and International Trade, Festschrift Schmitthoff, 1973, 215–241; ders., Droit

Im Mittelalter habe sich aufgrund universalen Gewohnheitsrechts eine »lex mercatoria« des internationalen Kaufmannsstandes gebildet[53]. Vor allem im 18. und 19. Jahrhundert sei dann das Recht des Welthandels in die nationalen Rechtsordnungen eingefügt worden[54]. Gegenwärtig befinde sich das Welthandelsrecht in einer dritten Phase: Aufgrund internationaler Übereinkommen (z. B. zum internationalen Kauf beweglicher Sachen), einheitlicher Handelsbräuche (Incoterms, Einheitliche Richtlinien und Gebräuche der IHK für Dokumenten-Akkreditive usw.), einheitlicher Formulare und Lieferbedingungen sowie aufgrund internationaler Schiedssprüche und Entscheidungen staatlicher Gerichte entwickele sich nun eine neue »universale lex mercatoria«[55], die eine Tendenz zeige, »autonom zu sein«[56].

international économique, droit du développement, lex mercatoria – concept unique ou pluralisme des ordre juridique, in: Études Goldman (Fn. 38), 97 ff.

47 Goldman, Frontières du droit et »lex mercatoria«, Archives de philosophie du droit 9 (1964), 177–192; ders., La lex mercatoria dans les contrats et l'arbitrage international – réalité et perspectives, Clunet 106 (1979), 475 ff. = Trav. Com. fr. d. i. p. 1977–1979 (1980), 221 ff.

48 S. Fn. 43.

49 Graveson, Philosophical Aspects of the English Conflict of Laws, L. Q. Rev. 78 (1962), 337, 338 f., 369 f. = ders., Comparative Conflict of Laws, Bd. 1, 1977, 14, 16, 45; ders., The Comparative Evolution of Principles of the Conflict of Laws in England and the U.S.A., Rec. des Cours 99 (1960 I), 21, 28 f. = ders., Comparative Conflict (oben), 225, 228.

50 Goldštajn, The New Law Merchant, J. B. L. 1961, 12–17; ders., International Conventions and Standard Contracts as Means of Escaping from the Application of Municipal Law, in: Schmitthoff (Fn. 44), 103 ff.; ders., The New Law Merchant Reconsidered, in: Festschrift Schmitthoff (Fn. 46), 171 ff.

51 Eörsi, Regional and Universal Unification of the Law of International Trade, J. B. L. 1967, 144–150.

52 Jakubowski, The Autonomy of the International Trade Law and its Influence on the Interpretation and Application of its Rules, in: Festschrift Schmitthoff (Fn. 46), 207 ff.; ders., Nouvelles tendances en droit international privé, PolishYbIntL 8 (1976) 7, 24–27. Vgl. auch noch die Berichte und die Diskussion der Unidroit-Tagung von 1976: New Directions in International Trade, 2 Bde 1977, sowie Bonell, Das autonome Recht des Welthandels – Rechtsdogmatische und rechtspolitische Aspekte, RabelsZ 42 (1978), 485–506; Carbone, Il »contratto senza legge« e la Convenzione di Roma del 1980, Riv. dir. int. priv. proc. 19 (1983), 279 ff.; Madl, A Comparative Law Synthesis Theory v. Private Transnational Law as a New Concept in Private International Law, Comp. L. Yb. 2 (1978), 1 ff.

53 Schmitthoff, Das neue Recht (Fn. 45), 49; ausführlicher hierzu Sack, Conflict of Laws in the History of English Law, in: Law – A Century of Progress 1835–1935, Bd. 3, 1937, 342, 350 ff., 375 ff., teilweise abgedruckt bei: Culp (Hrsg.), Selected Readings on Conflict of Laws, 1956, 1 ff.; Trakman, The Evolution of the Law Merchant – Our Commercial Heritage, J. Marit. L. & Comm. 12 (1980/81), 1–24, 153–182; kritisch zur historischen Analyse J. H. Baker, The Law Merchant and the Common Law Before 1700, C. L. J. 38 (1979), 295–322.

54 Schmitthoff, Das neue Recht (Fn. 45), 49–58.

55 Schmitthoff, Das neue Recht (Fn. 45), 49, 58–77.

56 Schmitthoff, Das neue Recht (Fn. 45), 59.

Kompetente Autoren haben gegen die Lehre von einer lex mercatoria Einwände erhoben[57], und nichts deutet darauf hin, daß die Kritik so bald verstummen wird[58]. Ein Überblick ist daher notwendig, bevor einige Schlußfolgerungen gezogen werden.

2. *Lex mercatoria als eigenständige Rechtsordnung*

a) *Quelle* des neuen Welthandelsrechts sind internationale Staatsverträge[59], einheitliche Richtlinien[60], Formulare und Klauseln für Außenhandelsgeschäfte[61], nationale Normen zum Überseehandel[62], Formularverträge sowie Geschäftsbedingungen der nationalen Handelskammern und Warenhandelsvereinigungen[63], internationale Handelsbräuche[64], schiedsrichterliche Praxis[65] sowie die Judikatur staatlicher Gerichte[66]. M. E. sind auch gewisse »Codes of Conduct« zumindest als Schritte zu werten, Welthandelsrecht zu schaffen[67].

57 Vgl. z. B. BEITZKE, ZfRV 16 (1975), 68–70; LIPSTEIN, C. L. J. 33 (1974), 334–336.

58 Vgl. zuletzt LAGARDE, Approche critique de la lex mercatoria, in: Études Goldman (Fn. 38), 125 ff.

59 Vgl. ZWEIGERT/KROPHOLLER (Fn. 8), Bd. I–III a nebst Suppl., 1971–1979; Register of Texts of Conventions and Other Instruments Concerning International Trade Law, 2 Bde, 1971, 1973.

60 Vgl. z. B. die Einheitlichen Richtlinien und Gebräuche für Dokumenten-Akkreditive der Internationalen Handelskammer i. d. F. von 1974, abgedruckt bei: EISEMANN/EBERTH, Das Dokumenten-Akkreditiv im Internationalen Handelsverkehr, 2. Aufl. 1979, 183 ff.; zur revidierten Fassung von 1983 vgl. DÖLL, Dokumenten-Akkreditive: Richtlinien revidiert, Die Bank 1984, 431 ff. Einheitliche Richtlinien für Vertragsgarantien der IHK, bei: GRAF VON WESTPHALEN, Die Bankgarantie im internationalen Handelsverkehr, 1982, 348 ff.

61 Vgl. etwa Standard-Formulare der IHK für Dokumenten-Akkreditive bei: EISEMANN/EBERTH (Fn. 60), 217 ff.; zu denken ist auch an Frachtbriefe und Konnossemente sowie an die Incoterms der IHK, vgl. EISEMANN/RAMBERG, Die Incoterms heute und morgen, 2. Aufl. 1980.

62 S. Fn. 3.

63 MEYER-MARSILIUS/SCHUSTER, Handelsklauseln Deutschland-Schweiz. Verzeichnis der im Handelsverkehr zwischen der Bundesrepublik Deutschland und der Schweiz benutzten Handelsklauseln, 4. Aufl. 1971.

64 Vgl. RATZ in Großkommentar zum HGB, 3. Aufl., Bd. III/1, 1978, § 346 HGB Rz. 219 ff.

65 Schiedssprüche werden regelmäßig publiziert u. a. in: Journal du droit international (Frankreich, IHK), Rassegna dell'arbitrato (Italien), Revue de l'arbitrage (Frankreich), Tijdschrift voor arbitrage (Niederlande), Yearbook Commercial Arbitration (übernational).

66 Vgl. die Entscheidungssammlung in der halbjährlich erscheinenden Revue de droit uniforme (hrsg. von Unidroit) und Zeitschriften zum Transportrecht sowie zum gewerblichen Rechtsschutz und Urheberrecht.

67 Allgemein HORN, Die Entwicklung des internationalen Wirtschaftsrechts durch Verhaltensrichtlinien – Neue Elemente eines internationalen ordre public, RabelsZ 44 (1980), 423 ff.; konkret zum Badger-Case vgl. BLANPAIN, The OECD Guidelines for Multinational Enterprises and Labour Relations 1976–1979, 1979, 125–146.

Angesichts dieser ansehnlichen Fülle von Quellenmaterial wurde behauptet, daß es sich beim neuen Welthandelsrecht, bei der lex mercatoria also, um eine *autonome Rechtsordnung* handele[68]. Andere stellen nur einen Trend zu einer autonomen Rechtsordnung fest[69] oder verneinen bei aller Sympathie für die lex mercatoria selbst eine solche Tendenz[70]. Hinter dieser Kontroverse unter den Verfechtern einer lex mercatoria steht eine unterschiedliche Auffassung darüber, was mit »Autonomie« einer Rechtsordnung gemeint ist[71]. Kern der Aussage über die »Autonomie« der lex mercatoria dürfte nicht so sehr die Eigen*gesetz*lichkeit als die Eigen*ständig*keit des Welthandelsrechts sein. Nicht also gilt, was Denis TALLON einmal hypothetisch so ausgedrückt hat: »The contract without law would be sanctioned by an award without law, any support from a national law thus being eliminated.«[72] Denn kaum jemand leugnet, daß es bei aller Eigenständigkeit der lex mercatoria das nationale Recht ist, das die Parteiautonomie garantiert und für seine auch international zwingenden Normen Geltung beansprucht[73]. Diese Aussage ist dann kein Widerspruch, wenn das Welthandelsrecht selbst nationales Recht wäre und lediglich als Spezialgebiet für das gegenständlich, nicht etwa persönlich (d. h. nur für Kaufleute) umschriebene Recht des Welthandels Normen aufstellte, die mit denen anderer Staaten übereinstimmten[74].

b) Die *Kritik* am »new law merchant« entzündete sich primär an den Aussagen über dessen Autonomie. Obwohl ein solcher Anspruch auf bereits bestehende Eigengesetzlichkeit verhältnismäßig selten erhoben worden war, vernahm man immer wieder Stimmen gegen eine Verdrängung staatlichen Rechts. Auch ein Schiedsgericht habe unter Einschaltung des IPR nach staatlichem Recht zu entscheiden[75], einen »rechtsordnungslosen« Vertrag gebe

68 GOLDŠTAJN, International Conventions (Fn. 50), 112; JAKUBOWSKI, The Autonomy (Fn. 52), 209f.; LUITHLEN, Einheitliches Kaufrecht und autonomes Handelsrecht, 1956, 57. Zusammenfassend hierzu SCHMITTHOFF (Fn. 44), 15–36.

69 SCHMITTHOFF (Fn. 44), 36.

70 TALLON, The Law Applied by Arbitration Tribunals, in: SCHMITTHOFF (Fn. 44), 157; TRAMMER, The Law of Foreign Trade in the Legal Systems of the Countries of Planned Economy, in: SCHMITTHOFF (Fn. 44), 41, 49f.

71 Zu den verschiedenen Aspekten des Autonomiebegriffs vgl. REIMANN, Zur Lehre vom »rechtsordnungslosen« Vertrag, 1970, 29–31.

72 TALLON (Fn. 70), 157. Zu anderen Auffassungen s. unten Fn. 75.

73 SCHMITTHOFF (Fn. 44), 31f.

74 So LANGEN, Transnational Commercial Law (Fn. 43), 33.

75 F. A. MANN, Internationale Schiedsgericht und nationale Rechtsordnungen, ZHR 130 (1968), 97, 101–129 = DERS., Beiträge zum IPR, 1976, 349, 352–377 = DERS., Lex Facit Arbitrum, in: International Arbitration – Liber Amicorum for M. Domke, 1967, 157, 159–183, gegen rechtsordnungslose Schiedssprüche, wie sie anerkannt und gebilligt werden von FRAGISTAS, Arbitrage étranger et arbitrage international en droit privé, Rev. crit. 19 (1960), 1, 14f.; FOUCHARD, L'arbitrage commercial international, 1965, 401 no. 576; GOLDMAN, Les conflits de lois dans l'arbitrage international de droit privé, Rec. des Cours 1963 II, 347, 380.

es nicht[76], die ganze lex mercatoria sei von der Billigung durch staatliches Recht abhängig.

c) Eine *Stellungnahme* zur Autonomie-Kontroverse fällt schwer, weil beide Parteien Recht und Unrecht haben. Die Anhänger der lex mercatoria sprechen vorschnell, mehrdeutig und eigentlich überflüssigerweise von der Autonomie dieses Rechts. Dies mag daran liegen, daß die Protagonisten der lex mercatoria in größerem Maße als andere Kollisionsrechtler und Institutionen in Kategorien der Kollisionsvermeidung, der »conflict avoidance« sowie der schiedsrichterlichen Streitbeilegung denken und weniger an die Situationen, in denen eine Abrede vor staatlichen Gerichten sich bewähren muß[77]. Die Gegner der lex mercatoria dagegen vergessen über ihrer rechtstheoretisch berechtigten Kritik an einem angeblich über dem staatlichen Recht schwebenden Welthandelsrecht, daß die nun einmal bestehenden und täglich angewandten »Quellen« der lex mercatoria ein eindrucksvolles Material zur internationalen Bewältigung handelsrechtlicher Fragen darstellen. Dieses Material ist entweder selbst staatliches Recht oder wird kraft Parteivereinbarung, die staatlichem Recht genügt, Bestandteil von grenzüberschreitenden Verträgen. Dies wird heute wohl von den meisten Anhängern der lex mercatoria zugegeben[78]. Damit vergeben sie sich nichts. Denn nicht auf die Herkunft der Quelle kommt es an, sondern auf ihren Inhalt. Dies ist besonders auffällig in der englischen Judikatur zu den massenhaft vorkommenden Formularverträgen des Warenhandels. Fragen des Verweisungsrechts, die sowieso nur auf Antrag einer Partei zu entscheiden wären, tauchen nicht auf. Lediglich einzelne Klauseln der das Rechtsverhältnis mehr oder weniger erschöpfend regelnden Standardverträge (self-supporting standardized contracts) brauchen vom Gericht geklärt zu werden[79]. Den Rest besorgen die fachkundigen Börsenschiedsgerichte. Doch auch in Staaten mit abweichenden prozeßrechtlichen Grundsätzen über die Ermittlung ausländischen Rechts sieht es nicht sehr viel anders aus. Das zeigt die deutsche Judikatur zu den von der Internationalen Handelskammer betreuten Einheitli-

76 REIMANN (Fn. 71), 49–61; SCHURIG, Kollisionsnorm und Sachrecht, 1981, 331 f.; ZWEIGERT, Verträge zwischen staatlichen und nichtstaatlichen Partnern, BerDtGesVR 5 (1964), 194, 198 f.

77 SCHMITTHOFF, Conflict Avoidance in Practice and Theory, Law & Contemp. Probl. 21 (1956), 429 ff.; DERS., Das neue Recht (Fn. 45), 75 f.; EEK, Internationell Privaträtt, 1962, 227–249; DELAUME (Fn. 31), insbesondere booklet 4–6 (1980) über mehrere Aspekte der »conflict avoidance«; IONASCU/NESTOR, The Limits of Party Autonomy, in: SCHMITTHOFF (Fn. 44), 167, 172–200.

78 Vgl. u. a. LANGEN (Fn. 74); SCHMITTHOFF (Fn. 69); TALLON und TRAMMER (Fn. 70).

79 So z. B. *Bremer Handelsgesellschaft* v. *Mackprang*, [1979] 1 Lloyd's L. Rep. 221 (C. A.), einer der zahlreichen Streitigkeiten, die aus dem amerikanischen Verbot des Jahres 1973, Sojabohnenmehl zu exportieren, vor dem Londoner Schiedsgericht der GAFTA (Grain and Feed Trade Association) aufgrund von Formularverträgen der GAFTA begannen.

chen Richtlinien und Gebräuchen für Dokumenten-Akkreditive[80]. Im Rahmen der Parteiautonomie, die für Auslandsgeschäfte vielfach in größerem Umfang gewährt wird als für Inlandsgeschäfte, spielt es keine Rolle, ob das Vertragsmuster einem Gesetz entnommen ist oder einer privaten Vorlage, ob es inländischer Provenienz ist oder aus dem Ausland stammt. Wichtiger ist häufig die Frage, ob die lex mercatoria alleine die im Welthandel auftretenden Probleme lösen kann.

3. Lex mercatoria als offene Rechtsordnung

Der Lehre von der lex mercatoria ist häufig vorgehalten worden, das Welthandelsrecht sei trotz seiner zahlreichen Quellen bruchstückhaft und bedürfe dort der Ergänzung, wo Gesetzesrecht und vertragliche Abmachungen fehlten oder unzureichend seien[81]. Wie das geschehen solle, sei offen und begründe deshalb große Rechtsunsicherheit[82].

Das Handelsrecht ist der sich am schnellsten entwickelnde oder der Fortentwicklung bedürftige Teil des Privatrechts. Dies gilt sowohl für das interne Handelsrecht als auch für das Welthandelsrecht. Erinnert sei nur an das Auftauchen neuer Vertragstypen (z. B. Factoring, Leasing, Patronatserklärungen, Combined Transport), an typische Zahlungs- und Sicherungsmittel beim Überseekauf (Akkreditive, Bankbürgschaften), an neue Formen des Warentransports (z. B. Container-Verladung) oder an das Aufkommen neuer Risiken (z. B. Produktenhaftung), neuer Kommunikationsmittel (Telex) und neuer Strukturen der Handelspartner (multinationale Gesellschaften, staatliche Handelsorganisationen). Hierauf reagieren staatliche Gesetzgeber entweder gar nicht, zu spät oder unvollkommen. Immer noch ist es das »selbstgeschaffene Recht der Wirtschaft« im Sinne von GROSSMANN-DOERTH, das schnell genug versucht, sich veränderten Umständen anzupassen[83]. Wäre die lex mercatoria wirklich ein in der Praxis so unsicheres Wagnis, so dürfte sich der Welthandel längst von ihr abgewandt haben. Da das jedoch nicht der Fall ist, muß die Rechtslage im allgemeinen erträglich sein. Dies mag anders sein, wenn Vertragsparteien die Anwendung allgemeiner Rechtsgrundsätze vereinbaren oder ähnlich unbestimmte Abreden treffen. Dieser Extremfall berührt jedoch nicht die Qualität der lex mercatoria als einer für neue Entwicklungen offenen, aber hinreichend Sicherheit gewährenden Rechtsordnung.

80 EISEMANN/EBERTH (Fn. 60), 44–50.
81 REIMANN (Fn. 71), 80–94.
82 REIMANN (Fn. 71), 94.
83 Vgl. GROSSMANN-DOERTH, Selbstgeschaffenes Recht der Wirtschaft und staatliches Recht, 1933; vorher DERS., Das Recht des Überseekaufs, Bd. 1, 1930, 42ff.

4. *Fortentwicklung der lex mercatoria*

a) Um die *staatsvertragliche* Fortbildung des Welthandelsrechts braucht man ebensowenig zu bangen wie um ein ständig sich erneuerndes *selbstgeschaffenes Recht der Wirtschaft.* Internationale und nationale Organisationen und Verbände verfolgen laufend die Bedürfnisse des internationalen Handels[84]. Dies führt zur Ausarbeitung internationaler Konventionen, Formulierung neuer Richtlinien und Standardverträge sowie zur Anpassung der lex mercatoria an veränderte Verhältnisse. Ob manchmal zuviel entworfen und vorgeschlagen wird, mag hier dahinstehen; denn jede Bemühung um Rechtseinheit ist ein Wagnis, und erst die Praxis entscheidet, ob das Ergebnis dieser Mühen erfolgreich ist oder nicht.

b) Der *staatliche Gesetzgeber* beschränkt sich bei der Fortentwicklung des Welthandelsrechts meistens auf die Zustimmung und Ratifizierung von Staatsverträgen. Im übrigen gefährdet er durch nationale Kodifikationen des allgemeinen Verweisungs- und Handelsrechts die Fortbildung des Welthandelsrechts und trägt zur lex mercatoria nur in weniger offenkundiger Form durch einfache Gesetze bei. Zu erwähnen sind in diesem Zusammenhang die Befreiung grenzüberschreitender Rechtsgeschäfte von manchen Fesseln des allgemeinen internen materiellen Rechts[85], die Rücksichtnahme auf ausländische und internationale Handelsbräuche[86] und die Liberalisierung von Prorogationen auf ausländische Gerichte und Schiedsgerichte[87]. Zwar geht es hier nur um autonomes Recht, jedoch handelt es sich um Probleme der lex mercatoria. Dies ist kein Widerspruch, denn das Welthandelsrecht ist entweder selbst nationales Recht oder von diesem getragenes Vertrags- und Klauselrecht (s. oben IV 2 c).

c) *Internationale Gerichte* haben heute verhältnismäßig selten Gelegenheit, zu Fragen des Welthandelsrechts Stellung zu nehmen. Dies war nach dem Ersten Weltkrieg anders, als die durch den Versailler Friedensvertrag eingesetzten Gemischten Schiedsgerichtshöfe über Vorkriegsverträge zwischen Deutschen und Angehörigen der siegreichen Staaten zu entscheiden hatten[88].

84 Zu den wichtigsten Organisationen und Verbänden vgl. KROPHOLLER, Internationales Einheitsrecht, 1975, 43–92; Unification of International Trade Law, Am. J. Comp. L. 27 (1979), 201 ff.

85 S. oben Fn. 2.

86 S. oben Fn. 3.

87 Vgl. z. B. § 38 II ZPO; für Italien Gesetz Nr. 28 vom 9. 2. 1983, Gaz. uff. Nr. 44 vom 15. 2. 1983, S. 1197; für die USA *M/S Bremen* v. *Zapata Off-Shore Co.*, 407 U.S. 1 (1972); hierzu BEHRENS, Internationale Gerichtsstandsvereinbarungen vor amerikanischen Gerichten, RabelsZ 38 (1974), 590–613; *Scherk* v. *Alberto-Culver Co.*, 417 U.S. 506 (1974).

88 Art. 304 f. Versailler Friedensvertrag vom 28. 6. 1919, RGBl. 1919, 687, 1177 ff.; ZITELMANN, Die gemischten Schiedsgerichtshöfe, NiemZ 29 (1921), 248–262.

Der Ertrag dieser Rechtssprechung an materiellem Welthandelsrecht ist jedoch gering; denn die Gemischten Schiedsgerichtshöfe rangen vor allem um eine zutreffende Erfassung und Auslegung nationalen Rechts[89], und der übergreifende Gesichtspunkt eines »transnationalen« Welthandelsrechts trat lediglich im IPR zutage[90]. Die Gemischten Schiedsgerichtshöfe hatten nämlich – so jedenfalls die deutsche Auffassung[91] – als internationale Gerichte ihr eigenes Verweisungsrecht zu entwickeln und waren an nationales IPR nicht gebunden.

Anders als der Internationale Gerichtshof in Den Haag kann der Europäische Gerichtshof *(EuGH)* in Luxemburg vor die Aufgabe gestellt sein, Fragen des Welthandelsrechts zu beantworten. Bei der Auslegung des Europäischen Gerichtsstands- und Vollstreckungsübereinkommens (GVÜ) von 1968 mag es nur um »Euro-Handelsrecht« gehen. Wenn jedoch der *EuGH* versäumt, das Übereinkommen auf rechtsvergleichender Grundlage autonom auszulegen und statt dessen die Bestimmung des Erfüllungsorts im Sinne des Art. 5 Nr. 1 GVÜ dem Recht überläßt, auf welches das anwendbare IPR der jeweiligen lex fori verweist[92], so verfehlt er nicht nur seine Aufgabe, die Rechtseinheit in den Europäischen Gemeinschaften zu wahren, sondern er verpaßt auch die Gelegenheit, das Welthandelsrecht fortzubilden.

Ob das amerikanisch-iranische Schiedsgericht in Den Haag Beiträge zur lex mercatoria wird leisten können, bleibt abzuwarten[93].

d) *Staatliche Gerichte,* wozu nicht die Außenhandelsschiedsgerichte der RGW-Staaten zu zählen sind[94], haben ebenfalls ihr Schärflein zur Fortentwicklung des Welthandelsrechts beizutragen. Dies können sie auf sehr unterschiedliche Weise in recht verschiedenen Situationen tun.

(1) *Staatsverträge* sind autonom auszulegen. Dasselbe sollte für Einheitsrecht gelten, das in Form eines nationalen Gesetzes gilt oder in nationales

89 Vgl. RABEL, Rechtsvergleichung vor den Gemischten Schiedsgerichtshöfen, 1923 = DERS., Gesammelte Aufsätze, Bd. 2, 1965, 50–133.

90 GUTZWILLER (Fn. 25).

91 MENDELSSOHN-BARTHOLDY, Die Vorkriegsverträge (Art. 299 des FV.) und das IPR, JW 1921, 134f.; KARL NEUMEYER, Anm. zu: Deutsch-Englischer Gemischter Schiedsgerichtshof 17. 2. 1922, JW 1922, 753; DÖLLE, Das materielle Ausgleichsrecht des Versailler Friedensvertrages, 1925, 14f.; Hermann ISAY, Die privaten Rechte und Interessen im Friedensvertrag, 3. Aufl. 1923, 215f.; ZITELMANN (Fn. 88), 253f.; RABEL, Rechtsvergleichung und internationale Rechtsprechung, RabelsZ 1 (1927), 5, 34 = DERS., Gesammelte Aufsätze (Fn. 89), 1, 34.

92 *EuGH,* 6. 10. 1976, Rs. 12/76 (Tessili ./. Dunlop), Slg. 1976, 1473 = NJW 1977, 491 mit Anm. GEIMER = RIW 1977, 40 mit Anm. LINKE.

93 Vgl. Art. II 1 des Claims Settlement Declaration vom 19. 1. 1981, YbCommArbitr. VII (1982), 257, 258.

94 Vgl. PFAFF, Die Außenhandelsschiedsgerichtsbarkeit der sozialistischen Länder im Handel mit der Bundesrepublik Deutschland, 1973, 16ff.

Recht inkorporiert worden ist[95]. Eine solche Rechtsanwendung nach internationalen Standards ist leider oft unterblieben[96], zumal der Gesetzgeber häufig nicht einmal auf den internationalen Ursprung des nationalen Rechts aufmerksam macht[97]. Man kann sogar noch weiter gehen: Bundesregierung und Bundesgesetzgeber neigen neuerdings sogar dazu, diese Rechtseinheit trotz schlechter Erfahrungen bewußt zu sabotieren. Ohne zwingende Notwendigkeit soll das EG-Schuldvertragsübereinkommen von 1980 in der Bundesrepublik nicht unmittelbar anwendbar sein[98], sondern in das nationale IPR inkorporiert werden[99]. Die letzte Konsequenz aus dieser Provinzialisierung eines europäischen IPR hat bereits der Bundesrat gezogen. Er empfiehlt der Bundesregierung, den vorgeschlagenen Art. 36 EGBGB (= Art. 18 des Übereinkommens) über die einheitliche Auslegung der staatsvertraglich vereinbarten Normen zu streichen: Die inkorporierten Normen hätten keinen »internationalen Charakter«, im EGBGB habe eine solche Auslegungsvorschrift nichts zu suchen und außerdem würde sie die Rechtsanwendung erheblich erschweren[100]. Juristisch nennt man so etwas legislative Verleitung der Gerichte zum Völkerrechtsbruch, gesetzgebungspolitisch ist es ein unnötiger Schritt zurück in ferne Zeiten der Selbstisolierung. Wem kommen da nicht Heinrich Heines »Nachtgedanken« in den Sinn?

(2) *Liberalisierungen* für den grenzüberschreitenden Handelsverkehr haben staatliche Gerichte immer wieder zugelassen. In der Bundesrepublik haben die Gerichte das Schweigen auf ein Bestätigungsschreiben dann nicht als Genehmigung des bestätigten, aber modifizierten Vertragsinhalts gewertet, wenn der Empfänger im Ausland mit einer solchen Wirkung seines Schweigens nicht zu

95 So Lord Macmillan im Entscheid *Stag Line* v. *Foscolo Mango,* [1932] A. C. 328, 350 (H. L.), bezüglich des britischen Carriage of Goods by Sea Act 1924 (14 & 15 Geo. 5, c. 22), der das Übereinkommen vom 25. 8. 1924 zur Vereinheitlichung der Regeln über Konnossemente (Haager Regeln) in das britische Recht integrierte.

96 Vgl. zu den in verschiedene nationale Gesetze (z. B. auch das HGB) inkorporierten Haager Regeln: Markianos, Die Übernahme der Haager Regeln in die nationalen Gesetze über die Verfrachterhaftung, 1960, 63 ff., 222 f.

97 Anders in Großbritannien, wo im Vorspruch zum Carriage of Goods by Sea Act 1924 (Fn. 95) klar zum Ausdruck kommt, daß die im »Schedule« abgedruckte Konvention auf Vereinheitlichungsbestrebungen beruht.

98 BR-Drucksache 224/83 vom 20. 5. 1983 zum Entwurf eines Gesetzes zu dem Übereinkommen vom 19. 6. 1980 über das auf vertragliche Schuldverhältnisse anzuwendende Recht, S. 1 (unter B).

99 Vor allem Art. 27–37 des Entwurfs der Bundesregierung vom 20. 5. 1983 über ein Gesetz zur Neuregelung des IPR, BR-Drucksache 222/83, S. 12–14 = BT-Drucksache 10/504, S. 12–14.

100 Stellungnahme des Bundesrates vom 1. 7. 1983 zum Entwurf eines Gesetzes zur Neuregelung des IPR, BR-Drucksache 222/83 (Beschluß) S. 10 = BT-Drucksache 10/504, S. 100 f., mit Widerspruch der Bundesregierung, ebenda, S. 106.

rechnen brauchte[101]. Hierbei sollte man auf eine Sonderanknüpfung verzichten und statt dessen das deutsche materielle Recht zugunsten im Ausland ansässiger Geschäftspartner liberalisieren[102].

Auch die Gerichte anderer Staaten haben den internationalen Handel von Fesseln des Binnenhandelsrechts befreit. Erinnert sei z. B. an den amerikanischen *Supreme Court*, der für den internationalen Handel die Prorogation ausländischer Gerichte und die Vereinbarung eines ausländischen Schiedsgerichts zuließ[103].

(3) Auf das *Recht von Drittstaaten* kann auch im Sachrecht Rücksicht genommen werden. Das zeigen nicht nur positive Gesetzesvorschriften[104], sondern auch Gerichtsentscheidungen. Bevor man überhaupt auf den Gedanken von Sonderanknüpfungen kam[105], wurden ausländische Leistungshindernisse als Fälle der materiellrechtlichen Unmöglichkeit behandelt[106]. Ebenfalls sind ausländische Exportverbote oder Embargovorschriften bisher über das inländische Verbot sittenwidriger Geschäfte beachtet worden[107] und nicht über spezielle Sonderanknüpfungen, wie sie heute vorgeschlagen werden[108].

Dies besagt nun nicht, daß das Heil allein in der Neuschöpfung von Sachrecht für Auslandssachverhalte zu suchen ist. Zu bedenken ist nämlich zweierlei: Zum einen können nicht alle ausländischen zwingenden Vorschriften über inländische Generalklauseln durchgesetzt werden. Zum anderen scheitert die Fortbildung des Sachrechts häufig dann, wenn ausländisches Recht als Wirkungsstatut berufen ist und das Recht eines Drittstaates berücksichtigt sein will. Hier helfen Sonderanknüpfungen. Solche Kollisionsnormen und Sachrecht für Auslandssachverhalte schließen einander nicht aus. Sie ergänzen sich vielmehr. Sie mögen sich auch stellenweise überschneiden. Dies

101 *BGH*, 22.9.1971, BGHZ 57, 72 = IPRspr. 1971 Nr. 133; *OLG Nürnberg*, 11.10.1973, AWD 1974, 405 = IPRspr. 1973 Nr. 12A; *LG Mainz*, 10.12.1971, AWD 1972, 298 = IPRspr. 1971 Nr. 135.

102 Vgl. zu diesem Ansatz Stoll, Internationalprivatrechtliche Probleme bei Verwendung Allgemeiner Geschäftsbedingungen, in: Festschrift für Beitzke, 1979, 759, 767.

103 S. oben Fn. 87.

104 S. oben Fn. 3.

105 Zuerst Wengler, Die Anknüpfung des zwingenden Schuldrechts im IPR, ZvglRWiss 54 (1941), 168–212; Zweigert, Nichterfüllung aufgrund ausländischer Leistungsverbote, RabelsZ 14 (1942), 283, 295.

106 *RG*, 28.6.1918, RGZ 93, 182; *Cass.*, 10.6.1938, no. 1969, Foro it. 1939 I 571; *Rb. Rotterdam*, 24.10.1939, N.J. 1940 Nr. 10 (S. 16); *BezG Zürich*, 23.4.1937, BlZüRspr. 37 (1938), Nr. 110 (S. 225).

107 *BGH*, 21.12.1960, BGHZ 34, 169 = NJW 1961, 822 (amerikanisches Borax-Embargo); *BGH*, 24.5.1962, NJW 1962, 1436 (amerikanisches Borsäure-Embargo); *BGH*, 22.6.1972, BGHZ 59, 82 (nigerianisches Verbot, Kulturgüter auszuführen); hierzu Bleckmann, Sittenwidrigkeit wegen Verstoßes gegen den ordre public international, ZaöRV 34 (1974), 112 ff.

108 Vgl. oben Fn. 19.

jedoch ist unschädlich; denn kein Satz sagt, daß man dasselbe Ergebnis nicht auf unterschiedlichen Wegen anstreben darf.

(4) Zu echter *rechtsvergleichender Rechtsfindung* kommt es vor staatlichen Gerichten kaum. Rat bei ausländischen Rechtsordnungen zur Lösung offener Fragen holen sich die deutschen Gerichte selten[109]. Dies ist bei den Gerichten kleiner Staaten durchaus anders, insbesondere dann wenn die, von ihnen gesehen, ausländischen Rechtsordnungen leicht zugänglich sind[110].

Verbreitet ist allerdings die Rechtsvergleichung, um die inhaltliche Übereinstimmung der in Frage kommenden Rechtsordnungen darzutun und damit die kollisionsrechtliche Lokalisierung der anstehenden Rechtsfrage überflüssig zu machen[111].

(5) *Spezielle Gerichtsabteilungen für Auslandssachen,* die teilweise existieren[112] und generell eingerichtet werden sollten[113], könnten auch die lex mercatoria besser pflegen als eine allgemeine Gerichtsabteilung. Immerhin leisten heute die Kammern für Handelssachen einen bedeutenden Beitrag zur weltoffenen Rechtspflege.

e) *Schiedsgerichte* veröffentlichen ihre Praxis immer häufiger[114], oder Entscheide staatlicher Gerichte lassen einen Blick zu in das Laboratorium privater Schiedsgerichte[115].

Haben die Parteien die Anwendbarkeit eines nationalen Rechts individuell oder durch Bezugnahme auf die in der Schiedsordnung enthaltene Rechtswahl-

109 AUBIN, Die rechtsvergleichende Interpretation autonom-internen Rechts in der deutschen Rechtsprechung, RabelsZ 34 (1970), 458–480; DERS., Die rechtsvergleichende Konkretisierung von Kontrollmaßstäben des Verfassungsrechts und des Kollisionsrechts in der deutschen Rechtsprechung, in: Deutsche Landesreferate zum VII. Internationalen Kongreß für Rechtsvergleichung in Uppsala 1966, 1967, 99–125.

110 Vgl. zur schweizerischen Situation etwa jeden Band der Entscheidungen des Schweizerischen Bundesgerichtes, II. Teil-Zivilrecht, mit vielen Hinweisen auf deutsche und französische Literatur und Rechtsprechung.

111 Vgl. *RG,* 17.9.1941, RGZ 167, 280; *BGH,* 29.10.1962, NJW 1963, 252 = IPRspr. 1962–1963 Nr. 44; vgl. auch IHK-Schiedssprüche Nr. 2272/1975, YbCommArbitr. II (1977), 151; Nr. 953/1956, ebenda III (1978), 214; 1990/1972, ebenda III (1978), 217f.

112 NEUHAUS, Aus der Berliner Praxis in internationalen Ehesachen, FamRZ 1972, 291; LUTHER, Kollisions- und Fremdrechtsanwendung in der Gerichtspraxis, RabelsZ 37 (1973), 660ff.; SIEHR, Special Courts for Conflicts Cases – A German Experiment, Am. J. Comp. L. 25 (1977), 663ff.

113 ARNDT/FERID/KEGEL/LAUTERBACH/NEUHAUS/ZWEIGERT, Zur Verbesserung der deutschen Zivilrechtsprechung in internationalen Sachen. Denkschrift vom 26.8.1970, RabelsZ 35 (1971), 323ff.; Deutscher Rat für IPR, II. Denkschrift vom 27.4.1982 zur Verbesserung der deutschen Zivilrechtsprechung in internationalen Sachen, RabelsZ 46 (1982), 743ff.; NEUHAUS/KROPHOLLER, RabelsZ 44 (1980), 326, 342; Kodifikation des deutschen IPR, RabelsZ 47 (1983), 595, 690, 728.

114 S. oben Fn. 65.

115 Siehe die oben Fn. 65 genannten Zeitschriften sowie Lloyd's Maritime & Commercial L. Q.

klausel ausdrücklich oder stillschweigend vereinbart, so hat das Schiedsgericht dieses Recht anzuwenden. Fehlt eine Rechtswahl, so stellt sich die Frage nach dem objektiv anwendbaren Recht. Hat das Schiedsgericht diese Frage nach dem Verweisungsrecht des Forumstaates oder nach einem selbst formulierten »transnationalen IPR« zu beantworten[116]? Oder darf es dieses alte Problem dahingestellt sein lassen und die materielle lex mercatoria anwenden, wie dies jüngst ein österreichisches Schiedsgericht in einem französisch-türkischen Streit getan hat[117]? Meiner Ansicht nach geht das zu weit[118]. Das Schiedsgericht war weder als »amiable compositeur« bestellt, noch ermächtigt worden, nach Recht und Billigkeit zu entscheiden; außerdem gibt es heute noch keinen Rechtssatz, daß bei fehlender Rechtswahl Schiedsgerichte die lex mercatoria anwenden dürfen.

Anders steht die Sache, wenn die Parteien vereinbart haben, das Schiedsgericht solle nach »Billigkeit und in Übereinstimmung mit internationalen Standards«[119], nach »allgemeinen Rechtsgrundsätzen«[120], nach der lex mercatoria[121] oder nach »gemeinsamen Rechtsgrundsätzen« entscheiden[122]. Nur im zuletzt genannten Fall ist zweifelhaft, ob die lex mercatoria berufen ist; denn die gemeinsamen Rechtsgrundsätze zweier Rechtsordnungen sind – zumal bei eng verwandten Rechtsordnungen – eine etwas schmale Plattform für ein Welthandelsrecht.

Wie im einzelnen die Schiedsgerichte das Welthandelsrecht fortbilden, ist noch nicht systematisch untersucht worden. Dabei sind die Ergebnisse ebenso

116 Zu einer ausdrücklichen Ermächtigung der Schiedsrichter, nach der ihnen angemessen erscheinenden Kollisionsnorm das maßgebende Recht zu bestimmen: IHK-Spruch Nr. 3043/1978, Clunet 106 (1979), 1000.

117 Schiedsgericht, 26.10.1979, unveröffentlicht; Bestimmung des für Aufhebungsbegehren zuständigen Gerichts: *OGH*, 1.2.1980, Gesellschafter 1980, 72 mit Anm. Pöch = JBl. 1981, 437 mit Anm. Pfersmann = IPRax 1981, 30 mit Anm. v. Hoffmann = YbCommArbitr. VII (1982), 312 mit Anm. Melis; Bestätigung des Schiedsspruchs insofern durch *HandelsG Wien*, 29.6.1981, und *OLG Wien*, 29.1.1981 (gemeint ist wohl 1982), YbCommArbitr. VIII (1983), 365 (Auszug). Hierzu *Cour d'appel Paris*, 15.12.1981, YbCommArbitr. VIII (1983), 362 (Aussetzung bis zur österreichischen Endentscheidung).

118 Anders das *HandelsG Wien*, 29.6.1981 (Fn. 117).

119 Vgl. Ad-hoc-Schiedsgericht, 23.7.1981, YbCommArbitr. VIII (1983), 89, 90; *IHK*, 29.11.1980, Nr. 3380, YbCommArbitr. VII (1982), 116 (»according to the general principles of law justice«).

120 *Liamco* v. *Libya* (Fn. 41), 92; *IHK*-Schiedsspruch 1598/1971, YbCommArbitr. III (1978), 216 (»general principles of law in the field of international private law«).

121 Eine solche Klausel kommt wohl nur vor in Form der Verweisung auf die allgemeinen Rechtsgrundsätze, wie sie von zivilisierten Nationen anerkannt werden.

122 Zu solchen Klauseln vgl. J.-F. Lalive, Contracts Between a State or a State Agency and a Foreign Company, Int. Comp. L. Q. 13 (1964), 987, 1001f., 1014. – Zur Zulässigkeit von Klauseln, die auf nichtstaatliches Recht verweisen, unter dem UN-Schuldrechtsübereinkommen von 1980, vgl. Carbone (Fn. 52).

interessant wie die Methoden, die bei dieser Rechtsfindung angewandt und von der Lehre immer wieder empfohlen werden. Sicher ist jedoch, daß die institutionellen Schiedsgerichte auf ihren Sachgebieten Bedeutendes zur Fortentwicklung ihres Aufgabenbereiches leisten.

f) Die *Lehre* zur lex mercatoria nimmt einen breiten Raum ein[123]. Mittlerweile jedoch dürfte die Zeit gekommen sein, weniger programmatische und deskriptive Beiträge zum Welthandelsrecht beizusteuern und sich einer systematischen und rechtvergleichend fundierten Aufarbeitung offener Sachprobleme der lex mercatoria zuzuwenden. Es genügt nicht, die Unzulänglichkeiten des Verweisungsrechts zu beklagen[124] oder beteiligte Rechtsordnungen auf ein gemeinsames Minimum oder ein »common core« hin zu untersuchen[125]. Notwendig ist eine Erforschung offener Fragen anhand aller Rechtsquellen, Gebräuche, Gewohnheiten und Entscheidungen. Für internationale Lizenzverträge hat Eugen LANGEN überzeugend nachgewiesen, daß eine breite rechtsvergleichende Umschau mehr Erfolg verspricht als ein verzweifeltes Herumstochern in einigen heimischen Entscheidungen[126]. Diese rechtsvergleichend und auch rechtstatsächlich fundierte Arbeit können normale Gerichte häufig nicht schnell genug leisten. Sie bedürfen der Hilfe durch die Wissenschaft. Sie muß es z. B. den Entscheidungsinstanzen ermöglichen, den Begriff »Erfüllungsort« i. S. des Art. 5 Nr. 1 GVÜ autonom zu interpretieren[127] oder die Frage zu beantworten, ob Container selbst oder Containerpackstücke »Pakkungen« i. S. des § 660 HGB sind[128]. Je genauer und präziser die Fragen formuliert werden, desto wahrscheinlicher ist es, daß eine »praesumptio similitudinis« sich bestätigt. Daneben bleiben noch genügend theoretische Probleme, die immer wieder zu beachten und zu entscheiden sind: Muß ein Auslandssachverhalt nach anderen Maßstäben gemessen werden als ein reiner Inlandssachverhalt[129]? Gibt es nur ein universelles oder auch regionales und sektorales Welthandelsrecht[130]? Wann und unter welchen Voraussetzungen

123 Vgl. oben Fn. 45–52.

124 FRÄNKEL (Fn. 36).

125 SCHLESINGER (Hrsg.), Formation of Contracts – A Study of the Common Core of Legal Systems, 1968.

126 LANGEN, Transnational Commercial Law (Fn. 43), 34–71.

127 S. oben Fn. 92.

128 *BGH*, 22. 9. 1980, VersR 1980, 1167 (Container ist Packung) mit Anm. WODRICH, VersR 1983, 621 f.; entgegengesetzt: *Mitsui & Co.* v. *American Export Lines*, 636 F. 2d 807 (2d Cir. 1981) mit note, The Maritime Lawyer 6 (1981), 336–345. Vgl. BASEDOW, Die Incoterms und der Container oder wie man kodifizierte Usancen reformiert, RabelsZ 43 (1979), 116 ff.

129 Zum Gleichheitssatz im IPR vgl. WENGLER, Das Gleichheitsprinzip im Kollisionsrecht, in: Eranion Maridakis, Bd. 3, 1964, 323 ff. = Rev. crit. 52 (1963), 203 ff., 503 ff. (franz. Übers.) = L. & Contemp. Probl. 28 (1963), 822 ff.; E. LORENZ, Zur Struktur des IPR, 1977, 63–69.

130 Diese Frage dürfte zu bejahen sein, da in verschiedenen Regionen und Branchen das Welthandelsrecht unterschiedlich entwickelt ist.

wird aus steter Praxis ein Handelsbrauch[131]? Welche staatlichen Normen sind auch international zwingend[132]?

Die Lehre von der lex mercatoria gibt also der Wissenschaft mehr Fragen auf, als sie Antworten bereithält. Das allein sollte Ansporn sein, sich mit diesen Problemen zu beschäftigen. Bevor man die Aktivitäten nichtstaatlicher Instanzen (z. B. von Verbänden und Schiedsgerichten) beklagt, weil sie sich häufig staatlicher Aufsicht entziehen, muß man wissen, was im Handelsverkehr tatsächlich geschieht und inwieweit staatliche Überwachung notwendig ist.

5. Zusammenfassende Schlußbemerkungen

Die lex mercatoria ist insofern eine eigenständige Rechtsordnung, als sie ein zusammenhängendes Rechtsgebiet zum Gegenstand hat. Sie ist vorwiegend zwar nationales Recht, gilt jedoch mit gleichem oder ähnlichem Inhalt in vielen Rechtsordnungen. Die lex mercatoria ist eine offene Rechtsordnung, die sich selbst fortbildet, aber auch hilfsweise auf allgemeines nationales Recht zurückgreift. Die Fortbildung der lex mercatoria geschieht auf legislativem Wege, durch die Judikatur der staatlichen Gerichte und Schiedsgerichte sowie durch die Wissenschaft.

In weiten Bereichen macht das Welthandelsrecht die kollisionsrechtliche Wahl einer nationalen Rechtsordnung überflüssig. Selbst wo dies nicht der Fall ist, sollte primär Sachrecht für Auslandssachverhalte entwickelt werden, bevor durch Sonderanknüpfungen das IPR zersplittert wird. Sonderanknüpfungen werden dadurch nicht überflüssig.

Die lex mercatoria ist nicht streng auf das Handelsrecht zu begrenzen. Auch im grenzüberschreitenden Privat- und Zivilverfahrensrecht tut die Entwicklung übernationaler Maßstäbe not[133]. Deshalb ist richtiger an ein Welt-Privat- und Handelsrecht zu denken, wenn man von der lex mercatoria spricht.

131 Vgl. SCHMITTHOFF (Fn. 44), 23 f.

132 Diese Frage dürfte im Rahmen der Berücksichtigung der Normen von Drittstaaten diskutiert und beantwortet werden: s. oben Fn. 19.

133 Vgl. *AG Besigheim,* 20.12.1982, IPRax 1983, 192 (Leitsatz) = Die Justiz 1983, 52, zur Beteiligung des deutschen Staatsanwalts an einem Ehescheidungsverfahren von italienischen Eheleuten, damit die deutsche Entscheidung in Italien anerkannt wird. Vgl. vorher *AG Besigheim,* 11. 6. 1981, IPRax 1982, 73 mit Anm. JAYME, IPRax 1982, 56 ff.

V. Thesen

1. Auf dem Gebiet des Welthandelsrechts garantiert die »Nationalisierung« internationaler Sachverhalte durch Verweisungsnormen des IPR keine optimalen Lösungen.
2. Sachrecht für internationale Sachverhalte ist wünschenswert.
3. Als Sachrecht im IPR werden nur solche Normen verstanden, die unmittelbar ohne Zwischenschaltung einer Verweisungsnorm gelten. Ein solches Sachrecht im IPR ist verhältnismäßig selten anzutreffen.
4. Mit transnationalem Recht werden alle Normen – gleich welcher Herkunft – bezeichnet, die Sachverhalte mit Auslandsberührung zum Gegenstand haben.
5. Das speziell für das internationale Handelsrecht geltende Recht nennt man besser Welthandelsrecht oder lex mercatoria.
6. Dieses Welthandelsrecht bildet eine eigenständige Rechtsordnung. Sie ist zwar vorwiegend nationales Recht, gilt jedoch mit demselben oder ähnlichen Inhalt in vielen Rechtsordnungen.
7. Die lex mercatoria ist eine offene Rechtsordnung, die sich selbst fortbildet, aber hilfsweise auch auf allgemeines nationales Recht zurückgreift.
8. Die Rechtsfortbildung des Welthandelsrechts liegt in den Händen internationaler Organisationen, Verbände und Gerichte, der staatlichen Gesetzgeber und Gerichte, der Schiedsgerichte und der Wissenschaft.
9. Diese Rechtsfortbildung erfordert ein hohes Maß an rechtsvergleichender und rechtstatsächlicher Forschungen. Nur einige Gerichte sind dazu in der Lage. Deshalb ist das Engagement der Wissenschaft außerordentlich wichtig.
10. Nationale und internationale Kodifizierungen des Verweisungsrechts behindern die Bildung und Fortentwicklung von sachrechtlichem Welthandelsrecht.

Wirkungsbereich und Funktion des Kollisionsrechts

Einige Gedanken über Savignys IPR

Yoshiaki Sakurada, Sapporo

I.

Kurz nach dem Zeiten Weltkrieg sprach man bereits von »der Krise des IPR«. Diese Krise beruhte einerseits hauptsächlich auf den zunehmenden Schwierigkeiten der Anwendung des ausländischen Rechts, veranlaßt durch das Entstehen vieler sozialistischer Länder und durch die Veränderung der Rechtsanschauungen[1]. Andererseits ist sie durch die realistische amerikanische Rechtslehre bedingt, die scharf das Versagen des traditionellen europäischen IPR kritisiert hatte[2]. Dem ersten Problem entgegenwirkend hat man sich bemüht, die Qualität der Justiz zu verbessern, und trotz der harten Kritik zeigt die Praxis gewisses Selbstvertrauen in die neue IPR-Reform, die das überlieferte System grundsätzlich aufrechterhalten will. Auch gegenüber der erwähnten amerikanischen Kritik, die auf dem Kontinent gewisse Unsicherheiten verursachte und neue Ersatzmodelle hervorbrachte, hat man die klassische IPR-Lehre verteidigt[3]. Allerdings kann man nur schwer annehmen, daß das traditionelle IPR-System sich allen Kritiken entziehen kann, weil neue Kritik oft in sich einen richtigen Kern birgt.

Wenn man von einer Krise spricht, so bedeutet das die Krise des sogenannten klassischen IPR. Über dieses klassische IPR schrieb Zweigert: »Ein Kollisionsnorm bestimmt, welches nationale Recht angewandt werden soll, und für diese Auswahl verwendet sie abstrakte Anknüpfungsmerkmale wie die Staats-

1 Vgl. Neuhaus, Die Krise im internationalen Privatrecht, Deutsche Rechtszeitschrift 3 (1948), 86.

2 Vgl. Kronstein, Crisis of Conflict of Laws, 37 Georgetown L. J. 1949, 483–513 (Recht und Macht, Ausgewählte Schriften von Heinrich Kronstein, 1962, 289–315); Kegel, The Crisis of Conflict of Laws, Rec. des Cours 1964 II, 95–263.

3 Neuhaus, Neue Wege im Europäischen Internationalen Privatrecht, RabelsZ 35 (1971), 401–428; Kegel, Vaterhaus und Traumhaus – Herkömmliches IPR und Hauptthesen der amerikanischen Reformer, in: Festschrift Beitzke, 1979, 551–573; Schurig, Kollisionsnorm und Sachrecht – Zu Struktur, Standort und Methode des IPR, 1981.

angehörigkeit von Personen, die Lage von Sachen, den Ort des Vertragsabschlusses, den Parteiwillen, den Begehungsort der unerlaubten Handlung. Die Begründung für diese abstrakte oder formale Rechtswahl hat zuerst SAVIGNY gegeben. Für ihn besteht die besondere ›Gerechtigkeit‹ des Kollisionsrechts in der Entscheidungsharmonie oder – in der Zuspitzung von Martin WOLFF – im Entscheidungseinklang: jeder Richter in der Welt soll denselben Fall nach demselben Recht entscheiden. Dieses Ziel soll dadurch erreicht werden, daß der Richter das Rechtssystem anwendet, in dem ein Rechtsverhältnis seinen ›Sitz‹ oder Schwerpunkt hat. SAVIGNY erwartete einen weltweiten Konsens darüber, welche Anknüpfung jeden Richter in der Welt in jedem Kollisionsfall zur Anwendung desselben Rechts führen würde. Er dachte sich ein einheitliches Kollisionsrecht, das sich ohne Eingriffe nationaler Gesetzgeber in Wissenschaft und Praxis entwickeln sollte.«[4] Damit ist anzunehmen, daß das klassische Recht auf dem IPR-System SAVIGNYS beruht, und um die Bewertung des SAVIGNY'schen IPR hat es sich bei der »Krisen-Diskussion« gehandelt. SCHURIG hat die Problematik der jetzigen Situation des IPR in folgenden Punkten gesehen: I. SAVIGNY und der Funktionswandel des Privatrechts – 1) die Abhängigkeit des IPR von »Savignys vorstaatlichem Privatrechtsmodell«, – 2) die Hilflosigkeit des IPR gegenüber der »Politisierung des Privatrechts« und dem Vordringen des öffentlichen Rechts; II. »Begriffsreiterei«, Manipulierbarkeit und Verschleierung der wahren Entscheidungsgründe; III. Die Mißachtung der staatlichen Rechtsanwendungsinteressen; IV. Die »Blindheit« der Kollisionsnormen gegenüber materieller Gerechtigkeit; V. Die Unzulänglichkeit der nationalen Rechtsordnungen zur Entscheidung internationaler Sachverhalte[5]. NEUHAUS hat neue Strömungen im IPR als 1. Politisierung, 2. Materialisierung, 3. Negierung des IPR zusammengefaßt[6]. Auf jeden Fall liegt die Ursache der Krisensituation des jetzigen IPR in diesen Problembereichen, und daraus haben sich viele sogenannte Ersatzmodelle ergeben. SCHURIG hat wiederum solche neuen Versuche wie folgt zusammengestellt:
I. Ablösung von Kollisionsnormen durch Maximen; II. Systeme einseitiger Kollisionsnormen; III. Verschiedene Mischsysteme – 1. Die materielle lex fori als Ausgangsbasis, 2. Ordre-public-Gesetze und Systeme »autolimitierter Sachnormen«, 3. »Sonderanknüpfung«, 4. Bildung von Sachnormen im IPR, 5. Der sogenannte Methodenpluralismus, 6. Die allgemeine Ausweichklausel, 7. »Fakultatives« Kollisionsrecht[7]. NEUHAUS erörtert 1. Materielles Sonder-

4 ZWEIGERT, Zur Armut des internationalen Privatrechts an sozialen Werten, RabelsZ 37 (1973), 436. Vgl. FLESSNER, Fakultatives Kollisionsrecht, RabelsZ 34 (1970), 557f.

5 SCHURIG (Fn. 3), 16–23.

6 NEUHAUS, Neue Wege (Fn. 3).

7 SCHURIG (Fn. 3), 23–50.

recht für internationale Sachverhalte, 2. Internationales Verfahrensrecht, 3. Die Anwendung der materiellen lex fori[8].

Es ist jedoch hier nicht der Platz, alle diese Probleme zu behandeln. Der gemeinsame Ausgangspunkt dieser Bemühungen steht unter der Leitfrage: »Was ist die ideale Lösungsform für internationale Sachverhalte?« In der Tat hat auch Savigny diese Frage beantwortet. Im folgenden soll Savignys Antwort kurz dargestellt und analysiert werden.

II.

Wenn man alle Kritiken des klassischen IPR sieht und wenn man animmt, daß dieses klassische IPR auf Savigny zurückgeht, hat man bei unbefangener Betrachtung den Eindruck, als ob Savigny selbst solche »Mängel« verursacht habe. In der Tat hat man manchmal Savigny ausdrücklich die anfangs bereits genannten Kritikpunkte am klassischen IPR vorgehalten. Dies aber nicht immer mit Recht. Neuerdings freilich ist eine Tendenz festzustellen, die Savigny in Schutz nehmen will[9] und sich bemüht, seinen historischen Stellenwert richtig einzuschätzen[10].

Ich glaube nicht, daß wir mit der »richtigen« Erkenntnis seines Systems unser jetziges IPR richtig verstehen und weiter fortbilden könnten. Savigny war eine historische Gestalt und begegnete sicher nicht unseren Schwierigkeiten. Trotzdem scheint es mir von Nutzen zu sein, daß man Savigny möglichst vor seinem historischen Hintergrund sieht und seine eigentliche Absicht erkennt, um ihn heute richtig einordnen und unnötige Mißverständnisse vermeiden zu können. Es war übrigens auch Savignys Absicht, anhand authentischer Quellen römisches Recht möglichst objektiv darzustellen und damit Praxis und Wissenschaft von der Autorität des einseitig verstandenen römischen Rechts zu befreien[11]. Man findet bei ihm aber nicht nur sehr interessante Einsichten, wenn man sich mit ihm aus geschichtlichem Interesse beschäftigt, sondern auch, wenn man ihn aus der Sicht moderner Rechtspolitik liest.

Seit der Zeit, als sich das moderne Völkerrecht entwickelte, hat man die überlieferte Statutentheorie auf der Grundlage der neuen Souveränitätslehre zu begründen versucht. Die holländische Schule ist bekanntlich dafür ein Beispiel. So war es nicht verwunderlich, daß das Kollisionsrecht Ende des

8 Neuhaus, Abschied von v. Savigny?, RabelsZ 46 (1982), 20–22.

9 Vor allem Neuhaus (Fn. 8), 4–25.

10 Insbesondere Bucher, Grundfragen der Anknüpfungsgerechtigkeit im IPR (aus kontinentaleuropäischer Sicht), 1975, 4–27; Schurig (Fn. 3), 115–120.

11 Savigny, System des heutigen Römischen Rechts (im folgenden zitiert als: *System* Bd. 1), 1840; ferner Vorrede, bes. XIV–XXX u. ff.

18. Jahrhunderts und Anfang des 19. Jahrhunderts noch in den Lehrbüchern über Völkerrecht seinen Platz gefunden hat. Ich nenne nur Georg Friedrich von Martens, Klüber und Heffter[12]. Sie haben in ihren Lehrbüchern zunächst festgestellt, daß sich die Gesetze nur im Inlande auswirken und dann aber auch die sich im Inland aufhaltenden Ausländer binden. Trotzdem haben sie – allerdings mit unterschiedlichen Begründungen – einige Ausnahmen von diesen völkerrechtlichen Regelungen eingeräumt. Damals war also ein internationalprivatrechtlicher Sachverhalt noch Gegenstand des Völkerrechts.

Vor allem über die Wirkung der Gesetze außerhalb des Territoriums hat man immer diskutiert. Der systembewußte Puchta hat es zunächst abgelehnt, in seinen Pandekten diese Problematik zu behandeln, mit der Begründung, daß das Problem nicht zum Privatrecht gehöre[13]. Erst Savigny hat das IPR als Privatrecht gründlich systematisiert. Er selbst räumt ein, daß das Territorialitätsprinzip völkerrechtlich berechtigt und das Nebeneinander der positiven (staatlichen) Rechte nicht zu leugnen sei. Jedoch schien ihm nicht zweckmäßig zu sein, den völkerrechtlichen Souveränitätsgedanken zugrunde zu legen. Er geht deshalb von einem anderen Ansatz, nämlich vom »Rechtsverhältnis« aus[14]. Im Mittelpunkt des Privatrechts steht danach die Person und ihre Tätigkeit.

Damit verließ er die damaligen mit dem Souveränitätsgedanken eng verbundenen Lehren, die Gesetze ihrem Gegenstand nach klassifizierten, um »den Bedürfnissen« des Verkehrs zwischen den Staaten entgegenzukommen. In seinem System war der Denkansatz vom Gesetz her mit dem Denkansatz vom Rechtsverhältnis her gleichzusetzen und beide dienten dem gemeinsamen Ziel des Privatrechts. Einerseits geht es beim Ansatz vom Gesetz her nicht immer unbedingt um die besonderen Interessen des Staates und andererseits bedeutet der Ansatz vom Rechtsverhältnis her nicht die Ablehnung der Staatlichkeit des Privatrechts. In ihrer Konstruktion waren ihm beide notwendig und natürlich, um das Ziel des Privatrechts zu erreichen. Das positive Recht entsteht nur in der organischen Entwicklung des Volkes und des Staates. Das Privatrecht hat die Aufgabe, den Freiheitsraum des einzelnen vom Standpunkt des Staates her abzugrenzen[15]. Im Privatrecht spielten somit die Person und das Rechtsverhältnis eine wichtige Rolle. Das Rechtsverhältnis beschreibt dabei den Tätig-

12 von Martens, Einleitung in das positive Europäische Völkerrecht auf Verträge und Herkommen gegründet, 1796; Klüber, Europäisches Völkerrecht, Bd. 1, 1821; Heffter, Das Europäische Völkerrecht der Gegenwart, 1844.

13 Puchta, Lehrbuch der Pandekten, 1838, 25 Fn. 9.

14 *System*, Bd. 8, 1840, 2ff., 25ff.

15 *System*, Bd. 1, 10f., 33, 35f., § 9; Bd. 8, 1ff. Dazu Sakurada, Zur IPR-Theorie von Savigny – Insbesondere über seinen Gedanken der völkerrechtlichen Gemeinschaft. Hokkaido L. Rev. 33 (1982/3), 620ff., 627f., 1053f. (auf japanisch); vgl. Bucher (Fn. 10), 5ff.; Schurig (Fn. 3), 115ff.

keitsbereich des einzelnen. Denkt man vom Rechtsverhältnis her, so handelt es sich darum, welches Recht für die Lösung einer konkreten Rechtsfrage auf ein Rechtsverhältnis anzuwenden ist (d. h. um die Suche nach der Verbindung zwischen dem Rechtsverhältnis und dem anwendbaren Recht), und dies brachte nicht nur eine psychologische, positive Wirkung, sondern in der Tat auch die Privatisierung des Kollisionsrechts, wie wir es heute verstehen. In diesem Sinne war eine »kopernikanische Wende« bei ihm nicht zu leugnen[16]. Nur ist zu bemerken, daß die Betrachtungsweise vom Rechtsverhältnis her nicht nur für sein Kollisionsrecht eigentümlich war, sondern lediglich eine Ausdehnung seiner allgemeinen Privatrechtslehre darstellt.

Savignys kollisionsrechtlicher Ausgangspunkt war das Versagen des damals geltenden IPR mit seiner Statutentheorie[17]. Seit Wächter das System der Statutentheorie überzeugend kritisiert hatte, suchte man noch ein neues, die Verwirrungen meisterndes »Ersatzmodell«. Die Lage war nicht viel anders als jetzt[18]. Savigny hat dieses Ersatzmodell gefunden[19]. Da Savigny das IPR in seiner allgemeinen Lehre des Privatrechts behandelt hat, stellte das IPR auch notwendig Privatrecht dar und mußte wichtige rechtspolitische Prämissen des Privatrechts erfüllen. Diese Privatisierung war auch Savignys Verdienst. Die Grundlage dafür war folgende: Sein größtes Ziel war damals noch eine Rechtsvereinheitlichung innerhalb Deutschlands, die aber nicht durch eine Kodifikation, sondern durch die Rechtswissenschaft erfolgen sollte. Um dieses Ziel erreichen zu können, hat er die Entwicklung der Rechtswissenschaft gefördert und sie als Rechtsquelle anerkannt[20]. So wollte er für die damals noch unvereinten deutschen Staaten ein einheitlich brauchbares Privatrecht oder wenigstens eine Grundlage dafür schaffen[21]. Indem er die Kollision verschiedener Territorialrechte in verschiedenen Staaten mit der Kollision der in demselben Staat geltenden Partikularrechte gleichbehandeln wollte[22], übertrug er einen innenpolitisch motivierten Gedanken auch auf die »internationale

16 Vgl. Neuhaus, Abschied (Fn. 8), 12ff. Im übrigen kannte Savigny nur die Unterscheidung zwischen »praktisch« und »logisch«, aber nicht zwischen »psychologisch« und »logisch«. Der Begriff »praktisch« spielte bei ihm eine wichtige Rolle.

17 Schon in seiner Pandektenvorlesung im Wintersemester 1840/41, also vor dem Erscheinen von Wächters Aufsatz, lehnte er eine Dreiteilung der Gesetze ab: »Alles dies ist ungegründet«; abgedruckt bei Sakurada, Savignys Pandektenvorlesung, Hokkaido L. Rev. 33 [1982], 949; vgl. noch *System*, Bd. 8, 121 ff.

18 Vgl. Gutzwiller, Der Einfluß Savignys auf die Entwicklung des IPR, 1923, 37f.

19 Sturm, Savigny und das IPR seiner Zeit, Jus Commune, Bd. 8, 1979.

20 Vgl. *System*, Bd. 1.

21 Vgl. Wieacker, F. C. von Savigny, SavZRG (Rom) 72 (1955), 36f.; Blühdorn/Ritter (Hrsg.), Philosophie und Rechtswissenschaft, Zum Problem ihrer Beziehung im 19. Jahrhundert (Studien zur Philosophie und Literatur des neunzehnten Jahrhunderts, Bd. 3), 139ff. (bes. 143f.).

22 *System*, Bd. 8, 27.

Ebene«. So entstand die Idee eines von der Rechtswissenschaft begründeten Kollisionsrechts dank des weitgehenden Fehlens von gesetzlichem Kollisionsrecht in den europäischen Staaten. Sein Ziel war also ein einheitliches, aber zunächst nicht durch die Gesetzgebung geschaffenes Kollisionsrecht unter den europäischen Staaten.

Um dieses Kollisionsrecht mit seiner Rechtsentstehungslehre systemgerecht in Einklang zu bringen, benötigte er eine kulturelle, geistige Gemeinschaft als Grundlage der Rechtsentwicklung, ebenso wie sein gesamtes Privatrecht erst aus dem Volk entstehen konnte. Er fand sie in der völkerrechtlichen Gemeinschaft, auf deren Grundlage das europäische Völkerrecht entstehen sollte und die vom Christentum als treibender Kraft geprägt war[23].

Weil die völkerrechtliche Gemeinschaft noch nicht vollkommen entwickelt war, konnte auch das daraus hervorgehende Kollisionsrecht noch nicht als vollkommenes positives Recht erscheinen. Das Kollisionsrecht verliert dadurch seinen Charakter als Privatrecht ebensowenig wie das auf der Grundlage des einzelnen Staates entstehende Privatrecht. Die rechtsverbindliche Kraft des Kollisionsrechts beruht auf der einheitlichen Rechtswissenschaft, nicht auf der völkerrechtlichen Verpflichtung[24]. Andererseits erkannte Savigny ausdrücklich den Souveränitätsgedanken an und räumte ein, daß verschiedene positive Rechte in der Welt existieren. Vor dem Hintergrund seiner Rechtsentstehungslehre muß man schon zugeben, daß jeder Staat sein eigenes Recht entstehen läßt. Das Nebeneinander und die Möglichkeit der Kollision dieser Rechtsordnungen waren hier vorausgesetzt. Savigny hat natürlich die ausschließliche Anwendung der lex fori in Erwägung gezogen, sie aber abgelehnt mit der Begründung, daß eine solche Vorschrift in der Gesetzgebung keines bekannten Staates zu finden und nicht rätlich sei[25]. Also hat er ein solches System für rechtspolitisch nicht wünschenswert gehalten. Statt der eifersüchtigen Handhabung des ausschließlich eigenen Rechts wollte er die Förderung einer wahren Rechtsgemeinschaft, wollte also die Beurteilung der Kollisionsrechtsfälle nach dem inneren Wesen und Bedürfnissen eines jeden einzelnen Rechtsverhältnisses, ohne Rücksicht auf die Grenzen der Staaten und ihrer Rechtsgebiete vornehmen. Die ausschließliche Anwendung der lex fori »stört und hindert sogar die wünschenswerte und annäherungsweise zu erreichende Übereinstimmung der Entscheidung von Kollisionsfällen in verschiedenen

23 Vgl. Maridakis, Die internationalprivatrechtliche Lehre Savignys im Lichte seiner Rechtsentstehungstheorie, in: Festschrift Lewald, 1953, 309–315; Savigny, *System*, Bd. 1, § 10.

24 Die völkerrechtliche Gemeinschaft benötigte Savigny insofern für seine Rechtskonstruktion; nur dadurch konnte er eigentlich seine Sitz-Theorie rechtfertigen, obwohl diese Rechtsgrundlage auf sein IPR nicht unbedingt einen inhaltlich bestimmenden Einfluß ausgeübt hat. Vgl. dagegen z.B. E. Lorenz, Zur Struktur des IPR, 1977, 49f.; Neuhaus, Savigny und die Rechtsfindung aus der Natur der Sache, RabelsZ 15 (1949/50), 367ff., 380.

25 *System*, Bd. 8, 26f., 126ff.

Staaten«. Außerdem warnte er vor der Gefahr des »forum shopping«[26]. Im Mittelpunkt seiner rechtspolitischen Gedanken steht die Gleichbehandlung von einheimischen und fremden Rechtsverhältnissen. Zunächst geht er aus von der Gleichheit in der Behandlung der Einheimischen und Fremden, also von einer Nichtdiskriminierung der Fremden im Inland. Dann folgt er seinem allgemeinen Privatrechtssystem und geht von der Person auf das Rechtsverhältnis über, weil das Rechtsverhältnis den freien Tätigkeitsbereich der Person beschreibt. Trotz der Möglichkeit des ausschließlichen lex-fori-Systems sollte die Gleichbehandlung der einheimischen und fremden Rechtsverhältnisse aus der wünschenswerten Gegenseitigkeit abgeleitet werden[27]. Darüber hinaus aber forderte er auch noch, »daß auch die Rechtsverhältnisse, in Fällen einer Kollision der Gesetze, dieselbe Beurteilung zu erwarten haben, ohne Unterschied ob in diesem oder jenem Staate das Urteil gesprochen werde«[28]. Diese Gleichbehandlung der Rechtsverhältnisse führt nicht zu derselben Beurteilung in jedem Land, da jeder Staat ein eigenes Kollisionsrecht und eigenes Sachrecht haben kann. Weil aber die ausschließliche Anwendung der lex fori bereits abgelehnt wurde, geht es hier nur noch um das Kollisionsrecht. Savigny will dann das Ziel – die Beurteilung der Rechtsverhältnisse in allen Staaten nach denselben Grundsätzen – durch ein Kollisionsrecht mit gleichem Inhalt erreichen. Hier liegt der Ursprung seiner Sitz-Theorie. Wie er innerhalb Deutschlands trotz de facto verschiedener Gesetzgebungen durch eine inhaltlich gleiche – schlechthin seine – Rechtswissenschaft eine einheitliche Regelung erzielen wollte, strebte er auch kollisionsrechtlich eine einheitliche Regelung an. Nur war auf der internationalen Ebene das Ziel wegen der Souveränitätshoheit der Staaten etwas schwieriger zu erreichen als innerhalb Deutschlands. Deshalb betont er die Bildung einer gemeinsamen Rechtswissenschaft auf internationaler Ebene und weist auf die Existenz zahlreicher Abkommen als Ausfluß dieser völkerrechtlichen Gemeinschaft hin[29]. Jedenfalls gilt die Sitz-Theorie als eine durch die Rechtswissenschaft begründete, insofern einheitlich verbindliche Kollisionslehre. Die Gleichstellung der Kollision der Territorialrechte unabhängiger Staaten mit der Kollision verschiedener Partikularrechte desselben Staates hat eine wichtige Bedeutung, und die »freundliche Zulassung« ausländischer Gesetze darf nicht allein als Ausfluß bloßer Großmut oder

26 (Fn. 25), 129.

27 (Fn. 25), 25ff., 107f., 118. Savigny hat allerdings in seiner Darstellung (*System*, Bd. 8, 26ff.) die Gleichstellung der Rechtsverhältnisse, also der Tätigkeitsbereiche der Personen in den Vordergrund gestellt und daraus umgekehrt die Gleichstellung der Fremden mit Einheimischen abgeleitet.

28 (Fn. 25), 27.

29 (Fn. 25), 29ff., 114ff.; Vorrede, IVff.

Willkür gedacht werden[30]. Die Anerkennung der fremden Gesetze als gleichwertige Rechtsquelle im Inland wurde so begründet.

Kurz zusammengefaßt, war SAVIGNYS Kollisionslehre durch seine rechtspolitischen und rechtskonstruktiven Gedanken bedingt, und mit diesem System wollte er den damaligen Bedürfnissen des Verkehrs unter den verschiedenen Völkern entgegenkommen. Das Ziel war die Gewährleistung der Freiheit des einzelnen und somit die Gewährleistung eines reibungslosen zwischenstaatlichen Verkehrs durch die Abgrenzung seines Tätigkeitsbereichs sowohl im Inlande wie im Ausland. Die sog. Entscheidungsgleichheit war deshalb sehr wichtig und nur ein Ausfluß seiner rechtspolitischen Gedanken. Die damals verbreitete Gleichstellung der Ausländer mit Inländern war für die Entwicklung des Kollisionsrechts sehr verdienstvoll.

III.

Aus den bisherigen Darstellungen ist es einigermaßen erklärlich, daß die Kritik, die an SAVIGNYS System geübt wurde, zum Teil eigentlich verfehlt war, z. B. soweit ihm Entpolitisierung oder Vorstaatlichkeit des Privatrechts vorgeworfen wurde. Das Privatrecht war für ihn notwendig in seinem Entstehen staatlich. Es war also nicht vorstaatlich; SAVIGNY sah es allerdings als Gegenstand seiner Rechtswissenschaft als nicht räumlich begrenzt an. Das gilt sogar nicht nur für das Privatrecht allein. Das Recht entsteht nach SAVIGNY nur aus einer Gemeinschaft, nicht aus einer Gesellschaft, die vom Staat getrennt werden kann. Dabei war es für SAVIGNY selbstverständlich, daß in jeder Rechtsgemeinschaft ein eigenes positives Recht entsteht. Er hat sogar die Möglichkeit gesehen, daß in einem Volk eine in noch engerem Zusammenhang lebende und als Rechtsgemeinschaft geeignete Gemeinschaft entstehen kann[31]. Um diese enge Gemeinschaft ausfindig zu machen, sollte man auf das äußere Geschehen, also die Existenz von Sonderregeln zurückgreifen. In seinem Kollisionsrecht ist ihm bewußt geworden, daß sich die Unterscheidung zwischen Volksgemeinschaft und engerer Gemeinschaft auch auf das Verhältnis zwischen Völkergemeinschaft und Einzelstaaten übertragen läßt. In diesem Zusammenhang räumt er ein, daß eine Ausnahmeregelung von seinem allgemeinen kollisionsrechtlichen Ansatz notwendig ist. Er unterteilt diese Ausnahme in zwei Gesetzeskategorien und unterscheidet zwischen allgemeinen, also nicht unbedingt von inländischen Rechtsvorstellungen beeinflußten und rein inländischen Gesetzen[32]. Bei dieser Unterscheidung spielte – wie bei

30 (Fn. 25), 28.
31 *System*, Bd. 1, 20f.
32 *System*, Bd. 8, 32ff.

seiner Systematisierung üblich – der Zweck der Gesetze eine entscheidende Rolle[33]. Bei der ersten Kategorie der Gesetze von »streng positiver, zwingender Natur« handelt es sich um die Gesetze, die der Gesetzgeber mit unbedingtem Anwendungswillen erlassen hat. Mit seinen sogenannten absoluten Gesetzen hat er noch weiter untergliedernd eine Sonderklasse davon geschaffen, die nur durch die stärkere Intensität des Anwendungswillens gekennzeichnet ist. Diese Gesetze wirken nur auf eigenem Territorium[34]. Manche Kritiker sehen in dieser Ausnahme einen statutarischen Ansatz vom Gesetz her. In diesem Zusammenhang schrieb Neuhaus: »Savigny hat wohl als erster diese Normen, deren Zweck außerhalb des reinen Privatrechts liegt, grundsätzlich beiseite gestellt und deshalb praktisch der Frage vom Sachverhalt her den Vorrang gegeben. Es entsprach seiner konservativen Einstellung, von dem Wandel nicht viel Aufhebens zu machen.«[35] Das mag richtig sein. Auf jeden Fall bildete diese Kategorie der Gesetze eine Ausnahme von seiner Sitz-Theorie. Ob ihm aber diese Ausnahme mit der Sitz-Theorie wirklich unvereinbar war, scheint mir zweifelhaft. Das Wort »streng positiv« bedeutet nach Savignys Rechtsentstehungslehre nur, daß die betreffende Angelegenheit sehr stark mit der Rechtsgemeinschaft zusammenhängt und daß deshalb die Regelung nur der Gemeinschaft vorbehalten wird[36]. Daß das aber mit jeder Gemeinschaft so geschehen kann, hat Savigny mit Recht anerkannt und sogar von der negativen Anwendung solcher Ausnahmen gesprochen: Die Ausnahme ist zu beachten, »indem er [der Richter] das anderwärts (am Sitz der Obligation) geltende zwingende Gesetz nicht anzuwenden hat, wenn es für ihn nicht als Gesetz besteht«[37]. So muß ein Richter, dessen lex fori ein Wucherverbot kennt, eine Zinsklage auch dann abweisen, wenn die lex causae ein entsprechendes Verbot nicht vorsieht. »Ebenso aber wird auch umgekehrt der Richter, in dessen Amtssprengel ein Verbot der vor ihm eingeklagten Zinsen nicht besteht, die Zinsen als gültig anzusehen haben, ohne Rücksicht auf das etwa anderwärts (am Sitz der Obligation) geltende Verbot.«[38] Bei dieser negativen Anwendung von Gesetzen ist kein Zweck eines inländischen Gesetzes auszumachen, weil man kein Gesetz erlassen hat. Man muß daher zunächst feststellen, ob der inländische Gesetzgeber seine Absicht erkennen läßt, eine Angelegenheit nach seinen eigenen Rechtsvorstellungen zu regeln, obwohl er selbst ein entsprechendes Gesetz nicht erlassen hat. Bei Savigny aber geht es nicht um die

33 *System,* Bd. 1, § 16.
34 *System,* Bd. 8, 33 ff.
35 Neuhaus, Abschied (Fn. 8), 8 f.
36 Die Differenzierung zwischen »streng positiv« und »rein positiv« in Savignys System ist eine sehr schwierige Frage. Hier möchte ich es nur mit der Feststellung der Bedeutung von »streng positivem« Recht bewenden lassen. Vgl. *System,* Bd. 1, 61 ff., 112 f.
37 *System,* Bd. 8, 276.
38 (Fn. 37), 276 f. Ebenso auch S. 278 ff.

Absicht des inländischen, sondern um die des fremden Gesetzgebers oder die des Gesetzgebers im allgemeinen. Er behandelt hier im Grunde einen international einheitlichen ordre public. Jedes Kollisionsrecht könnte als Ausnahme eine inhaltlich gleiche ordre-public-artige Klausel enthalten. Er behandelt dazu folgendes Beispiel: Jeder »auf außerehelichen Beischlaf gegründete Anspruch« auf die Anerkennung der Vaterschaft richtet sich nach der lex fori, gleichgültig ob die lex fori eine entsprechende positive Vorschrift hat oder nicht[39]. Die Frage nach dem Gesetzeszweck diente also nicht nur dazu, die Gesetze systematisch einzuordnen, sondern auch dazu, Ausnahmen von der Sitz-Theorie zu erkennen. Weil dieses Bestehen oder Nichtbestehen eines Gesetzes sich auf ein bestimmtes Rechtsverhältnis bezieht, geht es in der Sache doch wieder um die Natur des Rechtsverhältnisses, also den Sitz des Rechtsverhältnisses. Dieser Sitz liegt immer im Geltungsbereich der lex fori. »Ob nun irgend ein Gesetz unter die Ausnahmefälle zu rechnen ist, das hängt vor allem von der Absicht des Gesetzgebers ab. Hat dieser sich darüber ausdrücklich erklärt, so muß diese Erklärung gelten, da dieselbe dann die Natur eines Gesetzes über die Collision hat, welches stets unbedingt befolgt werden muß. Allein an einer solchen ausdrücklichen Erklärung wird es meist fehlen, und dann bleibt nichts übrig, als auf die verschiedene Natur der absoluten Gesetze zurückzugehen, die uns auf folgende Unterscheidung führen muß.«[40] Daß es hier um einen besonderen Anwendungsfall der Sitz-Theorie geht, möchte ich mit folgendem familienrechtlichen Beispiel belegen. Savigny schreibt nämlich:

»Die Bedingungen der Möglichkeit der Ehe, oder (von der umgekehrten Seite betrachtet) die Ehehindernisse, gründen sich teils auf die persönlichen Eigenschaften jedes der beiden Ehegatten für sich, teils auf das Verhältnis derselben zueinander. Nach allgemeinen Grundsätzen nun möchte man annehmen, daß die persönliche Fähigkeit der Frau nach dem Gesetz ihrer Heimat zu beurteilen wäre. Allein gerade hier einschlagende Gesetze, die auf sittlichen Rücksichten beruhen, haben eine streng positive Natur, und daher sind die in dem Wohnsitz des Mannes geltenden Ehehindernisse schlechthin bindend, ohne Rücksicht auf die vielleicht abweichenden Gesetze in der Heimat der Frau, oder in dem Ort, an welchem die Trauung vorgenommen wird. Diese Regel gilt namentlich für die verbotenen Verwandtschaftsgrade, und die in dem religiösen Verhältnis gegründeten Hindernisse.«[40]

Obwohl es hier nicht um das streng positive, zwingende Gesetz geht, welches u. U. von dem am Sitz eines Rechtsverhältnisses geltenden Recht abweicht, hat die streng positive Natur des Gesetzes, das die Ehehindernisse regelt, eine entscheidende Rolle für die Bestimmung des darauf anzuwendenden Rechts gespielt. Durch dieses »streng positive« Gesetz wird ein von dem

39 Vgl. (Fn. 37), 279f.
40 (Fn. 37), 34f.

regelmäßigen Sitz abweichender, neuer Sitz des Rechtsverhältnisses bestimmt. So verstanden hat die Bestimmung des Gesetzeszweckes nur einen heuristischen Charakter, um ein Rechtsverhältnis ausfindig zu machen, das nicht nach der normalen Sitz-Regel beurteilt werden kann. Um eine Durchbrechung der Sitz-Regel selbst handelt es sich eigentlich nicht. Hier sieht man kaum eine Einschränkung der eigentlichen Sitz-Lehre.

Bei der zweiten Kategorie der Ausnahmegesetze spielt dagegen die Fremdartigkeit eines Rechtsinstitutes eine große Rolle. Die Nichtanerkennung des Daseins eines fremden Rechtsinstitutes hängt davon ab, ob das Institut dem Lande fremd ist. Da diese Beurteilung von Land zu Land verschieden sein kann, wird man hier kaum von einem international einheitlichen Maßstab reden. Auch wenn man ein einheitliches Kollisionsrecht geschaffen hätte, würde diese Ausnahme von Land zu Land unterschiedlich beurteilt werden. Ob hier nur die Fremdartigkeit den Grund der Rechtsschutzverweigerung bildet, mag noch dahingestellt bleiben. Der inländische Staat hat jedenfalls kein Interesse daran, ausländische staatspolitische Zwecke im Inlande durchzusetzen. Also wird der Anwendungswille eines ausländischen Staates im Inland abgelehnt. In diesem Zusammenhang hat Savigny nur zwei Beispiele genannt: Die Sklaverei und den bürgerlichen Tod[42]. Diese Ausnahme kommt jedenfalls nur selten vor.

Savigny hat uns also eindrucksvoll bewiesen, daß man bei der Begründung einer neuen Kollisionslehre nicht nur überlieferte Erfahrungen prüfen muß, sondern auch viele unterschiedliche rechtspolitische Punkte in Erwägung ziehen, seine Ziele klar sehen und sich eine für sie geeignete Rechtskonstruktion ausdenken muß. Diesem Vorbild sollte man ohne weiteres folgen, und in der jetzigen Unsicherheit ist ein solcher Prozeß besonders vonnöten. Die gründliche Nachprüfung der Vorteile und Nachteile der bestehenden Lehren und das Herausfinden der zu verwirklichenden rechtspolitischen Ziele aus den Zeitströmungen – Savigny hat dies meisterhaft getan. Zu Recht hat man in seinem System schon ein Urbild der Sonderanknüpfung oder Interessenjurisprudenz vorgefunden. Die Vorwürfe der Blindheit oder Begriffsreiterei treffen zumindest auf Savigny nicht zu.

Wir sollten in gleicher Weise die Vorteile und Nachteile des klassischen IPR überprüfen und gleichzeitig unsere eigenen rechtspolitischen Ziele klar erkennen und dafür passende Konzeptionen suchen.

41 (Fn. 37), 326.
42 (Fn. 37), 37ff.

IV.

Die Existenz des Kollisionsrechts hängt davon ab, daß erstens die Rechtsordnungen gleichberechtigt nebeneinander stehen und daß zweitens die grenzüberschreitende Mobilität von Menschen und Gütern gesichert ist. Völkerrecht berührt zwar beide Existenzprämissen des Kollisionsrechts, aber von seinem Gegenstand her gesehen findet man darin kaum eine konkrete und klare Begrenzung. Lipstein kam nach eingehender Erörterung dieser Problematik zum Ergebnis, daß Völkerrecht höchstens dem Staat eine Verpflichtung auferlegen kann, »the observation of minimum standards of justice and abstention from illegal discrimination« zu gewährleisten[43]. Diese Verpflichtung wird meistens im jeweiligen Verfassungsrecht eine Grundlage finden. Nur in extremen Fällen wird hier Völkerrecht eingreifen. Die ganz ausschließliche Anwendung der lex fori stößt nicht unbedingt auf ein völkerrechtliches Verbot, allerdings mit einzelnen Ausnahmen in krassen Fällen[44]. Einheitsrecht tangiert meistens nur die zweite Prämisse, aber auch hier findet man keine große Einschränkung für den Wirkungsbereich des Kollisionsrechts. Ob aber die Existenz des Einheitsrechts das Kollisionsrecht überflüssig macht, ist manchmal umstritten. Wenn wir die jetzige Situation aber richtig sehen, ist der Wirkungsbereich des Kollisionsrechts nicht maßgeblich eingeschränkt. Im großen und ganzen kann man schon feststellen, daß beide Existenzbedingungen des Kollisionsrechts noch weitgehend vorliegen[45]. Nun kommen wir zu der entscheidenden Frage: Wie können wir am gerechtesten internationale Sachverhalte rechtlich regeln? Das ist der jedem Staat bereit eingeräumten rechtspolitischen Ermessensfreiheit überlassen. Wenn jedoch ein Staat überhaupt öffentlich-rechtlich die grenzüberschreitende Mobilität von Menschen und Gütern einigermaßen garantiert, wäre es staatsrechtlich inkonsequent, diese Mobilität im privatrechtlichen Bereich wieder drastisch einzuschränken zu suchen. Für jeden Staat ist also eine Grenze dieser Ermessensfreiheit zu erkennen. Hier ist eigentlich von keiner allgemeinen kollisionsrechtlichen Rechtspolitik zu reden. Wenn man aber eine allgemeine Tendenz, mindestens in den von westlicher Rechtsanschauung beeinflußten Ländern, in Betracht zieht, kann man doch einige mir wichtig erscheinende Punkte herausstellen; nur folgendes möchte ich dazu kurz erörtern:

43 Lipstein, Principles of the Conflict of Laws – National and International, 1981, 63ff., bes. 65.

44 Dagegen Neuhaus, Die Grundbegriffe des IPR, 1976, 73; Ferid, IPR, 2. Aufl. 1983, 32. Allerdings kann die Abschaffung des bisher bestehenden IPR viele völkerrechtliche Komplikationen herbeiführen und mit dem allgemeinen Völkerrecht in Konflikt geraten. Insofern ist meine Festellung auch praktisch ohne Wert. Vgl. Kegel, IPR, 4. Aufl. 1977, 7.

45 Siehe statt aller Neuhaus, Grundbegriffe (Fn. 44), § 2; Kropholler, Internationales Einheitsrecht, 1975.

1) Die ausschließliche Anwendung der materiellen lex fori ist, obwohl es kein völkerrechtliches Verbot der ausschließlichen Anwendung der lex fori gibt, rechtspolitisch nicht ratsam. Die lex fori muß nicht unbedingt immer von schlechter Qualität sein, denn jeder Staat kann die Gleichbehandlung von Ausländern mit Inländern vorschreiben und unter sog. zivilisierten Ländern findet man kaum eine massive privatrechtliche Diskriminierung von Ausländern. Vielmehr vertritt man die Meinung, daß die Anwendung der lex fori den Parteien zugute kommen könnte und für den Richter viel leichter sei[46]. Trotzdem wirkt die lex fori manchmal unbequem und mobilitätsstörend auf den internationalen Verkehr und die Freiheit des einzelnen. Kein Staat in der Welt kennt ein strenges lex-fori-System. Denn im Grunde genommen kann ein solches System nur zu Lasten des internationalen Zivilprozeßrechts (z. B. bei der Festlegung der internationalen Zuständigkeit oder bei der Anerkennung der ausländischen Entscheidungen) funktionieren, so daß sich die Lösung der IPR-Fälle nur auf das Verfahrensrecht verlagert. Das Problem des rechtlichen Schutzes der grenzüberschreitenden Bewegungen ist damit nicht gelöst. Außerdem verweigert dieses System die Berücksichtigung der individuell gestalteten Interessenlage[47]. Man kann also, wie Savigny, von einem gemeinsamen Vorteil der Völker und der einzelnen sprechen[48], der typischerweise in der Entscheidungsharmonie liegt.

Der Abbau des lex-fori-Systems entspricht den Bedürfnissen der Situation, in der wir uns befinden. Abgesehen von dieser reinen lex-fori-Theorie findet man oft noch Varianten davon. Die Bildung eines speziellen materiellen Rechts für internationale Sachverhalte ist der Überlegung wert. Weil das innerstaatliche Recht in der Regel nur auf Inlandsfälle zugeschnitten ist, muß man es als problematisch ansehen, ob es für die Regelung eines internationalen Sachverhalts geeignet ist. Darum gibt es Versuche, dafür angemessene Sondersachnormen herauszubilden[49] und trotz Vorschaltung einer Kollisionsnorm das grundsätzlich anwendbare inländische Recht zu modifizieren. Allgemein gesagt bin ich der Meinung, daß man sich Mühe geben sollte, innerhalb der lex fori möglichst der Falllösung eines internationalen Sachverhalts gerecht zu werden. Es wäre nicht verfehlt, wenn man diese Lösungen sachgemäß typisieren und eine Art jus gentium bilden könnte. Wenn man schon bei der Bildung und Anwendung des Kollisionsrechts von dem eigenen rechtspolitischen Standpunkt ausgehen darf, ist es auch gerechtfertigt, eine geeignete spezielle Sondersachnorm nach eigener Vorstellung zu bilden. Nur fehlt es bislang an entsprechenden ernsthaften Bemühungen, weil man meistens nur mit dem IPR

46 Vgl. z. B. Flessner (Fn. 4), 549 ff.: Zweigert (Fn. 4), 445 f.
47 Rheinstein, Einführung in die Rechtsvergleichung, 1974, 139.
48 *System*, Bd. 8, 27.
49 Z. B. Steindorff, Sachnormen im IPR, 1958.

arbeitet und sich in der Regel mit der Anwendung des »normalen« staatlichen Rechts begnügt[50].

2) In diesem Zusammenhang gehe ich kurz auf die Problematik des Geltungs- oder Anwendungswillens einer Sachnorm ein.

a) Wenn eine inländische Sachnorm unbedingte Anwendung im Rahmen des ausländischen anwendbaren Rechts verlangt und diese Sachnorm durch die ordre public-Klausel nicht in vollem Umfang berücksichtigt wird, was dann? Savigny stand anscheinend auch vor einer ähnlichen Situation, denn er kannte noch keinen modernen, sich nur im konkreten Fall auswirkenden ordre public; also war ihm nur die Grenzziehung zwischen dem normalen Kollisionsrecht und dem anomalen Fall wichtig. Wenn ich an dieser Stelle mit Savigny davon ausgehe, daß das IPR nur Sachverhalte mit Auslandsberührung zum Gegenstand hat[51] (übrigens ist das auch im neuen deutschen IPR-Reformentwurf so[52]), dann sehe ich von diesem Standpunkt aus die Notwendigkeit und Möglichkeit, einen Sachverhalt mit anderen Mitteln als denen des IPR zu behandeln. Es geht hier um eine logisch dem IPR vorgeschaltete Kollisionsnorm, die aber in der Tat das IPR nur nachträglich kontrolliert. Diese Kollisionsnorm entscheidet, ob ein Sachverhalt mit Hilfe des IPR behandelt werden soll oder aber anders, etwa mit Hilfe von Sachnormen, die auf internationale Sachverhalte unmittelbar anwendbar sind. Das ist durchaus eine rechtspolitische Entscheidung auf kollisionsrechtlicher Ebene. Die Intensität des Gesetzesanwendungswillens spielt dabei eine große Rolle[53].

50 Im Rahmen des IPR werden diese speziellen Sachnormen durch ordre public, Angleichung, Qualifikation etc. vermittelt. Einheitsrecht für internationale Sachverhalte und eine Art »transnationales Recht« weisen auch in diese Richtung.

51 Savigny, *System*, Bd. 8, 24; »Ein Richter unseres Staates hat zu entscheiden über ein streitiges Rechtsverhältnis, das durch die Tatsachen, die ihm zu Grunde liegen (z. B. den Ort, wo ein Vertrag abgeschlossen ist, oder wo sich eine streitge Sache befindet) mit dem von unserem positiven Recht abweichenden Gesetze eines fremden Staates in Berührung steht.«

52 Entwurf eines Gesetzes zur Neuregelung des IPR, Art. 3 Abs. 1. Dazu lautet die Einzelbegründung: »Satz 1 umschreibt allgemein den Gegenstand des Kollisionsrechts: Das Internationale Privatrecht ordnet an, welchem Recht ein Rechtsverhältnis untersteht, wenn der ihm zugrunde liegende Sachverhalt eine Beziehung (außer zum deutschen Recht auch) zum Recht eines ausländischen Staates aufweist. Ob eine Verbindung zu einem anderen Recht als demjenigen vorliegt, das am Ort des angerufenen Gerichts gilt, wird sich nur anhand des Einzelfalls feststellen lassen... Nur für reine Inlandsfälle scheidet die Anwendung des IPR von vornherein aus.« (BR-Drucksache 222/83, S. 35).

53 Vorläufig möchte ich mich mit dieser bloßen Feststellung begnügen. Die Rechtsnatur und die ganze Struktur dieser Kollisionsnormen bleiben hier noch dahingestellt. Wenn man jedoch IPR so definiert wie die h. M., nicht aber wie Schurig, Kegel oder Neuhaus, dann muß man bereits die Notwendigkeit einsehen, mit der Definition von »internationalen Sachverhalten« oder »Auslandsberührung« fertig zu werden. Neuhaus hat darauf schon eindeutig hingewiesen: »Der Anwendungsbereich des Kollisionsrechts umfaßt logisch alle privatrechtlichen Sachverhalte, unabhängig von ihrem nationalen oder internationalen Charakter. Dies kommt

b) Mit dem Anwendungswillen des ausländischen Rechts, das nicht zu dem eigentlich anwendbaren Recht gehört, hat man sich in letzter Zeit sehr oft beschäftigt. Hier möchte ich zunächst mit der Sonderanknüpfung arbeiten. Dabei geht es um eine Ausnahme von traditionellen internationalprivatrechtlichen Vorstellungen, bei denen der Anwendungswille eines Gesetzes keine Rolle spielt. Der Anwendungswille an sich ist in der Regel bei einer Privatrechtsnorm festzustellen: Unsere BGB-Lehrbücher behandeln meistens in ihrem Allgemeinen Teil den territorialen und persönlichen Wirkungsbereich des BGB. Der Gesetzgeber grenzt im allgemeinen den räumlichen Anwendungsbereich der einzelnen BGB-Bestimmungen ab.

Im IPR allerdings gehen wir nicht von diesem Anwendungsbereich aus, weil der Anwendungswille aller materieller Privatrechtsnormen in der Regel räumlich in gleicher Weise begrenzt ist. Damit läßt sich aber der Anwendungsbereich dieser Norm in concreto kaum bestimmen und sog. kollisionsrechtliche Gerechtigkeit nicht erreichen. Der Souveränitätsgedanke taugt kaum, um privaten Sachverhalten gerecht zu werden, wie Savigny auch bereits eindrucksvoll nachgewiesen hat. Dann aber wissen wir eigentlich nicht genau, wann diesem Anwendungswillen solche Bedeutung beigemessen werden sollte, um das formale IPR in den Hintergrund zu drängen. Ob man das IPR oder eine Sonderanknüpfung wählt, hängt auch von der rechtspolitischen Entscheidung ab, die durch eine dem IPR vorgeschaltete Kollisionsnorm erfolgen muß.

V.

Da ich mich noch auf der Suche nach den sozusagen »richtigen« rechtspolitischen Zielen des Kollisionsrechts befinde, kann nur folgendes gesagt werden.

Welches nationale Recht auf einen Sachverhalt angewendet werden soll, hängt von der rechtspolitischen Entscheidung des Staates ab, der diese Rechtsfrage regeln muß. Da gegenwärtig kein internationaler Gesetzgeber und kein

bei den rein inlandsrechtlichen Fällen nur nicht zum Bewußtsein, da bei ihnen das Ergebnis, die Anwendung der materiellen lex fori, von vornherein feststeht. Die gegenteilige Auffassung, das der normale, eindeutig inlandsrechtliche Fall nicht erst der kollisionsrechtlichen Subsumtion unterliege, diese vielmehr nur in den problematischen Fällen geboten sei, scheitert an der Unmöglichkeit einer scharfen Grenzziehung zwischen ›eindeutig‹ und ›problematisch‹, d. h. zwischen ganz abgelegenen, offensichtlich unerheblichen Außenbeziehungen und möglicherweise erheblichen.« Ob IPR eingreift oder nicht, ist nicht nur eine Auslegungsfrage; vielmehr ist es eine entscheidende rechtspolitische Frage, ob der Sachverhalt mit Hilfe des IPR gerecht gelöst werden soll oder nicht. Die oben erwähnte Kollisionsnorm soll diese Frage beantworten. Die Entscheidung zwischen Einheitsrecht oder IPR, IPR oder Sonderanknüpfung und dgl. wird nur im Rahmen dieser Kollisionsnorm getroffen. In diesem Sinne übernimmt sie die Aufgaben, die Schurig innerhalb des IPR mit sog. Kollisionsgrundnormen erzielen will.

internationales Zivilgericht für die ganze Welt existiert, fällt diese Aufgabe jedem einzelnen Staat zu. Jeder Staat bewertet – nach seiner eigenen Vorstellung – die Frage der grenzüberschreitenden Mobilität zunächst unter innenpolitischen Gesichtspunkten, sodann möglicherweise unter außenpolitischen Interessen. Jedenfalls in der Regel muß er wählen, welches Recht er anwenden[50] und welcher Methode er sich bei der Festlegung des anzuwendenden Rechts bedienen will.

Das traditionelle IPR begegnet dabei vieler Kritik, wie ich oben kurz dargestellt habe. Es vermehren sich die Gesetze, die unbedingten Anwendungswillen aufweisen. Das hängt mit einem sich fortentwickelnden Prozeß zusammen, der einst von Henry Maine als »from status to contract« bezeichnet worden ist. Die Menschen leben in immer freieren Beziehungen. Der Staat muß dann immer häufiger eingreifen, um die Ordnung aufrechtzuerhalten, die von menschlichen Beziehungen gefordert wird. Gleichzeitig verstärkt sich die Gesetzgebung im sozialen Bereich, in dem man einen unmittelbaren staatlichen Anwendungswillen antrifft. Ob diese Vorschriften nach klassischer Vorstellung privatrechtlich oder öffentlich-rechtlich einzuordnen sind, spielt dabei keine entscheidende Rolle. Insofern ist es rechtspolitisch nicht richtig, daß man im Kollisionsrecht beide Gebiete ganz scharf trennt. Darauf hat bereits Lipstein hingewiesen[55]. Obwohl das klassische IPR in struktureller Hinsicht fähig zu sein scheint, mit allen Problemen fertig zu werden, wie Schurig eindrucksvoll dargestellt hat[56], ist mir noch nicht ganz klar, welches Ziel wir mit dem Kollisionsrecht erreichen wollen. Solange die Rechtsordnungen nebeneinander bestehen und die freie, grenzüberschreitende Mobilität noch wächst, ist der Wirkungsbereich des Kollisionsrechts recht breit.

Savigny hat mit seinem sich auf eine europäische kulturelle Gemeinsamkeit gründenden System ein sehr klares rechtspolitisches Ziel vor Augen gehabt. Die damalige Homogenität besteht heute nicht mehr und die von Savigny zum Ausgangspunkt gewählte Freiheit des einzelnen gefährdet heute manchmal unsere Existenz. *The New International Economic Order* setzt eine gewisse Solidarität zwischen heterogenen Staaten voraus. Wie Schurig, der trotz sehr betonter autonomistischer Ansätze doch ein international harmonisiertes Kollisionsrecht zu befürworten scheint, sehe auch ich die Notwendigkeit, eine international möglichst einheitliche Rechtspolitik zu entwickeln. Allerdings ist im Kollisionsrecht ebenso wie im Völkerrecht in gewissem Umfang von einer Doppelfunktion auszugehen. Bei der Gewinnung kollisionsrechtlicher Regeln sollte man möglichst gleiche Kriterien verwenden. Man hat versucht, mit dem

54 Vgl. Hartwieg, Der Gesetzgeber des EGBGB zwischen den Fronten heutiger Kollisionsrechts-Theorie, RabelsZ 42 (1978), 431–455.

55 Lipstein, Conflict of Public Laws – Visions and Realities, in: Festschrift Zajtay, 1982, 357–378.

56 Schurig (Fn. 3).

Gedanken des Entscheidungseinklangs dieser Doppelfunktion des Staates gerecht zu werden, obwohl eine Entscheidungsharmonie eigentlich nur mit einem einheitlichen IPR, wie es SAVIGNY vorschwebte, verwirklicht werden kann. Es mag sein, daß man diesen Gedanken bei der technischen Handhabung des Kollisionsrechts zu sehr überbetont hat[57]. Trotzdem hat er immer wieder dazu beigetragen, die Notwendigkeit gleicher Kriterien erkennen zu lassen.

Da wir, jedenfalls auf dem Kontinent, ein lang bewährtes und noch einigermaßen funktionsfähiges – gesetzliches oder durch Rechtsprechung und Wissenschaft entwickeltes – Kollisionsrecht haben, sollte man vermeiden, es in den unproblematischen Fällen fortzubilden, und versuchen, die Ordnung nicht mit Ersatz-, sondern mit Ergänzungsmodellen, also etwa materiellem Sonderrecht oder Sonderanknüpfung, wieder herzustellen und dabei die eigentlichen Schwierigkeiten oder Unzulänglichkeiten des klassischen IPR zu ermitteln. Die Krise des IPR ist sicherlich zum großen Teil eine Krise der Handhabung des IPR-Systems, wie SCHURIG mit Recht festgestellt hat[58]. Sie zu überwinden hilft die KEGELsche Interessenjurisprudenz. Ob aber die »Sitz-Theorie« und dergleichen uns noch helfen kann, ist fragwürdig. Das Verdienst dieser Theorie war die Schaffung einer gemeinsamen Grundlage für das Kollisionsrecht. Die Sitz-Theorie ist aber eine sehr naive und deshalb von jedem zu akzeptierende Methode. Jeder kann damit die von ihm gewählte Anknüpfung rechtfertigen. Jedoch ist nicht klar zu erkennen, warum man das Recht anwenden muß, das mit dem Sachverhalt die engste Beziehung aufweist. Da diese formelle Theorie mit der Schaffung einheitlicher Anknüpfungskriterien im internationalen Bereich ihre Aufgabe bereits erfüllt zu haben scheint, sollte man vermeiden, eine derartige Leerformel darüber hinaus weiter allzu sehr zu betonen[59]. Die Frage ist vielmehr, ob man mit dieser Theorie unserer Situation noch gerecht werden kann.

Abschließend darf ich noch folgendes bemerken: Moderne Gegensätze im IPR beruhen auf drei Umständen:

1. *Erkenntnisfrage:* a) unterschiedliche Bewertung der sozialen Verhältnisse; b) unterschiedliche Vorstellungen von Kollisions- und Sachnormen. Auf diesen Grundlagen konzipiert jeder sein eigenes Lösungsmodell.

2. *Methodenfrage:* Je nach Ausbildung der Rechtsanschauung entsteht immer ein Pluralismus in Theorie und Methode.

57 Besonders beim »renvoi«. Vgl. noch STURM, Fakultatives Kollisionsrecht: Notwendigkeit und Grenzen, Festschrift Zweigert, 1981, 330ff.

58 SCHURIG (Fn. 3), 350.

59 Vgl. jedoch SAKURADA, Zum Staatsangehörigkeitsprinzip im japanischen IPR, Recht in Japan 3 (1980), bes. 82.

3. Rechtspolitische Frage: Jeder verfolgt mit dem Kollisionsrecht eigene rechtspolitische Ziele.

Mit Hilfe vor allem der Rechtsvergleichung und der Rechtssoziologie müssen wir zunächst ein möglichst objektives Bild von der tatsächlichen und rechtlichen Situation internationaler Sachverhalte gewinnen, um unnötige Auseinandersetzungen zu vermeiden. Jedoch bedeutet das nicht, daß wir mit solchen Kenntnissen schon alle Gegensätze im IPR bereinigen könnten. Denn solange es jedem Land überlassen ist, nach eigener Vorstellung eigenes Kollisionsrecht zu gestalten, muß man den sog. Methodenpluralismus noch akzeptieren und verschiedene rechtspolitische Ziele des Kollisionsrechts zulassen. Aus der gleichen Erkenntnis kann je nach Zielvorstellung ein ganz unterschiedlicher rechtspolitischer Schluß gezogen werden. Die manchmal betonte rechtsvergleichende These[60], daß von verschiedenen Rechtskonstruktionen aus doch ein sehr ähnliches oder sogar gleiches Ergebnis erzielt wird, ist insofern problematisch, weil sie so verstanden werden kann, daß wir alle gleichermaßen dasselbe Ergebnis erzielen müssen. Ob und warum das Ergebnis wünschenswert ist, ist eine ganz andere Frage. Wenn man aber eine Grenzen überschreitende Mobilität rechtlich zu schützen unternimmt und dieses Phänomen sogar fördern möchte, damit die Freiheit des menschlichen Verkehrs verwirklicht wird, muß man staatlicher Willkür Grenzen setzen. Die Vielfalt sowohl des Kollisionsrechts wie der materiellen Rechtsordnungen ist an sich viel wünschenswerter als eine durch Zwang erreichte Zentralisierung. Nur ist darauf zu achten, daß diese Vielfalt nicht mißbraucht wird und die durch technische Entwicklungen immer enger verbundene Welt (man spricht schon von einer Schicksalsgemeinschaft oder einem Raumschiff namens Erde) nicht in Unordnung gebracht wird. Wenn es uns gelingt, ein Mittel zu finden, um in der heterogenen Welt ein Zusammenleben zu ermöglichen, wäre das optimal. Ich schließe mit einem Wort von RHEINSTEIN: »Es ist die Aufgabe des Kollisionsrechts, dafür zu sorgen, daß dort, wo die *Einheit* des Rechts nicht möglich ist, seine *Vielfalt* sich nicht als störend erweist. Wenn es gelingt, ein harmonisches Zusammenspiel der verschiedenen Rechtsordnungen zustandezubringen, wird man die bunte Vielfalt der Rechtssysteme ihrer grauen Einheitlichkeit vorziehen und die Mannigfaltigkeit rechtlicher Gestaltungsformen als Bereicherung der menschlichen Kultur werten.«[61]

60 Vgl. ZWEIGERT/KÖTZ, Einführung in die Rechtsvergleichung auf dem Gebiete des Privatrechts, Bd. I: Grundlagen, 1971, 35–37; 2. Aufl. 1984, 39–41.

61 RHEINSTEIN (Fn. 47), 142.

Wertorientierung und ihre Grenzen im IPR*

Lajos Vékás, Budapest

I.

1. Kaum ein anderes Gebiet der Rechtswissenschaft ist in den letzten Jahrzehnten so unaufhaltsam in Bewegung geraten, wie die Lehre des internationalen Privatrechts. Der Spezialist dieses Faches kann die Entwicklung mit gewissem Stolz zur Kenntnis nehmen oder bedauern, Tatsache bleibt: die internationalprivatrechtliche Methodenlehre befindet sich im Umbruch, und neue Ideen haben auch in Gesetzgebung und Rechtsprechung Eingang gefunden.

In der *Kritik* werden gegen die herkömmlichen internationalprivatrechtlichen Grundvorstellungen verschiedene Einwände erhoben: Manipulierbarkeit[1], Hilflosigkeit gegenüber der »Politisierung« und »Sozialisierung« des Privatrechts[2], Blindheit der Kollisionsnormen gegenüber materieller Gerechtigkeit[3], Unzulänglichkeit der nationalen Rechtsordnungen für die Entscheidung internationaler Sachverhalte[4] und viele andere. Die zahlreichen *Ersatzvorschläge* können nur mit Mühe systematisiert werden. Neben einer verbrei-

* *Abgekürzt* werden zitiert: Bucher, Grundfragen der Anknüpfungsgerechtigkeit im internationalen Privatrecht, 1975; Kegel, Internationales Privatrecht, 4. Aufl. 1977; Keller/Siehr, Einführung in die Eigenart des internationalen Privatrechts, 2. Aufl. 1979; Kropholler, Das kollisionsrechtliche System des Schutzes der schwächeren Vertragspartei, RabelsZ 42 (1978), 634 ff.; Neuhaus, Die Grundbegriffe des internationalen Privatrechts, 2. Aufl. 1976; Schurig, Kollisionsnorm und Sachrecht, 1981; Zweigert, Zur Armut des internationalen Privatrechts an sozialen Werten, RabelsZ 37 (1973), 435 ff.

1 Currie, Selected Essays on the Conflict of Laws. 1963, passim; Leflar, American Conflicts Law, 3. Aufl. 1977, 174–180; Vischer, Die Kritik an der herkömmlichen Methode des Internationalen Privatrechts, Festschrift Germann, 1969, 291 f.

2 Joerges, Zum Funktionswandel des Kollisionsrechts, 1971, 151 ff.; Zweigert, 443 ff.; Rehbinder, Zur Politisierung des Internationalen Privatrechts, JZ 1973, 151 ff.

3 Zweigert, 443; Gutzwiller, Von Ziel und Methode des IPR, SchwJb Int R 25 (1968), 161 ff. (169); Juenger, Zum Wandel des Internationalen Privatrechts, 1974, 8 f.

4 Steindorff, Sachnormen im internationalen Privatrecht, 1958; von Mehren, Special Substantive Rules for Multistate Problems, Harv. L. Rev. 88 (1974), 347 ff.

teten Tendenz zu einseitigen Kollisionsnormen, einschließlich der sog. »lois d'application immédiate« und der »Sonderanknüpfung« zwingender Vorschriften von Drittstaaten[5], werden auch viele andere – mehr oder weniger – neue Methoden von namhaften Vertretern der Wissenschaft positiv aufgenommen: so die Ablösung der Kollisionsnormen durch Maximen[6], die Bildung von Sachnormen im IPR[7] oder das fakultative Kollisionsrecht[8]. Einige der Neuerer sehen die Lösung der Probleme einfach in der Bildung differenzierterer Kollisionsnormen[9], während andere die Berücksichtigung der im Kollisionskonflikt stehenden materiellen Rechte verlangen[10].

Es ist schwierig zu beurteilen, wohin die Entwicklung führen wird. Die bisherigen Ergebnisse zeigen jedoch, daß eine stärkere Betonung des rechtspolitischen und sozialen Gehalts der Sachnormen auch im System allseitiger Kollisionsnormen in angemessener Weise möglich ist. Ohne einen bestimmten Methodenpluralismus wird es anderseits aber nicht gelingen, im IPR eine sichere Grundlage für die rechts- und sozialpolitischen Erfordernisse zu finden[11].

2. Einer der Hauptgründe für die kritischen Stellungnahmen gegen die traditionelle internationalprivatrechtliche Auffassung ist in ihrer angeblich völlig gleichgültigen Haltung gegenüber materiellrechtlichen Werten zu suchen.

Tatsächlich geht die *klassische Konzeption* davon aus, daß das materielle Privatrecht und das internationale Privatrecht zwar den gleichen Gegenstand und ähnliche Grundgedanken, doch unterschiedliche Funktionen haben. Etwas ungenau wird sogar gesagt, daß jeder Teil einer Rechtsordnung seine eigene Gerechtigkeit zu verwirklichen hat[12]. (Weil es letztlich innerhalb einer Rechtsordnung nur eine Gerechtigkeit gibt und diese Gerechtigkeit unteilbar

5 Zusammenfassend, auch historisch, SCHWANDER, Lois d'application immédiate, Sonderanknüpfung, IPR-Sachnormen und andere Ausnahmen von der gewöhnlichen Anknüpfung im internationalen Privatrecht, 1975; vgl. SCHURIG, 29 ff., 34 ff., 288 ff., 316 ff.

6 Statt vieler: CURRIE (Fn. 1); LEFLAR (Fn. 1), 197 ff.; CAVERS, The Choice-of-Law Process, 1965, 75 ff. und passim.

7 Vgl. oben Fn. 4.

8 FLESSNER, Fakultatives Kollisionsrecht, RabelsZ 34 (1970), 547 ff.; ZWEIGERT, 445 f.; STURM, Fakultatives Kollisionsrecht: Notwendigkeit und Grenzen, in: Festschrift Zweigert, 1981, 329 ff.

9 Statt vieler HEINI, Neuere Strömungen im amerikanischen internationalen Privatrecht, SchwJbIntR 19 (1962), 31 ff. (45 ff.); TRUTMANN, Das internationale Privatrecht der Deliktsobligationen, 1973, 49, 71 ff.

10 GUTZWILLER (Fn. 3), 167 ff.; TRUTMANN (Fn. 9), 80 ff.; JUENGER (Fn. 3), 28 ff.

11 So auch NEUHAUS, 28, 40 f., 96; ZWEIGERT, 444 ff.; SCHWANDER (Fn. 5), 447 ff.; BATIFFOL, Le pluralisme des méthodes en droit international privé, Rec. des Cours 1973 II, 75 ff. (84, 128 ff., 138 ff., 142 ff.).

12 NEUHAUS, 42; KELLER/SIEHR, 36.

ist[13], ist es richtiger, statt von verschiedenen Gerechtigkeiten der einzelnen Rechtsgebiete, von andersartigen Aufgaben der Teile einer Rechtsordnung zu sprechen[14].) Die traditionellen Meinungen lehnen eine vorwiegend ergebnisbestimmte, wertorientierte Anknüpfungsmethode ab und sehen die besondere Funktion des internationalen Privatrechts in der Bestimmung des »räumlich besten« Rechts[15]. Das geeignetste Recht soll das dem vorliegenden Rechtverhältnis innerlich, funktionell am nächsten stehende Recht unter den im Konflikt stehenden Rechtsordnungen sein. Die anzuwendenden Regeln brauchen mithin nicht unbedingt demjenigen Recht anzugehören, welches die materiellrechtliche Gerechtigkeit der lex fori am besten verwirklicht oder sogar die billigste Entscheidung im konkreten Fall ermöglicht. Das nach der einheimischen Rechtsauffassung unbefriedigende materiellrechtliche Ergebnis sollte – der klassischen internationalprivatrechtlichen Auffassung nach – nicht der kollisionsrechtlichen Anknüpfung zur Last gelegt werden, sondern der Existenz einer solchen materiellen Regelung in der lex causae[16]. Wie Kegel schreibt: »Die Interessen, die die *international*privatrechtliche Gerechtigkeit auswählt und durch Kollisionsnormen schützt, müssen (nur) in Ausnahmefällen zurücktreten hinter die Interessen, die für die *materiell*privatrechtliche Gerechtigkeit unantastbar sind: hier geht die materiellprivatrechtliche Gerechtigkeit vor der internationalprivatrechtlichen; das *räumlich* beste Recht muß dem *sachlich* besten weichen.«[17] Dies geschieht im klassischen IPR durch den Vorbehalt des ordre public gegenüber einem an sich anwendbaren fremden materiellen Recht. Der ordre public gibt also den Vorzug – ausnahmsweise – inländischen Wertvorstellungen gegenüber denjenigen der lex causae und prüft das gesamte Ergebnis an den Grundsätzen der lex fori. Die inhaltliche Gerechtigkeit wird auf zwei Stufen verwirklicht: die erste Stufe soll mit abstrakt generalisierendem Vorgehen aufgrund allseitiger Kollisionsnormen der »internationalprivatrechtlichen Gerechtigkeit« – richtiger: der »Angemessenheit der kollisionsrechtlichen Anknüpfung« – dienen; während auf der zweiten Stufe der sachliche Gerechtigkeitsinhalt der Entscheidung ins Spiel kommt. Man kann die erste Stufe als die eigentlich kollisionsrechtliche, die zweite aber als materiellrechtliche Ebene bezeichnen[18].

Wie ästhetisch, logisch und klassisch diese internationalprivatrechtliche Auffassung auch sein mag, die rechts- und sozialpolitische Herausforderung

13 So letztlich auch Kegel, 63; vgl. Bucher, 27ff.

14 Vgl. Bucher, 27: »Die unglücklich scheinende Formulierung sagt aber schon mehr aus als überhaupt möglich ist.«; Keller/Siehr, 37 Fn. 39: »Weniger emphatisch sollte man besser sprechen von Angemessenheit der kollisionsrechtlichen Anknüpfung.«

15 Kegel, 54ff.; Neuhaus, 43ff.; Keller/Siehr, 36ff.

16 Keller/Siehr, 38.

17 Kegel, 63.

18 Vgl. Neuhaus, 43ff.; Kegel, 54ff.

unserer Zeit hat sie in Frage gestellt. Nicht nur in der amerikanischen, sondern auch in der kontinentaleuropäischen Lehre wächst deshalb ständig die Bereitschaft, den Einfluß materiellrechtlicher Werte im IPR zur Kenntnis zu nehmen[19]. Ob, wie und wieweit eine solche Wertorientierung im Rahmen der überkommenen IPR-Methode zu verwirklichen ist, soll im folgenden etwas gründlicher untersucht werden.

II.

Den Ausgangspunkt der Überlegungen kann die Feststellung bilden: die Annahme, daß der Inhalt der beteiligten Rechte im System allseitiger Kollisionsnormen unberücksichtigt bleiben müsse, läßt sich nicht aus den klassischen internationalprivatrechtlichen Grundsätzen herleiten und auch sonst nicht rechtfertigen; auch dann nicht, wenn der konkrete Sachverhalt kollisionsrechtlich gerade einer solchen Rechtsordnung zuzurechnen ist, die ihrerseits ihre eigenen, von denjenigen der lex fori abweichenden Anschauungen über die materiellrechtliche Gerechtigkeit besitzt. Anderseits ist aber auch die besondere Funktion des Kollisionsrechts nicht zu bezweifeln: für die Berücksichtigung des internationalen Elements eines internen Sachverhalts zu sorgen und über die Ermittlung der Kriterien zu wachen, nach denen die Zuordnung internationalprivatrechtlicher Fälle zu einem bestimmten materiellen Recht zu erfolgen hat.

Die Aufgabe der Wissenschaft und Praxis ist sicher nicht leicht: die Struktur und das System des kollisionsrechtlichen IPR möglichst zu bewahren und gleichzeitig für die materiellrechtliche Wertorientierung neue rechtliche Wege zu eröffnen. Sowohl einige Befürworter der klassischen Prinzipien[20], als auch viele Kritiker[21] leugnen die Notwendigkeit bzw. die Möglichkeit einer solchen Methode. Statt eine Entweder-Oder-Auffassung zu vertreten, möchte ich mich den Meinungen anschließen, die eine materiellrechtliche Orientierung auch in der traditionellen Anknüpfungsmethode für möglich halten.

Bucher hat z. B. festgestellt, daß »im Wege des Eingreifens des ordre public nicht selten Sonderanknüpfungen und einseitige, zuweilen gar zu allseitigen ausbaubare Kollisionsnormen entstehen, die sich durchaus harmonisch in das bestehende IPR einfügen lassen«[22]. Siehr lenkt unsere Aufmerksamkeit auf die

19 Gutzwiller (Fn. 3), 171 ff.; Evrigenis, Tendances doctrinales actuelles en droit international privé, Rec. des Cours 1966 II, 313 ff. (340 Fn. 43); van Hecke, Principes et méthodes de solution des conflits de lois, Rec. des Cours 1969 I, 399 ff. (477 ff.); Trutmann (Fn. 9), 71 f., 80 ff.

20 So grundsätzlich Kegel; Schurig, insb. 288 ff.; Keller/Siehr, 35 ff.; vgl. auch Neuhaus, 37, 40.

21 Gutzwiller (Fn. 3), 167 ff., 184, 187; Joerges (Fn. 2); Juenger (Fn. 3).

22 Bucher, 30.

Materialisierung der kollisionsrechtlichen Anknüpfungen und erinnert »an die alternative Anknüpfung an den Handlungsort und den Erfolgsort zugunsten des Verletzten im internationalen Deliktsrecht, an den favor legitimationis im neuen französischen internationalen Nichtehelichenrecht, an die Parteiautonomie im internationalen Vertragsrecht... und an skandinavische Anregungen, bei Konsumentenkäufen das Käuferrecht zu berufen, anstatt schematisch das Verkäuferrecht als das Recht der charakteristischen Leistung anzuwenden«[23].

Es wurde auch darauf hingewiesen, daß allgemeine Instrumente des IPR, wie Anpassung, Qualifikation und Vorfrage, dazu benutzt werden können, die Entscheidung internationalprivatrechtlicher Fälle in Richtung materiellrechtlicher Wertorientierung zu steuern[24]. Wenn es z.B. bei der *Qualifikation* »gleichwohl noch Meinungsverschiedenheiten über die richtige Einordnung bestimmter Rechtsfragen gibt, so liegt das meistens an der Uneinigkeit über die rechtspolitischen Ziele gerade eben dieser Rechtsfragen oder die Rangfolge gewisser miteinander konkurrierender Werte«[25]. In vielen Qualifikationsfällen[26] kann es deshalb nützlicher sein, statt über den methodischen Ausgangspunkt der Qualifikation zu streiten, über den Zweck der berührten Sachregelungen nachzudenken. Die Kegelsche These: *»Den Zweck der Sachnormen kann man streichen«*[27] – ist nur mit ihrer Selbstbeschränkung zu halten: »Der Zweck der Sachnormen *allein* besagt also nichts. Er wird nur bedeutsam als Gegenstand bestimmter Interessen und *diese* gilt es zu finden.«[28]

Ähnliches kann über die *Anpassung* gesagt werden, mit deren Hilfe die Spannungen auszugleichen sind, die durch die gleichzeitige Anwendung von materiellen Normen verschiedener Rechtsordnungen entstehen können. Kegel und Neuhaus neigen »grundsätzlich mehr zu einer internationalprivatrechtlicher Hilfe..., weil die Störung... durch das IPR verursacht ist« und materielle Eingriffe im IPR immer die ultima ratio bleiben sollen[29]. Neuhaus fügt jedoch hinzu: »Soweit... eine materiellrechtliche Abhilfe unvermeidlich ist, wäre es falsch, eine Modifizierung ausländischen Rechtes grundsätzlich abzulehnen und die Lösung stets im Rahmen der lex fori zu suchen; denn das verstieße gegen das Ideal der Entscheidungsgleichheit mit dem Ausland, das

23 Siehr, Wechselwirkungen zwischen Kollisionsrecht und Sachrecht, RabelsZ 37 (1973), 466ff. (471f.).

24 Neuhaus, 46, 358f.; Siehr (Fn. 23), 472ff.; vgl. Kropholler, Die Anpassung im Kollisionsrecht, in: Festschrift Ferid, 1978, 279ff.

25 Siehr (Fn. 23), 472; vgl. Gamillscheg, Überlegungen zur Methode der Qualifikation, in: Festschrift Michaelis, 1972, 79ff.

26 Beispiele bei Gamillscheg (Fn. 25), 86f., 92ff.

27 Kegel, Begriffs- und Interessenjurisprudenz im internationalen Privatrecht, in: Festschrift Lewald, 1953, 259 (268).

28 Kegel (Fn. 27), 269.

29 Kegel (Fn. 27), 285; Neuhaus, 358.

vielleicht dieselben Schwierigkeiten sieht... Insgesamt mag man mit Befriedigung feststellen, daß die Fragen der Anpassung besonders geeignet sind, einem übertriebenen Formalismus des IPR die Spitze abzubrechen und die Verantwortung für ein brauchbares materielles Ergebnis hervorzuheben... Dennoch... muß die richterliche Anpassung schon im Interesse der Rechtssicherheit die Ausnahme bleiben.«[30]

Die zitierten Ausführungen repräsentieren auch heute noch die herrschende Meinung, wonach sich das »Eindringen des Sachrechts in das Kollisionsrecht als bedauerliche, manchmal unvermeidliche, jedoch meistens mit schlechtem Gewissen angewandte Ausnahme«[31] darstellt. Die Erinnerung an das Interesse der Rechtssicherheit trifft gleichzeitig den Kern der Problematik der Wertorientierung mit kollisionsrechtlichen Mitteln. Das Grundanliegen aller solcher Bemühungen dreht sich tatsächlich um die Frage, wie man in der internationalprivatrechtlichen Rechtsfindung ein gesundes Maß an *Gerechtigkeit* verwirklichen kann, ohne daß dabei die *Rechtssicherheit* zu kurz kommt[32]. Die Antwort hierauf fällt deshalb nicht leicht, weil es – wie erwähnt – nicht um ein Entweder-Oder geht, sondern um eine Frage des Maßes. Die Antwort wird überdies dadurch erschwert, daß das eigentliche Problem vielfach von Kontroversen rechtstatsächlicher, rechtstheoretischer und rechtshistorischer Art überlagert wird[33].

III.

1. Besonders hervorgehoben seien hier die Überlegungen der Lehre und die Lösungsversuche in der Gesetzgebung bzw. Rechtsprechung über den *Schutz der schwächeren Vertragspartei*[34]. Auf diesem Gebiet wurden nämlich solche Anknüpfungsgrundsätze entwickelt, die vielleicht fähig sind, sowohl den Anforderungen der Schutzgesetzgebung wie auch den Erwartungen der Vertragsparteien gerecht zu werden und damit einen Ausgleich zwischen Rechtssicherheit und Einzelfallgerechtigkeit zu schaffen.

30 Neuhaus, 358f.

31 Siehr (Fn. 23), 474.

32 Vgl. Neuhaus, Legal Certainty versus Equity in the Conflict of Laws, Law and Contemporary Problems 28 (1963), 795ff.; Vischer, The Antagonism between Legal Security and the Search for Justice in the Field of Contracts, Rec. des Cours 1974 II, 330ff.

33 Vgl. Bucher, 39ff.; Schurig, 166ff.

34 Vgl. Kropholler; von Hoffmann, Über den Schutz des Schwächeren bei internationalen Schuldverträgen, RabelsZ 38 (1974), 396ff.; Übersax, Der Schutz der schwächeren Partei im internationalen Vertragsrecht, Diss. Basel, 1976.

Es ist kein Zufall, daß die ersten Versuche, Verbraucherschutz auch bei grenzüberschreitenden Verträgen zu gewähren, mit einseitigen Kollisionsnormen gemacht wurden. Die berühmtesten Beispiele: sec. 5 des Supply of Goods (Implied Terms) Act 1973 und § 12 des bundesdeutschen AGB-Gesetzes zeigen, wie groß die Neigung noch vor kurzem war, bestimmte sozialpolitische Ziele bei internationalprivatrechtlichen Sachverhalten mit Hilfe von *»gesetzesbezogenen einseitigen Kollisionsnormen«*[35] zu verwirklichen. Man traute nicht dem System allseitiger Kollisionsnormen und glaubte solche sozialpolitischen Ziele wie andere staats- und wirtschaftspolitischen Zielsetzungen nur mit anderen rechtlichen Mitteln erreichen zu können. Eine Tendenz zu einseitigen Kollisionsnormen war in der Gesetzgebung auf vielen Gebieten festzustellen.

Das gewaltige Ansteigen der Zahl sozialpolitisch gestaltender Normen hat auch die Lehre herausgefordert[36]. Die wissenschaftlichen Arbeiten waren aber zunächst »im wesentlichen nur darauf ausgerichtet, den aufgetretenen Fremdkörper« in dem abstrakten System des klassischen IPR »zwar nicht gerade zu vernichten, sondern zumindest klar zu isolieren«[37].

2. Es dauerte eine Zeitlang, bis die Doktrin die eigentliche Problematik, nämlich die der Bilateralisierbarkeit von lois d'application immédiate und ähnlicher einseitiger Kollisionsnormen entdeckt und sich mit ihr auseinandergesetzt hat. Die größte praktische Bedeutung hat wohl die Frage erlangt, wie die Anwendung ausländischer lois d'application immédiate von der lex fori geregelt werden kann.

Einer der Väter der Lehre der lois d'application immédiate[38], Francescakis, vertrat noch die Ansicht, daß ausländische Schutzregeln und ähnliche Normen nur dann berücksichtigt werden können, wenn sie – als Teil der lex causae – von einer allseitigen Kollisionsnorm zur Anwendung berufen sind[39]. Mit Recht hat Bucher darauf hingewiesen, daß »mit dieser Lösung der methodische und rechtspolitische Ansatz der These von den lois d'application immédiate ganz wesentlich eingeschränkt wird«, als ob »die Priorität der Berücksichtigung der kollisionsrechtlichen Ausstrahlung sozialpolitisch wesentlicher Sachnormen den ausländischen Rechtsgemeinschaften gegenüber nicht gelten«

35 Zum Begriff: Kropholler, Batiffol – Klassiker des IPR, RabelsZ 33 (1969), 94 (99); auch Jayme, Neuere Entwicklungen im internationalen Kindschaftsrecht, StAZ 24 (1971), 65 ff. (69); vgl. Bucher, 70 f.

36 Bucher, insb. 66 ff., 103 ff., 193 ff.; Schwander (Fn. 5), insbes. 248 ff.; Schurig, insb. 288 ff.

37 Bucher, 66.

38 Francescakis, La theorie du renvoi et les conflits de systèmes en droit international privé, 1958, 11 ff., 48 f. Zur Entstehungsgeschichte: Schwander (Fn. 5), 184 ff.

39 Z. B. Francescakis, Lois d'application immédiate et règles de conflit, Riv. dir. int. priv. proc. 3 (1967), 691 ff. (696, 698).

sollte[40]. Später änderte auch Francescakis seine Meinung ein wenig, blieb aber grundsätzlich bei seiner ursprünglichen Haltung, wonach ausländische lois d'application immédiate nur dann angewandt werden können, wenn eine Kollisionsregel traditioneller Art auf das betreffende ausländische Recht verweist[41]. Auch de Nova will fremde »norme sostanziali autolimitate« ausschließlich innerhalb der lex causae berücksichtigen[42].

Diese Einschränkung steht aber offensichtlich in Widerspruch mit der Zielsetzung der Beachtung sozialpolitisch wichtiger ausländischer Sachnormen, z. B. verbraucherfreundlicher Gesetze. Eine Abkehr von der Auffassung, wonach fremde lois d'application immédiate nur nach den traditionellen allseitigen kollisionsrechtlichen Regeln der lex fori Berücksichtigung finden können, verlangt eine Bilateralisierung solcher Abgrenzungsnormen und berührt zugleich das Problem der Sonderanknüpfung zwingender Normen einer dritten, d. h. von der lex causae wie von der lex fori verschiedenen Rechtsordnung[43].

Selbst Francescakis hält eine Bilateralisierung von lois d'application immédiate – mindestens logisch betrachtet – für möglich, obwohl er sich die tatsächliche Verwirklichung einer Bilateralisierung ausschließlich innerhalb des staatsvertraglichen Kollisionsrechts vorstellt. Sein Gedankengang mündet sowieso immer in der Frage, wie die internationalprivatrechtliche Regelung den *inländischen* rechts- und sozialpolitischen Erfordernissen entsprechen kann[44]. Noch skeptischer äußert sich über die Möglichkeit einer Bilateralisierung Gothot[45]. Seiner Meinung nach sei ein solcher Versuch schon deshalb verfehlt, weil gerade im Bereich der lois d'application immédiate »die Gefahr groß sei, durch die Übertragung der Anknüpfungskriterien des Forums den

40 Bucher, 194 f.

41 Francescakis, Conflits de lois (Principes généraux), in: Dalloz, Répertoire de droit international I, 1968, 470 ff. (481 Fn. 149).

42 De Nova, Conflits de lois et normes fixant leur propre domaine d'application, Mélanges Maury I, 1960, 377 f. (393 ff., insb. 398).

43 Zum Problem der Sonderanknüpfung: Wengler, Die Anknüpfung des zwingenden Schuldrechts im internationalen Privatrecht, ZVglRWiss 54 (1941), 168 ff.; Zweigert, Nichterfüllung auf Grund ausländischer Leistungsverbote, RabelsZ 14 (1942), 283 ff.; vgl. auch Neumayer, Autonomie de la volonté et dispositions impératives en droit international privé des obligations, Rev. crit. 46 (1957), 577 ff.; 47 (1958), 53 ff.; sowie neuestens Wengler, Die Gestaltung des internationalen Privatrechts der Schuldverträge unter allgemeinen Leitprinzipien, RabelsZ 47 (1983), 215 ff. und Schultsz, Dutsch Antecedents and Parallels to Article 7 of the EEC Contracts Convention of 1980, RabelsZ 47 (1983), 267 ff.

44 Francescakis, Qulques précisions sur les »lois d'application immédiate« et leurs rapports avec les règles de conflits de lois, Rev. crit. 55 (1966), 1 ff. (12, 16).

45 Gothot, Le renouveau de la tendance unilatéraliste en droit international privé, Rev. crit. 60 (1971), 1 ff., 209 ff., 415 ff. (230 ff.).

spezifischen Geltungsansprüchen sozialpolitisch bedeutsamer Normen ausländischer Staaten nicht gerecht zu werden«[46].

Aufgrund eigener Beispiele und solcher von Deby-Gérard, Rigaux und Toubiana stellt Bucher fest, daß man bei vielen staatspolitisch motivierten einseitigen Kollisionsnormen von einer überstaatlichen Übereinstimmung bei der Festlegung der jeweiligen Rechtsanwendungsinteressen sprechen kann und deshalb die Formulierung von allseitigen Kollisionsnormen »als durchaus vertretbar erscheinen« kann[47]. Im Unterschied zu den Thesen der anderen genannten Autoren fügt er korrekt hinzu, daß sich eine generelle Zweckmäßigkeit und Möglichkeit einer Bilateralisierung von lois d'application immédiate aus den Einzelbeispielen nicht herleiten läßt[48]. Es ist eine ziemlich allgemeine Auffassung, daß lois d'application immédiate bzw. *einseitige Kollisionsnormen meist dort entstehen, wo eine neue Anknüpfung notwendig ist.* Deshalb kann die Funktion einseitiger Kollisionsnormen offenbar darin bestehen, »von der Auflösung unbefriedigender zur Festigung neuer allseitiger Kollisionsnormen überzuleiten«[49]. Dies ist eine sehr wichtige Feststellung der Lehre, die die sozialpolitische Funktion des Rechts sowie die mit der rechtlichen Regelung verfolgten rechtspolitischen Ziele der einzelnen Staaten in Kauf nimmt und damit die klassische kollisionsrechtliche Methode mit der heutigen gesellschaftlichen und rechtlichen Wirklichkeit in Einklang zu bringen versucht.

3. Das Prinzip der kollisionsrechtlichen *Parteiautonomie* hat sich im internationalen Vertragsrecht seit Jahrzehnten gegen alle theoretischen Argumente durchgesetzt. Sie räumt die Schwierigkeiten mit den objektiven Anknüpfungen beiseite und vermeidet die Vertragspaltung[50]; sie sichert damit die Voraussehbarkeit, schafft Klarheit und fördert die Rechtssicherheit. Ferner steht sie auch im Einklang mit der materiellrechtlichen Gestaltungsfreiheit der Vertragsparteien. Doch besteht die Gefahr, daß der stärkere Teil die Autonomie ausnützt, um einseitige Vorteile durchzusetzen: »Die Parteiautonomie verliert ihren Sinn – ebenso wie die materiellrechtliche Vertragsfreiheit – wenn sie zur Herrschaft des Stärkeren über den Schwachen wird.«[51] Besonders bei Allge-

46 Bucher, 198.
47 Bucher, 199 mit Fn. 737.
48 Bucher, 199.
49 Bucher (Fn. 48; Hervorhebung vom Verfasser).
50 Bedenklich ist daher, den Parteien die Möglichkeit zu sichern, einzelne Teile des Vertrages verschiedenen Rechten zu unterstellen, wie in Art. 3 Abs. 1 S. 3 des EG-Übereinkommens über das auf vertragliche Schuldverhältnisse anzuwendende Recht und in Art. 27 Abs. 1 S. 3 des deutschen Regierungsentwurfs zur Neuregelung des internationalen Privatrechts; vgl. Juenger, Parteiautonomie und objektive Anknüpfung im EG-Übereinkommen zum Internationalen Vertragsrecht, RabelsZ 46 (1982), 57 ff. (65).
51 Neuhaus, 257.

meinen Geschäftsbedingungen, Formularverträgen und ähnlichen Massenverträgen müssen der Parteiautonomie zum Schutze der schwächeren Vertragspartei Schranken gezogen werden.

Europäische Gesetzgeber haben schon in früheren Regelungen versucht, einem offenbaren Mißbrauch der Parteiautonomie entgegenzuwirken: mit der *Begrenzung* der Rechtswahl auf bestimmte »typisch naheliegende Rechtsordnungen« oder mit der Forderung »einer wesentlichen Beziehung zu der gewählten Rechtsordnung«[52]. Neben diesen Möglichkeiten kann die Parteiautonomie im Interesse der schwächeren Vertragspartei auch so begrenzt bzw. im Ergebnis korrigiert werden, daß sämtliche oder bestimmte *zwingende Normen* sich gegen das gewählte Recht durchsetzen.

Offensichtlich ging der schweizerische Vorentwurf[53] zu weit: nach Art. 117 Abs. 2 ist die Rechtswahl nicht zulässig, wenn sich die Anwendung eines bestimmten Rechts wegen des besonderen Schutzbedürfnisses einer Partei aufdrängt. In dem offiziellen Bundesratsentwurf vom 10. 11. 1982[54] ist diese generelle Einschränkung der Parteiautonomie fortgefallen. Die Rechtswahl wird jetzt für Konsumentenverträge ausgeschlossen (Art. 117 Abs. 3 BE) und für Arbeitsverträge eingeschränkt (Art. 118 Abs. 3 BE). Diese Bestimmungen beruhen auf der Erwägung, daß für eine Partei, die eine schutzwürdige Position hat, wie z. B. ein Verbraucher oder ein Arbeitnehmer, die Anwendung desjenigen Rechts gesichert werden soll, auf das diese Partei vertraut und mit dessen Anwendung sie rechnen kann. Bei der Antwort auf die Frage, ob bzw. wie die Parteiautonomie zum Schutz der schwächeren Vertragspartei ausgeschlossen bzw. eingeschränkt werden soll, hat man nach allen Umständen der einzelnen Rechtsbereiche, insbesondere nach dem jeweiligen Gewicht der zwingenden Schutzregeln, zu differenzieren[55].

Die Begrenzung der Rechtswahl auf bestimmte naheliegende Rechtsordnungen wird in den neueren Regelungen eher durch *kollisionsrechtliche Sondervorschriften für zwingende Normen* ersetzt. Grundsätzlich erstreckt sich die Parteiautonomie auch in den neueren IPR-Kodifikationen auf das zwingende Vertragsrecht, auf die unabdingbaren Vorschriften des Allgemeinen und Besonderen Schuldrechts. Die heute allgemein anerkannte »kollisionsrechtli-

52 Neuhaus, 258 Fn. 721 und 722.

53 Text: RabelsZ 42 (1978), 716ff.; vgl. von Overbeck, Der schweizerische Entwurf eines Bundesgesetzes über das IPR, RabelsZ 42 (1978), 601 ff. (629); kritisch zu der unbestimmten Vorschrift über die generelle Einschränkung der Rechtswahl Kropholler, 647.

54 BBl. 1983 I 263ff. Hierzu von Overbeck, Der schweizerische Regierungsentwurf eines Bundesgesetzes über das IPR, IPRax 1983, 49ff.; Siehr, Entwurf des schweizerischen Bundesrats zu einem IPR-Gesetz. RabelsZ 47 (1983), 342ff.; M. Gutzwiller, Die Botschaft des Bundesrates zum Bundesgesetz über das internationale Privatrecht, ZSchweizR 102 (1983 I), 277ff.

55 So auch, mit Beispielen, von Hoffmann (Fn. 34), 415 Fn. 75; Kropholler, 646ff.

che Verweisung«[56] sichert den Vertragsparteien die Möglichkeit, im Prinzip auch zwingende Bestimmungen der in der objektiven Anknüpfung festgelegten lex causae auszuschalten. Nur die im öffentlichen Interesse erlassenen Eingriffsnormen der lex fori, also die Normen des Devisen- und Wirtschaftsrecht, Ein- und Ausfuhrverbote usw., für die eine einseitige »Sonderanknüpfung« gilt, sollen ausgenommen sein[57].

Soweit aber ein starkes *soziales Schutzbedürfnis* besteht, wie vor allem bei Verbraucherverträgen und Arbeitsverträgen, können gleichwohl bestimmte zwingende Normen der lex causae maßgebend bleiben. Der Schutz der schwächeren Vertragspartei ist die Aufgabe der unabdingbaren Regeln des objektiv ermittelten Vertragsstatuts. Die Berichtigung des gewählten Rechts mit zwingenden Vorschriften der lex causae soll den »richtigen Mittelweg« bilden, »indem die Vorzüge der freien Rechtswahl teilweise bestehen bleiben, ohne daß der Gedanke eines Schutzes des Schwächeren geopfert würde«[58]. Bei einer solchen Lösung wird letztlich eine Entscheidung zwischen dem Grundsatz der privatrechtlichen Gestaltungsfreiheit und der sozialen Gerechtigkeit getroffen. Infolge der Koppelung zweier Rechtsordnungen wird man außerdem im Interesse des sozialen Schutzes Anpassungsschwierigkeiten hinzunehmen haben[59].

Die neueren gesetzlichen Regelungen gehen davon aus, daß die zwingenden Normen des objektiv ermittelten Vertragsstatuts den *Mindeststandard* für den sozialen Schutz darstellen. Sie gelten also nicht unabhängig vom Inhalt des gewählten Rechts, sondern das letztere darf nicht in seinem Schutzeffekt hinter der objektiv angeknüpften lex causae zurückbleiben. So sagt Art. 5 Abs. 2 des EG-Übereinkommens: Die Rechtswahl der Parteien darf nicht dazu führen, daß dem Verbraucher der Schutz entzogen wird, der durch die zwingenden Bestimmungen des Rechts des Staates, in dem er seinen gewöhnlichen Aufenthalt hat, gewährt wird[60]. Nach § 41 Abs. 2 des österreichischen IPR-Gesetzes[61] ist eine Rechtswahl zum Nachteil des Verbrauchers unbeachtlich, soweit

56 Kegel, 290f.; Neuhaus, 259f.; vgl. aber Rabel, The Conflict of Laws II, 2. Aufl. 1960, 363.

57 So ausdrücklich Art. 7 Abs. 2 des EG-Übereinkommens (Fn. 50) sowie Art. 34 Abs. 2 des deutschen Regierungsentwurfs (Fn. 50); vgl. Juenger (Fn. 50), 67.

58 Kropholler, 649.

59 Kropholler (Fn. 58); vgl. ders., Die Anpassung im Kollisionsrecht, in: Festschrift Ferid, 1978, 279ff.

60 Ganz identisch ist Art. 29 Abs. 1 des deutschen Regierungsentwurfs. Ähnlich für Arbeitsverträge Art. 6 Abs. 1 des EG-Übereinkommens bzw. Art. 30 Abs. 1 des deutschen Regierungsentwurfs. Kritisch zur ungenügenden Einschränkung der Privatautonomie im EG-Übereinkommen Juenger (Fn. 50), 68.

61 Bundesgesetz vom 15. Juni 1978 über das internationale Privatrecht. Hierzu Beitzke, Neues österreichisches Kollisionsrecht, RabelsZ 43 (1979), 245ff. (270). Ähnlich für Arbeitsverträge: § 44 Abs. 3; und für das Wohnungsmietrecht: § 42 Abs. 2; kritisch zum letzteren, mit Recht, Kropholler, 652.

es sich um die zwingenden Bestimmungen des Rechts des Staates handelt, in dem der Verbraucher seinen gewöhnlichen Aufenthalt hat. Nach diesen dogmatischen Konstruktionen ist ein Vergleich zwischen dem gewählten Recht und dem objektiv ermittelten Vertragsstatut erforderlich. Dies kann, selbstverständlich, die internationalprivatrechtliche Rechtsfindung und die Voraussehbarkeit der Entscheidung erschweren. Dafür können Anpassungsprobleme erspart bleiben, wenn der Vergleich im Einzelfall zu keiner Abspaltung der Schutzvorschriften vom Vertragsstatut führt[62]. Die Gewährung des Mindestschutzes der objektiv ermittelten lex causae für die schwächere Vertragspartei im Falle einer benachteiligenden Rechtswahl stellt keine eigentliche Einschränkung der Parteiautonomie dar. Sie bedeutet vielmehr eine Korrektur des materiellen Ergebnisses im Einzelfall, weil die Normen des gewählten Rechts zunächst angewandt werden. Nur wenn die gewählten Rechtsregeln im konkreten Fall keinen genügenden Schutz der schwächeren Vertragspartei sichern, werden die zwingenden Normen des objektiven Vertragsstatuts das materielle Ergebnis korrigieren. Mit Recht schreibt Kropholler, daß man von einem *»speziellen Vorbehalt zwingenden Schutzrechts«* sprechen könnte[63].

Sollte das zwingende Recht des objektiv ermittelten Vertragsstatuts ganz unabhängig vom Inhalt des gewählten Rechts zum Zuge kommen, dann würde die dogmatische Lösung eine richtige Einschränkung der Parteiautonomie, also eine drastischere Begrenzung der internationalprivatrechtlichen Gestaltungsfreiheit der Parteien bedeuten. Sie wäre aber viel einfacher für den Richter, weil er die Schutzregeln der objektiven lex causae mit denen des gewählten Rechts nicht vergleichen müßte.

Bei beiden erwähnten dogmatischen Auffassungen bleibt die Frage noch offen, welche zwingenden Normen des objektiven Vertragsstatuts zum Schutz des schwächeren Partei anzuwenden sind. Grundsätzlich sollen alle derartigen Rechtsnormen beachtet werden. Besonders beim Vergleich der Schutzvorschriften zweier Rechtsordnungen kann eine funktionelle Analyse der in Betracht kommenden Rechtsinstitutionen kaum vermieden werden[64].

IV.

1. Eine hochinteressante und viel diskutierte Regel enthält der Art. 7 Abs. 1 des EG-Übereinkommens bzw. Art. 34 des bundesdeutschen Regierungsent-

62 Vgl. Kropholler, 649.
63 Kropholler (Fn. 62).
64 Vgl. Kropholler, 652 Fn. 73, 654.

wurfs über die Berücksichtigung der *Eingriffsnormen von Drittstaaten*[65]. Danach kann den Eingriffsnormen des Rechts eines Staates, mit dem der Sachverhalt eine enge Verbindung aufweist, Wirkung verliehen werden. Das heißt, daß die Gerichte der Mitgliedstaaten ungeachtet einer eventuellen Rechtswahl oder der Regeln des objektiven Vertragsstatuts auch etwa die kartellrechtlichen oder die verbraucherschützenden Vorschriften eines Drittstaates anwenden können. Es wird nur verlangt, daß bei der Entscheidung, ob solchen Eingriffsnormen Wirkung zu verleihen ist, ihre Natur und ihr Gegenstand sowie die Folgen zu berücksichtigen sind, die sich aus ihrer Anwendung oder ihrer Nichtanwendung ergeben würden.

Dieser recht erhebliche Ermessenspielraum für den Richter ist sicher ungewöhnlich. Nicht zuletzt deshalb ist die Regel auf Kritik gestoßen. Wengler verteidigt jedoch, vielleicht mit Recht, die Lösung der EG-Konvention: sie ist »– trotz der wenig befriedigenden Formulierung und Begründung – letztlich als gerechtfertigt anzusehen«[66].

Art. 18 der beiden schweizerischen Entwürfe hat einen ähnlichen Weg eingeschlagen. Seine Tragweite ist aber größer, da sich diese Klausel nicht nur auf die vertraglichen Schuldverhältnisse, sondern auf alle Rechtsgebiete bezieht[67]. Nach dem Vorentwurf können Eingriffsnormen eines Drittstaates, unter Vorbehalt des schweizerischen ordre public, dann angewendet oder berücksichtigt werden, wenn nach Ermessen des Richters der Sachverhalt mit diesem Recht in einem genügend engen Zusammenhang steht, außerdem das Interesse daran, daß dieses Recht angewendet oder berücksichtigt wird, offensichtlich überwiegt sowie im Hinblick auf die Umstände des Falles und auf den von diesem Recht verfolgten Zweck als schützenswert[68] anzuerkennen ist. Der Wortlaut des Art. 18 ist im offiziellen Bundesratsentwurf dem Text des Art. 7 Abs. 1 des EG-Übereinkommens weitgehend angepaßt worden[69].

65 Kritisch dazu Coing, Zur Anwendung zwingender ausländischer Vorschriften – Artikel 7 des Übereinkommens über das auf vertragliche Schuldverhältnisse anzuwendende Recht, WM 1981, 810ff.; Delaume, The European Convention on the Law Applicable to Contractual Relations: Why a Convention? Va. J. Int. L. 22 (1981/82), 105ff. (119); Juenger (Fn. 50), 67f.; vgl. auch Schultsz (Fn. 43).

66 Wengler (Fn. 43), RabelsZ 47 (1983), 262, 264.

67 Zur Gegenüberstellung des Art. 7 Abs. 1 des EG-Übereinkommens und des Art. 18 des schweizerischen Vorentwurfs von Overbeck, Zwischenbericht über die schweizerische IPR-Reform, ZfRV 19 (1978), 194ff. (sub II B 4).

68 Vgl. Drobnig, in: von Hoffmann/Lando/Siehr (Hrsg.), European Private International Law of Obligations, 1975, 82.

69 »Der Bestimmung eines anderen als durch dieses Gesetz bezeichneten Rechts, die zwingend angewandt sein will, kann Wirkung verliehen werden, wenn schützenswerte und offensichtlich überwiegende Interessen es gebieten und der Sachverhalt mit jenem Recht einen engen Zusammenhang aufweist. – Für die Entscheidung, ob einer solchen Bestimmung Wirkung zu verleihen ist, sind ihr Zweck und die daraus sich ergebenden Folgen zu berücksichtigen.« Vgl. oben Fn. 54.

2. Die andere Bestimmung, welche Aufsehen erregt hat, ist Art. 14 der schweizerischen Entwürfe. Sie enthält eine allgemeine Ausweichklausel, die es dem Richter erlaubt, entgegen den ausdrücklichen Bestimmungen der besonderen Anknüpfungsregeln ausnahmsweise ein anderes Recht anzuwenden, wenn der Zusammenhang mit dem berufenen Recht gering, mit einem anderem Recht dagegen offensichtlich enger, im Bundesratsentwurf: »viel enger«, ist. Die Ausweichklausel kann allerdings bei Vorliegen einer Rechtswahl nicht angewandt werden[70].

Bei den schweizerischen Kodifikationsarbeiten hat Frank Vischer die Aufnahme einer allgemeinen Ausweichklausel vorgeschlagen[71]. Die aufgrund seines Vorschlages entworfenen Formulierungen enthielten ganz verschiedene Gesichtspunkte. Dietzi hat z. B. in seiner Definition insgesamt fünf Gründe für eine Ausnahme von der gesetzlichen Regelung genannt: berechtigte Erwartungen der Parteien, ein noch engerer Zusammenhang mit einer anderen Rechtsordnung, die Vermeidung widersprüchlicher Ergebnisse, Verstoß gegen grundlegende Prinzipien des einheimischen Rechts, unzumutbare Härte für den Betroffenen[72]. Neben dem klassischen ordre-public-Vorbehalt umfaßt diese Formel mehrere, z. T. heterogene Gesichtspunkte, die gegebenenfalls eine Abänderung der kollisionsrechtlichen Anknüpfung rechtfertigen können. Bucher hat die allgemeine Ausweichklausel nicht nur mit dem ordre-public-Vorbehalt gekoppelt, sondern auch mit dem Renvoiproblem in Zusammenhang gebracht[73].

Die schweizerischen Entwürfe enthalten im Vergleich zu diesen Vorschlägen eine homogenere und einfachere Formulierung, in deren Mittelpunkt die Formel vom »engeren Zusammenhang mit einer anderen Rechtsordnung« steht[74]. Der ordre public-Vorbehalt ist getrennt geregelt[75]. Man kann sogar fragen, ob die Ausweichklausel in dieser Form tatsächlich der Verwirklichung materiellrechtlicher Werte dient oder aber ihre Funktion »nur« in der Berichtigung der kollisionsrechtlichen Anknüpfung zu sehen ist. Rein theoretisch betrachtet, wäre der letztere Standpunkt durchaus vertretbar. Für den Richter aber wird die Ausweichklausel sicher die Möglichkeit bedeuten, von der regulären Anknüpfung im Interesse eines gerechteren materiellen Ergebnisses

70 So ausdrücklich im Bundesratsentwurf; zum Vorentwurf von Overbeck (Fn. 53), 610.

71 Vischer, Das Problem der Kodifikation des schweizerischen internationalen Privatrechts, ZSchweizR 90 (1971 II), 1 ff. (74 ff.), dazu die Diskussion, ebenda, 401 f.

72 Dietzi, Zur Einführung einer generellen Ausweichklausel im schweizerischen IPR, in: Festgabe zum Schweizerischen Juristentag 1973, 1973, 49 ff. (74).

73 Bucher, 251 (Formulierungsvorschlag Art. B).

74 Die Formel ist von Art. 10 Abs. 2 des – zurückgestellten Teiles – des EG-Entwurfes zum außervertraglichen Schuldrecht inspiriert.

75 Art. 16 und 17 des Bundesratsentwurfs. Nach Neuhaus, 377, »wäre die Aufstellung von zwei oder gar mehr getrennten Ausweichklauseln ... ein übertriebener Formalismus«.

abweichen zu können. Der Ausnahmecharakter dieser Möglichkeit wird, mit Recht, wiederholt betont[76].

V.

Meine Ausführungen haben aufzuzeigen versucht, wie sich Lehre und Praxis bemühen, eine materielle Wertorientierung in der kollisionsrechtlichen Rechtsfindungsmethode durchzusetzen, ohne die eigene Funktion und die spezifischen Maximen des internationalen Privatrechts aufgeben zu müssen. Dies wäre mit dem »better law approach« und anderen »result selecting methods«[77] überhaupt nicht möglich. Diese Vorschläge sind schon deshalb abzulehnen, weil sie das weitgehend anerkannte Postulat des internationalen Privatrechts stören, wonach »Rechtssubjekte, die an heterogen verknüpften Situationen beteiligt sind, nicht schlechter, aber auch nicht besser behandelt werden sollten als solche, die nur an Situationen beteiligt sind, welche allein mit einem Land verknüpft sind«[78].

Im Rahmen dieser Arbeit konnte ich nicht einmal die wichtigsten rechtlichen Möglichkeiten eingehender besprechen, die eine materielle Wertorientierung im internationalen Privatrecht ermöglichen. Es wurde z. B. die Rolle alternativer Anknüpfungen[79] zur Erreichung bestimmter materieller Ziele kaum erwähnt. Zum Schluß möchte ich meiner Hoffnung Ausdruck geben, daß die Erneuerung des internationalen Privatrechts das Berechenbarkeitsinteresse der Parteien und die Rechtssicherheit nicht beeinträchtigen wird und sich die verbesserte kollisionsrechtliche Technik auch in der richterlichen Praxis bewähren wird.

76 Neuhaus, 376f.; von Overbeck (Fn. 53), 610; Dietzi (Fn. 72), 74.

77 Cavers, A Critique of the Choice-of-Law Problem, Harv. L. Rev. 47 (1933), 173ff. (182ff.); ders., in: Picone/Wengler (Hrsg.), Internationales Privatrecht, 1974, 166ff. (167ff.); Leflar (Fn. 1), 180; von Mehren, Choice of Law and the Problem of Justice, Law and Contemporary Problems 41 (1977), 27ff. (30ff.); Zweigert, 444, 446ff.; Juenger (Fn. 3), 28ff.; vgl. auch Schurig, 25ff., 308ff.

78 Wengler (Fn. 43), RabelsZ 47 (1983), 263.

79 Vgl. hierzu Beitzke, Alternative Anknüpfungen, in: Festschrift Ferid, 1978, 39ff.; Neuhaus, 153ff., insb. 153, sowie 174ff.

Das neue Gesetz über das internationale Privatrecht der Türkei

Tuğrul Ansay, Ankara

A. Einleitung

Dieser Bericht enthält einen Überblick über das neue türkische Gesetz über das internationale Privatrecht. Von Bedeutung ist dabei, daß auch in Deutschland, wo alle Experimente mit großem wissenschaftlichen Interesse beobachtet und die Vor- und Nachteile genau studiert werden, ein neues IPR-Gesetz seit vielen Jahren in Vorbereitung ist. Die Bundesrepublik ist allerdings nicht das einzige Land, das sein IPR gesetzlich neu regeln will.

Zunächst stelle ich das neue türkische Gesetz dar. Das Gesetz wurde inzwischen in der Bundesrepublik bekannt gemacht. Tekinalp hat die deutschsprachigen Juristen während der Vorbereitungsphase des Gesetzes über die Entstehungsgeschichte informiert und den Entwurf sowie das Gesetz in die deutsche Sprache übersetzt[1]. In einem neueren Beitrag hat sie ihre Ansichten über das in Kraft getretene Gesetz kurz zusammengefaßt[2]. Krüger hat ebenfalls das Gesetz ins Deutsche übersetzt, summarisch eingeführt und kurz kommentiert[3]. Angesichts dieser hervorragenden Vorarbeiten hat es wenig Sinn, das neue türkische Gesetz hier noch einmal zu kommentieren. Das Gesetz wird hauptsächlich in der Türkei angewendet, dort durch die Lehre und Gerichtspraxis interpretiert, kritisiert und weiterentwickelt. Deshalb möchte ich mich in meinem informativen Teil kurzfassen und dabei das

1 Tekinalp, Der türkische »Gesetzentwurf über internationales Privatrecht und Zivilverfahrensrecht«, RabelsZ 1982, 26ff.; die deutsche Übersetzung des Entwurfs des Justizministeriums von 1981, in: RabelsZ 1982, 184ff.; das Gesetz in deutscher Übersetzung, in: RabelsZ 1983, 131ff.

2 Tekinalp, Das türkische Gesetz über internationales Privatrecht und Zivilverfahrensrecht von 1982, RabelsZ 1983, 74–78.

3 Krüger, Neues internationales Privatrecht in der Türkei, ZfRV 1982, 169ff.; Das türkische IPR-Gesetz von 1982, IPRax 1982, 252ff.; StAZ 1983, 49ff.; außerdem in: Berichte und Dokumente zum ausländischen Wirtschafts- und Steuerrecht Nr. 162, Köln 1982. Siehe auch Ansay, Zur Scheidung von Türken in der Bundesrepublik Deutschland nach Inkrafttreten des neuen IPR-Gesetzes, StAZ 1983, 29f.

Schwergewicht auf die im deutsch-türkischen Rechtsverkehr bedeutenden Probleme legen. Im zweiten Teil meines Beitrags möchte ich einige kritische Bemerkungen über das neue türkische Gesetz vorlegen mit dem Ziel, anderen Kodifikationsbemühungen[3a] eine Diskussionsbasis zu schaffen.

Das neue Gesetz vom 20.5.1982 ist am 22.11.1982 in Kraft getreten[4]. Damit wurde das alte Vorläufige Gesetz aus der osmanischen Zeit[5] erst nach fast 60 Jahren seit der Gründung der türkischen Republik aufgehoben. Das alte Gesetz hatte i.w. in einem einzigen Artikel das ganze IPR geregelt[6]. Nach diesem Gesetz sollten die türkischen Gerichte – soweit es nicht gegen die öffentliche Ordnung verstieß – nach dem »Gesetz des Staates, dessen Untertanen die Betroffenen sind, und bei Gesetzeskollisionen nach den Regeln des internationalen Privatrechts verfahren« (Art. 4).

Die Anwendung des Staatsangehörigkeitsprinzips ist leicht zu verstehen, wenn man die damaligen Bemühungen in der Türkei um die Abschaffung der Kapitulationen im Auge behält und an die herrschenden Theorien und Praktiken in Westeuropa – besonders in Frankreich – denkt. Immerhin war die Türkei seit 1839 bestrebt, ihr Rechtssystem primär nach französischem Vorbild zu reformieren. Trotz der Gründung der türkischen Republik ist das Vorläufige Gesetz in Kraft geblieben. In der Zwischenzeit haben einige Vorschriften in unterschiedlichen Gesetzen einzelne Kollisionsfälle speziell geregelt[7]. Auch hat die türkische Republik – besonders nach dem 2. Weltkrieg – viele internationale Abkommen ratifiziert.

Der türkischen Lehre kommt das große Verdienst bei der Festlegung der »Regeln des internationalen Privatrechts« zu. Nach der Rezeption des westlichen Rechts wurde das Staatsangehörigkeitsprinzip durch die erste Generation von Rechtsgelehrten unter dem Einfluß der französischen Lehre weiterentwikkelt. Die verfassungsrechtliche Entwicklung im deutschen IPR, die Theorien im amerikanischen Recht und die zunehmende Rolle der Anknüpfung an den Aufenthaltsort in internationalen Konventionen haben die neue Juristengeneration in der Türkei jedoch eher verwirrt[8].

Trotz ihrer geringen Zahl und trotz ihrer kurzen und unvollständigen Begründungen haben auch die Entscheidungen des türkischen Kassationsge-

3a Jayme, Considérations historiques et actuelles sur la codification du droit international privé, Recueil des Cours 1982 IV, 9–102.

4 Text des Gesetzes in Resmi Gazete, Nr. 17701 vom 22.5.1982, 2ff.

5 1915 (1330).

6 Die deutsche Übersetzung in: Hirsch, Die Quellen des internationalen Privatrechts in der Türkei, in: Festschrift Lewald, 1953, 248.

7 Siehe Hirsch, Die Gesetzgebung der Türkei auf dem Gebiete des Privatrechts, 1939–1956, RabelsZ 1958, 81ff. (82–84); Ansay, Turkish-American Private International Law, 1966.

8 Vgl. z.B.: Göğer, Devletler Hususi Hukuku, 4. Aufl. 1977; Nomer, Devletler Hususi Hukuku, 2. Aufl. 1982; Tekinalp, Milletlerarasi Özel Hukuk, 2. Aufl. 1983.

richtshofes bei der Entwicklung des IPR eine bedeutende Rolle gespielt[9]. Angesichts der Vielfalt von Vorschlägen und Vorschriften in internationalen Abkommen wurde das Rechtsgebiet aber immer undurchsichtiger. Um den Richter aus dieser Ungewißheit herauszuführen und eine weitere Sicherheit für die Rechtspraxis zu schaffen[10], wurde eine neue Kodifikation notwendig.

B. Wesentlicher Inhalt des Gesetzes

Das neue Gesetz hat in 48 Artikeln einen erheblichen Teil des internationalen Privat- und Zivilverfahrensrechts geregelt. Mit Ausnahme des dritten Kapitels, das die Schlußbestimmungen enthält, ist das Gesetz entsprechend seinem Titel in *zwei Kapitel* aufgeteilt: Kapitel 1 über internationales Privatrecht und Kapitel 2 über internationales Zivilverfahrensrecht. Das *erste Kapitel* ist in zwei Abschnitte unterteilt: Die Art. 1–26 behandeln die Allgemeinen Bestimmungen sowie die Anknüpfungsregeln; im *zweiten Kapitel* sind in den Art. 27–45 die internationale Zuständigkeit der türkischen Gerichte sowie die Anerkennung und Vollstreckung ausländischer Gerichtsentscheidungen und Schiedssprüche in zwei Abschnitten geregelt.

Das *erste Kapitel* beginnt mit einem Artikel über den Anwendungsbereich des Gesetzes. Art. 1 bestätigt außerdem den Vorrang der internationalen Abkommen, bei denen die Türkei Vertragspartner ist (Art. 1 II). Nach der neuen türkischen Verfassung haben – wie nach der alten auch – in Kraft gesetzte völkerrechtliche Verträge Gesetzeskraft. Gegen sie kann das Verfassungsgericht nicht mit der Behauptung der Verfassungswidrigkeit angerufen werden[11] (Art. 90 der Verfassung, Art. 65 V a. F. der Verfassung). Nicht nur die Vorschriften neuerer internationaler Abkommen, sondern auch die früheren haben Vorrang vor den Vorschriften des neuen IPR-Gesetzes.

Art. 2 I regelt die Anwendung ausländischen Rechts. Der Richter soll die Regeln des türkischen Kollisionsrechts und das aufgrund dieser Regeln maßgebende ausländische Recht von Amts wegen anwenden. Wenn aber trotz aller Bemühungen die betreffenden Vorschriften des ausländischen Rechts nicht

9 Besonders zu erwähnen ist die Entscheidungssammlung von BERKI und ERGÜNEY, Yabancilar Hukuku ve Kanun Ihtilaflari ile Ilgili Yargitay Kararlarinin Tahlil ve Izahlari, 1963. Siehe auch ANSAY, Türkische Rechtsprechung zum internationalen Privatrecht, RabelsZ 1964, 731 ff.

10 Begründung des Ministerrats, in: Milli Güvenlik Konseyi, S. Sayisi: 408, S. 2; Milletlerarasi Özel Hukuk ve Milletlerarasi Usul Hukuku Kanunu Öntasari Sempozyumu, 22.–24. Kasim 1976 (= *Sempozyum),* Istanbul 1978, 1; TEKINALP, RabelsZ 1982, 26 f., 29 f.; TEKINALP, Milletlerarasi Özel Hukuk, 9.

11 Die Verfassung von 1982 in deutscher Übersetzung, in: Orient, 1983, 316–357 und in: Beiträge zur Konfliktforschung, 1983/1, 111 ff. (RUMPF). Zu Art. 65 der Verfassung von 1961 s. HIRSCH, Die Verfassung der Türkischen Republik, Berlin 1966, 130 f.

ermittelt werden können, so wird türkisches Recht angewandt (Art. 2 II). Im Gegensatz zu Art. 76 türk. ZPO, der den Parteien die Pflicht auferlegt, ausländisches Recht zu beweisen (Art. 76 II türk. ZPO), kann nach dem IPR-Gesetz der Richter bei der Feststellung des ausländischen Rechts nur die Hilfe der Parteien in Anspruch nehmen (Art. 2 I S. 2). Die Parteien haben deshalb nicht mehr die Pflicht, ausländisches Recht zu beweisen.

Weitere allgemeine Vorschriften betreffen den Wechsel des Anknüpfungspunkts (Art. 3) und das nach dem Staatsangehörigkeitsprinzip maßgebende Recht (Staatenlose, Mehrstaater, Art. 4).

Der Gesetzgeber hatte nicht die Absicht, sich mit den »theoretischen Problemen zu befassen«[12]. Es befinden sich daher unter den allgemeinen Bestimmungen keine Vorschriften über die Qualifikation, Gesetzesumgehung oder die Vorfrage. In dem Entwurf stand auch keine Vorschrift über die Rückverweisung. Später wurde jedoch ein begrenzter renvoi in Form einer Verweisung einbezogen (Art. 2 III). Verwiesen wird auf die Kollisionsnormen des jeweils berufenen Rechts. Wenn die Kollisionsnormen des anzuwendenden ausländischen Rechts auf ein anderes Recht verweisen, werden die Sachnormen dieses Rechts angewandt (Art. 2 III).

Auch der ordre public wurde berücksichtigt. Die Vorschriften ausländischen Rechts werden nicht angewandt, wenn sie »offensichtlich gegen den türkischen ordre public« verstoßen (Art. 5). In einem solchen Fall wird anstelle der ausländischen Vorschrift erforderlichenfalls türkisches Recht angewandt (Art. 5). Ein Zwang zur Anwendung türkischen Rechts besteht nicht; die Anwendung eines anderen ausländischen Rechts steht dem Richter frei[13]. Diese Freiheit ist jedoch in einigen Fällen wiederum begrenzt (wie z. B. in Art. 9 III).

Der ordre public hindert außerdem die Vollstreckung eines ausländischen Urteils, wenn es »offensichtlich gegen den ordre public verstößt« (Art. 38 I c). Bei der Vollstreckbarkeitserklärung eines ausländischen Schiedsspruchs wurde aber das Wort »offensichtlich« weggelassen, und man begnügte sich mit dem einfachen Verstoß gegen den ordre public (Art. 45 I b)[14].

Im Gegensatz zu den Überschriften enthält der erste Abschnitt nicht nur Allgemeine Lehren des internationalen Privatrechts, sondern auch Anknüpfungsregeln wie z. B. für die Form und die Verjährung, die eigentlich in den Besonderen Teil gehören sollten[15]. »Rechtsgeschäfte können in der Form des am Ort ihrer Vornahme geltenden Rechts oder in derjenigen Form geschlossen werden, die das auf das Rechtsgeschäft selbst anzuwendende Recht vorsieht«

12 Sempozyum, 7; TEKINALP, RabelsZ 1982, 33.

13 TEKINALP, RabelsZ 1982, 39.

14 Vgl. auch Art. 31.

15 So auch KRÜGER, ZfRV 1982, 172.

(Art. 6). Diese Alternativregelung wurde für die Verfügungen von Todes wegen weiter ergänzt. Die von dem Verstorbenen in der Form seines Heimatrechts getroffenen Verfügungen von Todes wegen sind gleichfalls wirksam (Art. 22 IV). Dagegen gelten bei der Eheschließung und bei der Form von Rechtsgeschäften, die sich auf dingliche Rechte an unbeweglichen Sachen beziehen, spezielle engere Formvorschriften (Art. 12 I und 23 IV)[16].

Das Gesetz hat die Verjährung nicht als prozeßrechtliches Institut qualifiziert und entsprechend der türkischen Rechtsprechung unterliegt sie demjenigen Recht, das auf das betreffende Rechtsgeschäft selbst anzuwenden ist (Art. 7)[17].

In dem zweiten Abschnitt über »Anknüpfungsregeln« werden im Bereich des Besonderen Teils des internationalen Privatrechts die ausgewählten Gebiete (ohne Handelsrecht) grundsätzlich nach ihrer Reihenfolge im türkischen Zivilgesetzbuch und Obligationengesetz geregelt. Es fehlen aber spezielle Vorschriften über einige Gebiete (wie über das Namensrecht), die in den deutsch-türkischen Beziehungen Bedeutung haben können[18].

Anknüpfungsregel für Personalstatutssachen ist – wie früher – grundsätzlich das Staatsangehörigkeitsprinzip, jedoch mit mehreren Ersatznormen oder Alternativen. So ist bei der Rechts- und Handlungsfähigkeit einer Person das Heimatrecht entscheidend (Art. 8 I). Die Gültigkeit eines Rechtsgeschäfts, das in der Türkei vorgenommen wurde, wird aber nach türkischem Recht entschieden, wenn der Betroffene nach seinem Heimatrecht nicht geschäftsfähig ist (Art. 8 II S. 1). Diese Regel wird wohl nicht bei Erbangelegenheiten gelten, da gemäß Art. 22 V die Testierfähigkeit dem Heimatrecht des Verfügenden zur Zeit der Errichtung der Verfügung unterliegt[19].

Die Gründe für die Anordnung oder Aufhebung einer Vormundschaft oder Entmündigung – sowie Verschollenheit oder Todeserklärung (Art. 10) – unterliegen ebenfalls dem Heimatrecht (Art. 9), mit bedeutenden Ausnahmen, die die Vormundschaft oder Entmündigung erleichtern sollen (Art. 9 II und III). Alle Angelegenheiten der Pflegschaft unterliegen aber türkischem Recht (Art. 9 III).

Das Heimatrecht gilt auch als Anknüpfungsnorm in Ehesachen. So ist es ausdrücklich bei Verlöbnis, Eheschließung, den allgemeinen Wirkungen der Ehe, bei Scheidung und Trennung sowie beim Ehegüterrecht, allerdings mit Ersatznormen. Bei unterschiedlicher Nationalität der Ehegatten unterliegen die allgemeinen Wirkungen der Ehe sowie der Trennung und Scheidung dem

16 Es fehlt eine Sonderregelung für die Form der Adoption (Art. 18). Tekinalp, Milletlerarasi Özel Hukuk, 154. Vgl. Art. 45 I f über die Form des Schiedsvertrages.

17 Begründung zu Art. 7, in: Milli Güvenlik Konseyi, S. Sayisi: 408, S. 4; Sempozyum, 10; Tekinalp, Milletlerarasi Özel Hukuk, 88.

18 Krüger, ZfRV 1982, 172; ferner Tekinalp, Milletlerasi Özel Hukuk, 14f.

19 Vgl. auch Art. 45 I f.

Recht des gemeinsamen Wohnsitzes, bei Fehlen eines solchen, dem Recht des gemeinsamen gewöhnlichen Aufenthalts und, falls auch ein solcher fehlt, dem türkischen Recht (Art. 12 II, 13 II, 14).

In Fragen des Kindschaftsrechts gilt ebenso das Heimatrechtsprinzip; manchmal in der Form des gemeinsamen Heimatrechts der Eltern (eheliche Abstammung, Art. 15), manchmal in Form des Heimatrechts des Vaters, der Mutter (Art. 17) oder des Kindes (Legitimation, Art. 16). Bei der Adoption und der elterlichen Gewalt spielen zusätzlich das Recht des gemeinsamen Wohnsitzes und des gemeinsamen gewöhnlichen Aufenthalts eine Rolle (Art. 18, 19, 20). Besonders hinzuweisen ist auf die legitimationsfreundliche Vorschrift des Art. 16. Gemäß diesem Artikel unterliegt die Legitimation stufenweise zuerst dem Heimatrecht des Vaters zum Zeitpunkt der Regelung und – falls die Legitimation nach diesem Recht nicht durchführbar ist – dem Heimatrecht der Mutter und, wenn auch nach diesem keine Legitimation möglich ist, dem Heimatrecht des Kindes.

Die allgemeine Aknüpfungsnorm des Erbrechts ist auch das Heimatrecht, und zwar das Heimatrecht des Verstorbenen (Art. 22 I). Ausnahmsweise aber wird über in der Türkei belegenes unbewegliches Vermögen nach türkischem Recht entschieden (Art. 22 I S. 2). Für die Eröffnung des Nachlaßverfahrens, den Erwerb und die Teilung der Erbschaft sowie damit zusammenhängende Angelegenheiten wird dagegen das Recht des Ortes, an dem sich der Nachlaß befindet, angewandt (Art. 22 II).

Das Gesetz enthält weitere Anknüpfungsregeln für dingliche Rechte (Art. 23), Verträge (Art. 24), unerlaubte Handlungen (Art. 25) und ungerechtfertigte Bereicherungen (Art. 26). Die dinglichen Rechte, wie das Eigentum, unterliegen dem Recht des Ortes, an dem sich die Sachen befinden (Art. 23 I). Auf dingliche Rechte an Sachen in transitu wird das Recht des Bestimmungsortes und bei Ortsveränderungen das Recht des Ortes, an dem sich die Sache zuletzt befindet, angewandt (Art. 23 II, III).

Art. 24 hat die Rechtswahl bei Schuldverhältnissen aus Verträgen anerkannt (24 I). Mangels einer ausdrücklichen Vereinbarung werden der Reihenfolge nach die folgenden Rechte angewandt: Erfüllungsort; bei Mehrheit der Erfüllungsorte das Recht des Erfüllungsortes derjenigen Leistung, die das Schwergewicht des Schuldverhältnisses bildet; das Recht des Ortes, zu dem der Vertrag die engste Beziehung hat (Art. 24 II)[20].

Im Deliktsrecht taucht das Konzept der »engeren Beziehung« auch auf, aber nur als Ausweichklausel (Art. 25 III), neben der *lex loci delicti commissi* und neben dem Recht des Ortes, an dem der Schaden eingetreten ist, falls sich der Handlungsort und der Ort des Schadenseintritts in verschiedenen Staaten befinden (Art. 25 II).

20 Vgl. Art. 45 I f.

Das Gesetz enthält auch eine Vorschrift über die Rechts- und Handlungsfähigkeit von Personenmehrheiten. Wie in Art. 8 formuliert, unterliegt die Fähigkeit juristischer Personen oder Personen- oder Vermögensverbindungen (z. B. Stiftungen) dem Recht ihres in den Statuten bestimmten Sitzes der Hauptverwaltung. Falls sich jedoch der tatsächliche Sitz der Hauptverwaltung in der Türkei befindet, kann türkisches Recht angewendet werden (Art. 8 IV)[21].

Das *zweite Kapitel* des Gesetzes ist dem internationalen Zivilverfahrensrecht gewidmet. Im Unterschied zum internationalen Privatrecht herrschte hier früher keine Normenlosigkeit. Zum großen Teil waren verfahrensrechtliche Fragen in der Zivilprozeßordnung geregelt. Einige Vorschriften der ZPO, wie z. B. über die ausschließliche Zuständigkeit oder die Vollstreckungsvoraussetzungen, hatten aber die Entwicklung des IPR gehemmt. Trotz heftiger Kritik der Lehre war es für die Praxis nicht möglich, dies durch Auslegung zu ändern. Das IPR-Gesetz hat besonders in diesem Bereich wichtige Erneuerungen gebracht. Die blockierenden Vorschriften der ZPO wurden außer Kraft gesetzt[22]. Gesetzestechnisch wurden die neuen Vorschriften in das IPR-Gesetz eingegliedert.

Die wichtigste Neuerung im ersten Abschnitt betrifft die internationale Zuständigkeit der türkischen Gerichte. Gemäß Art. 28 wurde die ausschließliche Zuständigkeit türkischer Gerichte in Personalstatutssachen der Türken abgeschafft und die Möglichkeit der Durchführung von Verfahren in anderen Ländern eröffnet. Darüber hinaus können die türkischen Staatsangehörigen ohne Wohnsitz in der Türkei weiterhin in Angelegenheiten des Personalstatuts in ihrem Heimatland Prozesse führen (Art. 28). Art. 31 ermöglicht außerdem Zuständigkeitsvereinbarungen bei Streitigkeiten über Schuldverhältnisse, falls die örtliche Zuständigkeit türkischer Gerichte nicht im Hinblick auf den ordre public bestimmt ist oder in denen keine ausschließliche Zuständigkeit besteht. Die praktische Folge ist, daß sich Türken jetzt in der Bundesrepublik Deutschland scheiden lassen können, und zwar unabhängig davon, ob nur eine Partei türkischer Staatsangehörigkeit ist und ob Klager(in) oder Beklagte(r) den Wohnsitz bzw. gewöhnlichen Aufenthalt außerhalb der Türkei hat[23].

21 In dem ursprünglichen Text hieß es: »Die Rechts- und Handlungsfähigkeit der juristischen Personen oder der Personen- und Vermögensgemeinschaften unterliegt dem Rechte des Ortes, an dem die Verwaltung tatsächlich geführt wird.« Siehe Tekinalp, RabelsZ 1983, 76f. In der Übersetzung von Krüger: »Falls sich jedoch der tatsächliche Sitz der Hauptverwaltung in der Türkei befindet, wird türkisches Recht angewandt«, ZfRV 1982, 176.

22 Artikel 18 ZPO über die ausschließliche Zuständigkeit und die Bestimmungen über die Anerkennung und Vollstreckung ausländischer Entscheidungen wurden außer Kraft gesetzt, Art. 46 IPR-Gesetz.

23 Tekinalp, RabelsZ 1983, 77f.; Sakmar, Yabanci Ilamlarin Türkiyedeki Sonuçlari, 1982, 67f., 94; Ansay, Yabanci boşanma ilamlarinin Türkiye'de taninmasina ilişkin ilk görüşler, Milletle-

Eine andere wichtige Neuregelung betrifft die Anerkennung und Vollstrekkung ausländischer Gerichtsentscheidungen in der Türkei. Bisher waren ausländische Entscheidungen in Personalstatutssachen in der Türkei überhaupt nicht anerkennungsfähig. Andere Entscheidungen in Zivilsachen konnten nur dann für vollstreckbar erklärt werden, wenn die Gegenseitigkeit staatsvertraglich verbürgt war[24]. Da die Bundesrepublik und die Türkei die Vollstreckung nicht staatsvertraglich geregelt hatten, wurden deutsche Entscheidungen in der Türkei nicht anerkannt und nicht vollstreckt. Das neue Gesetz ermöglicht die Anerkennung und Vollstreckung aller ausländischer Entscheidungen in Zivilsachen – auch wenn sie das Personalstatut berühren (Art. 34) – einschließlich der Beschlüsse der nichtstreitigen Gerichtsbarkeit (Art. 42 II). Die Voraussetzungen dafür werden in Art. 38 bzw. 42 genannt. Eine zusätzliche spezielle, die Personalstatutssachen von Türken betreffende Vorausetzung ist die Anwendung des Rechts, das nach den türkischen Kollisionsnormen maßgebend ist. Wenn das ausländische Gericht dieses maßgebliche Recht nicht anwendet, kann der beklagte türkische Staatsangehörige aus diesem Grund einen Einwand gegen die Vollstreckbarerklärung erheben und die Vollstrekkung verhindern (Art. 38 e).

Ganz neu sind auch die Vorschriften über die Vollstreckung ausländischer Schiedssprüche (jedoch nicht über die Anerkennung!). Die Voraussetzungen der Vollstreckung wurden teilweise parallel zu denen der Vollstreckung ausländischer Urteile, aber grundsätzlich nach dem Vorbild des New Yorker Übereinkommens über die Anerkennung und Vollstreckung ausländischer Schiedssprüche geregelt (Art. 44 II, 45)[25].

C. Kritik am Gesetz

Im zweiten Teil meines Beitrages werde ich – der ich an der Vorbereitung des IPR-Gesetzes nicht direkt beteiligt war – einige kritische Beobachtungen machen. Es ist gewiß unangenehm, Kritik an einem neuen Gesetz und besonders erstmals vor einem ausländischen Forum zu üben. Es ist bekannt, wie schwierig es ist, ein neues Gesetz vorzubereiten und das gesamte IPR eines Landes zu regeln. Die langjährigen Bemühungen in der Bundesrepublik und in der Schweiz sind ein Beispiel.

rarasi Hukuk ve Milletlerarasi Özel Hukuk Bülteni, 1982-2, 1 ff., 3; Çelikel, Yeni kanuna göre yabanci mahkeme kararlarinin tenfiz şartlari, Milletlerarasi Hukuk ve Milletlerarasi Özel Hukuk Bülteni, 1982-2, 7 ff., 9 f.

24 Art. 537–545 türk. ZPO. Siehe Bülow/Arnold, Internationaler Rechtsverkehr in Zivil- und Handelssachen, Türkei, 987-5 (1960). Diese Vorschriften wurden durch Art. 46 IPR-Gesetz außer Kraft gesetzt.

25 Begründung des Ministerrates, in: Milli Güvenlik Konseyi, S. Sayisi: 408, S. 2, 13 f.

Im Unterschied zu den oben genannten Ländern wurde das türkische Gesetz in erheblich kürzerer Zeit vorbereitet. Ich erinnere mich, im April 1975 über die neue Kodifizierung des IPR mit der damaligen Direktorin des Istanbuler Instituts für internationales Recht und internationale Beziehungen diskutiert zu haben. Bald danach haben die Kollisionsrechtler der Universität Istanbul sich verpflichtet, einen Entwurf für die einzelnen Gebiete des IPR vorzubereiten. Die Arbeit wurde in Form eines vollständigen Entwurfs vor Jahresende 1975 abgeschlossen[26]. Nach den Vorschlägen, die in einem Symposium 1976[27] und in einigen Kommissionen gemacht wurden[28], wurde zwar der Entwurf später in einigen Punkten erheblich verbessert, gleichzeitig haben diese Änderungen aber neue Mißklänge verursacht.

Die Zielsetzung des Gesetzes finden wir in der allgemeinen Begründung. Die insgesamt nur eine Seite lange Begründung hat das Ziel folgenderweise formuliert:

»Die Veränderungen im wirtschaftlichen und sozialen Leben sowie die Entwicklung unserer Außenbeziehungen und insbesondere die nach 1950 einsetzende Auswanderung haben zahlreiche Probleme mit sich gebracht; das Vorläufige Gesetz ... hat sich gegenüber den letzten Entwicklungen als völlig unzureichend erwiesen und hat zu Situationen geführt, die im Widerspruch zu den internationalen Verträgen stehen, denen wir beigetreten sind ... Bei der Vorbereitung des Entwurfes hat man ebenso wie die Gesetzgebung ausländischer Staaten auch die Arbeiten von Organisationen wie den Haager IPR-Konferenzen, der Internationalen Zivilstandskommission, des Europarats und der Vereinten Nationen und die von ihnen vorbereiteten und international verbreiteten Abkommen berücksichtigt; man war bestrebt, die Bedürfnisse unseres Landes ebenso wie die des internationalen Lebens zu berücksichtigen, um ein widerspruchsfreies System zu schaffen. Dabei wurde besondere Sorgfalt auf die richtige Bewertung der Lage unserer im Ausland befindlichen Staatsangehörigen gelegt.«[29]

Drei wichtige Ziele sind also in der Begründung angegeben: erstens die Berücksichtigung internationaler Abkommen; zweitens die Berücksichtigung der Bedürfnisse der Türkei sowie der türkischen Staatsangehörigen, die im Ausland leben; und drittens die Schaffung eines widerspruchsfreien Systems. Um diese an sich miteinander konkurrierenden Ziele unter einem Dach völlig zu koordinieren, ist vor allem eine sorgfältige Vorbereitung nötig. Es ist nicht

26 Sempozyum, 1; Tekinalp, RabelsZ 1982, 31.

27 22.–24. 11. 1976, in: Sempozyum.

28 Siehe Milli Güvenlik Konseyi, S. Sayisi: 408; zuletzt in der Expertenkommission des Militärrates, 14 ff.

29 Nach der Übersetzung von Tekinalp, RabelsZ 1982, 35. So in der Begründung zum Vorentwurf des Justizministeriums von 1981. Grundsätzlich ebenso in dem Istanbuler Entwurf von 1975. Siehe Tekinalp, 33.

bekannt, ob die Initiatoren des Gesetzes darüber diskutiert haben, ob eine andere Alternative einer gesetzlichen Regelung praktischer gewesen wäre, wie z. B. die des amerikanischen Restatement[30]. Warum war man der Auffassung, sich nur auf die Rechtsfragen und Rechtsinstitute zu beschränken, die schließlich ausgewählt worden sind? Aus dem kurzen Text der Begründung des Gesetzes erfährt man auch nicht, daß ausreichende Vorarbeiten vorhanden waren.

1. Die Begründung verweist auf die sich im Ausland befindlichen türkischen Staatsangehörigen[32], allerdings ohne statistisch genaue Angaben. Die Türkei schickt seit den 60er Jahren Hunderttausende von Bürgern ins Ausland. Mehr als 1,5 Millionen Türken leben in der Bundesrepublik[33]. Nicht nur in westlichen Ländern[34], sondern auch im Nahen Osten arbeiten mehr als 100 000 Türken (1980), sogar in Australien sind es mit Familienangehörigen 32 500 (1980)[35]. Ob diese Auslandstürken in den Gastgeberländern lange Zeit bleiben oder für immer dort leben werden[36], ob sie allein oder mit Familienangehörigen zusammenleben[37], ob die Zahl der Mischehen[38] und der nichtehelichen Kinder[39] in letzter Zeit zugenommen hat, wieviel asylberechtigte Türken im Ausland leben[40] usw, wurde nirgendwo diskutiert.

Es wurde ferner nicht erläutert, welches die Bedürfnisse der Türkei und der im Ausland lebenden türkischen Staatsangehörigen sind und wie man diese Bedürfnisse am besten in dem Gesetz berücksichtigen kann. Die Anwendung

30 Siehe auch Botschaft zum Bundesgesetz über das internationale Privatrecht vom 10. 11. 1982 (Schweiz), 13.

31 TEKINALP, RabelsZ 1982, 33.

32 Begründung des Ministerrates, in: Milli Güvenlik Konseyi, S. Sayisi: 408, S. 2; TEKINALP, RabelsZ 1982, 33.

33 Am 30. 9. 1981 waren 1 546 300 Türken in der Bundesrepublik Deutschland, Wirtschaft und Statistik 1982, 5.

34 Ende 1980. Yurtdişi Işçi Sorunlari '81, Hrsg.: *T. C. Çalişma Bakanliği*, Ankara 1981, 17. Mitte 1981 etwa 130 000, Bundesarbeitsblatt 1982, 32.

35 Ende 1980. Yurtdişi Işçi Sorunlari '81, 17.

36 Für die neuesten Angaben siehe: Yurtdişi Işçi Sorunlari '81, 20; MEHRLÄNDER/HOFMANN/KÖNIG/KRAUSE, Situation der ausländischen Arbeitnehmer und ihrer Familienangehörigen in der Bundesrepublik Deutschland – Repräsentativuntersuchung '80 (Hrsg.: *Der Bundesminister für Arbeit und Sozialordnung*), 1981, 313 ff., 539 ff. Vgl. ANSAY/MARTINY in: ANSAY/GESSNER (Hrsg.), Gastarbeiter in Gesellschaft und Recht, München 1974, 171 ff.; ANSAY, Legal Problems of Migrant Workers, Recueil des Cours 1977 III, 7 ff.

37 Yurtdişi Işçi Sorunlari '81, 18 f.

38 Eheschließungen zwischen Türken und Deutschen:

	Deutscher Mann, türkische Frau	Türkischer Mann – deutsche Frau
1981	527	3982
1980	426	3339
1979	314	1520

Wirtschaft und Statistik 1983, 60.

des Staatsangehörigkeitsprinzips wurde bei Status- und Erbschaftsangelegenheiten anscheinend nach den Vorschriften des Gesetzes als am Besten geeignet angesehen, um dieses Ziel zu erreichen. Dieses Prinzip herrschte aber auch in dem alten Gesetz. Als neue Regelung bevorzugt das Gesetz bei Mischehen die Anwendung des Rechts des gemeinsamen Wohnsitzes und hilfsweise des gemeinsamen gewöhnlichen Aufenthalts.

Die Kollisionsnormen des Gesetzes sind grundsätzlich allseitig. Dieselben Normen gelten, wenn einer der Betroffenen türkischer Staatsangehöriger oder Ausländer ist. So kann z. B. die Ehe eines seit mindestens zehn Jahren in der Bundesrepublik lebenden deutsch-türkischen Ehepaares in der Türkei nach deutschem Recht geschieden werden (Art. 13 II). Ob die Anwendung deutschen Rechts in einem solchen Fall den Bedürfnissen des türkischen Ehepartners entspricht, ist nicht genau zu beantworten. Außerdem sollten die Bedürfnisse der Türken in ähnlichen Instituten wie Verlobung und Ehe nicht unterschiedlich bewertet werden, um verschiedene Anknüpfungsnormen anwenden zu müssen. Es ist schwer zu verstehen, warum bei Verlobten mit unterschiedlichen Nationalitäten direkt das türkische Recht angewandt wird, bei der Mischehe jedoch zuerst das Recht des gemeinsamen Wohnsitzes und hilfsweise das Recht des gemeinsamen gewöhnlichen Aufenthalts[41].

Dieselben negativen Gedanken kann man auch für das Kindschaftsrecht entwickeln. Hier ist nicht klar, wessen Interesse eigentlich der Gesetzgeber berücksichtigen wollte. Im Unterschied zur modernen und auch in der Türkei herrschenden Meinung[42] steht das Interesse des Kindes nicht im Vordergrund. Nach dem Gesetz wird im Kindschaftsrecht grundsätzlich das Recht des Vaters oder der Mutter angewandt. Können wir sagen, daß die Anwendung des Heimatrechts der Mutter oder des Vaters den Interessen der türkischen Kinder besser dient?

Die Vorschriften des türkischen IPR-Gesetzes sind natürlich für den türkischen Richter gedacht. Was der ausländische Richter in Fällen mit Türken tun soll, steht in den Gesetzen seines Landes. Nur in den Fällen des Personalstatuts kann die Nichtanwendung des nach den türkischen Kollisionsnormen

39 Nichtehelich geborene Kinder in der Bundesrepublik Deutschland:

	Deutscher Vater – türkische Mutter	Türkischer Vater – deutsche Mutter
1981	351	1542
1980	314	1022
1979	319	796

Wirtschaft und Statistik, 1983, 61.

40 VON POLLERN, Die Entwicklung der Asylbewerberzahlen im Jahre 1982, ZAR 1983, 84.

41 Vgl. Art. 11 II und Art. 12 II. Siehe die Begründung zu Art. 11, Milli Güvenlik Konseyi, S. Sayisi: 408, S. 5. Beim Ehegüterrecht siehe Art. 14 I.

42 Begründung zu Art. 16, Milli Güvenlik Konseyi, S. Sayisi: 408, S. 7; TEKINAY, Türk Aile Hukuku, 4. Aufl. 1982; ÖZTAN, Aile Hukuku, 1979, 377, 386.

maßgebenden Rechts Grundlage für einen Einwand gegen die Vollstreckbarkeit ausländischer Urteile sein, und zwar nur dann, wenn der Beklagte türkischer Staatsangehöriger ist (Art. 38 e)[43].

Die wichtigsten Vorschriften, die den Bedürfnissen der Auslandstürken entsprechen, sind verfahrensrechtlich und betreffen die Heimatzuständigkeit und die Vollstreckung. »Türkische Staatsangehörige ohne Wohnsitz in der Türkei können Prozesse in Personalstatutsangelegenheiten für den Fall, daß sie sie vor dem Gericht des Staates, in dem sie ihren Wohnsitz haben, nicht führen oder nicht führen können, vor dem in der Türkei örtlich zuständigen Gericht führen; fehlt ein solches, so können sie sich an das Gericht ihres Aufenthaltsortes, in Ermangelung eines Aufenthaltsortes in der Türkei, an das Gericht ihres letzten Wohnsitzes in der Türkei, und in Ermangelung dessen, an ein Gericht entweder in Ankara, Istanbul oder Izmir wenden« (Art. 28).

Die Heimatzuständigkeit ist aber nicht neu. Das neue Gesetz hat jedoch die ausschließliche Zuständigkeit der türkischen Gerichte in Personalstatutssachen der türkischen Staatsangehörigen abgeschafft. Da aber die Zuständigkeit des ausländischen Gerichts nicht nach türkischem Recht beurteilt wird, wurde ein begrenztes »forum shopping« für die Türken ermöglicht[44].

2. Erlauben Sie mir jetzt zu prüfen, wieweit die internationalen Abkommen bei der Vorbereitung des neuen Gesetzes berücksichtigt worden sind. Da die Haager Abkommen die bekanntesten IPR-Regeln enthalten, möchte ich einige Beispiele aus diesem Bereich anführen und zum weiteren die Vorschriften des Gesetzes mit dem New Yorker Abkommen über die Anerkennung und Vollstreckung ausländischer Schiedssprüche vergleichen.

Einige Vorschriften in dem Gesetz widersprechen den Haager Regeln, die schon von der Türkei ratifiziert worden sind. Wie ich schon erwähnt habe bleiben diese internationalen Abkommen nach Inkrafttreten des IPR-Gesetzes unberührt und haben Vorrang. Einige Vorschriften des neuen Gesetzes sind interessanterweise inzwischen schon ungültig. So wurden z. B. Vorschriften, die in unterschiedlichen Artikeln geregelt waren (Art. 12 II, 13 III, 17, 18, 21), durch die Inkraftsetzung des Haager Abkommens über das auf Unterhaltspflichten anwendbare Recht außer Kraft gesetzt[45].

Was wir in dem Haager Abkommen über das IPR der Form letztwilliger Verfügungen finden, harmoniert nicht mit Art. 22 IV des Gesetzes[46]. Auch

43 Mit Recht kritisiert SAKMAR (Fn. 23), 94, diese Vorschrift.

44 Oben Fn. 22. ANSAY, Milletlerarasi Hukuk ve Milletlerarasi Özel Hukuk Bülteni, 1982-2, 3; SAKMAR (Fn. 23), 97.

45 Haager Übereinkommen vom 2. 10. 1973 über das auf Unterhaltsverpflichtungen anzuwendende Recht. Ratifiziert durch Erlaß des Ministerrats vom 26. 11. 1982, Resmi Gazete Nr. 17951 vom 6. 2. 1983.

46 Haager Übereinkommen vom 5. 10. 1961. Ratifiziert durch Erlaß des Ministerrats vom 26. 11. 1982, Resmi Gazete Nr. 17931 vom 17. 1. 1983.

wurden die Vorschriften des Haager Abkommens über die Zuständigkeit der Behörden, das anwendbare Recht und die Anerkennung von Entscheidungen auf dem Gebiet der Annahme an Kindesstatt[47] in dem Gesetz nicht berücksichtigt (vgl. Art. 18).

Das einzige internationale Abkommen, das im Gesetz ausdrücklich genannt wird, ist das New Yorker UN-Übereinkommen über die Anerkennung und Vollstreckung ausländischer Schiedssprüche[48]. Dieses Abkommen diente bei der Fassung der Vorschriften über die Vollstreckung ausländischer Schiedssprüche als Vorbild. Ich werde Sie an dieser Stelle nicht mit den Besonderheiten der Vollstreckung belasten und auch nicht über die Geschichte, wie die Vorschriften über Schiedsgerichtsbarkeit in das Gesetz aufgenommen wurden, referieren. Anstelle der En-bloc-Ratifizierung des New Yorker Übereinkommens wurden einige seiner Regeln in das Gesetz übertragen und wurde gleichzeitig versucht, mit den Vorschriften über die Vollstreckung ausländischer Gerichtsurteile einen Gleichklang zu schaffen. Die Begründung des Gesetzes spricht sogar von einer erleichterten Vollstreckung von Schiedssprüchen gegenüber der ausländischer Gerichtsurteile[49]. Tatsächlich sieht das Bild etwas anders aus: Im Unterschied zu den Vorschriften über die ausländischen Gerichtsurteile und zum New Yorker Übereinkommen regelt das IPR-Gesetz nur die Vollstreckung ausländischer Gerichtsurteile, nicht aber deren Anerkennung. Im Gegensatz zur Begründung haben die Vorschriften des Gesetzes die Vollstreckung von Schiedssprüchen nicht leichter gemacht als die Vollstreckung ausländischer Urteile. Die anwendbaren Vorschriften sind höchstens ähnlich, bei den Schiedssprüchen sogar weiter erschwert.

Für die Vollstreckung eines Urteils ist ausreichend, daß es rechtskräftig ist. Für die Vollstreckung eines ausländischen Schiedsspruchs wurde aber außerdem die Vollstreckbarkeit verlangt (Art. 43 I). Diese zusätzliche Voraussetzung ist in dem New Yorker Übereinkommen nicht vorgesehen[50]. Daher besteht ein Unterschied zwischen dem oben genannten Art. 43 I und dem aus dem New Yorker Übereinkommen übernommenen Art. 43 I Buchst. i des Gesetzes. Gemäß Art. 45 I Buchst. i wird die Vollstreckung ausländischer Schiedssprüche abgelehnt, wenn sie u. a. nicht rechtskräftig *oder* noch nicht vollstreckungsfähig geworden sind, obwohl nach Art. 43 I die Rechtskraft für die Vollstreckung nicht ausreicht.

Die Vollstreckung ausländischer Schiedssprüche wird dann abgelehnt, wenn sie gegen die guten Sitten oder den ordre public verstoßen (Art. 45 I b). Für die Vollstreckung ausländischer Gerichtsentscheidungen hat das Gesetz die

47 Vom 15. 11. 1965.
48 BGBl 1961 II 121.
49 Begründung zu Art. 43, Milli Güvenlik Konseyi, S. Sayisi: 408, S. 13.
50 New Yorker Übereinkommen, Art. V 1 (e): »binding«.

»guten Sitten« nicht erwähnt. Der ordre public hemmt die Vollstreckung ausländischer Urteile nur, wenn ein Verstoß »offensichtlich« ist (Art. 45 I b und 38 c). Ob und wieweit diese sprachlichen Unterschiede in der Praxis eine Rolle spielen können, bleibt abzuwarten[51]. Die weiteren Voraussetzungen der Vollstreckung zeigen auch Unterschiede, die zum Teil bedeutend sein sollen[52].

3. Trotz der Vielzahl von unterschiedlichen Anknüpfungsnormen ist es dem Gesetzgeber gelungen, diese Normen harmonisch ins Gesetz einzugliedern. Als wichtige Ausnahme kann ich die Vorschriften über die Verlobung und Ehe nennen[53]. Unterhaltsansprüche der Kinder und der Eheleute unterliegen während der Ehe und während der Scheidung denselben Vorschriften (gemeinsames Staatsangehörigkeitsrecht, gemeinsamer Wohnsitz, gemeinsamer gewöhnlicher Aufenthaltsort, türkisches Recht) bei nichtehelicher Abstammung dem Recht der Mutter bzw. des Vaters. Die Unterstützungspflicht wird aber dem Heimatrecht des Schuldners unterstellt. Ähnlich wurde das elterliche Gewaltverhältnis geregelt. Während der Ehe und während der Scheidung gelten die Normen der allgemeinen Wirkungen der Ehe (gemeinsames Heimatrecht, gemeinsamer Wohnsitz, gemeinsamer gewöhnlicher Aufenthalt, türkisches Recht), für die nichteheliche Abstammung gilt das Heimatrecht der Mutter bzw. des Vaters. (Andere Beispiele: ordre public; Widersprüche zwischen Vollstreckung ausländischer Urteile und Schiedssprüche etc.)

4. Wie realistisch der Gesetzgeber die Verhältnisse in der Türkei bewertet hat, bedarf auch einiger Bemerkungen.

a) Ich komme auf das Problem der Anwendung des ausländischen Rechts zurück. Ich habe schon erwähnt, daß der Richter, wie früher, so auch heute noch, von Amts wegen das maßgebende ausländische Recht anzuwenden hat. Jedoch waren nach altem Recht die Parteien verpflichtet, das ausländische Recht zu beweisen (Art. 76 I, II ZPO)[54]. Wenn der Nachweis nicht geführt wurde, sollte der Richter nach den türkischen Gesetzen entscheiden (Art. 76 ZPO). Das neue Gesetz legt mehr Wert auf die richterliche Feststellung des ausländischen Rechts und hat den Richter verpflichtet, das maßgebende ausländische Recht von Amts wegen anzuwenden. Die Parteien brauchen das ausländische Recht nicht zu beweisen. Bei der Feststellung des ausländischen Rechts kann aber der Richter die Hilfe der Parteien in Anspruch nehmen[55].

Die Arbeit des türkischen Richters wird weiter erschwert, wenn das IPR-Gesetz von ihm erwartet, daß er in Legitimationssachen das günstigere Recht

51 »Kanun« anstatt »hukuk«, Art. 45 I f IPR-Gesetz.

52 New Yorker Übereinkommen, Art. V 1 (e) und IPR-Gesetz Art. 45 i; N.Y.-Übereinkommen Art. V 1 (a) und IPR-Gesetz Art. 45 f; N.Y.-Übereinkommen, Art. V 1 (c) und IPR-Gesetz Art. 45 h.

53 Oben Fn. 41.

54 Art. 76 türk. ZPO wurde nicht außer Kraft gesetzt. Siehe Art. 46 IPR-Gesetz.

55 *Sempozyum,* 40 ff.; TEKINALP, RabelsZ 1982, 36 f.

herauszufinden verpflichtet ist. Nach der »better law«-Vorschrift des Art. 16 unterliegt die Legitimation dem Heimatrecht des Vaters, wenn sie nach diesem Recht nicht durchführbar ist, dem Heimatrecht der Mutter und falls auch nach diesem Recht keine Legitimation möglich ist, dem Heimatrecht des Kindes.

Die Türkei gehört dem Europäischen Übereinkommen vom 7.6.1968 betreffend Auskünfte über ausländisches Recht an[56]. Die Effektivität dieses Abkommens kann man nach den bisherigen Erfahrungen nicht positiv beurteilen[57]. Wie soll der türkische Richter in einem kleinen Ort das anwendbare ausländische Recht feststellen? Es ist zu hoffen, daß die türkischen Richter sich in Zukunft weniger mit dem ausländischen Recht beschäftigen müssen, weil bei nichttürkischen Mischehen grundsätzlich in der Reihenfolge das Recht des gemeinsamen Wohnsitzes, des gemeinsamen gewöhnlichen Aufenthalts oder türkisches Recht angewandt wird. Dies bedeutet praktisch die Anwendung des türkischen Rechts, weil sich die Zuständigkeit und das anwendbare Recht grundsätzlich decken. Bei türkischen Gastarbeiter-Mischehen, die ihren gemeinsamen Wohnsitz im Ausland haben, wird die Häufigkeit der Anwendung ausländischen Rechts dagegen höher liegen[58].

b) Des weiteren habe ich Zweifel an der Praktikabilität einiger Vorschriften, die in Zukunft zu erheblichen Unsicherheiten führen werden, welche das neue Gesetz eigentlich verhindern sollte[59]. Als Beispiel nenne ich Alternativvorschriften über unerlaubte Handlungen. Nach Art. 25 unterliegen die Verpflichtungen aus einer unerlaubten Handlung dem Recht des Ortes, an dem die unerlaubte Handlung begangen worden ist. Wenn sich der Handlungsort und der Ort des Schadenseintritts in verschiedenen Staaten befinden, so wird das Recht des Ortes angewandt, an dem der Schaden eingetreten ist. Hat jedoch das Schuldverhältnis zu einem anderen Staat eine engere Beziehung, dann *kann* der Richter das Recht dieses Staates anwenden. Es wird für den Erstinstanzrichter nicht leicht sein, die »engere Beziehung« festzustellen. »Die engere Beziehung« spielt auch eine Rolle bei den Schuldverhältnissen, nicht als Alternativvorschrift, sondern als letzte Anknüpfungsnorm (Art. 24 II).

Unsicherheit verursacht ferner Art. 8 IV. Diese Vorschrift stellt dem Richter frei, bei der Rechts- und Handlungsfähigkeit juristischer Personen entweder

56 Resmi Gazete Nr. 15338 vom 26. 8. 1975; BGBl 1974 II 937.

57 Siehe die Auskunft des türkischen Justizministeriums in der Entscheidung *LG Berlin*, 8. 6. 1979, StAZ 1980, 23. Ansay/Rumpf, Ehelichkeitsanfechtung durch ein Kind nach türkischem Recht, StAZ 1982, 169f.; Krüger, Anfechtung der Ehelichkeit eines Kindes nach türkischem Recht, StAZ 1980, 2ff.

58 Dagegen werden viele Türken im Ausland Klage erheben, weil die Anerkennung und Vollstreckung ausländischer Urteile nach dem neuen Gesetz ermöglicht wurde.

59 Oben Fn. 10. Vgl. Tekinalp, RabelsZ 1982, 29f.; Tekinalp, Milletlerarasi Özel Hukuk, 9.

das Recht des angegebenen Verwaltungssitzes oder, falls die tatsächliche Verwaltung sich in der Türkei befindet, das türkische Recht anzuwenden[60].

Außerdem muß darauf hingewiesen werden, daß die neuen Anknüpfungsnormen des Gesetzes, wie der Wohnsitz und der gewöhnliche Aufenthalt, begriffliche Schwierigkeiten verursachen werden[61]. Die Gerichte müssen sich bemühen, den richtigen Inhalt dieser Begriffe zu präzisieren.

D. Zusammenfassung

Skizzenartig habe ich zu zeigen versucht, daß das Gesetz seiner Zielsetzung zum Teil widerspricht[62]. Ich habe zum weiteren meine Zweifel an der Funktionsfähigkeit einiger Vorschriften geäußert. Die Kritik muß uns nicht entmutigen. In einem Rechtsgebiet, wo so viele unterschiedliche Interessen berücksichtigt und ausgeglichen werden müssen, bedarf es mehr Zeit und Geduld, um einem idealen Gesetz näher zu kommen. Auf diesem langen Weg muß das türkische Experiment als Zwischenlösung angesehen werden. Wenn man das neue Gesetz mit dem alten vergleicht, so sind die Fortschritte jedoch nicht zu unterschätzen. Wie erfolgreich das Gesetz im allgemeinen sein wird, werden wir in den kommenden Jahren sehen.

60 Mit Recht kritisiert TEKINALP diese Vorschrift, RabelsZ 1983, 76.

61 Wie weit das »Domizil«-Konzept des ZGB im Bereich des IPR-Gesetzes anwendbar ist, bedarf Überlegungen. Siehe Botschaft zum Bundesgesetz über das internationale Privatrecht vom 10. 11. 1982 (Schweiz), 54ff.

62 Für eine allgemeine kritische Bewertung des Gesetzes siehe TEKINALP, RabelsZ 1983, 74; TEKINALP, Milletlerarasi Özel Hukuk, 13–17.

Teil 2

Internationales Handels- und Wirtschaftsrecht

Der »Laker«-Fall: Extraterritoriale Anwendung des amerikanischen Kartellrechts

Warren S. Grimes*, Washington/D.C.

Im November 1982 reichte Laker Airways Limited eine Antitrustklage bei einem Bezirksgericht (District Court) der Vereinigten Staaten ein, in der Laker behauptet, daß sechs amerikanische und ausländische Fluggesellschaften, die den Flugverkehr zwischen den Vereinigten Staaten und Europa betreiben und denen noch ein amerikanischer Flugzeughersteller beitrat, sich ungesetzlich zusammengeschlossen hatten, um Laker in Konkurs zu treiben. Dieses Verfahren und eine damit zusammenhängende Antitrustuntersuchung des amerikanischen Justizministeriums haben Maßnahmen der britischen Regierung und der britischen Gerichte hervorgerufen, die bis heute eine äußerst ernsthafte Konfrontation über die Anwendung des amerikanischen Kartellrechts auf Fälle mit wesentlichen internationalen Verflechtungen heraufbeschworen haben. Der Ausgang dieser Konfrontation ist ungewiß. Aller Wahrscheinlichkeit nach wird sich dieser lang anhaltende Streit zwischen den beiden Regierungen in Kürze noch weiter ausweiten. Andererseits bietet die Kontroverse eine einmalige Gelegenheit, die gegnerischen Standpunkte zu verstehen und auf eine langfristige Lösung dieser Streitfragen hinzuarbeiten.

A. Amerikanische Antitrustverfahren

Laker, eine britische Gesellschaft, die von Sir Freddie Laker geführt wurde, begann ihren planmäßigen Flugdienst zwischen London und New York im September 1977. Sie bot mit dem »Skytrain« Flugverbindungen zu ganz niedrigen Preisen an. Lakers Beschwerde zufolge kostete ein einfacher Flug London – New York mit Laker 115 $, während andere Linienfluggesellschaften

* Die wiedergegebenen Meinungen sind diejenigen des Verfassers und geben nicht notwendig die Standpunkte des House of Representatives, Committee on the Judiciary, oder des Subcommittee on Monopolies and Commercial Law wieder.

den gleichen Flug in der Touristenklasse für 313$ anboten. Nach und nach erweiterte Laker ihren Flugverkehr auf 40 planmäßige Flüge pro Woche zwischen verschiedenen Städten in den Vereinigten Staaten und dem Vereinigten Königreich.

In der Klageschrift behauptet Laker, daß sich, nachdem frühere Versuche, Laker das Geschäft zu verderben, fehlgeschlagen waren, im Oktober 1981 drei der beklagten Fluggesellschaften, die in direktem Wettbewerb mit Laker standen – Pan American, TWA und British Airways –, heimlich verständigten, ihre Flugpreise für Flüge zwischen England und den Vereinigten Staaten auf den Stand der Lakerpreise zu senken, um den Wettbewerb mit Laker zu beenden. In dieser Klage und einer weiteren Klage vom Februar 1983, in der auch KLM und Sabena eingeschlossen wurden, behauptet Laker, daß KLM, Lufthansa, Swiss Air und British Caledonian Airways mit den anderen drei Fluggesellschaften auf den Tagungen der Internationalen Luftverkehrsgesellschaft (IATA) heimlich vereinbart hätten, die Flugpreise auf den Stand von Laker herabzusetzen, so lange Laker auf dem Markt sei.

Laker behauptet, daß die McDonnell Douglas Corporation, ein Flugzeughersteller, und ihre Finanzierungstochtergesellschaft mit den beklagten Fluggesellschaften verabredet haben, Laker die Refinanzierung von großen Außenständen aus Flugzeugkäufen zu verwehren. Am 5. 2. 1982 beendete Laker den Flugdienst und ging in Liquidation. Das dargelegte Verhalten der Beklagten würde, wenn es bewiesen werden kann, gegen den *Sherman Act* verstoßen und Laker gemäß einer Regelung im *Clayton Act*, die zu privaten Vollzugsklagen ermächtigt, zu dreifachem Schadensersatz berechtigen.

Vor Erhebung der Laker-Klagen begann das Justizministerium eine getrennte Antitrustuntersuchung des internationalen Flugverkehrs zwischen Europa und den Vereinigten Staaten. Obgleich es nur wenig veröffentlichte Information über diese Untersuchung gibt, ist anzunehmen, daß das Ministerium versucht, herauszufinden, ob Laker mit anderen amerikanischen und europäischen Fluggesellschaften zusammengewirkt hat, um die Flugpreise auf der Nordatlantikroute festzusetzen. Das Ministerium hat eine Jury gebildet, ein erster Schritt zur Feststellung, ob ein strafrechtliches Verfahren eingeleitet werden soll.

B. Die britische Antwort

Am 21. 1. 1983 erhob British Airways vor einem britischen Gericht Klage auf Feststellung, daß sie Laker gegenüber nicht haftbar sei, und auf Erlaß einer Verfügung, die Laker an einer Klageerhebung gegen British Airways in den Vereinigten Staaten hindern sollte. Innerhalb weniger Stunden stellten British

Caledonian, Lufthansa und Swiss Air ähnliche Anträge. Die britischen Fluggesellschaften standen auf dem Standpunkt, daß ein amerikanischer Prozeß, sofern er fortgeführt würde, den britischen Beklagten gegenüber ungerecht wäre und das amerikanische Verfahren gegen die »guten Sitten« verstoße. Das britische Gericht erließ sofort eine einstweilige Verfügung, damit Laker nicht das amerikanische Gericht ersuchen konnte, die britischen Verfahren einzustellen. Am 2.3.1983 untersagte das britische Gericht Laker ferner, die amerikanische Klage bezüglich der zwei britischen Luftfahrtgesellschaften weiter durchzuführen.

Keine der Parteien, die das britische Gerichtsverfahren eingeleitet hatten, benachrichtigte das amerikanische Gericht von ihrem Vorhaben, Laker das Recht zur Fortführung der amerikanischen Klage streitig zu machen. Das amerikanische Gericht erwiderte am 9.3.1983 mit Auflagen, die die vier amerikanischen Beklagten und die zwei verbleibenden ausländischen Beklagten (Sabena und KLM) zeitweise von der Beteiligung an dem britischen Rechtsstreit abhielt. In einer scharf abgefaßten Erklärung äußerte der amerikanische Richter, daß sowohl unter amerikanischem wie auch britischem Recht die Gerichte äußerst zögernd einer Partei den Beitritt zu einem Rechtsstreit eines ausländischen Gericht verwehrten; eine solche Verfügung bedeute einen direkten Einmischungsversuch des inländischen Gerichts in ein Verfahren des ausländischen Gerichts. Das amerikanische Gericht handelte zum Schutz seiner »jurisdiction«, um den Prozeß angesichts der vom britischen Gericht verfügten vorsorglichen Maßnahme führen zu können[1].

Am 20.5.1983 entschied das britische Gericht gegen die Anträge der beklagten britischen Fluggesellschaften. Trotz der angeblichen Ungerechtigkeit durch die amerikanischen Verfahren kam das Gericht zu dem Ergebnis, daß die britischen Beklagten nicht unangemessen benachteiligt würden, wenn sie zusammen mit den nichtbritischen Beklagten gezwungen werden, auf Lakers Klage in den USA zu antworten. Das britische Gericht wies auch das Argument zurück, daß ein bilaterales Luftfahrtabkommen zwischen den Vereinigten Staaten und dem Vereinigten Königreich (das Bermuda-II-Abkommen von 1977) die Anwendung amerikanischen Kartellrechts ausschließe.

Diese Entscheidung vom 20.5.1983 schien die Besorgnis einer direkten Konfrontation zwischen britischen und amerikanischen Gerichten zu vermindern. Am 23.6.1983 erließ der britische Innenminister (Secretary of State) jedoch einen Beschluß zur Wahrung des Handelsinteresses nach dem *Protection of Trading Interests Act* 1980. Der Beschluß untersagt British Airways und British Caledonian, alle in England befindlichen Urkunden und Informationen für das Laker-Verfahren dem amerikanischen Gericht oder, als Ant-

1 *Laker Airways Ltd.* v. *Pan American World Airways,* 559 F. Supp. 1124 (D.D.C., 9.3.1983).

wort auf die vom amerikanischen Justizministerium vorgenommene Untersuchung, der Anklage-Jury auszuhändigen.

Aufgrund des Beschlusses des britischen Innenministers vom 23.6.1983 entschied das britische Berufungsgericht, daß es ungerecht sei, Laker die Erlaubnis zur Fortführung der amerikanischen Klage gegen die beiden britischen Fluggesellschaften zu geben. Das Gericht forderte Laker auf, die notwendigen Schritte zu unternehmen, um die beiden britischen Fluggesellschaften aus dem amerikanischen Gerichtsverfahren zu entlassen. Bei der Begründung dieses Ergebnisses räumte das Gericht ein, daß Verfügungen auf Nichtbeteiligung einer Partei an einem ausländischen Gerichtsverfahren im allgemeinen nicht erlassen würden, wenn das britische Gericht – wie in diesem Fall – keine Abhilfe schaffen kann. Das Berufungsgericht gab folgende Gründe an: Obgleich das amerikanische Gerichtsverfahren an sich keine Ungerechtigkeit darstelle, würden den britischen Fluggesellschaften erhebliche Lasten und Ausgaben durch das amerikanische Verfahren aufgebürdet; Verteidigungskosten würden unter keinen Umständen von Laker zurückerstattet; die britischen Fluggesellschaften hätten sich auf die Ansicht der britischen Regierung verlassen müssen, daß das Bermuda-II-Abkommen die Anwendung des amerikanischen Antitrustrechts ausschlösse; und das Interesse der Vereinigten Staaten an der behaupteten Absprache wäre nicht ausreichend, um eine Klage vor einem amerikanischen Gericht zu rechtfertigen. Obgleich das Gericht jeden dieser Punkte anführte, war der ausschlaggebende Faktor doch der Beschluß des britischen Justizministers vom 23.6.1983. Das Gericht folgerte, daß Britisch Airways und British Caledonian ohne Zustimmung des Ministers im amerikanischen Gerichtsverfahren keine der in England belegenen entscheidenden Dokumente und Informationen zur Verfügung stellen könnten. Dieses Handicap würde nach Meinung des britischen Gerichts den ganzen vor dem amerikanischen Gericht aufgeworfenen Fall völlig verhandlungsunfähig machen, was Laker und (die beklagten britischen Luftfahrtgesellschaften) anbelange.

Laker hat gegen diese Entscheidung vor dem *House of Lords* Berufung eingelegt. Solange das Ergebnis dieses Berufungsverfahrens aussteht, ist Laker zur Entlassung der britischen Fluggesellschaften aus dem amerikanischen Prozeß nicht verpflichtet, doch darf Laker die Anklage gegen die beiden britischen Beklagten nicht fortführen.

Selbst wenn das *House of Lords* die Haltung des britischen Gerichts bestätigt, ist ungewiß, ob es die Beendigung der amerikanischen Antitrustverfahrens gegen British Airways und British Caledonian erzwingen kann. Nach geltendem amerikanischen Recht kann eine Klage, die so weit fortgeschritten ist wie der Laker-Fall, nur mit Zustimmung aller Parteien oder durch Gerichtsbeschluß zurückgenommen werden. Die anderen Beklagten werden kaum mit der Entlassung einverstanden sein, da sie im Falle einer ungünstigen Entscheidung für den Teil haftbar gemacht werden können, der sonst den abwesenden Beklagten zugefallen wäre. Und der amerikanische Richter hat bereits für den Fall, daß Laker an der Verfolgung seiner Klage gehindert wird, den Vorschlag gemacht, daß das Gericht einen Zwangsverwalter oder Treuhänder bestimmt, der die Interessen von Laker und seinen amerikanischen Gläubigern bis zur Entscheidung der Klage wahrnimmt[2].

C. Der britische und der amerikanische Standpunkt

Der Laker-Streit zeigt ähnliche Meinungsverschiedenheiten auf, wie sie bereits in früheren amerikanischen Kartellrechtsverfahren gegen gewisse nordatlantische Hochseeschiffahrtsunternehmen auftraten. 1979 stellte das amerikanische Justizministerium sieben Transportunternehmen (vier amerikanische und drei ausländische) und dreizehn Geschäftsführer (darunter sechs Nichtamerikaner) unter Anklage[3]. Die (strafrechtliche) Anklage beschuldigte die Angeklagten, sie hätten die Preise für Schiffahrtstarife zwischen den Vereinigten Staaten und Europa ohne die nach amerikanischem Recht erforderliche Zustimmung der Marinekommission des Bundes (*Federal Maritime Commission*) geheim festgesetzt. Obgleich die Angeklagten sich nicht für schuldig erklärten, bestritten sie übereinstimmend den Vorwurf nicht und wurden mit einer Summe von 6,1 Millionen $ bestraft, der höchsten Gesamtstrafe, die jemals in einem einzigen Antitruststrafverfahren auferlegt wurde. Danach führten private Vollzugsklagen gegen dieselben Angeklagten zu einer endgültigen Abfindung von über 51 Millionen $[4].

Wie in dem nordatlantischen Schiffahrtsfall scheint das Laker-Verfahren auf der Behauptung zu beruhen, daß eine Gruppe internationaler Transportunternehmen Tarife unter sich festgesetzt habe, ohne das Tarifabkommen den amerikanischen Aufsichtsbehörden zu melden. Die grundsätzliche Streitfrage zwischen den beiden Regierungen ist die gleiche: ob und in welchem Ausmaß Wettbewerbsprinzipien das internationale Transportwesen zwischen beiden Ländern beherrschen sollen. In der Luftfahrt besteht jedoch ein bilaterales Abkommen zwischen den Vereinigten Staaten und dem Vereinigten Königreich (Bermuda II). Die britische Regierung behauptet, daß dieses Abkommen jegliche Anwendung amerikanischen Kartellrechts ausschließt. Die Vereinigten Staaten sind anderer Meinung. Nach ihrer Auffassung bleiben amerikani-

2 *Laker Airways Ltd.* v. *Pan American,* 559 F. Supp. at 1139, n. 65.

3 *United States* v. *Atlantic Container Line Ltd.* und *United States v. Bates,* Crim. Nos. 79-271 und 79-272, eingereicht am 1. 6. 1979.

4 *Re Ocean Shipping Antitrust Litig.*, 1982-1 Trade Cas. (CCH) 64,585, S.D.N.Y.

sche Antitrustgesetze voll anwendbar, wenn es die internationalen Transportunternehmen unterlassen, sich an die Vorschriften des Bermuda-II-Abkommens oder des amerikanischen Luftrechts zu halten.

Doch geht der Streit offensichtlich über Meinungsverschiedenheiten in der Auslegung der Grundsatzpolitik hinaus. Die britische Regierung hat amerikanische Vollzugsverfahren zitiert, die mit britischen Richtlinien unvereinbar sind. Zum Beispiel können Privatparteien nach amerikanischem Antitrustrecht Klage auf Antitrustverletzungen ohne Zahlung einer Sicherheit erheben. Auf diese Weise können private Prozeßparteien vor amerikanischen Gerichten gewisse Wirtschaftsverhältnisse in Frage stellen, die nach Auffassung anderer Regierungen einzig und allein durch Verhandlungen zwischen den beteiligten Ländern geklärt werden sollten. Ein erfolgreicher Privatkläger ist berechtigt, den dreifachen Betrag des erlittenen Schadens zu erhalten; die britische Regierung hat diese Regelung des Mehrfachschadensersatzes schon lange als eine ungerechtfertigte Strafvorschrift angesehen, wenn sie auf britische Beklagte angewendet wurde. Außerdem ist jeder Beklagte in einer amerikanischen Antitrustklage zumindest theoretisch für den vollen Betrag der von allen an dem Antitrustverstoß Beteiligten hervorgerufenen Schäden haftbar. Diese Schwierigkeiten bei der privaten Antitrustdurchsetzung sind nach britischer Meinung mit bestimmten Verfahrensregeln, die für alle Zivilprozesse in den Vereinigten Staaten gelten, verbunden. Alle Zivilprozeßparteien haben weitgehende Offenlegungsrechte, nach denen sie die Erstellung von detaillierten und oft sehr kostspieligen Urkunden, Zeugenaussagen und verbindlichen schriftlichen Fragenbeantwortungen verlangen können. Ein amerikanischer Richter kann das Ausmaß der Offenlegungen beschränken, doch sind die Möglichkeiten, Auskunft und Aktenherausgabe zu verlangen, in großen Antitrustfällen wahrscheinlich wesentlich größer, als es in anderen Ländern gesetzlich zulässig ist. Nicht zuletzt müssen die Parteien in amerikanischen Zivilprozessen im Gegensatz zu vielen europäischen Ländern ihre Kosten im allgemeinen selber tragen. Selbst wenn ein Beklagter gewinnt, kann er die Anwaltsgebühren normalerweise nicht vom Kläger verlangen.

Die amerikanische Perspektive im Laker-Fall liegt etwas anders. Die Antitrustgesetze werden weitgehend als fundamenteller Schutz für den Wettbewerb auf dem Markt und die Verbraucherinteressen angesehen. In der Tat hat der *Supreme Court* diese Gesetze als »Charta zur wirtschaftlichen Freiheit« bezeichnet[5]. Und obgleich der Kongreß gelegentlich Regierungsbestimmungen ersetzt hat, wenn eine Wettbewerbsstruktur des Marktes nicht gegeben ist, so tragen häufig eben diese Bestimmungen zur Erweiterung des Wettbewerbs in der Industrie bei.

5 *United States* v. *Topco Associates Inc.*, 405 U.S. 596, 610 (1972).

Obwohl die Privatklage auf dreifachen Schadensersatz in den Vereinigten Staaten häufig als übertrieben kritisiert wird, wird sie dennoch als fundamenteller Teil der Antitrustgesetzgebung, die auf den *Sherman Act* von *1890* zurückgeht, angesehen. Ironischerweise gehen die Wurzeln auf einen älteren britischen Klagefall über Handelsbeschränkungen zurück. Die Regelung des Mehrfachschadensersatzes ist als Anreiz für den Privatvollzug und zur Abschreckung eines ungesetzlichen Verhaltens gedacht. Wenn ausländische Kläger davon ausgeschlossen würden, würde nach Auffassung des *Supreme Court* »der abschreckende Effekt des dreifachen Schadensersatzes geschwächt werden«[6].

Obgleich der Laker-Fall von einem britischen Kläger eingeleitet wurde, so kann er nach amerikanischer Ansicht doch dazu beitragen, einen Wettbewerbsmarkt zu erhalten, der Verbrauchern Flugtransporte zu günstigen Preisen in den verschiedensten Klassen beschafft. Planmäßige Flugtarife zwischen London und New York, die, wie erwähnt, 1977 auf 313 $ für einen einfachen Flug in der Touristenklasse festgesetzt waren, sind seit Lakers preisgünstigem Flugdienst niedriger geblieben, eine Tradition, die jetzt von Peoples' Expreß, einer aus den USA operierenden Fluggesellschaft fortgeführt wird.

Auch scheint es nach amerikanischer Meinung genügend US-Kontakte zu geben, um den Laker-Fall vor einem amerikanischen Gericht zu verhandeln. Wenn auch der Kläger und zwei der Beklagten britische Gesellschaften sind, so sind doch vier der Hauptbeklagten amerikanische Unternehmen. Alle nichtamerikanischen Beklagten haben angeblich zusammengewirkt, um Tarife für Flüge zwischen ihren Heimatländern und den Vereinigten Staaten und nicht für Flüge nach Großbritannien festzusetzen. Folglich sind die Vereinigten Staaten Mittelpunkt der mutmaßlichen geheimen Abreden. Nach der internationalen Passagierdienststelle starteten 1980 und 1981 über ein Drittel von Lakers Passagieren ihren Flug in die Vereinigten Staaten – und der Durchschnittsprozentsatz der amerikanischen Passagiere im Nordatlantikverkehr liegt noch höher (um 45 %). Selbst die geheimen Absprachen fanden nach Lakers Beschwerde zum Teil auf Tagungen in den Vereinigten Staaten statt. Letztlich stimmen die britischen und amerikanischen Gerichte darin überein, daß es unter britischem Recht keine Abhilfe gegen die angeblichen Verstöße gibt. Tatsächlich scheint Laker nur in den Vereinigten Staaten klagen zu können.

Amerikanische Gerichte haben US-Antitrustgesetze auf sich außerhalb des amerikanischen Territoriums zutragende Fälle mindestens seit 1927 angewandt, als der *Supreme Court* den *Sherman Act* auf amerikanische und mexikanische Beklagte zur Anwendung brachte, die an einem durch ein

6 *Pfizer* v. *Government of India,* 434 U.S. 308, 315 (1978).

mexikanisches Gesetz genehmigtes Exportkartell beteiligt waren[7]. Die Sisal-Entscheidung hob eine frühere *Supreme Court*-Entscheidung auf, die die exterritoriale Reichweite des Kartellrechts sehr eng auslegte[8].

In dem Fall *United States* v. *Aluminum Co. of America*[9] folgerte das Gericht, daß, obwohl sich der Vorfall außerhalb der Vereinigten Staaten zugetragen hatte, er innerhalb der Reichweite der amerikanischen Anti-Trust-Gesetze liege, wenn er amerikanische Ex- und Importe absichtlich beeinträchtige. In einigen Fällen haben solche Kartellrechtsanwendungen der Vereinigten Staaten starke Kritik hervorgerufen. Nie war die Kritik stärker als an einer Klage des Justizministeriums und Privatklagen, in denen ein Uranexportkartell nichtamerikanischer Gesellschaften verwickelt war. Das Kartell war mit Zustimmung ausländischer Regierungen gebildet. Im Hinblick auf drastische Überschüsse dieses Minerals verschärften die Vereinigten Staaten ihr Gesetz und verboten den Import von im Ausland produzierten Uran[10]. Teilweise als Reaktion auf die von der Westinghouse Corp. in den Vereinigten Staaten erhobene private Durchsetzungsklage erließ das britische Parlament 1980 ein Gesetz zum Schutz von Handelsinteressen (*Protection of Trading Interests Act*). Dieses Gesetz, das im Laker-Fall zur Anwendung kam, erlaubt dem britischen Innenminister, die Einhaltung von Verfügungen ausländischer Gerichte zu untersagen, wenn sie die Handelsinteressen Englands beeinträchtigen. Das gilt auch für Verfügungen, die die Erstellung von Urkunden oder in England belegenes Informationsmaterial erforderlich machen. Nach diesem Gesetz ist die britische Regierung auch berechtigt, die Vollstreckung jeder ausländischen Entscheidung auf mehrfachen Schadensersatz vor einem britischen Gericht zu blockieren; es erlaubt der einer solchen Entscheidung unterliegenden Partei, vor einem britischen Gericht auf Rückerstattung der über den wirklichen Schadensersatz hinauslaufenden Summe zu klagen.

Andere Länder haben ebenfalls Gesetze zur Nichtherausgabe von in ihrem Land belegenen Urkunden und Informationen erlassen. Das erste dieser Gesetze wurde 1947 von der kanadischen Provinz Ontario erlassen. Darüber hinaus haben jetzt England, Australien, Kanada, Frankreich, Neuseeland und die Philippinen derartige Gesetze erlassen[11].

Ausländische Frustration hat sich zweifellos durch die Unfähigkeit oder Weigerung der amerikanischen Verwaltung und Legislative erhöht, einige

7 *United States* v. *Sisal Sales Corp.*, 274 U.S. 268 (1927).

8 *American Banana Co.* v. *United Fruit Co.*, 213 U.S. 347 (1909).

9 148 F. 2d 416 (2d Cir. 1945).

10 Vgl. Kestenbaum, Antitrust's »Extraterritorial« Jurisdiction, 18 Stan. J. Int. L. 311, 319–326 (1982).

11 Vgl. Cira, The Challenge of Foreign Laws To Block American Antitrust Actions, 18 Stan. J. Int. L. 247, 248–260 (1982).

Antitrustfälle mit internationalen Verzweigungen zu kontrollieren. Außer dem Justizministerium und der Bundeshandelskommission (*Federal Trade Commission*) können Antitrustklagen von regionalen Bundesanklägern (US-Staatsanwälten), staatlichen oder örtlichen Anklägern und von Privatpersonen vorgebracht werden, jeder mehr oder weniger unabhängig vom Regierungseinfluß. Amerikanische Gerichte erfreuen sich traditionell auch einer starken Unabhängigkeit von der Exekutive. Eine deutliche Illustration bot eine jüngere Antitrustklage des Justizministeriums gegen die größte Gesellschaft des Landes, die American Telephone and Telegraph. Das Ministerium ersuchte das Gericht um Aussetzung des Verfahrens um 11 Monate, um auf eine gesetzliche Lösung der Strukturprobleme der Telefonindustrie hinzuarbeiten. Der Richter der ersten Instanz – zufällig derselbe, der jetzt den Laker-Fall verhandelt – lehnte den Regierungsantrag ab und führte die Verhandlung fort. Die darauf folgende Prozeßbeilegung führte zur größten Entflechtung in der Geschichte des amerikanischen Kartellrechts.

Die meisten amerikanischen Fälle, die exterritoriale Anwendung des Kartellrechts einschließen, sind nicht strittig. Unter anderem haben die Europäische Gemeinschaft, die Bundesrepublik Deutschland und Kanada zu einem gewissen Grade die Anwendung einheimischen Antitrustrechts gebilligt, um internationale Maßstäbe einzuhalten. Als Philip Morris (ein in Amerika beheimatetes multinationales Unternehmen) 50 % der Aktien der Rothman Tobacco Holdings Ltd. (eine britische Tochtergesellschaft eines in Südafrika beheimateten multinationalen Unternehmens) erwarb, griff das deutsche Bundeskartellamt ein, da jede der beiden multinationalen Unternehmen eine Tochtergesellschaft hatte, die Zigaretten in Deutschland produzierte und vertrieb (Martin Brinkmann AG und Philip Morris GmbH). Rund 45 % der Fusionsfälle, die vom deutschen Bundeskartellamt geprüft werden, betreffen Unternehmen internationaler Konzerne[12].

Wie ein kanadischer Kartellrechtsbeamter aufgezeigt hat, »stimmen die traditionellen territorialen Rechtsregeln nicht immer mit der Aufgabe überein, die Antitrustgesetze gegen beschränkende Geschäftspraktiken, die zunehmend im transnationalen Bereich liegen, durchzuführen«[13]. Wenn Länder ihren einheimischen Gesetzen gegen Gesellschaften mit internationalen Verbindungen keine Geltung verschaffen könnten, würde der Rechtsgrundsatz in der Tat schnell bedeutungslos werden.

12 Vgl. Markert, Anwendung der deutschen Fusionskontrolle auf Auslandszusammenschlüsse, in: Schwerpunkte des Kartellrechts, 1980/81, 91, 94 (1982).

13 Rede von Lawson Hunter, Assistant Deputy Minister des kanadischen Amts für Wettbewerbspolitik *(Canadian Bureau of Competition Policy)*, abgedruckt in Cira (Fn. 11), 18 Stan. J. Int. L. at 272.

D. Welche Bedeutung hat das Laker-Verfahren?

Die Laker-Kontroverse beruht, wie die meisten Streitigkeiten über die internationale Anwendung der Antitrustgesetze, auf Meinungsverschiedenheiten über wirtschaftliche Vorschriften. So lange wie diese unterschiedlichen politischen Auffassungen zwischen Ländern mit Handelsbeziehungen bestehen, werden Streitigkeiten immer wieder auftreten. Ein einmaliger Aspekt in dem Laker-Streit ist das Ausmaß, in dem private Kläger diesen Streit vor die Gerichte zweier Länder gebracht haben. Ein Gericht (mit Ausnahme eines internationalen Gerichts) hat die Aufgabe, die Gesetze seines Landes durchzusetzen. Gerichte sind und sollten nicht ermächtigt sein, Streitigkeiten zwischen den Nationen zu lösen. Auf kurze Sicht können wir nicht *mehr* von den amerikanischen Gerichten verlangen, als daß sie den amerikanischen Antitrustgesetzen, modifiziert durch das amerikanische Satzungsrecht oder durch internationale Abkommen, mit Rücksicht auf die Interessen anderer Nationen Geltung verschaffen. Wie auch immer der Ruf der amerikanischen Gerichte in der Vergangenheit gewesen sein mag, in dieser Beziehung sind Anzeichen der Änderung vorhanden; Entscheidungen wie *Mannington Mills Inc.* v. *Congoleum Corp.*[14] und *Timberlane Lumber Co.* v. *Bank of America*[15] empfehlen, daß die amerikanischen Gerichte zunächst die Interessen ausländischer Regierungen abwägen, bevor sie entscheiden, ob Übertretungen des amerikanischen Kartellrechts stattgefunden haben.

Von den britischen Gerichten ist zu erwarten, daß sie den Schutz des Handelsinteressengesetzes (*Protection of Trading Interests Act*) zur Geltung bringen, um die Interessen zu wahren, die das britische Parlament für am notwendigsten erachtet hat. Dieses Gesetz schreibt dem britischen Gericht jedoch nicht ausdrücklich vor, die Beteiligung an einem ausländischen Gerichtsverfahren zu untersagen. Die Entscheidung des britischen Berufungsgerichts würde, wenn das Oberhaus zustimmt, dem britischen Kläger (Laker) erlauben, das Verfahren gegen die amerikanischen und anderen nichtbritischen Beklagten in den USA mit der Auflage fortzusetzen, die beiden britischen Beklagten aus dem Verfahren zu entlassen. Diese Verordnung würde aller Wahrscheinlichkeit nach weder von den verbleibenden Beklagten noch von dem amerikanischen Gericht positiv aufgenommen werden. Auch würde diese Verordnung das amerikanische Justizministerium nicht davon abhalten, die Untersuchung der Anklage-Jury fortzuführen. Kurzum wird die Anordnung des britischen Gerichts die britischen Beklagten aus dem amerikanischen Verfahren nicht ausschließen können.

14 595 F. 2d 1287 (3d Cir. 1979).
15 549 F. 2d 597 (9th Cir. 1976).

Erhebliches Ärgernis würde erregt werden, wenn Gerichte eines Landes die Verfahren der Gerichte eines anderen Landes einfach aus dem Grunde untersagen, weil sie mit der jeweiligen Verfahrensweise nicht einverstanden sind. Die amerikanischen Gerichte könnten z. B. einzuwenden haben, daß die Beauftragung von jeweils zwei britischen Rechtsanwälten (*solicitors* und *barristers*) zu kostspielig ist oder daß die britische Methode nicht gerechtfertigt ist, die dem *Master of the Rolls* das Recht gibt, die anderen Richter der Richterbank zu ernennen. (In den Vereinigten Staaten werden die Berufungsrichter auf neutrale Weise gewählt.) Oder kehrt man einmal den Laker-Fall um, dann hätte der amerikanische Kongreß ein Gesetz erlassen, das es amerikanischen Prozeßparteien erschwert, sich vor einem britischen Gericht zu verteidigen; dies könnte für ein amerikanisches Gericht genügen, einer Partei die Verfolgung von amerikanischen Beklagten vor britischen Gerichten zu untersagen.

Außer der Anrufung der Gerichte gibt es andere Wege zur Lösung dieser internationalen Streitigkeiten. Die Interessen der Vereinigten Staaten und Großbritanniens zur Regelung des Flugverkehrs zwischen beiden Ländern sind vermutlich die gleichen. Bilaterale Abkommen, wie das Bermuda-II-Abkommen, geben den Ländern eine Möglichkeit, wirtschaftspolitische Probleme auf weitgehend gleichen Interessengebieten beizulegen. In diesem Fall hat das Abkommen die Frage der Anwendung amerikanischen Kartellrechts offensichtlich nicht zur Zufriedenheit beider Nationen gelöst. Wie auch immer der Laker-Streit ausgehen mag, er wird sicher Anstoß zu neuen Abkommen geben, die dieses Problem beilegen können.

In anderen Bereichen der internationalen Anwendung des Kartellrechts können mögliche Unstimmigkeiten dadurch vermieden werden, daß jedes Land seine Gesetze auf seine Gebiete beschränkt. Zum Beispiel hat das deutsche *Bundeskartellamt* Philip Morris' Erwerb von 50 % der Rothmans Tobacco-Anteile nur insoweit beschränkt, als es die in der Bundesrepublik operierenden Tochtergesellschaften betraf. Ein fast identisches Ergebnis wurde vom amerikanischen Justizministerium in einem 1970 erfolgten Zusammenschluß von zwei multinationalen Schweizer pharmazeutischen Firmen erzielt; die Schweizer Firmen stimmten zu, eine ihrer zwei amerikanischen Tochtergesellschaften aufzugeben, um jeden Verdacht einer ungesetzlichen Marktkonzentration in den Vereinigten Staaten zu vermeiden[16].

Ein ungelöster Fall, der sich mit Gebietsbeschränkungen befaßt, ist das Antitrustverfahren der Behörden der Europäischen Gemeinschaft gegen IBM. Wegen der extraterritorialen Wirkung außerhalb des Gebiets der Europäischen Gemeinschaft haben die Vereinigten Staaten gegen einen angekündigten Rechtsbehelf Einspruch erhoben, da dieses IBM zwingen würde, seinen

16 *United States* v. *CIBA Corp.*, 1970, Trade Cas. (CCH) 73,269 (S.D.N.Y.).

Konkurrenten gegenüber im voraus seine neuen Erzeugnisse offenzulegen, noch bevor IBM die Produkte auf den Markt bringen kann.

Fragen über Antitrustverfahren und Rechtsbehelfe werden natürlich leicht Ursprung von Reibereien bleiben. Eine Hauptquelle in dieser Beziehung, die amerikanische Privatklage auf dreifachen Schadensersatz, wird vom Justizministerium und dem amerikanischen Kongreß erneut geprüft. Es sind mehrere Gesetzesvorschläge eingebracht, nach denen einem Beklagten in einem privaten Antitrustverfahren das Recht zugesichert werden soll, Zuschüsse von anderen, an der gleichen ungesetzlichen Handlung verwickelten Personen zu erhalten. Wenn diese Gesetzgebung angenommen wird, würde zumindest einer der von den britischen Gerichten im Laker-Verfahren angeführten Punkte wegfallen.

Die Frage des mehrfachen Schadensersatzes bei Antitrustverfahren von Privatklägern wird in der amerikanischen Gesetzgebung wahrscheinlich schwieriger zu lösen sein. Wenn, wie viele amerikanische Beobachter meinen, der dreifache Schadensersatz Wettbewerber von Preisfestsetzungen und anderem illegalen Zusammenwirken abhält, ist es für die Vereinigten Staaten schwer, eine Ausnahme von diesem Rechtsbehelf nur aus dem Grunde zu machen, weil die Gesellschaft multinationale Reichweite hat. Eine solche Ausnahme würde eine Gesellschaft buchstäblich dazu einladen, die Gesetze durch Einrichtung von internationalen Niederlassungen oder durch Urkundenbewegung ins Ausland zu umgehen. Andererseits sind viele amerikanische Kritiker des dreifachen Schadensersatzprinzips der Auffassung, daß es in gewissen Fällen *übermäßig abschreckend* wirken mag und diese abschreckende Wirkung nicht durch den Wegfall des mehrfachen Schadensersatzes geschwächt würde. Bei der Entscheidung, welche Rechtsordnung für dieses Problem angemessen ist, kann der Kongreß die Belange ausländischer Regierungen abwägen.

Abgesehen von dem endgültigen Ausgang des Laker-Streites[17], scheint der Fall eine günstige Auswirkung zu haben: Wenn auch die Versuche, politische Unstimmigkeiten durch die Gerichte beizulegen, Eigensinnigkeiten demonstriert haben, so könnte es Politiker aller Länder anregen, ihre Gesetze und Verordnungen im Hinblick auf die Verringerung etwaiger zukünftiger Streitigkeiten auf ein Minimum zu überarbeiten.

17 Nach Abgabe des Manuskriptes hat das britische *House of Lords* am 19. Juli 1984 die Ansicht des Berufungsgerichts zurückgewiesen. Nach dieser Entscheidung darf Laker die Privatklage gegen die beiden britischen Beklagten vor dem amerikanischen Gericht fortführen.
Im November 1984 hat der amerikanische Präsident, auf Grund von „foreign policy"-Interessen, die Antitrustuntersuchung des Justizministeriums beendet.

Vereinheitlichung im internationalen Kartellrecht

Akira Shoda, Tokyo

A. Einleitung

Dieser Vortrag betrifft eines der schwierigsten Probleme des internationalen Wirtschaftsrechts, ein Problem, das bis heute in Wirklichkeit nicht gelöst worden ist. Es handelt sich eigentlich um ein Weltwirtschaftsverfassungsproblem, das von vielen Seiten aus wissenschaftlich angegangen werden sollte. Dabei kommt es vor allem darauf an, wie die freie und lautere Wettbewerbsordnung im Welthandel gewährleistet werden kann, um am freien Welthandel festzuhalten.

Wie der UN-Kodex zur Kontrolle wettbewerbsbeschränkender Praktiken von 1980 mit Recht erklärt hat, können wettbewerbsbeschränkende Geschäftspraktiken die Verwirklichung der Vorteile hemmen oder verhindern, die sich aus dem Abbau der Zollschranken und sonstiger Beschränkungen des internationalen Handels ergeben sollten. In dieser Hinsicht soll versucht werden, einen Weg für die Verwirklichung der freien und lauteren Wettbewerbsordnung im internationalen Handel zu finden.

Bei dieser Aufgabe ist von drei Prämissen auszugehen:

1. Die hier zu behandelnden Probleme beschränken sich auf den kartellrechtlichen Bereich, obwohl die einzelnen Staaten wenigstens ebenso häufig auf andere Weise, z. B. durch Zölle und sonstige Beschränkungen des Handels, den Welthandel oder den internationalen Handel störend beeinflussen. Solche Schranken zu beseitigen, ist als eine grundlegende Voraussetzung für die hier zu lösende Aufgabe anzusehen.

2. Ich werde mich streng an die juristische Fragestellung halten, mithin die Wettbewerbspolitik und Wirtschaftspolitik an sich beiseite lassen, dies mindestens versuchen.

3. Es wird darauf verzichtet, auf die Rechtsvergleichung einzelner Länder und die Untersuchung der Kartellrechte in einzelnen Ländern einzugehen. Wie später ausgeführt werden soll, ist die Kartellrechtsvergleichung eine wichtige Voraussetzung für die Lösung unserer Aufgabe. Dafür ist es unbe-

dingt nötig, die Kartellrechte der einzelnen Länder eingehend zu untersuchen. Weil aber bisher eine umfassende Kartellrechtsvergleichung selbst in Europa fehlt, müßte man diese Untersuchung eigentlich in erster Linie durchführen, um die wirkliche Situation der Kartellrechte in den einzelnen Ländern richtig zu begreifen. Dies ist hier nicht möglich. Soweit es für die Fragestellung nötig sein wird, werde ich aber auf den Inhalt des Kartellrechts in einem bestimmten Land kurz eingehen.

B. Welthandel und Wettbewerbsordnung

Es ist oft gefordert worden, daß eine freie und lautere Wettbewerbsordnung auf dem Weltmarkt gewährleistet werden sollte. Das ist sicher richtig, sofern ein Weltmarkt in Wirklichkeit als ein Markt zu funktionieren vermag und richtige Organe und ein brauchbares Verfahren geschaffen werden, um die Wettbewerbsordnung auf diesem Markt zu sichern und wettbewerbsbeschränkende Praktiken zu kontrollieren.

Wenn man den konkreten Welthandel genauer untersucht, ist es aber kaum möglich, wenigstens von juristischen Gesichtspunkten aus gesehen, einen funktionierenden Weltmarkt zu erkennen, der eine mit einem inländischen Markt vergleichbare Funktion hat und auf dem eine durch die zuständigen Organe kontrollierte freie und lautere Wettbewerbsordnung verwirklicht werden kann.

Trotz alledem spricht man nicht selten in den Ländern, die ein Kartellrecht haben, von »Weltmarkt« oder »internationalem Markt«, wenn ein wettbewerbsbeschränkendes Verhalten in Frage kommt.

Wenn zum Beispiel ein internationaler Kartellvertrag geschlossen wird, taucht die Frage auf, ob man einen internationalen Markt ins Auge fassen soll, der durch das Kartell seine Funktionsfähigkeit verlieren kann. Falls eine Fusion oder ein sonstiger Zusammenschluß von Unternehmen als marktbeherrschend auf einem Inlandsmarkt angesehen werden sollte, wird oft von den betroffenen Unternehmen betont, daß der Weltmarkt oder der internationale Markt berücksichtigt werden müßte, damit der Zusammenschluß der Unternehmen nicht mehr als marktbeherrschend bezeichnet werden muß. Ähnliches ist auch hinsichtlich inländischer Kartelle nicht selten von seiten der Industrie und auch aus politischer Sicht bemerkt worden.

Für solche Fälle sollte man von dem Rechtsgrundsatz ausgehen, daß sie immer als Angelegenheit des Binnenmarktes zu betrachten sind. Wie sich Wettbewerbsbeschränkungen auf ausländische Märkte auswirken, ist ein Problem der Kartellrechte anderer Länder. Der Schwerpunkt liegt immer darin, ob sich das Verhalten wettbewerbsbeschränkend auf einem Inlandsmarkt auswirkt, auch wenn es irgendeinen Einfluß auf die Auslandsmärkte hat oder als eine Gegenleistung ausländischen Unternehmen gegenüber angesehen werden kann.

Hinzu kommt ein Problem: Wenn ein inländisches Unternehmen mit einem oder mehreren ausländischen Unternehmen fusioniert, zum Beispiel durch die Bildung eines Gemeinschaftsunternehmens, kommt es zu einem Anwendungsproblem des Kartellgesetzes, weil auch die Macht des ausländischen Unternehmens berücksichtigt werden könnte, die aufgrund der Stellung auf dem ausländischen Markt entsteht. Ob und wie die Macht des ausländischen Unternehmens, das mit dem inländischen Unternehmen fusionieren wird, mitgerechnet werden sollte, wirkt sich auf die Entscheidung der zuständigen Behörde aus. Es wird gesagt, daß dies ein Problem des Weltmarktes oder internationalen Marktes sein könne, weil der zu betrachtende Markt erweitert worden ist. Ist der Markt, auf dem das betreffende ausländische Unternehmen tätig ist, mit zu berücksichtigen, so wird die Macht der zusammengeschlossenen Unternehmen für den Binnenmarkt schwächer zu veranschlagen sein. Darüber kommt es sicher leicht zu Auseinandersetzungen zwischen den betroffenen Unternehmen und der zuständigen Kartellbehörde.

Nach meiner Meinung steht dieses Problem nicht in Verbindung mit dem Weltmarkt oder dem internationalen Markt überhaupt. Es ist ein Problem der latenten Wettbewerbsfähigkeit der zusammengeschlossenen Unternehmen auf dem eigenen Markt, was als »rich parent«-Theorie schon in den USA entwikkelt worden ist. Die latente Wettbewerbsfähigkeit der an dem Zusammenschluß beteiligten Unternehmen richtig zu erkennen, ist eine schwierige Aufgabe für die Kartellbehörde. Aber die Kartellbehörde braucht immer nur die durch den Zusammenschluß entstehende Stellung des Unternehmens auf dem Binnenmarkt zu untersuchen. Auch in einem solchen Fall kann man keinen Grund dafür finden, daß der Begriff »Weltmarkt« oder »internationaler Markt« brauchbar oder nötig ist.

Ein weiteres Problem ist das Exportkartell, das nur im Ausland Wirkung hat. In den Kartellgesetzen vieler Länder ist das Exportkartell erlaubt, wenn es sich nur außerhalb des Geltungsbereichs des Kartellgesetzes auswirkt. Auch hier kommt es m. E. nur auf die Märkte der einzelnen Länder an, nicht aber auf den Weltmarkt oder den internationalen Markt.

Wie schon gezeigt, wird der Begriff »Weltmarkt« oder »internationaler Markt« sehr oft nur willkürlich gebraucht, um ein von der Industrie oder von der Kartellbehörde erstrebtes Ergebnis zu begründen. Wie weiter ausgeführt, ist ein freier Welthandel nicht notwendig mit einem Weltmarkt oder internationalen Markt verbunden, weil eine weltweite Wettbewerbsordnung auf dem sogenannten Weltmarkt oder internationalen Markt in Wirklichkeit nicht feststellbar ist und ein einheitlicher Markt nicht zu erkennen ist. Vielmehr steht der Welthandel in engem Zusammenhang mit der Wettbewerbsordnung und dem Kartellrecht der einzelnen Länder.

Aus juristischer Sicht ist vielmehr der Weltmarkt oder der internationale Markt nur als eine Sammlung der Märkte der einzelnen Länder anzusehen. Ist dies richtig, so bildet die freie und lautere Wettbewerbsordnung in den einzelnen Ländern allerdings die elementare Voraussetzung für den freien Handel.

Dies gilt auch für den Gemeinsamen Markt der EG. Ob er als ein internationaler oder übernationaler Markt funktioniert, hängt trotz der Vorschriften des EWG-Vertrages (Art. 85, 86) und ihrer Anwendung entscheidend von den einzelnen Ländern ab, und zwar davon, wieweit sie mögliche Wettbewerbsbeschränkungen wirksam verhindern. Die Verschiedenheit der nationalen Kartellgesetze und ihrer Anwendung hat bisher eine einheitliche Wettbewerbsordnung im Gemeinsamen Markt nicht entstehen lassen, zumal die Art. 85, 86 EWG-Vertrag die mit ihnen unvereinbare Anwendung von Gesetzen eines Mitgliedstaates nicht verhindern können. Die Kartellvorschriften des EWG-Vertrages sind nämlich nicht schlechthin auf den Gemeinsamen Markt anwendbar, sondern nur auf Vorgänge, die den *zwischenstaatlichen* Handel beeinflussen. Da der EWG-Vertrag und der von ihm geschaffene Gemeinsame Markt also nicht als ein einheitlicher und normal funktionierender Binnenmarkt angesehen werden können, fällt es noch immer schwer, eine freie Wettbewerbsordnung für den internationalen Handel wie eine Wettbewerbsordnung auf einem Inlandsmarkt festzustellen.

C. Die Bedeutung der Vereinheitlichung des Kartellrechts auf der internationalen Ebene

Wie die Erfahrung mit dem Gemeinsamen Markt zeigt, sollte eigentlich ein wettbewerbsbeschränkendes Verhalten in jedem Land gleichmäßig behandelt werden, wenn es gilt, internationale Wettbewerbsbeschränkungen zu unterbinden. Weil der Welthandel immer mit mindestens zwei Inlandsmärkten in Verbindung steht, könnte ein freier Handel gesichert werden, wenn die betreffenden Länder ein Verhalten auf ihren Märkten ausschließen, das und soweit es als wettbewerbsbeschränkend angesehen wird.

Aber wenn ein Verhalten in einem Land als wettbewerbsbeschränkend, also rechtswidrig, behandelt wird und gleichzeitig in einem anderen Land erlaubt ist, bleibt die Wettbewerbsbeschränkung in diesem Land bestehen und wird eine wettbewerbsbeschränkende Marktmacht auf dem Markt gebildet, die einen freien und lauteren internationalen Handel durch ihre Stellung auf dem Inlandsmarkt des einen Landes behindern kann.

Eine solche Situation muß vermieden werden, um die den internationalen Handel beschränkende Marktmacht zu beseitigen. Um dieses Ziel zu verwirklichen, ist es nötig, die Kartellgesetze der einzelnen Länder einander anzugleichen. Dies kann hier nicht geleistet werden; doch soll theoretisch untersucht werden, wie ein entsprechendes Arbeitsprogramm entwickelt werden kann.

Zuerst ist es unbedingt nötig, die Kartellrechte der einzelnen Länder in einer sachentsprechenden Weise zu untersuchen. Dabei ist so vorzugehen, daß nicht nur der Wortlaut der Gesetze untersucht und verglichen wird, sondern die wirkliche Anwendung und Verwirklichung des Rechts ermittelt wird. Jedes Land hat seine eigene Rechts- und Wirtschaftstradition, und die Rechtsgewohnheiten in jedem Land können deswegen auch verschieden sein. Bei gleichem Wortlaut haben Gesetze verschiedener Länder oft völlig unterschiedliche Bedeutungen.

Als Beispiel sei das *japanische* Kartellgesetz genannt. Wie schon bekannt ist, gibt es zwei verschiedene Regelungsprinzipien für Kartellverhalten, und zwar das *Verbots*prinzip und das *Mißbrauchs*prinzip. Im japanischen Kartellgesetz liest man, daß ein Verstoß »gegen das öffentliche Interesse« als Tatbestand des Kartells vorgesehen ist. Solche Bestimmungsweise kennzeichnet normalerweise ein typisches Mißbrauchsprinzip. Aber in der praktischen Anwendung des Gesetzes stellt man fest, daß dieser Tatbestand keineswegs wie bei einem Mißbrauchsprinzip funktioniert. In Japan werden Kartelle durch das Verbotsprinzip kontrolliert und als per se rechtswidrig behandelt, obwohl man nach dem Wortlaut des Gesetzes das Gegenteil erwartet.

Die Kartellrechtsvergleichung müßte also vom Inhalt der Gesetze und ihrer wirklichen Anwendung her angegangen werden, nicht nur vom Wortlaut her. Was in einem Land *praktiziert* wird, ist entscheidend. Die Untersuchung über die Praxis der Kartellgesetze könnte überdies Anlaß dafür sein, eine Auseinandersetzung um die formelle Rechtsangleichung zu vermeiden.

Um die Kartellgesetze der einzelnen Länder einander anzugleichen, ist ein konkreter Anlaß dafür sehr wichtig. Es ist sehr leicht, nur zu sagen, daß eine solche Rechtsangleichung nötig ist. Aber dies kann keine Rolle spielen. Darüber hinaus haben wir klare Bestimmungen in der EG. Wir müssen also feststellen, wie die Kartellrechtsangleichung auf EG-Ebene sich entwickelt. Der EWG-Vertrag hat die Errichtung eines Systems vorgeschrieben, das den Wettbewerb innerhalb des Gemeinsamen Marktes vor Verfälschungen schützt (Art. 3 Buchst. f.). Weiter findet man im EWG-Vertrag Vorschriften über die Rechtsangleichung (Art. 100ff.), die ein effektiver Grund für die Kartellrechtsangleichung sein könnten.

Trotz des Vorhandenseins dieser Vorschriften und der von außen ähnlich aussehenden Kartellgesetzgebungen können wir in der *Praxis* der EG nicht viel finden. Die materiellen Kartellrechtsordnungen in den einzelnen Mitgliedstaaten weisen viele Verschiedenheiten in verschiedenster Hinsicht auf. Die Wirtschaftspolitik in den Mitgliedstaaten wirkt vielfältig und intensiv auf die Verwirklichung des Kartellgesetzes ein. Darüber hinaus kann man feststellen, daß die kartellrechtlichen Regelungen selbst und ihre Praxis höchst unterschiedlich sind. Die Vorschriften über Kartelle zum Beispiel folgen zum Teil dem Verbotsprinzip, zum Teil dem Mißbrauchsprinzip. Ein Teil der Mitgliedstaaten hat Vorschriften über die Fusionskontrolle, ein anderer Teil dagegen nicht. In vielen Ländern der EG geben die Regelungen gegen Kartelle, Mißbrauch einer marktbeherrschenden Stellung oder Zusammenschluß der Unternehmen die Möglichkeit, die Anwendung der Gesetze durch eine Generalklausel politisch zu beeinflussen und manchmal der Politik den Vorrang einzuräumen. In anderen Ländern werden die Gesetze ohne wesentlichen Einfluß der Politiker verwirklicht.

So kann man feststellen, daß die Kartellrechtsangleichung selbst innerhalb der EG mindestens bis jetzt noch nicht gelungen ist, ja sie noch nicht einmal ernsthaft begonnen hat, obwohl sie von Anfang an vorgesehen war. Im übrigen sei auf den Beitrag von Immenga verwiesen.

Weiterhin spielt der Kartell-Kodex der Vereinten Nationen von 1980 (*Kodex multilateral gebilligter Grundsätze und Regeln zur Kontrolle wettbewerbsbeschränkender Geschäftspraktiken*) eine Rolle für unser Problem. Dieser Kodex ist als eine Generalversammlungsresolution verabschiedet, die eine Empfehlungsfunktion gegenüber der Gesetzgebung und der Rechtsanwendung in den einzelnen Ländern hat. In dem Kodex ist vorgesehen, daß die Staaten auf nationaler Ebene oder durch regionale Gruppierungen zur Kontrolle wettbewerbsbeschränkender Geschäftspraktiken, einschließlich derer transnationaler Gesellschaften, geeignete Gesetze verabschieden, verbessern und durchsetzen und angemessene Gerichts- und Verwaltungsverfahren einrichten (Art. E. 1. des Kodex).

Weil der Kartell-Kodex, wie gesagt, nur eine Empfehlungsfunktion hat und deswegen unverbindlich ist, kann man ihn sachlich nicht als eine Mindestnorm oder Musternorm für die nationalen Rechte bezeichnen. Vielmehr hat der Kodex die Entwicklung von Mustergesetzen gegen wettbewerbsbeschränkende Geschäftspraktiken im Bereich der UNCTAD vorgesehen (Art. F. 5 des Kodex) und es ihr überlassen, ein oder mehrere Mustergesetze aufgrund des Kodex herauszubringen.

Dennoch läßt sich vielleicht sagen, daß der Kodex inhaltlich Kartellrechtsrichtlinien auf Weltebene zeigt und auch Anlaß für die Kartellrechtsangleichung sein könnte. Namentlich könnte der die Unternehmen betreffende materielle Inhalt des Kartell-Kodex als eine Grundlage für die Kartellrechtsangleichung einige Rolle spielen, aber nur in dem Bereich, für den er Mindestprinzipien für die Kartellgesetzgebung aufzeigt.

Wenn man aber den Inhalt der materiellen Vorschrift des Kodex genauer untersucht, stellt man fest, daß der Kodex nicht überall einen materiellen Inhalt hat, der theoretisch oder praktisch mit den in vielen Ländern inzwischen verwirklichten und erreichten Vorschriften vergleichbar ist. Der Kodex hat eine *»rule of reason«* in die Vorschriften gegen Kartelle eingeführt, indem er als Voraussetzung für ein Kartellverbot bestimmt, daß das Kartell ungerechtfertigt sein muß. Dieses Prinzip gilt mittlerweile in vielen Ländern als überholt, und viele Staaten haben ein echtes Verbotsprinzip gegen Kartelle ohne den Vorbehalt der *»rule of reason«*. Es fehlen zudem in dem Kodex sowohl die Fusionskontrolle als auch die Kontrolle vertikaler Wettbewerbsbehinderungen, die ich von dem normalerweise in Deutschland und der EG gebrauchten Begriff »vertikale Wettbewerbsbeschränkung« unterscheiden möchte.

Den Ländern, die schon verhältnismäßig strengere Vorschriften gegen Wettbewerbsbeschränkungen haben, könnte der Kodex einen Vorwand geben, ihre eigenen Vorschriften gegen Wettbewerbsbeschränkungen und deren Anwendung zu mildern, falls der Kodex inhaltlich als ein Muster der Kartellgesetze für die einzelnen Länder angesehen würde. Dennoch spielt er andererseits für die Länder, die noch kein Kartellgesetz oder nur ein unzureichendes Kartellgesetz haben, eine Rolle als Ansatzpunkt für die neue Gesetzgebung oder die verstärkte Novellierung der Gesetze.

Ob der Einfluß des Kodex auf die Kartellrechtsangleichung einiges bewirken kann, hängt aber immer davon ab, wie die einzelnen Länder, einschließlich der Entwicklungsländer, ihn für die wirkliche Entwicklung des Kartellrechts im eigenen Land benutzen werden. Hierin zeigt sich deutlich die Empfehlungsfunktion des Kartell-Kodex.

Außerdem enthält der Kodex Vorschriften, die den zwischenstaatlichen Austausch von Informationen und die Zusammenarbeit auf internationaler Ebene betreffen. Als einer der Grundsätze und Regeln für die Staaten ist vorgeschrieben, daß die Staaten öffentlich zugängliche Informationen und, soweit mit ihren Gesetzen und der Gerichts- und Verwaltungspraxis vereinbar, auch andere Informationen übermitteln, die der interessierte Empfängerstaat für die Kontrolle wettbewerbsbeschränkender Geschäftspraktiken benötigt. Auch sind in dem Kodex einige Vorschriften über die Zusammenarbeit zwischen den Ländern enthalten. Davon sind zwei Regelungen wichtig: Erstens die Vorschrift über die Konsultation in Art. F. 4. des Kodex und zweitens die Vorschrift über die Fortsetzung der Arbeit zur Entwicklung eines oder mehrerer Mustergesetze gegen wettbewerbsbeschränkende Geschäftspraktiken in Art. F. 5. des Kodex.

Obwohl der Kodex, wie gesagt, nur eine Empfehlungsfunktion hat und dadurch unverbindlich ist, hat er schon deswegen einen gewissen Wert, weil er als UN-Generalversammlungsresolution die Richtung dahin gehend festlegt, daß der internationale Informationsaustausch und die Zusammenarbeit zwischen den Ländern dazu dienen sollen, die Kontrolle wettbewerbsbeschränkender Geschäftspraktiken zu verwirklichen. Diese Richtung könnte für die Angleichung der Kartellgesetze in einzelnen Ländern einige Wirkung haben. Durch den Informationsaustausch können sich die betreffenden Länder miteinander darüber verständigen, was in dem anderen Land praktiziert wird, damit die Rechtsangleichung zwischen den betreffenden Ländern erleichtert wird, besonders wenn sie dadurch bei der Kontrolle wettbewerbsbeschränkender Praktiken Erfolg haben.

Weiter hat ein Informationsaustausch eine noch größere Bedeutung, wenn er zwischen den Ländern vor sich geht, deren Kartellgesetze sich nicht wesentlich unterscheiden und bei denen auch keine wesentliche Differenz in ihrer Anwendung vorliegt. Dann besteht praktisch kein Rechtsangleichungsproblem, sondern es ergibt sich eine effektive Zusammenarbeit zwischen den Ländern.

Ähnliches gilt auch für die »Konsultation« zwischen den Ländern. Man kann annehmen, daß durch die Konsultation zwischen den Ländern ein Verständnis zwischen diesen und dadurch teilweise eine Zusammenarbeit ermöglicht werden kann. Solche Ergebnisse sind selbstverständlich wünschenswert, aber der Kodex kann sie nicht erzwingen. Man muß also abwarten, wie sich dieses Programm des Kodex in der Wirklichkeit bewähren wird.

Daß der Kodex unverbindlich ist, macht es gewiß schwieriger, diejenigen seiner Ziele zu verwirklichen, die auf die Kartellrechtsangleichung gerichtet sind. Jedenfalls reicht die von ihm vorgesehene Möglichkeit, zwischen den Staaten Materialien auszutauschen und Konsultationen durchzuführen, nicht aus, um die Kartellrechte anzugleichen und darüber hinaus die Kartellrechte auf weltweiter Ebene zu vereinheitlichen.

Dies gilt auch für den Vertrag zwischen Deutschland und den USA. Dieser Vertrag hat jedoch einen Fortschritt in der Zusammenarbeit zwischen beiden Ländern gebracht, indem er durch die Festlegung der Methoden über die Zusammenarbeit der beiden Staaten die praktischen Untersuchungen, den Informationsaustausch und die Beratung zwischen den Kartellbehörden in den beiden Ländern fördert. Wie er sich in der Praxis bewährt, ist offen. Aber mit dem Abkommen zwischen den USA und Australien zusammen zeigt er eine Richtung oder einen Weg zur kartellrechtlichen Zusammenarbeit, obwohl er über den Bereich des Informationsaustausches und der Konsultation nicht hinausgeht.

Daß im Kodex die Entwicklung eines oder mehrerer Mustergesetze gegen wettbewerbsbeschränkende Geschäftspraktiken vorgesehen ist, kann sicher einen Weg zur Kartellrechtsangleichung weisen. Wie er beschritten wird, hängt aber noch von der Zukunft ab. Wir müssen die Entwicklung sehr sorgfältig beobachten und vor allem untersuchen, welchen Inhalt und welche Wirkung ein Mustergesetz haben soll. Dessen Inhalt und Wirkung wird dann eingehend zu diskutieren sein.

Trotz alledem ist ein ausreichendes Mustergesetz nicht zu erwarten, wenn es nur nach dem Wortlaut des Gesetzes auf der UNCTAD-Ebene entwickelt werden sollte. Wie schon erwähnt, ist die Praxis des Kartellrechts als entscheidendes Element für die Untersuchung der Kartellrechte anzusehen, nicht der Wortlaut. Angesichts der vielen Länder, die kartellrechtlich sehr unterschiedliche Systeme haben, ließe sich ein einheitliches Recht allein nach dem Wortlaut eines Mustergesetzes nicht herausbilden, abgesehen davon, daß die wirkliche Situation der kartellrechtlichen Gegebenheit hierbei nicht wesentlich berücksichtigt werden könnte.

D. Vorschlag für ein spezielles Kartellrechtsabkommen zwischen zwei oder mehreren Ländern

Nach unseren vielseitigen Erfahrungen und Untersuchungen dürfte klar geworden sein, daß es unmöglich oder fast unmöglich ist, die Wettbewerbsordnung auf dem sog. Weltmarkt oder internationalen Markt auf unmittelbare Weise frei und lauter zu halten oder auch nur die Kartellgesetze der einzelnen Länder in irgendeiner Weise unmittelbar anzugleichen, obwohl man das sehr oft als eines der wichtigsten Ziele des Kartellrechts ansieht.

Den Wettbewerb auf dem sogenannten Weltmarkt oder internationalen Markt zu ordnen oder zu kontrollieren, halte ich mindestens in der jetzigen Situation für unvorstellbar. Vielmehr befürworte ich die Bestrebung, die Kartellrechte anzugleichen. Dennoch ist sehr schwer zu sagen, wie die Kartellrechtsangleichung verwirklicht werden kann und wo man den nötigen Anhaltspunkt dafür finden kann. Für die EG hätte der EWG-Vertrag eigentlich eine wichtige Rolle zu spielen, um die Kartellrechte der Mitgliedstaaten anzugleichen. Trotzdem ist in Wirklichkeit selbst auf der EG-Ebene diese Angleichung nicht verwirklicht worden. Deshalb kann man annehmen, daß die Kartellrechtsangleichung allgemein als eine erfolglose Bestrebung, besonders außerhalb der EG, anzusehen ist, weil sie selbst aufgrund des verbindlichen internationalen Vertrages nicht verwirklicht worden ist.

Man muß wohl feststellen, daß eine Zusammenarbeit zwischen zwei oder mehreren Ländern – hierfür möchte ich auch die Rechtsangleichung als eine Art von Zusammenarbeit ansehen – fast unmöglich ist, wenn keines der betroffenen Länder ein Bedürfnis dafür verspürt, mit dem anderen Land oder anderen Ländern zusammenzuarbeiten. Ein lediglich vertraglich fixiertes »Sollen« spielt besonders bei solcher internationaler Zusammenarbeit keine Rolle.

In den Ländern, die ein effektives Kartellgesetz haben, stoßen die Kartellbehörden oder die Gerichte auf Schwierigkeiten, wenn wettbewerbsbeschränkende Praktiken von einem oder mehreren ausländischen Unternehmen allein oder zusammen mit den inländischen Unternehmen angewandt werden. In solchen Fällen ist es für die Behörde sehr schwierig, durch ein Vorgehen gegen das ausländische Unternehmen diese Praktiken zu beseitigen. Hier kommen z. B. ein internationales Kartell, ein Exportkartell in einem Land, das sich gegen einen oder mehrere ausländische Märkte richtet, der Erwerb eines inländischen Unternehmens durch ein ausländisches Unternehmen in verschiedener Weise, eine Preisbindung oder sonstige Bindungen der inländischen Unternehmen durch ausländische Unternehmen usw. in Frage. Es ist immer sehr problematisch, ob und wie eine staatliche Kartellbehörde gegen die im Binnenmarkt wettbewerbsbeschränkend wirkenden Praktiken der ausländischen Unternehmen ermittelt und einschreitet.

Einmal kommt die sog. extraterritoriale Anwendung des Kartellgesetzes, wie schon Grimes hier (oben S. 179 ff.) festgestellt hat, in Betracht. Diese Frage sei ihm weiter überlassen. M. E. ist jedoch eine extraterritoriale Anwendung des Kartellgesetzes mindestens im rechtlichen Sinne nicht möglich, obwohl ich zugebe, daß man darüber streiten kann. Bis jetzt ist eine solche Anwendung des Kartellgesetzes nur geschehen, wenn der anwendende Staat eine verhältnismäßig starke Stellung gegenüber dem ausländischen Unternehmen hatte und das Unternehmen befürchten mußte, daß Gegenmaßnahmen seitens des Staats ergriffen würden, wenn es den Anforderungen des Staates nicht Folge leisten würde, obwohl rechtlich kein Grund dafür erkennbar ist.

Nach meiner Meinung können es nur internationale Verträge zwischen zwei oder mehreren Ländern ermöglichen, eine den Wettbewerb auf dem Binnenmarkt beschränkende Praxis ausländischer Unternehmen im Ausland zu kontrollieren. Wenn sich das ausländische Unternehmen nicht wettbewerbsbeschränkend auf seinem eigenen Markt verhalten hat, kann die Kartellbehörde in diesem Staat seine Tätigkeit nicht kontrollieren, obwohl das Verhalten auf einem Auslandsmarkt eine wettbewerbsbeschränkende Wirkung hat. Rechtlich ist dies ein Grundprinzip.

Dennoch wäre es möglich, ein solches Verhalten durch die inländische Behörde kontrollieren zu lassen, wenn diese Kontrollmaßnahme durch einen internationalen Vertrag ermöglicht wird. Wenn ein internationaler Vertrag zwischen zwei oder mehreren Staaten abgeschlossen wird und durch den Vertrag die Vertragspartner gegenseitig verpflichtet werden, auf dem Markt des anderen Vertragspartners wettbewerbsbeschränkende Praktiken der inländischen Unternehmen aufgrund des Antrags eines Vertragspartners zu kontrollieren, so könnte doch ein anderes Land diese Praktiken der Unternehmen kontrollieren, um die Wettbewerbsbeschränkung auf einem Markt durch die ausländischen Unternehmen zu beseitigen, ohne die Souveränität des betreffenden Landes zu beschränken und dem rechtlichen Grundprinzip zu widersprechen.

Es dürfte aber sehr schwer sein, einen solchen Vertrag auf der politischen Ebene zu verwirklichen. Dennoch ist die Notwendigkeit für solche internationale Verträge besonders in den Ländern, die ein inhaltlich gleiches Kartellrecht haben und es durchführen wollen, durchaus festzustellen. Zwischen solchen Ländern wenigstens sollten und könnten diese speziellen internationalen Verträge abgeschlossen werden.

Dann könnten sich andere Staaten diesem Vertrag oder diesen Verträgen anschließen. Darum wäre es notwendig, das eigene Kartellrecht in der Praxis dem Kartellrecht des Vertragspartners anzugleichen. Als weiterer Schritt folgt sodann die kartellrechtliche Zusammenarbeit und mit ihr zusammen die Kartellrechtsangleichung.

Der von mir genannte spezielle internationale Vertrag könnte so der erste und realistische Schritt zur Vereinheitlichung im internationalen Kartellrecht sein, und man könnte sich vorstellen, daß dies der einzige Weg ist, um mit der Lösung dieses gewaltigen Problems zu beginnen.

Grundsätze extraterritorialer Anwendung des Kartellrechtes nach deutschem Recht und europäischem Gemeinschaftsrecht

Ulrich Immenga, Göttingen

I. Einführung

In Zeiten sich intensivierender internationaler Handelsbeziehungen wirkt die extraterritoriale Anwendung nationalen Wirtschaftsrechts störend. Konflikte zwischen Staaten und Rechtsordnungen werden unvermeidlich[1]. In diesem Zusammenhang wird insbesondere auf das Kartellrecht verwiesen. Der mit ihm verfolgte Anspruch, auch internationale Sachverhalte zu regeln, soweit sie sich auf das Inland auswirken, gerät leicht in den Verdacht nationaler Überheblichkeit. Abwehrlinien werden aufgebaut. Extraterritoriale Auswirkungen sollen abgeblockt werden[2].

Der deutsche Beitrag zu diesem Problemkreis sieht sich vor der Schwierigkeit, daß in einem weit ausgefächerten Schrifttum Grund- und Einzelfragen diskutiert werden, wobei sicher nicht immer ein alle Seiten befriedigender Konsens entstanden ist. Es ist jedoch ein gewisser Klärungsprozeß in Gang gekommen, da eine Reihe von kartellbehördlichen und gerichtlichen Entscheidungen sich mit der Reichweite internationaler Anwendung deutschen Kartellrechts auseinandersetzen mußte. Die Praxis wurde insbesondere mit den Wirkungen der erst 1973 in das Gesetz gegen Wettbewerbsbeschränkungen (GWB) aufgenommenen Fusionskontrolle befaßt. Die hiermit verbundenen Fragen haben die zunächst eher akademisch dahinfließende Diskussion in ein hektischeres Fahrwasser gebracht. Mit der Fallpraxis soll sich dieser Beitrag im wesentlichen befassen. Sicher ist hieraus noch keine eindeutige rule of law entstanden. Die Entscheidungsgründe befassen sich jedoch mit allen wesentlichen Ansätzen und drücken die wichtigsten zum deutschen Recht entwickel-

1 U. Hübner, Die methodische Entwicklung des internationalen Wirtschaftsrechts, 1980, 7f.; Rosenthal/Knighton, National Laws and International Commerce, London 1982, 1ff.

2 Hübner (Fn. 1), 10.

ten Auffassungen aus. Es geht um die Grenzen des im deutschen Recht weit formulierten Auswirkungsprinzips. Es heißt ausdrücklich in § 98 II GWB, daß dieses Gesetz auf alle Wettbewerbsbeschränkungen Anwendung findet, die sich im Geltungsbereich dieses Gesetzes auswirken, auch wenn sie außerhalb des Geltungsbereichs dieses Gesetzes veranlaßt werden. Diese Norm ist zwingendes Recht und kann bei fehlender Inlandsauswirkung nicht vereinbart werden[3]. Sie enthält eine erschöpfende Regelung, da sie sich auf das Kartellprivat-, -verwaltungs- und -ordnungswidrigkeitenrecht bezieht und insoweit andere Kollisionsnormen verdrängt[4].

Das europäische Gemeinschaftsrecht gibt keine normative Antwort auf die Frage, unter welchen Voraussetzungen die Wettbewerbsregeln in Art. 85, 86 EWGV auf Sachverhalte mit Auslandsberührung anzuwenden sind. Gleichwohl ist der Praxis der Kommission wie in Ansätzen auch der Rechtsprechung des Europäischen Gerichtshofes zu entnehmen, daß auf das Auswirkungsprinzip abgestellt wird. Die Diskussion weist daher eine gewisse Parallelität, wie generell in Kartellrechtsfragen, zu der in Deutschland auf. Ausgesprochen illustrative Entscheidungen hat es jedoch nicht gegeben. Sicher wirkt der größere Wirtschaftsraum sich hier aus. Im übrigen wird sich das um Gemeinsamkeit ringende Gemeinschaftsrecht eher zu einer gewissen Zurückhaltung gegenüber dem Anspruch auf extraterritoriale Anwendung bekennen als ein nationales Recht.

II. DIE ENTSCHEIDUNG IM FALL PHILIPP MORRIS/ROTHMANS

Gegenwärtig steht ein 1982 vom *Bundeskartellamt* entschiedener Auslandszusammenschluß im Mittelpunkt der Diskussion, der allerdings noch nicht rechtskräftig ist[5]. Die Anschaulichkeit wird dadurch gesteigert, daß es sich um einen Vorgang auf dem allgemein bekannten Zigarettenmarkt handelt. Philipp Morris Incorporated, die in Deutschland in der Philipp Morris GmbH eine hundertprozentige Tochtergesellschaft hat, erwarb von der südafrikanischen Rembrandt Group 50 % des Kapitals und der Stimmrechte der Rothmans Tobacco Holdings Ltd., die ihrerseits die Rothmans International beherrscht, die wiederum in der Martin Brinkmann AG eine hundertprozentige deutsche Tochtergesellschaft hat. Im Ergebnis haben sich damit ausländische Muttergesellschaften mit deutschen Tochterunternehmen zusammengeschlossen. Das

3 REHBINDER, in: IMMENGA/MESTMÄCKER, Kommentar zum Kartellgesetz, 1981, § 98 II Rdnr. 241 m. w. N.

4 Ganz h. L., vgl. KEGEL, Internationales Privatrecht, 4. Aufl. 1977, 528f.; REHBINDER (Fn. 3), § 98 II Rdnr. 246ff. m. w. N.

5 *BKartA* WuW/E 1943 (»Philipp Morris – Rothmans«).

Bundeskartellamt teilte den beteiligten Regierungen der USA, Großbritanniens und Südafrikas mit, daß eine Untersagung des Zusammenschlusses erwogen werde. Materiell-rechtlich wurde die ausgesprochene Untersagung auf die Verstärkung eines marktbeherrschenden Oligopols der auf dem deutschen Zigarettenmarkt tätigen Unternehmen gestützt. Im einzelnen wurden schwierige Fragen im Hinblick auf einen noch wirksamen Binnenwettbewerb zwischen den Oligopolisten aufgeworfen, die hier jedoch nicht weiter interessieren (vgl. § 23 a II GWB).

Für unseren Sachzusammenhang ist bedeutsam, daß das Bundeskartellamt sich ausdrücklich mit der extraterritorialen Wirkung seines Beschlusses auseinandersetzte. Zunächst konnte die Kartellbehörde sich auf die bereits zitierte Kollisionsnorm des § 98 II GWB beziehen, wobei mit Recht darauf hingewiesen wurde, daß das Auswirkungsprinzip als völkerrechtlich anerkannt gelten kann[6]. Hieraus ergab sich zugleich die Zuständigkeit der Behörde gegenüber ausländischen Unternehmen. Bemerkenswert ist, daß die Entscheidungsgründe sich unmittelbar anschließend auf völkerrechtliche Eingrenzungen des Auswirkungsprinzips beziehen. Genannt wird das Verbot der Einmischung in die inneren Angelegenheiten anderer Staaten sowie das völkerrechtliche Mißbrauchsverbot.

Für die Anwendbarkeit des völkerrechtlichen Einmischungsverbotes[7] wird davon ausgegangen, daß es ohnehin nur in extremen Fällen in Betracht käme. Außerdem wurde darauf hingewiesen, daß das Nichteinmischungsprinzip nicht die Berücksichtigung der Interessen ausländischer natürlicher und privater juristischer Personen gestatte, da diese keine durch das Einmischungsverbot geschützten Völkerrechtssubjekte darstellten. Die Kartellbehörde definiert daher das völkerrechtliche Einmischungsverbot in Übereinstimmung mit der Lehre in der Weise, daß es nur relevant werde, wenn die Interessen fremder Staaten an der Durchführung eines Zusammenschlusses das deutsche Interesse an dessen Untersagung erheblich überwiegen. Es kann hier nur darauf hingewiesen werden, daß mit dieser Formulierung ein Abwägungsprinzip durchklingt, das dem im US-amerikanischen Extraterritorialitätsrecht bedeutsamen Gedanken der comity nahekommt[8]. Auf der Grundlage des kartellbehördlichen Verständnisses des Einmischungsverbotes konnte der Republik Südafrika entgegengehalten werden, daß sie lediglich die Vermögensinteressen südafrikanischer Staatsangehöriger und Unternehmen schütze. Ein wirtschaftspolitisches Interesse war nicht bezeichnet worden.

6 Ausführlich REHBINDER (Fn. 3), § 98 II Rdnr. 19, 27 ff.; *MünchKomm*/IMMENGA, nach Art. 12 EGBGB Anh. 4 Rdnr. 20 ff.

7 Hierzu grundsätzlich MEESSEN, Völkerrechtliche Grundsätze des internationalen Kartellrechts, 1975, 199 ff.

8 Zu diesem Ansatz vgl. TURNER, WuW 1982, 5 ff.; GERBER, The American Journal of International Law 77 (1983), 756, 781 ff.

Auch das anschließend erörterte Mißbrauchsverbot kann nur als grober Maßstab angesehen werden. Hiernach dürfen Staaten Auslandssachverhalte bei einem starken Mißverhältnis zwischen dem eigenen Regelungsinteresse und dem durch die Regelung dem anderen Staat zugefügten Nachteil nicht erfassen[9]. Das Bundeskartellamt wies bei diesem Ausgangspunkt zunächst auf das erhebliche Gewicht der durch den Zusammenschluß zu erwartenden Wettbewerbsbeschränkung hin. Das bereits bestehende enge Oligopol von fünf Unternehmen, die 98 % des Marktes beliefern, würde auf vier Unternehmen verengt. Außerdem könnten die Inlandsauswirkungen des Zusammenschlusses leicht beseitigt werden, ohne daß der Zusammenschluß als Ganzes in Frage gestellt werde. Demgegenüber war behauptet worden, daß für die Beteiligten die geplante Unternehmensverbindung insbesondere für den deutschen Markt bedeutsam und unerläßlich sei. Diese Aussage wertete das Bundeskartellamt jedoch dahin, daß die Inlandsauswirkungen wesentliches Ziel des Zusammenschlusses gewesen seien. Die ebenfalls von den Beteiligten angeführte mittelbare Berührung der Interessen des herrschenden Unternehmens wurde unter dem Gesichtspunkt des Mißbrauchsverbotes nicht als relevant angesehen.

Kollisionsrechtliche Überlegungen, die zusätzlich zu den völkerrechtlichen Eingrenzungen genannt werden, finden sich erst im Zusammenhang mit der Prüfung der Reichweite des Zusammenschlusses. Hierzu wird in der Literatur diskutiert, ob unter Durchbrechung des Grundsatzes einer vollständigen Untersagung eines Zusammenschlusses im Kartellrecht bei Sachverhalten wie im gegebenen Fall ausnahmsweise eine Teiluntersagung durchgeführt werden kann[10]. Das Bundeskartellamt hält eine derartige Ausnahme jedoch rechtlich für nicht möglich, da sie keine hinreichende Rechtsgrundlage für das anzuschließende Auflösungsverfahren bieten könne. Für das systematische Verständnis des Untersagungsrechts ist der Hinweis beachtlich, daß die Untersagung selbst keinen rechtsgestaltenden Charakter habe. Hiermit dürfte die zivilrechtliche Wirksamkeit bezeichnet sein[11]. Auch aus diesem Grunde sei eine Teiluntersagung kollisionsrechtlich nicht geboten. Eine kollisionsrechtliche Beschränkung wird jedoch mit dem Hinweis eingeführt, daß im Rahmen der Auflösung des untersagten Zusammenschlusses allein die Beseitigung der inländischen Wettbewerbsbeschränkungen in Betracht komme.

Das Kammergericht hat diese Grundsatzentscheidung des Bundeskartellamtes im wesentlichen bestätigt[12]. In einem wichtigen Punkt kommt es jedoch zu

9 Rehbinder (Fn. 3), § 98 II Rdnr. 29 m. w. N.

10 Nachw. bei *MünchKomm*-Immenga, nach Art. 12 EGBGB Anh. 4 Rdnr. 61.

11 Hierzu Mestmäcker, in: Immenga/Mestmäcker, Kommentar zum Kartellgesetz 1981, § 24 Rdnr. 161 ff.

12 Kurznachricht in WuW 1983, 524.

einem anderen Ergebnis: das Gericht spricht sich für eine Teiluntersagung aus, da die Untersagung selbst deutlich auf die Inlandswirkungen eingegrenzt werden müsse. Ausdrücklich wurde vermerkt, daß Grundsätze des Völkerrechts dieser Auffassung nicht entgegenstünden. Zur Zeit der Abfassung dieses Artikels liegen die Entscheidungsgründe des Kammergerichtes noch nicht vor, so daß die Gründe für die im Hinblick auf den Umfang der Untersagung abweichende Auffassung hier nicht diskutiert werden können. Insbesondere bleibt offen, wie in den Fällen vorgegangen werden kann, in denen ein Zusammenschluß nicht, wie im Fall Philipp Morris/Rothmans, teilbar erscheint.

Diese Auseinandersetzung mit völkerrechtlichen und kollisionsrechtlichen Eingrenzungen des Auswirkungsprinzips ist zumindest seitens der Kartellbehörde nicht selbstverständlich und gewinnt daher in der grundsätzlichen Bestätigung durch das Kammergericht besondere Bedeutung. 1980 hatte das *Bundeskartellamt* einen Auslandszusammenschluß beurteilt, der in Frankreich zwischen der Tochtergesellschaft eines deutschen Unternehmens (Bayer France) und der Tochtergesellschaft eines US-amerikanischen Unternehmens (Firestone France) vollzogen werden sollte[13]. Betroffen war der Markt für synthetische Kautschuke, auf dem die Bayer AG Deutschland als Muttergesellschaft von Bayer France bereits mit 39,5 % eine nach den Vermutungskriterien des § 22 III Nr. 1 GWB marktbeherrschende Stellung hatte. Durch den Zusammenschluß mußten dieser Marktstellung die Lieferungen von Firestone France in die Bundesrepublik in Höhe von weniger als 1 % zugerechnet werden. Das Kartellamt sah darin eine für die Untersagung hinreichende Verstärkung der marktbeherrschenden Stellung, wobei allerdings außerdem auf den Gewinn zusätzlicher Kapazität im Ausland bei gleichzeitigem Wegfall eines potentiellen Wettbewerbers hingewiesen wurde.

Die Auslandsberührung dieses Zusammenschlusses wurde nicht erwähnt. Das vermerkte das *Kammergericht,* als es bereits aus verfahrensrechtlichen Gründen die Entscheidung des Bundeskartellamtes aufhob[14]. Der Beschluß sei nicht ausreichend begründet gewesen. Der Zusammenschluß habe sein Schwergewicht im Ausland gehabt, so daß sich die Frage nach völkerrechtlichen Schranken des Auswirkungsprinzips und der Untersagung aufgedrängt hätten. In einem weiteren Beschluß ließ das Kammergericht den Vollzug des Auslandszusammenschlusses durch einstweilige Anordnung zu und wies auch hier auf erhebliche Zweifel an der materiellen Begründetheit der Kartellamtsentscheidung hin[15]. Es wurde unterstrichen, daß die wettbewerbsbeschränkende Wirkung im Inland lediglich gering sei, während die zuständige franzö-

13 *BKartA* WuW/E 1837 (»Bayer France – Firestone France«).
14 *KG Berlin* WuW/E OLG 2411 (»Synthetischer Kautschuk I«).
15 *KG Berlin* WuW/E OLG 2419 (»Synthetischer Kautschuk II«).

sische Rechtsordnung den Zusammenschluß billige und die französischen Behörden ihn unter wirtschafts- und sozialpolitischen Gesichtspunkten begrüßten.

III. Konkretisierungen der Inlandsauswirkung

Die wiedergegebene Rechtspraxis hat gezeigt, daß die Bemühungen, eine uferlose Ausdehnung des Anwendungsbereichs des Auswirkungsprinzips zu verhindern, insbesondere im Rückgriff auf völkerrechtliche Grundsätze erfolgen. Darüber hinaus wird kollisionsrechtlich argumentiert. In methodischer Nähe zu diesem Ansatz liegen die konkretisierenden Aussagen zum Inhalt des Auswirkungsprinzips. Auch auf diesem Wege werden Einschränkungen sichtbar, die wiederum von der Fallpraxis formuliert und illustriert sind.

Der *Bundesgerichtshof* hat zur Bestimmung der Inlandsauswirkung i. S. d. § 98 II GWB darauf abgestellt, ob der Schutzbereich der jeweilig anzuwendenden Sachnorm im Inland verletzt ist[16]. Die sich hieraus ergebenden Abstufungen werden in einer neueren Entscheidung in besonderer Weise deutlich[17]. Zu beurteilen war, ob ein Auslandszusammenschluß bei der deutschen Kartellbehörde anzuzeigen war. Diese Anzeigepflicht besteht nach deutschem Kartellrecht für alle vollzogenen Zusammenschlüsse und kann selbständig von der Kartellbehörde durchgesetzt werden (vgl. § 23 I GWB). Eine Untersagung des Zusammenschlusses kann nur erfolgen, wenn hierdurch eine marktbeherrschende Stellung entsteht oder verstärkt wird (§ 24 I GWB).

Der Zusammenschluß wurde durch die Tochtergesellschaft eines deutschen Unternehmens durchgeführt, die einen besonderen Geschäftsbereich einer US-amerikanischen Firma erwarb. Die Anteile der deutschen Muttergesellschaft auf dem deutschen Markt wurden für die maßgeblichen Produkte mit 4,4 % bzw. 3,5 % angegeben. Durch den Zusammenschluß wurden diese Anteile um 0,14 % bzw. 0,23 % erhöht. Bei diesem Sachverhalt stellte sich die Frage nach einer relevanten Inlandsauswirkung in aller Schärfe.

Das Gericht wandte die bereits von Vorentscheidungen und in der Literatur entwickelte Lehre vom Schutzzweck der Norm an[18]. Danach kommt es nicht nur auf eine Verletzung des Schutzzweckes des GWB im allgemeinen, d. h. auf die Beeinflussung der Wettbewerbsverhältnisse, an. Es können vielmehr nur solche Folgen auslandsbezogener Wettbewerbsbeschränkungen als Inlandsauswirkung angesehen werden, die den Schutzbereich der jeweiligen Sachnorm im Inland verletzen. Zur Anwendung dieses Grundsatzes mußte

16 WuW/E BGH 1276 (»Ölfeldrohre«).

17 WuW/E BGH 1613 (»Organische Pigmente«) = BGHZ 74, 322; s. a. Immenga (Fn. 6), Rdnr. 27f.

zunächst der Schutzbereich der betreffenden Sachnorm ermittelt werden. In Frage stand, ob die Untersagungsmöglichkeit nach § 24 I GWB als maßgebende Sachnorm anzusehen war, da nur diese eine materiell-rechtliche Regelung trifft. Die Rechtsbeschwerde hatte darauf abgestellt, daß die Anzeigepflicht nach § 23 GWB lediglich der Erleichterung zur Durchsetzung der materiellen Fusionskontrolle diene. Der Bundesgerichtshof bezeichnete die Anzeigepflicht jedoch als selbständig gegenüber den materiellen Anforderungen an die Untersagungsmöglichkeit. Dazu wurde insbesondere darauf hingewiesen, daß auch Zusammenschlüsse anzuzeigen sind, die aufgrund ihrer absoluten Größenverhältnisse und ihrer wettbewerblichen Bedeutung auf dem Markt die Gefahr einer Beeinträchtigung der Wettbewerbsfreiheit herbeiführen könnten. Dann konnte es für die Verpflichtung zur Anzeige nicht darauf ankommen, ob überhaupt eine Untersagungsmöglichkeit für den betreffenden Zusammenschluß in Betracht kam. Die Anzeigepflicht wird mit anderen Worten zur selbständigen Sachnorm. Hiervon ausgehend, hat das Gericht für den vorliegenden Fall die Relevanz des Schutzzweckes bejaht. Die Marktanteilserhöhungen seien zwar nicht hoch, der Fusionsvorgang wirke sich jedoch unmittelbar auf die Wettbewerbsverhältnisse auf dem relevanten Inlandsmarkt aus und führe außerdem für den Erwerber zu einem Zugang zu dem qualifizierten Know-how des Veräußerers, was die Wettbewerbsposition verändere.

Als Folge der Lehre von der Maßgeblichkeit des Schutzzweckes der Norm zur Bestimmung der Inlandsauswirkung ergeben sich für den Anwendungsbereich der Zusammenschlußkontrolle deutliche Abstufungen. Für die Anzeigepflicht nach § 23 I GWB hat die hier wiedergegebene BGH-Entscheidung gezeigt, daß minimale Auswirkungen auf den deutschen Markt bereits zur Anwendung dieser Norm führen. Der Schutzzweck der Anzeigepflicht muß auch die Frage entscheiden, ob die die Anzeigepflicht auslösenden Kriterien im Inland oder Ausland erfüllt sein müssen[19]. Geht man mit dem *BGH* von einer unmittelbar spürbaren Inlandsauswirkung aus, so muß der Marktanteil von mindestens 20 % im Inland gegeben sein. Die nach § 23 I GWB relevanten Umsätze und Beschäftigten der beteiligten Unternehmen im Ausland sind mitzurechnen, denn die Anzeigepflicht knüpft an eine qualifizierte, abstrakte Gefahr an. Diese absoluten Größenkriterien sollen die Ressourcenstärke der Beteiligten kennzeichnen, da hiervon das Wettbewerbsverhalten bestimmt werden kann[20].

Von der Anzeigepflicht ist die Anmeldepflicht von Zusammenschlußvorhaben zu unterscheiden, die zu einer präventiven Fusionskontrolle führt (§ 24a

18 Ausführlicher Überblick bei Rehbinder (Fn. 3), § 98 II Rdnr. 59ff.

19 Hierzu Autenrieth, Die grenzüberschreitende Fusionskontrolle in Theorie und Praxis, 1982, 77ff.

20 So auch Langen, Kommentar zum Kartellgesetz, 6. Aufl. 1982, § 98 Rz. 60.

GWB). Die Anmeldepflicht entsteht, wenn ein beteiligtes Unternehmen 2 Mrd. DM Umsätze oder mindestens zwei Unternehmen Umsätze von je 1 Mrd. DM aufweisen. Auch hier werden Auslandsumsätze einzubeziehen sein. Für die Schutzzwecklehre bedeutsam ist das für das Zusammenschlußvorhaben geltende Vollzugsverbot vor Ablauf einer Frist von insgesamt vier Monaten (vgl. § 24 a IV GWB). Damit werden die Interessen der Zusammenschlußpartner deutlich stärker berührt als durch eine Anzeigepflicht. Begründung ist die von Großunternehmen ausgehende höhere Wettbewerbsgefährdung[21]. Folglich muß hier eine höhere Spürbarkeitsschwelle für die Feststellung einer Inlandsauswirkung angenommen werden. In Anlehnung an andere Gefährdungsnormen (vgl. § 23 a I Nr. 1 a GWB) kann an einen Marktanteil von 5 % gedacht werden[22].

Die Diskussion hierzu ist sicher noch nicht abgeschlossen. Für die Praxis ist jedoch bedeutsam, daß auf Weisung des Bundeswirtschaftsministers das Bundeskartellamt bei einem Auslandszusammenschluß den Beteiligten sofort Mitteilung zu machen hat, wenn bereits aufgrund der Anmeldung feststeht, daß eine Untersagung nicht erfolgen wird.

Die Untersagung als stärkster Eingriff im Rahmen der Zusammenschlußkontrolle kann auch erfolgen, wenn der Zusammenschluß im Ausland vollzogen wird[23]. Die erforderliche Inlandsauswirkung ergibt sich hier entsprechend den gesetzlichen Kriterien aus der Erwartung und nicht nur aus der Eignung einer strukturellen Verschlechterung der Wettbewerbsbedingungen im Inland. Für die Feststellung einer marktbeherrschenden Stellung, die durch den Zusammenschluß entsteht oder verstärkt wird, kommt es selbstverständlich allein auf den Inlandsmarkt an. Soweit bei konglomeraten Unternehmensverbindungen unter Anwendung der Ressourcenbetrachtung auch die Finanzkraft in die Beurteilung einbezogen wird (vgl. § 22 I Nr. 2 GWB), muß diese nicht bei einem inländischen Unternehmen gegeben sein. Die erforderliche, deutliche Verbindung zum Inland kann jedoch nur angenommen werden, wenn es sich um die direkte oder indirekte Beteiligung eines inländischen Unternehmens handelt[24].

Auf die problematische Reichweite einer Untersagungsverfügung wurde bereits anhand des Philipp Morris/Rothmans-Falles eingegangen. Die Frage der Teiluntersagung bleibt danach kontrovers. Die neuere Diskussion erstreckt sich auf die Bedeutung der Schutzzwecklehre für die Auflösung von

21 MESTMÄCKER (Fn. 11), vor § 23 Rdnr. 85.

22 MARKERT, Die Anwendung der deutschen Fusionskontrolle auf Zusammenschlüsse mit und zwischen ausländischen Unternehmen, in: Schwerpunkte des Kartellrechts, 1980/81, 1982, 91, 114.

23 Vgl. bereits den »Philipp Morris – Rothmans«-Fall, WuW/E BKartA 1943; MESTMÄCKER (Fn. 11), vor § 23 Rdnr. 72.

24 Ausführlich hierzu EBENROTH/AUTENRIETH, BB 1981, 16, 23 ff.

Auslandszusammenschlüssen im Anschluß an eine Untersagungsentscheidung[25]. Im Vordergrund steht hier die Frage, mit welchen Mitteln die wettbewerbsbeschränkende Veränderung der Marktstruktur zu beseitigen ist. Eine Entflechtungsanordnung kann vermögens- oder kapitalbezogen sein. Außerdem kommt eine Ausgliederung eines Geschäftsbereiches auf eine neu zu gründende Tochtergesellschaft in Betracht, deren Aktien zu verteilen sind[26].

Die Lehre von der Berücksichtigung des Schutzzweckes der Norm führt auch außerhalb der Zusammenschlußkontrolle zu entsprechenden Abstufungen der Inlandsauswirkung für die einzelnen Sachnormen. Soweit es sich um Eingriffstatbestände handelt, die an tatsächliche Wettbewerbsbeschränkungen und Beeinträchtigungen der Wettbewerbsfreiheit Dritter anknüpfen, wie z. B. bei der Mißbrauchsaufsicht über marktbeherrschende Unternehmen nach § 22 GWB, ist die tatsächliche Auswirkung auf den inländischen Markt maßgeblich. Entsprechend gilt für Gefährdungstatbestände, daß, wie für das Kartellverbot nach § 1 GWB, die Eignung zur Beeinflussung der inländischen Marktverhältnisse genügt[27].

Die Ansätze zur Begrenzung des Auswirkungsprinzips enden jedoch nicht mit der Konkretisierung anhand des Schutzzweckes der jeweils zur Anwendung berufenen Sachnorm. Auch soweit danach eine Auswirkung bejaht wird, wird unter kollisionsrechtlichen Gesichtspunkten diskutiert, welche allgemeineren Kriterien herangezogen werden können. Es wird auf die Tatsächlichkeit, die Unmittelbarkeit und die Spürbarkeit der Inlandsauswirkung abgestellt[28]. Konsens besteht hier nur, daß die Inlandsauswirkung spürbar sein muß[29]. Das erscheint auch unter dem Gesichtspunkt des völkerrechtlichen Mißbrauchsverbotes erforderlich. Im übrigen werden sich kaum generelle Aussagen machen lassen, da auf die jeweiligen im Einzelfall zu beurteilenden Sachverhalte abzustellen sein wird.

IV. Verfahrensfragen

Das von der extraterritorialen Wirkung des Kartellrechts ausgehende internationale Konfliktpotential äußert sich unmittelbar im Verfahrensbereich. Hier kann kein systematischer Überblick über die maßgeblichen Fragen gegeben werden[30], sie lassen sich jedoch an wichtigen Einzelfragen verdeutlichen.

25 Schmidt/Preuss, Grenzen internationaler Unternehmensakquisition, 1983.
26 Schmidt/Preuss, (Fn. 25), 15 ff.
27 Rehbinder (Fn. 3), § 98 II Rdnr. 66 f.
28 Überblick bei *MünchKomm*/Immenga, nach Art. 12 EGBGB Anh. 4 Rdnr. 31 ff.
29 Insbesondere *BGH* WUW/E BGH 1613, 1615 (»Organische Pigmente«).
30 Hierzu Rehbinder (Fn. 3), § 98 II Rdnr. 281 ff.

Ermittlungen im Ausland scheitern am Territorialitätsprinzip. Das gilt zweifelsfrei bei hoheitlichen Maßnahmen mit Zwangscharakter. Insoweit muß der Weg der Rechtshilfe beschritten werden[31]. Darüber hinaus wird man auch Ermittlungen als völkerrechtswidrig ansehen müssen, die nicht hoheitlich sind und ohne Zwang durchgeführt werden können, da es um die Vorbereitung eines Hoheitsaktes im Inland geht[32].

Damit ist die Möglichkeit von Interessengegensätzen jedoch nicht beseitigt. Darf z. B. das *Bundeskartellamt* ein ausländisches Unternehmen auf der Grundlage des Auskunftsrechts nach § 46 GWB auffordern, Auskünfte zu erteilen oder in seinem Besitz befindliche Dokumente vorzulegen? Das wird man unter Völkerrechtsgesichtspunkten bejahen können; allerdings ist ein derartiges Ersuchen wegen des Territorialitätsprinzips nicht durchsetzbar[33]. Andere Konstellationen, aber auch verschärfte Interessengegensätze ergeben sich bei internationalen Konzernen. Von einer inländischen Tochtergesellschaft eines ausländischen Unternehmens wird man die Vorlage von Unterlagen, die sich im Ausland befinden, nur dann verlangen können, wenn diese Unterlagen an sich in den Geschäftsbereich der Tochtergesellschaft gehören. Da grundsätzlich eine inländische Tochtergesellschaft nicht über die wirtschaftlichen Verhältnisse der ausländischen Konzerngesellschaften befragt werden kann[34], gilt auch für die Vorlage von Dokumenten im Inland, daß diese sich lediglich auf die wirtschaftlichen Verhältnisse der Tochtergesellschaft beziehen dürfen[35].

Probleme der Zustellung entstehen regelmäßig bei der Durchführung von Verwaltungsverfahren, d. h. bei Untersagungen. In dem oben dargestellten Verfahren des Bundeskartellamtes zum Zusammenschluß Bayer France und Firestone France hat das *Kammergericht* im Hinblick auf eine nicht erfolgte Zustellung mit Recht darauf hingewiesen, daß an die ausländischen Beteiligten durch Bekanntmachung im Bundesanzeiger hätte zugestellt werden können[36]. Diese besondere Form der öffentlichen Zustellung ergibt sich bereits aus dem Verweis des GWB (§ 57 I GWB) auf das Verwaltungszustellungsgesetz. Im Unterschied zum europäischen Recht kann jedoch eine ausländische Gesellschaft nicht durch Zustellung an eine inländische Tochtergesellschaft erreicht

31 Rehbinder (Fn. 3), § 98 II Rdnr. 340ff.

32 H. M., Nachw. bei Rehbinder (Fn. 3), § 98 II Rdnr. 340; a. A. insbesondere Stockmann, WuW 1975, 246ff.

33 H. M., vgl. Schwartz, Deutsches internationales Kartellrecht, 2. Aufl. 1968, 271. Zur Gegenmeinung siehe Tercier, RabelsZ 1972, 341, 349ff.

34 *KG Berlin* WuW/E 1961, 1964 (»Flugunion«); Rehbinder (Fn. 3), § 98 II Rdnr. 331; umstritten a. A. Langen (Fn. 20), § 46 Rz. 11.

35 Rehbinder (Fn. 3), § 98 II Rdnr. 329 m. w. N.

36 *KG Berlin* WuW/E OLG 2411, 2416 (»Synthetischer Kautschuk I«).

werden[37]. Die formale Bedeutung der Zustellung steht dem entgegen. Mängel der Zustellung werden daher auch nicht dadurch geheilt, daß der Beteiligte eine Verfügung formlos erhält oder sonst von ihr Kenntnis nehmen kann[38]. Ein anderer Weg kann bei Zustellungen im Kartellzivilprozeß erfolgen, da hier der Weg der Rechtshilfe über das Haager Übereinkommen vom 15. 11. 1965 im Verhältnis zu zahlreichen Industriestaaten zur Verfügung steht[39].

V. Zum internationalen Anwendungsbereich des europäischen Kartellrechts

Es besteht heute weitgehender Konsens, daß das europäische Gemeinschaftsrecht als ungeschriebene Kollisionsnorm für das Kartellrecht das Auswirkungsprinzip enthält[40]. Dieser Rechtssatz wird einem Völkergewohnheitsrecht entnommen, das es jedem Staat erlaube, Tatbestände zu normieren, die eine Beziehung zu seinem Territorium aufweisen. Dieses objektive Territorialitätsprinzip soll auch die Jurisdiktion der Gemeinschaft begründen[41].

Die Diskussion um den internationalen Anwendungsbereich des Gemeinschaftsrechtes erreichte ihren Höhepunkt, als vor dem *EuGH* der 1972 entschiedene Farbstoff-Fall zur Verhandlung anstand[42]. Zu beurteilen waren koordinierte Preiserhöhungen, die im EG-Ausland unter Beteiligung von Unternehmen mit Sitz im EG-Ausland abgesprochen worden waren. Die Absprache war durch Tochtergesellschaften der Gesprächsteilnehmer in der EG durchgesetzt worden. Die *Kommission* hatte sich eindeutig, allerdings ohne nähere Begründung, zum Auswirkungsprinzip bekannt. Diese Rechtsauffassung war von der Kommission nicht zum ersten Mal vertreten worden[43]. Außerdem konnte sie einem obiter dictum des *EuGH* entnommen werden, in dem ausdrücklich auf die Wirkungen innerhalb des Gemeinsamen Marktes abgestellt wurde[44]. Gleichwohl wurde das Auswirkungsprinzip von den im EG-Ausland ansässigen Unternehmen heftig bestritten. Insbesondere wurde ein entsprechendes Völkergewohnheitsrecht abgelehnt. Demgegenüber begründete Generalanwalt Mayras in dem Verfahren vor dem Gerichtshof ausführlich und auch heute noch häufig zitiert den ungeschriebenen Anspruch

37 Kersten, WuW 1979, 721, 730.

38 Rehbinder (Fn. 3), § 98 II Rdnr. 321.

39 Hierzu Kegel (Fn. 4), 105; in Kraft seit 26. 6. 1979, BGBl. II, S. 780.

40 Langen (Fn. 20), § 98 Rz. EG 69 ff. m. w. N.

41 Barack/Boaz, The Application of the Competition Rules (Antitrust Law) of the European Economic Community, Antwerpen, Boston, London, Frankfurt, 1981, 98 ff.

42 Slg. 1972, 664 = WuW/E EWG/MUV 269, 276.

43 Vgl. Entscheidung der Kommission v. 11. 3. 1964, ABl v. 9. 4. 1964, S. 995 f. = WuW/E EV 90 (»Grosfillex«).

44 Rs. »Béguelin Import Co.«, Slg. 1971, 949, 959 = WuW/E EWG/MUV 227.

der Gemeinschaft, auf ihrem Territorium sich auswirkende Beschränkungen des Wettbewerbs zu erfassen[45].

Der *Gerichtshof* hat seine Entscheidung allerdings in ganz anderer Weise begründet. Es wurde ausschließlich darauf abgestellt, daß die nicht in der EG ansässigen Unternehmen durch ihre Tochtergesellschaften innerhalb des Gemeinsamen Marktes gehandelt hätten, so daß ein Rückgriff auf das Auswirkungsprinzip nicht mehr erforderlich wurde. Damit war die Theorie der wirtschaftlichen Einheit geboren, die bei der Anwendung des Kartellrechts auf internationale Konzerne den Verzicht auf die Anwendung des Auswirkungsprinzips ermöglichte[46].

Die *Kommission* hat ihre Rechtsauffassung verschiedentlich bekräftigen können[47]. Im 6. Bericht über die Wettbewerbspolitik hat sie ihre Auffassung niedergelegt: »Diese (die Wirkungstheorie) besagt im weitesten Sinne, daß die Behörden gegen Wettbewerbsbeschränkungen, die sich auf das ihrer Jurisdiktion unterstellte Gebiet auswirken, vorgehen können, selbst wenn die fraglichen Unternehmen außerhalb dieses Gebietes ansässig sind oder tätig werden, ausländische Staatsangehörigkeit haben, keine Beziehungen zu dem betreffenden Gebiet unterhalten und ihrer Tätigkeit die Rechtsform eines fremdem Recht unterliegenden Abkommens geben.«[48]

Die das deutsche Recht beherrschende Frage nach den Eingrenzungen des objektiven Territorialitätsprinzips hat in der Rechtspraxis zum Gemeinschaftsrecht bisher keine Rolle gespielt. Die hiermit verbundenen Fragen sind sicher noch nicht entscheidungserheblich geworden. Diese Sachlage dürfte darin begründet sein, daß die Kommission tatsächlich nur selten auf das Auswirkungsprinzip zurückzugreifen braucht. Sie kann häufig auch bei Sachverhalten mit Auslandsberührung eine aktive Beteiligung an wettbewerbsbeschränkenden Praktiken durch Tochtergesellschaften von Auslandsunternehmen innerhalb des Gebietes der Gemeinschaft feststellen, so daß es bei dem Konzept von der wirtschaftlichen Einheit, das vom *EuGH* im Farbstoff-Fall bestätigt worden war, sein Bewenden hat. Die Kommission führt die praktische Bedeutung dieses Ansatzes sicher mit Recht darauf zurück, daß es sich bei dem Gemeinsamen Markt um ein weites und bedeutendes Wirtschaftsgebiet handele, wodurch internationale Großunternehmen zur Gründung von Produktions- oder Vertriebsgesellschaften im Gemeinsamen Markt veranlaßt werden[49].

45 *EuGH*, Slg. 1972, 669, 693.

46 Vgl. *EuGH*, Slg. 1972, 664f.; ausführlich Barack (Fn. 41), 40ff.; ferner *EuGH*, Slg. 1974, S. 223 = WuW/E EWG/MUV 315 (»Zoja«).

47 Vgl. 2. EG-Bericht über die Wettbewerbspolitik 1973, 27, 32f.; Bekanntmachung der Kommission, ABl. C 111 v. 21. 11. 1972, S. 13.

48 6. Bericht über die Wettbewerbspolitik, 1977, 33.

49 11. Bericht über die Wettbewerbspolitik, 1982, 40.

Lediglich in einem Verfahren vor dem *EuGH* wurde seitens der Kommission auf eine inhaltliche Konkretisierung des Auswirkungsprinzips hingewiesen, da unmittelbare und sofortige, hinreichend vorhersehbare und erhebliche Auswirkungen verlangt werden[50]. Diese Kriterien gehen auf das *American Law Institute* zurück[51] und haben bereits in dem Farbenherstellerverfahren vor dem *EuGH* eine Rolle gespielt. Nach Äußerungen aus der Kommission werden die genannten Eingrenzungen auch zukünftig als maßgeblich angesehen[52]. Ausformungen in der Praxis bleiben abzuwarten.

Bemerkenswert ist, daß nach europäischem Gemeinschaftsrecht das Konzept der wirtschaftlichen Einheit von Unternehmen auch für die Zustellung von Entscheidungen in Anspruch genommen worden ist. Die Zustellung an eine von der ausländischen Muttergesellschaft kontrollierte und an der Wettbewerbsbeschränkung beteiligte inländische Tochtergesellschaft wird als ausreichend angesehen[53]. Diese nicht unproblematische Praxis ist sicher dadurch zu erklären, daß das Gemeinschaftsrecht keine detaillierten Regelungen über die Zustellung im Ausland enthält. Außerdem wird der Charakter der Zustellung vom *EuGH* weniger formal als nach deutschem Recht gesehen[54].

VI. Ausblick

Die hier skizzierte extraterritoriale Anwendung des Kartellrechtes bleibt in den Konturen undeutlich. Unsicherheiten bestehen über Reichweiten und Eingrenzungen. Sie lassen sich mit abstrakten Formeln lediglich umschreiben, aber kaum in subsumtionsfähiger Weise konkretisieren. Deutlich ist jedoch der mit dem Territorialitätsprinzip verbundene Anspruch in den hier untersuchten Rechtsordnungen. Das daraus folgende Konfliktpotential ist sicher nicht zu vernachlässigen. Das wird durch das noch nicht abgeschlossene Verfahren der *EG-Kommission* gegen *IBM* illustriert. Es geht um den Vorwurf des Mißbrauchs einer marktbeherrschenden Stellung (vgl. Art. 86 EWGV), da IBM keine hinreichenden Informationen über die eigene Produktionsentwicklung gebe und damit europäischen Unternehmen die Möglichkeit nehme, die erforderlichen Anschlußgeräte herzustellen. Die US-amerikanische Regierung hat in einer diplomatischen Note die Kommission davon unterrichtet, daß nach einer zwischenzeitlichen Entscheidung festgestellt worden sei, daß die Geschäftspolitik von IBM nicht gegen das amerikanische Antitrustrecht ver-

50 Slg. 1974, 223, 230 = WuW/E EWG/MUV 315 (»Zoja«).

51 Hierzu Mestmäcker, Europäisches Wettbewerbsrecht, 1974, 152.

52 So Barack (Fn. 41), 121.

53 »Farbenhersteller«-Fall, Slg. 1972, 656; WuW/E EWG/MUV 315 (»Zoja«); Langen (Fn. 20), § 98 Rz. EG 77.

54 Rehbinder (Fn. 3), § 98 II Rdnr. 321 m. w. N.

stoße. In der Note wird hervorgehoben, daß die Vereinigten Staaten aufgrund des Verfahrens der Kommission eigene Interessen als wesentlich berührt ansehen. IBM selbst verlangt, unter Berücksichtigung des Grundsatzes der »comity of nations« das Verfahren einzustellen[55]. In der deutschen Praxis extraterritorialer Rechtsanwendung zeigt die Entscheidung im Fall Philipp Morris/Rothmans exemplarisch, welche Interessengegensätze zu lösen sind.

In internationalen Kartellrechtsverfahren geht es i. d. R. nicht unmittelbar um einen Gegensatz zu staatlichen Interessen. Die Erfahrung lehrt jedoch, daß in wirtschaftlich bedeutenden Fällen Regierungen bereit sind, sich mit den Interessen der in ihrem Land ansässigen Unternehmen zu identifizieren. Das noch laufende Verfahren gegen IBM ist ein eindeutiger Beleg. Bereits 1955 hatte sich ein britisches Gericht dagegen gewandt, daß einem britischen Unternehmen im Rahmen eines amerikanischen Antitrustverfahrens Patentlizenzen entzogen werden sollten[56]. Vorläufiger Höhepunkt in der Entwicklung staatlicher Interessenwahrnehmung zu Gunsten inländischer Unternehmen sind die sogenannten *blocking statutes.* Sie wurden in verschiedenen Ländern erlassen, um es inländischen Unternehmen zu verbieten, ausländische Verfügungen zu verfolgen, die inländische Handelsinteressen beeinträchtigen[57]. Mit diesen Gegenbewegungen wird dem territorialen Verständnis des Auswirkungsprinzipes das Personalstatut entgegengesetzt. Die Neigung, Interessenkonflikte auf diesem Wege zu bereinigen, ist verständlich. Die Verschärfung von Konflikten ist damit jedoch vorgezeichnet.

Diese politische Dimension extraterritorialer Rechtsanwendung muß vor der Annahme bewahren, daß eine rechtliche Lösung möglich ist. Sie kann nicht in den *blocking statutes* gesehen werden, die lediglich einen negativen Beitrag leisten und eine ausschließlich nationale Lösung darstellen. Auch ein völkerrechtlicher Konsens über Inhalt und Reichweite des Auswirkungsprinzips erscheint kaum möglich. Denkbar wäre es zwar, an die erwähnten Kriterien des *American Law Institute* anzuknüpfen. Ein Lösungsvorschlag wurde ferner von der *International Law Association* 1972 auf ihrer 55. Konferenz unterbreitet[58]. Doch ein Blick auf die im internationalen Vergleich bereits konzeptionell so unterschiedlichen Kartellgesetze läßt ein gemeinsames Regelungsinteresse als äußerst unwahrscheinlich erscheinen.

55 Darstellung des Falles bei Rosenthal/Knighton (Fn. 1), 38 ff.

56 Hierzu Grossfeld, Praxis des internationalen Privat- und Wirtschaftsrechts, 1975, 119 ff.; Autenrieth (Fn. 19), 66.

57 *Großbritannien:* Protection of Trading Interests Act vom 20. 3. 1980 (Halsbury's Current Statutes Services. Issue No. 77, S. 305 ff.); *Australien:* Foreign Antitrust Judgements (Restriction of Enforcement) Act von 1979 (Harv. Int'L. J. 20 (1979), 663 ff.); *Frankreich:* Gesetz Nr. 80–538 vom 16. 7. 1980 (J. O. v. 17. 7. 1980, S. 1799); *Kanada:* Gesetzesentwurf eines Foreign Proceedings and Judgements Bill vom 11. 7. 1980 (vgl. WuW 1980, 640).

58 Hierzu Grossfeld (Fn. 55), 121.

Realistisch kann auf die politische Dimension nur politisch geantwortet werden. Wege hierfür sind vorgezeichnet. Die *Vereinten Nationen* haben 1980 einen Kodex zur Kontrolle wettbewerbsbeschränkender Praktiken erlassen[59]. Hier sind im Zusammenhang mit empfohlenen internationalen Maßnahmen auch Konsultationen vorgesehen. Sie sollten sich nicht auf Verfolgungsinteressen beschränken, sondern zum Ausgleich nationaler Interessen benutzt werden. Dieses Verfahren ist in den *OECD*-Leitsätzen für multinationale Unternehmen auf dem Gebiet des Wettbewerbs angelegt[60]. Ferner können die von den *USA* mit *Deutschland*[61] und mit *Australien*[62] abgeschlossenen bilateralen Abkommen ein Forum für die Verdeutlichung der berührten Interessen abgeben. Es ist Gegenstand des deutsch-amerikanischen Abkommens, daß die Vertragsparteien sich konsultieren und abstimmen, wenn die Anwendung der Kartellgesetze geeignet ist, wichtige Interessen einer Vertragspartei zu beeinträchtigen (Art. 4 II). Nur auf diesem Wege erscheint es denkbar, daß langfristig das völkerrechtliche Abwägungsprinzip der »comity of nations« durch wechselseitige Rücksichtnahme konkreten, und damit auch die Rechtssicherheit fördernden Inhalt gewinnt.

59 Text in WuW 1982, 32; dazu von Hahn, Kodex der Vereinten Nationen gegen Wettbewerbsbeschränkungen im internationalen Handel – Chancen und Risiken, in: FS für A. Sölter, 1982, 367f.

60 Hierzu Stockmann, WuW 1976, 574; Fikentscher, Wirtschaftsrecht Bd. I, 1983, 238f.; Davidow, 22 Antitrust Bull. 441 (1977); Text und Erläuterungen bei Grossfeld/Hübner, ZGR 1978, 156.

61 Text WuW 1976, 578.

62 WuW 1982, 931.

Aspekte des Antitrustrechts in Australien

E. P. Ellinger, Clayton/Australen

I. Einführung

Das australische Antitrustrecht wird gegenwärtig sehr stark vom amerikanischen Modell beeinflußt. Das australische System ist in zwei grundlegenden Gesetzen niedergelegt. Das erste ist der *Trade Practices Act* (1974), das zweite der *Companies Act*. Der *Trade Practices Act* ist ein sehr ausführliches Gesetz, das sich mit einigen Aspekten des Verbraucherschutzes und mit Antitrustproblemen beschäftigt. Es schließt genaue Bestimmungen zur Bekämpfung von »restrictive dealings«, »monopolies« und »mergers« ein. Der *Companies Act* befaßt sich in einem Teil mit Übernahmen. Sein Hauptziel ist es, eher die Aktionäre als das Publikum zu schützen. Sein Ziel ist es jedoch, dem Auftauchen von Monopolsituationen entgegenzuwirken.

In diesem Vortrag ist es natürlich unmöglich, die gesamte einschlägige Rechtsmaterie zu diskutieren. Ich beschränke mich daher auf

1. »Restrictive dealings« (wettbewerbsbeschränkende Handlungen),
2. Monopolisierung (Monopolbildung) und
3. die Anerkennung ausländischer Gesetze und Urteile.

II. Wettbewerbsbeschränkende und verbotene Handlungen

In seiner ursprünglichen Form, den Acts von 1965 und 1971, richtete sich die australische Gesetzgebung nach dem *Restrictive Trade Practices Act* Englands von 1956. Bestimmte Formen von »agreements« mußten registriert werden; sie konnten nur dann ungültig (»void«) sein, wenn das *Trade Practices Tribunal* sie für »contrary to the public interest« erklärte. Sec. 45 des Acts von 1974 dagegen steht unter dem Einfluß des *Sherman Act* (1890) der Vereinigten Staaten. In seiner ursprünglichen Version verbot sec. 45 bestimmte Arten von »contracts« (Verträgen) und »arrangements« (Abmachungen), es sei denn, sie hatten zuvor die Zustimmung der *Trade Practices Commission* erhalten.

Zuwiderhandlungen wurden streng bestraft. Weitreichende Änderungen wurden im Jahre 1977 durch einen »Amending Act« eingeführt. Die ursprüngliche Fassung der sehr kurzen sec. 45 verbot das Abfassen von Verträgen »in restraint of trade« (mit Handelsbeschränkungen). Ein Vertrag war dann als »in restraint of trade« anzusehen, wenn er sich erheblich auf den Wettbewerb unter den Parteien oder zwischen den Parteien und Außenstehenden auswirkte. Freistellung konnte in bestimmten Fällen gewährt werden. Die Schwierigkeit mit dieser Bestimmung ergab sich jedoch aus der Formulierung »restraint of trade«, die in sec. 1 des *Sherman Act* eine klare Bedeutung hat, aber im englischen und australischen common law ein unklares Konzept blieb. Der *Quadramain*-Fall[1] zeigt die Unzulänglichkeit des Konzepts: Hier ging es um zwei benachbarte Grundstücke. Eine Klausel in dem Originalbesitztitel des zweiten Grundstücks verbot den Erwerb einer Alkohollizenz. Der *High Court* entschied, daß es sich in diesem Fall nicht um »restraint of trade« handele, weil das *House of Lords* aus einem technischen Grund entschieden hatte, daß im common law eine Klausel in einem solchen Titel kein »restraint of trade« darstelle; eine Aufgabe der Vertragsfreiheit sei damit nämlich nicht verbunden.

Auf Empfehlung des als *Swanston Committee* bekannten Komitees, wurde die section gründlich revidiert, um jedwede Abmachung zu verbieten, die dem Marktwettbewerb zuwiderläuft oder ihn beschränkt. Dieses Ergebnis wurde durch eine Reihe von Vorschriften erzielt. Die *neue sec. 45* verbietet Verträge (»contracts«), Abmachungen (»arrangements«) und »understandings«, die *wettbewerbsausschließende Maßnahmen* darstellen (damit ist jedes Abkommen zwischen Konkurrenten gemeint, das die Lieferung von Gütern oder Dienstleistungen oder deren Erwerb verhindern oder einschränken soll), sowie jede andere Abmachung, die eine *wesentliche Verringerung des Wettbewerbes* zum Ziel hat. Nach sec. 45 A hat jedwede horizontale Preisfestlegung zwischen Konkurrenten eine erhebliche wettbewerbsbeschränkende Wirkung. Gemeinsame Unternehmungen, wie auch die Festlegung von empfohlenen Preisen zwischen mehr als 50 Parteien, sind allerdings davon befreit. Sec. 45 B bezieht sich auf besondere Beschränkungen in Verträgen über Grundbesitz. Sec. 45 C verbietet jedwede Vereinbarung (»covenant«), die eine Preisfestlegung auch unabhängig von ihrer Wirkung auf den Wettbewerb beinhaltet. Sec. 45 D und 45 C verbieten »secondary boycotts«, d. h. Versuche, die Lieferung von Gütern an Dritte oder deren Erwerb durch Dritte zu verhindern.

Es besteht kein Spielraum mehr, um eine Verfügung aufzuheben, die eine Abmachung für gültig erklärt hat. Der Schritt von der englischen zur amerikanischen Gesetzgebung ist also deutlich. In sec. 45 (1) ist speziell festgelegt, daß

1 (1976) 155 C.L.R. 390.

ein entgegenstehender Vertrag, der vor dem 1977er Act abgeschlossen wurde, nicht geltend gemacht werden kann; in allen anderen Fällen ist die verbotene Abmachung ohne Wirkung. Von einem praktischen Standpunkt aus ist das Ergebnis natürlich dasselbe. Sec. 45 bis 45 E beziehen sich eindeutig nicht nur auf »Verträge« im streng gesetzlichen Sinn, sondern auch auf »gentleman's arrangements«. Das ist so, weil das Wort *»arrangement«* (Abmachung) in sec. 45 weit ausgelegt wird. Eine zutreffende Illustration bietet der Fall *T.T.C.* v. *Nicholls Enterprises Pty Ltd*[2]: Hier trafen sich die Repräsentanten von fünf, in einer Gegend ansässiger Hotels zum Mittagessen, um über eine Absprache zu diskutieren. Zur damaligen Zeit war es Praxis all dieser Hotels, jedem Kunden beim Kauf von zwei Dutzend Flaschen eine Flasche gratis zu geben. Beim Mittagessen erklärte jeder der Anwesenden, daß sein Hotel beschlossen habe, das System dahin gehend zu ändern, einen Bonus nur dann zu gewähren, wenn der Kunde drei Dutzend Flaschen kaufe. Man sah dies als ein »arrangement« im Sinne der betreffenden section an. Es ist jedoch wichtig, hier nicht zu verallgemeinern. Ob eine Absprache ein »arrangement« ist oder nicht, hängt von den Umständen ab. So stellte in dem *Ira Bell*-Fall[3] ein Datsun-Autovertrieb einen neuen Franchise-Händler ein. Die Vereinbarung zwischen diesen beiden Parteien sah für den Betrieb das Recht vor, weiterhin die Dienste anderer Franchise-Händler in Anspruch nehmen zu können. Aber der Vertreiber zog die Franchise eines früheren Händlers ein. Nach dem Urteil des *Federal Court* war darin kein »arrangement« zu sehen. Es zeigte sich nämlich, daß die Leistungen des entlassenen Händlers seit einiger Zeit unzufriedenstellend waren. Wäre jedoch der Nachweis möglich gewesen, daß trotz der formalen Freiheit des Vertreibers ein stillschweigendes »arrangement« vorlag, andere Händler zu entlassen, dann wäre das Abkommen aller Wahrscheinlichkeit nach als gesetzwidrig angesehen worden.

Wettbewerbsausschließende Maßnahmen werden in sec. 4 D definiert und durch sec. 45 verboten. Grundsätzlich dürfen konkurrierende Marktteilnehmer nicht gemeinsam versuchen, einen Dritten entweder durch die Ablehnung, ihn zu beliefern, oder dadurch, daß sie die Abnahme von Gütern oder Leistungen verhindern, vom Markt auszuschließen. Personen gelten unter gewissen Umständen selbst dann als Konkurrenten, wenn eine enge Verbindung zwischen ihnen besteht. Wir haben es in Wirklichkeit mit dem Verbot zu tun, Exklusivitätsverhältnisse – oder Boykottsituationen – zu schaffen. Die section hat einen weiten Anwendungsbereich. Im Fall *Trend Stock Pty Ltd* v. *T.N.T. Management (Pty Ltd)*[4] wurde entschieden, daß Frachtführer, die

2 (1979) A.L.R. 609.
3 (1975) 1 T.P.C. 7.
4 (1978) 3 T.P.C. 124.

allgemein Makler von ihren Arbeitsvorgängen ausschließen wollten, mit den Verboten dieser section in Widerspruch gerieten.

Wenden wir uns nun der *Preisfestlegung* zu, einer Praxis, die von sec. 45 A erfaßt wird. Der wirtschaftliche Grund für das Verbot, Preise festzusetzen, wird in *Re Queensland Cooperative*[5] erklärt, das die amerikanische Auffassung wiedergibt. Der Grund dafür ist, daß der Preis der wichtigste Faktor im Konkurrenzkampf ist, obwohl einige andere Faktoren, wie z. B. die Qualität der Leistungen, eine Rolle spielen.

Aus diesem Grund schließt sec. 45 A ein absolutes Verbot ein, Preise festzusetzen. Diese Maßnahme ist jedoch nur zwischen Konkurrenten anwendbar. Übereinkommen zwischen Personen, die sich in einer vertikalen Position zueinander befinden, sind nicht geschützt. Ein Beispiel dafür sind Verträge zwischen Groß- und Einzelhändlern. Hier kann der Großhändler einen empfohlenen Preis festsetzen. Wenn aber zwei Großhändler den Preis einer Ware festlegen, dann verstoßen sie gegen sec. 45 A. Der oben diskutierte Fall *T.P.C.* v. *Nicholls Enterprises Ltd* bietet hierfür ein gutes Beispiel. Ein zwischen konkurrierenden Gasthäusern geschlossener Vertrag, der den Bierpreis festlegte, wurde abgelehnt. Der Biergroßhändler hätte jedoch einen empfohlenen Preis für jeden seiner Einzelhandelsabsatzgebiete festlegen können.

III. Monopole

Maßgeblich ist sec. 46. Eine Gesellschaft, die im wesentlichen den Markt für Waren oder Dienstleistungen kontrolliert, darf daraus keine Vorteile ableiten, um die Konkurrenz auszuschalten, Neuankömmlinge daran zu hindern, sich am Markt zu beteiligen, oder Konkurrenten in irgendeiner anderen Weise abzuschrecken. Gesellschaften, die miteinander »verbunden« sind oder in Beziehung stehen, werden gemäß den Absichten dieser Norm als eine Einheit angesehen. Das wird aus sub-sec. (2) deutlich. Nach sub-sec. (3) übt eine Gesellschaft dann die Marktkontrolle aus, wenn sie durch ihre Kontrolle der Rohmaterialien oder ihren Anteil am Markt den Preis oder den Vertrieb des Produkts überwachen kann. Es ist wichtig, an dieser Stelle festzuhalten, daß das *Ziel* der Maßnahme deutlich ist, obwohl das *Wort* ›Monopol‹ in der section nicht auftaucht, was eine Beklommenheit über die bloße Größe an sich verrät. Auf diese Weise könnte die section in Wirklichkeit einen erfolgreichen Konkurrenten in die Schranken verweisen, der aufgrund seiner Kapazität in der Lage ist, den Markt zu dominieren und die Preise zu kontrollieren. Diese

5 (1976) 1 T.P.C. 109, 143.

Feststellung wird von Brennan J. in *Victorian Egg Marketing Board* v. *Parkwood Eggs*[6] gemacht. Die section betont jedoch nicht so sehr die Größe an sich, sondern vielmehr »the taking of advantage« (das Ausnutzen eines Vorteils).

Wiederum zeigt sich deutlich der Einfluß der amerikanischen Gesetzgebung. So ist der Standpunkt in den Vereinigten Staaten durch den berühmten Fall *Standard Oil Co. of New Jersey* v. *U.S.* entwickelt worden. Hier wurde in sec. 2 des *Sherman Act* »intent or pupose« (»Absicht und Ziel«) verlangt: andere vom Markt mutwillig auszuschließen oder zu schädigen ist ein notwendiges Element einer als Monopol bekämpften Handlung. Im einfachen Fall einer Gesellschaft ist es meist schwierig, dieses Tatbestandsmerkmal nachzuweisen. Einige Verhaltensformen sprechen jedoch für sich selbst, wie z. B. im *Alcoa*-Fall[8], wo der *Circuit Court of Appeals* entschied, daß Expansionismus an sich eine monopolistische Handlung ist. Im Fall dieser Firmen zeigt sich, daß die beharrliche Schaffung von Produktionskapazitäten, um jeden anderen Neuankömmling auf dem Markt auszuschließen, ausreichend ist.

Wie verfährt Australien mit demselben Problem? Zunächst einmal wird in sec. 6 des Gesetzes eine natürliche Person einer juristischen Person gleichgestellt. Sodann gilt sec. 46 nur, wenn eine juristische Person oder »verwandte« Gruppen Nutznießer der Monopolmacht sind. So kann ein Oligopol die Bestimmungen des Gesetzes ganz umgehen, da es nicht unter sec. 46 fällt und unter Umständen nicht von sec. 45 erfaßt wird. Ferner muß die Gesellschaft bereits den Markt kontrollieren. Das Gesetz schließt ein Verhalten nicht aus, bei dem sich eine Gesellschaft, die sich noch nicht in einer solchen Lage befindet, eine solche Marktstellung verschafft. Aber diese Vorschrift gilt auch in einer seltsamen Situation: Eine Gesellschaft, die noch nicht auf dem Markt ist, wird behandelt, als nähme sie schon am Markt teil, wenn sie sich in der Absicht auf den Markt begibt, diesen zu kontrollieren[9]. Viertens wird dem Wort ›Markt‹ eine weite Definition gegeben. So wurde in *Top Performance Motors* v. *Ira Berk*[10] entschieden, daß eine Ware wie ein bestimmtes Fahrzeug – hier ein Datsun – einen Teilmarkt darstellen kann. Artikel, die unter einem Firmennamen oder einer Handelsbezeichnung verkauft werden, stellen eindeutig einen Teilmarkt dar.

Einige weitere Punkte in der australischen Gesetzgebung erfordern Klärung. In dem Gesetz von 1974 sind »control« (Kontrolle) und »market share« (Marktanteil) miteinander verbunden. In dem früheren Gesetz von 1965

6 (1978) 4 T.P.C. 124, 142.
7 (1911) 221 U.S. 1 (der *Rockefeller*-Fall).
8 148 F. 2 D 416, 431 (1945).
9 *Victorian Egg Marketing Board* v. *Parkwood Egg*, (1978) 4 T.P.C. 124.
10 (1975) 5 A.L.R. 465.

wurde angenommen, daß ein Marktanteil von einem Drittel einer Kontrollposition gleichkommt. Das ist nicht mehr der Fall. Die Gerichte müssen anhand der Umstände bestimmen, ob eine juristische Person die Kontrolle des Marktes oder bloß Marktanteile erworben hat. Wiederum ist der amerikanische Einfluß deutlich.

Wichtig ist, sich daran zu erinnern, daß die Existenz eines Monopols an sich keine gesetzlichen Auswirkungen hat. Es ist das *Ausnutzen eines Vorteils* aufgrund dieser Marktmacht, das nach sec. 46 verboten ist und bestraft wird. Das bedeutet, daß sec. 46 in Wirklichkeit die Größe an sich nicht verbietet; in den Worten des Generalstaatsanwaltes, der das 1974er Gesetz vorlegte:

»Die section beschränkt sich auf ein Verhalten eines Monopolisten, der die Marktkraft benutzt, die er von seiner Größe im Verhältnis zur Wettbewerbsposition von Konkurrenten oder möglichen Konkurrenten ableitet.«

Diese Anschauung läßt sich bis zu einem australischen Beschluß von 1911 zurückverfolgen[11]. Auf diese Weise versucht das Gesetz zwischen normalen, industriellen Entwicklungsschritten und einem Streben nach Bildung eines Monopols zu unterscheiden. Erreicht diese section ihre Absicht mit Erfolg? Das hängt ganz von der Auslegung der Worte »take advantage of« ab. In *Top Performance Motors* v. *Ira Berks*[12] sagte Joske J., daß »die Auslegung..., daß Machtausübung Ausnutzung der Macht ist, nicht die richtige Auslegung der section ist«. Es besteht eindeutig ein Unterschied zwischen einer legitimen Machtausübung und einem Machtmißbrauch. Nur letzterer ist verboten. Der nebulöse Rat, den man einem Klienten im Fall des Entstehens eines solchen Typus geben kann, ist der, daß »alles von den Umständen abhängt«. Die wirtschaftliche Unterscheidung ist jedoch klar. Das Streben nach industrieller Effizienz ist legitim; der Mißbrauch der Größe zur Ausmerzung von Konkurrenz ist verboten. Ein interessantes Beispiel liefert *P.T.P.* v. *C.S.B.C. and Farmers Limited*[13]. Hier ging es um einen Markt für stickstoffhaltigen Kunstdünger, nämlich um Harn als Dünger. Sein geographischer Markt war West-Australien. Die Firma C.S.B.C. kontrollierte im wesentlichen den Markt, wenigstens soweit es Harn betraf. Als eine Firma namens P.T.P. sich darum bewarb, einer der C.S.B.C.-Vertreiber zu werden, wurde die Bewerbung mit der Begründung abgelehnt, daß die vorhandenen Vertreiber die Region angemessen betreuten. Diese Vertreiber waren jedoch in irgendeiner Weise mit C.S.B.C. verbunden. P.T.P. kaufte daraufhin ihre Vorräte in Übersee. C.S.B.C. reduzierte prompt den Preis des eigenen Produkts. Trotz alledem wurde entschieden, daß C.S.B.C. nicht durch »räuberisches« Verhalten gegen

11 *A.G. of Commonwealth* v. *Associated Northern Colliers,* (1911) 14 C.L.R. 387, 653-4 (Isaacs J.).

12 (1975) 5 A.L.R. 465.

13 (1980) 5 T.P.C. 778–787.

die Klausel verstoßen habe. Dies Urteil beruht auf dem Umstand, daß auf die Firma C.S.B.C. Druck ausgeübt worden war, den eigenen Preis zu senken; P.T.P's Erscheinen auf dem Markt beschleunigte wahrscheinlich den Prozeß, war jedoch nicht der Grund für C.S.B.C's Preissenkung. Deshalb ging es in diesem Fall nicht um die Ausnützung einer starken Position zur Schädigung einer anderen Partei. Aufgrund der Fakten wurde weiterhin entschieden, daß ein Versuch, den Preis unter den von P.T.P. zu manipulieren, nicht vorgelegen habe.

Dies ist offenbar ein Grenzfall. In der Praxis wäre der eindeutige Nachweis äußerst schwierig, daß der Preis zur Ausschaltung der Konkurrenz gesenkt worden war. Es ist auch wichtig, sich vor Augen zu halten, daß die unmittelbaren Nutznießer in diesem Fall allgemein die Landwirte waren: die Preissenkung war für sie von Nutzen.

Es ist jetzt auf die Verhaltensweisen einzugehen, die durch die Vorschrift verboten sind. Eigentlich ist dies ein Versuch, die Verhaltensweisen aufzuzählen, die monopolistische Praktiken beinhalten. Erst einmal können alle von anderen Bestimmungen des Gesetzes verbotene Verhaltensformen monopolistische Praktiken darstellen. Erörtert wurden bereits die in sec. 45 und 45 A erwähnten. Ferner gibt es sec. 47, der »exclusive dealings« verbietet. Diese erfassen auch Handlungen wie z. B. den Versuch, Kunden an der Suche nach anderweitigen Bezugsquellen zu hindern (Fälle von Bierlieferungsverträgen), und ebenso Einschränkungen für Kunden bezüglich neuer Lieferungen. Dieses weitreichende Verbot ist jedoch in sec. 46 durch eine Verweisung auf die Vollmachtbestimmung in sec. 93 abgeschwächt. Danach kann eine Gesellschaft bei Bevollmächtigung bei einem dem Gesetz zuwiderlaufenden Verhalten Anzeige erstatten. Das Verhalten bleibt bis zu einer Entscheidung gültig. Weiterhin kann die Kommission nach dieser section die Handlungsweise gutheißen.

Zweitens ist sec. 46 weit genug gefaßt, um selbst ein Verhalten zu verbieten, das nicht unter ein besonderes Verbot fällt. Ein Alleinvertriebsvertrag, der nicht unter sec. 47 fällt, kann demnach aber von sec. 46 erfaßt werden.

Drittens können alle »räuberischen« Preisfestlegungen von sec. 46 erfaßt werden, selbst wenn sie nicht unter andere Verbote des Gesetzes fallen. Nach dem erwähnten victorianischen *Egg Board*-Fall wird der Preis auf einen »räuberischen Preis« gedrückt, wenn der Monopolist darauf aus ist, Vorteile aus seiner Marktposition zu ziehen. Liegt der Preis eines Artikels unter dem Selbstkostenpreis, so ist das »räuberisch«.

Interessant ist, daß sec. 46 nicht die Praktiken erfaßt, die als »monopolistic pricing« (monopolistische Preisfestlegung) bekannt sind. Dieses Verfahren, das den Preis eines Produktes weit *über* einem auf dem freien Markt erzielbaren Betrag festlegt, ist nach Art. 86 EWG-Vertrag verboten. Danach ist die mißbräuchliche Ausnutzung einer beherrschenden Stellung auf dem Markt verboten. Vielleicht überrascht es nicht, daß in sec. 46 versäumt wurde, ein ähnliches Verbot miteinzuschließen. Sein Ziel ist der Schutz von Konkurrenten, nicht von Verbrauchern.

Zusammengefaßt befaßt sich sec. 46 seit der 1977er Änderung speziell mit der Monopolbildung. Das ist eine beachtliche Verbesserung gegenüber den früheren Versionen dieser section. Es bleiben jedoch Probleme, da die section nur gilt, wenn eine einzelne Gesellschaft einen wesentlichen Anteil am Markt besitzt. Das *Swanston Committee* hoffte, daß seine Empfehlungen das »räuberische« Verhalten mittlerer sowie großer Gesellschaften erfassen würden. Doch scheint es sich in der Praxis auf die Geschäfte der Marktführer beschränkt zu haben.

IV. Ausländische Urteile

Das grundlegende Gesetz ist der *Foreign Anti-Trust Judgements (Restrictions of Enforcement) Act* 1974. Dieses Gesetz gibt dem Generalstaatsanwalt gewisse Befugnisse, und zwar in zwei Fällen: Der erste liegt vor, wenn ein Antitrusturteil eines ausländischen Gerichts nach Meinung des Generalstaatsanwalts gegen das internationale Recht oder die internationale Gemeinschaft verstößt und seine Vollstreckung den Handelsinteressen Australiens abträglich wäre. Der zweite Fall entsteht dann, wenn es das berechtigte Interesse des Commonwealth vorschreibt, daß das Urteil in Australien nicht vollstreckt wird. In beiden Fällen hat der Generalstaatsanwalt weitreichende Vollmachten. Er kann durch eine schriftliche Verordnung einfach verkünden, daß das Urteil in Australien nicht vollstreckt wird. Wenn das Urteil auf einen bestimmten Betrag lautet, hat der Generalstaatsanwalt ebenfalls das Recht, den Betrag zu beschränken oder herabzusetzen. Dieses Gesetz ist weiterhin gültig. Eine Gesetzvorlage von 1983, die es modifizieren sollte, ist nicht zur Verabschiedung gelangt.

Es ist interessant, die Hauptmerkmale des Gesetzes zu betrachten. Die Entscheidung, ob ein ausländisches Urteil vollstreckt werden soll, liegt in den Händen eines politischen Beamten und nicht eines Gerichtshofes. Die starke Verbindung zwischen Recht und Politik ist hier augenfällig. Weiterhin ist der vom Generalstaatsanwalt anzuwendende Test extrem weit gehalten. In der Praxis genießt er eine tatsächlich unbegrenzte Vollmacht.

Der erste erfolgreiche Versuch, die Wirkung dieses Gesetzes aufzuheben, wurde in einem Abkommen zwischen Australien und den Vereinigten Staaten unternommen. Unterzeichnet im Juni 1982, ist es als das *Foreign Anti-Trust-Judgements-Agreement* bekanntgeworden, das sich auf Zusammenarbeit zwischen der australischen und US-Regierung bezieht.

Dieses Abkommen hat sechs wesentliche Artikel. Art. 1 betrifft Ratifikationen. Australien soll den Vereinigten Staaten mitteilen, wenn es eine Politik verfolgt, die in den Vereinigten Staaten Antitrustimplikationen hat oder haben kann. Ebenso soll das *United States Department of Justice* oder die *Federal Trade Commission* Australien informieren, wenn einer von beiden sich entschließt, Antitrustverfahren durchzuführen, die sich auf australisches Recht oder australische Interessen auswirken können. Die Ungenauigkeit dieser Bestimmung ist deutlich. Ihre Befolgung hängt ganz vom guten Willen einer jeden Regierung ab, Handlungen als im Interesse der anderen Partei anzuerkennen.

Art. 2 befaßt sich mit Rücksprachen, die sich aus der Mitteilungspflicht in Art. 1 ergeben. In der darin vorgeschriebenen Rücksprache suchen die Parteien die Bereiche abzustecken, die von Belang sind. Ziel der Rücksprache nach Abs. 5 des Art. 2 ist es, Kollisionskonflikte zwischen den Gesetzen beider Länder sowie einen Zusammenstoß von Politik und Interessen zu vermeiden. In jedem Fall muß jede Partei in Betracht ziehen, die für die andere Partei bedenkliche Politik zu ändern. Ziel ist es, Reibungen zu vermeiden. Australien kann seine Politik ändern; die Vereinigten Staaten können ein Antitrustverfahren fallenlassen. Jedes Land soll seine größtmögliche Anteilnahme an den Interessen des anderen zeigen.

Die verbleibenden Artikel des Abkommens beziehen sich auf Vertraulichkeit, auf das Rückspracheverfahren und auf die Einigkeit darüber, ein Urteil in dem Land des anderen zu vollstrecken, wenn es keine rechtlichen oder politische Bedenken gibt (Art. 5). Im besonderen sind Verfahren, die die Bekanntgabe von Dokumenten usw. beinhalten, als vollstreckbar anzusehen. Nach Art. 6 kann Australien die Regierung der Vereinigten Staaten ersuchen, an einem privaten, australische Interessen betreffenden Antitrustprozeß teilzunehmen.

Soweit mir bekannt ist, ist das Abkommen zwischen den Vereinigten Staaten und Australien bisher niemals Gegenstand eines Prozesses gewesen. Es trat im Zeitpunkt seiner Unterzeichnung in Kraft. Seine Wirksamkeit muß es erst noch beweisen. Wird man es befolgen oder wird es einfach nur bestehen, um das Gesetzbuch zu zieren?

Revision des Seefrachtrechts

PAUL LARSEN[*], WASHINGTON/D.C.

A. EINLEITUNG

Das amerikanische Seefrachtgesetz (*Carriage of Goods by Sea Act;* COGSA)[1] bedarf einer Modernisierung, um den Entwicklungen der Seefrachttechnologie und der Handelspraxis Rechnung zu tragen. Eine Modernisierung würde die amerikanischen Gesetze auch in Einklang mit weltweiten Handelssystemen bringen und damit die Leistungsfähigkeit unseres internationalen Handels erhöhen.

COGSA enthält die Rechtsvorschriften über das Konnossement. COGSA ist das Ausführungsgesetz zum Brüsseler Abkommen[2] von 1924 (bekannt als die Haager Regeln). Die Visby-Regeln[3] von 1968 brachten beschränkte Änderungen der Haager Regeln, in dem sie eine erhöhte Haftungshöchstgrenze auf der Basis des Gewichtes der Fracht vorschreiben. Die Visby-Regeln würden es dem Versender auch erlauben, die Anzahl der Packungen innerhalb eines Containers aufzuzählen und damit zu vermeiden, daß ein Container als eine einzelne Packung zum Zwecke der Berechnung der Haftungshöchstgrenzen

* Der Verf. vertritt in diesem Vortrag seine persönlichen Auffassungen, diese sollen daher keiner Organisation oder Regierungsbehörde zugeschrieben werden, der der Verf. derzeit angehört. Der Autor dankt Dr. Wulf G. Hansen für seine Hilfe bei der Vorbereitung und Redaktion des Beitrags.

1 Das amerikanische Seefrachtgesetz (Carriage of Goods by Sea Act) wurde am 16.4.1936 beschlossen, 49 Stat. 1207 et seq. In der Gesetzessammlung findet es sich in 46 U.S.C. 1300. Das Gesetz ist die Einführung des internationalen Abkommens zur Vereinheitlichung von Regeln über Konnossemente, gezeichnet in Brüssel am 25.8.1924, der sog. »Haager Regeln«. Die Haager Regeln sind durch Gesetz v. 8.10.1937 (RGBl. 1939 II 1049) in das deutsche Recht übernommen worden; SCHAPS-ABRAHAM, Das Seerecht in der Bundesrepublik Deutschland, 4. Auflage 1978, 904.

2 SCHAPS-ABRAHAM (Fn. 1).

3 Zusatzprotokoll zur internationalen Konferenz für die Vereinheitlichung bestimmter Regeln über Konnossemente, gezeichnet in Brüssel am 23.2.1968 (bekannt als die Visby-Regeln), SCHAPS-ABRAHAM (Fn. 1), 935.

angesehen würde. Die Hamburger Regeln[4] enthalten Modifikationen von Visby und reduzieren darüber hinaus die Einwendungen (»excepted perils«) des Verfrachters. Außerdem würden die Hamburger Regeln auch andere amerikanische Vorschriften des Seefrachtrechts beträchtlich verändern. Nach einem Vorschlag sollen die Haager Regeln so novelliert werden, daß zuerst die Visby-Regeln und zu einem späteren Zeitpunkt an deren Stelle die Hamburger Regeln eingeführt werden sollen. Der Übergang von den Visby- zu den Hamburger Regeln würde dann stattfinden, wenn der Seehandel der Vereinigten Staaten mit Ländern, die die Hamburger Regeln ratifiziert haben, jenen mit Ländern, die nur die Visby-Regeln ratifizierten, übersteigen würde. Das Ziel ist eine größtmögliche Einheitlichkeit der Rechtsvorschriften über das Konnossement, wobei die Vereinigten Staaten jener Regelung angehören würden, die insgesamt die weitere Verbreitung hat.

B. Hintergrund

Die Haager Regeln schreiben das Haftungssystem für das Seefrachtgeschäft mit Konnossement vor. Das Konnossement ist Beweis, daß der Verfrachter die Ware erhalten hat; es beweist den Frachtvertrag und ist ein kaufmännisches Wertpapier, das durch Indossament übertragen werden kann, wobei das Eigentum an den Waren auf jene Person übergeht, auf die das Indossament auf dem Konnossement lautet[5].

Seefrachtverträge sind ihrer Natur nach für die meisten Befrachter Adhäsionsverträge. Die Verfrachter entwerfen und drucken Standardverträge. Das amerikanische Recht hat dieses Vertragsverhältnis seit 1893 geregelt, um der Ungleichheit der Verhandlungspositionen Rechnung zu tragen. So kann beispielsweise nach den Haager Regeln der Verfrachter seine Haftungshöchstgrenze über die Höchstgrenze des Gesetzes hinaus erhöhen. Der Verfrachter darf jedoch nicht eine Höchstgrenze vereinbaren, die niedriger ist als die gesetzliche Obergrenze der Haftung[6].

4 UN-Übereinkommen über die Beförderung von Gütern auf See vom 30.3.1978, 1978 A/CONF. 89/13, (bekannt als die Hamburger Regeln); deutsche, nichtamtliche Übersetzung in: Eur. Transp. L 1979, 533 ff. und Herrmann, BfA-Rechtsinformation 107/107a, 1978.

5 Gilmore and Black, The Law of Admiralty, 2nd ed. 1975, 98.

6 Haager Regeln, Art. 3 § 8. – Art. 23 der Hamburger Regeln behält die Vorschrift bei, wonach jedwede Bestimmungen im Seefrachtvertrag, die die Wirkung der Vorschriften dieses Übereinkommens verringern oder beeinträchtigen konnten, nichtig sind. Eine solche Ungültigkeit berührt allerdings die anderen Bestimmungen des Vertrages nicht. Ein Verfrachter darf aber seine Verantwortlichkeiten und Verpflichtungen erhöhen. So darf er beispielsweise seine Haftung freiwillig erhöhen. Jedes Konnossement oder jede andere Beweisurkunde für den Seefrachtvertrag muß ausdrücklich bestimmen, daß der Frachtvertrag den Vorschriften dieses

Allgemeine Einheitlichkeit und Vorausberechenbarkeit des Gesetzes sind die anerkannten Vorzüge und Zwecke der Haager Regeln und jedes neuen allgemeinen Systems, das die Haager Regeln allenfalls ersetzen könnte. Wenn Waren zur See unter einem Konnossement verschifft werden, dann wissen die Parteien des Seefrachtvertrages, daß die Haager Regeln den Vertrag beherrschen. Die Parteien unterliegen daher nicht den Launen lokalen Rechtes.

Die niedrigen Haftungshöchstgrenzen der Haager Regeln und die vielen Einwendungen, die sie einem Verfrachter gegenüber Ansprüchen geben, haben die Verschiffer dazu veranlaßt, das Frachtrisiko durch Versicherung der Ladung abzudecken. Die Gesamtkosten einer solchen Versicherung sind geringer als 0,5 % des Wertes der verschifften Güter[7]. Der Übergang von den Haager zu den Visby- und den Hamburger Regeln könnte Folgen für die Versicherungen haben. Sollten jedoch die Kosten der Frachtversicherung zurückgehen und die der Verfrachter-Versicherung als Folge der Änderungen der Rechtslage bei der Verteilung des Frachtrisikos zunehmen, dann wäre die Änderung insgesamt wahrscheinlich gering. Versicherungskosten beruhen auf der Geschichte des Schadensverlaufes, und der Schadensverlauf wird sich bei einem Wechsel von den Haager zu den Visby- und Hamburger Regeln schließlich in den Versicherungskosten niederschlagen.

Der Versicherer einer Ladung kann auch die Versicherung des Verfrachters verklagen, da auch Verfrachter versichert sind (P&I-Club-Versicherung), um das Risiko von Verlust und Schaden an der Ware zu decken. Der Versicherer der Ladung hat jedoch die Beweislast[8], was seine Erfolgsquote und daher möglicherweise den Anreiz, Ansprüche gegen den Verfrachter zu erheben, verringert. Das amerikanische Institut der Seeversicherer (American Institute of Marine Underwriters – AIMU) berichtet, daß seine Mitglieder aus der Geltendmachung des gesetzlichen Forderungsüberganges gegen Versicherungen von Verfrachtern ungefähr 20 % der bezahlten Ansprüche zurückerhalten[9]. Über die Hälfte der von den Frachtversicherern aus dem gesetzlichen Forderungsübergang erstrittenen Beträge (10,5 %) wurde jedoch durch die Rechtskosten der Geltendmachung dieser Ansprüche verbraucht.

Übereinkommens unterliegt, wodurch alle Vereinbarungen, die zum Nachteil des Befrachters oder Empfängers von den Vorschriften des Übereinkommens abweichen, nichtig sind. Ein Verfrachter wird daher auf jeden Fall Schadenersatz bis zur Höhe des Haftungshöchstbetrages, wie er in diesem Gesetz festgelegt wurde, zahlen müssen. Art. 23 sieht darüber hinaus vor, daß der Verfrachter dem Befrachter zusätzliche Kosten, die bei Verfolgung seiner Rechte nach dem Übereinkommen entstanden sind, ersetzen muß.

7 Frachthaftpflichtstudie (Cargo Liability Study), US Department of Transportation, Juni 1975, 86.

8 Haager Regeln, Art. 4. Wenn jedoch der Verlust oder Schaden durch mangelnde Seetüchtigkeit des Schiffes entsteht, trägt der Verfrachter die Beweislast für die Anwendung gehöriger Sorgfalt.

9 Frachthaftpflichtstudie (Fn. 7), 87.

C. Änderungen des Seefrachtgesetzes

I. Anwendungsbereich

Die Haager Regeln werden derzeit von ›Takel zu Takel‹ angewendet, das heißt also, während die Waren sich an Bord des Schiffes befinden[10]. Mit den Visby-Regeln von 1968[11] wurde dieser Anwendungsbereich nicht verändert. Die Hamburger Regeln[12] werden die Anwendbarkeit der Haager Regeln über das Prinzip von Takel zu Takel hinaus ausdehnen und Ware im Hafenbereich an beiden Enden des Frachtweges einschließen. Der Zeitraum der Verantwortlichkeit des Verfrachters für die Güter beginnt nach den Hamburger Regeln im Verladehafen und endet im Bestimmungshafen. Diese Änderung wird den Verfrachter daran hindern, seine Haftung für jenen Zeitraum abzulehnen, in dem die Waren im Hafen zur Verladung lagern.

II. Haftung im Seefrachtgeschäft

1. Die Haftungsbeschränkungen des Verfrachters

Die Beschränkung der Haftpflicht des Verfrachters wurde 1924 mit 100 Pfund Sterling eingeführt[13] und für die Vereinigten Staaten 1936 mit einer Beschränkung von 500 Dollar pro Packung[14] zum Gesetz erhoben. Die Frachthaftpflichtstudie des amerikanischen Transportministeriums von 1975[15] weist darauf hin, daß der Wert von Paketen seit der Einführung der Höchstgrenze im Jahr 1924 beträchtlich zugenommen hat. Darüber hinaus führte die Einführung von Containern zu Unsicherheiten darüber, ob ein Container eine »Packung« im Sinne der Haager Regeln sei oder ob nicht vielmehr die einzelnen Gegenstände innerhalb des Containers[16] Packungen sind. Die Visby-Regeln[17] würden eine Haftungshöchstgrenze von 30 Poincaré-Goldfranken pro Kilogramm (90 Cent pro Pfund) oder 10 000 Goldfranken (662 Dollar) pro Packung einführen, wobei die größere der beiden Summen die

10 Haager Regeln, Art. 1.
11 Visby-Regeln (Fn. 3).
12 Hamburger Regeln, Art. 4.
13 Haager Regeln, Art. 4 § 5.
14 46 U.S.C. 1304 (5).
15 Frachthaftpflichtstudie (Fn. 7), 98–101.
16 *Leather's Best* v. *Mormaclynx,* 313 F Supp. 1373 (E.D.N.Y. 1970); *Royal Typewriter Co.* v. *Hamburg – Amerika Linie,* 483 F 2d 645 (2d Cir. 1973).
17 Visby-Regeln, Art. 2.

Grenze bilden soll. Den Befrachtern wird darüber hinaus das Recht gegeben, die Anzahl der Packungen im Konnossement aufzuzählen, um damit zu vermeiden, daß ein Container als eine einzige Packung angesehen wird[18].

Die Einführung einer Haftungshöchstgrenze pro Packung, wobei ein Container zum Zwecke der Haftungsbegrenzung *nicht* als Packung anzusehen wäre, war eines der Hauptziele der amerikanischen Delegation bei der Diplomatischen Konferenz über die Visby-Regeln von 1968. Eine niedrige Haftungsobergrenze pro Packung, bei der ein Container als eine Packung angesehen würde, hätte die Entwicklung der Containertechnik erheblich behindert. Die Vereinigten Staaten schlugen schon zu Beginn der Sitzungen eine Formulierung vor, die schließlich von der Diplomatischen Konferenz angenommen wurde. Nach dem Vorschlag der Vereinigten Staaten soll das Verzeichnis von Paketen im Konnossement als die für die Berechnung der Haftungshöchstgrenze relevante Anzahl von Packungen angesehen werden, immer wenn Container verwendet werden. Nur dann, wenn die Pakete innerhalb des Containers im Konnossement nicht verzeichnet sind, soll der gesamte Container für die Haftungshöchstgrenzen eine einzige Packung darstellen. Die Faustregel wird daher das Verzeichnis von Packungen sein. Eine Ausnahme wird lediglich dann vorliegen, wenn der Befrachter die Anzahl der Packungen in einem Container, auf einer Palette oder einem ähnlichen Transportartikel, der zur Zusammenfassung von Waren verwendet wird, nicht verzeichnet. Dieser Vorschlag wurde auf der Konferenz allgemein akzeptiert, weil er als jene Lösung angesehen wurde, die der weiteren Entwicklung der Containertechnik am besten Rechnung trug.

In einem Kompromiß, den die Diplomatenkonferenz von Hamburg[19] erzielte, wurden die Haftungshöchstgrenzen mit 2,5 SZR[20] pro Kilogramm oder 835 SZR pro Packung festgesetzt. Umgerechnet nach dem derzeitigen Dollarkurs würden die neuen Haftungshöchstgrenzen rund 2,75 Dollar pro Kilogramm oder rund 918 Dollar pro Packung betragen, je nachdem, welcher Betrag höher wäre. Obwohl die neuen Haftungshöchstgrenzen konservativ

18 Ebenda.

19 Hamburger Regeln (Fn. 4). Auf der Hamburger Konferenz wurden die Haftungshöchstgrenzen und das Haftungssystem in einem Paket vorgelegt und darüber abgestimmt. Sämtliche Daten, die der Konferenz vorgelegt wurden, zeigten, daß die Haftungshöchstgrenzen – ob sie nun auf dem Wert der Güter beruhten, die im Hochseefrachtgeschäft transportiert werden, oder auf der Inflation seit 1924 – wesentlich höher sein mußten als jene, die in den Hamburger Regeln beschlossen wurden. Die niedrigen Höchstgrenzen wurden auf der Konferenz wegen der Verringerung der Einreden des Verfrachters und dem Übergang der Beweislast akzeptiert.

20 Sonderziehungsrechte (SZR – Special Drawing Rights – SDR) ist die internationale Rechnungseinheit des Internationalen Währungsfonds (International Monetary Fund, IMF). Ein SZR beruht auf einem gewichteten Durchschnitt von fünf Währungen. Innerhalb dieses Währungskorbes werden manche Währungen oft zu einem Gegengewicht zu anderen, die besonders von der Inflation betroffen sind.

festgesetzt wurden, hat die Verringerung der Anzahl von Einwendungen, die der Verfrachter Ansprüchen des Befrachters entgegensetzen kann, letzterem Vorteile gebracht. Auch die Hamburger Regeln würden den Befrachtern erlauben, die Anzahl von Packungen innerhalb eines Containers auf dem Konnossement zu verzeichnen.

Sowohl die Haager als auch die Visby-Regeln berechnen die Haftungshöchstgrenzen in Goldwährung. Die Formulierung von Haftungshöchstgrenzen in SZR an Stelle von Gold war eine allgemein gelobte Errungenschaft der Hamburger Konferenz[21]. Die Visby-Regeln folgen diesem Beispiel. In einem speziellen Zusatzprotokoll zu den Visby-Regeln von 1979 wurden die Sonderziehungsrechte angenommen. Der Versicherungsmarkt war durch eine Anzahl von Gerichtsentscheidungen verunsichert worden[22], die Klägern Schadenersatz auf der Basis des Marktwertes von Gold an Stelle des früheren offiziellen Goldkurses zuerkannt hatten, nachdem die Vereinigten Staaten den offiziellen Goldkurs abgeschafft hatten[23]. Unter dem amerikanischen Seefrachtstatut war der Marktwert von Gold allerdings nie ein ernstes Problem gewesen, weil die Haftungshöchstgrenze der Haager Regeln bereits durch Gesetz von 1936 in Dollar umgerechnet worden war[24].

2. *Durchbrechung der Haftungshöchstgrenzen*

Nach den neuen Visby-[25] und Hamburger[26] Regeln würde der Verfrachter das Recht, seine Haftung zu beschränken, nur dann verlieren, wenn bewiesen werden könnte, daß der Verlust, die Beschädigung oder der Verzug bei der Ablieferung »durch eine Handlung oder Unterlassung des Unternehmers verursacht worden ist, die dieser entweder in der Absicht, einen Schaden herbeizuführen, oder leichtfertig und in dem Bewußtsein begangen hat, daß ein Schaden mit Wahrscheinlichkeit eintreten werde«. Die im Dienste des Verfrachters stehenden Personen und seine Vertreter dürfen gleichfalls die Haftungshöchstgrenzen nicht geltend machen, wenn der Verlust, Schaden, oder Verzug bei der Auslieferung durch ihre vorsätzliche Handlung oder Unterlassung oder durch Handlungen und Unterlassungen in Kenntnis der wahrscheinlichen Folgen entstand. Der Zweck dieser Vorschrift liegt darin,

21 Hamburger Regeln, Art. 26. Siehe LARSEN, New Work in UNCITRAL on Stable, Inflation-Proof Liability Limits, J. Air L. & Com. (1983).

22 *Franklin Mint* v. *Trans World Airlines,* 690 F 2d 303 (2d Cir. 1982), Cert. granted, US (1983).

23 Zum 1. 4. 1978 haben die Vereinigten Staaten das Goldwertmodifizierungsgesetz aufgehoben (Par Value Modification Act, Sec. 9 of Public Law No. 94-564, 90 Stat. 2661).

24 Siehe oben Fn. 14.

25 Visby-Regeln, Art. 2; s. Fn. 8.

26 Hamburger Regeln, Art. 8.

daß der Umfang der Haftung von Verfrachter und ihren Versicherern schon vor dem Entstehen eines Rechtsstreites bekannt sein soll.

3. Einwendungen des Verfrachters

Die Haager Regeln enthalten 17 Einwendungen (»excepted perils«), mit denen sich der Unternehmer von seiner Haftung befreien kann[27]: Weder der Verfrachter noch das Schiff sollen für Verlust oder Schaden verantwortlich sein, der aus folgenden Gründen entsteht:

a) Handlung, Nachlässigkeit oder Versagen des Schiffers, der Schiffsoffiziere, der Mannschaft, des Lotsen oder der im Dienste des Unternehmers stehenden Personen bei der Navigation oder der Führung des Schiffes;
b) Feuer, soweit es nicht durch schuldhaftes Handeln oder Unterlassen des Unternehmers verursacht wurde;
c) Gefahren, Risiken und Unfälle der See oder anderer schiffbarer Gewässer;
d) Naturereignisse;
e) Kriegshandlungen;
f) Handlungen öffentlicher Feinde;
g) Behinderung durch Herrscher, Behörden oder Volk oder aus gerichtlicher Beschlagnahme;
h) Quarantänebeschränkungen;
i) Handlungen oder Unterlassungen des Abladers oder Eigentümers der Waren, seiner Agenten oder Vertreter;
j) Streiks, Aussperrungen, Arbeitsniederlegungen oder -beschränkungen aus welchem Grund auch immer, sowohl beschränkt als auch allgemein;
k) Aufruhr und bürgerliche Unruhen;
l) Rettung von Leben oder Eigentum zur See oder der Versuch zur Rettung;
m) Schwund oder Gewichtsverlust oder jeder andere Verlust oder Schaden, der durch verborgene Mängel, durch die besondere Natur des Guts oder durch die dem Gute eigenen Mängel herbeigeführt ist.
n) Mangelhaftigkeit der Verpackung;
o) Mangelhaftigkeit oder Unvollständigkeit der Merkzeichen;
p) Verborgene Mängel, die trotz Anwendung gehöriger Sorgfalt nicht entdeckt werden können;
q) Jede andere Ursache, die ohne schuldhaftes Handeln oder Unterlassen des Unternehmers und ohne Schuld oder Nachlässigkeit seiner Agenten oder der in seinem Dienst stehenden Personen entsteht, wobei aber die Beweislast bei jener Person liegt, die diese Ausnahme geltend macht; sie muß zeigen, daß weder schuldhaftes Handeln oder Unterlassen des Unterneh-

27 Haager Regeln, Art. 4.

mers noch die Schuld oder Nachlässigkeit seiner Agenten oder der in seinem Dienst stehenden Personen zum Verlust oder Schaden beigetragen haben.

Diese Einreden gegen Haftpflichtansprüche wurden von den Visby-Regeln nicht verändert. Die Hamburger Regeln bewirken jedoch, daß die Anzahl der Einreden, die der Verfrachter geltend machen kann, auf folgende Fälle reduziert wird[28]:

a) Der Verfrachter kann beweisen, daß er »alle Maßnahmen ergriffen hat, die vernünftigerweise verlangt werden können, um das Ereignis und seine Folgen abzuwenden«;
b) Verlust, Beschädigung oder verspätete Ablieferung, der oder die durch Feuer herbeigeführt wurde, wenn der Kläger nicht beweisen kann, daß das Feuer durch Verschulden des Verfrachters verursacht wurde (d.h. der Kläger muß die Ursache des Feuers kennen und beweisen, daß es vom Verfrachter verursacht wurde);
c) Verlust, Beschädigung oder verspätete Ablieferung, der oder die durch Anstrengungen des Verfrachters herbeigeführt wurde, Leben oder Eigentum zur See zu retten.

Nach den Hamburger Regeln besteht keine Pflicht des Verfrachters mehr, das Schiff vor und bei Beginn der Reise seetüchtig zu machen und die erforderliche Sorgfalt walten zu lassen. Man sollte sich auch daran erinnern, daß der Verfrachter imstande sein mag, viele der Einreden, die derzeit in den Haager Regeln angeführt sind, zu beweisen und damit seine Haftung zu vermeiden, wogegen er nach den Hamburger Regeln die Beweislast für das Nichtvorliegen seiner Haftpflicht hat. Beispiele sind Handlungen oder Unterlassungen des Befrachters, Fälle höherer Gewalt, verborgene Mängel der Ware. Die Veränderung des Haftpflichtsystems ist daher geringer als es scheinen mag.

4. *Beweislast*

Die Haager Regeln bestimmen, daß die Beweislast bei demjenigen liegt, der die Ladung beansprucht; dieser muß beweisen, daß der Verfrachter gegen eine Pflicht, die er dem Kläger schuldete, verstoßen hat und daß dem Kläger dadurch ein Schaden entstanden ist[29]. Die Visby-Regeln ändern diese Beweislast nicht. Die Hamburger Regeln würden – wie bereits erwähnt – diese Beweislast umkehren und vom Verfrachter den Beweis verlangen, daß der Schaden nicht auf sein Verschulden zurückzuführen ist[30]. Die einzige Aus-

28 Hamburger Regeln, Art. 5.
29 Oben Fn. 8.
30 Hamburger Regeln, Teil II.

nahme von dieser Regel ist die Einwendung von Feuer, das durch Verschulden des Verfrachters herbeigeführt wurde[31].

5. Verzug

Nach den Hamburger Regeln wird der Verfrachter für Verluste, die durch verspätete Ablieferung entstanden sind, haftbar gemacht[32]. Nach der Definition[33] wird das Vorliegen eines Verlustes dann angenommen, wenn die Waren nicht innerhalb jener Zeit abgeliefert wurden, die ausdrücklich vereinbart worden war, oder bei Fehlen einer vertraglichen Vereinbarung, wenn vom Verfrachter unter Berücksichtigung der Umstände der jeweiligen Situation die Lieferung vernünftigerweise erwartet werden konnte, jedoch unterblieben ist. Eine Vertragsbestimmung, die den Verfrachter von seiner Haftung für Verzug entbindet, wäre daher nicht wirksam. Der Anspruchsberechtigte wird den Verlust der Waren dann annehmen können, wenn diese nicht innerhalb einer Frist von 60 aufeinanderfolgenden Tagen vom Datum der vereinbarten Lieferung oder von jener Frist an, innerhalb deren die Auslieferung vernünftigerweise verlangt werden konnte, abgeliefert wurde[34].

6. Besondere Haftung für die Beförderung lebender Tiere

Gemäß Art. 5 Abs. 5 der Hamburger Regeln wird der Verfrachter für Verlust, Schaden oder Verzug beim Transport lebender Tiere haftbar gemacht. Der Verfrachter wird jedoch nicht für solche Verluste, Schäden oder Verzugsfälle haftbar gemacht, die durch jenes spezielle Risiko entstehen, das auftritt, wenn lebende Tiere befördert werden[35]. Wenn der Verfrachter daher spezielle Behandlungsvorschriften des Befrachters befolgt, wird er für Verlust, Schaden

31 Hamburger Regeln, Art. 5. Der Verfrachter wird mit seiner Einrede dann erfolgreich bleiben, wenn der Kläger nicht beweisen kann, daß das Feuer durch Verschulden des Verfrachters, der in seinem Dienst stehenden Personen oder seiner Beauftragten verursacht wurde. Dies ist die *einzige* Einrede, für die die Beweislast auf Seiten des *Klägers* liegt. Darüber hinaus ist der Verfrachter für Verlust, Schaden oder Verzug, von denen der Kläger beweisen kann, daß sie durch fahrlässige Brandbekämpfung des Verfrachters, seiner Bediensteten oder Beauftragten verursacht wurden, haftbar. Es muß jedoch darauf hingewiesen werden, daß dann, wenn Verlust oder Schaden durch gleichzeitige Vorgänge entsteht, für die den Verfrachter teilweises Verschulden trifft und für die er teilweise eine Einwendung behält, die Beweislast für die Aufteilung des Schadens nach den Ursachen beim Verfrachter liegt. Sowohl der Verfrachter als auch der Befrachter sind zu einer Untersuchung der Ursachen und Umstände des Feuers berechtigt und müssen eine Kopie dieser Untersuchung erhalten.

32 Ebenda.

33 Ebenda.

34 Ebenda.

35 Hamburger Regeln, Art. 5.

oder Verzug, der einem solchen speziellen Risiko zuzuschreiben ist, nicht haftbar gemacht. Die Beweislast für die Einhaltung der Vorschriften des Befrachters liegt jedoch beim Verfrachter[36].

7. *Abweichungen vom Kurs*

Das Prinzip der Abweichung vom Kurs[37] wird von den Hamburger Regeln beibehalten und liegt innerhalb ihres allgemeinen Haftpflichtsystems; der Verfrachter ist jedoch nicht verantwortlich für Verlust, Schaden oder Verzug, der durch Anstrengungen, Leben zu retten, oder durch vernünftige Maßnahmen zur Rettung von Eigentum auf hoher See entsteht. Es ist festzuhalten, daß eine Unterscheidung zwischen Maßnahmen zur Rettung von Leben und Maßnahmen zur Rettung von Eigentum getroffen wird.

8. *Mitverschulden*

Wenngleich der Verfrachter nach den Hamburger Regeln nur in jenem Umfang für Verlust, Schaden oder Verzug haftbar ist, der auf sein Verschulden zurückgeht, so kann er nichtsdestoweniger dieser Haftung nur dann und in jenem Umfang entgehen, in dem er beweisen kann, daß Verlust, Schaden oder Verzug nicht durch sein Verschulden oder seine Nachlässigkeit entstanden sind[38]. Dieses Prinzip stimmt mit dem amerikanischen Recht[39] überein, wonach die Beweislast für die Aufteilung der Haftung zwischen Schäden, die auf Verschulden des Verfrachters und solchen, die auf das Verschulden anderer zurückgehen, stets beim Verfrachter liegt.

9. *Decksladung*

Das frühere Recht hat die Decksladung von seiner Definition des Wortes »Güter« ausgeschlossen[40]. Eine solche Ladung unterlag daher den speziellen Vereinbarungen im Konnossement und wurde zum Gegenstand einander widersprechender Gerichtsentscheidungen.

Art. 9 der Hamburger Regeln bestimmt, daß ein Verfrachter Güter nur dann auf Deck eines Schiffes befördern darf, wenn der Befrachter dieser Art der Beförderung zugestimmt hat oder Handelsbrauch oder das lokale Recht diese

36 Ebenda.

37 Ebenda.

38 Ebenda.

39 *Missouri Pacific R. R. Co.* v. *Elmore & Stahl*, 377 US 134 (1964); *Plough Inc.* v. *Mason and Dixon Lines*, 630 F. 2d 468 (6th Cir. 1980).

40 Haager Regeln, Art. 1.

Vorgangsweise erlauben. Der Verfrachter muß im Konnossement ausdrücklich festhalten, daß die Waren an Deck befördert werden dürfen. In Ermangelung einer solchen Bestimmung liegt die Beweislast dafür, daß der Befrachter die Erlaubnis zum Transport der Ladung an Deck erteilte, beim Verfrachter; er darf jedoch eine solche Vereinbarung einem Dritten, der das Konnossement in gutem Glauben erworben hat, nicht entgegenhalten. Der Verfrachter wird haftbar, wenn er die Waren entgegen solchen Bestimmungen transportiert. Dies ist eine Kodifikation der bisher schon bestehenden Praxis. Art. 9 Abs. 4 wird schließlich den Verfrachter ohne Haftungsbeschränkung dann haftbar machen, wenn er die Waren entgegen einer ausdrücklichen Vereinbarung, sie unter Deck zu transportieren, als Decksladung befördert. In diesem Fall wird er für den vollen Schaden haftbar sein.

Die Bestimmung über Decksladung ist wichtig wegen der zunehmenden Schwierigkeit, zwischen Decksladung und anderer Ladung zu unterscheiden, besonders im Bereich des Containertransportes. Die Vorschrift wird die nötige Klarheit schaffen.

III. Veränderungen beim Konnossement

Die Anforderungen der Haager Regeln[41] reflektieren die 1924 herrschende Praxis, individuelle Konnossemente manuell vorzubereiten. Das Konnossement muß die Kennzeichen, die für eine Identifizierung der Waren notwendig sind, die Anzahl der Packungen, die Menge oder das Gewicht und den augenscheinlichen Zustand der Waren enthalten. Wird eine Aufnahme dieser Informationen unterlassen, so entsteht dadurch kein Nachteil. Die Visby-Regeln haben die vom Konnossement verlangten Angaben nicht verändert. Die Hamburger Regeln[42] hingegen ändern die Anforderungen an ein Konnossement, um den Einsatz der elektronischen Datenverarbeitung in der modernen kaufmännischen Praxis zu erlauben. Art. 15 der neuen Regeln[43] würde die Angaben folgender Einzelheiten im Konnossement verlangen:

41 Haager Regeln, Art. 3.

42 Hamburger Regeln, Art. 14. Alle Details dieser Angaben können durch elektronische Datenverarbeitung übermittelt werden. Gemäß Artikel 14 Abs. 3 ist jede Art des mechanischen Transfers zulässig, solang sie nicht gegen das Recht des Staates, in dem das Konnossement ausgestellt wurde, verstößt.

43 Es muß festgehalten werden, daß ein Konnossement nicht verpflichtend ist. Der Verfrachter und der Befrachter können die Verwendung anderer Dokumente als die eines Konnossements gem. Art. 18 vereinbaren. Dem Anschein nach hat der Inhalt des Konnossements zugenommen. Die meisten der verpflichtenden Angaben in Art. 15 können jedoch auch im Modell-Konnossement gefunden werden, das vom nationalen Rat für Internationale Handelsdokumentation (US National Council of International Trade Documentation, NCITD) angenom-

a) die allgemeine Art der Güter, die wichtigsten Kennzeichen, die für eine Identifizierung der Güter notwendig sind, einen ausdrücklichen Hinweis auf den gefährlichen Charakter der Güter, falls ein solcher gegeben ist, die Anzahl der Packungen und Stücke und das Gewicht der Güter oder einen anderen Ausdruck ihrer Menge, wobei alle diese Einzelangaben in jener Form festgehalten werden, wie sie vom Befrachter zur Verfügung gestellt werden;
b) der äußere Zustand der Güter;
c) der Name und Sitz des Unternehmens des Verfrachters;
d) der Name des Befrachters;
e) der Empfänger, falls ein solcher vom Befrachter angegeben wird;
f) Der Ladehafen gemäß dem Seefrachtvertrag und das Datum, an dem die Güter vom Verfrachter im Ladehafen übernommen wurden;
g) der Löschungshafen gemäß dem Seefrachtvertrag;
h) die Anzahl der Originale des Konnossements, falls mehr als eines ausgestellt wird;
i) der Ausstellungsort des Konnossements;
j) die Unterschrift des Verfrachters oder einer Person, die in seinem Namen handelt;
k) die Fracht, soweit sie vom Empfänger zu bezahlen ist, oder ein anderer Hinweis darauf, daß die Fracht von ihm zu zahlen ist;
l) eine Erklärung gemäß Art. 23 Abs. 3;
m) die Erklärung, daß die Waren an Deck befördert werden sollen oder dürfen, falls anwendbar;
n) das Datum oder der Zeitraum für die Ablieferung der Waren im Löschungshafen, sofern dies ausdrücklich von den Parteien vereinbart wurde;
o) erhöhte Haftungshöchstbeträge, falls solche gemäß Art. 6 Abs. 4 vereinbart wurden.

In der kommerziellen Praxis werden die neuen Angaben, die Art. 15 verlangt, üblicherweise ohnehin freiwillig gemacht. Darüber hinaus entsteht keinerlei Nachteil bei Nichtberücksichtigung der Vorschriften des Art. 15. Art. 15 Abs. 3 hält viel mehr ausdrücklich fest, daß der rechtliche Charakter des Konnossements durch die Unterlassung, eine oder mehrere der fünfzehn Einzelangaben anzuführen, nicht berührt wird.

men wurde. In der Handelspraxis werden diese Details üblicherweise freiwillig festgehalten, weshalb es keine Härte darstellt, sie zu verlangen. Darüber hinaus gibt es keinerlei Nachteil für die Unterlassung, die von Art. 15 verlangten Detailangaben zu machen, da Art. 14 ausdrücklich vorsieht, daß das Fehlen irgendwelcher verlangter Angaben den rechtlichen Charakter des Konnossements nicht berührt. Die Urkunde muß jedoch die Angaben, die in Art. 15 verlangt werden, enthalten, damit sie durch Indossament übertragen werden kann.

IV. Übertragbarkeit

Die Haager Regeln erlauben die Ausstellung von Konnossementen, die nicht durch Indossament übertragbar sind[44]. Die Visby-Regeln würden dieses System nicht verändern. Die Hamburger Regeln hingegen würden alle Konnossemente durch Indossament übertragbar machen. Art. 1 Abs. 7 der Hamburger Regeln definiert das Konnossement als eine Urkunde, die einen Seefrachtvertrag beweist und in der »der Seefrachtführer sich verpflichtet, die Güter gegen Herausgabe der Urkunde auszuliefern«. Eine Bestimmung im Konnossement, wonach dieses an Order oder auf den Inhaber lautet, stellt eine Verpflichtung des Verfrachters dar, die Güter dementsprechend auszuliefern.

V. Konnossement: Vorbehalte und Beweiswirkung

Art. 16 der Hamburger Regeln verstärkt ganz allgemein den Schutz des Befrachters. Wenn der Verfrachter es unterläßt, im Konnossement eventuelle Fehlmengen, Ungenauigkeiten oder den augenscheinlichen Zustand der Güter festzuhalten, gilt die Vermutung, daß der Befrachter die Güter in augenscheinlich guter Verfassung übergeben hat. Zweitens ist das Konnossement prima-facie-Beweis für die Übernahme oder Verladung der Güter; und drittens ist das Konnossement auch prima-facie-Beweis, daß keine weitere und zusätzliche Fracht vom Empfänger zu bezahlen ist. Der Beweis des Gegenteils ist unzulässig, wenn das Konnossement an eine dritte Partei übertragen wurde, die in gutem Glauben und im Vertrauen auf das Fehlen von Erklärungen im Konnossement in bezug auf zusätzliche Fracht oder Lagergeld gehandelt hat. Die Hamburger Regeln stimmen völlig mit dem amerikanischen »Pomerene«-Konnossement-Gesetz überein. Das »Pomerene«-Konnossement-Gesetz schützt Empfänger dadurch, daß es dem Verfrachter, der ein Konnossement vor der tatsächlichen Übernahme der Waren ausgestellt hat, untersagt, später zu behaupten, daß er die Ware in Wirklichkeit nie erhalten habe.[45]

VI. Zusammenfassung

Der Verfrachter trägt derzeit nach den Haager Regeln nur einen geringen Anteil des Risikos des Frachtgeschäftes auf See. Die Visby-Regeln haben zwar einen Übergang des Frachtrisikos auf den Verfrachter, hauptsächlich in Folge

44 Haager Regeln, Art. 6.
45 49 U.S.C. 81–124.

der Erhöhung der Haftungshöchstgrenzen, bewirkt, jedoch der Inflation seit 1924 nur wenig Rechnung getragen. Die Hamburger Regeln werden einen noch größeren Anteil des Frachtrisikos auf den Verfrachter überwälzen, wobei die Haftungshöchstgrenzen die Inflationseffekte in dem zehnjährigen Zeitraum seit 1968, als die Höchstgrenzen der Visby-Regeln festgesetzt wurden, widerspiegeln. Die Hamburger Regeln werden darüber hinaus die Anzahl der Einreden, die dem Verfrachter zur Verfügung stehen, reduzieren und die Beweislast, daß alle notwendigen Maßnahmen zur Vermeidung von Verlust, Schaden oder Verzug getroffen wurden, auf den Verfrachter überwälzen; die Übertragung vom Befrachter auf den Verfrachter wird einen wirksamen Anreiz für Verfrachter darstellen, alle notwendigen Maßnahmen zu treffen, um den Eintritt von Verlust, Schaden oder Verzug zu vermeiden, während die Güter in ihrer Obhut sind; Verfrachter sind am besten imstande, Verlust, Schaden oder Verzug während jener Zeit, in der die Güter in ihrem Besitz sind, zu vermeiden. Endlich wird die neue Gesetzgebung eine schon lange überfällige Modernisierung des Konnossementsrechts bewirken, und dieses damit in Einklang mit der modernen Handelspraxis bringen, was zum Nutzen des amerikanischen Außenhandels wäre.

Verfrachterhaftung nach jugoslawischem Recht und die Hamburger Regeln

Velimir Filipović[1], Zagreb

A. Einführung

Die *Hamburger Regeln,* hier Kurzbezeichnung für das Übereinkommen der Vereinten Nationen über die Beförderung von Gütern auf See, ist das Ergebnis der UN-Konferenz, die vom 6. bis 31. 3. 1978 in Hamburg getagt hat und an welcher 78 Regierungsdelegationen teilgenommen haben. Es ist interessant festzustellen, daß am Ende der Verhandlungen der Text des Übereinkommens einstimmig verabschiedet wurde bei nur vier Enthaltungen: Griechenland, Kanada, Liberia, Schweiz. Dieses Übereinkommen soll das Brüsseler Übereinkommen von 1924 zur Vereinheitlichung einzelner Regeln über Konnossemente (Haager Regeln) und das Brüsseler Protokoll von 1968 (Visby-Regeln) ablösen[2]. Das neue Übereinkommen, das nach Ratifikation oder Beitritt von 20 Staaten in Kraft tritt, wurde bis heute von nur neun Staaten angenommen[3].

Ich möchte keinen geschichtlichen Abriß des Ursprungs dieser wesentlichen Änderungen (oder Verbesserungen) des z. Zt. geltendenden internationalen Seefrachtrechts darstellen, weil das schon verschiedentlich vor mir getan wurde; nur auf manche Phasen dieses langjährigen Prozesses möchte ich besonders aufmerksam machen[4].

Der Entwurf des in Hamburg angenommenen Übereinkommens wurde von der Kommission der Vereinten Nationen für internationales Handelsrecht (UNCITRAL) ausgearbeitet. Doch die Initiative zur Erneuerung der Rege-

1 Der Verfasser wohnte als Mitglied der jugoslawischen Delegation der Diplomatischen Konferenz in Hamburg bei. In diesem Beitrag sind nur seine *persönlichen* Auffassungen vertreten.

2 Dazu gehört noch das Brüsseler Protokoll vom 21. 12. 1979, das aber nur die Rechnungseinheiten aus den Visby-Regeln (die Poincaré-Franken) in die Sonderziehungsrechte umwandelt.

3 Chile und Ägypten haben es ratifiziert; Barbados, Libanon, Marokko, Rumänien, Tansania, Tunesien und Uganda sind beigetreten, vgl. CMI Yearbook 1982–1983, 111.

4 Siehe dazu die ausführliche Bibliographie, in: The American Journal of Comparative Law 1979, 441–447.

lung betreffend die Reform der Rechte und Pflichten der am Seefrachtverkehr Beteiligten ergriff nicht UNCITRAL, sondern ein anderes Organ der Vereinten Nationen – die Konferenz der Vereinten Nationen für Handel und Entwicklung (UNCTAD).

Schon bei der ersten UNCTAD-Konferenz in Genf 1964 finden wir den Grundgedanken, daß man beim internationalen Seetransport den Entwicklungsländern helfen und ihre Position in vielerlei Hinsicht verbessern sollte. Durch die bei der zweiten UNCTAD-Konferenz 1968 in New Delhi angenommene Resolution wurde eine Arbeitsgruppe für Internationale Schiffahrtsgesetzgebung geschaffen, die auf Initiative der Entwicklungsländer und ungeachtet des Widerstandes der größeren Seemächte schon bei ihrer ersten Tagung die Frage der Regeln und Praktiken im Bereiche der Konnossemente vorrangig in ihr Arbeitsprogramm aufnahm; am Ende ihrer zweiten Tagung faßte diese Arbeitsgruppe eine Resolution über die Revision des Übereinkommens von 1924 und seines Protokolls von 1968. Diese Resolution sah die etwaige Ausarbeitung eines neuen Übereinkommens vor, das unter den Auspizien der Vereinten Nationen – und nicht wie bei den früheren Seerechtskonventionen unter der Schirmherrschaft des CMI und auf Initiative der belgischen Regierung – ausgearbeitet werden sollte.

Auf der letzten, der sechsten Tagung der UNCTAD in Belgrad im Juni 1983 wurden in einer Resolution alle Mitgliedsstaaten der UNCTAD aufgefordert, die Übereinkommen der Vereinten Nationen über den internationalen multimodalen Transport von Gütern und über die Güterbeförderung zur See (Hamburger Regeln) zu ratifizieren oder ihnen beizutreten[5].

Das alles betone ich nur, um zu zeigen, welche politischen Maßnahmen getroffen worden sind und welcher Druck ausgeübt worden ist, um eine, wie man behauptete, gleichmäßigere Verteilung der Risiken zwischen dem Eigentümer der Güter (aus den Entwicklungsländern) und dem Verfrachter (aus den Industrieländern) zu gewährleisten, eine These, die sehr leicht zur Simplifizierung der Problematik verleitet.

Neben diesen politischen Gründen erheben sich Stimmen aus den Industrieländern, die nach der Änderung der alten Regeln trachten. Die Gründe dafür lassen sich in den neuen veränderten technischen und wirtschaftlichen Verhältnissen finden, die insbesondere durch den Containerverkehr und multimodalen Transport entstanden sind.

Ein weiterer wesentlicher Grund ist das Bestreben zur Harmonisierung des Seefrachtrechts mit anderen Verkehrszweigen[6] sowie die Verbesserung bzw.

5 Resolution TO(VI) CG/CRP. 2 vom 28. 6. 1983.

6 Hierzu RAMBERG, The Law of Carriage of Goods. Attempts at Harmonization, Scandinavian Studies in Law 1973, 213–252.

Modernisierung des alten Textes der Haager Regeln, der seinerzeit unter starkem Einfluß der englischen Rechtssprache verfaßt wurde.

Ob und wie weit der Text der Hamburger Regeln allen Wünschen gerecht wird, soll am Ende der Ausführungen näher beleuchtet werden. Zuerst werde ich das positive jugoslawische Recht zur Verfrachterhaftung darlegen:

B. Die Haftung des Ausrüsters[7] nach jugoslawischem Recht

Jugoslawien hat 1959 die Haager Regeln ratifiziert und im gleichen Jahr das Gesetz über Seeschiffs-Nutzungsverträge verabschiedet, in dem sich die Haager Regeln niederschlugen[8]. Im Jahre 1977 wurde das See- und Binnenschifffahrtsgesetz veröffentlicht[9], in dem auch die Visby-Regeln berücksichtigt worden sind, d. h. daß sich heutzutage die rechtliche Stellung der Ausrüsterhaftung an die Haager Regeln und Visby-Regeln anlehnt, mit Ausnahme der Höchsthaftungssummen der Ausrüster gemäß den Visby-Regeln.

Nach dem geltenden Recht haftet der Ausrüster für jeden Schaden, Mangel oder Verlust an der Ladung von dem Zeitpunkt der Übernahme bis zur Übergabe der Güter (sowie für jeden Schaden, der durch die verzögerte Übergabe der Ladung entsteht). Der Ausrüster haftet ferner für das Verschulden des Kapitäns oder der Mitglieder der Schiffsbesatzung sowie für das Verschulden anderer Personen, deren er sich in Ausführung der Beförderung bedient. Er haftet nicht für das sog. nautische Verschulden seiner Leute. Der Ausrüster hat nur für sein eigenes Verschulden einzustehen, auch wenn der Schaden durch ein Fehlverhalten bei der Führung oder der sonstigen Bedienung des Schiffes oder durch Feuer entsteht. Der Ausrüster hat nur für anfängliche See- und Ladungstüchtigkeit des Schiffes einzustehen. Die Grundlage der Ausrüsterhaftung nach jugoslawischem Recht ist die Sorgfaltshaftung mit Entlastungspflicht. Um sich von der Haftung zu befreien, muß er beweisen, daß der Schaden, Mangel oder der Verlust der Ladung oder die Verspätung bei der Ablieferung der Güter aus einer Ursache stammen, die auch mit der Sorgfalt eines ordentlichen Ausrüsters nicht verhindert oder beseitigt

7 Der Begriff des Verfrachters kommt im jugoslawischen Seefrachtrecht nicht vor. Der Hauptträger der Haftung bei der Seebeförderung ist »brodar«, d. h. der Ausrüster. Nach der Definition des Art. 6 § 38 des See- und Binnenschiffahrtsgesetzes wird unter dem Begriff Ausrüster die (natürliche oder juristische) Person verstanden, die Träger des Seeunternehmens ist. Im Zweifelsfall gilt als Ausrüster die Person, die im Schiffsregister als Reeder eingetragen ist.

8 Uredba o ratifikaciji Medjunarodne konvencije za izjednačenje nekih pravila o teretnici i Protokola o potpisivanju, Dodatak Sl. 1. FNRJ, 7/1959; Zakon o ugovorima o iskorištavanju pomorskih brodova, Sl. 1. FNRJ, 25/1959.

9 Zakon o pomorskoj i unutrašnjoj plovidbi, Sl. 1. SFRJ, 22/1977.

werden konnte. Der Ausrüster ist daher nicht verantwortlich, wenn er diese Sorgfalt angewendet hat oder der Schaden auch bei Anwendung dieser Sorgfalt entstanden wäre.

In Art. 565 des See- und Binnenschiffahrtsgesetzes sind alle Fälle aufgeführt, die dem Art. 4 § 2 der Haager Regeln entsprechen. Dieser Katalog von Fällen enthält den Grundsatz der präsumtiven Nichthaftung des Ausrüsters. Er hat nur zu beweisen, daß einer dieser Fälle vorliegt und daß der Schaden aus der mit den Umständen des Falles verbundenen Gefahr entstehen konnte. Der Ladungsbeteiligte kann die Beweisvermutung durch den Nachweis widerlegen, daß der Schaden nicht auf dem angegebenen Fall der Gefahr beruht.

Die Summen der Begrenzung der Ausrüsterhaftung, die für jede Packung oder Einheit gelten, haben sich im Laufe der Zeit im jugoslawischen Recht geändert. Im Gesetz von 1959 war die Summe 3 500 Dinar, was damals ca. 200 US-Dollar entsprach. Im Gesetz von 1977 betrug die Summe 4 000 Dinar und gem. der besonderen Verordnung der Bundesregierung von 1983 wurde die Summe auf 8 000 Dinar erhöht, doch durch die schnelle Abwertung des Dinars entspricht diese Summe z. Zt. einem Wert von 70 US-Dollar. Derselbe Art. 567 des See- und Binnenschiffahrtsgesetzes enthält (dem Protokoll von 1968 entsprechend) eine Bestimmung, wonach bei der Benutzung von Containern, Paletten oder ähnlichen Gebinden jede im Konnossement als solche vermerkte Packung oder Ladungseinheit als besondere Packung oder Ladungseinheit gilt. Fehlt dieser Vermerk, so wird der Container, die Palette oder das Gebinde als Packung oder Ladungseinheit betrachtet.

Nach Art. 570 des See- und Binnenschiffahrtsgesetzes verliert der Ausrüster die Möglichkeit der Haftungsbegrenzung, wenn nachgewiesen wird, daß er persönlich den Schaden mit Vorsatz oder grob fahrlässig verursacht hat. Dasselbe gilt für die Schiffsbesatzung und die anderen Personen, die für ihn arbeiten.

Alle diese Bestimmungen über Ausrüsterhaftung sind zwingendes Recht und können vertraglich nicht abbedungen werden. Ausnahmen von dieser strengen Regel sind in Art. 576 zu finden, der besagt, daß der Ausrüster sich in vier Fällen freizeichnen kann:

— für Schäden durch Verminderung oder Verlust von Ladung, die vor Verschiffung oder nach ihrer Ausladung entstanden sind;
— für Schäden während des Transports von lebenden Tieren;
— für Schäden beim Transport von Decksladungen, die mit schriftlicher Zustimmung des Abladers an Deck verstaut worden sind;
— für Schäden infolge Verspätung. (Das Gesetz versucht in Art. 552 zu definieren, was eine Verspätung ist, jedoch ziemlich ungenau. Eine Verspätung besteht, wenn die Ladung dem Empfänger nicht in der vertraglich vereinbarten Frist ausgehändigt wird oder, wenn diese Frist nicht vertrag-

lich festgelegt wurde, die Ware an den Empfänger nicht in angemessener Frist ausgehändigt wird).

Die Normen über die Ausrüsterhaftung werden bei allen vertraglichen wie außervertraglichen Ansprüchen für Beschädigung, Verminderung oder Verlust der Ladung angewendet.

C. Einige wesentliche Neuerungen der Hamburger Regeln in bezug auf die Verfrachterhaftung

Von den Neuerungen, die die Hamburger Regeln in der Frage der Verfrachterhaftung bringen, möchte ich nachfolgend nur einige der wesentlichen aufzeichnen:

I. Wegfall der Haftungsbefreiung bei nautischem Verschulden der Bediensteten des Verfrachters;
II. Verlängerung des Zeitraums der Haftung;
III. Erhöhung der Haftungshöchstbeträge;
IV. verlängerte Fristen für die Schadensanzeige und Klageerhebung;
V. gemeinsame Haftung des Verfrachters und des ausführenden Verfrachters.

I. Wegfall der Haftungsbefreiung bei nautischem Verschulden der Bediensteten des Verfrachters

Die Exkulpationsmöglichkeit des Verfrachters für das nautische Verschulden besteht nach den Hamburger Regeln nicht mehr. Nautisches Verschulden, eine Kurzform für Verschulden (fahrlässige oder vorsätzliche Handlung oder Unterlassung der Führung) bei der Navigation oder der sonstigen Bedienung (management) des Schiffes, war eines der meist diskutierten Themen auf der Hamburger Konferenz. Die Mehrheit der westlichen Länder mit Ausnahme von Skandinavien sowie die Ostblockstaaten (Bulgarien, Polen, CSSR, UdSSR) wollten in Hamburg den Konventionsentwurf ändern und das nautische Verschulden wieder aufnehmen. Dieser Befreiungsgrund wurde schon früher als *archaisch* bezeichnet, mit der Begründung daß er aus einer Zeit stamme, wo sich tatsächlich der Verfrachter mit der Schiffsbesatzung nicht in Verbindung setzen konnte. Die Absurdität dieses Befreiungsgrundes erscheint einleuchtend, wenn man sich vergleichsweise den Fall denkt, daß ein Frachtführer für das schuldhafte Verhalten seines Lastwagenfahrers im Straßenverkehr nicht haften würde.

Der Grund, warum viele Staaten sich weigerten, das nautische Verschulden zu streichen (darunter nicht die Vereinigten Staaten und Frankreich), stammte aus einer praktischen Überlegung: Dieser Befreiungsgrund kommt meistens in Fällen von Schiffskollisionen oder Strandung vor. So hat man im Falle eines Totalverlustes eines Schiffes nach den Haager Regeln das ganze Risiko für Ladungsschäden auf die verschiedenen Ladungsversicherer verteilt und nicht dem Verfrachter zugeschoben. Dabei muß man bedenken, daß der Wert der Ladung bei der heutigen begrenzten Haftung bei weitem (manchmal auch mehrfach) den Wert des Schiffes übersteigt.

Eine Studie des britischen Versicherungsmarktes aus dem Jahre 1977 zeigt, daß in jenem Jahr der Gesamtverlust der Ladung (Öltransporte ausgenommen) ca. 4 Mio. engl. Pfund betrug. Dabei war bei mehr als 40 % dieser Fälle der Verlust auf nautisches Verschulden zurückzuführen[10].

II. Verlängerung des Zeitraumes der Haftung

Der Zeitraum der Haftung des Verfrachters, d.h. der Zeitraum, in dem sich die Güter in seiner Obhut befinden, wird in Art. 4 der Haager Regeln sehr genau beschrieben. Die Haager Regeln haben als zwingendes Recht den Verfrachter von der Ladung der Güter an bis zu ihrer Löschung haftbar gemacht. Das neue Übereinkommen hat die Haftung des Verfrachters verlängert: Er haftet von der Annahme der Güter vom Befrachter bis zum Zeitpunkt der Ablieferung beim Empfänger. Die Haftpflicht besteht auch dann, wenn Dritte für den Verlader bzw. für den Empfänger handeln oder wenn die Güter einer Behörde zur Verschiffung bzw. Entgegennahme zu übergeben sind. Dabei sind mit Verfrachter und Empfänger auch ihre Bediensteten und Beauftragten gemeint.

Man kann diese Präzisierung der Haftung des Verfrachters nur begrüßen, aber es könnte in der Praxis auch der Fall eintreten, daß – besonders im Löschungshafen – z.B. der Empfänger zum Empfang der Güter nicht erscheint. Würden dann die Konnossementsklauseln zulässig sein, die gemäß dem Vertrag gelten, oder würde man dabei dem geltenden Recht im Löschungshafen oder dem Brauch des jeweiligen Handelszweiges Vorrang einräumen?

III. Erhöhung der Haftungshöchstbeträge

Die in den Hamburger Regeln enthaltenen Haftungshöchstbeträge waren auch während der Konferenz sehr umstritten. Manche Länder (wie die Vereinigten

10 Vgl. hierzu Schalling, The Practical and Economic Effects of the Hamburg Rules from the View of a Cargo Underwriter, CMI Coloquium on the Hamburg Rules, Vienna 1979, 22.

Staaten und Kanada) sowie einige Länder aus der Gruppe 77 schlugen eine wesentliche Erhöhung der Beträge vor, und zwar doppelt so hoch wie in dem Protokoll von 1968, um im Schadensfall einen großen Prozentsatz der beförderten Güter zu decken. Eine Mehrzahl von Ländern war für niedrigere Haftungsgrenzen, die möglichst weitgehend denjenigen des Protokolls von 1968 entsprechen sollten, wobei höchstens der seither eingetretenen Geldentwertung Rechnung zu tragen wäre. Am Ende dieser schwierigen Auseinandersetzungen wurden in einem Kompromißpaket (»Package Deal«) die Haftungshöchstbeträge um 25 % höher festgelegt als in den Visby-Regeln.

Es fragt sich nun, ob sich der Verfrachter, durch diese Regelung veranlaßt und im Zusammenhang mit der nicht mehr bestehenden Möglichkeit, sich durch das nautische Verschulden zu exkulpieren, jetzt häufiger auf die Global-Reederhaftungsbeschränkung aus den Konventionen von 1957 und 1976 berufen wird, um die Haftung bei Großschäden zu mindern[11].

IV. Verlängerte Fristen für die Schadensanzeige und Klageerhebung

Die Hamburger Regeln haben auch die Fristen für Anzeigen von Verlust, Beschädigung oder Verspätung wesentlich verlängert. Äußerlich erkennbare Schäden, die man nach den Haager Regeln sofort bei Auslieferung der Güter anzeigen mußte, müssen nach dem neuen Abkommen spätestens am folgenden Arbeitstag angezeigt werden. Fehlt eine solche Anzeige, so gilt bis zum Beweis des Gegenteils, daß die Güter so, wie im Konnossement beschrieben, übergeben wurden. Bei verborgenen (nicht offenkundigen) Schäden muß die schriftliche Anzeige binnen 15 Tagen (früher 3 Tage) erfolgen. Art. 19 enthält auch eine andere Neuerung, nach der im Falle von Verspätungen eine schriftliche Anzeige innerhalb von 60 Tagen zu erfolgen hat.

Die Verjährungsfrist für Klagen hat sich in den Hamburger Regeln im Vergleich zu den Haager Regeln verdoppelt. Sie beträgt zwei Jahre und beginnt am Tag der Ablieferung der Güter oder, falls keine Ablieferung erfolgte, am letzten Tag, an dem die Güter hätten abgeliefert werden sollen.

Man kann sich nur wünschen, daß diese Neuerung in Zukunft klarere Situationen schaffen wird. Wer in der Praxis oder am Gericht gearbeitet hat, wird sich erinnern, wie schwierig es in den meisten Fällen für den Verfrachter war, schon während eines Jahres seit der Auslieferung der Güter den Entlastungsbeweis führen zu müssen, da sich seine Beweismittel während dieser

11 Es gibt sogar Autoren, die behaupten, daß die zukünftige Haftung für nautisches Verschulden für diejenige Staaten, die noch nicht Mitglied der globalen Reederhaftungsbeschränkungsübereinkommen von 1957 oder 1976 geworden sind, Veranlassung sein wird, einem solchen beizutreten, so RICHER-HANNES, Die Hamburger Regeln 1978, Berlin 1982, 110.

Zeit bereits verflüchtigt haben. Daß sich das Gedächtnis der Zeugen durch neue Regelungen verbessern wird, kann man nur hoffen.

V. Gemeinsame Haftung des Verfrachters und des ausführenden Verfrachters

Das neue Hamburger Übereinkommen enthält eine Regelung der Haftung des ausführenden Beförderers, wonach als Verfrachter nicht nur der Vertragspartner des Befrachters (Verfrachter), sondern nach luftrechtlichem Vorbild (das Übereinkommen von Guadalajara) auch der ausführende »tatsächliche Verfrachter« haftet. Hat der Verfrachter den ganzen oder einen Teil des Transports einem anderen Verfrachter übergeben, so ist dieser ausführende Verfrachter verantwortlich für den von ihm ausgeführten Transport, doch bleibt der Verfrachter für den vom »tatsächlichen Verfrachter« ausgeführten Transport ebenfalls haftbar. So haften der Verfrachter und der ausführende Verfrachter gesamtschuldnerisch, doch nicht im gleichen Umfang. Der Verfrachter kann immer in Anspruch genommen werden, auch wenn nur der ausführende Verfrachter verantwortlich ist. Dagegen haftet der ausführende Verfrachter nur dann, wenn er allein für die von ihm ausgeführte Beförderung verantwortlich ist oder ihn mindestens neben dem Verfrachter ein Mitverschulden trifft.

Doch wird sich gelegentlich in der Praxis die Frage stellen, wer nun eigentlich die Beförderung ausführt. Wie ist die Stellung des Zeitcharters? Können in einigen Fällen mehrere ausführende Verfrachter existieren und werden auch Spediteure, die im eigenen Namen (aber zugunsten Dritter) einen Beförderungsvertrag schließen, auch als ausführende Verfrachter im Sinne der Hamburger Regeln in manchen Rechtssystemen gelten?[12]

D. DIE ZUKUNFT DER HAMBURGER REGELN

Über die Zukunft der Hamburger Regeln gibt es zwei kontroverse Meinungen: eine – vielleicht zu optimistische – und die andere – vielleicht zu kritische. So meint der französische Jurist DOUAY, der seine Regierung auf dieser Hamburger Konferenz vertrat: »Das neue Hamburger Übereinkommen stellt einen weiteren Fortschritt in Richtung einer besseren Verteilung der Risiken zwischen den am Seetransport beteiligten Partnern und gleichzeitig einen sehr wichtigen Schritt im Sinne einer allseits wünschenswerten Harmonisierung des Transportrechts dar.«[13] SWEENEY, das aktive Sprachrohr der amerikanischen

12 Zu einzelnen Aspekten dieser Frage siehe RAMBERG, The Vanishing Bill of Lading & the »Hamburg Rules Carrier«, The American Journal of Comparative Law 1979, 391–406.

13 DOUAY, La Convention des Nations Unies sur le transport de marchandises par mer (Règles de Hambourg de 1978), Bulletin des transports internationaux par chemins de fer, Bern 1979, 25.

Delegation, behauptet: »Ich bin persönlich begeistert vom Resultat der Konferenz und bin überzeugt, daß die Hamburger Regeln ebenso nützlich in unserer heutigen Zeit sein werden wie die Haager Regeln in ihrer Zeit.«[14] SELVIG aus Norwegen, ein bedeutender Mitarbeiter an den internationalen Unifikationsbestrebungen, meinte, daß die Hamburger Regeln das einzige internationale Übereinkommen seien, das ein Maß an Unterstützung erhalten wird, das erforderlich ist, eine – allgemein gesprochen – weltweite Rechtsvereinheitlichung auf dem wichtigen Gebiet der Verfrachterhaftung zu schaffen[15]. Ein Teilnehmer der holländischen Delegation, CLETON, vertritt die Auffassung, daß der gesamte Entwurf nicht von der Effizienz, sondern von politischen Überlegungen motiviert war und die neue Konvention nicht zur Vereinfachung von Schadenersatzansprüchen führen kann[16].

Es wurden Seminare von Fachleuten und Praktikern gehalten, in denen man die rechtlichen, praktischen und wirtschaftlichen Auswirkungen der Hamburger Regeln überprüfte[17]. REYNARDSON, einer der Manager eines großen P&I-Clubs, gelangte zu der Überlegung: »... daß die Hamburger Regeln sowohl direkt als auch indirekt die Kosten für den Verfrachter in einem solchen Umfange erhöhen werden, daß sie sich auf den Endverbraucher der seebeförderten Ware niederschlagen. Für keinen, ausgenommen vielleicht meine Freunde, die Anwälte, wird das von Nutzen sein.«[18] Eine weitere Stimme aus der Reihe der großen Praktiker, der bekannte Londoner Richter Lord DIPLOCK, meint: »Als jemand, der viele Jahre in der praktischen Arbeit als Richter tätig war, glaube ich, daß die vorliegende weitausgelegte Definition (es handelt sich um Grundsatzfragen der Haftung) mir die Möglichkeit gibt, jeden Fall zu entscheiden, ganz so wie ich möchte.«[19]

Man hat den gesamten Text dieser Hamburger Regeln wegen seiner nicht immer klaren Aussagen sehr kritisiert. Wenn man jedoch bedenkt, wie viele Kompromisse ein solches Übereinkommen beinhaltet, dann ist wohl doch das bestmögliche Ergebnis erzielt worden. Doch es werden noch viele Jahre vergehen, bis sich die rechtliche Praxis, besonders in Ländern des Common Law, stabilisiert hat. Man bedenke nur, wie lange die Haager Regeln zu ihrer rechtlichen Konsolidierung gebraucht haben.

14 SWEENEY, Article 6 of the Hamburg Rules, The Hamburg Rules on the Carriage of Goods by Sea (Hrsg. MANKABADY), Leiden 1978, 165.

15 SELVIG, The Hamburg Rules, the Hague Rules and Marine Insurance Practice, Journal of Martime Law and Commerce 1981, 326.

16 CLETON, Contractual Liability for Carriage of Goods by Sea (The Hague Rules and their Revision), Hague-Zagreb Essays 3, 1980, 20.

17 So z.B. das Seminar Lloyd's of London Press in London am 28.9.1978; CMI-Kolloquium vom 8. bis 11.1.1979 in Wien; CMI-Seminar, Oktober 1980 in Buenos Aires.

18 REYNARDSON, The Implications on Liability Insurance of the Hamburg Rules, Lloyd's of London Press, 1978, 4.

19 DIPLOCK, Introduction, CMI Colloquium on the Hamburg Rules, Vienna 1979, 3.

Die ökonomischen Auswirkungen der neuen Regeln kann man nur ahnen. Obwohl das Problem der Haftung nicht einfach ein Versicherungsproblem ist, wird doch klar, daß der Verfrachter die strengere Haftung in Form höherer Kosten für Haftpflichtpolicen auf die Frachtraten überwälzen wird. Man muß auch dabei bedenken, daß sich die Ladungsversicherer im nationalen Bereich der Länder befinden und die P&I-Clubs ausschließlich auf England bzw. Bermuda konzentriert sind. Das bedeutet, daß das Kapital aus den Entwicklungsländern doch weiterhin in die Industrieländer fließen wird. Auch die Annahme, daß sich die Kosten der Transportversicherung vermindern werden, haben die Praktiker widerlegt.

Schlussbetrachtung

In Jugoslawien wird in manchen Juristenkreisen die Meinung vertreten, daß die Annahme der Hamburger Regeln im jugoslawischen Recht eine Etappe auf dem Weg zur Entwicklung einer neuen Wirtschaftsordnung sei und daß man sie mit Hilfe der Entwicklungsländer kurzfristig in Kraft setzen sollte[20].

Ich kann jedoch diese Meinung nicht teilen, weil ich glaube, daß sich für die jugoslawische Schiffahrt die strengere Verfrachterhaftung sehr nachteilig auswirken wird. Unsere teilweise veraltete Handelsflotte würde bestimmt durch hohe Haftungsprämien noch zusätzlich belastet. Durch die größere Verlagerung der Risiken der Verfrachterhaftung auf den Reeder werden die moderneren, modernsten und neuesten nationalen Flotten begünstigt und auf diesem Wege wird die schwächere Konkurrenz der Entwicklungsländer auf dem Weltmarkt im Seefrachtwettbewerb benachteiligt, wenn nicht sogar ausgeschlossen. Das ist ein wesentliches Argument gegen und nicht für die Hamburger Regeln.

Zur Zeit wäre es m. E. für Jugoslawien vorteilhafter, zunächst die Visby-Regeln zu ratifizieren. Dazu bedarf es keines großen Eingriffs in das bereits bestehende Seerecht. Nur die Haftungsgrenzen sollten erhöht werden. Damit wäre auch die Gefahr beseitigt, daß ein ausländisches Gericht auf den jugoslawischen Ausrüster direkt die Haftungsbegrenzung aus den Haager Regeln von 100 Pfund anwendet[21]. Die volle Übernahme der Visby-Regeln in das jugosla-

20 Vgl. Radović, Hamburška pravila sa stanovišta osiguranja (Die Hamburger Regeln aus der Sicht der Versicherung), Simpozij iz oblasti transportnog osiguranja, 1983, 18.

21 Nach Art. 9 der Haager Regeln sind hierunter jedoch nicht 100 Pfund Währungsgeld zu verstehen, sondern der Goldwert, der dem Betrag von 100 Pfund zur Zeit des Abschlusses des Übereinkommens entsprach. Zu diesem Zeitpunkt entsprach ein Pfund einem Wert von 9 Gramm reinem Gold, so daß in Wirklichkeit diese Abrechnung für den Verfrachter unbegrenzte Haftung bedeuten würde.

wische Recht würde dann auch den Übergang zu den Hamburger Regeln erleichtern. Man sollte daher mit der Ratifizierung der Hamburger Regeln besser noch warten.

Teil 3

Internationaler Gewerblicher Rechtsschutz und internationales Urheberrecht

Fremdenrecht und internationales Privatrecht im gewerblichen Rechtsschutz und Urheberrecht

Eugen Ulmer, München

Wenn ich der ehrenvollen Aufforderung nachkomme, über Fremdenrecht und internationales Privatrecht im gewerblichen Rechtsschutz und Urheberrecht zu schreiben, so kann ich, ohne viel einleitende Worte, von bekannten Begriffen und Rechtsfiguren ausgehen.

Die gewerblichen Schutzrechte, Patente, Marken, Muster usw., sowie die Urheberrechte an Werken der Literatur, der Wissenschaft und der Kunst, die sogenannten Immaterialgüterrechte, gehören zu einem Rechtsgebiet besonderer Prägung. Dies gilt insbesondere auch im internationalen Recht, das angesichts der Möglichkeit der weltweiten Verbreitung und Verwertung der Immaterialgüter von besonderer Wichtigkeit ist. Für den Rechtsschutz auf internationaler Ebene sind dabei die Staatsverträge, insbesondere die großen multilateralen Verträge, die Pariser Verbandsübereinkunft, die Berner Konvention und das Welturheberrechtsabkommen, von entscheidender Bedeutung.

I.

Gemeinsamer Grundsatz der großen Konventionen ist der Grundsatz der Inländerbehandlung. Die durch die Konventionen geschützten Personen können in den Vertragsstaaten grundsätzlich den Schutz in Anspruch nehmen, den die Gesetze der Vertragsstaaten den eigenen Staatsangehörigen gewähren. Ergänzt wird der Grundsatz durch Regeln über Mindestrechte, insbesondere im Urheberrecht, sowie durch Regeln über die Priorität, die unter Berufung auf eine frühere Anmeldung für die gewerblichen Schutzrechte in Anspruch genommen werden kann.

Zentral ist jedenfalls die Inländerbehandlung, die nur durch bestimmte Ausnahmevorschriften, wie den Vergleich der Schutzfristen im Urheberrecht, eingeschränkt wird.

Fragen wir nach der rechtlichen Natur des Grundsatzes der Inländerbehandlung, so zeigt sich, daß er seinem Wesen nach sowohl eine Regel des Fremdenrechts wie des internationalen Privatrechts ist.

Zunächst ist die Inländerbehandlung eine Regel des Fremdenrechts. Die Gesetze der Staaten schützen naturgemäß in erster Linie ihre eigenen Angehörigen. Die Frage, ob auch Ausländer geschützt werden, wird zunächst durch das nationale Fremdenrecht beantwortet. Im Urheberrecht werden dabei in der Regel den eigenen Staatsangehörigen die ausländischen Urheber in Ansehung ihrer Werke gleichgestellt, die im Inland erstmalig oder gleichzeitig mit einer ausländischen Publikation veröffentlicht wurden; im Patentrecht werden den Inländern jedenfalls die Ausländer gleichgestellt, die eine gewerbliche Niederlassung im Inland haben, wenn nicht überhaupt das Recht auf das Patent von jedem Erfinder oder seinem Rechtsnachfolger ohne Rücksicht auf Staatsangehörigkeit oder Niederlassung geltend gemacht werden kann.

Die Konventionen bringen eine Erweiterung dieses fremdenrechtlichen Schutzes. Im Urheberrecht sichern sowohl die Berner Konvention wie das Welturheberrechtsabkommen grundsätzlich den Schutz der Werke, deren Urheber einem Vertragsstaat angehören, sowie den Schutz der Werke, die erstmalig oder gleichzeitig in einem Vertragsstaat veröffentlicht wurden. Im gewerblichen Rechtsschutz genießen Ausländer den Schutz in allen Vertragsstaaten, wenn sie Angehörige eines Vertragsstaats sind oder in einem Vertragsstaat ihren Wohnsitz oder eine tatsächliche, nicht nur zum Schein bestehende Niederlassung haben.

Neben dieser fremdenrechtlichen Natur hat aber der Grundsatz der Inländerbehandlung auch einen kollisionsrechtlichen Gehalt. Das Fremdenrecht regelt die Frage, ob Ausländer im Inland Rechtsschutz genießen; das internationale Privatrecht die Frage, nach welcher Rechtsordnung sich dieser Schutz bestimmt. Der Grundsatz der Inländerbehandlung besagt aber nicht nur, daß und unter welchen Voraussetzungen Ausländer im Inland Rechtsschutz genießen. Er besagt vielmehr zugleich, daß Erwerb, Bestand und Wirkung des Rechts nach inländischem Recht, d. h. nach dem Recht des Staats zu beurteilen sind, in dem der Schutz in Anspruch genommen wird. Die Vorschrift der Inländerbehandlung verweist, mit anderen Worten, auf das Recht des Schutzlands, des Landes, in dem eine Verwertung des Immaterialguts erfolgt oder zu besorgen ist.

So genießt der französische Urheber in Deutschland den Schutz des deutschen, der deutsche Urheber in Frankreich den Schutz des französischen Rechts, eine einfache und handliche Regel, die u. a. den Vorzug hat, daß der Richter des Schutzlandes grundsätzlich sein eigenes, ihm bekanntes Recht zur Anwendung bringen kann.

II.

Die Deutung, die sich aus der Sicht der Konventionen ergibt, ist freilich nicht unbestritten.

Die Rechtslage im Immaterialgüterrecht weist, im Vergleich mit dem Sachenrecht, die Besonderheit auf, daß es sich bei den Gegenständen des Urheberrechts und des gewerblichen Rechtsschutzes nicht um körperliche Sachen, sondern um Immaterialgüter handelt. Es fehlt die Belegenheit an einem bestimmten Ort, an dessen Rechtsordnung anzuknüpfen wäre. Die Immaterialgüter treten zwar in sinnlich wahrnehmbarer Form in Erscheinung. Aber sie erschöpfen sich in dieser Erscheinung nicht. Reproduktion der Werke, Realisation der Erfindung, Verwertung der Marken zur Kennzeichnung sind stets aufs neue möglich. Sie können überall in der Welt erfolgen. Es müssen daher andere Kriterien als im Sachenrecht gelten.

Dabei steht der Lehre von der Anknüpfung an das Recht des Schutzlandes die Lehre von der Anknüpfung an das Recht des Ursprungslandes gegenüber. Sie steht unter der Idee, daß es sich insbesondere im Urheberrecht um universelle Rechte handelt, die einheitlich beurteilt werden sollen, gleichgültig in welchem Land die Verwertungshandlung erfolgt. Am folgerichtigsten ist diese Lehre von Bartin in seinen »Principes du droit international privé« (1903) und später in seiner Abhandlung »Localisation territoriale des monopoles intellectuels« (Clunet 1934) vertreten worden. Bei den Werken der Literatur und Kunst unterscheidet Bartin dabei zwischen veröffentlichten und unveröffentlichten Werken. Bei den veröffentlichten Werken richten sich Bestand und Umfang des Urheberrechts nach dem Recht des Landes der ersten Veröffentlichung, bei unveröffentlichten Werken nach dem Recht des Landes, dem der Urheber angehört. Im Patentrecht stellt Bartin auf das Recht des Landes ab, in dem die erste Patenterteilung erfolgt ist.

In der Realität wird aber diese Theorie insbesondere durch die Regeln des Konventionsrechts widerlegt. Nur einmal ist sie einer Konvention zugrunde gelegt worden. Es handelt sich um die Konvention von Montevideo, die 1883 zwischen einzelnen südamerikanischen Staaten geschlossen wurde und in der es heißt, daß für den Schutz der Urheber das Recht des Ursprungslandes maßgebend ist. Der Grundsatz hat sich nicht bewährt und ist keiner der folgenden Konventionen, weder den zahlreichen amerikanischen Konventionen noch den großen multilateralen Konventionen, zugrunde gelegt worden. Auch hat die Konvention von Montevideo ihre praktische Bedeutung weitgehend eingebüßt, da die Staaten, die ihr angehören, mit alleiniger Ausnahme von Bolivien, inzwischen Verbandsländer der Berner Konvention und Vertragsstaaten des Welturheberrechtsabkommens geworden sind, deren Regeln den Vorrang haben.

Im ganzen hat sich jedenfalls in den großen multilateralen Konventionen die Lehre von der Anknüpfung an das Recht des Schutzlandes durchgesetzt, wenn sich auch in der Theorie bei Spezialisten des internationalen Privatrechts noch immer Anklänge an die Lehre von Bartin finden.

So haben insbesondere in Frankreich Pillet und Niboyet[1] die Lehre vertreten, der Schutz werde zwar grundsätzlich durch das Recht des Schutzlandes bestimmt, in seiner Entstehung und seinem Fortbestand sei er aber von dem Schutz im Ursprungsland abhängig. In der Frage nach dem Bestand des Rechts komme es daher auf die jeweils restriktivere Bestimmung an. Aufgrund des Konventionsrechts beschränkt sich aber die Möglichkeit der Berücksichtigung des Rechts des Ursprungslandes auf die Schutzdauer und auf die Regel der Berner Konvention, daß die Geltendmachung des droit de suite im Schutzland davon abhängig ist, daß auch die Heimatgesetzgebung des Urhebers den Schutz anerkennt. Es sind nur Ausnahmen, bei denen es auf die restriktivere Bestimmung ankommt.

Eine Frage der Auslegung des Konventionsrechts bleibt freilich noch zu klären. In der Berner Konvention heißt es grundsätzlich in Art. 5, daß die Urheber in allen Verbandsländern die Rechte genießen, die die einschlägigen Gesetze den inländischen Urhebern gegenwärtig gewähren oder in Zukunft gewähren werden. In Art. 5 Abs. 2 S. 2 wird dann aber gesagt: »Infolgedessen richten sich der Umfang des Schutzes sowie die dem Urheber zur Wahrung seiner Rechte zustehenden Rechtsbehelfe ausschließlich nach den Rechtsvorschriften des Landes, in dem der Schutz in Anspruch genommen wird, soweit diese Übereinkunft nichts anderes bestimmt.« In der französischen und englischen Fassung heißt es noch deutlicher »après la législation du pays, où la protection est reclamée«; englisch: »by the laws of the country, where protection is claimed«. Es scheint, als läge hier eine Verweisung nicht auf das Recht des Schutzlandes, sondern auf die lex fori vor. Wie erklärt sich diese Formulierung? Der Grund ist in Wahrheit, daß man es als Regel ansah, die Verletzungsklage werde in dem Land erhoben, in dem die Verletzungshandlung begangen wird, so daß Recht des Schutzlandes und die lex fori identisch sind. Diese Regel deckte sich auch mit der früher vielfach angenommenen Begrenzung der sogenannten internationalen Zuständigkeit der Gerichte. Man ging davon aus, daß die inländischen Gerichte nur dazu berufen sind, über die Verletzung inländischer, nicht aber über die Verletzung ausländischer Immaterialgüterrechte zu entscheiden, und berief sich dabei auf den in einem zu weiten Sinn verstandenen Territorialitätsgrundsatz. Die neuere Rechtsentwicklung läßt aber diese Einschränkung als überholt erscheinen. So hat sich in

1 Pillet, Principes du droit international privé, 1903, und Traité du droit international privé, 1923/24, sowie Niboyet, Traité du droit international privé, Bd. III, 1944.

Deutschland zunächst für das Patent-, später auch für das Marken- und das Urheberrecht die Meinung durchgesetzt, daß, wenn ein Gerichtsstand in Deutschland gegeben ist, in diesem Gerichtsstand auch über die Verletzung ausländischer Immaterialgüterrechte zu entscheiden ist. Geklärt ist die Frage heute in der EWG aufgrund des Abkommens über die gerichtliche Zuständigkeit und die Vollstreckung gerichtlicher Entscheidungen in Zivil- und Handelssachen von 1968. Die Klage wegen Rechtsverletzung kann stets auch in dem Land erhoben werden, in dem der Beklagte seinen Sitz oder Wohnsitz hat.

Wie steht es daher beispielsweise, wenn eine deutsche Wanderbühne ein Bühnenwerk französischen Ursprungs ohne Zustimmung des Urhebers in England zur Aufführung bringt? Wird Klage im Schutzland England erhoben, so ist englisches Recht maßgebend. Wie aber, wenn die Klage in Deutschland am Sitz des Unternehmens erhoben wird? Daß die lex fori, also deutsches Recht, in solchen Fällen nicht in Betracht kommt, erscheint als selbstverständlich. Und hier sagen manche, sagt beispielsweise Masouyé in seinem schönen »Guide de la Convention de Berne«, es liege eine Lücke vor, die durch die Anwendung allgemeiner internationalprivatrechtlicher Regeln zu schließen sei. Sieht man dann mit Bartin als allgemeine Regel des internationalen Privatrechts die Verweisung auf das Recht des Ursprungslandes an, so hätte das Gericht französisches Recht zur Anwendung zu bringen. Aber man verstößt mit einer solchen Deutung gegen das wichtige Anliegen des internationalen Privatrechts, daß nach Möglichkeit jeder Rechtsstreit, gleichgültig in welchem Land die Klage erhoben wird, nach der gleichen Rechtsordnung zu beurteilen ist. Folgerichtig ist daher m. E. die Anwendung des Grundsatzes der Inländerbehandlung in dem Sinn, daß nicht die lex fori, sondern das Recht des Schutzlandes anzuwenden ist, das Recht des Landes, in dem die Verletzungshandlung erfolgt ist. Das deutsche Gericht hätte daher, ebenso wie das englische Gericht, das englische Recht anzuwenden. Nur für Verfahrensvorschriften bleibt die lex fori von Bedeutung.

Diese Auslegung ist auch in der Literatur vorherrschende Meinung; sie wird beispielsweise auch in Frankreich im Standardwerk des Urheberrechts, dem Werk von Henri Desbois[2] vertreten. Ich habe daher in dem Rechtsgutachten über die Immaterialgüterrechte im internationalen Privatrecht, das ich im Auftrag des Bundesjustizministeriums 1975 als Beitrag zu den von der Kommission der EWG in Angriff genommenen Arbeiten an der Vereinheitlichung des IPR im Gemeinsamen Markt erstattet habe, vorgeschlagen, die einschlägige Regel dahin zu fassen, daß das Recht des Staats maßgebend ist, für dessen Gebiet der Schutz in Anspruch genommen wird.

2 Desbois, Le Droit d'auteur en France, 3. Aufl. 1978, 921.

III.

Im einzelnen ist es nicht auszuschließen, daß Spezialisten des internationalen Privatrechts, die dem Gebiet des Immaterialgüterrechts fernerstehen, die Lehre von der Anknüpfung an das Recht des Schutzlandes ablehnen. So haben zwar in Deutschland bereits die Altmeister des internationalen Privatrechts, Martin Wolff[3], Raape[4] und Rabel[5], in ihren Werken keinen Zweifel darüber gelassen, daß bei Immaterialgüterrechten das Recht des Schutzlandes maßgebend ist. Dagegen ist in der Kritik meines Gutachtens von Neuhaus angesichts der Idee, daß die Immaterialgüterrechte universelle Rechte sein müssen, wieder, wie von Bartin, die Lehre von der Anknüpfung an das Recht des Ursprungslands vertreten worden. Es war freilich nicht schwer, auf diese Kritik zu erwidern, daß sie mit den Grundsätzen des das Feld beherrschenden Konventionsrechts in eklatantem Widerspruch steht[6].

Ähnlich wie Neuhaus hat in Österreich von Schwind, der Verfasser des Entwurfs zum österreichischen Bundesgesetz über das IPR, gedacht. In seinem Entwurf hatte er für die Immaterialgüterrechte das Recht des Ursprungslandes für maßgebend erklärt. Er ist aber von einem Sachkenner, seinem Kollegen Schönherr, eines Besseren belehrt worden, und so ist in der Fassung des Gesetzes von 1978 an die Stelle des Ursprungslands das Schutzland getreten. Wörtlich heißt es in § 35 des österreichischen Gesetzes: »Das Entstehen, der Inhalt und das Erlöschen von Immaterialgüterrechten sind nach dem Recht des Staates zu beurteilen, in dem eine Benutzungs- oder Verletzungshandlung gesetzt wird.«

Und in dem Entwurf des Schweizer Bundesrats zu einem Bundesgesetz über das internationale Privatrecht von 1982 heißt es in Art. 104: »Immaterialgüterrechte unterstehen dem Recht des Staates, für den der Schutz der Immaterialgüter beansprucht wird«.

IV.

Anzufügen bleibt noch ein Wort zur Theorie:

In der Theorie des Immaterialgüterrechts entspricht die Anknüpfung an das Recht des Schutzlandes dem Rechtsgrundsatz, daß die Immaterialgüterrechte nicht universelle, sondern territorial beschränkte Rechte sind.

3 Wolff, Das internationale Privatrecht Deutschlands, 3. Aufl. 1954, 138.

4 Raape, Internationales Privatrecht, 5. Aufl. 1951, 636ff.

5 Rabel, The Conflict of Laws IV, 1958, 68.

6 Vgl. Neuhaus in RabelsZ 40 (1976), 191ff. und meine Erwiderung in RabelsZ 41 (1977), 479ff.

Das zeigt sich am deutlichsten beim Patentrecht. Das Schutzrecht wird aufgrund der Anmeldung der Erfindung durch das staatliche Patentamt als Monopolrecht im Weg der Patenterteilung verliehen. Grundlage ist der staatliche Hoheitsakt, der seine Wirkung innerhalb der Staatsgrenzen entfaltet.

Auch die Bestrebungen zur Harmonisierung des Patentrechts haben daran nichts geändert. Ein wesentlicher Fortschritt ist zwar das Europäische Patentübereinkommen von 1973. Das Abkommen, das heute in 12 Staaten in Kraft ist, sieht nicht nur die Möglichkeit zentraler Anmeldung beim Europäischen Patentamt vor. Vielmehr sind auch die Prüfung und die Patenterteilung vereinheitlicht. Im übrigen gilt aber, daß das europäische Patent in jedem Vertragsstaat, für den es erteilt wird, seinem Inhaber dieselben Rechte gewährt wie ein in diesem Staat erteiltes nationales Patent. Noch immer ist es daher kein einheitliches Recht, sondern nur ein »Bündel« von Rechten, die aus der Erteilung des europäischen Patents erwachsen. Die Wirkung des Patents und die Folgen seiner Verletzung bestimmen sich weiterhin nach dem nationalen Recht.

Weiter geht das noch nicht in Kraft getretene Gemeinschaftspatentübereinkommen, das für die Staaten der EWG bestimmt ist. Die für die Mitgliedstaaten der EWG erteilten europäischen Patente sind Gemeinschaftspatente, die in allen Mitgliedstaaten die gleiche Wirkung haben und für alle Gebiete nur gemeinsam übertragen werden können. Auch das Gemeinschaftspatent bleibt freilich territorial beschränkt. Nur tritt hier an die Stelle des Schutzlandes das größere Schutzterritorium, das die Gesamtheit der Hoheitsgebiete der EWG umfaßt. Das Prinzip der territorialen Begrenzung bleibt unberührt.

Anders als im Patentrecht, fehlt es im Urheberrecht an einem besonderen Verleihungsakt. Anstelle des Privilegs, das zu Beginn des Urheberrechtsschutzes erteilt wurde und in seiner Wirkung territorial beschränkt war, ist es heute die Regel, daß das Urheberrecht kraft Gesetzes unmittelbar aus der geistigen Schöpfung erwächst. Man hält aber an dem Gedanken fest, daß sich die Wirkung des nationalen Urheberrechts auf das Hoheitsgebiet des Staats beschränkt, in dem das Gesetz erlassen wurde. Der Gedanke, daß das Urheberrecht ein universelles Recht ist, das in aller Welt einheitlich nach den Regeln des Ursprungslands zu beurteilen ist, läßt sich nicht verwirklichen. Gewiß entspringt der Idee vom geistigen Eigentum die Forderung nach einem weltweiten Schutz der Werke der Literatur, der Wissenschaft und der Kunst. Angesichts der Verschiedenheit der nationalen Urheberrechtsordnungen liegt aber dem internationalen Urheberrecht nicht der Gedanke zugrunde, daß das im Ursprungsland erworbene und in seinem Inhalt durch dessen Regeln geprägte Recht in anderen Staaten anzuerkennen ist. Aus der Idee des geistigen Eigentums ist vielmehr die Forderung erwachsen, daß jede literarische, wissenschaftliche und künstlerische Schöpfung außerhalb des Ursprungslands nach den gleichen Grundsätzen wie die Werke einheimischer Urheber behandelt wird. Mit der Aufnahme dieser Idee in die Konventionen und ihren Ergänzungen durch weitere Regeln ist praktisch ein wirksamer weltweiter Schutz erreicht worden.

V.

Soviel allgemein. Ich möchte aber, um das Bild abzurunden, noch auf einige spezielle Fragen eingehen.

1. Der Grundsatz der Inländerbehandlung erfährt Ausnahmen. Ausnahme ist vor allem der Vergleich der Schutzfristen im internationalen Urheberrecht.

Übereinstimmend sehen Berner Konvention und Welturheberrechtsabkommen vor, daß sich die Dauer des Schutzes zwar grundsätzlich nach dem Recht des Schutzlandes richtet, daß aber eine Einschränkung möglich ist, wenn das Ursprungsland eine kürzere Schutzdauer vorsieht. Die Formulierungen weichen dabei voneinander ab. In der RBÜ heißt es, daß die Schutzdauer sich grundsätzlich nach dem Recht des Schutzlands richtet, daß aber, sofern die Rechtsvorschriften dieses Landes nichts anderes bestimmen, die Schutzdauer des Werkes die im Ursprungsland geltende Dauer nicht übersteigt. Im Welturheberrechtsabkommen wird gesagt, daß die Vertragsstaaten nicht verpflichtet sind, einem Werk einen längeren Schutz zu gewähren als denjenigen, der im Ursprungsland für Werke dieser Art vorgesehen ist. In der RBÜ wird also auf die Schutzdauer eines *einzelnen* Werkes, im Welturheberrechtsabkommen dagegen auf die Schutzdauer der Werk*gattung* abgestellt. Darauf haben die Amerikaner besonderen Wert gelegt. Angesichts der Formalitäten, die das amerikanische Recht vorschreibt, ist es möglich, daß zwar die Werkgattung geschützt ist, nicht aber das einzelne, ohne Formalitäten veröffentlichte Werk. Auf diese Schutzlosigkeit sollen sich die anderen Vertragsstaaten nicht berufen können.

An die Regel vom Vergleich der Schutzfristen knüpft sich die Frage an, wie es steht, wenn das einzelne Werk bzw. die Werkgattung im Ursprungsland überhaupt nicht geschützt ist. Die Frage ist jedenfalls für das Welturheberrechtsabkommen von Bedeutung, das nicht in gleicher Weise wie die RBÜ von einem umfassenden Werkbegriff ausgeht. Kann hier geltend gemacht werden, daß, wenn die betreffende Werkgattung im Ursprungsland nicht geschützt ist, die Schutzfrist daher gleich Null ist, in den anderen Vertragsstaaten kein Schutz gewährt zu werden braucht? Die Frage wird in der Literatur beispielsweise auch in dem führenden Kommentar von Arpad Bogsch[7] bejaht, was

7 Bogsch, The Law of Copyright Under the Universal Copyright Convention, 3. Aufl. 1968, Anm. 22 zu Art. IV WUA.

m. E. folgerichtig ist. So werden z. B. Werke der Architektur in den USA nicht geschützt. Die anderen Vertragsstaaten können daher, wenn sie den Vergleich der Schutzfristen in Anspruch nehmen, den Schutz von amerikanischen Bauwerken versagen.

Das ist im Grunde auch die Auffassung des *BGH*. Eine einschlägige Entscheidung ist die Rollhocker-Entscheidung vom 23. Januar 1981[8]. Es ging um die Frage, ob der Rollhocker, ein Werk amerikanischen Ursprungs, angesichts seiner ästhetisch ansprechenden Form in Deutschland Urheberrechtsschutz genießt. Die Frage war nach deutschem Recht zu verneinen, weil keine künstlerische Gestaltungshöhe vorlag. Der *BGH* hat aber darüber hinaus auch darauf hingewiesen, daß die Abweisung der Klage auch unter dem Gesichtspunkt begründet wäre, daß der Hocker in den USA keinen Urheberrechtsschutz genießt, sondern nur einen Musterschutz, das sogenannte Design-Patent für die Dauer von 14 Jahren. Ungenau ist freilich, daß der *BGH* auf den mangelnden Schutz des konkreten Werkes in den USA abgestellt hat, statt auf die Frage, ob die Werkgattung in den USA geschützt ist oder nicht. Das ist nun freilich eine schwierige Frage. Wie steht es in den USA mit dem Schutz der Werke der angewandten Kunst? Maßgebend ist heute die Regelung in einer Definition des Copyright Act, die auf die Form verweist und einschränkend an die Entscheidung des *Supreme Court* von 1954 im Fall *Mazer* v. *Stein*[9] anknüpft. Es ging dabei um eine Stehlampe, für die als Basis eine Statuette, eine kleine künstlerische Statue, diente. Der Fall, in dem der Schutz anerkannt wurde, wird als Fall des Schutzes von Werken der angewandten Kunst gedeutet. Aber es ist ein sehr begrenzter Schutz. Es genügt nicht, daß der umstrittene Gegenstand, beispielsweise ein Beleuchtungskörper, ein Stahlrohrstuhl, ein Glasvasenleuchter usf., eine künstlerische Gestaltungshöhe aufweist. Der Gegenstand muß vielmehr Züge enthalten, die auch selbständig existieren können, wie das Bild auf einer Krawatte oder der Fuß einer Lampe, wie es bei *Mazer* v. *Stein* der Fall war. Das deutsche Recht gewährt dagegen einen weitergehenden Schutz der angewandten Kunst. Können wir unter diesen Umständen allgemein davon ausgehen, daß Werke der angewandten Kunst auch in den USA geschützt sind, oder müssen wir nicht von der Frage ausgehen, ob Werke vergleichbarer Art in den USA schutzfähig sind? Ich neige persönlich dieser letzteren Auffassung zu. Aber die Frage ist offen, und ich stelle sie zur Diskussion.

2. Eine weitere spezielle Frage ist diejenige, nach welcher Rechtsordnung zu entscheiden ist, wer der erste Inhaber des Rechts ist. Im Urheberrecht geht es dabei um die Frage, in wessen Person das Urheberrecht entsteht; im Patentrecht dagegen um die Frage, wem das Recht auf das Patent zusteht.

8 GRUR Int. 1981, 517 ff.
9 347 U.S. 201.

Erster Inhaber ist derjenige, dem das Patent aufgrund der Anmeldung erteilt wird. Im Fall der Anmeldung durch einen Nichtberechtigten kann aber derjenige, dem das Recht auf das Patent zusteht – grundsätzlich der Erfinder oder dessen Rechtsnachfolger –, jedenfalls im Klageweg sein Recht durchsetzen und u. a. Übertragung des Patents verlangen.

Beschränken wir uns auf die Frage, wer der erste Inhaber des Urheberrechts ist, und sehen wir zunächst von Werken ab, die im Rahmen eines Arbeitsverhältnisses geschaffen werden. Im ganzen ist die Frage wenig aktuell, da die nationalen Gesetze naturgemäß davon ausgehen, daß es der Urheber ist, in dessen Person das Urheberrecht entsteht. Es gibt aber Ausnahmen, insbesondere im Filmrecht, wo wir im kontinentalen Recht daran festhalten, daß Urheber die geistigen Schöpfer des Filmwerkes sind, während das angloamerikanische Recht das Copyright dem Produzenten zuspricht. Hier hat DROBNIG in seiner Kritik an meinem Gutachten, die er mit der Kritik von NEUHAUS verbunden hat, ohne dessen Auffassung voll zu teilen[10], die Meinung vertreten, daß jedenfalls die Frage, wer der erste Inhaber des Urheberrechts ist, nach dem Recht des Ursprungslandes zu beurteilen ist. Aber auch diese Meinung ist nicht haltbar. Auch hier ist vielmehr mit dem Grundsatz der Inländerbehandlung davon auszugehen, daß die Person, der das Urheberrecht zusteht, nach dem Recht des Schutzlandes zu bestimmen ist. Im Filmrecht hat man nie darüber gezweifelt. Amerikanische Produzenten lassen sich von allen Personen, denen nach kontinentaler Auffassung möglicherweise ein Urheberrecht zusteht, die Rechte am Filmwerk übertragen, um gegen Angriffe gewappnet zu sein. Auf der Stockholmer Konferenz der Berner Union hat man versucht, im Filmrecht eine Brücke zwischen der kontinentalen und der anglo-amerikanischen Auffassung durch Vermutungsregeln zu schlagen. Dabei blieb aber der allgemeine Grundsatz gewahrt. Ausdrücklich heißt es hierzu in Art. 14bis der Konvention, daß es der Gesetzgebung des Schutzlandes vorbehalten bleibt, den Inhaber des Filmurheberrechts zu bestimmen. Soweit aber die Verbandsländer vorsehen, daß als Inhaber des Urheberrechts auch Urheber anzusehen sind, die Beiträge zur Herstellung des Filmwerks geleistet haben, spricht eine Vermutung für eine Rechtsübertragung auf den Produzenten.

3. Eine letzte Frage, die ich noch aufwerfen möchte, betrifft die Fälle, in denen die Gegenstände des Rechtsschutzes, insbesondere Werke und Erfindungen, im Rahmen eines Arbeitsverhältnisses geschaffen werden. Die Regeln der nationalen Rechtsordnungen sind verschieden. Im Urheberrecht gehen die meisten Staaten, insbesondere diejenigen des kontinentalen Europa, davon aus, daß das Urheberrecht in der Person des Arbeitnehmers entsteht, der das Werk geschaffen hat, und der Arbeitgeber auf den vertraglichen Erwerb von

10 DROBNIG in RabelsZ 38 (1974), 198ff.

Rechten angewiesen bleibt. U. U. kann auch stillschweigende Übertragung angenommen werden. Die Übertragung bleibt aber auf die Rechte beschränkt, die für den Arbeitgeber zur Auswertung des Werkes im Rahmen seines Unternehmens erforderlich sind, während sonstige Rechte beim Urheber zurückbleiben. Im anglo-amerikanischen Recht gilt dagegen die Regel, daß das Copyright grundsätzlich dem Arbeitgeber zusteht. Möglich bleibt aber eine abweichende Vereinbarung; auch finden sich im britischen Copyright Act wichtige Einschränkungen, die dem Arbeitnehmer die Verwertung des Werkes in bestimmten Fällen vorbehalten, insbesondere den angestellten Journalisten.

Im Patentrecht finden wir ebenfalls ein verschiedenartiges Bild. Meist geht man davon aus, daß das Recht auf das Patent dem Arbeitnehmer zusteht und vom Arbeitgeber vertraglich erworben werden muß. In einer Reihe von Fällen bestehen aber Sondergesetze, wie in Deutschland, wo es heißt, daß das Recht aus der Erfindung dem Arbeitnehmer zusteht, vom Arbeitgeber jedoch durch einseitige Erklärung beschränkt oder unbeschränkt gegen Zahlung einer Vergütung in Anspruch genommen werden kann.

Es zeigt sich hier die Antinomie zwischen dem geistigen Eigentum, das wir grundsätzlich dem Urheber oder Erfinder zusprechen, und dem Arbeitsrecht, in dem wir annehmen, daß das Ergebnis der Arbeit dem Arbeitgeber zusteht.

Was das Kollisionsrecht betrifft, so steht es außer Zweifel, daß die Übertragung, die aufgrund vertraglicher Vereinbarung erfolgt, nach dem Recht des Staats zu beurteilen ist, der das Arbeitsverhältnis beherrscht, nach dem sogenannten Arbeitsstatut. Aber auch da, wo der Gesetzgeber das Recht dem Arbeitgeber zuweist, ist es im Grunde ein Rechtsübergang, der mangels abweichender Vereinbarung eintritt. Wird er ausgeschlossen, so bleibt das Recht dem Arbeitnehmer. Die Amerikaner müssen dabei auch auf ihre Verfassung Rücksicht nehmen[11], deren einschlägige Klausel lautet: »The Congress shall have power to promote the progress of science and useful arts, by securing, for limited times, to authors and inventors the exclusive right to their respective writings and discoveries.« Nach der Verfassung kann daher der Kongreß das Urheberrecht nur dem Urheber zuerkennen. Im Grunde entspricht diese Verfassungsnorm der kontinentalen Idee vom geistigen Eigentum, daß das Recht in der Person des geistigen Schöpfers entsteht. Es ist nur so, daß entweder ein Vertrag oder das Gesetz den Übergang des Rechts auf den Arbeitgeber bestimmt. Charakteristisch ist auch, daß man in Fällen, in denen eine abweichende Vereinbarung vorliegt, in Amerika davon spricht, daß das Urheberrecht dem Urheber »verbleibt«, der Rechtsübergang also ausgeschlossen wird[12]. In der deutschen Terminologie würden wir sagen, es ist eine Art Durchgangserwerb, dessen Grund im Arbeitsverhältnis liegt. Generell ist

11 Vgl. dazu Nimmer, On Copyright, 1979, § 1.06 C.
12 Vgl. dazu Nimmer (Fn. 11), § 5.03 D.

daher die Frage, ob und in welchem Umfang ein Rechtsübergang auf den Arbeitgeber stattfindet, nach dem Arbeitsstatut zu beurteilen.

Das ist heute bereits die herrschende Meinung, wie sie u. a. von Bodenhausen[13], Godenhielm[14] und Troller[15] vertreten wird. Bestätigt wird sie durch die Regelung im Europäischen Patentübereinkommen, wo es heißt: »Ist der Erfinder ein Arbeitnehmer, so bestimmt sich das Recht auf das europäische Patent nach dem Recht des Staates, in dem der Arbeitnehmer überwiegend beschäftigt ist; ist nicht festzustellen, in welchem Staat die überwiegende Beschäftigung erfolgt, so ist das Recht des Staates anzuwenden, in dem der Arbeitgeber den Betrieb unterhält, dem der Arbeitnehmer angehört.« (Art. 60 Abs. 1 EPÜ).

Für die Frage des Rechtsübergangs auf den Arbeitgeber ist daher weder das Recht des Schutzlandes noch das Recht des Ursprungslandes anzuwenden, sondern das Recht des Staates, in dem der Schwerpunkt des Arbeitsverhältnisses liegt.

Hier endet das Statut der Immaterialgüterrechte und macht dem Arbeitsstatut Platz.

Und hier endet auch der Beitrag, von dem ich wohl weiß, daß er nur ein Überblick ist.

13 Bodenhausen, Proprieté industrielle, 1942, 120ff.

14 Godenhielm, GRUR Int. 1957, 155.

15 Troller, Das internationale Privat- und Zivilprozeßrecht im gewerblichen Rechtsschutz und Urheberrecht, 1952, 159.

Urheberrechtsverträge und internationales Privatrecht

Stig Strömholm, Uppsala

1. Die Schwerpunkte der vorliegenden – mit Notwendigkeit eher kurzen und grundsätzlichen als praxisorientierten – Ausführungen bilden, jeweils im Bereich des IPR, *einerseits* die Grenzziehung zwischen denjenigen Regeln, die als urheberrechtliche Schutz- oder Grundregeln bezeichnet werden können, und denjenigen, welche sich nicht auf das Urheberrecht als solches, sondern auf Rechte und Pflichten innerhalb eines Vertragsverhältnisses beziehen, *andererseits* die für die Wahl des Vertragsstatuts maßgebenden Kriterien bei Übertragungen und Einräumungen von urheberrechtlichen Befugnissen. Die beiden Problemkreise sind an sich nicht für das Urheberrecht oder den gewerblichen Rechtsschutz im IPR spezifisch. Was zunächst die ersterwähnte Grenzziehungsproblematik betrifft, treten ähnlich gelagerte Fragen im IPR insbesondere dann auf, wenn die Wahl zwischen einer bestimmten *lex contractus* und einer *lex loci delicti* Schwierigkeiten macht, entweder weil die Qualifikation einer Rechtsfrage (unter *lex fori* oder der, vielleicht eben von dieser Qualifikation abhängigen, *lex causae*) zweifelhaft ist oder weil das eine oder andere Rechtssystem Wahlmöglichkeiten offen läßt[1]. Die Suche nach den Anknüpfungspunkten, welche das Vertragsstatut bestimmen sollen, ist selbstverständlich bei jeder Anwendung der sog. invidualisierenden Methode – *the proper law of a contract* – unvermeidlich.

Wenn die hier in erster Linie zu erörternden Fragen somit dem IPR im allgemeinen in keiner Weise unbekannt sind, erfahren sie jedoch durch die geschichtlich gegebene Sonderstellung des »geistigen Eigentums« im zwischenstaatlichen Bereich eine Sonderbehandlung, an die, wenn auch nur in größter Kürze, erinnert werden muß. Aus der in historischer Sicht mit Bezug auf die ältesten rechtlichen Maßnahmen zum Schutz von Urhebern und Verlegern durchaus zutreffenden Auffassung, daß es sich hier um Sonderrechte, durch Ausübung staatlicher Hoheit geschaffene Privilegien handelte, ergaben sich zwei rechtliche Folgerungen, die sich lange Zeit nach der Überwindung dieser ursprünglichen Erklärung am Leben erhalten haben: einerseits

1 Strömholm, Torts in the Conflict of Laws, 1961, 144 ff.

der in Lehre und Rechtssprechung der meisten Länder noch vorherrschende Grundsatz, daß Urheberrechte in dem Sinne »territorial« sind, daß sie nur dort in Anspruch genommen werden können, wo sie durch Gesetz oder internationale Verpflichtung »anerkannt« sind; andererseits die heute in den meisten westlichen Ländern wohl überwundene Anschauung, daß eine Urheberrechtsverletzung eben wegen des »öffentlich-rechtlichen« Charakters der betreffenden Rechte auch dann in einem anderen Lande nicht verfolgt werden könne, wenn die betreffende Handlung gegen eine ausländische *lex loci* verstößt (etwa wie Enteignungsmaßnahmen oder Devisenkontrollen nicht von ausländischen Behörden durchgeführt werden).

Nur vor diesem geschichtlichen Hintergrund sind Struktur und Technik der seit etwa 100 Jahren bestehenden, durch internationale Übereinkünfte geschaffenen zwischenstaatlichen Ordnung zu verstehen. Wie Ulmer in einer im Auftrag des Bundesjustizministers verfaßten Untersuchung hervorhebt[2] – die durch ihre Klarheit und Präzision die beste moderne Einführung zu dieser Materie darstellt –, umfassen diese Übereinkünfte, in erster Linie die als Vorbild dienende Berner Verbandsübereinkunft von 1886 (BVÜ, letzte Fassung in Paris 1971 festgelegt), aber auch das Welturheberrechtsabkommen (WUA, ebenfalls 1971 in Paris revidiert), sowohl fremdenrechtliche wie kollisionsrechtliche Elemente. Die Grundprinzipien der BVÜ sind, daß die Vertragsstaaten nicht nur Angehörigen anderer Vertragsstaaten, sondern auch Urhebern von Werken, die erstmals in einem Vertragsstaat veröffentlicht wurden, denselben Schutz gewähren, den sie ihren eigenen Staatsbürgern geben (»assimilation au national«); ausländische Urheber sind in dem Sinne besser als Inländer geschützt, daß die BVÜ gewisse »Mindestrechte« festlegt, die die Angehörigen anderer Verbandsstaaten beanspruchen können, unabhängig davon, ob die eigenen Staatsbürger einen entsprechenden Schutz erhalten.

2. Grundsätzlich verhält es sich auf diesem Rechtsgebiet wie in den übrigen Bereichen so, daß die Regeln und Prinzipien des IPR nicht unmittelbar, jedenfalls nicht außerhalb des betreffenden Bereiches, von internationalen Abkommen geregelt werden. Praktisch gesehen nimmt aber das Gebiet des Urheberrechts (und des »geistigen Eigentums« im ganzen) in dieser Hinsicht eine Sonderstellung ein. Eben wegen der herkömmlichen Beurteilung des Rechtsgebietes als öffentlich-rechtlich und der daraus folgenden Passivität der Behörden und Gerichte, die dazu führte, daß Schrifttum und Rechtsprechung lange Zeit hindurch eigentlich nur negative Regeln entwickelten, erhielt die Konventionsregelung eine sehr bedeutende Rolle auch für die langsam erfol-

2 Ulmer, Die Immaterialgüterrechte im internationalen Privatrecht, 1975 (Nr. 38 der Schriftenreihe zum gewerblichen Rechtsschutz des Max-Planck-Instituts für ausländisches und internationales Patent-, Urheber- und Wettbewerbsrecht).

gende Entwicklung einer IPR-Regelung im Bereiche des Urheberrechts und gewerblichen Rechtsschutzes. Zu dieser Bedeutung des schon alten, im großen und ganzen erfolgreichen Konventionssystems auch außerhalb seines formalen Wirkungsbereiches hat sicher die Tatsache beigetragen, daß die unkörperlichen Rechte, obgleich sie rechtstechnisch den herkömmlichen Sachenrechten ähnlich sind, jedoch durch die Besonderheit des Rechtsobjcktcs dem Instrumentarium des IPR, das in erster Linie auf die hier gerade besonders problematische *lex rei sitae* oder die ebenfalls nicht immer leicht zu ermittelnde *lex loci delicti* hinwies, beträchtliche Schwierigkeiten bot. So finden wir, daß die meisten Rechtslehrer, die zur Bildung eines IPR-Systems auf diesem Gebiete beigetragen haben, sich bei der Gesetzeswahl für die Anwendung des Rechts desjenigen Landes eingesetzt haben, wo urheberrechtlicher Schutz beansprucht wird *(Recht des Schutzlandes)*, d.h. wo eine gewisse unerlaubte Verwertung eines geschützten Werkes stattgefunden hat[3].

Gesetzliche Regelungen des Urheber- und Urhebervertragsrechts im IPR gehören noch zu den Ausnahmen. Das österreichische IPR-Gesetz legt in § 43 Abs. 1 für Verträge über Immaterialgüterrechte den Grundsatz fest, daß die Rechtsordnung desjenigen Staates anzuwenden ist, für dessen Gebiet das betreffende Recht übertragen wird (etwa bei territorial begrenzten Lizenzen) oder in dessen Territorium dem Lizenznehmer die Benutzung eingeräumt wird. Eine Sonderregelung gilt für Übertragungen, die im Rahmen eines Arbeitsvertrages stattfinden; hier ist das Vertragsstatut des Arbeitsverhältnisses anzuwenden.

Besondere Aufmerksamkeit verdienen der ULMER'sche Entwurf von 1975, der zwecks Vereinheitlichung des EG-Rechts vorgelegt wurde und dem eine rechtsvergleichende Untersuchung zugrunde liegt[4], und der schweizerische Entwurf vom 10. 11. 1982, der – soweit bekannt – noch nicht verabschiedet ist[5].

Die im ULMER'schen Vorschlag vorgesehene Ordnung wird dadurch gekennzeichnet, daß sie auf den in den multilateralen internationalen Abkommen, insbesondere der BVÜ, zum Ausdruck kommenden Grundsätzen aufbaut. Der vorgeschlagene Artikel A (im 1. Abschnitt: Allgemeines) enthält somit eine Definition des »Rechts des Schutzlandes« im Sinne des Entwurfs; es wird unter diesem Terminus verstanden »das Recht des Staates, für dessen Gebiet der Schutz in Anspruch genommen wird«; dazu gehören auch »die Regeln der Staatsverträge, die in dem betreffenden Land anzuwenden sind«. In Artikel B heißt es, daß, sofern nicht die Regeln von Staatsverträgen anzuwenden sind, der Schutz von Personen, die nicht Angehörige des Schutzlandes sind, sich

3 ULMER (Fn. 2), 8f.
4 Oben Fn. 2.
5 Botschaft des Bundesrates zum Bundesgesetz über das IPR (Drucksache 82.072).

nach dessen innerstaatlichem Recht bestimmt. Nach Artikel C sollen solche Vorschriften der Staatsverträge oder der innerstaatlichen Rechtsordnungen mit einbezogen werden, die auf das Recht eines anderen Staates verweisen. Es bedarf kaum näherer Erörterung, daß eine solche Renvoi-Regel notwendig ist, um die Harmonie der auf die BVÜ und ähnliche Übereinkünfte begründeten Systeme zu bewahren.

Über das Urheberrecht enthält der ULMER'sche Vorschlag noch drei Artikel (Abschnitt 2 des Vorschlages). Maßgeblich für das Recht als solches im IPR ist Artikel D: »Entstehung, Wirkung und Erlöschen des Urheberrechts an Werken der Literatur und Kunst bestimmen sich nach dem Recht des Schutzlandes«. Diese Regelung wird in Artikel E in zwei besonders wichtigen Hinsichten präzisiert: es ist Sache des Rechts des Schutzlandes zu bestimmen, wer der oder die ersten Inhaber des Urheberrechts (oder gewisser Verwertungsrechte) sind (Abs. 1); bei Werken von Arbeitnehmern oder Werken, die auf Bestellung geschaffen werden, entscheidet das zuständige Vertragsstatut, ob und gegebenenfalls in welchem Umfang das Urheberrecht als ganzes oder bestimmte Verwertungsrechte dem Arbeitgeber oder dem Besteller zustehen.

Vor dem Hintergrund dieser allgemeinen Regelung sollen die vorgeschlagenen Vorschriften über die Übertragung und Einräumung von Rechten (Artikel F) gelesen werden.

Grundsätzlich weist der ULMER'sche Vorschlag (Abs. 2) für die Rechtswahl bei Urheberrechtsverträgen auf das – stark vereinfacht: die herrschende Lehre im modernen IPR ausdrückende – EG-Übereinkommen über das auf vertragliche und außervertragliche Schuldverhältnisse anwendbare Recht hin[6]. Sondervorschriften werden aber in mehreren Hinsichten vorgeschlagen. So schreibt Artikel F Abs. 1 vor:

»(1) Das Recht des Schutzlandes bestimmt

(a) über die Zulässigkeit der Übertragung und der Teilübertragung des Urheberrechts sowie der Einräumung von einfachen und ausschließlichen Rechten zur Verwertung des Werkes;

(b) über die Ansprüche aus dem Urheberrecht, die der Erwerber eines ausschließlichen Rechts im Fall der Verletzung seiner Berechtigung geltend machen kann;

(c) darüber, ob und unter welchen Voraussetzungen die Übertragung oder die Einräumung einem Dritten gegenüber wirksam ist, der Rechte aufgrund eines Vertrags in Anspruch nimmt, den er nach der Übertragung oder Einräumung mit dem Urheber oder dessen Rechtsnachfolger geschlossen hat;

(d) darüber, ob und in welchen Fällen Vereinbarungen über Verfilmungsrechte und über Rechte an Filmwerken zu ihrer Gültigkeit oder zu ihrer Wirksamkeit gegenüber Dritten der Eintragung in ein öffentliches Register bedürfen.«

In Abs. 2 wird die für die Rechtswahl bei mangelndem Parteiübereinkommen ausschlaggebende »charakteristische Leistung« (Art. 4 Abs. 2 des EG-

6 Zur Zeit des ULMER'schen Entwurfes lag ein Vorentwurf vor, der – mit erheblichen Änderungen – das Römische Übereinkommen vom 19. 6. 1980 (ABl. 1980 L 266) geworden ist.

Vorentwurfes; vgl. Art. 4 Abs. 2 des Übereinkommens vom 19. 6. 1980)[7] definiert: Charakteristische Leistung im Sinn des Vorentwurfes ist die Leistung des Urhebers oder seines Rechtsnachfolgers. Es wird aber eine wichtige Ausnahme hinzugefügt:

»Bei Verträgen, in denen der Erwerber zur Verwertung des Werkes oder zur Wahrnehmung der Rechte verpflichtet wird, sowie bei Verträgen, in denen ihm zum Zweck der Verwertung ein ausschließliches Recht übertragen oder eingeräumt wird, ist jedoch in der Regel anzunehmen, daß sie eine engere Verbindung mit dem Staat aufweisen, in dem sich der Geschäftssitz des Erwerbers befindet; hat der Erwerber mehrere Niederlassungen, so ist, wenn sich nicht aus dem Vertrag die Zuständigkeit einer bestimmten Niederlassung ergibt, der Ort der Hauptniederlassung als Geschäftssitz anzunehmen.«

Der schweizerische Entwurf eines Bundesgesetzes über das internationale Privatrecht enthält die folgenden Vorschriften (Art. 119)[8]:

»1. Verträge über Immaterialgüterrechte unterstehen dem Recht des Staates, für den das Immaterialgüterrecht übertragen oder in dem die Benutzung an ihm eingeräumt wird.

2. Räumt ein Vertrag dem Erwerber oder Benutzer in mehreren Staaten Rechte am Immaterialgut ein, so ist das Recht des Staates anwendbar, in dem dieser seine Niederlassung oder, wenn eine solche fehlt, seinen Wohnsitz oder seinen gewöhnlichen Aufenthalt hat.

3. Eine Rechtswahl ist zulässig.

4. Verträge über Rechte an Immaterialgütern, die ein Arbeitnehmer geschaffen hat, unterstehen dem auf den Arbeitsvertrag anwendbaren Recht.«

Die eben zitierten Vorschriften sollten vor dem Hintergrund des vorgeschlagenen Art. 104 gelesen werden, wonach Immaterialgüterrechte dem Recht des Staates unterstehen, für den der Schutz der Immaterialgüter beansprucht wird (vgl. Art. 97 über einen Gerichtsstand in der Schweiz).

In der Begründung des Art. 119[9] wird auf eine Entscheidung des *Bundesgerichts* hingewiesen (BGE 101 II, 293), wo ein Lizenzvertrag über die Benutzung einer Marke mangels einer Rechtswahl durch die Parteien dem Recht am Sitz des Lizenzgebers unterstellt wird. In Anlehnung an das österreichische IPR-Gesetz wird dagegen eine andere mögliche Lösung hervorgehoben, nämlich die Anwendung des Rechtes des Staates, für dessen Gebiet das Recht übertragen oder in dessen Territorium dem Lizenznehmer die Benutzung eingeräumt wird. Der Bundesrat entscheidet sich, wie aus dem Entwurf hervorgeht, mit gewissen Ausnahmen für die letzterwähnte Lösung.

Die Unterschiede zwischen dem Ulmer'schen und dem schweizerischen Entwurf treten bei vertiefter Betrachtung weniger hervor, als dies bei erster Lesung erscheinen mag. Nur wird im Ulmer'schen Vorschlag die Grenzzie-

7 Art. 4 des Vorentwurfes: »Fehlt es an einer ausdrücklichen oder stillschweigenden Rechtswahl, so untersteht der Vertrag dem Recht des Staates, mit dem er die engsten Verbindungen aufweist. – Es ist dies der Staat, a) in dem die Partei, welche die charakteristische Leistung zu erbringen hat, im Zeitpunkt des Vertragsabschlusses ihren gewöhnlichen Aufenthalt hat ...«

8 Die Begründung findet sich S. 153 f. der Botschaft.

9 S. Fn. 8.

hung zwischen Urheberrecht und Urhebervertragsrecht in Einzelheiten vorgenommen, wobei auf die Regelung der BVÜ stillschweigend Bezug genommen wird. Für einen besonderen Punkt sehen die beiden Texte aber grundsätzlich verschiedene Lösungen vor. Während nach Art. 119 Abs. 1 des schweizerischen Entwurfes (wie nach dem österreichischen Gesetz) das Recht des Staates, für den ein Immaterialgüterrecht übertragen oder in dem eine Benutzung eingeräumt wird, als Vertragsstatut anzusehen ist, macht der Ulmer'sche Vorschlag einen entscheidenden Unterschied zwischen zwei Kategorien von Verträgen: normalerweise ist die Leistung des Urhebers die – für die Anknüpfung und somit die Wahl des Vertragsstatuts entscheidende – »charakteristische Leistung« im Sinne des EG-Konventionsentwurfes; in den Fällen aber, wo dem Erwerber eines Rechts oder demjenigen, dem eine Befugnis eingeräumt worden ist, eine *Pflicht* zur Verwertung des Werkes oder zur Wahrnehmung der übertragenen Rechte obliegt, sowie in den Fällen, wo die Übertragung oder Einräumung den rechtlichen Status eines *ausschließlichen* Rechtes zum Zweck der Verwertung des Werkes hat, wird in der Regel angenommen, daß der Staat, in dem sich der Geschäftssitz des Erwerbers (bzw., bei mehreren Niederlassungen, die Hauptniederlassung) befindet, »eine engere Verbindung« mit dem betreffenden Vertrag hat und somit *»the proper law of the contract«* darstellt.

Die beiden oben dargestellten Lösungen werden hier als Ausgangspunkt unserer Betrachtungen dienen. Von den an sich theoretisch interessanten, praktisch aber weniger ergiebigen kritischen und rechtspolitischen Ausführungen, die anläßlich des Ulmer'schen Entwurfes kurz nach dessen Veröffentlichung von einer Gruppe hervorragender IPR-Spezialisten veröffentlicht worden sind, können wir absehen[10].

3. Jede Lösung der urheberrechtlichen Fragen im IPR, welche einen Unterschied zwischen dem hier *»Schutzstatut«* genannten Statut und dem *Vertragsstatut* durchführt, stößt in einer Reihe von Fällen auf Grenzziehungsprobleme. Praktisch äußern sich diese im Bereich des IPR als *Qualifikationsfragen:* Gehört dieses oder jenes Problem zu denjenigen, die als »urheberrechtlich« dem Schutzstatut unterstehen oder zu denen, welche als »urhebervertragsrechtlich« dem Vertragsstatut zugeordnet werden sollen? Schon diese Fragestellung gibt aber zu einer ersten grundsätzlichen rechtspolitischen Problemformulierung Anlaß: Ist es, oder ist es nicht, ein bedeutender Nachteil, daß verschiedene Elemente in der internationalprivatrechtlichen Stellung des Urhebers verschiedenen Rechtsordnungen zugeordnet werden? Mit anderen

10 Die Immaterialgüterrechte im künftigen internationalen Privatrecht der Europäischen Gemeinschaften, RabelsZ 40 (1976), 189 ff. Vgl. Ulmers Erwiderung ebenfalls in RabelsZ 41 (1977), 479 ff.

Worten: kann die – bei Annahme der beiden hier erörterten Lösungsvorschlägen mögliche – Spaltung eines Rechtsstreits und seine Verteilung auf zwei Rechtsordnungen (Schutzstatut und Vertragsstatut) für das Schutzinteresse des Urhebers erhebliche Schwierigkeiten verursachen?

Versuchen wir, die Problematik durch ein Beispiel zu veranschaulichen, das wohl auch den wichtigsten Fall darstellt, in welchem die erwähnte Spaltung deutlich wird oder werden kann. Ein Urheber hat einem auf dem internationalen Markt tätigen Verleger ein territorial beschränktes Verwertungsrecht (mit entsprechender Übersetzungs- und Verwertungspflicht) für Staat A eingeräumt; der Verleger veröffentlicht das Werk in Übersetzung nicht nur in dem vorgesehenen Lande, sondern auch in einem anderen Staat B, wo die Sprache der Übersetzung gesprochen wird. Urheberrechtsverletzung oder Vertragsverletzung? Nehmen wir an, daß (nach dem Ulmer'schen Entwurf) das Recht des Staates A nach den IPR-Regeln des gewählten Gerichtsstandes das Vertragsstatut darstellt. Auch bei Anwendung des schweizerischen Entwurfes (Art. 119 Abs. 1) würde das Recht von A auf den Vertrag anwendbar sein. *Prima facie* ist die Verwertung des Werkes in B eine Urheberrechtsverletzung: es handelt sich um eine Benutzung, die überhaupt nicht im Vertrage vorausgesehen wurde, nicht um eine Abweichung von vertraglich festgelegten Bedingungen. Folgt aber aus dieser Beurteilung, daß der Rechtsstreit über die unerlaubte Verwertung in B überhaupt keine Folgen für den mit Bezug auf A geschlossenen und dem Recht von A untergeordneten Vertrag haben wird? Stellt die Verwertung in B nicht eine grobe Verletzung der Treuepflicht des Verlegers dar, die sich auf den Bestand des Vertrages auswirken muß? Wenn diese Frage bejaht wird, sind es die etwaigen Remedien der Rechtsordnung von A, die vom Urheber gegen den Verleger in Anspruch zu nehmen sind? Muß der Urheber somit in demselben Rechtsstreit sich mit zwei Rechtsordnungen – derjenigen des Vertragsstatutes sowie derjenigen des Schutzlandes – beschäftigen?

Es wird nicht versucht, die *in abstracto* vorgelegte Frage hier zu beantworten, nur die aus diesem Beispiel zu ziehenden Folgerungen *de lege ferenda* werden weiterverfolgt.

Erstens: In der großen Mehrheit der Fälle stellt die Spaltung in Schutzstatut und Vertragsstatut schon deshalb keinen erheblichen Nachteil dar, weil die beiden Statute meist zusammenfallen. Grundsätzlich gehen sie auseinander, entweder wenn, wie in diesem Beispiel, ein Vertragspartner außerhalb des vertraglich vereinbarten Gebietes operiert oder wenn ein einheitliches Vertragsstatut (normalerweise das Recht der Hauptniederlassung des Verwerters) für Verwertungshandlungen in mehreren Staaten mit verschiedenen urheberrechtlichen Regelungen anwendbar ist und der Verwerter in einem oder mehreren dieser Staaten, deren Rechtssysteme mit dem einheitlichen Vertragsstatut *nicht* zusammenfallen, Handlungen vornimmt, über deren rechtliche

Beurteilung als Vertragsverletzung oder Urheberrechtsverletzung Zweifel bestehen kann.

Zweitens: Das Beispiel hebt die ausschlaggebende Bedeutung der internationalprivatrechtlichen *Qualifikation* hervor – und somit, unter dem Gesichtspunkt der Rechtssicherheit und der Voraussehbarkeit, das Interesse an einer international möglichst einheitlichen Qualifikation urheberrechtlicher und urhebervertragsrechtlicher Streitfragen. Denn die Qualifikation ist es ja, die ein besonderes Element in einem Streit wie demjenigen, den ich hier als Beispiel skizziert habe, einer bestimmten Rechtsordnung zuordnet.

Drittens: Dieses Beispiel beleuchtet die Notwendigkeit internationaler Regeln, die, wie es im Ulmer'schen Entwurf der Fall ist, die Qualifikationsfragen in möglichst großem Umfang beantwortet. Bei der Herausarbeitung solcher Regeln ist es andererseits wünschenswert oder sogar notwendig, sich Begriffen zu bedienen, die nicht allzu spezifisch für ein bestimmtes Recht sind und deshalb in einem beliebigen *Forum* Schwierigkeiten verursachen. So ist z. B. die dem deutschen Recht seit alters her bekannte, ursprünglich dem Sachenrecht des späten Pandektenrechts entnommene Spaltung in Verpflichtungsgeschäft und (abstraktes) Verfügungsgeschäft eine Gedankenkonstruktion (gewiß mit bedeutenden praktischen Vorteilen), die den meisten anderen Rechtsordnungen fremd ist und die (wie im Ulmer'schen Entwurf) in internationalen Texten vermieden werden muß. Ähnlich sollten in einem internationalen Zusammenhang solche begriffliche Spaltungen wie diejenige zwischen *Übertragung* und *Einräumung von Nutzungsrechten* nicht vorkommen; qualifikationserheblich können nur sachlich, d. h. mit Bezug auf konkrete Rechtsfolgen, klar unterscheidbare Merkmale sein.

Noch ein letztes Beispiel sei gegeben, um die soeben erörterte Qualifikationsproblematik zu veranschaulichen. Nach deutschem Recht ist die Verpflichtung des Verwerters zur aktiven Benutzung seines Rechtes ein wesensbestimmendes Merkmal des Verlagsvertrages. Soweit deutsche Gerichte die herkömmliche Methode der Qualifikation nach *lex fori* anwenden, hat diese interne Regelung zur Folge, daß ein Verwertungsvertrag über ein literarisches Werk, der mit Herausgabe- und Verbreitungspflicht verbunden ist, in die Kategorie der Verlagsverträge fällt. Folgt aus dieser Qualifikation, daß französische Regeln über den Verlagsvertrag anzuwenden sind, besteht ein erhebliches Risiko, daß der Vertrag wegen Verstoßes gegen die eingehenden Formvorschriften, die für den »contrat d'édition« vorgeschrieben sind, als ungültig behandelt werden muß, obgleich der Vertrag vielleicht in Deutschland, z. B. zwischen einem deutschen Autor und einem in Frankreich ansässigen internationalen Verleger, unter Beobachtung deutscher Formvorschriften geschlossen wurde. In diesem Fall wäre eine größere Flexibilität der Regeln offenbar wünschenswert.

4. Das eben aufgestellte Beispiel leitet zu den abschließenden Ausführungen über, die sich auf die bei der Wahl des Vertragsstatutes maßgeblichen Kriterien (Anknüpfungspunkte) beziehen. Oben (unter 3.) wurde festgestellt, daß die grundsätzliche Spaltung in Schutzstatut und Vertragsstatut nur in wenigen Fällen zu erheblichen Nachteilen führt, daß aber eine internationale, von spezifisch nationalen Begriffen und Lösungen befreite Regelung der wichtigsten Qualifikationsprinzipien – etwa im Sinne des Ulmer'schen Entwurfes – stark zu empfehlen ist. Dabei erscheint es angemessen, *Formfragen*, wie dies in anderen IPR-Gebieten häufig der Fall ist, gesondert zu behandeln, was z. B. darauf hinausläuft, daß ein Vertrag, der den Formvorschriften des *locus contractus* genügt, auch dann als formgültig zu behandeln ist, wenn er nicht alle Formvorschriften der für den materiellen Vertragsinhalt maßgeblichen Rechtsordnung erfüllt.

Für die Anknüpfung des Vertrages an eine bestimmte Rechtsordnung ist – darüber dürfte Einigkeit bestehen – »the proper law of the contract« zu suchen. Als Hilfsmittel wurde in dieser Hinsicht im modernen Schrifttum wie in mehreren internationalen Texten der Begriff der »charakteristischen Leistung« verwendet. Grundsätzlich scheint dieser Begriff sowohl den prinzipiellen wie den praktisch-rechtspolitischen Bedürfnissen in angemessener Weise Rechnung zu tragen. Nur in drei Hinsichten möchte ich kritische Bemerkungen machen.

Im Ulmer'schen Entwurf wird die Leistung des Urhebers als die charakteristische betrachtet, es sei denn, der Verwerter hat eine Ausübungspflicht auf sich genommen oder ein ausschließliches Recht erworben; im schweizerischen Entwurf wird generell das Recht des Staates, für den das Recht übertragen oder die Einräumung gewährt wird, als Vertragsstatut bevorzugt.

M. E. verdient die Ulmer'sche Lösung hier den Vorrang. Nur wenn es vertragstypisch ist, daß der Rechtserwerber nach dem Vertrage sozusagen eine aktive Rolle spielen oder die Rechtsstellung des Urhebers als Alleinberechtigter einnehmen soll, ist es angemessen, eher *sein* Recht als dasjenige des geistigen Schöpfers als »proper law of the contract« anzusehen. Handelt es sich um eine bloße Einräumung, ohne Exklusivität und ohne Ausübungszwang, ist es im großen und ganzen gerechtfertigt, daß der Urheber im Rahmen des eigenen Rechtssystems arbeiten und planen kann. Daß – wie es in den Entwicklungsländern der Fall sein kann – öffentlich-rechtliche Vorschriften vorkommen können, die für einen in diesen Ländern tätigen Erwerber von Alleinrechten verbindlich sind, ist eine Tatsache, die selbstverständlich auch im Rahmen eines solchen Systems berücksichtigt werden kann.

Ganz besonders gilt das, was hier vorgeschlagen wurde, für eine nicht unbedeutende Gruppe von Verträgen, die eigentlich nicht zum Urheberrecht im strengen Sinne gehören, die sachlich aber bei diesem Rechtsgebiet behandelt werden sollten, nämlich *Bestellungsverträge* über erst zu schaffende Werke. In gewissen Urheberrechtsgesetzen kommen Sondervorschriften über solche Verträge vor (z. B. im deutschen URG von 1965, wie im französischen URG von 1957). Diese Regeln haben den Charakter von Schutzvorschriften; die Tatsache, daß der Besteller ein Ausländer ist oder im Auslande wirkt, sollte die Schutzordnung nicht außer Spiel setzen. Das Recht des Ortes, wo der Urheber tätig ist, sollte somit hier »the proper law« sein.

Schließlich: In allen Entwürfen wird das Urheber*persönlichkeits*recht stiefmütterlich behandelt. Dies ist an sich nicht erstaunlich, weil dieses Element des Urheberrechtes ja in überwiegendem Umfang *extra commercium* bleibt. Andererseits empfiehlt es sich, zumindest eine grundsätzliche IPR-Lösung zu finden, und zwar um so mehr, als begrenzte vertraglich vereinbarte Beschränkungen in der Ausübung des Urheberpersönlichkeitsrechtes in gewissen Rechtsordnungen erlaubt sind. Auch auf diesem Gebiet erscheint es rechtspolitisch und grundsätzlich angemessen, das Recht des Ortes, an dem die geistige Arbeit ausgeführt wird, d. h. – in den meisten Fällen – des Wohnortes des Urhebers (nicht jedes beliebigen Ferienortes, wo ein Schriftsteller oder Künstler ein Werk hervorbringt) zum Zuge kommen zu lassen. Die Tragweite einer solchen Lösung sollte aber nicht übertrieben werden: Vertragliche Vereinbarungen über das Urheberpersönlichkeitsrecht gehören zu den Seltenheiten; in der großen Mehrheit der Fälle ist es das Recht des Schutzlandes – das »Schutzstatut« –, das bei Verletzungen des Urheberpersönlichkeitsrechts anzuwenden ist.

Die Regelungsunterschiede bei Filmwerken, Arbeitnehmerwerken und Computer-Software und ihre internationalprivatrechtlichen Auswirkungen

Hiroshi Saito, Niigata

I. Der erste Inhaber eines Urheberrechts

In Deutschland gibt es eine heftige Diskussion darüber, nach welchem Recht der erste Inhaber eines Urheberrechts zu beurteilen ist. Es ist zu fragen, ob die Entstehung des Urheberrechts nach dem Recht des Ursprungslandes oder nach dem Recht des Schutzlandes zu beurteilen ist, und weiter, welches Recht der Richter bei dem Streit um den Bestand des Urheberrechts anzuwenden hat, bzw. ob auch bei Immaterialgütern subjektive Rechte, die im Ursprungsland erworben wurden, in aller Welt anzuerkennen sind oder nicht. Man kennt die heftige Diskussion zwischen den beiden Max-Planck-Instituten in Hamburg und in München. Das ist aber keine Nord-Süd-Frage. Es ist auch keine Frage des Mentalitätsunterschiedes zwischen beiden großen Städten. Es ist eine echte wissenschaftliche Frage.

Allerdings ist die Frage, ob das Urheberrecht ein universelles Recht ist oder nicht, insbesondere in unserem technologischen Zeitalter, immer wichtiger geworden. Bekanntlich ist Neuhaus[1] gegen das Territorialprinzip, während Drobnig[2] eine der Lehre von Neuhaus folgende Auffassung auf das Urheberrecht anwendet. Auch Drobnig geht dabei von dem Gedanken der Universalität des Urheberrechts aus. Nach ihm ist auch die Entstehung des Urheberrechts nach dem Recht des Ursprungslandes zu beurteilen: Die Frage, in wessen Person das Urheberrecht entsteht oder wer der erste Inhaber des Urheberrechts ist, muß Drobnig zufolge nach dem Recht des Ursprungslandes

1 Vgl. Neuhaus, Freiheit und Gleichheit im internationalen Immaterialgüterrecht, RabelsZ 40 (1976), 191.

2 Vgl. Drobnig, Originärer Erwerb und Übertragung von Immaterialgüterrechten im Kollisionsrecht, RabelsZ 40 (1976), 195.

bestimmt werden. Dagegen nimmt Ulmer[3] an, daß die Entstehung des Urheberrechts nach dem Recht des Schutzlandes zu beurteilen ist. Ich persönlich halte die Auffassung Ulmer's für richtig.

Erstens muß man die Eigenart der Immaterialgüter als Schutzobjekt, insbesondere ihre Allgegenwärtigkeit in Rechnung ziehen. Anders als Grundstücke oder Gebäude ist dasselbe Werk allgegenwärtig, selbst über die Ländergrenzen hinaus. Wie Ulmer gesagt hat, sind die Immaterialgüter in ihrer Eigenschaft als unkörperliche Gegenstände nicht an den Raum gebunden. Zwar können bewegliche Sachen als Gegenstände des Eigentums auch über die Ländergrenzen hinaus gelangen. Aber das Werk wird durch verschiedene Medien wie Bücher, Zeitschriften, Schallplatten, Filme, Magnetbänder oder -platten, Laserplatten, Sendungen sowie schließlich Satelliten verbreitet.

Indessen hat jedes Land eigene Bestimmungen über die Entstehung eines Urheberrechts. Das Bestehen des Eigentums an einer bestimmten Sache wird zwar, wie Neuhaus gesagt hat, unabhängig vom Ort der jeweiligen Verletzung oder Rechtsverfolgung beurteilt, aber bei unkörperlichen Sachen findet man große Divergenzen zwischen den innerstaatlichen Gesetzgebungen. Wir können keine Einigkeit in den nationalen Gesetzgebungen über die Entstehung des Urheberrechts finden.

Ich möchte nunmehr einige Eigentümlichkeiten der innerstaatlichen Urheberrechtssysteme als Beurteilungsmaterial aufzeigen, um damit einen kleinen Beitrag zur Lösung der zwischen Immaterialgüterrecht und internationalem Privatrecht liegenden Fragen zu leisten. Derartige Eigentümlichkeiten oder Divergenzen sind insbesondere bei der Regelung über Filmwerke und über im Dienst- oder Arbeitsverhältnis geschaffene Werke, schließlich aber auch bei der Regelung über so neuartige Werke wie Computer-Software zu erkennen.

II. Entstehung des Urheberrechts beim Filmwerk

Nach der *Berner Konvention* bleibt es der Gesetzgebung des Schutzlandes vorbehalten, die Inhaber des Urheberrechts am Filmwerk zu bestimmen. Wir kennen verschiedene innerstaatliche Rechtsvorschriften über die Inhaberschaft des Urheberrechts am Filmwerk. Solche Vorschriften lassen sich in zwei Hauptgruppen einteilen, nämlich eine erste Gruppe, bei der die geistigen Schöpfer, die die Beiträge zur Herstellung des Filmwerkes geleistet haben, das Urheberrecht originär erwerben, und eine andere Gruppe, bei der die Filmproduzenten das Urheberrecht am Filmwerk originär erwerben. Zur ersten

3 Vgl. Ulmer, Die Immaterialgüterrechte im internationalen Privatrecht, 1975, 37ff.; Gewerbliche Schutzrechte und Urheberrechte im internationalen Privatrecht, RabelsZ 41 (1977), 479.

Gruppe gehören Länder wie Deutschland, Frankreich usw. und zur zweiten Gruppe gehören u. a. Österreich, Großbritannien, Japan[4].

Da die einschlägigen Rechtsvorschriften der europäischen Länder und der USA sicher bereits bekannt sind, soll hier ganz kurz nur die *japanische* Regelung erklärt werden. Nach der Bestimmung des Art. 29 des japanischen Urheberrechtsgesetzes erwirbt der Filmproduzent das Urheberrecht am Filmwerk originär oder, genauer, das Urheberrecht am Filmwerk steht dem Filmproduzenten zu, wenn die Urheber, d. h. der Regisseur, der Spielleiter usw., ihre Beteiligung an der Filmproduktion mit ihm vereinbart haben. Bei der Herstellung eines Filmes besteht in der Regel eine Vereinbarung zwischen dem Filmproduzenten und den geistigen Schöpfern. Bei uns in Japan erwirbt daher der Filmproduzent das Urheberrecht am Filmwerk regelmäßig originär. Nach japanischem Recht, das anders als das deutsche Recht auf der dualistischen Theorie aufbaut, ist das Urheberrecht ein reines Vermögensrecht; das Urheberpersönlichkeitsrecht liegt außerhalb des Urheberrechts. Den geistig Schaffenden wie Regisseur, Spielleiter usw. verbleibt das Urheberpersönlichkeitsrecht, obwohl der Filmproduzent das Urheberrecht am Filmwerk originär erworben hat.

Beim Filmwerk kommt es, international gesehen, also zu der Situation, daß im Lande B das Urheberrecht am Filmwerk dem Filmproduzenten zusteht, während er im Lande A kein Urheberrecht hat; dort steht es vielmehr den geistig Schaffenden zu. Freilich ist es auch im Lande A möglich, daß der Filmproduzent das Urheberrecht von den geistig Schaffenden durch Übertragung erwirbt. Aber es geht hier nicht um die Übertragung des Urheberrechts, sondern um den originären Erwerb des Urheberrechts.

Besondere Fragen werfen Filmwerke in Videokassetten bzw. Bildplatten auf. Wir haben dabei zwei Arten von Filmwerken vor Augen: das traditionelle Filmwerk für die Vorführung im Filmtheater und das neuere Filmwerk für die Vorführung in der Privatsphäre bzw. zu Hause, sozusagen das Filmwerk für die Massen. Beim traditionellen Filmwerk wird in der Regel ein Verwertungsvertrag zwischen dem Filmproduzenten bzw. dem Filmverleiher und dem Filmtheater abgeschlossen. Anders dagegen ist es bei Videokassetten oder Bildplatten. Sie werden meistens verkauft. Nach solchem Inverkehrbringen ist die Weitergabe der Kassetten oder Platten möglich.

In dieser Hinsicht haben deutsches Recht und amerikanisches Recht den sogenannten Erschöpfungsgrundsatz oder die »first sale doctrine« entwickelt. Dagegen kennt das japanische Recht keinen solchen Grundsatz. Nach japanischem Recht wird ohnehin das Verbreitungsrecht nicht allgemein gewährt.

4 Vgl. Hiroshi Saito, Der Arbeitgeber als Urheber oder Inhaber des Urheberrechts, Ein Bericht aus Japan, in: Das Urheberrecht im Arbeitsverhältnis, 1983 (Schriften zum schweizerischen Arbeitsrecht – Heft 22).

Nur bei Vervielfältigungsstücken des Filmwerkes ist das Verbreitungsrecht als einzige Ausnahme anerkannt. Diese einzige Vorschrift über das Verbreitungsrecht in Japan folgt der Bestimmung des Art. 14 der Berner Konvention.

Man muß also nach dem Recht des betreffenden Landes prüfen, ob das Verbreitungsrecht an der Filmkassette erschöpft oder noch wirksam ist.

Hier ist auch eine Konkurrenz zwischen Kinofilmen und Filmkassetten zu bemerken. Das Recht, Filme in Theatern vorzuführen, wird eventuell durch das Auftreten der Filmkassetten beeinträchtigt. Mit dem zunehmenden Prozentsatz von Videogeräte besitzenden Haushalten hat man mehrfach Gelegenheit, mit Hilfe von Videobändern oder Bildplatten das Filmwerk zu genießen. Dabei ist es möglich, von einer Sendung unmittelbar aufzuzeichnen, bespielte Bänder oder Platten im Laden zu kaufen oder Bildträger im Videoverleih auszuleihen. Nach einer deutschen Zeitschrift[5] haben mehr als neun von zehn Videorecorder-Haushalten mindestens einen Spielfilm von ARD oder ZDF auf Kassette aufgezeichnet. Für die Aufzeichnung von Sendungen hat man in Deutschland und Österreich eine rechtliche Lösung gefunden: § 53 Abs. 5 des dt. URG und § 42 des österr. URG.

Beim Verkauf von Bildträgern spielen urheberrechtliche Fragen in der Regel keine Rolle. Aber der Videoverleih bringt neue Fragen. Auch in Deutschland findet man oft Werbung für den Videoverleih. Nach Pressemeldungen sind nicht wenige Filme auch bereits in den Videotheken zu haben, wenn sie im Filmtheater noch gar nicht angelaufen sind. Zu bemerken ist, daß neben dem Filmverleih Leerkassetten verkauft werden.

Durch das Auftreten der Kassettenfilme werden in naher Zukunft viele Fragen und Streitigkeiten auch auf internationaler Ebene entstehen.

III. Das Arbeitnehmerwerk

Auch über den ersten Inhaber des Urheberrechts an Werken, die Arbeitnehmer geschaffen haben, findet man größere Divergenzen zwischen den nationalen Rechten. Auch auf diesem Gebiet lassen sich die verschiedenen Rechtssysteme in zwei Hauptgruppen einteilen. Eine Gruppe sieht den originären Erwerb des Urheberrechts durch den Arbeitnehmer als den geistig Schaffenden vor. Das Urheberrecht entsteht in der Person des Arbeitnehmers, der das Werk in der Tat geschaffen hat. Die andere Gruppe dagegen sieht bei Arbeitnehmerwerken einen originären Rechtserwerb des Arbeitgebers vor. Zur zweiten Gruppe gehören die USA, Großbritannien, Irland, Israel, Japan,

5 Media Perspektiven, Heft 8, 1983.

Kanada, Neuseeland, die Niederlande und die Türkei, während die Mehrzahl der westlichen Länder zur ersten Gruppe gehört[6].

Die zweite Gruppe ist noch in zwei Untergruppen einzuteilen. Eine davon sieht ein System vor, bei dem das Urheberrecht am Arbeitnehmerwerk dem Arbeitgeber zusteht. Bei der anderen Untergruppe dagegen wird der Arbeitgeber als Urheber angesehen. So steht nach dem britischen URG das Urheberrecht bei Werken, die von einem Urheber aufgrund eines Arbeitsverhältnisses geschaffen werden, dem Arbeitgeber zu. Die amerikanische und japanische Gesetzgebung dagegen sehen den Arbeitgeber selbst als Urheber an, obwohl grundsätzlich auch dort der Schöpfer des Werkes der Urheber ist.

Soll aber der geistig Schaffende eine natürliche Person sein, dann wäre es undenkbar, daß Urheber des Arbeitnehmerwerkes der Arbeitgeber ist. Dennoch werden in den USA und in Japan die Arbeitgeber, also auch juristische Personen, als Urheber von Werken angesehen, die Arbeitnehmer im Rahmen von Arbeitsverhältnissen geschaffen haben. Diese Betrachtungsweise ist der traditionellen europäischen Rechtsauffassung ganz fremd. Für sie ist der Urheber stets der geistige Schöpfer und muß daher eine natürliche Person sein. Zum *japanischen* Recht ist noch zu bemerken, daß die einschlägige Bestimmung in Art. 15 URG enthalten ist. Danach kann eine juristische Person oder ein sonstiger Arbeitgeber Urheber eines Werkes werden, das von einem Arbeitnehmer im Rahmen des Arbeitsverhältnisses geschaffen wurde. Der Arbeitgeber hat die Möglichkeit, nicht nur das Urheberrecht, sondern auch die *Rechtsstellung eines Urhebers* zu erwerben, obwohl er nicht der Werkschöpfer und nicht notwendigerweise eine natürliche Person ist. Aus alledem kann sich also die paradoxe Situation ergeben, daß der Arbeitgeber im Lande B die Rechtsstellung eines Urhebers erwirbt, während ihm im Lande A nicht einmal ein Urheberrecht zusteht. Zwischen dem System des Landes A und dem des Landes B findet man daher eine noch größere Divergenz als bei der Frage des Inhabers des Urheberrechts am Filmwerk. Das erhöht auch die Möglichkeit von Divergenzen zwischen dem Recht des Schutzlandes und dem Recht des Ursprungslandes. Zwar wird eine Auffassung vertreten, die derartige Divergenzen abmildern möchte; auch beim Rechtserwerb des Arbeitgebers nach amerikanischem Recht handele es sich in Wahrheit um eine auf dem Arbeitsverhältnis beruhende Übertragung. Aber ist es eigentlich zulässig, für das amerikanische System auf die Rechtsübertragung zurückzugreifen? Nach amerikanischem oder japanischem Recht ist der Arbeitgeber eben der ursprüngliche Urheber, obwohl es eine gesetzliche Fiktion ist. Zwischen der Rechtsübertragung und dem Erwerb der Rechtsstellung eines Urhebers liegt ein großer Unterschied. Das zeigt sich auch daran, daß nach japanischem Recht

6 Vgl. Rehbinder, Die urheberrechtlichen Nutzungsrechte im Arbeitsverhältnis, in: Das Urheberrecht im Arbeitsverhältnis (Fn. 4).

der Urheber neben dem Urheberrecht auch das Urheberpersönlichkeitsrecht hat, das zwar nicht Gegenstand der Übertragung sein kann und dennoch in diesem Fall dem Arbeitgeber zusteht.

Werkschöpfung im Rahmen von Arbeitsverhältnissen ist mit der Entwicklung der Massenmedien und der neuen Technologien zunehmend häufiger, und zwar mehr oder weniger ausgeprägt bei Zeitungsverlagen, Rundfunkanstalten, sowie neuerdings auch bei der Produktion von Computer-Software. In diesen Bereichen entsteht ebenfalls die Frage, wer das Urheberrecht am Arbeitnehmerwerk erwirbt. Diese Frage wird in Zukunft immer wichtiger sein.

IV. Die Entstehung des Urheberrechts bei Computer-Software

Die Frage des rechtlichen Schutzes von Computer-Software ist im Rahmen der WIPO und in den technisch fortgeschrittenen Ländern bereits geprüft worden. Dabei überlegt man verschiedene Schutzmöglichkeiten: nach Patentrecht, Wettbewerbsrecht, Urheberrecht, als Schutz des Geschäftsgeheimnisses und durch Vertrag. Die allgemeine Rechtsentwicklung begünstigt jedoch, international gesehen, den urheberrechtlichen Schutz. Computerprogramme sind danach geistig geschaffene Produkte, also Werke. Sie werden dabei als literarische Werke (Werke der Literatur) bezeichnet. Hier gebraucht man das Wort »literarisch« im weiteren Sinne des gegenwärtigen hochtechnologischen Zeitalters. Freilich wäre es besser, wenn in naher Zukunft der Katalog der geschützten Werke entsprechend revidiert würde. Auch ich halte das Computerprogramm für ein urheberrechtlich geschütztes Werk. Wenn es so ist, dann ist auch hier die Frage zu stellen, wer Inhaber des Urheberrechts an solchen Programmen ist, die in Dienst- oder Arbeitsverhältnissen geschaffen werden. Meiner Meinung nach gelten auch bei diesen neuartigen Werken die oben dargestellten Prinzipien der ersten Inhaberschaft am Urheberrecht bezüglich Arbeitnehmerwerken. In den Ländern Kontinentaleuropas steht dem Arbeitnehmer das Urheberrecht an der Software zu, während in den Ländern wie USA, Großbritannien und Japan das Urheberrecht daran dem Arbeitgeber zusteht. Außerdem erwirbt der Arbeitgeber auch bei Computer-Software in einigen Ländern wie USA und Japan die Rechtsstellung eines Urhebers.

Auch hier entstehen also möglicherweise große Divergenzen zwischen dem Recht des Ursprungslandes und des Schutzlandes hinsichtlich der Inhaberschaft am Urheberrecht.

V. Grenzen der Vereinheitlichung und Bedeutung der Kollisionsnormen

Die eben dargestellten Divergenzen zwischen den nationalen Regelungen ergeben sich aus einer Spaltung des Rechtsdenkens darüber, ob der Erstinhaber eines Urheberrechts unbedingt der geistige Schöpfer des Werkes sein soll oder ob auch der Filmproduzent oder Arbeitgeber das Urheberrecht am Filmwerk oder Arbeitnehmerwerk originär erwerben kann. Jener Gedanke kann als naturrechtlich oder traditionell und dieser als modern bezeichnet werden. In naher Zukunft ist eine Vereinheitlichung des Rechtsdenkens nicht zu erwarten. Die Unterschiede in den Regelungen hinsichtlich der Erstinhaberschaft am Urheberrecht werden also weiterbestehen. Man erkennt hier eine Grenze der Vereinheitlichung der innerstaatlichen Urheberrechtsgesetze.

Ein weiteres Element der Aufspaltung kann sich durch die unterschiedliche Entwicklung der Technologien in verschiedenen Ländern ergeben. In der ersten Hälfte dieses Jahrhunderts konnte man den Einfluß der internationalen Urheberrechtskonventionen auf die innerstaatliche Gesetzgebung erkennen. Von Zeit zu Zeit wurden sie entsprechend der Entwicklung der Technik der Werkschöpfung oder Werknutzung revidiert. Die revidierten Konventionen führten wiederum zur Reform des innerstaatlichen Rechts der Mitgliedsländer. Auf diese Weise näherten sich die urheberrechtlichen Systeme der Welt mehr oder weniger an.

Das Tempo der technischen Entwicklung war einmal so ruhig wie das Fließen des Rheins. Dementsprechend konnten Konventionen und innerstaatliche Gesetzgebungen in Ruhe reformiert werden. Aber gegenwärtig hat sich die Lage geändert. Vor unseren Augen entwickelt sich die Technologie immer wieder überraschend weiter, und zwar seit zehn Jahren mit stärkerer Geschwindigkeit, die in den letzten ein oder zwei Jahren noch größer geworden ist.

Ich möchte das Spannungsverhältnis zwischen urheberrechtlichen Systemen und technologischer Entwicklung wie folgt mit musikalischen Ausdrücken illustrieren. Erstens, das Zeitalter »Andante«, das bis Mitte dieses Jahrhunderts dauerte. Dem folgt das Zeitalter »Moderato«, wo viele Länder ihre Urheberrechtsgesetze modernisiert und neukodifiziert haben. Sodann kommt das Zeitalter »Allegro«, wo neue Möglichkeiten der Werkverwertung entsprechend der technologischen Entwicklung entstanden sind, und jetzt befinden wir uns im Zeitalter »Presto«, wo man die stürmische Entwicklung der Hochtechnologien findet.

Unter diesen Umständen ist jedoch die Reform der Konventionen nicht immer rechtzeitig erfolgt, weil je nach dem Grad der technischen Entwicklung die Länder verschiedene Rechtsauffassungen haben und es daher nicht so leicht ist, bei den internationalen Organisationen wie etwa der WIPO ein Ergebnis zu erreichen. Auch über die Inhaberschaft am Urheberrecht bei neuartigen Werken, die mit neuer Technologie von mehreren gemeinsam oder im Rahmen von Arbeitsverhältnissen geschaffen werden, wird jedes Land eigene Rechtsvorschriften vorsehen. Deswegen werden m. E. die Kollisionsnormen auf dem Gebiet des internationalen Urheberrechts immer wichtiger. Auch zu der Frage, ob die erste Inhaberschaft am Urheberrecht nach dem Recht des Ursprungslandes oder des Schutzlandes zu beurteilen ist, muß man möglichst bald eine überzeugende Lösung finden. Dabei müßte wohl davon ausgegangen werden, daß der Richter beim Streit um den Bestand des Urheberrechts nach dem Recht des Schutzlandes urteilt.

Die internationalprivatrechtliche Beurteilung von Verträgen über gewerbliche Schutzrechte

FRIEDRICH-KARL BEIER, MÜNCHEN

Mein Beitrag knüpft an die Beiträge von ULMER und STRÖMHOLM an. ULMER hat mit der ihm eigenen Klarheit und Überzeugungskraft die Grundsätze dargelegt, die nach nationalem IPR und dem Recht der internationalen Verträge für die internationalprivatrechtliche Beurteilung von gewerblichen Schutzrechten und Urheberrechten gelten und dabei insbesondere auf die traditionelle und unverändert wichtige Rolle des Territorialitätsprinzips hingewiesen[1]. Aus ihm ergibt sich das Recht des Schutzlandes als maßgeblicher Anknüpfungspunkt. STRÖMHOLM hat sich sodann den Urheberrechtsverträgen zugewandt und sich dabei kritisch mit dem schweizerischen IPR-Entwurf von 1982 sowie mit den Vorschlägen von ULMER in seinem IPR-Gutachten auseinandergesetzt.

Mein Beitrag bezieht sich ergänzend auf die internationalprivatrechtliche Beurteilung von *Verträgen über gewerbliche Schutzrechte*. Ich möchte mich dabei auf deren Haupttypus, die internationalen *Lizenzverträge* beschränken, also auf Verträge, welche die zeitweilige Gebrauchsüberlassung gewerblicher Schutzrechte (Patente, Gebrauchsmuster, Geschmacksmuster, Marken) zum Gegenstand haben. Ich habe diese Frage bereits früher unter besonderer Berücksichtigung von Markenlizenzverträgen untersucht[2] und möchte meine Lösungsvorschläge, die weitgehend auch für Verträge über andere gewerbliche Schutzrechte, insbesondere Patentlizenzverträge, gelten, hier noch einmal zur Diskussion stellen. Dabei möchte ich mich auf zwei Punkte konzentrieren: einmal auf die im Bereich der Verträge über gewerbliche Schutzrechte bestehenden *Schranken* der freien Rechtswahl der Parteien und zum andern auf die klassische Frage, wo der *Schwerpunkt* internationaler Lizenzverträge über gewerbliche Schutzrechte zu suchen ist.

1 Umfassend zu diesen Grundsätzen siehe ULMER, Die Immaterialgüterrechte im internationalen Privatrecht, Köln usw. 1975 (nachfolgend zit.: ULMER, IPR).

2 GRUR Int. 1983, 299ff. = 13 IIC 162ff. (1982).

I. SCHRANKEN DER FREIEN RECHTSWAHL

1. Grundsatz

Unstreitig gilt das Prinzip der Wahlfreiheit oder Parteiautonomie wie für alle anderen schuldrechtlichen Verträge auch für Lizenzverträge über gewerbliche Schutzrechte. Auch das EWG-Übereinkommen von 1980 geht von diesem Prinzip aus, mit der Folge, daß die Parteien grundsätzlich jedes beliebige Recht wählen können, auch ein solches, zu dem weder der Gegenstand des Vertrages noch eine der Parteien in Beziehung steht. Die Parteien haben nur das allgemeine Willkürverbot zu beachten, das freilich mehr theoretische als praktische Bedeutung besitzt, da ein anerkennenswertes oder vernünftiges Interesse an der Herrschaft des gewählten Rechts meist vorhanden sein wird[3].

Diese klassische Freiheit der Parteien, das Schuldstatut ausdrücklich oder konkludent selbst zu wählen, ist freilich in Verträgen über gewerbliche Schutzrechte weitreichenden Schranken unterworfen. Ich möchte dabei zwischen *gesetzlichen Schranken* unterscheiden, die dem ordre public im weiteren Sinne angehören, und *immanenten Schranken*, die sich aus der territorialen Natur der gewerblichen Schutzrechte ergeben.

2. Gesetzliche Schranken der freien Rechtswahl

Wir beobachten in neuerer Zeit die zunehmende Tendenz in der Gesetzgebung und Rechtsprechung, bei Verträgen des internationalen Wirtschaftsverkehrs die Freiheit der Rechtswahl gesetzlich einzuschränken, um die Umgehung zwingender Schutzvorschriften des inländischen Rechts zu verhindern oder – positiv formuliert – diese Vorschriften ungeachtet der getroffenen Rechtswahl zur Geltung zu bringen. Diese Schranken haben für Lizenzverträge über gewerbliche Schutzrechte besondere Bedeutung.

a) Tendenzen in den Entwicklungsländern

Den stärksten Eingriff in die Parteiautonomie stellen zur Zeit die bekannten Forderungen der *Entwicklungsländer* dar, Verträge über Technologietransfer zwingend dem Recht – und der Gerichtsbarkeit – des Empfängerlandes zu

3 Sowohl das österreichische IPR-Gesetz vom 15. 6. 1978 (vgl. KÖHLER-GÜRTLER, Internationales Privatrecht, Wien 1979, 39f.) als auch der schweizerische IPR-Entwurf (Bundesgesetz über das internationale Privatrecht [IPR-Gesetz] – Gesetzesentwurf der Experten-Kommission und Begleitbericht, hrsg. von VISCHER und VOLKEN, Zürich 1978, 137) verzichten auf jede allgemeine Einschränkung des Prinzips der Rechtswahl.

unterstellen, d. h. abweichende Rechtswahl- und Gerichtsstandsklauseln nicht oder nur in sehr engen Grenzen anzuerkennen[4]. Sie sind bereits in der Gesetzgebung und der Genehmigungspraxis vieler Entwicklungsländer, vor allem in Lateinamerika, in die Tat umgesetzt worden[5]. Zugleich hat die Gruppe der Entwicklungsländer (Gruppe 77) die Aufnahme entsprechender Beschränkungen in den *UN-Verhaltenskodex für den Technologietransfer* gefordert und ist damit auf den besonderen Widerstand der Industrieländer (B-Gruppe) gestoßen, die im Interesse ihrer Unternehmen an dem Grundsatz der freien Wahl des anwendbaren Rechts und des Gerichtsstandes festhalten wollen[6].

Dieser Widerstand und die im gleichen Sinne von der IPR-Wissenschaft geäußerte Kritik[7] ist in der Tat gerechtfertigt. Zwar ist der Wunsch der Entwicklungsländer durchaus legitim, die einheimische Wirtschaft vor mißbräuchlichen, unangemessenen, übermäßig belastenden Vertragsbedingungen zu schützen und damit die Position des einheimischen Lizenznehmers zu stärken. Dies geschieht auch in anderen Ländern, und man kann daher den Entwicklungsländern, die es besonders nötig haben, nicht vorwerfen, daß sie zum Schutz ihrer Wirtschaft die zwingenden Vorschriften ihres Devisen-, Kartell- und Außenwirtschaftsrechts auf Lizenzverträge zur Anwendung bringen und insoweit das Prinzip der freien Rechtswahl einschränken. Durch Vorschriften dieser Art wird der Grundsatz der freien Rechtswahl auch in Industrieländern in erheblichem Umfange eingeschränkt[8].

Die Vorschläge der Entwicklungsländer gehen aber weiter, indem sie den *gesamten* Lizenzvertrag zwingend dem Recht des Empfängerlandes und seiner Gerichtsbarkeit unterstellen wollen, d. h. nicht nur seine Zulässigkeit, sondern

4 Vgl. dazu die UNCTAD-Studie »The Role of Trademarks in Developing Countries«, UN-Document, Sales No. E 79.II. D 5 und die Beiträge in dem von Patel, dem Direktor der Technology Division der UNCTAD herausgegebenen Sonderheft »Trademarks in Developing Countries«, World Development, Vol. 7, No. 7 (1979).

5 Einen umfassenden Überblick über die einschränkenden Regelungen und die Genehmigungspraxis in den lateinamerikanischen Ländern gibt Freitag, GRUR Int. 1976, 328 ff.; 1978, 162 ff.; ferner Cabanellas, Antitrust and Direct Regulation of International Transfer of Technology Transaction, IIC-Studies, Vol. 7, Weinheim 1983, Chapter III, Nr. 29; sowie in seinem demnächst erscheinenden Artikel: Applicable Law Under International Transfer of Technology Regulations, 15 IIC (1984).

6 Vgl. dazu u. a.: von Hoffmann, RabelsZ 40 (1976), 208 ff. (209–211, 215 f.); Dessemontet, Transfer of Technology Under UNCTAD and EEC Draft Codifications: A European View on Choice of Law in Licensing, 12 Journal of International Law and Economics, 1–55 (1978); Fikentscher, The Draft International Code of Conduct on the Transfer of Technology, IIC-Studies, Vol. 4, München 1980, 137 f. mit Wiedergabe des Entwurfs in der Fassung vom 28. 3. 1979; Timberg, 12 IIC 133, 146 f. (1981).

7 Vgl. vor allem Hoffmann (Fn. 6) und Dessemontet (Fn. 6).

8 Vgl. unten II.3.b), S. 299.

auch seine Ausführung und Auslegung, mit anderen Worten, die gesamten Vertragsbeziehungen[9]. Dieser pauschale Geltungsanspruch der Normen des Empfängerlandes schießt aber über das Ziel hinaus und dürfte vor allem nicht dazu beitragen, den Technologietransfer in Entwicklungsländer zu fördern. Er ist ein unnötiger, empfindlicher Eingriff in die Vertragsfreiheit, vermindert die Bereitschaft zum Abschluß von Lizenzverträgen mit Entwicklungsländern und dürfte im übrigen auch kaum geeignet sein, die Verhandlungs- und Rechtsposition des Lizenznehmers zu stärken. Ein Schweizer Lizenzgeber dürfte im Gegenteil eher dazu geneigt sein, einem argentinischen Lizenznehmer eine günstigere Vertragsklausel zuzugestehen, wenn er davon ausgehen kann, daß darüber im Streitfalle nach Schweizer Obligationenrecht und gegebenenfalls von einem international besetzten Schiedsgericht in Zürich, Paris oder München entschieden wird. Hinzu kommt, daß das Vertragsrecht, vor allem das Lizenzvertragsrecht, in den meisten Entwicklungsländern noch in den Anfängen steckt, so daß z. B. die Unterstellung eines Lizenzvertrags unter das Recht eines der neuen afrikanischen Staaten mangels einschlägiger Rechtsnormen und Auslegungsgrundsätze ins Leere laufen würde.

Um den berechtigten Schutzbedürfnissen der Entwicklungsländer Rechnung zu tragen, reicht es daher aus, wenn die Entwicklungsländer ihre besonderen, zum Schutz ihrer auf Technologieimport angewiesenen Wirtschaft erlassenen wirtschaftsrechtlichen Vorschriften für zwingend anwendbar erklären[10]. Eine solche partielle Beschränkung der freien Rechtswahl entspricht allgemeinen Grundsätzen des IPR und ist auch in Art. 7 des EWG-Schuldrechtsübereinkommens ausdrücklich anerkannt.

b) Tendenzen in Industrieländern

Ich möchte freilich nicht verschweigen, daß sich eine ähnliche Tendenz zur Einschränkung der freien Rechtswahl auch in unseren Breiten bemerkbar macht. Dies gilt insbesondere für *zwingende Bestimmungen des Verbraucherschutzes,* die nicht durch die Vereinbarung eines ausländischen Rechts in Allgemeinen Geschäftsbedingungen oder Verbraucherverträgen umgangen werden sollen. Entsprechende Vorschriften enthält das deutsche Gesetz über Allgemeine Geschäftsbedingungen (§§ 10, 12 AGBG), das neue österreichische Gesetz über internationales Privatrecht (§ 41 Abs. 2), der schweizerische IPR-Entwurf (Art. 117 Abs. 2) sowie das EWG-Schuldrechtsübereinkommen

9 So jedenfalls der ursprüngliche Vorschlag der Experten der Gruppe 77, vgl. von Hoffmann (Fn. 6), 209 Fn. 6; der neueste Entwurf ist etwas moderater, vgl. Fikentscher (Fn. 6), 182; Cabanellas (Fn. 5) vertritt die Auffassung, daß die generelle Anwendung des Rechts des Empfangslandes nicht in dessen Interesse an einem wirksamen Technologietransfer und vernünftig geregelten Vertragsbeziehungen liege.

10 So auch von Hoffmann (Fn. 6), 215 f.; ähnlich Cabanellas, Applicable Law (Fn. 5), Teil IX.

(Art. 5)[11]. Diese Tendenzen sind zwar im internationalprivatrechtlichen Schrifttum erkannt, in ihren Auswirkungen auf die kollisionsrechtliche Beurteilung wirtschaftsrechtlicher Verträge von Gerichten und der Theorie aber noch nicht vollständig verarbeitet.

3. *Immanente Schranken: Beschränkter Geltungsbereich des Vertragsstatuts*

Neben den erwähnten Beschränkungen zur Durchsetzung wirtschaftspolitischer Ordnungs- und Schutzvorschriften gibt es für Verträge über gewerbliche Schutzrechte – und das gleiche gilt für Urheberrechtsverträge – noch eine weitere Schranke der freien Rechtswahl. Sie ergibt sich aus dem von vornherein beschränkten Anwendungsbereich der vertragsrechtlichen Kollisionsnormen auf diese Verträge: Das nach dem tatsächlichen – oder auch hypothetischen – Parteiwillen bestimmte Recht (Schuldstatut) ist grundsätzlich nur maßgeblich für Entstehung, Inhalt, Durchführung und Beendigung des Vertrags, insbesondere für die Rechte und Pflichten der Vertragsparteien, ihre Erfüllung oder Nichterfüllung und die daran zu knüpfenden Rechtsfolgen, kurz gesagt, für den rein *obligatorischen Teil* des Lizenzvertrags[12]. Das Vertragsstatut herrscht dagegen grundsätzlich nicht über den *schutzrechtlichen Bereich* des Vertragsverhältnisses, der wegen der territorialen Natur der gewerblichen Schutzrechte zwingend dem Recht des Schutzlandes unterstellt ist[13]. Um welchen Bereich es sich dabei im Falle von Lizenzverträgen über gewerbliche Schutzrechte im einzelnen handelt und ob sich daraus möglicherweise Konsequenzen auch für die Anknüpfung des gesamten Vertragsverhältnisses, also auch seines obligatorischen Teils, ergeben, werde ich noch erörtern[14].

11 Vgl. dazu Näheres bei REITHMANN(-MARTINI), Internationales Vertragsrecht, 3. Aufl. 1980, 28 ff.

12 So, mit unterschiedlichen Formulierungen KEGEL, IPR, 4. Aufl. 1977, 296, sowie – besonders ausführlich – REITHMANN(-MARTINI), 87–168 mit zahlreichen Hinweisen; siehe auch die – sehr vorsichtige – Umschreibung des Geltungsbereichs des Vertragsstatuts in Art. 10 des EWG-Schuldrechtsübereinkommens.

13 Hinzu kommen Sonderanknüpfungen für bestimmte Vor- und Teilfragen, wie Rechts- und Geschäftsfähigkeit, Vertretungsbefugnis, Form des Vertrags, die nicht ohne weiteres dem Vertragsstatut unterliegen, siehe KEGEL (Fn. 12), 296; Art. 9, 11 EWG-Schuldrechtsübereinkommen; dieses soll dagegen nach bisher herrschender Auffassung grundsätzlich auch die zwingenden, nicht nur die dispositiven Normen des Schuldrechts umfassen, so KEGEL, 290; NEUHAUS, Grundbegriffe des internationalen Privatrechts, 2. Aufl. 1976, 173 f.; dagegen, unter Hinweis auf den zunehmenden Geltungsanspruch von Vorschriften zum Schutz der Marktordnung und der Verbraucher mit guten Gründen REITHMANN (Fn. 11), 174–176.

14 Vgl. unten II 3, 4, S. 298, 300.

II. Die massgeblichen Anknüpfungspunkte für internationale Lizenzverträge über gewerbliche Schutzrechte

1. *Der Grundsatz*

Ich komme damit zum zweiten Teil und dem eigentlichen Schwerpunkt meines Beitrags, nämlich zu der Frage, welche Kollisionsnormen für internationale Lizenzverträge über gewerbliche Schutzrechte maßgeblich sind, wenn eine Rechtswahl der Parteien fehlt. Ich bitte die Spezialisten des IPR um Nachsicht, wenn ich dabei nicht nach dem IPR der einzelnen Länder und den dafür entwickelten Lehren differenziere, sondern für den hier zu erörternden Vertragstypus vereinfachend nach dem »proper law of the contract« frage. Es liegt ja nicht nur so, daß für den EWG-Bereich die schuldrechtlichen Kollisionsnormen im Grundsatz harmonisiert worden sind, sondern daß diese sich auch darüber hinaus in ihrem Ansatzpunkt weitgehend gleichen und die im einzelnen bestehenden Meinungsunterschiede quer durch alle nationalen Lager gehen, d. h. weniger durch die Anwendung eines bestimmten IPR als durch theorie- und sachbezogene Erwägungen bestimmt sind. Dies gilt insbesondere für die Anknüpfung internationaler Lizenzverträge, die Gegenstand einer internationalen, von Besonderheiten nationaler Kollisionsrechte weitgehend unbeeinflußten Diskussion ist. Betrachtet man die Literatur und Rechtsprechung, so zeigt sich, daß die Gerichte der meisten Länder versuchen, den objektiven *Schwerpunkt des Vertragsverhältnisses* als maßgeblichen Anknüpfungspunkt zu ermitteln. Es spielt dabei, jedenfalls für internationale Lizenzverträge, weniger eine Rolle, ob man nach dem Recht desjenigen Landes sucht, mit dem der Vertrag die *engsten Verbindungen* aufweist (Art. 4 EWG-Schuldrechtsübereinkommen), oder des Landes, wo sich die *Interessen der Parteien überschneiden* (Troller) oder wo die *charakteristische Leistung erbracht wird* (Schnitzer). Alle diese Formulierungen deuten auf den objektiven Schwerpunkt des Vertragsverhältnisses hin, der aufgrund einer Interessenabwägung zu ermitteln ist.

2. *Der Schwerpunkt internationaler Lizenzverträge*

Wo liegt aber der Schwerpunkt eines internationalen Lizenzvertrages, zu welchem Land weist er die engsten Beziehungen auf? In Schrifttum und Rechtsprechung findet sich darauf keine einheitliche Antwort, sondern ein recht großer Katalog von Anknüpfungspunkten, die vom *Recht des Schutzlandes* (lex loci protectionis) über den *Erfüllungsort*, den *Sitz des Lizenzgebers*, den *Sitz des Lizenznehmers* bis zum *gemeinsamen Heimatrecht der Parteien* und zum *Recht des Gerichtsorts* (lex fori) reichen[15]. Rechtsprechung gibt es wenig, die Meinungen im Schrifttum sind geteilt, eine herrschende Meinung hat sich noch nicht herausgebildet. Wie ist der Stand der Meinungen und was ist die meine?

Das natürlichste Recht eines Lizenzvertrags ist, wie auch TROLLER und andere namhafte Autoren hervorheben[16], das *Recht des Schutzlandes,* für das die Lizenz gewährt wird. Hier ist das Patent oder die Marke geschützt und entfaltet die Lizenz ihre wesentlichen Wirkungen: Hier wird das gewerbliche Schutzrecht vom Lizenznehmer benutzt, verzichtet der Lizenzgeber auf die ihm zustehenden Verbietungsansprüche. Zwei der wichtigsten Anknüpfungsmomente, das Recht des Schutzlandes, dem der Vertragsgegenstand, das Schutzrecht, untersteht, und das Recht des Landes, in dem die charakteristische Leistung des Lizenzvertrags erbracht wird, fallen hier zusammen und bilden den natürlichen Schwerpunkt des Lizenzverhältnisses. Dies ist auch die im österreichischen IPR-Gesetz getroffene Regelung: »Verträge über Immaterialgüterrechte sind nach dem Recht des Staates zu beurteilen, für den das Immaterialgüterrecht übertragen oder eingeräumt wird.« (§ 43 Abs. 1).

a) Einheitliche Anknüpfung multinationaler Lizenzverträge?

(1) Diese Auffassung, der ich im Ausgangspunkt und im Ergebnis ebenfalls zuneige, führt nun freilich zu Schwierigkeiten für die Anknüpfung von *multinationalen Lizenzverträgen,* d.h. von Verträgen, in denen eine Lizenz für mehrere Länder erteilt wird, d.h. genauer, an Schutzrechten, die in mehreren Ländern bestehen. In diesen Fällen, so wird im Schrifttum überwiegend betont, sei die Anknüpfung an das Recht des Schutzlandes nicht brauchbar, da sie zu einer *territorialen Aufspaltung* des einheitlich konzipierten Vertrags führe, der je nach dem Recht der einzelnen Schutzländer unterschiedlich beurteilt werden müsse[17]. Es sei daher notwendig und entspreche auch dem hypothetischen Parteiwillen, die Vertragsbeziehungen dem Recht *eines Landes* zu unterstellen, das einheitlich für den gesamten Vertrag gilt. Dementsprechend wird die früher vorherrschende *Spaltungstheorie,* die bei Schweigen des Lizenzvertrages an die verschiedenen Schutzländer anknüpfte, im neueren

15 Vgl. den Überblick bei VIDA, Rev. crit. dr. i. p. 1964, 209ff.; PFAFF, AWD 1974, 241ff. (244f.); ULMER, IPR, 100–105; VON HOFFMANN (Fn. 6), 208ff. (211–215).

16 GRUR Int. 1952, 108ff. (120, 122); ders., Das internationale Privat- und Zivilprozeßrecht im gewerblichen Rechtsschutz und Urheberrecht, Basel 1952, 195f.; BATIFFOL, Traité élémentaire de droit international privé, 3. Aufl. 1959, Nr. 602; Martin WOLFF, Private International Law, 2. Aufl. 1950, 547; STUMPF, Der Lizenzvertrag, 4. Aufl., Frankfurt a. M. 1968, Rdz. 444.

17 Hierauf haben vor allem Ernst RABEL, The Conflict of Laws, Bd. 3, 2. Aufl. 1964, 73; GODENHIELM, GRUR Int. 1957, 51; TROLLER, GRUR Int. 1957, 111ff., sowie IPR, 188ff., und VIDA, Rev. crit. dr. i. p. 1964, 223, hingewiesen; ebenso ULMER, IPR, 101.

Schrifttum ganz überwiegend abgelehnt und einer *einheitlichen Anknüpfung* der Vorzug gegeben[18].

(2) Unter Hinweis darauf, daß Lizenzen an Schutzrechten in mehreren Ländern im Rechtsleben häufig vorkommen, hat auch Ulmer sich in seinem IPR-Gutachten der Einheitstheorie angeschlossen und, wie Troller, Godenhielm, Vida[19], Schnitzer[20] und das schweizerische *Bundesgericht*[21], das Recht am *Sitz des Lizenzgebers* als primären Anknüpfungspunkt vorgeschlagen. Er folgt damit der von Schnitzer begründeten, auch dem EWG-Schuldrechtsübereinkommen zugrundeliegenden Lehre, daß ein Vertragsverhältnis im Zweifel mit dem Land die engste Verbindung aufweist, in dem die Partei, welche die *charakteristische Leistung* erbringt, ihren *Sitz* hat[22]. Diese Regelung soll ebenso wie für Übertragungen für einfache Lizenzen gelten, in denen die Gegenleistung des Lizenznehmers im wesentlichen auf die Zahlung von Lizenzgebühren beschränkt ist. Eine Abweichung von dieser Grundregel sei jedoch dann geboten, wenn den Lizenznehmer eine *Verwertungspflicht* trifft oder ihm eine *ausschließliche Lizenz* erteilt wird. In diesen Fällen verlagere sich typischerweise der Schwerpunkt des Vertrags auf den *Sitz des Lizenznehmers*[23]. Als Richtlinie für typische Fälle schlägt Ulmer diese Lösung für alle Verträge über Immaterialgüterrechte vor, differenziert also nicht zwischen Urheberrechten, Patenten und Marken. Er lehnt es auch ab, zwischen multinationalen und bilateralen Lizenzverträgen zu differenzieren, also zwischen Verträgen über die Verwertung in mehreren Ländern oder nur in einem Land. Auch im letzteren Falle, wo nur ein Schutzland im Spiel ist, solle nicht an das Recht dieses Landes angeknüpft werden (so Troller, das österreichische IPR-Gesetz und der Schweizer Entwurf), sondern, je nachdem, an den Sitz des Lizenzgebers oder des Lizenznehmers[24]. Was ist dazu zu sagen?

18 Vgl. die in der vorstehenden Fußnote Zitierten, ferner Nussbaum, Grundzüge des Internationalen Privatrechts, 1952, 338; Lichtenstein, Die Patentlizenz nach amerikanischem Recht, Tübingen 1965, 131 f.; Langen, Internationale Lizenzverträge, 2. Aufl. 1958, 131 ff.: Stumpf (Fn. 16), Rdz. 445; Deutsch, in: Die Warenzeichenlizenz, 463 ff. (473). – Die neueste Literatur nimmt – im Anschluß an Troller – gegenüber der Einheitstheorie eine differenziertere Haltung ein, vgl. Blum-Pedrazzini, Art. 34 Anm. 120; Pfaff, AWD 1974, 241 ff. (244–247).

19 Vgl. oben Fn. 17.

20 Internationales Privatrecht, Bd. II, 3. Aufl. 1957/58, 597.

21 *BG*, 22. 4. 1975, BGE 101 II 293 = GRUR Int. 1977, 208 (209) – EFASIT.

22 Ulmer, IPR, 102; Art. 4 Abs. 2 EWG-Schuldrechtsübereinkommen; vgl. auch *BG*, 22. 4. 1975 (Fn. 21), unter Hinweis auf BGE 94 II 362, und Schnitzer (Fn. 20), 597.

23 Ulmer, IPR, 103/104; kritisch dazu Dessemontet (Fn. 6), 45 ff.; so aber auch – gegen Schnitzer und BGE 101 II 293 (1975) – Vischer/von Planta, IPR, 2. Aufl. 1982, 179 f.

24 Ulmer, IPR, 101 f.; vgl. dazu auch Pfaff, AWD 1974, 246 f., mit anderer Differenzierung.

b) Kritik und Stellungnahme

(1) So einleuchtend die Argumente für eine einheitliche Beurteilung multinationaler Lizenzverträge sind, so halte ich es zunächst für fraglich, ob man den weltweiten oder mehrere Schutzländer umfassenden Verwertungsvertrag generell zum Ausgangspunkt der kollisionsrechtlichen Beurteilung internationaler Lizenzverträge machen kann. Denn die Regel ist, jedenfalls im gewerblichen Rechtsschutz, nicht der multinationale, sondern der binationale, jeweils auf ein Schutzland bezügliche Lizenzvertrag, für den die Argumente zugunsten der Einheitstheorie nicht gelten.

Zu beachten ist, daß eine Aufspaltung des Vertragsstatuts nur dann eintritt, wenn der Schutzrechtsinhaber *einem* Lizenznehmer in *einem* Vertrag Schutzrechte für die ganze Welt oder für mehrere Länder zur Verwertung überläßt[25]. Solche Verträge kommen zwar im Urheberrecht häufig vor: Der deutsche Autor überträgt die »Weltrechte« an seinem Buch an einen Schweizer Verleger, dieser erteilt einem Pariser Verlag die Lizenz für alle französischsprachigen, einem Londoner Verlag für alle englischsprachigen Länder.

Im Patent- und Markenrecht kommen dagegen Verträge zur globalen Verwertung der Schutzrechte viel seltener vor, aber auch die regionale Lizenzerteilung für mehrere Länder an ein Unternehmen ist eher eine Ausnahme als die Regel.

(2) Nehmen wir als *Beispiel* ein Schweizer Arzneimittelunternehmen, das international tätig ist und in allen Ländern seines Absatzgebiets Patente und Marken erworben hat.

— Die Schweiz und einen Teil der anderen Absatzmärkte versorgt der Schutzrechtsinhaber mit den von ihm selbst hergestellten und gekennzeichneten Produkten. Für diese Export- und die sich anschließende Vertriebstätigkeit bedarf es keiner Lizenz, auch wenn in den einzelnen Ländern Alleinvertreter oder Tochtergesellschaften als Vertriebsunternehmen eingeschaltet sind.

— Für das übrige Absatzgebiet, das nicht durch Export aus der Schweiz versorgt werden kann, wird der Schutzrechtsinhaber in aller Regel für jedes wichtige Land einen eigenen Lizenznehmer oder eine Tochtergesellschaft besitzen, das die Ware in Lizenz produziert und damit den betreffenden Markt versorgt. In diesen Fällen schließt der Schutzrechtsinhaber mit jedem nationalen Lizenznehmer oder Tochterunternehmen einen gesonderten Lizenzvertrag über die in den betreffenden Ländern geschützten Rechte, mit dem französischen Lizenznehmer für den französischen Markt, mit der amerikanischen Tochter für den amerikanischen Markt usw. Eine einheitliche Beurteilung dieser einzelnen, *bilateralen* Lizenzverträge, die ohnehin verschieden aussehen werden, wäre zwar wünschenswert, ist aber nicht geboten, da jeweils nur

25 Pfaff (Fn. 24), 245.

Schutzrechte aus einem Lande im Spiel sind. Die Verträge können dem Recht des betreffenden Schutzlandes unterstellt werden, ohne daß die vielbeklagte Spaltung eintritt.

— Häufiger ist der Fall, daß der Schutzrechtsinhaber einem Lizenznehmer die Verwertung für ein größeres, *regionales Absatzgebiet* überträgt. Unser Schweizer Unternehmen erteilt einem ungarischen Staatsunternehmen in Budapest eine Lizenz nicht nur für Ungarn, sondern für alle sozialistischen Länder, seiner brasilianischen Tochter für ganz Lateinamerika. Bei einem solchen *regionalen Lizenzvertrag*, nehmen wir den ungarischen Fall als Beispiel, sind zwar neben der Schweiz und Ungarn auch noch andere, nämlich die übrigen sozialistischen Länder und die dort geschützten Patente und Marken im Spiel, für die der ungarische Lizenznehmer eine Lizenz, jedenfalls eine Vertriebslizenz, benötigt. Diese hat aber für das gesamte Lizenzverhältnis nur sekundäre Bedeutung und gibt weder Anlaß, den Vertrag den Rechtsordnungen aller beteiligten Schutzländer zu unterstellen, noch nach einer vom Schutzland abweichenden Anknüpfung zu suchen.

Es bleibt schließlich der Fall des *globalen* Lizenzvertrags, in dem der Schutzrechtsinhaber die Verwertung seiner Erfindung oder seiner Marke für die ganze Welt – mit Ausnahme eventuell des eigenen Landes – einem anderen Unternehmen, einem Generallizenznehmer überträgt. Für diesen Fall treffen die Argumente zugunsten einer einheitlichen Beurteilung für alle Länder zweifellos zu, er ist aber im gewerblichen Rechtsschutz – anders als im Urheberrecht – eine eher seltene Ausnahme, z. B. im Fall der Erfindung eines freien Erfinders oder eines allein auf den Inlandsmarkt ausgerichteten Unternehmens.

Fazit: Auch bei einem regionalen oder weltweiten Lizenzvertrag kommt somit als Schwerpunkt des Vertragsverhältnisses neben dem Sitzland des Lizenzgebers nur ein weiteres Land ernstlich in Frage, nämlich das *Sitzland des Lizenznehmers*, das bei regionalen Lizenzverträgen in aller Regel zugleich das *primäre Schutzland* ist, nämlich dasjenige, in dem die primären Verwertungshandlungen vorgenommen werden, das Herstellen des Lizenzerzeugnisses und das Kennzeichnen und das erste Inverkehrbringen. Eine ländermäßige Aufspaltung des Schuldstatuts nach dem Recht verschiedener Schutzländer tritt also auch im zweiten Falle nicht ein, und damit entfällt das Hauptargument der Anhänger der Einheitstheorie gegen die Anknüpfung an das Schutzland.

c) Das primäre Schutz- und Ausübungsland als Schwerpunkt des Lizenzverhältnisses

(1) Welcher ist nun aber von den verbleibenden Anknüpfungspunkten – Sitz des Lizenzgebers, Sitz des Lizenznehmers oder Schutzland – der beste? So

große Sympathien ich für den Schutzrechtsinhaber und Lizenzgeber habe – auch Deutschland ist ja trotz seiner statistisch negativen Lizenzbilanz eher ein Land von Lizenzgebern als von Lizenznehmern – und soviel Hochachtung ich für Autoritäten wie SCHNITZER, TROLLER, das Schweizer *Bundesgericht* und Eugen ULMER hege, so habe ich doch erhebliche Schwierigkeiten, den objektiven Schwerpunkt eines Patent- und Markenlizenzvertrags am Sitz des Lizenzgebers zu suchen[26]. Abgesehen davon, daß der Geschäftssitz des Lizenzgebers veränderbar und nicht immer zugleich das Zentrum seiner geschäftlichen Aktivität ist – denken Sie an Liechtenstein, Luxemburg und die Bahamas –, gibt das Recht des Sitzlandes dem Lizenzverhältnis typischerweise nicht das charakteristische Gepräge. Sicher hat der Schutzrechtsinhaber subjektiv ein Interesse daran, alle Verträge mit seinen ausländischen Lizenznehmern seinem eigenen Recht zu unterstellen, und das kann er ja auch durch ausdrückliche Vereinbarung tun, wenn er dies bei den Verhandlungen durchsetzen kann.

(2) Sind aber aus dem Vertrag weder ausdrücklich, konkludent oder hypothetisch Anhaltspunkte für das Recht des Sitzlandes zu entnehmen und fragt man nach dem *objektiven Schwerpunkt des Lizenzverhältnisses,* so deutet alles auf das *Recht des Schutzlandes* hin, in *dem die Lizenz ausgeübt werden soll*[27] Dort sind die lizenzierten Patente und Marken geschützt und belegen, dort wird die daran erteilte Lizenz ausgeübt, werden jedenfalls die *primären Benutzungshandlungen,* das Herstellen des Lizenzprodukts, das Versehen mit der Marke und das erste Inverkehrbringen vorgenommen, und dort wird auch die charakteristische Leistung des Lizenzgebers erbracht, nämlich die Einräumung der ihm zustehenden Benutzungsrechte oder – bei negativer Deutung der Lizenz – der Verzicht auf seine Verbotsrechte.

(3) Selbst wenn man diese Leistung, die Lizenz*erteilung,* höher bewertet als die Lizenzausübung und Gebührenzahlung durch den Lizenznehmer und damit als die für den Lizenzvertrag charakteristische Leistung ansieht, ist der sachlich beste Anknüpfungspunkt dafür nicht notwendigerweise der Ausgangsort dieser Leistung, der Sitz des Lizenzgebers, sondern eher deren Erfüllungsort, der sich im Schutzlande befindet[28]. Im einzigen oder primären Schutzland liegt schließlich in aller Regel auch der Sitz des Lizenznehmers, so

26 Für diese Lösung setzt sich neuerdings eindringlich DESSEMONTET (Fn. 6), 49ff., ein, und zwar generell für alle Technologietransferverträge.

27 So auch REITHMANN(-MERZ), 413 Rdz. 485f.: »Schuldstatut des Lizenzvertrags ist mangels einer Rechtswahl das Recht des Ausübungslandes«; STUMPF (Fn. 16), Rdz. 444; FIRSCHING, Internationales Schuldrecht, in: STAUDINGER, Kommentar zum Bürgerlichen Gesetzbuch, 10./11. Aufl. Berlin 1978, 483; vgl. in diesem Sinne auch *LG Stuttgart,* 14. 3. 1957, IPRspr. 1956/57, Nr. 29; *OLG Düsseldorf,* 4. 8. 1961, GRUR Int. 1962, 256 – Tubenverschluß (für gegenseitigen Patentlizenzvertrag); *Obergericht des Kantons Zürich,* 29. 11. 1968, RIW/AWD 1969, 329.

28 Vgl. VON HOFFMANN (Fn. 6), 213f., der freilich mit ULMER den Sitz des Lizenzgebers als ausschlaggebend ansieht.

daß zwei der wichtigsten Anknüpfungspunkte zusammenfallen[29]. Fallen diese ausnahmsweise einmal auseinander, z.B. in dem von ULMER erwähnten Beispiel, daß ein Engländer einem Franzosen eine Lizenz für Japan erteilt, so spricht dieser Ausnahmefall meines Erachtens nicht für die regelmäßige Anknüpfung an das Sitzland des Lizenznehmers, sondern eher an das Schutzland, in dem die Verwertung stattfinden soll[30].

(4) Die regelmäßige Anknüpfung an das Recht des Schutzlandes hat aber noch einen weiteren, entscheidenden Vorzug, auf den ich mit Nachdruck hinweisen möchte: Sie ermöglicht es nämlich, *das gesamte Vertragsverhältnis einheitlich nach dem Recht eines einzigen Landes, des alleinigen oder primären Schutzlandes zu beurteilen* und die sonst notwendige Spaltung des Vertrags in zwei Teile zu vermeiden, nämlich einen obligatorischen Teil, der dem Sitzrecht des Lizenzgebers oder, gegebenenfalls, des in einem Drittland domizilierenden Lizenznehmers untersteht, und einen anderen, schutzrechtlichen Teil, der zwingend vom Recht des Schutzlandes beherrscht wird[31]. Genau zu diesem mißlichen Ergebnis einer Aufspaltung des einheitlichen Vertrags führt aber die sogenannte Einheitstheorie, soweit sie als Schuldstatut das Recht eines anderen als des Schutzlandes, insbesondere das Sitzland des Lizenzgebers, empfiehlt. Auch sie kann nämlich nicht daran vorbei, daß ein wesentlicher Bereich des Lizenzverhältnisses zwingend dem Recht des Schutzlandes unterworfen ist.

3. Der vom Recht des Schutzlandes beherrschte Bereich des Lizenzverhältnisses

a) Dieser Bereich, der sowohl dem realen wie dem hypothetischen Parteiwillen entzogen ist, betrifft zunächst die *Grundlagen des Lizenzvertrags,* die *gewerblichen Schutzrechte,* deren Entstehung, Gültigkeit, Inhalt, Umfang und Erlöschen sich ebenso wie die Frage der *Zulässigkeit ihrer Übertragung und*

29 Das österreichische IPR-Gesetz und so auch der neue Schweizer Entwurf knüpfen bei Verträgen, die sich auf mehrere Staaten beziehen, an den gewöhnlichen Aufenthalt oder die Niederlassung des *Erwerbers* oder *Lizenznehmers* an, stehen also in den meisten Fällen mit der hier vertretenen Auffassung in Einklang.

30 So in einem Parallelfall (Lizenzvertrag zwischen Engländer und Deutschem für die Niederlande) *LG Stuttgart,* 14.3.1957, IPRspr. 1956/57, Nr. 29.

31 Auf diesen Gesichtspunkt, den auch ULMER (IPR, 101) anerkennt, ist in Literatur und Rechtsprechung schon früher hingewiesen worden; vgl. BEIER, Warenzeichenrechtliche Aspekte internationaler Lizenzverträge, in: Correlation between the Protection of Industrial Property and Industrial Development, ISPIP-MIE Conference, Budapest 1970, 99ff. (111); VON HOFFMANN (Fn. 6), 213 und die dort in Fn. 16 Zitierten; *LG Stuttgart,* 14.3.1957, IPRspr. 1956/57 Nr. 29.

Lizenzierung allein nach dem Recht des Schutzlandes beurteilen[32]. Dies folgt notwendig aus dem Territorialitätsprinzip, das sowohl den nationalen wie den internationalen Schutz der Immaterialgüterrechte beherrscht und an dem – sowohl de lege lata wie de lege ferenda – kein Weg vorbeiführt[33].

Ob und unter welchen Voraussetzungen ein gewerbliches Schutzrecht übertragen oder lizenziert werden kann, entscheidet sich somit zwingend nach dem Recht des Schutzlandes, und zwar nach richtiger Ansicht ohne Rücksicht auf den obligatorischen oder dinglichen Charakter des Rechtsgeschäfts und ohne zwischen Verpflichtungs- und Verfügungsgeschäft zu unterscheiden[34]. Ich halte den ganzen scharfsinnigen Meinungsstreit, der hierüber in Deutschland geführt wird, für müßig. Die Markenlizenz ist hierfür das beste Beispiel: gleichgültig, ob sie als ausschließliche oder einfache erteilt, als dinglich oder obligatorisch gedeutet wird, ihre Zulässigkeit beurteilt sich in beiden Fällen nach dem Recht des betreffenden Schutzlandes und nach keinem anderen. Aus dem gleichen Grunde empfiehlt es sich auch nicht, die obligatorische Verpflichtung zur Lizenzerteilung einem anderen Recht zu unterstellen als die Lizenzerteilung selbst[35].

b) Dem Vertragsstatut entzogen sind ferner alle diejenigen Fragen des Lizenzvertrags, *die zum Schutze der staatlichen Wirtschaftsordnung und der Allgemeinheit durch zwingende Vorschriften des Schutzlandes geregelt sind.* Hierzu gehören, wie bereits erwähnt, alle Vorschriften, die im weiteren Sinne der öffentlichen Ordnung angehören, die zahlreichen Verbote und Gebote des staatlichen Devisen- und Steuerrechts, des Außenwirtschaftsrechts, des Gewerberechts und nicht zuletzt des Kartellrechts, das bei Lizenzverträgen besondere Beachtung verdient[36]. Alle diese Vorschriften wirken sich zwingend auf den Lizenzvertrag aus, nicht nur auf seine Zulässigkeit, sondern auch auf seinen Inhalt und seine Auslegung.

c) Dem Recht des Schutzlandes unterliegt schließlich auch die *Form des Lizenzvertrags,* soweit eine bestimmte Form durch zwingende Vorschriften

32 Allgemeine Meinung, vgl. statt aller ULMER, IPR, 74ff., 99ff. sowie die Art. H, I und K (1) seines Regelvorschlags, S. 110f.; die Versuche von NEUHAUS, RabelsZ 40 (1976), 191ff. und DROBNIG, RabelsZ 40 (1976), 195ff., die die Immaterialgüterrechte im Interesse einer einheitlichen Anknüpfung ganz oder jedenfalls in bezug auf bestimmte Aspekte dem Recht des Ursprungslandes unterstellen wollen, sind von ULMER, RabelsZ 41 (1977), 479–514, überzeugend zurückgewiesen worden.

33 Vgl. dazu grundsätzlich ULMER (Fn. 32), 479ff. (482f., 485); BEIER, GRUR Int. 1968, 8ff. (12).

34 So zutreffend ULMER, IPR, 95f. (mit Literatur- und Rechtsprechungshinweisen in Fn. 21); ferner LÜDECKE/FISCHER, Lizenzverträge, 1957, 33; HAVER/MAILÄNDER, Lizenzvergabe durch deutsche Unternehmen, 1967, 33; a. A. PFAFF, AWD 1974, 241ff. (243–246), mit weiteren Angaben.

35 ULMER, IPR, 134.

36 Den besten Überblick über diese Vorschriften und ihre Auswirkung auf internationale Verträge gibt REITHMANN (Fn. 11), 169ff.

des Schutzlandes vorgeschrieben ist[37]. Die allgemeinen Regeln des IPR, die für die Form von Verträgen entweder auf das Recht des Abschlußorts (lex loci actus) oder das Vertragsstatut abstellen[38], passen nicht für Verträge über gewerbliche Schutzrechte, die registerabhängige Rechte zum Gegenstand haben, die Interessen des inländischen Geschäftsverkehrs erheblich berühren und aus Gründen der Rechtssicherheit häufig von einer bestimmten Form oder der Eintragung in ein öffentliches Register abhängig gemacht werden. Frankreich schreibt z.B. für Markenlizenzverträge die Schriftform vor, die Commonwealth-Länder verlangen die Eintragung als »registered user«, das künftige EWG-Markenrecht verzichtet – anders als bei der Übertragung – auf die Schriftform und die obligatorische Registrierung von Lizenzverträgen[39].

Zu den Formvorschriften im weiteren Sinne gehören auch solche über die *Anbringung von Lizenzvermerken* oder die sonstige Kennzeichnung von Lizenzprodukten, die zur Klarstellung der Rechtslage und zum Schutz des Publikums vor Täuschungen in Gesetzgebung oder Rechtsprechung mancher Länder verlangt werden[40].

Auch diese Fragen richten sich ebenso wie alle anderen Wirksamkeits- und Ausübungsvoraussetzungen der Lizenz zwingend nach dem Recht des Schutzlandes.

4. Konsequenzen für das Schuldstatut

Welche Konsequenzen ergeben sich nun aus alledem für die Bestimmung des Schuldstatuts, auf das ich nun wieder zurückkomme? Wir haben gesehen, daß fast alle wichtigen Fragen des Lizenzvertrages, nicht nur die Grundlagen der Lizenz, die Schutzrechte, ihre Wirksamkeit, ihr Inhalt, ihr Schutzumfang, ihr Erlöschen, sondern auch alle Zulässigkeitsvoraussetzungen und die Form der Verträge zwingend dem Recht des Schutzlandes unterstehen, und es liegt ferner so, daß sich alle diese Fragen weitgehend auch auf den rein schuldrechtlichen Teil des Lizenzvertrags, die gegenseitigen Rechte und Pflichten der Parteien auswirken. Verpflichtet sich z.B. ein Lizenznehmer, alles für die Aufrechterhaltung der Marke Erforderliche zu tun, so braucht er in einem Registrierland nur alle zehn Jahre die Verlängerungsgebühr zu bezahlen, muß in anderen Ländern aber den unterschiedlich strengen Anforderungen des

37 Vgl. hierzu statt aller ULMER, IPR, 96–99; ebenso FIRSCHING (Fn. 27), 475.
38 So auch Art. 9 Abs. 1 EWG-Schuldrechtsübereinkommen.
39 Vgl. Art. 21 (4) in Verbindung mit Art. 17 (6) des Vorschlags einer Verordnung des Rates über die Gemeinschaftsmarke vom 27. 11. 1980, GRUR Int. 1981, 86. Bei Nichtregistrierung der Lizenz kann sie freilich weder dem Amt noch Dritten entgegengehalten werden.
40 Vgl. dazu BEIER, AWD 1974, 1 ff. (7–9).

Benutzungszwangs entsprechen und möglicherweise auch gegen alle Verletzer vorgehen, um den Verlust der Unterscheidungskraft der Marke zu verhindern.

a) Regelanknüpfung: Recht des primären Schutz- und Ausübungslandes

Ist es da nicht sinnvoll, auch den verbleibenden, rein schuldrechtlichen Teil des Lizenzvertrags dem gleichen Recht zu unterstellen und so zu einer einheitlichen Beurteilung des gesamten Lizenzverhältnisses zu gelangen[41]? Für bilaterale Lizenzverträge, bei denen nur ein Schutzland im Spiel ist, bietet sich diese Lösung ohnehin an. Ich halte sie aber aus den dargelegten Gründen auch für regionale Lizenzverträge über Schutzrechte in mehreren Ländern für die richtige, wenn man dabei auf das *Recht des primären Schutzlandes* abstellt, in dem der Lizenznehmer sitzt, produziert, kennzeichnet und in Verkehr bringt. Daß in diesen Fällen das Recht der übrigen Schutzländer, in welche die Lizenzprodukte vertrieben werden, nicht ganz unberücksichtigt bleiben kann, ist zwar ein Schönheitsfehler, der aber nichts daran ändert, daß alle wesentlichen Fragen des Lizenzverhältnisses, die obligatorischen sowohl wie die schutzrechtlichen, einheitlich beurteilt werden können, und zwar nach dem Recht des primären Schutz- und Ausübungslandes, wo im Guten wie im Bösen der Schwerpunkt des Lizenzverhältnisses liegt.

b) Ausnahmen für besondere Fallsituationen

Zu beachten ist freilich, daß mein Vorschlag ebenso wie derjenige von Ulmer nur ein Regelungsvorschlag für *typische Fallsituationen* ist. Er gilt nicht, wenn die Parteien ausdrücklich oder stillschweigend die Anwendung eines anderen Rechts vereinbart haben oder wenn besondere, *atypische Umstände* des Falles für eine andere Anknüpfung sprechen.

— Schließen z. B. zwei deutsche Unternehmen einen Lizenzvertrag über die Auswertung einer patent- und markengeschützten Erfindung in Korea, so werden die Gerichte im Zweifel das *gemeinsame Heimatrecht* der Parteien, also deutsches Recht, zugrunde legen[42]. Hier hat der hypothetische, auf die Anwendung des den Parteien gemeinsamen und vertrauten Rechts gerichtete Parteiwille den Vorrang gegenüber den aus der Natur des Lizenzverhältnisses abgeleiteten, seinen Schwerpunkt typischerweise bestimmenden Anknüpfungsmomenten.

41 Das österreichische IPR-Gesetz hat diesen Gedanken in § 34 I zum Ausdruck gebracht. Die Begründung spricht vom »Gleichlauf« mit dem für das Immaterialgüterrecht selbst geltenden Recht (des Schutzlandes), der die Wirksamkeit und Durchsetzbarkeit der darauf bezüglichen Rechte und Pflichten fördere (vgl. Köhler-Gürtler [Fn. 3], 122).

42 Vgl. Troller, GRUR Int. 1952, 121; Deutsch (Fn. 18), 474; Ulmer, IPR, 105.

— Ähnlich kann es liegen, wenn die Parteien ohne entsprechende Rechtswahl einen *Gerichtsstand* in einem dritten Land, z. B. der Schweiz, vereinbart haben. Hier wird das Gericht häufig zur Anwendung der *lex fori* gelangen, und zwar nicht allein wegen des bekannten »Heimwärtsstrebens« der Gerichte (NUSSBAUM), sondern weil in diesem Fall auch das Interesse der Parteien an der Anwendung des ihnen und dem Gericht vertrauten Rechts unterstellt werden kann[43].

— Auch können schließlich die gesamten Umstände dafür sprechen, in Abweichung von der Regelanknüpfung das Lizenzverhältnis dem *Recht am Sitz des Schutzrechtsinhabers und Lizenzgebers* zu unterstellen. Diese Anknüpfung scheint mir z. B. in folgenden Fällen den Vorzug zu verdienen:

— einmal, wenn es sich um einen *Technologietransfervertrag* über ein neues technisches Erzeugnis handelt, das vom Lizenzgeber am Sitz seines Unternehmens entwickelt und während der Dauer des Vertragsverhältnisses laufend fortentwickelt wird, wobei der Lizenzgeber dem technisch unerfahrenen Lizenznehmer nicht nur die ursprünglich bestehenden gewerblichen Schutzrechte, sondern laufend alle weiterentstehenden sowie das zur Produktion erforderliche Know-how und alle Verbesserungen und Fortentwicklungen zur Verfügung stellt. Der Schwerpunkt eines solchen, nicht seltenen Vertragsverhältnisses scheint mir hier eindeutig am Sitz des Lizenzgebers zu liegen.

— Eine weitere Ausnahme kann im Falle eines Markenlizenzvertrages über ein weitbekanntes, weltweit geschütztes Markenprodukt gegeben sein, dessen Vertrieb durch zahlreiche ausländische Tochtergesellschaften und Lizenznehmer vom Sitz des Stammunternehmens aus zentral nach einheitlichen Grundsätzen der Herstellung, Lizenzierung, Markenbenutzung und Werbung gesteuert und kontrolliert wird. Ich denke an Coca-Cola mit seinen Hunderten von Lizenz- und Abfüllbetrieben, an weltweit tätige Franchising-Unternehmen wie McDonald's, aber auch an viele andere Unternehmen der Markenartikelindustrie, die eine zentrale Marken- und Lizenzpolitik betreiben.

III. SCHLUSSBEMERKUNG

Vor allem die letztgenannte Ausnahme zeigt, daß sich die hier vertretene Auffassung von den Vorschlägen ULMERS in seinem IPR-Gutachten[44] im Ergebnis nicht so weit unterscheidet, wie es den Anschein haben mag. Auch ich sehe bei weltweiter, vom Schutzrechtsinhaber zentral gesteuerter Verwertung den

43 Systematisch kann man in der Wahl eines bestimmten Gerichtsstandes auch eine stillschweigende, nicht nur hypothetische Vereinbarung des am Gerichtsort geltenden Rechts erblicken, so z. B. KEGEL (Fn. 12), 292.

44 Vgl. oben Fußn. 1.

Schwerpunkt des Lizenzverhältnisses am Sitz des Lizenzgebers, mit dem Unterschied freilich, daß ich diesen Fall für Verträge über gewerbliche Schutzrechte, insbesondere über Marken-, Firmen- und Namensrechte, nicht als die Regel und damit nicht als Ausgangspunkt für eine typisierte Beurteilung betrachte. Im gewerblichen Rechtsschutz – anders mag es im Urheberrecht liegen – sind die bilateralen und regionalen Lizenzverträge mit jeweils einem Lizenznehmer die Regel. Bei ihnen liegt der Schwerpunkt im Land der Ausübung, das zugleich das alleinige oder primäre Schutzland ist, von dessen Recht die wichtigsten Teile des Lizenzvertrages ohnehin zwingend beherrscht werden. Das Recht dieses Landes ist daher – nicht zuletzt wegen der engen Verzahnung der schutzrechtlichen, wirtschaftsrechtlichen und schuldrechtlichen Elemente des Lizenzvertrages – der primäre Anknüpfungspunkt für internationale Lizenzverträge.

Auch im übrigen zeigt sich, daß die Unterschiede zwischen der Auffassung Ulmers und der hier vertretenen im wesentlichen auf einer abweichenden Beurteilung des Regel-Ausnahme-Verhältnisses beruhen, im Ergebnis aber auf weitgehend übereinstimmende Lösungen hinauslaufen: Wenn Ulmer nämlich im Falle einer ausschließlichen Lizenz oder einer Verwertungspflicht des Lizenznehmers den Schwerpunkt des Vertrags auf den Sitz des Lizenznehmers verlagert, so bedeutet dieser Vorschlag im praktischen Ergebnis, daß die weitaus überwiegende Zahl internationaler Patent-, Know-how- und Markenlizenzverträge ihren Schwerpunkt nicht am Sitz des Lizenzgebers, sondern am Sitz des Lizenznehmers im Schutz- und Ausübungsland haben.

Art. 30–36 EWG-Vertrag, gewerbliche Schutzrechte und Urheberrecht in der Rechtsprechung des Europäischen Gerichtshofs

Frank Gotzen, Brüssel und Löwen

A. Einführung

1. Wiederholt ist der Gerichtshof zur Feststellung gelangt, daß »die einzelstaatlichen Vorschriften über den Schutz des gewerblichen Eigentums in der Gemeinschaft noch nicht vereinheitlicht sind. Infolgedessen können sich aus dem nationalen Charakter dieses Schutzes Hindernisse für den freien Verkehr der Erzeugnisse ergeben« (Urteile in den Rechtssachen Parke Davis vom 29.2. 1968 und Sirena vom 18.2.1971, Rn. 4 der Entscheidungsgründe). Insbesondere »kann es sich als ein Hindernis für den freien Warenverkehr auswirken, wenn die innerstaatliche Gesetzgebung auf dem Gebiet des gewerblichen und kommerziellen Rechtsschutzes bestimmt, daß sich das Recht des Patentinhabers (des Warenzeicheninhabers) mit dem Vertrieb des patentgeschützten (warenzeichengeschützten) Erzeugnisses in einem anderen Mitgliedstaat nicht erschöpft, der Inhaber vielmehr berechtigt bleibt, sich der Einfuhr des in einem anderen Staat in den Verkehr gebrachten Erzeugnisses nach seinem Heimatstaat zu widersetzen« (Urteile vom 31.10.1974 in den Rechtssachen 15/74, Centrafarm/Sterling Drug, Rn. 10 der Entscheidungsgründe, und 16/74 Centrafarm/Winthrop, Rn. 9 der Entscheidungsgründe).

2. Dann folgte eine Reihe von Urteilen, in denen der Gerichtshof die Rechtmäßigkeit gewisser Formen der Ausübung von Schutzrechten (d.h. besonders bei Patenten, Warenzeichen und dem Urheberrecht) in bezug auf Art. 30–36 des Vertrags prüfen konnte. Es handelt sich dabei um die folgenden Urteile:

— in bezug auf *Warenzeichen:* 13.7.1966, verb. Rs. 56 u. 58/64, Grundig/Consten, Slg. 1966, 321 = GRUR Int. 1966, 580; 18.2.1971, Rs. 40/70, Sirena, Slg. 1971, 69 = GRUR Int. 1971, 279; 3.7.1974, Rs. 192/73, Hag, Slg. 1974, 731 = GRUR Int. 1974, 338; 31.10.1974, Rs. 16/74, Centrafarm/Winthrop, Slg. 1974, 1181 = GRUR Int. 1974, 456; 15.6.1976, Rs. 51/75, 86/

75, 96/75, EMI/CBS, Slg. 1976, 811, 871 und 913 = GRUR Int. 1976, 398; 22.6.1976, Rs. 119/75, Terrapin/Terranova, Slg. 1976, 1039 = GRUR Int. 1976, 402; 23.5.1978, Rs. 102/77, Hoffmann/Centrafarm, Slg. 1978, 1139 = GRUR Int. 1978, 291; 10.10.1978, Rs. 3/78, Centrafarm/American Home, Slg. 1978, 1823 = GRUR Int. 1979, 99; 22.1.1981, Rs. 58/80, Dansk Supermarked/Imerco, Slg. 1981, 181 = GRUR Int. 1981, 393; 3.12.1981, Rs. 1/81, Pfizer/Eurim Pharm, Slg. 1981, 2913 = GRUR Int. 1982, 187.

— in bezug auf *Patente:* 29.2.1968, Rs. 24/67, Parke Davis, Slg. 1968, 86 = GRUR Int. 1968, 99; 31.10.1974, Rs. 15/74, Centrafarm/Sterling Drug, Slg. 1974, 1147 = GRUR Int. 1974, 454; 14.7.1981, Rs. 187/80, Merck/Stephar, Slg. 1981, 2063 = GRUR Int. 1982, 47.

— in bezug auf dem *Urheberrecht verwandte Schutzrechte:* 8.6.1971, Rs. 78/70, Deutsche Grammophon, Slg. 1971, 487 = GRUR Int. 1971, 450; 9.2.1982, Rs. 270/80, Polydor/Harlequin, Slg. 1982, 329 = GRUR Int. 1982, 372.

— in bezug auf den *Musterschutz:* 14.9.1982, Rs. 144/81, Keurkoop/Nancy Kean Gifts, Slg. 1982, 2853;

— in bezug auf das *Urheberrecht:* 18.3.1980, Rs. 62/79, Coditel/Ciné Vog, Slg. 1980, 881 = GRUR Int. 1980, 602 (sinngemäß); 20.1.1981, verb. Rs. 55 u. 57/80, Membran/GEMA, Slg. 1981, 147 = GRUR Int. 1981, 229; 22.1.1981, Rs. 58/80, Dansk Supermarked/Imerco, Slg. 1981, 181 = GRUR Int. 1981, 393.

3. Aus dieser umfangreichen Rechtsprechung ergibt sich, daß das Zentralproblem in der Auslegung des Art. 36 des Vertrags liegt. Dieser Artikel bestimmt, daß »die Bestimmungen der Art. 30 bis 34 ... Einfuhr-, Ausfuhr- und Durchfuhrverboten oder -beschränkungen ..., die ... zum Schutz ... des gewerblichen und kommerziellen Eigentums gerechtfertigt sind, nicht entgegenstehen. Diese Verbote oder Beschränkungen dürfen jedoch weder ein Mittel zur willkürlichen Diskriminierung noch eine verschleierte Beschränkung des Handels zwischen den Mitgliedstaaten darstellen«. Um den Umfang festzulegen, in dem diese Bestimmung tatsächlich eine Ausnahmeregelung bezüglich des Prinzips des freien Warenverkehrs gestattet, bemüht sich der Gerichtshof, die gewerblichen und kommerziellen Schutzrechte auf ihren »spezifischen Gegenstand« zurückzuführen. Das ist der Grund, warum das Thema mit einer Prüfung dieses wesentlich scheinenden Begriffs angegangen werden sollte[1].

1 Vgl. Reischl, Gewerblicher Rechtsschutz und Urheberrecht in der Rechtsprechung des Europäischen Gerichtshofes,GRUR Int. 1982, 151 (152).

B. Der »spezifische Gegenstand« der gewerblichen Schutzrechte

I. Die Rechtsprechung des Gerichtshofs

4. Der Gerichtshof hat zu wiederholten Malen betont, daß »Art. 36 zwar Verbote und Beschränkungen des freien Warenverkehrs zuläßt, die zum Schutz des gewerblichen und kommerziellen Eigentums gerechtfertigt sind, jedoch solche Beschränkungen der Freiheit des Handels nur erlaubt, soweit sie zur Wahrung der Rechte berechtigt sind, die den spezifischen Gegenstand dieses Eigentums ausmachen« (Urteile: Deutsche Grammophon, Rn. 11; Hag, Rn. 9; Centrafarm/Sterling Drug, Rn. 8; Centrafarm/Winthrop, Rn. 7; Terrapin, Rn. 5; Hoffmann/Centrafarm, Rn. 6; Centrafarm/American Home, Rn. 10; Dansk Supermarked/Imerco, Rn. 11; Pfizer/Eurim Pharm, Rn. 6). Eine umstrittene Praxis kann im Sinne des ersten Satzes des Art. 36 nur dann »gerechtfertigt« sein, wenn sie von diesem *spezifischen Gegenstand* gedeckt wird. Bezüglich des Inhaltes dieses *spezifischen Gegenstandes* hat der Gerichtshof einerseits gewisse allgemeine Begriffsbestimmungen vorgebracht und sich gleichzeitig andererseits zu konkreten Praktiken geäußert.

5. Scheinbar wollte der Gerichtshof *Begriffsbestimmungen* für die Warenzeichen wie auch für die Patente formulieren. So berücksichtigte er in erster Linie, daß »der spezifische Gegenstand des Warenzeichenrechts insbesondere darin besteht, daß seinem Inhaber das ausschließliche Recht verliehen wird, das Warenzeichen beim erstmaligen Inverkehrbringen eines Erzeugnisses zu benutzen, und daß er dadurch vor Konkurrenten geschützt wird, die die Stellung und den Ruf des Warenzeichens durch den Vertrieb widerrechtlich mit diesem Zeichen versehener Erzeugnisse zu mißbrauchen suchen« (Urteile: Centrafarm/Winthrop, Rn. 8; Hoffmann/Centrafarm, Rn. 7; Centrafarm/American Home, Rn. 11; Pfizer/Eurim Pharm, Rn. 7). Der Gerichtshof fügt hinzu, daß »für die Bestimmung der genauen Reichweite dieses ausschließlichen Rechts des Warenzeicheninhabers ... die Hauptfunktion des Warenzeichens zu berücksichtigen ist, die darin besteht, dem Verbraucher oder Endabnehmer die Ursprungsidentität des gekennzeichneten Erzeugnisses zu garantieren« (Urteile: Terrapin, Rn. 6; Hoffmann/Centrafarm, Rn. 7; Centrafarm/American Home, Rn. 12; Pfizer/Eurim Pharm, Rn. 8).

Dann hat der Gerichtshof bezüglich der Patente erklärt, daß der *spezifische Gegenstand* namentlich darin besteht, daß der Inhaber zum Ausgleich für seine schöpferische Erfindertätigkeit das ausschließliche Recht erlangt, gewerbliche Erzeugnisse herzustellen und in den Verkehr zu bringen, mithin die Erfindung selbst oder durch Lizenzvergabe an Dritte zu verwerten, und ferner das Recht, sich gegen jegliche Schutzrechtsverletzung zur Wehr zu setzen (Urteil Centrafarm/Sterling Drug, Rn. 9). Später hat der Gerichtshof erläutert, daß »dadurch, daß dieses Recht zum ersten Inverkehrbringen dem Erfinder das Monopol für die Verwertung seines Erzeugnisses vorbehält, es ihm ermöglicht, einen Ausgleich für seine schöpferische Erfindertätigkeit zu erhalten, jedoch ohne ihm diesen Ausgleich unter allen Umständen zu garantieren« (Urteil Merck/Stephar, Rn. 10).

6. Konkreter ausgedrückt hat der Gerichtshof auf gewisse Praktiken hingewiesen, die *auf jeden Fall außerhalb des spezifischen Gegenstands* der Rechte am geistigen Eigentum liegen und infolgedessen nicht im Sinne des Art. 36 gerechtfertigt sind. Das gilt für die Ausübung eines Abwehrrechtes zur Verhinderung oder Beschränkung der Einfuhr von Erzeugnissen, die auf dem Markt eines anderen Mitgliedstaates rechtmäßig vom Patentinhaber selbst oder mit seiner Einwilligung in den Verkehr gebracht worden sind. Das gilt in bezug auf *Warenzeichen* (Urteile Centrafarm/Winthrop, Dansk Supermarked/Imerco), auf *Patente* (Urteile: Centrafarm/Sterling Drug und Merck/Stephar), auf ein dem *Urheberrecht verwandtes Schutzrecht* (Urteil Deutsche Grammophon) sowie in bezug auf das *Urheberrecht* selbst (Urteile Membran/GEMA und Dansk Supermarked/Imerco) und auf *Geschmacksmuster* (Urteil Keurkoop/Nancy Kean Gifts, Rn. 25).

Ebenso wenig berechtigt ist das Einfuhrverbot für Erzeugnisse, die dem Schutzrecht eines anderen Inhabers unterliegen, der jedoch ursprünglich oder später mit dem Inhaber des Einfuhrlandes wirtschaftlich oder rechtlich verbunden ist (Urteile: Sirena; Hag; EMI/CBS, Rn. 12; Terrapin, Rn. 6 und 8; Keurkoop/Nancy Kean Gifts, Rn. 25).

Der Gerichtshof bestand auf der Erläuterung, daß es diesbezüglich unwichtig ist, ob zwischen dem Ausfuhr- und dem Einfuhrland Preisunterschiede bestehen, die sich aus Maßnahmen ergeben, die das Ausfuhrland zur Kontrolle des Preises des Erzeugnisses ergreift, oder aus Bestimmungen, auf denen in diesem Land ein gesetzliches Lizenzsystem begründet ist. Die Beseitigung solcher Unterschiede darf nur auf dem Wege einer Harmonisierung der betreffenden innerstaatlichen Vorschriften erfolgen (Urteile: Centrafarm/Winthrop, Rn. 15–17; Centrafarm/Sterling Drug, Rn. 22–24; Membran/GEMA, Rn. 20–26).

7. In weiteren Beispielen von Einfuhrverboten wurde jedoch vom Gerichtshof anerkannt, daß sie vom *spezifischen Gegenstand* des betreffenden Schutzrechtes gedeckt sind. So darf sich der Inhaber des Rechtes am *Warenzeichen* stets gegen die Einfuhr von Erzeugnissen zur Wehr setzen, die im elementarsten Sinne des Wortes nachgemacht sind, d. h. von Personen mit dem Warenzeichen versehen werden, »denen keinerlei Rechtstitel zusteht« (Urteil Hag, Rn. 10; s. auch die Rn. 22–24 der Entscheidungsgründe in der Rechtssache 51/75, EMI/CBS). Die im weiteren Sinne verstandene Schutzrechtsverletzung, die aus dem unerlaubten Umpacken des Erzeugnisses mit Wiederanbringen

des Warenzeichen oder – a fortiori – mit Ersetzen dieses Warenzeichen durch ein anderes Warenzeichen des gleichen Inhabers besteht, kann ebenfalls zu einem berechtigten Einfuhrverbot Anlaß bieten (Urteile Hoffmann/Centrafarm und Centrafarm/American Home). Der Gerichtshof hat im übrigen geurteilt, daß das Warenzeichenrecht bei der Einfuhr von Erzeugnissen dann rechtmäßig geltend gemacht werden kann, wenn diese unter einer Bezeichnung vermarktet werden, die zu einer Verwechslung führen kann, wenn die betreffenden Rechte durch separate und unabhängige Inhaber unter der Herrschaft unterschiedlicher innerstaatlicher Gesetzgebungen begründet worden sind und zwischen diesen weder eine wettbewerbsbeschränkende Absprache irgendwelcher Art noch irgendeine rechtliche oder wirtschaftliche Abhängigkeit besteht (Urteil Terrapin). Desgleichen kann der Inhaber eines »nach den Rechtsvorschriften eines Mitgliedstaats erworbenen Rechts an einem Modell gegen die Einfuhr von Erzeugnissen aus einem anderen Mitgliedstaat, die in ihrem Aussehen dem hinterlegten Modell gleichen, unter der Voraussetzung vorgehen, daß die streitigen Erzeugnisse in dem letztgenannten Mitgliedstaat ohne die Beteiligung oder Zustimmung des Rechtsinhabers oder einer von ihm rechtlich oder wirtschaftlich abhängigen Person in den Verkehr gebracht worden sind, daß zwischen den beteiligten natürlichen oder juristischen Personen kein wettbewerbsbeschränkendes Kartell besteht und daß schließlich die jeweiligen Rechte der Inhaber des Rechts an einem Modell in den verschiedenen Mitgliedstaaten unabhängig voneinander begründet worden sind« (Urteil Keurkoop/Nancy Kean Gifts, Rn. 29).

In bezug auf *Patente* hat der Gerichtshof in einem ganz ähnlich gelagerten Fall die Verhinderung des freien Verkehrs für gerechtfertigt erklärt, die sich aus Parallelpatenten ergibt, deren Inhaber von Anfang an rechtlich und wirtschaftlich unabhängig geblieben sind (Urteil Centrafarm/Sterling Drug, Rn. 11). Für Patente konnte der Gerichtshof außerdem einen Rechtfertigungsgrund berücksichtigen, der sich von demjenigen unterscheidet, der bereits beim Warenzeichenrecht behandelt wurde, nämlich die Einfuhr von Erzeugnissen, die ohne das Einverständnis des Patentinhabers in einem Mitgliedstaat hergestellt werden, in dem sie nicht patentrechtlich schutzfähig sind (Urteile Parke Davis und Centrafarm/Sterling Drug, Rn. 11). Beim Urheberrecht hat der Gerichtshof durch die sinngemäße Erweiterung seiner Argumentation bezüglich Art. 36 eingeräumt, daß die Ausübung des Rechtes, die Vorführung eines Films im Wege des Kabelfernsehens zu verbieten, nachdem er in einem anderen Mitgliedstaat mit Zustimmung des ursprünglichen Rechtsinhabers ausgestrahlt worden ist, durch den Inhaber des öffentlichen Vorführungsrechts in einem Mitgliedstaat zum wesentlichen Inhalt des Urheberrechts gehört und infolgedessen gemäß Art. 59ff. des Vertrags gerechtfertigt ist (Urteil Coditel/Ciné Vog).

II. Die Bewertung der Rechtsprechung des Gerichtshofs durch die Rechtslehre

8. Die Doktrin in den einzelnen Mitgliedstaaten zeigte sich im allgemeinen ziemlich geneigt, dem Gerichtshof auf dem Wege der Liberalisierung des Warenverkehrs im Innern der Gemeinschaft zu folgen, auch wenn es dabei um den Bereich der Erzeugnisse geht, die einem gewerblichen Schutzrecht unterliegen. Es wurden jedoch gewisse kritische Kommentare laut, die den besonderen vom Gerichtshof vertretenen Lösungen oder, grundlegender, den Methoden beim Auffinden dieser Lösungen gelten.

9. Zahlreiche kritische Kommentare galten dem *Sirena-* und dem *Hag-*Urteil dort, wo sie die Einfuhrverbote zwischen Warenzeicheninhabern verurteilten, die zwar wirtschaftlich unabhängig waren, aber vor ziemlich langer Zeit in wirtschaftlicher oder rechtlicher Beziehung standen[2]. Der »gemeinsame Ursprung« dieser Warenzeichen habe eine lediglich geschichtliche Bedeutung. Er würde nicht ausreichen, eine Behandlung zu rechtfertigen, die sich von derjenigen der unabhängigen Inhaber völlig autonom begründeter Warenzeichen in der Rechtssache *Terrapin* unterscheidet. Manche weisen diesbezüglich darauf hin, daß die im Urteil *Hag* (Rn. 14) angeregte Möglichkeit hinsichtlich der Unterrichtung der Verbraucher über den Ursprung der Erzeugnisse durch andere Mittel als das Warenzeichen ziemlich illusorisch sein dürfte[3].

10. Grundlegender wird dem Gerichtshof vorgeworfen, den Begriff des *spezifischen Gegenstands* eingeführt zu haben, ohne vorher seinen Inhalt ergründet zu haben. Um das Wesen und die Aufgabe der gewerblichen Schutzrechte zu erfassen, hätte man eine tieferschürfende Untersuchung der einzelstaatlichen Schutzrechte durchführen müssen, aus der sich dann manch feine Unterschiede und sogar Abweichungen ergeben hätten. Infolge dieser

2 Kraft, Die Stellung des Europäischen Gerichtshofs zum Warenzeichen im Lichte des Hag-Urteils, GRUR Int. 1975, 283 (288ff.); Mak, Warenzeichen und der Gemeinsame Markt, GRUR Int. 1975, 118; Cornish, Intellectual Property, 1981, 575ff.: Blok, Articles 30–36 of the EEC Treaty and intellectual property rights, Reports for the tenth F.I.D.E. Congress, II, Dublin 1982, 3.1 (3.6); Cappelli, Les articles 30–36 CEE et les droits de propriété intellectuelle, Reports for the tenth F.I.D.E. Congress, II, Dublin 1982, 6.1 (6.7); van Bunnen, Les articles 30 et 36 du Traité de Rome et la propriété intellectuelle, Reports for the tenth F.I.D.E. Congress, II, Dublin 1982, 2.1 (2.7); de Brouwer, L'objet spécifique des droits de propriété intellectuelle et les règles de concurrence, Ing. Cons. 1983, 1 (9–10).

3 Beier, Unterscheidende Zusätze als Mittel zur Lösung marken- und firmenrechtlicher Konflikte im Gemeinsamen Markt?, RIW/AWD 1978, 213ff. Ferner auch Ladas, The Court of Justice of the European Community and the Hag-case, IIC 1974, 302 (312); Mak (Fn. 2), 123; Cohen Jehoram, De europese arresten Centrafarm-octrooi en Café Hag en intellectuele eigendomsrechten, S.E.W. 1975, 349 (359); Reuters, Territoriale Marktaufteilung mit Hilfe von Warenzeichen-, Patent- und Urheberrechten in der Europäischen Wirtschaftsgemeinschaft, Bochum 1976, 358–360; Gielen, Minnelijke regelingen in merkenzaken en het Europees mededingingsrecht, BMM Bulletin 1978, 218 (226, 233); Cornish, Articles 30–36 and Intellectual Property, Reports for the tenth F.I.D.E. Congress, II, Dublin 1982, 9.1 (9.10).

Unterlassung sei der Gerichtshof dazu gelangt, ein Beurteilungsmerkmal zu handhaben, das zu ungenau ist, um das Zulässige vom Unerlaubten trennen zu können[4].

11. So wollte der Gerichtshof scheinbar in bezug auf *Warenzeichen* die Herkunftsfunktion bevorzugen (Urteile: Terrapin, Rn. 6; Hoffmann/Centrafarm, Rn. 7; Centrafarm/American Home, Rn. 12; Pfizer/Eurim Pharm, Rn. 8). Wenn er an anderer Stelle auch »die Stellung und den Ruf« eines Warenzeichens erwähnt hat, erfolgt dies, ohne das Problem auszuschöpfen und ohne Schlußfolgerungen daraus zu ziehen (Urteile: Centrafarm/Winthrop, Rn. 8; Hoffmann/Centrafarm, Rn. 7; Centrafarm/American Home, Rn. 11; Pfizer/Eurim Pharm, Rn. 7). Von mehreren Kommentatoren wurde jedoch die Notwendigkeit betont, auch die Qualitäts- und Werbefunktionen eines Warenzeichens zu berücksichtigen[5].

12. Die *Patente* sollen nach den eigenen Worten des Gerichtshofs in Rn. 9 der Entscheidungsgründe des Urteils *Centrafarm/Sterling Drug* »einen Ausgleich für die schöpferische Erfindertätigkeit bezwecken«. Man muß jedoch zugeben, daß diese Theorie der Belohnung offenbar nicht universal angewandt wird, da man sie insbesondere in Großbritannien ablehnt[6]. In Wirklichkeit scheint die Theorie der Belohnung, auch wenn sie in Ländern wie Frankreich[7], Dänemark[8], Belgien[9] oder den Niederlanden[10] nicht unbekannt ist, nur in Deutschland einen wirklichen Einfluß ausgeübt zu haben. In Deutschland bringt man sie jedoch mit einer völlig anderen Erläuterung des Patentsystems zusammen, wobei man die Patente als Mittel zur Förderung des wirtschaftlichen Fortschritts durch die Begünstigung der amtlichen Veröffentlichung der Erfindungen betrachtet[11]. Bei diesem Standpunkt handelt es sich im übrigen um den einzigen, den man in Großbritannien übernommen hat[12].

13. Aus noch besseren Gründen könnte die gleiche Kritik an den Urteilen des Gerichtshofs in bezug auf das *Urheberrecht* geübt werden. Dort sehen wir nämlich, wie der Gerichtshof konkrete Praktiken verurteilt oder genehmigt, insbesondere im Namen eines *spezifischen Gegenstands des Urheberrechtes,*

4 Vgl. etwa CORNISH (Fn. 3), 9.1 und 9.4.

5 COHEN JEHORAM, Articles 30–36 EEC and intellectual property, S.E.W. 1982, 374 (378–379); VAN BUNNEN (Fn. 2), 2.12; CORNISH (Fn. 3), 9.8–9.10.

6 CORNISH (Fn. 3), 9.2; DERS., Intellectual Property, London 1981, 93.

7 ROUBIER, Le droit de la propriété industrielle I, 1952, 19.

8 KOKTVEDGAARD/ØSTERBORG, Patentloven, 2. Aufl. 1979, 17.

9 DEMARET, Patents, Territorial Restrictions and EEC Law, 1978.

10 COHEN JEHORAM (Fn. 5), 378.

11 LOEWENHEIM, Die Beseitigung nichttarifärer Handelsschranken im innergemeinschaftlichen Handel unter besonderer Berücksichtigung der gewerblichen Schutzrechte und des Urheberrechts, Reports for the tenth F.I.D.E. Congres, II, Dublin 1982, 4.10; HUBMANN, Gewerblicher Rechtsschutz, 4. Aufl. 1981, 50ff.; BENKARD, Patentgesetz, 7. Aufl. 1981, 41ff.

12 CORNISH (Fn. 3), 9.2.

ohne diesen Gegenstand zu definieren (s. insbesondere Coditel/Ciné Vog, Rn. 14, und Dansk Supermarked/Imerco, Rn. 11). Nun hätte eine Prüfung der einzelstaatlichen Vorstellungen jedoch gewisse spezifische Merkmale des Urheberrechtes aufgezeigt. So hätte man darauf hinweisen müssen, daß das Urheberrecht eine Rolle zum Schutz der schöpferischen Einzelperson[13] zu spielen hat und ein kulturpolitisches Instrument[14] darstellt, wenn man beispielsweise an das Problem der amerikanischen Bücher denkt, die über den europäischen Kontinent in Großbritannien[15] eingeführt werden.

14. Es ist stets der gleiche Vorwurf des Fehlens einer vergleichenden Untersuchung der einzelstaatlichen Gesetzgebungen, der gewisse Autoren[16] dazu bringt, den Gerichtshof dort zu kritisieren, wo er die Substanz der gewerblichen Schutzrechte im allgemeinen auf ein »ausschließliches Recht auf das erste Inverkehrbringen des Erzeugnisses« beschränkt (Urteile: Centrafarm/Winthrop, Rn. 8; Centrafarm/Sterling Drug, Rn. 9; Hoffmann/Centrafarm, Rn. 7; Centrafarm/American Home, Rn. 11; Merck/Stephar, Rn. 9; Pfizer/Eurim Pharm, Rn. 7). Damit würde er die innergemeinschaftliche *Erschöpfung* als Bestandteil der europäischen Begriffsbestimmung des spezifischen Gegenstands darstellen, während sie nur eine eventuelle Folge davon sein dürfte. Der Vergleich der einzelstaatlichen Ansichten würde ganz im Gegenteil zeigen, daß die verschiedenen vorgeschlagenen Begriffsbestimmungen weit davon entfernt sind, stets zum Ergebnis der Erschöpfung zu führen.

15. Es muß aber zugegeben werden, daß bei der alleinigen Betrachtung des *geistigen Eigentumsrechts* zahlreiche Situationen bleiben, in denen die innerstaatliche Rechtsprechung und Doktrin die internationale Erschöpfung versagen. Das gilt besonders für das Patentrecht aber auch für das Urheberrecht.

13 Ulmer, Rechtsvergleichung und Grundlagenforschung im Urheberrecht und gewerblichen Rechtsschutz, GRUR Int. 1968, 1 (7); ders., Urheber- und Verlagsrecht, 3. Aufl. 1980, 7, 21; Loewenheim (Fn. 9), 4.13; Cornish (Fn. 3), 9.18.

14 Windisch, Gewerblicher Rechtsschutz und Urheberrecht im zwischenstaatlichen Bereich, 1969, 10 und 27; Recht, Le droit d'auteur, une nouvelle forme de propriété, 1969, 199; Gotzen, De artistieke eigendom en de mededingingsregels van de Europese Economische Gemeenschap, 1971; ders., Het Bestemmingsrecht van de Auteur, 1975, 108 ff., 181 ff.; de Gryse, Het mededingingsrecht, het auteursrecht en de afgeleide rechten, Rechtskundig Weekblad 1974/75, 1986 (1992); Dietz, Das Urheberrecht in der Europäischen Gemeinschaft, 1978, 41–42, 50–51, 268–269; ders., Möglichkeiten der Harmonisierung des Urheberrechts in Europa, GRUR Int. 1978, 101 (104 ff.); ders., Anmerkung, GRUR Int. 1977, 416; Françon, Le droit d'auteur et le Traité de Rome instituant la Communauté Economique Européenne, RIDA 1979, 100, 129 (197); Fabiani, Importazione di prodotti fonografici e regole di concorrenza e di libertà degli scambi del Trattato CEE, Dir. Aut. 1977, 498 (513 ff.).

15 Dietz (Fn. 14), 137 ff.; Cornish (Fn. 3), 9.6 ff.; ders., Intellectual Property, 1981, 40 ff., Reimer, Urheberrecht und freier Warenverkehr, GRUR Int. 1981, 74. Vgl. The Publishers' Association Memorandum on European Community Law and Copyright in Literary Works, September 1980.

16 Cornish (Fn. 3), 9.1 ff.; Blok (Fn. 2), 3.11.

Nur beim Warenzeichenrecht ist die Neigung größer, die Einfuhr von Erzeugnissen zu genehmigen, die rechtmäßig auf dem Markt eines anderen Mitgliedstaates vom Inhaber des Warenzeichens oder mit dessen Einwilligung vertrieben werden[17].

16. Es geht jedoch darum, ob man sich auf der Ebene des *Gemeinschaftsrechtes* darauf beschränken soll, die einzelstaatlichen Lösungen zu bestätigen, oder ob man im Hinblick auf eine Liberalisierung des Warenverkehrs Korrekturen vornehmen soll. Diesen letzten Weg beschreiten bereits einige innerstaatliche Rechtsprechungen, die zwar häufig eine Erschöpfung auf allgemeinerer Ebene ablehnen, jedoch dazu neigen, für die Beziehungen im Innern der EWG darin einzuwilligen[18].

Das entspricht sicherlich der vom Gerichtshof eingenommenen Haltung; er geht auf diesem Gebiet jedoch seinen eigenen Weg.

III. Der eigene Weg des Gerichtshofs

17. Aus den vorstehenden Ausführungen geht deutlich hervor, daß die Vorstellung des Gerichtshofs vom *spezifischen Gegenstand* der Immaterialgüterrechte nicht auf den Theorien fußt, die diesbezüglich auf der einzelstaatlichen Ebene entwickelt werden konnten. Nichts deutet nämlich darauf hin, daß er sich auf eine erschöpfende Untersuchung des vergleichenden Rechts in dieser Beziehung gestützt hat. Auf den ersten Blick könnte man glauben, der Gerichtshof hätte es deshalb vorgezogen, einen eigenen Begriff auszuarbeiten, was das Merkmal des geistigen Eigentums sein soll. Seine vielen Bezugnahmen auf den *spezifischen Gegenstand* der geistigen Schutzrechte wären dann in einer umfassenden Bemühung begründet, eine einheitliche Formulierung der Begriffsbestimmungen dessen zu erreichen, was auf *gemeinschaftlicher Ebene* das Wesen der Immaterialgüterrechte bilden würde. Sieht man sich das jedoch etwas näher an, ist zu bezweifeln, ob das die fundamentale Richtung des Gerichtshofs gewesen sein soll.

18. Was nämlich ist festzustellen? Es scheint immer weniger sicher zu sein, daß der Gerichtshof den von ihm selbst skizzierten Begriffsbestimmungen der Immaterialgüterrechte jemals eine große Bedeutung beigemessen hat. Bereits im *Hag*-Urteil konnte man erkennen, daß der Gerichtshof die Angabe der *Herkunft* eines *Marken*artikels zwar als »nützlich« betrachtete, jedoch hinzu-

17 Für einen Überblick s. die Länderberichte in: The elimination of non tariff barriers with particular reference to industrial property rights including copyright, Reports for the tenth F.I.D.E. Congress, II, Dublin 1982.

18 Vgl. z. B. für das belgische Urheberrecht *Cour d'appel* de *Bruxelles,* 26. 10. 1978, RIDA 1979, 100, 198; bestätigt durch *Cass.*, 9. 4. 1981, Pas. 1981 I, 879.

gefügt hatte, daß die diesbezügliche Aufklärung der Verbraucher ebenso gut auf andere, den freien Warenverkehr nicht beeinträchtigende Weise sichergestellt werden könnte (Rn. 14). Das weist auf den geringen Wert hin, den der Gerichtshof der Herkunftsfunktion beimißt, obwohl diese in den Urteilen *Terrapin* (Rn. 6), *Hoffmann/Centrafarm* (Rn. 7), *Centrafarm/American Home* (Rn. 12) und *Pfizer/Eurim Pharm* (Rn. 8) als »Hauptfunktion« bezeichnet wurde. Später wurde nun vom Gerichtshof die Theorie der Belohnung ausdrücklich zurückgewiesen, die er sich zuerst im Urteil *Centrafarm/Sterling Drug* (Rn. 9) zur Umschreibung des *spezifischen Gegenstands* der *Patente* zu eigen zu machen schien. Im Urteil *Merck/Stephar* erklärt er nämlich, daß »die Substanz des Patentrechts im wesentlichen darin besteht, dem Erfinder das ausschließliche Recht zu verleihen, das Erzeugnis als erster in den Verkehr zu bringen. Dieses Recht zum ersten Inverkehrbringen behält dem Erfinder das Monopol für die Verwertung seines Erzeugnisses vor und ermöglicht es ihm, einen Ausgleich für seine schöpferische Erfindertätigkeit zu erhalten, *ohne ihm jedoch diesen Ausgleich unter allen Umständen zu garantieren«*[19]. Die gleiche Tendenz erkennt man in den jüngeren Urteilen auf dem Gebiet des *Urheberrechtes* (Coditel, Membran und Dansk Supermarked) und des *Musterschutzes* (Keurkoop/Nancy Kean), wo der Gerichtshof sogar rundweg auf jeden Versuch einer Begriffsbestimmung des *spezifischen Gegenstands* verzichtet und sich nur noch zu konkreten Problemen äußert[20].

19. All dies beweist, daß der Gerichtshof nicht wirklich beabsichtigt, Begriffsbestimmungen der Immaterialgüterrechte zu formulieren[21].

Hinter dem Beurteilungsmerkmal des *spezifischen Gegenstands*, das auf den ersten Blick wesentlich zu sein schien, zeichnet sich immer deutlicher ein anderes Kriterium ab, bei dem es sich ganz einfach um den freien Verkehr der Erzeugnisse im Innern des Gemeinsamen Marktes handelt. Nach Ansicht des Gerichtshofs handelt es sich dabei um »das Grundprinzip, das zu den rechtlichen und wirtschaftlichen Faktoren gehört, denen der Patentinhaber bei Festlegung der Ausübungsmodalitäten seines Ausschließlichkeitsrechtes Rechnung tragen muß« (Merck/Stephar, Rn. 11). In der Rechtssache *Membran/GEMA* erläutert der Gerichtshof, daß »das *wesentliche Ziel* des Vertrages, der Zusammenschluß der nationalen Märkte zu einem einheitlichen Markt, nicht zu erreichen wäre, wenn Privatpersonen aufgrund der verschiedenen Rechts-

19 Vgl. COHEN JEHORAM (Fn. 5), 376; SHORTT, Irish report, Tenth F.I.D.E. Congress, II, Dublin 1982, 5.1 (5.6 ff.).

20 Vgl. COHEN JEHORAM (Fn. 5), 376; CORNISH (Fn. 3), 9.4; SHORTT (Fn. 19), 5.9; VERKADE, EEG Verdrag en modellenrecht. Criterium van betrokkenheid, B.I.E. 1983, 16; EECKMAN, Noot, S.E.W. 1983, 424 (426); VON GAMM, Urheberrechtliche Verwertungsverträge und Einschränkungen durch den EWG-Vertrag, GRUR Int. 1983, 403 (404).

21 COHEN JEHORAM (Fn. 5), 374 ff.

systeme der Mitgliedstaaten die Möglichkeit hätten, den Markt aufzuteilen« (Rn. 14). So liegt es also dem Gerichtshof fern, einen Beitrag zur Theorie der Immaterialgüterrechte leisten zu wollen; er will nur auf diesem Gebiet die Grundregeln des EWG-Vertrags anwenden. Aus diesem Grund bemüht der Gerichtshof sich nicht so sehr darum, die geistigen Schutzrechte auf ihren *spezifischen Gegenstand* zurückzuführen, sondern eher um das Erhalten eines »harten Kerns« im freien Warenverkehr. So werden die Immaterialgüterrechte jeweils in Abhängigkeit von ihrem Schädlichkeitsgrad in dieser Beziehung beurteilt. In bezug auf Art. 36 läuft das darauf hinaus, die »Einfuhrverbote oder -beschränkungen« nicht in erster Linie im Lichte der »Gründe für den Schutz des gewerblichen und kommerziellen Eigentums« zu prüfen, die in den einzelstaatlichen Rechtssystemen wurzeln, sondern vielmehr danach, ob sie in Anbetracht des gemeinschaftlichen Grundsatzes des freien Warenverkehrs »gerechtfertigt« scheinen oder nicht. Von diesem Gesichtspunkt aus betrachtet, büßt die Vorstellung vom *spezifischen Gegenstand* viel von ihrer Bedeutung ein. Der Gerichtshof bedient sich dieses Begriffs nur als Hilfsmerkmal, sozusagen zur Verschärfung seiner Argumentation[22].

20. Eine Bestätigung dieser Betrachtungsweise findet sich im Urteil vom 9. 2. 1982 in der Rechtssache 270/80 (Polydor/Harlequin), wo der Gerichtshof hervorhebt, daß die Berechtigung einer Einfuhrbeschränkung im Sinne des Art. 36 unter Berücksichtigung des Hauptziels des römischen Vertrags, nämlich der Zusammenfügung der einzelstaatlichen Märkte zu einem einheitlichen Markt, festzustellen ist. Dort, wo dieses Endziel fehlt, wie im Rahmen eines Abkommens über den freien Handelsverkehr zwischen der EWG und Portugal, steht nichts entgegen, ein Einfuhrverbot, das in den Beziehungen innerhalb der Gemeinschaft als rechtswidrig zu betrachten wäre, als rechtmäßig anzuerkennen. So kann die Ausübung eines Schutzrechtes zur Verhinderung der Einfuhr von Schallplatten nach Großbritannien, die rechtmäßig mit Einwilligung des Inhabers auf dem portugiesischen Markt hergestellt und vertrieben wurden, als zulässig im Sinne des Art. 23 des Abkommens zwischen der EWG und Portugal gelten, ungeachtet der Ähnlichkeit dieser Bestimmung mit Art. 36 des römischen Vertrags[23].

22 Loewenheim, Schallplattenimporte und freier Warenverkehr im Gemeinsamen Markt, UFITA 95 (1983), 41 (59–64); Cohen Jehoram (Fn. 5), 376.

23 Mertens de Wilmars, The case-law of the Court of Justice in relation to the review of the legality of economic policy in mixed-economy systems, Legal Issues of European Integration 1982, 1 (11); Ubertazzi, Esaurimento communitario della propriétà industriale ed importazione da paesi terzi, For.it. 1982 IV, 249 ff.

IV. Weitere, vom Gerichtshof noch nicht geprüfte Schutzrechte

21. Man darf erwarten, daß der Gerichtshof in der gleichen Richtung weitergehen wird, wenn er eines Tages über die »Berechtigung« sonstiger Einfuhrverbote zu befinden hat, die auf weiteren, vom Gerichtshof noch nicht geprüften Schutzrechten beruhen.

In diesem Zusammenhang wären zu erwähnen: pflanzliche Sortenschutzrechte[24], Herkunftsangaben[25], sowie, mehr im allgemeinen, der unlautere Wettbewerb.

22. Tatsächlich muß in bezug auf die Probleme des unlauteren Wettbewerbs gesagt werden, daß der Gerichtshof bereits eine gewisse Rechtsprechung entwickelt hat, die jedoch außerhalb des Rahmens des Art. 36 liegt und unmittelbar auf Art. 30 des Vertrags gestützt ist. Zu erwähnen wären diesbezüglich das bereits zitierte Urteil *Dansk Supermarked/Imerco* sowie das Urteil *IDG/Beele*[25a]. Aus diesem letztgenannten Urteil geht insbesondere hervor, daß der Gerichtshof auf diesem Gebiet ein Beurteilungsmerkmal handhabt, das auf dem angemessenen Charakter der betreffenden innerstaatlichen Vorschriften beruht (d. h. auf der sogenannten »rule of reason«)[26]. In der Rechtssache *Dansk Supermarked* erläutert Generalanwalt Capotorti diesbezüglich, daß »die für die gewerblichen, kommerziellen und geistigen Eigentumsrechte angestellten Überlegungen entsprechend auch für die Beschränkungen des Warenverkehrs gelten, die sich aufgrund von nationalen Vorschriften zur Bekämpfung des unlauteren Wettbewerbs ergeben können. Tatsächlich gehört die Bekämpfung des unlauteren Wettbewerbs nicht zu den Gründen, aus denen Art. 36 Ausnahmen vom Verbot des Art. 30 zuläßt«.

Man darf sich fragen, ob diese Vorstellung wohl richtig ist, wenn man beispielsweise bedenkt, daß Art. 1 des Pariser Abkommens besagt, daß »der Schutz des gewerblichen Eigentums (auch) die Unterdrückung des unlauteren Wettbewerbs zum Gegenstand hat«[27]. Wie dem auch sei, es zeigt sich erneut,

24 S. jedoch in bezug auf Art. 85 EWGV, *EuGH*, 8. 6. 1982, Rs. 258/78, Nungesser/Kommission, Slg. 1982, 2015 = GRUR Int. 1982, 530 mit Anm. Pietzke.

25 Vgl. aber das »Sekt-Weinbrand«-Urteil vom 20. 2. 1975, Rs. 12/74, Slg. 1975, 181 = GRUR Int. 1977, 25, wo entschieden wurde, daß die Bundesrepublik Deutschland gegen ihre Verpflichtungen u. a. aus Art. 30 EWGV verstoßen hat, soweit sie in der Weingesetzgebung die Bezeichnungen »Sekt« und »Weinbrand« inländischen Erzeugnissen vorbehalten hat; vgl. dazu Beier, Das Schutzbedürfnis für Herkunftsangaben und Ursprungsbezeichnungen im Gemeinsamen Markt, GRUR Int. 1977, 1; Laugier, La protection des appellations d'origine en droit communautaire, RIPIA 1979, 326.

25a *EuGH*, 2. 3. 1982, Rs. 6/81, Slg. 1982, 707.

26 Dazu van Gerven, Generalbericht, Reports for the tenth F.I.D.E. Congress II, Dublin 1982, 1.1 (1.6 ff.); Verloren van Themaat, La libre circulation des marchandises après l'arrêt »Cassis de Dijon«, Cahiers de Droit Européen 1982, 123 ff.

27 Verkade, EEG-Verdrag en slaafse nabootsing, B.I.E. 1982, 278.

daß der Gerichtshof sich nicht auf die Suche nach dem genauen Wesen der geistigen Schutzrechte begibt. Er befaßt sich in erster Linie damit, ihre konkrete Auswirkung auf den freien Warenverkehr auszuloten.

C. Unterschiede zwischen den einzelnen Schutzrechten

23. Wenn es nun nicht der *spezifische Gegenstand* eines gewerblichen oder kommerziellen Eigentumsrechtes ist, der die Lösung der Konflikte mit dem freien Warenverkehr beherrscht, darf man dann nicht behaupten, daß dieser Gegenstand dennoch mittelbar weiterhin eine Rolle dort zu spielen hat, wo er einen grundlegenden Unterschied zu sonstigen geistigen Schutzrechten zum Erscheinen bringt? Da die Konfliktbedingungen in einem solchen Fall anders lauten, ließe sich behaupten, daß sich der »gerechtfertigte« (oder unberechtigte) Charakter ein und derselben Beschränkung von einem Recht zum anderen ändern könnte.

24. Es hat Gründe für die Annahme gegeben, dies wäre der Standpunkt des Gerichtshofs. Wurde nicht im Urteil *Sirena* (Rn. 7 der Entscheidungsgründe) erklärt, daß das *Warenzeichenrecht* »sich von anderen gewerblichen Schutzrechten dadurch unterscheidet, daß das Schutzobjekt dieser letzteren meist von größerer Bedeutung und schützwürdiger ist als das des Warenzeichens«? Im Urteil *Hag* fügt der Gerichtshof (Rn. 11 der Entscheidungsgründe) hinzu, daß »die Ausübung des Warenzeichenrechts geeignet ist, zur Abschottung der Märkte beizutragen und auf diese Weise den freien Warenverkehr zwischen den Mitgliedstaaten zu beeinträchtigen, und zwar um so mehr, als dieses Recht im Gegensatz zu anderen gewerblichen Schutzrechten keinen zeitlichen Grenzen unterliegt«.

25. Diese Unterscheidungen sind nicht überraschend, wenn man bedenkt, daß sie den geläufigen innerstaatlichen Vorstellungen in bezug auf die Immaterialgüterrechte entsprechen. Auch wenn man ziemlich allgemein die Betrachtungsweise des Gerichtshofs ablehnt, daß nämlich die vom Warenzeichen geschützten Elemente von geringerer Bedeutung und von geringerem Wert als die eines sonstigen gewerblichen Schutzrechts seien[28], werden doch vor allem die zahlreichen Unterschiede zwischen dem Warenzeichen- und dem Patentrecht gerne hervorgehoben, besonders bezüglich der Laufzeit des Rechtes[29].

28 Loewenheim, Marktaufteilung durch Warenzeichen und Artikel 85, 86 EWG-Vertrag, GRUR Int. 1971, 260 (261); Roettger, Die Auswirkungen des Sirena-Urteils des Europäischen Gerichtshofes auf die Ausübung übertragener Warenzeichen, GRUR Int. 1971, 469 (472); van Bunnen (Fn. 2), 2.16; Cohen Jehoram (Fn. 5), 381; Cornish (Fn. 3), 9.18.

29 Hubmann (Fn. 11), 55; Roubier (Fn. 7), 19ff. und 164; van Bunnen (Fn. 2), 2.15ff.; Cohen Jehoram (Fn. 5), 381.

Im innerstaatlichen Recht scheinen die Unterschiede zwischen den gewerblichen Schutzrechten und dem Urheberrecht noch ausgeprägter zu sein, und zwar in Anbetracht der mit dem Urheberrecht verbundenen, kennzeichnenden Eigenschaften des persönlichen Schutzes und der kulturellen Förderung[30].

26. Die jüngste Rechtsprechung beweist jedoch, daß der Gerichtshof keinen wirklichen Unterschied zwischen den Immaterialgüterrechten machen wollte. Gerade in bezug auf das *Urheberrecht*, das sich grundsätzlich am meisten von den anderen zu unterscheiden scheint, erklärt der Gerichtshof in der Rechtssache *Membran/GEMA*, daß »die kommerzielle Nutzung des Urheberrechts die gleichen Probleme wie die eines anderen gewerblichen oder kommerziellen Eigentumsrechts aufwirft« (Rn. 13) und daß »insoweit kein Grund besteht, bei der Anwendung von Art. 36 des Vertrages zwischen dem Urheberrecht und den anderen gewerblichen und kommerziellen Eigentumsrechten zu unterscheiden« (Rn. 12).

27. Desgleichen hat der Gerichtshof in einem anderen Zusammenhang, nämlich dem des Art. 85, in bezug auf Maissaatgut befunden, daß »nicht davon auszugehen ist, daß es sich bei dem Sortenschutzrecht um ein gewerbliches Schutzrecht handelt, das so spezifische Merkmale aufweist, daß es in bezug auf die Wettbewerbsregeln eine andere Behandlung als die übrigen gewerblichen Schutzrechte verlangt« (Urteil vom 8. 6. 1982, Rs. 258/78, Nungesser/Kommission, Rn. 43)[31]. Der Gerichtshof fügt nur hinzu, daß »diese Schlußfolgerung jedoch nichts an dem Erfordernis ändert, bei Anwendung der Wettbewerbsregeln der spezifischen Natur der Erzeugnisse, die Gegenstand des Sortenschutzrechts sind, Rechnung zu tragen«.

28. Eine Bestätigung dieser »umfassenden« Betrachtungsweise in bezug auf die Immaterialgüterrechte brachte dann schließlich das Urteil *Keurkoop/Nancy Kean Gifts*. In Rn. 25 der Entscheidungsgründe erklärt der Gerichtshof nämlich:

»*Nach ständiger Rechtsprechung* kann der Inhaber eines gewerblichen Schutzrechts, das nach den Rechtsvorschriften eines Mitgliedstaats geschützt ist, sich auf diese Vorschriften nicht berufen, um

30 Ulmer, Urheber- und Verlagsrecht, 3. Aufl. 1980, 18 ff.; Gaul/Bartenbach, Handbuch des gewerblichen Rechtsschutzes, 2. Aufl. 1974, A 4; Runge, Die Selbständigkeit des Urheberrechtsschutzes, 2. Aufl. 1974, GRUR 1948, 155 (156–157); Desbois, Le droit d'auteur en France, 3. Aufl. 1978, 6–7; Desjeux, Le droit d'auteur dans la vie industrielle, RIDA 1975, 125 (126–127); Gotzen, Het Bestemmingsrecht (Fn. 14), 105 ff.

31 Slg. 1982, 2015 = GRUR Int. 1982, 530. Die allgemeine Bedeutung für andere gewerbliche Schutzrechte wird unterstrichen von Pietzke, Anm., GRUR Int. 1982, 537 und von Axster, Die Maissaatgut-Entscheidung des Europäischen Gerichtshofs, GRUR Int. 1982, 646 (647), sowie von Ubertazzi, Licenze di brevetto e diritto comunitario antitrust, For. It. 1983 IV, 38 (Nr. 12). Für eine restriktive Auslegung der Entscheidung dagegen Everling, Zur neueren EuGH-Rechtsprechung zum Wettbewerbsrecht, EuR 1982, 301 (310), und auch van Bael, Réflexions sur l'arrêt »semences de maïs«. Des semences d'espoir?, Cahiers de droit européen 1983, 176.

sich der Einfuhr oder dem Vertrieb eines Erzeugnisses zu widersetzen, das auf dem Markt eines anderen Mitgliedstaats von ihm selbst, mit seiner Zustimmung oder von einer rechtlich oder wirtschaftlich von ihm abhängigen Person rechtmäßig in den Verkehr gebracht worden ist.«

Daraus geht klar hervor, daß der Gerichtshof seine frühere Rechtsprechung als Ganzes betrachtet und sie für die Immaterialgüterrechte in ihrer Gesamtheit gilt.

29. Das alles beweist erneut, daß der Gerichtshof schließlich den *spezifischen Gegenstand* der Immaterialgüterrechte unberücksichtigt lassen will. Das einzige ausschlaggebende Beurteilungsmerkmal ist das Prinzip des freien Warenverkehrs. Nach Auffassung des Gerichtshofes soll eine gleiche Praxis nicht je nach der Art oder den Merkmalen des betreffenden geistigen Schutzrechtes unterschiedlich beurteilt werden. Allein die einschränkende Auswirkung der verlangten Maßnahme zählt. Damit möchte der Gerichtshof nicht die Unterschiede in Abrede stellen, die zwischen den Immaterialgüterrechten bestehen können; aber er berücksichtigt sie nicht. Dabei handelt es sich um einen logischen Standpunkt, wenn man sich mit dem Gerichtshof einig ist, daß das Hauptziel die Erhaltung eines »harten Kerns« beim freien Warenverkehr ist, der von diesem Gesichtspunkt aus betrachtet auch gegen jede Beeinträchtigung aus gleich welcher Richtung geschützt werden muß.

D. MISSBRAUCH VON SCHUTZRECHTEN

30. Der Gerichtshof ist weiter gegangen und hat verschiedentlich betont, daß ein im Prinzip gemäß dem ersten Satz des Art. 36 berechtigtes Einfuhrverbot dennoch in bestimmten Fällen rechtswidrig werden kann, wenn seine Anwendung eine willkürliche Diskriminierung oder eine verschleierte Beschränkung des Handels zwischen den Mitgliedstaaten im Sinne des zweiten Satzes des Art. 36 darstellt. Das wäre der Fall, »wenn es die Anwendung der innerstaatlichen Rechtsvorschriften über den Schutz des geistigen Eigentums ermöglichen würde, künstliche Schranken für die wirtschaftlichen Beziehungen zwischen Mitgliedstaaten zu errichten« (Urteil Coditel/Ciné Vog, Rn. 15, sinngemäß). »Das innerstaatliche Gericht hat in diesem Zusammenhang insbesondere zu untersuchen, ob die umstrittenen Rechte ohne Ansehen der nationalen Zugehörigkeit eines etwaigen Verletzers mit der gleichen Strenge ausgeübt werden» (Urteil Terrapin, Rn. 4).

Insbesondere endet die Berechtigung des Widerstands des Inhabers eines Warenzeichens gegen die Einfuhr rechtswidrig umgepackter Erzeugnisse in Fällen einer künstlichen Abschottung der Märkte dann, wenn das Umpacken den ursprünglichen Zustand des Erzeugnisses nicht beeinträchtigen kann, der Inhaber im voraus von dem Feilhalten des umgepackten Erzeugnisses unterrichtet wird und auf der neuen Verpackung angegeben ist, von wem das

Erzeugnis umgepackt wurde. Ein solcher Einspruch würde dann eine verschleierte Beschränkung des Handels zwischen den Mitgliedstaaten darstellen (Urteil Hoffmann/Centrafarm).

So kann der Inhaber eines Warenzeichens einen Importeur unter Berufung auf dieses Recht nicht daran hindern, ein in einem anderen Land von der Tochtergesellschaft des Inhabers hergestelltes und mit dessen Ermächtigung mit seinem Warenzeichen versehenes pharmazeutisches Erzeugnis in den Verkehr zu bringen, wenn der Importeur dieses Erzeugnis in der Weise umpackt, daß er lediglich die äußere Umhüllung ersetzt, ohne die innere Verpackung zu berühren, und er das vom Hersteller auf der inneren Verpakkung angebrachte Warenzeichen durch die neue äußere Umhüllung hindurch sichtbar macht, wobei er auf der äußeren Umhüllung deutlich darauf hinweist, daß das Erzeugnis von der Tochtergesellschaft des Inhabers hergestellt und vom Importeur neu verpackt worden ist (Urteil Pfizer/Eurim Pharm)[32].

Aus sinngemäß gleichen Gründen kann der Einspruch gegen die Einfuhr von Erzeugnissen, deren ursprüngliches Warenzeichen durch ein anderes Warenzeichen ersetzt wird, das dem gleichen Inhaber gehört, rechtswidrig werden, wenn festgestellt würde, daß die Praxis der Verwendung unterschiedlicher Warenzeichen für ein und dasselbe Erzeugnis vom Inhaber mit dem Ziel einer künstlichen Abschottung der Märkte gehandhabt wird (Urteil Centrafarm/American Home).

31. Hier wie anderswo geht der Gerichtshof einen eigenen Weg, der auf den grundlegenden Prinzipien des Vertrags begründet ist. Er ist nämlich der Meinung, daß diese Prinzipien mehr als bloß die Verurteilung der nicht »gerechtfertigten« Einfuhrbeschränkungen erfordern. Sie würden ebenso das Verbot von Einschränkungen vorschreiben, die im Prinzip möglicherweise berechtigt sind, sich jedoch unter den konkreten Umständen ihrer Anwendung als zu hinderlich für ein System mit freiem Warenverkehr erweisen würden. Im einen wie im anderen Fall schreibt das wesentliche Ziel des Vertrags, nämlich das Zusammenfügen der einzelstaatlichen Märkte zu einem einheitlichen Markt, die Lösung vor.

E. Abschliessende Bemerkungen

32. Wir konnten feststellen, daß der Gerichtshof trotz seiner Bezugnahmen auf den *spezifischen Gegenstand* der Immaterialgüterrechte seine Lösungen nur in sehr geringem Umfang auf der Grundlage von Kategorien oder Vorstel-

32 Bonet, Chronique. Propriétés intellectuelles, R.T.D.E. 1982, 161 (171). Vgl. Roettger, Das Vibramyzin-Urteil des Europäischen Gerichtshofs und die »verschleierte Beschränkung« im Sinne des Art. 36 Satz 2 EWG-Vertrag, GRUR Int. 1982, 512, der jedoch, m. E. zu Unrecht, die Bedeutung der Entscheidung auf Art. 36 Satz 1 beschränkt.

lungen aufbaut, die dem geistigen Eigentumsrecht entnommen sind. Zunehmend stützt er seine Argumentation auf das einheitliche gemeinschaftliche *Prinzip des freien Warenverkehrs*, das nach seiner Meinung in gleicher Weise seine Auswirkungen auf die Ausübung aller Immaterialgüterrechte in jedem Mitgliedstaat zeitigen sollte. Damit mißt er den Unterschieden, die innerhalb des Bereichs des geistigen Eigentums zwischen den verschiedenen Schutzrechten oder zwischen deren von einem Land zum anderen unterschiedlichen Inhalten oder Entwicklungsgraden bestehen, kaum eine Bedeutung bei.

33. Die Betonung des grundlegenden Prinzips des freien Warenverkehrs durch den Gerichtshof kann jedoch die Gefahr einer allzu starren Anwendung mit sich bringen. Man kann sich nämlich fragen, ob der Gerichtshof unter dem Mantel einer ausschließlich gemeinschaftlichen Auslegung nicht Gefahr läuft, jeden Kontakt zu den innerstaatlichen Schutzrechten zu verlieren, die trotz allem noch stets die wesentliche Grundlage des geistigen Eigentumsrechts darstellen. In Wirklichkeit geht es bei diesem Problem um das Herstellen eines Gleichgewichts zwischen zwei Bereichen mit verschiedener »Philosophie«, nämlich zwischen dem *freien Warenverkehr* und dem einzelstaatlichen *Schutz des geistigen Eigentums*. Das eine darf nicht zum ausschließlichen Nachteil des anderen bewerkstelligt werden.

Deshalb darf man sich zu dem Prinzip beglückwünschen, das vom Gerichtshof selbst in Rn. 24 der Entscheidungsgründe des Urteils *Keurkoop/Nancy Kean Gifts* aufgestellt worden ist. Darin wird erklärt:

»Artikel 36 unterstreicht, daß die Erfordernisse des freien Warenverkehrs und die Wahrung der gewerblichen und kommerziellen Eigentumsrechte (gewerblichen Schutzrechte) so aufeinander *abgestimmt* werden müssen, daß die rechtmäßige Ausübung der durch das Recht eines Mitgliedstaats eingeräumten Rechte, die unter die im Sinne des Artikels 36 EWG-Vertrag gerechtfertigten Einfuhrverbote fällt, geschützt, dieser Schutz hingegen jeder mißbräuchlichen Ausübung dieser Rechte versagt wird, die geeignet ist, künstliche Abschottungen innerhalb des Gemeinsamen Marktes beizubehalten oder zu schaffen. Die Ausübung der durch das nationale Recht eingeräumten gewerblichen Schutzrechte ist daher *so weit einzuschränken, wie die genannte Abstimmung es erfordert.*«

34. Es dürfte sich um ein völlig rechtmäßiges Anliegen handeln, wenn man sich zum Schluß dem Wortlaut des Art. 36 selbst zuwendet, der die Grundlage aller vorstehenden Erörterungen bildet. Es soll nämlich daran erinnert werden, daß dieser besagt, daß »die Bestimmungen der Art. 30 bis 34 den zum Schutz des gewerblichen und kommerziellen Eigentums gerechtfertigten Einfuhrverboten oder -beschränkungen *nicht* entgegenstehen«. Das bedeutet, daß die sich in bezug auf das geistige Eigentum aus den einzelstaatlichen Systemen ergebenden Einschränkungen des freien Warenverkehrs im Prinzip von den Verfassern des Vertrags gebilligt worden sind[33].

33 KOPPENSTEINER, Urheber- und Erfinderrechte beim Parallelimport geschützter Waren, RIW/AWD 1971, 357 (358 Fn. 12); FOCSANEANU, La jurisprudence de la Cour de Justice des Communautés européennes en matière de concurrence, R.M.C. 1975, 355, 361.

Es besteht jedoch eine gewisse Gefahr, daß die gemeinschaftliche Rechtsprechung dabei ist, die betreffende Regel umzukehren und somit im Namen der allgemeinen Zielsetzung des freien Warenverkehrs zu einem System des prinzipiellen *Verbots* dieser Einschränkungen gelangt. Die europäischen Richter können diese Klippe vermeiden, wenn sie bereit sind, jeweils alle von der Sache betroffenen Belange zu berücksichtigen, und insbesondere auch den Gegenstand des zu prüfenden geistigen Schutzrechtes, so wie er auf der innerstaatlichen Ebene verstanden wird.

Die internationalprivatrechtliche Beurteilung von Arbeitnehmererfindungen im europäischen Patentrecht

JOSEPH STRAUS, MÜNCHEN

I. EINLEITUNG

1. In seinem Beitrag hat ULMER[1] auch ein Sonderproblem des Fremdenrechts und internationalen Privatrechts im gewerblichen Rechtsschutz angesprochen, nämlich das der Behandlung von Arbeitnehmererfindungen, die als Regelungsobjekt im Schnittpunkt des gewerblichen Rechtsschutzes und des Arbeitsrechts angesiedelt sind[2]. Die Frage, ob und in welchem Umfang ein Rechtsübergang einer Arbeitnehmererfindung auf den Arbeitgeber stattfindet, sei generell nach dem Arbeitsstatut zu beurteilen. Dies sei zwar heute bereits die herrschende Meinung[3], sie werde aber auch durch die Regelung des Art. 60 Abs. 1 S. 2 des Europäischen Patentübereinkommens (EPÜ) bestätigt. Diese Bestimmung lautet:

»Ist der Erfinder ein Arbeitnehmer, so bestimmt sich das Recht auf das europäische Patent nach dem Recht des Staates, in dem der Arbeitnehmer überwiegend beschäftigt ist; ist nicht festzustellen, in welchem Staat die überwiegende Beschäftigung erfolgt, so ist das Recht des Staates anzuwenden, in dem der Arbeitgeber den Betrieb unterhält, dem der Arbeitnehmer angehört.«

2. In diesem Beitrag soll der Frage nachgegangen werden, ob die zitierte Kollisionsnorm des Europäischen Patentübereinkommens als eine Verweisung

1 ULMER, Fremdenrecht und internationales Privatrecht im gewerblichen Rechtsschutz und Urheberrecht, oben S. 257.

2 Vgl. SCHIPPEL, Die Grenzen der Parteiautonomie im internationalen Arbeitsrecht und die Arbeitnehmererfindung, Mitt. 1971, 229; NEUMEYER, Der angestellte Erfinder als Gegenstand der Gesetzgebung – Ein ideologischer Überblick, Mitt. 1971, 213 (214).

3 Ausdrücklich nimmt ULMER Bezug auf BODENHAUSEN, Du droit international privé néerlandais dans le domaine de la propriété industrielle, Prop. Ind. 1947, 120ff.; GODENHIELM, Fragen des internationalen Privatrechts auf dem Gebiet des Patentrechts, GRUR Int. 1957, 149ff. (155); TROLLER, Das internationale Privat- und Zivilprozeßrecht im gewerblichen Rechtsschutz und Urheberrecht, 1952, 159; vgl. auch TROLLER, Die Arbeitnehmererfindung im internationalen Privatrecht, Schw.Mitt. 1957, 41ff. und BAUER, Das internationale Privatrecht der Arbeitnehmererfindung, Diss. Göttingen 1970, 72f. m. w. Nachw.

auf das Arbeitsstatut, d.h. auf das Recht, das die sachlichen Voraussetzungen und Wirkungen des Arbeitsvertrages bzw. des Arbeitsverhältnisses beherrscht[4], ausgelegt werden kann, und, bejahendenfalls, welche Bedeutung dieser Auslegung für den Einzelfall zukommt. Zur Diskussion gestellt wird mit anderen Worten die Frage nach dem im Einzelfall nach Art. 60 Abs. 1 S. 2 EPÜ anwendbaren Arbeitnehmererfinderrecht.

II. Zur Auslegung der Kollisionsnorm des Art. 60 Abs. 1 S. 2 EPÜ

3. Obwohl die Regelung des Art. 60 EPÜ in der Lehre durchaus gespalten, mehrheitlich wohl ablehnend, aufgenommen wurde[5], scheint weitgehend Einigkeit darüber zu herrschen, daß sie von den im internationalen Privatrecht herausgearbeiteten Grundsätzen insofern abweicht, als sie nicht zunächst auf den Parteiwillen, sondern von vorneherein auf die Rechtsordnung des Staates abstellt, in dem der Arbeitnehmer überwiegend beschäftigt ist oder in dem sich der Betrieb des Arbeitgebers befindet[6]. Nach ULMER geht zwar das Europäische Patentübereinkommen vom Arbeitsstatut aus, jedoch unter Ausschluß der Rechtswahl[7], womit diese als zwingendes Recht auszulegende Kollisionsnorm verhindern sollte, daß der Arbeitgeber formularmäßig die ihm günstigere Rechtsordnung wählt[8]. Auf den damaligen Entwurf des EWG-Übereinkommens über das auf vertragliche und außervertragliche Schuldverhältnisse anwendbare Recht eingehend, der in Art. 5 auch für die Arbeitsverträge keine Einschränkungen für die Rechtswahl der Parteien vorsah, meinte ULMER, in den weiteren Beratungen solle für Arbeitsverträge die Rechtswahl durch die Parteien ausgeschlossen werden. Sollte es dagegen für das Arbeitsverhältnis im

4 So GAMILLSCHEG, Internationales Arbeitsrecht, 1959, 100, 113; vgl. auch FIKENTSCHER, Arbeitsstatut, Prorogation und die zugehörigen Grenzen der Parteiautonomie, RdA 1969, 204; KRONKE, Rechtstatsachen, kollisionsrechtliche Methodenentfaltung und Arbeitnehmerschutz im internationalen Arbeitsrecht, 1980, 7.

5 *Positiv* bewertet die Regelung ULMER, Die Immaterialgüterrechte im internationalen Privatrecht, 1975, 80; DERS., Gewerbliche Schutzrechte und Urheberrechte im internationalen Privatrecht, RabelsZ 41 (1977), 479ff. (508); *ablehnend*: WEINMILLER, Bemerkungen zum Arbeitnehmererfinderrecht in der EWG, GRUR Int. 1975, 281ff.; GAUL/BARTENBACH, Entscheidungssammlung Gewerblicher Rechtsschutz, Arbeitnehmererfinderrecht, EGR Lieferung Juni 1982, Nr. 5, S. 15ff. (S. 22ff.); GAUL/SCHMELCHER, Das Recht der Arbeitnehmererfindung in westeuropäischen Ländern, ZFA 1982, 401ff. (403); wohl auch DROBNIG, Originärer Erwerb und Übertragung von Immaterialgüterrechten im Kollisionsrecht, RabelsZ 40 (1976), 195ff. (206f.), sowie RAIBLE, Die europäische Patentanmeldung als Gegenstand des Vermögens, Mitt. 1970, 101ff., zu Art. 15 VE 1970 EPÜ.

6 Vgl. die in Fn. 5 angegebene Literatur. So dürften auch VOLMER/GAUL, Arbeitnehmererfindungsgesetz, 2. Aufl. 1983, § 1 Rdz. 272, zu verstehen sein.

7 ULMER (Fn. 5), RabelsZ 41 (1977), 509.

8 ULMER, Die Immaterialgüterrechte (Fn. 5), 80; DERS. (Fn. 5), RabelsZ 41 (1977), 509.

allgemeinen bei den Vorschlägen des Entwurfs bleiben, so wäre die Bestimmung des Europäischen Patentübereinkommens als Sonderbestimmung anzusehen, die im Hinblick auf den Übergang des Rechts auf das europäische Patent auf den Arbeitgeber zwar vom Arbeitsstatut ausgeht, dabei aber die Rechtswahl ausschließt[9]. Gaul/Bartenbach begründen ihre Ansicht mit Hilfe der in der Kollisionsnorm des EPÜ selbst verwendeten Begriffe: durch die Wahl des Begriffs »beschäftigt« (erster Halbsatz des Art. 60 Abs. 1 S. 2 EPÜ) stelle das Übereinkommen auf die tatsächliche Arbeitsleistung und nicht auf eine getroffene vertragliche Regelung ab. Denn die Verwendung des Begriffs »angehört« bei der subsidiären Anknüpfung an das Recht des Staates, in dem der Arbeitgeber den Betrieb unterhält, dem der Arbeitnehmer angehört, bringe zum Ausdruck, daß nur bei der subsidiären Anknüpfung auf die vertraglichen Bedingungen abgestellt wird. Somit unterscheide die Kollisionsnorm sehr deutlich zwischen der tatsächlichen Ausübung einer Arbeitspflicht und der getroffenen vertraglichen Bindung[10].

4. Als Zwischenergebnis können wir festhalten, daß nach herrschender Meinung die hier interessierende Kollisionsnorm des Europäischen Patentübereinkommens als eine Verweisung auf das materielle Arbeitnehmererfinderrecht des Staates angesehen wird, in dem der Arbeitnehmer überwiegend beschäftigt ist, bzw. des Staates, in dem sich der Betrieb des Arbeitgebers befindet, dem der Arbeitnehmer angehört. Sie soll also als eine sogenannte *Sachnormverweisung* ausgelegt werden[11] und die eventuell ausdrücklich oder stillschweigend von den Parteien des Arbeitsvertrages getroffene Rechtswahl unberücksichtigt lassen.

5. Was bedeutet das für den Einzelfall und welche Auswirkungen hätte eine solche Auslegung auf die bisherige Rechtslage?

III. Die Arbeitnehmererfindung im internationalen Arbeitsvertragsrecht

6. Es ist bisher ganz überwiegend davon ausgegangen worden, daß internationalprivatrechtlich das Arbeitnehmererfinderrecht dem Arbeitsrecht zuzuordnen sei, mit der Folge, daß Fragen des Arbeitnehmererfinderrechts in Kollisionsfällen einheitlich nach dem Recht des Staates zu beurteilen sind, das die Rechte und Pflichten der Parteien aus dem Arbeitsvertrag regelt, d. h. nach

9 Ulmer (Fn. 5), RabelsZ 41 (1977), 509.

10 Gaul/Bartenbach (Fn. 5), 23.

11 A. A. van Empel, The Granting of European Patents, 1975, 82 und Straus, Sulla necessita' di un'Armonizzazione della Normativa delle Invenzioni dei Dipendenti nell'ambito della Comunita' Economica Europea, Diritto Comunitario e Degli Scambi Internazionali 1981, 189 ff. (202 ff.), die in dieser Kollisionsnorm eine sogenannte *Gesamtnormverweisung* erblicken.

dem Arbeitsstatut[12]. Dabei geht man in der Bundesrepublik Deutschland unter dem Einfluß der Rechtsprechung des *Bundesarbeitsgerichts*[13] davon aus, daß das Arbeitsstatut, wie bei anderen Schuldverträgen auch, primär durch den ausdrücklichen oder stillschweigenden Willen der vertragsschließenden Parteien bestimmt wird[14]. Eine Voraussetzung der Parteiautonomie bildet die Auslandsberührung des Arbeitsvertrages, d. h. die Erstreckung der Auswirkungen des Arbeitsverhältnisses auf mehrere Rechtskreise[15]; ihre Grenzen findet die Parteiautonomie zum einen in den öffentlich-rechtlichen Vorschriften des deutschen Arbeitsrechts, die z. B. im Betriebsverfassungsrecht[16], nicht jedoch im Arbeitnehmererfinderrecht enthalten sind[17], zum anderen in der Vorbehaltsklausel des Art. 30 EGBGB – ordre public –, die durch die höchstrichterliche Rechtsprechung allerdings eine sehr enge Auslegung erfahren hat[18]. Einigkeit besteht auch insofern, als allgemein davon ausgegangen wird, daß die Wahlfreiheit der Parteien nicht nur für das nachgiebige Recht besteht[19].

7. Nur mangels einer ausdrücklichen oder stillschweigenden Rechtswahl gelangt man auf der Suche nach dem mit dem Vertrag im engsten tatsächlichen Zusammenhang stehenden Recht zum Recht des »Arbeitsortes«, des Ortes der gewöhnlichen Tätigkeit, der Beschäftigung des Arbeitnehmers also, als dem für das Arbeitsstatut maßgeblichen Recht[20].

12 Vgl. zusätzlich zu der in Fn. 3 angegebenen Literatur noch Schippel (Fn 2), Mitt. 1971, 230; Reimer/Schade/Schippel, Das Recht der Arbeitnehmererfindung, 5. Aufl. 1975, 118; Bauer, Die Arbeitnehmererfindung im Internationalen Privatrecht, AWD 1970, 512 ff.; Volmer/Gaul (Fn. 6), § 1 Rdz. 252 ff.

13 Vgl. die Zusammenstellung der einschlägigen Rechtsprechung des *BAG* bei Birk, Das internationale Arbeitsrecht der Bundesrepublik Deutschland, RabelsZ 46 (1982), 384 ff., 387 Fn. 12; ferner die bei Gaul/Bartenbach (Fn. 5), 15 und Reithmann (-Martiny), Internationales Vertragsrecht, 3. Aufl. 1980, 514 abgedruckten Urteile.

14 Vgl. Gamillscheg (Fn. 4), 113; Isele, Auslandsmontage im Arbeitsrecht, in: Festschrift für Hans G. Ficker, 1967, 241 ff. (242); Fikentscher (Fn. 4), RdA 1969, 205; Schippel (Fn. 2), Mitt. 1971, 230; Bauer, AWD 1970, 512; Reithmann (-Martiny) (Fn. 13), 438 und einschränkend Volmer/Gaul (Fn. 6), § 1 Rdz. 257 ff. (263).

15 Dazu ausführlich Trinkner, Rechtswahl im internationalen Arbeitsrecht, BB 1967, 1290 ff. m. w. Nachw.; ferner Schippel (Fn. 2), Mitt. 1971, 230.

16 Vgl. *BAG*, 9. 11. 1977, abgedruckt bei Gaul/Bartenbach (Fn. 5), 15.

17 Das hat Schippel (Fn. 2), Mitt. 1971, 231, überzeugend dargelegt. Vgl. dazu auch Volmer/Gaul (Fn. 6), § 1 Rdz. 263, die für die Parteiautonomie engere Schranken ziehen. Danach könne das vereinbarte ausländische Recht nach den Umständen des Einzelfalles dann nicht zur Anwendung gelangen, wenn es zu dem Grundgedanken des Heimatrechts und den diesem zugrundeliegenden Gerechtigkeitsvorstellungen in so starkem Widerspruch stünde, daß es hiernach für untragbar gehalten würde.

18 Beispielsweise sei auf *BGH*, 17. 9. 1968, BGHZ 50, 370, hingewiesen.

19 Vgl. *BAG*, 12. 10. 1977, IPRspr. 1977, Nr. 46, S. 120 (123).

20 Vgl. Gamillscheg (Fn. 4), 127 f.; Reithmann (-Martiny) (Fn. 13), 439; Bauer (Fn. 12), AWD 1970, 515; Reimer/Schade/Schippel (Fn. 12), 118. Volmer/Gaul (Fn. 6), § 1 Rdz. 253, sprechen in diesem Zusammenhang vom »Erfüllungsort«.

8. Obwohl die Rechtslage in anderen Ländern von Land zu Land variiert, darf für die Zwecke dieser Betrachtung die allgemeine Feststellung genügen, daß jedenfalls in einigen Ländern für die Bestimmung des für das Arbeitsstatut maßgeblichen Rechts die Parteiautonomie zum Zuge kommt, d.h., daß die ausdrückliche oder stillschweigende Rechtswahl der Parteien über das anwendbare privatrechtliche Arbeitsrecht entscheidet[21].

9. Ob die Rechtsprechung eine der Parteiautonomie günstige Tendenz aufweist, kann hier dahinstehen[22]; fest steht allerdings, daß, soweit bisher der nationale oder der internationale Gesetzgeber tätig geworden ist, dies Einschränkungen der Rechtswahl der Arbeitsvertragsparteien zur Folge hatte: So läßt § 44 Abs. 3 des österreichischen IPR-Gesetzes von 1978 bei Arbeitsverträgen nur eine ausdrückliche Rechtswahl zu und auch diese nur insofern, als dadurch nicht zum Nachteil des Arbeitnehmers die zwingenden Sachnormen des nach der Kollisionsnorm des Gesetzes an sich anwendbaren Rechts des Staates, in dem der Arbeitnehmer seine Arbeit gewöhnlich verrichtet (Abs. 1), oder bei gewöhnlicher Arbeit in mehreren Staaten das Recht des Staates, in dem der Arbeitgeber seinen gewöhnlichen Aufenthalt (Niederlassung) hat (Abs. 2), betroffen sind[23]. Diese Verweisungsnorm ist nach § 34 Abs. 1 ausdrücklich auch für Immaterialgüterrechte maßgebend, die mit der Tätigkeit eines Arbeitnehmers im Rahmen seines Arbeitsverhältnisses zusammenhängen – also insbesondere für Arbeitnehmererfindungen[24].

10. Auch das bisher noch nicht in Kraft getretene EG-Übereinkommen über das auf vertragliche Schuldverhältnisse anzuwendende Recht von 1980[25] legt der Rechtswahl der Arbeitsvertragsparteien ähnliche Schranken auf wie das österreichische IPR-Gesetz. Die Rechtswahl der Parteien darf nach Art. 6 Abs. 1 nicht dazu führen, daß dem Arbeitnehmer der Schutz zwingender Sachnormen entzogen wird, die nach der Kollisionsnorm des Übereinkommens für Arbeitsverträge an sich zum Zuge kommen müßten, nämlich das Recht des Staates, in dem der Arbeitnehmer in Erfüllung des Vertrages gewöhnlich seine Arbeit verrichtet, oder das Recht des Staates, in dem sich die

21 Vgl. dazu Gamillscheg (Fn. 4), 141ff.; Kronke (Fn. 4), 7ff.; Ehrenzweig, A Treatise on the Conflict of Laws, 1962, 528; Camerlynck/Lyon-Caen, Précis de droit du travail, 1967, 40; Edinger, Internationaler Arbeitsvertrag und freie Rechtswahl im englischen Recht, 1974, 50ff.

22 Eine solche Tendenz glaubt Gamillscheg, Intereuropäisches Arbeitsrecht, RabelsZ 37 (1973), 284ff., anhand der von ihm analysierten Entscheidungen festzustellen. Demgegenüber sieht Walz, Multinationale Unternehmen und internationaler Tarifvertrag, 1981, 49, einen Trend zur sogenannten »Sonderanknüpfung«.

23 Vgl. dazu Duchek/Schwind, Internationales Privatrecht, 1979, 94ff.; Schwimann, Grundriß des internationalen Privatrechts, 1982, 136ff. (141).

24 Auch dazu Ducheck/Schwind (Fn. 23), 83; und Schwimann (Fn. 23), 197.

25 ABl. EG 1980 L 266, S. 1ff. = IPRax 1981, 67ff.

Niederlassung befindet, die den Arbeitnehmer eingestellt hat[26]. Im völligen Einklang damit befindet sich auch Art. 30 des Entwurfs eines Gesetzes zur Neuregelung des internationalen Privatrechts in der Bundesrepublik Deutschland, der 1983 veröffentlicht wurde[27]. Großzügiger behandelt die Rechtswahl der Arbeitsvertragsparteien der schweizerische Entwurf eines Bundesgesetzes über das internationale Privatrecht von 1982[28]. Abweichend von der Anknüpfung des Arbeitsvertrages an das Recht des gewöhnlichen Arbeitsortes (Art. 118 Abs. 1)[29] läßt der Entwurf ohne Einschränkung zu, daß die Parteien den Arbeitsvertrag dem Recht des Staates unterstellen, in dem der Arbeitnehmer seinen gewöhnlichen Aufenthalt oder in dem der Arbeitgeber seine Niederlassung, seinen Wohnsitz oder seinen gewöhnlichen Aufenthalt hat (Art. 118 Abs. 3). Diese Kollisionsnorm gilt auch für Arbeitnehmererfindungen (Art. 119 Abs. 4)[30].

11. Dieser Exkurs in das internationale Arbeitsrecht erschien mir notwendig, da er zweifelsohne belegt, daß die Rechtswahl der Arbeitsvertragsparteien auf absehbare Zeit aus dem internationalen Arbeitsrecht nicht wegzudenken ist, d. h., daß die Parteien durchaus auch in Zukunft in der Lage sein werden, ein anderes Recht als Arbeitsstatut zu wählen als dasjenige, auf das die Kollisionsnorm des Art. 60 Abs. 1 S. 2 EPÜ, als Sachnormverweisung verstanden, verweist. Dies unbeschadet anderer im IPR allgemein bestehender Schranken der Parteiautonomie, wie sie durch zwingende Bestimmungen der lex fori[31], durch den Ausschluß der Rück- und Weiterverweisung[32] oder etwa durch den ordre public begründet werden[33].

26 Vgl. dazu die kritischen Ausführungen von FIRSCHING, Übereinkommen über das auf vertragliche Schuldverhältnisse anzuwendende Recht (IPR-VertragsÜ), IPRax 1981, 37ff. (41).

27 BR.-Drucksache 222/83 = IPRax 1983, 254ff.

28 BBl. 1983 I, 472ff.

29 Bei Verrichtung der Arbeit in mehreren Staaten dem Niederlassungsrecht oder dem Recht des Wohnsitzes oder des gewöhnlichen Aufenthalts des Arbeitgebers (Art. 118 Abs. 2).

30 Vgl. dazu auch die Botschaft des Bundesrates über das internationale Privatrecht vom 10. 11. 1982, BBl. 1983 I, 263ff. (416).

31 Vgl. z. B. Art. 7 Abs. 2 des EG-IPR-VertragsÜ.

32 Art. 15 des EG-IPR-VertragsÜ; Art. 35 des deutschen IPR-Entwurfs.

33 Art. 36 EG-IPR-VertragsÜ. Auf die besondere Problematik des umstrittenen Art. 7 Abs. 1 – zwingende Vorschriften – dieses Übereinkommens, die auch in unserem Kontext sehr wohl Relevanz erlangen kann, sei hier nur aufmerksam gemacht. Mehr dazu bei COING, Zur Anwendung zwingender ausländischer Verträge: Artikel 7 des Übereinkommens über das auf vertragliche Schuldverhältnisse anzuwendende Recht, WM 1981, 810ff.; MANN, Sonderanknüpfung und zwingendes Recht im internationalen Privatrecht, Festschrift Beitzke, 1979, 607ff. m. w. Nachw.

IV. Zur Koexistenz von Art. 60 Abs. 1 Satz 2 EPÜ als Sachnormverweisung und Parteiautonomie im internationalen Arbeitsrecht

12. Zu welchen Ergebnissen die Auslegung der Kollisionsnorm des EPÜ als Sachnormverweisung bei weiterbestehender Rechtswahlfreiheit der Arbeitsvertragsparteien in der Praxis führen muß, sei an einem Beispiel aufgezeigt:

Ein international tätiges deutsches Unternehmen, sagen wir die Firma Siemens, und der Leiter des Labors einer ihrer Niederlassungen in den Niederlanden unterstellen den Arbeitsvertrag ausdrücklich dem deutschen Recht. Der in den Niederlanden beschäftigte Laborchef entpuppt sich alsbald als erfolgreicher Erfinder. Nach Art. 60 Abs. 1 S. 2 EPÜ wäre das niederländische Patentgesetz und nicht das deutsche Gesetz über Arbeitnehmererfindungen (ArbEG)[34] anzuwenden. Selbst wenn man davon ausginge, was nicht ganz richtig wäre, daß sich die Begriffe der sogenannten Diensterfindung des § 4 ArbEG und des Art. 10 Abs. 1 des niederländischen PatG von 1910 decken[35] und die fragliche Erfindung in jedem Falle als eine Diensterfindung qualifiziert werden könnte, könnte die Anwendung des niederländischen Rechts vorliegend zu bedenklichen Konsequenzen führen. Nimmt man an, die Firma Siemens, der der Laborchef ordnungsgemäß seine Diensterfindung gemeldet hatte, wäre zunächst unschlüssig und würde die Erfindung nicht innerhalb der im § 6 ArbEG vorgesehenen Vier-Monats-Frist in Anspruch nehmen, was nach dem Arbeitnehmererfindergesetz eine Voraussetzung für den Rechtsübergang der Diensterfindung auf den Arbeitgeber darstellt[36]. Im Unterschied zu Siemens hätte aber der Laborchef mehr Vertrauen in die Zukunft seiner Erfindung und auch das nötige Kleingeld, Patentanmeldungen vorzunehmen. Er würde zunächst national in den Benelux-Ländern anmelden und später, unter Inanspruchnahme dieser Priorität auch europäisch, mit Benennung von Deutschland, der Schweiz und Frankreich. Darüber hinaus würde er auch noch Anmeldungen in den USA, Japan und anderen Ländern außerhalb des EPÜ-Bereichs tätigen. Erst zu diesem Zeitpunkt würde Siemens einsehen, daß die unterlassene Inanspruchnahme der Diensterfindung wohl ein Fehler war und würde daraufhin dem Erfinder das Recht auf das Patent streitig machen. Das angerufene Gericht würde in Anwendung des niederländischen Arbeitnehmererfinderrechts zu dem Ergebnis gelangen müssen, daß das Recht auf das europäische Patent der Firma Siemens zustehe, denn das niederländische Arbeitnehmererfinderrecht schlägt die Diensterfindungen »ex lege« dem Arbeitgeber zu. Der Arbeitnehmer selbst ist ohne Zustimmung des Arbeitgebers nach diesem Recht auch nicht zur Anmeldung berechtigt[37]. Die Streitfrage, wem das Recht auf das Patent in den Benelux-Ländern, in den USA und in Japan gehört, hätte das Gericht hingegen nach dem deutschen Arbeitnehmererfinderrecht zu lösen und würde wohl zu dem Ergebnis kommen, daß dieses, mangels Inanspruchnahme, dem Arbeitnehmer zusteht. Der Richter müßte aber auch noch eine andere schwierige Frage meistern. Da die Kollisionsnorm des EPÜ nur die Frage des anwendbaren Rechts in bezug auf das Recht auf das europäische Patent regelt, müßte er die übrigen Fragen, so insbesondere die Frage der Arbeitnehmererfindervergütung auch im Rahmen der Problematik des

34 Vom 30. 6. 1957, BGBl. 1957 I, 756.

35 Näheres dazu bei Gaul/Schmelcher, ZFA 1982, 463; Straus (Fn. 11), Diritto Comunitario e Degli Scambi Internazionali 1981, 198.

36 Dazu allgemein Reimer/Schippel/Schade (Fn. 12), 163 ff.; Bartenbach/Volz, Gesetz über Arbeitnehmererfindungen, 1980, 117 ff.; Volmer/Gaul (Fn. 6), § 6 Rdz. 7 ff.

37 Vgl. *Octrooiraad*, Aanvraagafdeling, 7. 4. 1960, B.I.E. 1961, 78 = GRUR Int. 1962, 80; *President Rb. 's-Gravenhage*, 1. 12. 1970, B.I.E. 1971, 226. Vgl. dazu auch Godenhielm, Employee Inventions, in: International Encyclopedia of Comparative Law, Vol. 14, Chapter 7, 1975, 44.

Rechts auf das europäische Patent, nach dem deutschen Arbeitnehmererfinderrecht lösen. Sicherlich eine Aufgabe, um die ihn niemand beneiden würde[38].

13. Angesichts der bestehenden Unterschiede in den Arbeitnehmererfinderrechten einzelner Länder, ließe sich die Reihe der Beispiele beliebig fortsetzen. M.E. steht jedenfalls fest, daß das mit Hilfe der Anwendung des Art. 60 Abs. 1 S. 2 EPÜ als Sachnormverweisung erzielte Ergebnis zu einer kaum zu überbietenden Zersplitterung des Arbeitnehmererfinderrechts führt und gerade das Gegenteil dessen bewirkt, was durch die einheitliche Anknüpfung an das Arbeitsstatut bewirkt werden sollte.

14. Die Schilderung des Falles ist allerdings noch nicht ganz zu Ende: Noch kein Wort ist darüber verloren worden, welches Gericht denn das *angerufene Gericht* sein könnte, von dem bisher die Rede war. Das Europäische Patentübereinkommen bzw. das Protokoll über die gerichtliche Zuständigkeit und die Anerkennung von Entscheidungen über den Anspruch auf Erteilung eines europäischen Patents (Anerkennungsprotokoll) als sein Bestandteil[39] gibt dazu präzise Antworten: Nach Art. 4 des Anerkennungsprotokolls sind abweichend von der allgemeinen Zuständigkeitsregelung bei Patentanmeldungen, deren Gegenstand eine Arbeitnehmererfindung ist, für einen Rechtsstreit zwischen dem Arbeitnehmer und dem Arbeitgeber ausschließlich die Gerichte des Vertragsstaates zuständig, nach dessen Recht sich das Recht auf das europäische Patent gemäß Art. 60 Abs. 1 S. 2 EPÜ bestimmt[40]. Allerdings räumt dann Art. 5 des Anerkennungsprotokolls den beteiligten Parteien die Möglichkeit ein, durch schriftliche oder mündliche, schriftlich bestätigte Vereinbarung zu bestimmen, daß ein Gericht oder die Gerichte eines bestimm-

38 Für eine solche stufenweise Anknüpfung – über die Frage, ob ein Recht an der Erfindung dem Arbeitnehmer oder direkt dem Arbeitgeber zusteht, sollte das am Betriebssitz geltende Erfinderrecht, über die Ausgleichsansprüche aber die für das Arbeitsverhältnis maßgebende Rechtsordnung entscheiden – hat sich in der Literatur BEITZKE, Normenkollision im Arbeitsrecht, DB 1958, 224ff. (226), ausgesprochen. Diese Betrachtungsweise läßt allerdings außer acht, daß der Erwerb des Rechts an der Arbeitnehmererfindung so eng mit dem gesamten Inhalt des Arbeitsvertrages (z.B. Höhe des Gehalts, sonstige Leistungen des Arbeitgebers usw.) verzahnt ist, daß beide Fragen im Wege unterschiedlicher Anknüpfung nicht auseinanderdividiert werden sollten. In diesem Sinne und mit ausführlicher Begründung BAUER (Fn. 12), AWD 1970, 513.

39 Vgl. SINGER, Das neue europäische Patentsystem, 1979, 61.

40 Die Regelung des Anerkennungsprotokolls geht im Verhältnis der Vertragsstaaten allen anderen Abkommen voraus, hindert sie aber nicht, gegenüber durch das Protokoll nicht gebundenen Staaten, andere Abkommen anzuwenden (Art. 11). Zum Verhältnis zwischen dem Anerkennungsprotokoll und dem Übereinkommen über die gerichtliche Zuständigkeit und die Vollstreckung gerichtlicher Entscheidungen in Zivil- und Handelssachen vom 27. 9. 1968, vgl. STAUDER, Die Anwendung des EWG-Gerichtsstands- und Vollstreckungsabkommens auf Klagen im gewerblichen Rechtsschutz und Urheberrecht, GRUR Int. 1976, 645ff., 510ff. (516).

ten Vertragsstaates über den Rechtsstreit entscheiden sollen, die damit ausschließlich zuständig werden. Die Zulässigkeit der Prorogation hängt dabei, wenn es sich bei den Parteien um Arbeitnehmer und seinen Arbeitgeber handelt, von dem für den Arbeitsvertrag maßgeblichen nationalen Recht (Art. 5 Abs. 2) ab. Damit wollte man den Interessen der Vertragsstaaten insofern entgegenkommen, als sie in dieser schwierigen Materie daran interessiert sind, »daß ihr eigenes Recht, falls es zur Anwendung kommt, auch durch ihre eigenen Instanzen angewendet wird«[41]. Auf unseren Fall übertragen heißt das, daß die Parteien auch nach der Novelle der ZPO von 1974 die Möglichkeit hätten, einen Gerichtsstand zu vereinbaren, da davon ausgegangen werden kann, daß der niederländische Laborchef keinen allgemeinen Gerichtsstand in der Bundesrepublik Deutschland hat (§ 38 Abs. 2 ZPO), somit die Prorogation nach dem für den Arbeitsvertrag maßgeblichen nationalen Recht zweifelsfrei zulässig wäre[42]. Es liegt nahe, daß in der Regel in Fällen der zwischen den Arbeitsvertragsparteien ausdrücklich getroffenen Rechtswahl auch die Prorogation stattfindet und daß in der Regel die lex fori als anwendbares Recht gewählt wird. In unserem Fall wäre wohl davon auszugehen, daß die Zuständigkeit eines deutschen Gerichts vereinbart worden wäre, womit dieses für die Frage des Rechts auf das europäische Patent niederländisches, nicht deutsches Recht anwenden müßte. Wiederum ein Ergebnis, das durch die Bestimmungen des Anerkennungsprotokolls gerade verhindert werden sollte.

V. Die Kollisionsnorm des Art. 60 Abs. 1 S. 2 EPÜ – eine Gesamtnormverweisung?

15. Die Ergebnisse, zu denen die Anwendung des Art. 60 Abs. 1 S. 2 EPÜ als Sachnormverweisung führt, überzeugen m. E. nicht. Insbesondere empfinde ich das angesichts der Zulässigkeit der Rechtswahl des Arbeitsstatuts durch die Arbeitsvertragsparteien bewirkte internationalprivatrechtliche Auseinanderfallen der Beurteilung einerseits der Frage nach dem Recht auf das Patent und nach der Arbeitnehmererfindervergütung, die die enge Verzahnung des Rechts an der Arbeitnehmererfindung mit dem gesamten Inhalt des

41 So Bossung, Zuständigkeit und Verfahren für Klagen, die Gemeinschaftspatente betreffen, GRUR Int. 1976, 221 ff. (224), unter Bezugnahme sowohl auf das Anerkennungsprotokoll als auch auf die ihm folgende Vorschrift des Art. 69 Abs. 4 Buchst. b des Gemeinschaftspatentübereinkommens.

42 Zum Problem der Zulässigkeit von Gerichtsstandsklauseln in Arbeitsverträgen siehe Beitzke, Gerichtsstandsklauseln in auslandsbezogenen Dienst- und Arbeitsverträgen, RIW/AWD 1976, 7 ff.; ferner Stauder (Fn. 40), GRUR Int. 1976, 512; und kritisch Birk, Die internationale Zuständigkeit in arbeitsrechtlichen Streitigkeiten nach dem Europäischen Gerichtsstands- und Vollstreckungsübereinkommen, RdA 1983, 143 ff., jeweils m. w. Nachw.

Arbeitsvertrages außer acht läßt, andererseits aber auch der Beurteilung des Rechts auf das europäische Patent und des Rechts auf alle nationalen Patente, hinsichtlich derselben Arbeitnehmererfindung, als kaum tragbar. Schließlich überzeugt auch nicht, daß nach dem Europäischen Patentübereinkommen zwar die Prorogation bei Streitigkeiten zwischen Arbeitnehmer und Arbeitgeber hinsichtlich des Rechts auf das europäische Patent zulässig ist, wenn sie das für den Arbeitsvertrag maßgebliche nationale Recht zuläßt, die nach diesem Recht ebenfalls zulässige Rechtswahl aber unberücksichtigt bleiben soll, obwohl auch Art. 4 des Anerkennungsprotokolls gerade an das Recht des Staates anknüpft, das nach Art. 60 Abs. 1 S. 2 EPÜ zur Anwendung kommen soll[43].

16. Allgemein ist festzuhalten, daß bei der *Auslegung einer Kollisionsnorm*, also insbesondere ihrer Deutung als Sachnorm- oder Gesamtnormverweisung, zunächst nach einer Antwort aus dem Gesetz, hier dem Übereinkommen, zu suchen ist[44]. Für die Auslegung des Europäischen Patentübereinkommens sind die im Völkerrecht allgemein entwickelten Grundregeln, wie sie z. B. in Art. 31–33 der Wiener Vertragskonvention festgehalten sind, maßgebend[45]. Danach ist für die Tragweite der in einem Vertrag verwendeten Begriffe primär der übereinstimmende Wille der vertragsschließenden Staaten entscheidend (Art. 31 Abs. 4). Erst in zweiter Linie kommen Treu und Glauben, die übliche Bedeutung eines Begriffs und der Zusammenhang, die Vertragsziele und der Vertragszweck, sowie allgemeine Regeln des Völkerrechts zum Zuge[46]. Dabei können zur Feststellung des übereinstimmenden Vertragswillens alle Umstände herangezogen werden, insbesondere also auch die sog. »travaux préparatoires« des Vertrages[47].

43 BIRK, RdA 1983, 145, nimmt an, daß der Art. 4 des Anerkennungsprotokolls »den Gleichlauf zwischen anwendbarem Patentrecht und ausschließlicher internationaler Zuständigkeit ausdrücklich für einen Erfinder vorsieht, der Arbeitnehmer ist«, da eine Prorogation bei Arbeitnehmern nur erlaubt sei, wenn sie von derjenigen Rechtsordnung gestattet wird, die auf den Arbeitsvertrag Anwendung findet. Diese Annahme des »Gleichlaufs« setzt allerdings voraus, daß im Rahmen des Art. 60 Abs. 1 S. 2 EPÜ auch eine nach dem auf den Arbeitsvertrag anzuwendenden Recht zulässige Rechtswahl Beachtung findet.

44 Vgl. zu dieser Auslegungsfrage allgemein RAAPE/STURM, Internationales Privatrecht I, 6. Aufl. 1977, 165.

45 Dazu ausführlich BRUCHHAUSEN, Die Methodik der Auslegung und Anwendung des europäischen Patentrechts und des harmonisierten nationalen Patentrechts, GRUR Int. 1983, 205 ff. (208); ferner VERDROSS/SIMMA, Universelles Völkerrecht, 1976, 389 ff.

46 Vgl. BRUCHHAUSEN (Fn. 45), GRUR Int. 1983, 208 ff.

47 BRUCHHAUSEN (Fn. 45), GRUR Int. 1983, 209. Die Vorarbeiten zu einem Vertrag können zwar nach Art. 32 der Wiener Vertragskonvention nur als »supplementary means of interpretation«, also subsidiär als Auslegungsbehelf herangezogen werden, jedoch dürfte ihre Heranziehung im Falle des Art. 60 Abs. 1 S. 2 EPÜ unbedenklich sein, da der Text – »das Recht des Staates« – insofern mehrdeutig ist. Vgl. allgemein zur Heranziehung von Vorarbeiten, VERDROSS/SIMMA (Fn. 45), S. 391 m. w. Nachw.

17. Was die uns interessierende Kollisionsnorm angeht, so sah der Vorentwurf des EPÜ von 1965 in Art. 15 Abs. 1 vor, daß, sofern das nationale Recht über Erfindungen von Personen, die in einem Unternehmen, einer Einrichtung oder einer Behörde beschäftigt sind, nichts anderes bestimmt, das Recht auf das europäische Patent dem Erfinder oder seinem Rechtsnachfolger zusteht. Im Laufe der späteren Arbeiten betrachtete man diesen Ansatz zwar weiterhin als richtig, war aber mangels einer völligen Vereinheitlichung des Arbeitnehmererfinderrechts der Meinung, daß er einer näheren Präzisierung bedürfe. Man entschloß sich daher für die Frage, ob das Recht auf das Patent dem Arbeitgeber oder dem Arbeitnehmer zusteht, das auf das Beschäftigungsverhältnis anwendbare nationale Recht als maßgebend zu erklären[48]. Nachdem der Vorentwurf 1970 im Rahmen des Luxemburger Regierungsentwurfs einer weiteren Diskussion unterzogen wurde, äußerte die britische Delegation, die schon bis dahin federführend für diesen Teil des Vorentwurfs gewesen war, erneut Bedenken an der Formulierung des Art. 15 Abs. 1. Sie befürchtete, daß sich daraus Fälle ergeben könnten, in denen verschiedene Gerichte auf denselben Tatbestand unterschiedliche Rechtsvorschriften anwenden würden. Um diese Ungewißheit auszuräumen, schlug die britische Delegation anschließend vor, als das anwendbare Recht das Recht zu erklären, welches die Gerichte des Staates anwenden, in dem der Arbeitnehmer in der Regel beschäftigt ist[49]. Die von der britischen Delegation geäußerten Bedenken veranlaßten dann auch die deutsche Delegation zu einem neuen Formulierungsvorschlag. Dieser lautete: »Bei Arbeitnehmererfindungen richtet sich das Recht auf das europäische Patent nach den Rechtsgrundsätzen, die nach dem Recht des Staates, in dem der Arbeitnehmer überwiegend beschäftigt ist, für Arbeitnehmererfindungen gelten«[50]. Ergänzend fügte die deutsche Delegation hinzu, daß durch diese Fassung gleichzeitig klargestellt werde, daß es bei Arbeitnehmererfindungen für die Entstehung des Rechts auf das europäische Patent allein darauf ankomme, wo der Arbeitnehmer überwiegend tätig war, als er seine Erfindung gemacht hat. In der abschließenden Redaktionssitzung der Arbeitsgruppe I zeigte sich, daß zwischen den beiden Vorschlägen, nach Auffassung der Delegationen, nur ein sehr geringer Unterschied bestand. Mit Hilfe eines zusätzlichen Änderungsvorschlages der niederländischen Delegation wurde dann die heutige Fassung des Art. 60 Abs. 1 S. 2 festgelegt[51].

48 Vgl. Berichte zum ersten Vorentwurf eines Übereinkommens über ein europäisches Patenterteilungsverfahren, 1970, Nr. 29, S. 13.

49 DOK BR/GT I/112/71, S. 2. Der vollständige Text der Neuformulierung lautete: »Ist der Erfinder ein Arbeitnehmer, so bestimmt sich das Recht auf das europäische Patent nach dem auf das Beschäftigungsverhältnis anwendbaren Recht, das von den Gerichten des Staates angewandt wird, in dem der Arbeitnehmer in der Regel beschäftigt ist.«

50 DOK BR/GT I/114/71.

51 DOK BR/GT I/144/71.

18. Versucht man aus diesen Materialien jetzt den übereinstimmenden Willen der Vertragsstaaten herauszulesen, so muß zunächst festgestellt werden, daß im VE 1970 vorgesehen war, daß das auf das Beschäftigungsverhältnis anwendbare nationale Recht ausschlaggebend sein soll. Man hat sich entschlossen, von dieser Formulierung später deshalb abzugehen, weil sie die Gefahr in sich barg, daß verschiedene Gerichte auf denselben Tatbestand unterschiedliche Rechtsvorschriften anwenden könnten. Die Gefahr ist richtig eingeschätzt worden: Die Verweisung auf das auf das Beschäftigungsverhältnis anwendbare nationale Recht sichert nämlich keineswegs die Anwendung derselben Rechtsvorschriften auf denselben Tatbestand; denn ob ein Gericht bei fehlender ausdrücklicher oder stillschweigender Rechtswahl zur Anwendung des Rechts des Beschäftigungsortes, der Niederlassung des Betriebes oder etwa des Wohnortes des Arbeitnehmers gelangt, ist durchaus nicht zwingend und kann von Land zu Land variieren. Aus dem übereinstimmenden Willen der vertragsschließenden Staaten, auf denselben Tatbestand nicht unterschiedliche Rechtsvorschriften zur Anwendung kommen zu lassen, läßt sich allerdings nicht zwingend schlußfolgern, daß die letztlich gewählte Fassung der Kollisionsnorm des EPÜ als Sachnormverweisung auszulegen ist. Dieses Ergebnis sichert nämlich auch eine Auslegung der Kollisionsnorm als Gesamtnormverweisung in dem Sinne, daß die Kollisionsnorm als zwingende Verweisung auf die Rechtsordnung des Staates ausgelegt wird, in dem der Arbeitnehmer überwiegend beschäftigt ist, oder wenn dies nicht feststellbar, in dem der Arbeitgeber den Betrieb unterhält, dem der Arbeitnehmer angehört. Eine solche Auslegung läßt die Anknüpfung an das Arbeitsstatut, unter Berücksichtigung der Rechtswahl zu, falls diese nach der Rechtsordnung, auf die die zwingende Kollisionsnorm verweist, zulässig ist. Es versteht sich, daß die Überprüfung der Zulässigkeit der Rechtswahl sowohl ihre Formvoraussetzungen als auch ihre eventuellen Beschränkungen zu berücksichtigen hat. Konkret gesprochen: nach § 44 Abs. 3 des österreichischen IPR-Gesetzes ist nur eine ausdrücklich getroffene Rechtswahl beachtlich; im Rahmen des Art. 60 EPÜ, als Gesamtnormverweisung verstanden, würde eine in einem Arbeitsvertrag eines in Österreich beschäftigten Arbeitnehmers getroffene stillschweigende Rechtswahl ohne Berücksichtigung bleiben, weshalb das österreichische Arbeitnehmererfinderrecht in jedem Falle zur Anwendung käme[52]. Hingegen wäre nach Art. 27 Abs. 1 IPR-Entwurf[53] nicht nur eine ausdrückliche Rechtswahl zu berücksichtigen, sondern auch eine solche, die

52 Van Empel (Fn. 11), 82 und Straus (Fn. 11), Diritto Comunitario e Degli Scambi Internazionali 1981, 201 ff., nahmen bereits bisher an, daß Art. 60 Abs. 1 S. 2 EPÜ als eine Gesamtnormverweisung auszulegen ist.

53 Entsprechend Art. 3 Abs. 1 des EG-Übereinkommens über das auf vertragliche Schuldverhältnisse anzuwendende Recht.

»sich mit hinreichender Sicherheit aus den Bestimmungen des Vertrages oder aus den Umständen des Falles« ergibt.

19. Hinzu kommt noch, daß es die Zulässigkeit der Prorogation geradezu gebietet, auch die Rechtswahl in dem hier skizzierten Umfang zu berücksichtigen, will man dem festgestellten übereinstimmenden Willen der Vertragsstaaten, auf denselben Tatbestand stets dieselben Sachnormen zur Anwendung zu bringen, zur Geltung verhelfen. Fallen nämlich das anwendbare Recht und die lex fori auseinander, so ist immer die Gefahr gegeben, daß das prorogierte Gericht, dessen lex fori womöglich als anwendbares Recht im Arbeitsvertrag gewählt wurde, Schwierigkeiten in der Anwendung der Sachnormen des Beschäftigungsortes sieht, die im zwingenden Recht seiner lex fori begründet sein können.

20. Für die hier vertretene Auffassung, sprechen schließlich auch die Materialien der Münchner Diplomatischen Konferenz. Der Vorsitzende des Hauptausschusses I, Haertel, legte im Zusammenhang mit der Erörterung der Frage der Erfindernennung dar, daß Art. 60 Abs. 1 EPÜ das Recht des Erfinders auf das europäische Patent grundsätzlich festlege, daß aber die Luxemburger Regierungskonferenz hiervon für das schwierige Problem der Arbeitnehmererfindung bewußt in dem Sinn eine Ausnahme gemacht habe, als sich das Recht aus der Arbeitnehmererfindung nach nationalen Vorschriften richten solle. Diese Ausnahme sei bewußt gemacht worden, weil man in dem verfahrensrechtlichen Übereinkommen nicht die materiellrechtliche Frage des Erfinderrechts im Verhältnis Arbeitgeber zu Arbeitnehmer habe regeln wollen, die weniger eine Frage des Patentrechts als vielmehr eine Frage des Arbeits- und Sozialrechts sei[54]. Jede Auslegung des Art. 60 Abs. 1 S. 2 EPÜ als Sachnormverweisung führt jedoch, wie an unserem Beispiel aufgezeigt, immer dann zu einem rechtsverändernden Eingriff in das Verhältnis des Arbeitgebers zum Arbeitnehmer, wenn das auf dieses Verhältnis anwendbare nationale Recht, an das Art. 60 Abs. 1 S. 2 EPÜ anknüpft, die Rechtswahl zuläßt, diese aber aufgrund der Qualifikation dieser Kollisionsnorm als Sachnormverweisung keine Berücksichtigung finden dürfte.

21. Durch die Auslegung der Kollisionsnorm des Art. 60 EPÜ in der hier aufgezeigten Weise gelänge man darüber hinaus wohl besser zu dem von jeder Anknüpfung eigentlich angestrebten Ziel, nämlich daß sie gerecht, billig und zweckmäßig sein soll[55]. Man käme dadurch auch dem Zweck des IPR, dem

54 Berichte der Münchner Diplomatischen Konferenz über die Einführung eines Europäischen Patenterteilungsverfahrens, hrsg. von der Regierung der Bundesrepublik Deutschland, Rdn. 247, S. 40/41.

55 So Raape/Sturm (Fn. 44), 165. Hingewiesen sei hier auch noch auf die Meinung von Neuhaus, Der Beitrag des Völkerrechts zum internationalen Privatrecht, German Year Book for International Law 1980, 60ff. (67), wonach als anzuwendendes »Recht« des Staates, auf den

auch Art. 60 Abs. 1 S. 2 EPÜ zuzuordnen ist, näher, »nicht einfach das anwendbare Recht zu bezeichnen, sondern plurinationale Sachverhalte einer für die Betroffenen befriedigenden Lösung zuzuführen«[56].

ein Anknüpfungsmoment verweist, im Rahmen des IPR alles in diesem Lande faktisch geltende, d. h. wirksam durchgesetzte Recht anzusehen ist.

56 So SCHWANDER, Einige Gedanken zum Renvoi, Liber Amicorum A. F. Schnitzer, 1979, 411 ff. (413).

Teil 4

Internationales Ehe- und Kindschaftsrecht

Individualgerechtigkeit und Typenbildung im Ehe- und Kindschaftsrecht des Entwurfs eines deutschen IPR-Gesetzes

Dieter Henrich, Regensburg

Jeder Gesetzgeber hat den rechten Mittelweg zu finden zwischen Rechtssicherheit und Individualgerechtigkeit. Die Rechtssicherheit verlangt Voraussehbarkeit, d.h. Typisierung, die Einzelfallgerechtigkeit Individualisierung. Individualisierung im internationalen Privatrecht bedeutet, daß jeder Fall nach dem Recht entschieden wird, mit dem er die nächste Verbindung aufweist, nach dem proper law. Die Anknüpfung an das proper law hat sich im internationalen Vertragsrecht praktisch durchgesetzt, sie gewinnt im internationalen Deliktsrecht zunehmend an Boden und hat auch im internationalen Sachenrecht bereits Anhänger. Unsere Frage ist es: Wie steht es mit der Individualgerechtigkeit im internationalen Ehe- und Kindschaftsrecht, und zwar genauer im internationalen Ehe- und Kindschaftsrecht im Entwurf eines deutschen IPR-Gesetzes?

Was steht dagegen? Im internationalen Vertragsrecht spielt die Frage nach dem anwendbaren Recht regelmäßig nur in einem einzigen Rechtsstreit zwischen den Parteien eine Rolle. Das Urteil bewirkt Rechtskraft nur zwischen den Parteien. Hier kann der Richter eine individuelle Lösung suchen, m. a. W. das proper law des Vertrags ermitteln. Ob dagegen eine Ehe wirksam geschlossen oder wirksam geschieden ist, in welchem Güterstand Ehegatten leben, ob ein Kind ehelich oder nichtehelich ist, legitimiert oder adoptiert ist, das geht nicht nur die unmittelbar Beteiligten an, das kann in einer Vielzahl von Rechtsfällen eine Rolle spielen, das verlangt darum nach einheitlicher Beurteilung, nach Vorausberechenbarkeit und damit nach klaren, einfachen Regeln, m. a. W. nach Typenbildung[1].

Rechtssätze sollen drei Forderungen genügen: Sie sollen einfach sein, sie sollen Rechtssicherheit schaffen und sie sollen gerechte Lösungen im Einzelfall ermöglichen. Rechtssicherheit verlangt im internationalen Ehe- und Kind-

1 Neuhaus, Die Grundbegriffe des internationalen Privatrechts, 2. Aufl. 1976, 111.

schaftsrecht Typenbildung. Typenbildung bedeutet teilweisen Verzicht auf Einzelfallgerechtigkeit. Wer auf Einzelfallgerechtigkeit nicht verzichten will, muß darum Ausnahmen von allzu starren Regeln zulassen. Wer generelle Ausnahmeklauseln nicht will, muß zumindest danach trachten, die allgemeinen Regeln so sehr zu verfeinern (auf Kosten der Einfachheit), daß typische Ausnahmesituationen von ihnen abgedeckt werden.

Einzelfallgerechtigkeit ist im Kollisionsrecht Anwendung des Rechts, das dem konkreten Fall am nächsten steht. Bei der Entscheidung darüber, welches Recht einem konkreten Fall am nächsten steht, spielen aber Wertgesichtspunkte eine Rolle[2]. Was wiegt stärker: Staatsangehörigkeit oder gewöhnlicher Aufenthalt? An welche Person ist vorrangig anzuknüpfen: an die Person des Ehemannes oder an die Person der Ehefrau, an die Person des Kindes oder an die Person des Vaters oder der Mutter? Soll mit der Anknüpfung ein bestimmtes Ziel erreicht werden, etwa die Ehelichkeit des Kindes? Muß die Erweiterung des Autonomiebereiches der Ehegatten im materiellen Familienrecht auch im internationalen Familienrecht einen Niederschlag finden?

Betrachtet man nach diesen Vorbemerkungen die Entstehungsgeschichte der familienrechtlichen Vorschriften im Entwurf des neuen deutschen IPR-Gesetzes[3], so zeigt sich folgendes Bild: Am Anfang der Reformarbeiten im Deutschen Rat für IPR stand eine eindrucksvolle Konzeption[4]. Ein einziges Statut sollte sämtliche Wirkungen der Ehe beherrschen: ein und dieselbe Anknüpfung oder genauer Anknüpfungskette sollte gelten für die persönlichen Ehewirkungen und das eheliche Güterrecht, die Ehescheidung, die eheliche Abstammung, das Rechtsverhältnis zwischen Eltern und Kindern, die Legitimation durch nachfolgende Ehe und die Adoption durch ein Ehepaar. Diese inzwischen berühmt gewordene sog. KEGELsche Leiter lautete in ihrer ursprünglichen Fassung:

»Für die Wirkungen der Ehe gilt der Reihe nach das Recht des Staates,

1. dem beide Ehegatten angehören,
2. dem beide Ehegatten während der Ehe zuletzt angehört haben, vorausgesetzt, daß einer von ihnen diesem Staat noch angehört,
3. in dem beide Ehegatten sich gewöhnlich aufhalten,
4. in dem beide Ehegatten sich während der Ehe zuletzt gewöhnlich aufgehalten haben, vorausgesetzt, daß einer von ihnen sich dort noch aufhält,
5. in dem beide Ehegatten sich aufhalten,
6. in dem beide Ehegatten sich während der Ehe zuletzt aufgehalten haben.«

2 NEUHAUS (Fn. 1), 41 ff.

3 BT-Drucksache 10/504 = BR-Drucksache 222/83 = IPRax 1983, 254 ff.

4 Vorschläge und Gutachten zur Reform des deutschen internationalen Privatrechts, vorgelegt von LAUTERBACH (1962); Vorschläge und Gutachten zur Reform des deutschen internationalen Kindschafts-, Vormundschafts- und Pflegschaftsrechts, vorgelegt von LAUTERBACH (1966).

Also: Typenbildung, keine allgemeine Ausnahmeklausel, keine Rechtswahl! Nur einige zusätzliche Anknüpfungen waren vorgesehen: bei der Ehescheidung sollte auch das Recht angewandt werden können, dem ein Ehegatte bei der Eheschließung angehörte, bei der ehelichen Abstammung und der Legitimation sollte i. S. eines favor legitimitatis oder legitimationis statt an das Recht des gemeinschaftlichen gewöhnlichen Aufenthalts auch an das Heimatrecht eines jeden Elternteils angeknüpft werden können.

Betrachtet man die Anknüpfungsleiter etwas näher, so zeigt sich, daß die Sprossen um so dünner werden, je höher man die Leiter hinaufsteigt. Solide sind die beiden ersten Sprossen: Anknüpfung an die Staatsangehörigkeit. Zerbrechlich sind die beiden letzten Sprossen: Anknüpfung an den schlichten Aufenthalt. Bei der Anknüpfung an den Aufenthalt bzw. den letzten Aufenthalt ist es fraglich, ob man überhaupt noch von einer Verbindung mit einem bestimmten Recht sprechen kann. Die Anknüpfung erscheint in vielen Fällen als nahezu willkürlich, zufällig, als bloße Notlösung. Mit gleicher Berechtigung hätte man hier auch an die lex fori anknüpfen können, wie es das neue jugoslawische und das neue türkische IPR-Gesetz getan haben[5].

Im Verlaufe der weiteren Diskussion hat man darum vorgeschlagen, die beiden letzten Sprossen der Leiter, also die Anknüpfung an den schlichten Aufenthalt, zu ersetzen durch eine Anknüpfung an das Recht, zu dem die Ehegatten die engste Beziehung haben. Im Regierungsentwurf heißt es dazu (Art. 14 Abs. 1 Nr. 3), an letzter Stelle sei anzuknüpfen an das Recht des Staates, »mit dem die Ehegatten gemeinsam am engsten verbunden sind, insbesondere durch den Verlauf der ehelichen Lebensgemeinschaft oder durch den Ort der Eheschließung«. Also Individualgerechtigkeit statt Typenbildung!

Diese Ersetzung der beiden letzten Sprossen ist aber nur eine marginale Änderung der ursprünglichen Konzeption. Viel schwerer wiegt eine andere Korrektur, nämlich die beschränkte Zulassung einer Rechtswahl. Eine beschränkte Rechtswahl ist nach dem deutschen Regierungsentwurf vorgesehen im Bereich der allgemeinen Ehewirkungen (Art. 14 Abs. 2 und 3), bei dem ehelichen Güterrecht (Art. 15 Abs. 2) und bei der Ehescheidung (Art. 17 Abs. 1).

Eine Rechtswahl kann zweifellos zu mehr Individualgerechtigkeit führen. Trotzdem bestehen gegen die allgemeine Zulassung der Rechtswahl – nicht gegen die besondere Rechtswahlklausel im Ehegüterrecht – Bedenken.

Für den Bereich der allgemeinen Ehewirkungen ist eine Rechtswahl überflüssig. Nachdem die Unterhaltsansprüche zwischen Ehegatten aus dem Bereich der allgemeinen Ehewirkungen herausgenommen und gesondert ange-

5 Das türkische IPR-Gesetz ist abgedruckt in deutscher Übersetzung in IPRax 1982, 254ff., das jugoslawische IPR-Gesetz, ebenfalls in deutscher Übersetzung, in IPRax 1983, 6ff.

knüpft werden sollen, nämlich i. S. des Haager Unterhaltsabkommens von 1973 (Art. 18 des Reg.-Entw.), und auch der Ehename sich nicht mehr nach Art. 14 EGBGB richten soll (Art. 10 Reg.-Entw.), hat Art. 14 in Zukunft nur noch geringe praktische Bedeutung. Die wenigen Anwendungsfälle dieser Vorschrift, die noch verbleiben, lassen sich mit der modifizierten KEGELschen Leiter ohne Schwierigkeiten lösen. Für eine Rechtswahl besteht hier kein praktisches Bedürfnis. Dort, wo ein Bedürfnis für eine Rechtswahl besteht, nämlich im Ehegüterrecht, ist eine Rechtswahl ohnehin vorgesehen. Neben dieser besonderen Rechtswahlklausel im Ehegüterrecht noch eine davon abweichende Rechtswahl zuzulassen – die Rechtswahlklauseln decken sich nicht – würde nur Verwirrung schaffen. Im Bereich der Scheidung eine Rechtswahl zuzulassen, muß auf rechtliche Bedenken stoßen. Statusverhältnisse sollen nicht durch eine Rechtswahl manipulierbar werden. Ich bin deswegen der Meinung, daß die Wahlmöglichkeit in Art. 14 EGBGB gestrichen werden sollte.

Ist im Bereich der Art. 14 und 17 die Verfeinerung zu weit getrieben worden, so ist die Regelung in Art. 15 trotz der Möglichkeit einer Rechtswahl noch verfeinerungsbedürftig. Es geht um das Güterrechtsstatut. Über den Güterstand muß Klarheit herrschen: während der Ehe – man denke etwa an Verfügungsbeschränkungen – und bei Auflösung der Ehe; denn über die Vermögensverteilung wird gestritten. Die Möglichkeit einer Rechtswahl allein reicht nicht aus, alle typischen Fälle befriedigend zu lösen. Denn ebenso wie im materiellen Recht Güterrechtsverträge relativ selten sind, werden auch Rechtswahlvereinbarungen vermutlich Ausnahmefälle bleiben. Um so wichtiger ist die gesetzliche Anknüpfung. Hier paßt die KEGELsche Leiter nicht ganz.

Haben beide Ehegatten im Zeitpunkt der Eheschließung dieselbe Staatsangehörigkeit, ist die Anknüpfung unproblematisch. Die Anknüpfung an die letzte gemeinsame Staatsangehörigkeit entfällt, da eine gemeinsame Staatsangehörigkeit vor der Eheschließung nicht zu berücksichtigen ist. Die Anknüpfung an das Recht des Staates, in dem beide Ehegatten zur Zeit der Eheschließung ihren gewöhnlichen Aufenthalt haben, wird regelmäßig zu einem akzeptablen Ergebnis führen, kann aber in Einzelfällen auch unbefriedigend sein. Die Anknüpfung an das Recht des letzten gemeinsamen gewöhnlichen Aufenthalts entfällt wiederum, weil ein gemeinsamer gewöhnlicher Aufenthalt vor der Eheschließung unberücksichtigt bleibt. Es bleibt die Anknüpfung an das Recht des Staates, mit dem die Ehegatten im Zeitpunkt der Eheschließung gemeinsam am engsten verbunden sind. Auf diese Anknüpfung wird es in den nicht seltenen Fällen ankommen, in denen Ehegatten verschiedener Staatsangehörigkeit vor der Eheschließung ihren gewöhnlichen Aufenthalt in ihrem jeweiligen Heimatstaat hatten, in denen z. B. aus einer Urlaubsbekanntschaft oder einer Bekanntschaft bei einem vorübergehenden Studienaufenthalt eine Ehe geworden ist. Mit welchem Staat sind die Eheleute hier »gemeinsam am engsten verbunden«, und zwar »bei der Eheschließung«? Wäre es sinnvoll, in einem solchen Fall etwa an den Ort der Eheschließung anzuknüpfen?

Ein Deutscher heiratet eine Französin, die er bei einem Skiurlaub in Österreich kennengelernt hat. Die Hochzeit findet in Frankreich statt. Im Anschluß an die Hochzeit zieht das Paar nach Deutschland und bleibt auch hier wohnen. Im Zeitpunkt der Eheschließung hatte noch jeder der beiden Ehegatten seinen gewöhnlichen Aufenthalt in seinem Heimatstaat. An welches Recht soll hier angeknüpft werden? An das Recht des Eheschließungsortes? Hier spricht alles dafür, an das deutsche Recht anzuknüpfen. Diese Anknüpfung an das deutsche Recht wird aber durch die Formulierung »bei der Eheschließung« verhindert. Sie wäre möglich, wenn man die Kollisionsnorm etwa folgendermaßen formulieren würde: »Haben die Ehegatten im Zeitpunkt der Eheschließung nicht dieselbe Staatsangehörigkeit, so unterliegen die güterrechtlichen Wirkungen der Ehe dem Recht des Staates, in dem beide Ehegatten im Zeitpunkt der Eheschließung ihren gewöhnlichen Aufenthalt haben oder alsbald nach der Eheschließung begründen, hilfsweise dem Recht des Staates, mit dem die Ehegatten bei (oder alsbald nach) der Eheschließung am engsten verbunden sind.« Ich meine also, daß die erste Phase nach der Eheschließung für die Ermittlung des Ehegüterstatuts wichtiger ist als die Verhältnisse z. Zt. der Eheschließung und darum auch bei der Anknüpfung berücksichtigt werden sollte.

Das beste Beispiel dafür, wie trotz extremer Individualisierung unvollkommene Regeln entstehen können, ist die vorgeschlagene Anknüpfung des Versorgungsausgleichs. Daß Versorgungsrechte und Versorgungsanwartschaften bei Scheidung der Ehe ausgeglichen werden sollen, ist an sich ein einleuchtender Gedanke. Er entspricht insbesondere auch dem im deutschen Ehegüterrecht vorgesehenen Zugewinnausgleich. Über seine Anknüpfung herrscht Streit. Der Bundesgerichtshof hat sich dahin entschieden, den Versorgungsausgleich nicht den persönlichen Ehewirkungen oder dem Ehegüterrecht oder gar dem Sozialrecht zuzuordnen, sondern ihn als Scheidungsfolge zu qualifizieren und demgemäß dem Scheidungsstatut zu unterstellen[6].

Befriedigend ist das nicht. Es fehlt z. B. eine rationale Begründung dafür, weswegen etwa die türkische Ehefrau eines Jugoslawen einen Versorgungsausgleich verlangen kann, wenn beide Ehegatten ihren gewöhnlichen Aufenthalt in Deutschland haben, nicht aber – unter sonst gleichen Voraussetzungen – die türkische Ehefrau eines Türken. Die unterschiedliche Anknüpfung, die für die Scheidung begründet werden kann, überzeugt nicht, wenn es um die Verteilung von Rentenanwartschaften geht, die jeweils in der Ehezeit in Deutschland erworben worden sind.

6 BGHZ 75, 241; IPRax 1982, 49, 244.

Der Regierungsentwurf (Art. 17 Abs. 3) hat darum versucht, diese grobe Anknüpfung zu verfeinern. Maßgebend soll sein das Scheidungsstatut, aber mit folgenden Maßgaben: Ein Versorgungsausgleich soll nur durchgeführt werden, wenn ihn das Recht eines der Staaten kennt, denen die Ehegatten im Zeitpunkt des Eintritts der Rechtshängigkeit des Scheidungsantrags angehören. Mit anderen Worten: Wenn ein gemischtnationales Ehepaar seinen gewöhnlichen Aufenthalt in Deutschland hat und demgemäß deutsches Recht für die Scheidung gilt, soll ein Versorgungsausgleich gleichwohl nicht durchgeführt werden, wenn weder das Heimatrecht des Mannes noch das Heimatrecht der Frau einen Versorgungsausgleich vorsieht.

Dieser Einschränkung steht aber eine Ausweitung gegenüber: Könnte ein Versorgungsausgleich nach den bisher genannten Regeln nicht durchgeführt werden, so soll er gleichwohl stattfinden, und zwar nach deutschem Recht, wenn entweder ein Ehegatte bei Eintritt der Rechtshängigkeit Deutscher ist oder dies bei der Eheschließung war, sowie auf Antrag eines Ehegatten, wenn der andere Ehegatte in der Ehezeit eine Anwartschaft bei einem inländischen Versorgungsträger erworben hat.

In unseren Beispielsfällen heißt das: Sowohl bei einem türkischen Ehepaar als auch bei einem jugoslawisch-türkischen Ehepaar findet grundsätzlich kein Versorgungsausgleich statt. Auf Antrag eines Ehegatten (also nicht, wie bei deutschen Ehegatten, von Amts wegen) ist aber ein Versorgungsausgleich durchzuführen, wenn der andere Ehegatte in der Ehezeit eine Anwartschaft bei einem deutschen Versorgungsträger erworben hat.

Das klingt vernünftig. Gleichwohl hat der Bundesrat gegen diese Formulierung des Regierungsentwurfs Bedenken angemeldet[7]. Ihn stört insbesondere die Anknüpfung an das Scheidungsstatut, das heißt an den Zeitpunkt der Rechtshängigkeit des Scheidungsantrags. Ist es gerechtfertigt, so fragt er, einen Versorgungsausgleich durchzuführen, der sämtliche in der Ehezeit erworbenen Versorgungsanwartschaften umfaßt, wenn die Ehegatten die längste Zeit ihrer Ehe unter einem Statut gelebt haben, das keinen Versorgungsausgleich vorsieht, und erst kurz vor der Ehescheidung ihren gewöhnlichen Aufenthalt in die Bundesrepublik verlegt haben?

Der Bundesrat schlägt darum vor, nicht auf den Zeitpunkt der Rechtshängigkeit des Scheidungsantrags oder auf die deutsche Staatsangehörigkeit eines Ehegatten bei der Eheschließung abzustellen, sondern einen Versorgungsausgleich nur für solche Zeiten durchzuführen, in denen während der Ehe ein Ehewirkungsstatut gegolten hat, das den Versorgungsausgleich kennt. Sein Vorschlag lautet: »Soweit während der Ehe für die allgemeinen Wirkungen der Ehe ein Recht gegolten hat, das den Versorgungsausgleich kennt, ist er nach

7 BT-Drucksache 10/504, S. 99.

diesem Recht durchzuführen, wenn der Versorgungsausgleich zumindest vom Recht eines der Staaten vorgesehen ist, denen die Ehegatten während der in Betracht kommenden Zeit angehört haben.«

Man erkennt in diesem Vorschlag unschwer die Handschrift eines bekannten bayerischen Ministerialbeamten, der schon früher für die Anknüpfung des Versorgungsausgleichs an das Ehewirkungsstatut eingetreten ist, und zwar zu einer Zeit, zu der Anknüpfung an Art. 14 EGBGB bei einem gemischtnationalen Ehepaar noch Anknüpfung an das schwächere Recht bedeutete[8].

Im Vorschlag des Bundesrats heißt es dann weiter, ein Versorgungsausgleich, der nach dem bisher Gesagten *nicht* durchzuführen wäre, solle gleichwohl für solche Zeiten durchgeführt werden, in denen ein Ehegatte eine Anwartschaft bei einem inländischen Versorgungsträger erworben habe und der andere Ehegatte dies beantrage, und ein Versorgungsausgleich, der nach dem bisher Gesagten *durchzuführen* wäre, solle nicht durchgeführt werden, soweit der ausgleichspflichtige Ehegatte nachweise, daß er bei Einbeziehung der in der gesamten Ehezeit erworbenen Anrechte nicht oder in geringerem Maße ausgleichsverpflichtet wäre.

Hier drängt sich sofort die Frage auf, ob dasselbe nicht dann auch für den Zugewinnausgleich gelten müßte: Warum soll zwar kein Versorgungsausgleich, wohl aber ein Zugewinnausgleich durchgeführt werden, wenn die Ehegatten alsbald nach der Eheschließung in ein Land verzogen sind, in dem Zugewinnausgleich und Versorgungsausgleich unbekannt sind?

Aber das ist nicht der Punkt, der hier vertieft werden soll. Für dieses Thema ist etwas anderes wichtig: Drei Absätze für die Regelung des Versorgungsausgleichs! Weiter kann man die Verfeinerung wohl nicht treiben. Und selbst bei dieser Verfeinerung bleiben wichtige Fragen ungelöst: Wann »kennt« z. B. ein ausländisches Recht einen Versorgungsausgleich? Nur dann, wenn es ihn so regelt, wie dies im deutschen Recht geschieht, oder auch dann, wenn es Versorgungsrechte oder Versorgungsanwartschaften, die ein Ehegatte erworben hat, lediglich bei einer allgemeinen Vermögensverteilung berücksichtigt? »Kennen« z. B. die amerikanischen Rechte einen Versorgungsausgleich, die bei einer »equitable distribution« des ehelichen Vermögens »pension rights« berücksichtigen?[9]

M. E. ist diese Frage zu bejahen. Wie ist aber dann zu verfahren, wenn ein gemischt-nationales Ehepaar seinen gewöhnlichen Aufenthalt einige Zeit in den USA, einige Zeit in Frankreich und einige Zeit in Deutschland gehabt hat? Nach dem amerikanischen Recht findet eine »equitable distribution« statt. Das eheliche Vermögen wird verteilt ohne Rücksicht darauf, wann die Ehegatten es

8 BÜRGLE, Zum Versorgungsausgleich bei Scheidungen mit Auslandsberührung, FamRZ 1978, 388.

9 Vgl. dazu etwa *Damiano* v. *Damiano*, 9 FLR 2524 und *Kalinoski* v. *Kalinoski*, 9 FLR 3033.

erworben haben. Nach französischem Recht können einem Ehegatten sog. »prestations compensatoires« gewährt werden, die auch einen Ausgleich für entgangene Versorgungsansprüche darstellen können. Auch hier wird abgestellt auf den Zeitpunkt der Scheidung. Was kann nun der Ehegatte verlangen? Oder: Wie ist zu verfahren, wenn die Ehegatten in einem Güterstand der Gütergemeinschaft gelebt haben, der Versorgungsanwartschaften zum gemeinschaftlichen Vermögen rechnet, ihren gewöhnlichen Aufenthalt während der Ehe aber zum größten Teil in einem Staat hatten, in dem ein Versorgungsausgleich nicht existiert? Welche Regelung geht hier vor: die des Güterrechts, die einen Versorgungsausgleich einschließt, oder die des Ehewirkungsstatuts, die für den größten Teil der Ehedauer einen Versorgungsausgleich ausschließt?

Schwierigkeiten dieser Art führen zu der Frage, die ich jetzt zum Schluß stellen will: Ist es für den Gesetzgeber sinnvoll, die Verfeinerung der Kollisionsnormen immer weiter voranzutreiben, wenn trotz aller Verfeinerungsbemühungen wichtige Fragen offen bleiben? Wird eine allzu verfeinerte Kollisionsnorm nicht die Gerichte in ihrer Suche nach individuell gerechter Anknüpfung behindern, also zu Inflexibilität führen? Wäre es für den Gesetzgeber nicht besser, sich mit einer einfachen Regel zu begnügen, mit deren Hilfe die Mehrzahl der Fälle befriedigend gelöst werden kann, gleichzeitig den Gerichten aber die Möglichkeit einer abweichenden Anknüpfung in Ausnahmefällen zu eröffnen?

Im schweizerischen Entwurf eines IPR-Gesetzes ist eine solche Ausnahmeklausel vorgesehen (Art. 14). Sie lautet: »Das Recht, auf welches dieses Gesetz verweist, ist ausnahmsweise nicht anzuwenden, wenn nach den gesamten Umständen offensichtlich ist, daß der Sachverhalt mit diesem Recht in nur geringem, mit einem anderen Recht jedoch in viel engerem Zusammenhang steht.«

Fragen wir zunächst: In welchen Fällen im Bereich des internationalen Familienrechts könnte eine solche Ausnahmeklausel hilfreich sein?

Der niederländische Oberste Gerichtshof hat vor einigen Jahren portugiesische Eheleute nach niederländischem Recht geschieden, weil die Eheleute seit mehr als 10 Jahren in den Niederlanden gelebt und keine Beziehung mehr zu Portugal hatten[10]. Das klingt vernünftig. Der niederländische Gesetzgeber hat diese Rechtsprechung inzwischen sanktioniert[11]. Das Problem ist nur: Öffnet man damit nicht das Tor für alle diejenigen Richter, die nur zu gern heimwärtsstreben? Es gibt niederländische Entscheidungen, in denen ausländische Ehegatten schon nach zweijährigem Aufenthalt nach niederländischem Recht

10 *H. R.*, 9.2.1979, N.J. 1979 Nr. 546.
11 Gesetz vom 25.3.1981 (IPRax 1982, 82).

geschieden werden[12]. M. E. sollte bei der Ehescheidung keine Ausnahme von der Geltung des gemeinsamen Heimatrechts zugelassen werden. Hat ein Ehegatte wirklich alle Beziehungen zu seinem Heimatstaat abgebrochen, mag er sich einbürgern lassen.

Es gibt aber Bereiche, in denen eine starre Anknüpfung (insbesondere an einen bestimmten Zeitpunkt) nicht befriedigt, nämlich das eheliche Güterrecht und den Versorgungsausgleich[13]. Das hängt damit zusammen, daß in beiden Fällen über die Verteilung von Vermögen entschieden wird, das sich oft während vieler Jahre angesammelt hat. Hier können die Ehegatten es als willkürlich empfinden, wenn über diese Verteilung nach einem Recht entschieden wird, das die Ehe gar nicht geprägt hat. Sie werden es vielfach als Willkür empfinden, wenn z. B. ein Versorgungsausgleich durchgeführt wird, obgleich sie erst kurz vor der Ehescheidung ihren gewöhnlichen Aufenthalt in der Bundesrepublik genommen haben, vorher aber viele Jahre in einem Staat gelebt haben, dem dieses Rechtsinstitut fremd ist, auf das sie sich deswegen nicht einstellen konnten.

Will man der unterschiedlichen Interessensituation gerecht werden, so sind verschiedene Wege denkbar:

Ein Weg ist der, den der Bundesrat vorgeschlagen hat: Ein Versorgungsausgleich wird nur für die Zeiten durchgeführt, in denen das jeweils geltende Ehewirkungsstatut einen Versorgungsausgleich vorsieht. Hier wäre es dann allerdings konsequent, auch den Grundsatz der Unwandelbarkeit des Güterstatuts aufzugeben. Die Folge: größte Komplikationen bei der nachträglichen Feststellung der verschiedenen Eigentums- und Vermögensverhältnisse und der entsprechenden Ausgleichsansprüche der Ehegatten!

Ein anderer Weg ist die Einführung einer Ausnahmeklausel i. S. des schweizerischen Entwurfs. Der Nachteil: in Vermögensangelegenheiten sollen sich Ehegatten auf eine bestimmte rechtliche Regelung verlassen dürfen. Müßten die Parteien stets damit rechnen, daß ein Richter nicht das vom Gesetz bestimmte Recht anwendet, sondern ein Recht, das er für passender hält, würde dieses Vertrauensschutzprinzip mißachtet. Rechtliche Regeln verlieren an Wert und Verläßlichkeit, wenn der Richter jederzeit die Möglichkeit hat, sich über sie hinwegzusetzen.

Ein dritter Weg, der gangbar erscheint, wäre das bewußte Offenhalten von Lücken. Über die Anknüpfungsregeln, die der Gesetzgeber aufgestellt hat, soll sich der Richter nicht hinwegsetzen können. Aber der Gesetzgeber muß nicht alle denkbaren Fälle regeln.

12 *Rechtb. 's-Gravenhage*, 1. 4. 1975, N. J. 1976 Nr. 202.

13 HENRICH, Alternativen zur Anknüpfung an den gewöhnlichen Aufenthalt in gemischt-nationalen Ehen?, IPRax 1983, 62 ff.

Er könnte sich auch darauf beschränken, die Fälle zu regeln, bei denen über die Anknüpfung Einigkeit besteht, und die Regelung solcher Fälle, bei denen allgemein akzeptierte Anknüpfungen noch nicht gefunden worden sind, der weiteren Rechtsentwicklung überlassen. Denkbar wäre z. B., Anknüpfungsregeln für den Versorgungsausgleich nur für die Fälle aufzustellen, in denen ein Versorgungsausgleich nach deutschem Recht durchgeführt werden soll. Damit wäre schon viel gewonnen. Wann ein irgendwie gearteter Versorgungsausgleich nach ausländischem Recht durchzuführen ist, könnte der weiteren Rechtsentwicklung überlassen werden. Mir scheint dieser Mut zur Lücke überzeugender zu sein als eine unbefriedigende und damit als Willkür empfundene gesetzliche Regelung.

Freilich: Ganz wird keine Lösung befriedigen. Aber ganz befriedigende Lösungen wird es im Bereich des internationalen Privatrechts wohl niemals geben.

Heirat und Scheidung im kolumbianischen IPR

MIGUEL BETANCOURT REY, BOGOTÁ

Die Hauptquelle des kolumbianischen IPR ist das kolumbianische BGB. Es wurde um 1860, als Kolumbien noch ein Bundesstaat war, von einigen kolumbianischen Staaten aus Chile importiert, wo es vom Venezolaner Andrés BELLO unter französischem Einfluß redigiert worden war und zum chilenischen BGB wurde. 1887, nachdem Kolumbien zum Zentralismus zurückgekehrt war, wurde dieses Gesetz zum einheitlichen BGB Kolumbiens. Aber sogleich ging man daran, tiefgreifende Änderungen vorzunehmen, die auf dem Gebiet des materiellen und internationalen Eherechts unter dem übertriebenen Einfluß der katholischen Kirche standen. Erst ab 1972 begann dieser Einfluß nachzulassen. Auch wenn das kolumbianische Eherecht noch nicht vollständig weltlich ist, befindet es sich doch auf dem Wege dorthin; es ist schon elastischer als das chilenische, das noch keine Scheidung zuläßt. Spanien hingegen befindet sich gegenwärtig in einer fortgeschritteneren Entwicklungsphase.

A. HEIRAT

I. Sachliche Voraussetzungen

Gemeint sind hier die Ehefähigkeit, der Eheschließungswille und seine Mängel, sowie die Ehehindernisse.

Diesbezüglich muß man unterscheiden: erstens zwischen autonomen Normen und Staatsvertragsnormen und zweitens, in bezug auf die autonomen Normen, zwischen denen für Kolumbianer und für Ausländer.

1. Autonomes IPR

Für *Kolumbianer* gilt das Prinzip des Heimatrechts, gleichgültig, ob die Ehe in Kolumbien oder im Ausland geschlossen wird. Diese Lösung sieht der Art. 19

vor, der eine einseitige Kollisionsnorm enthält. Nach ihm gilt für Kolumbianer kolumbianisches materielles Recht. Aber dieses kolumbianische materielle Recht kann entweder das kolumbianische bürgerliche Recht sein, wenn es sich um eine Zivilehe handelt, oder das kanonische Recht, wenn es sich um eine katholische Ehe handelt. Beide Ehen führen mit einer Ausnahme, die die Scheidung betrifft, die gleichen bürgerlichrechtlichen Wirkungen herbei.

Für *Ausländer* muß die Frage gestellt werden, ob die Ehe im Ausland oder in Kolumbien geschlossen wird:

Wenn die Ehe im *Ausland* geschlossen wird, dann wendet man in Kolumbien auf die sachlichen Voraussetzungen das Heimatrecht einer jeden Partei an. Diese Regel ist nicht ausdrücklich vom Gesetzgeber ausgesprochen worden, aber sie ist praktisch die einzige mögliche Lösung, die sich aus einer Erweiterung des Art. 19 zur allseitigen Norm ergibt.

Wenn die Ehe in *Kolumbien* geschlossen wird, gibt es verschiedene Schwierigkeiten. Zwei Meinungen herrschen vor, um zu einer Lösung zu kommen.

Die erste begann sich kurz nach dem Tod des Verfassers des kolumbianischen BGB, Andrés Bello, zu formen und wurde bald von den meisten kolumbianischen Juristen sowie auch von der Rechtsprechung übernommen. Art. 18 des BGB lautet: »Das Gesetz gilt sowohl für Kolumbianer als auch für Ausländer, die sich in Kolumbien aufhalten.« Diese erste Meinung besteht darin, daß für in Kolumbien eingetretene Tatsachen und geschlossene Rechtsgeschäfte die absolute Territorialität des Gesetzes gilt. Demzufolge gilt hinsichtlich der sachlichen Voraussetzungen einer Heirat von Eheschließenden, die in Kolumbien heiraten, das kolumbianische Gesetz[1].

Selbstverständlich läßt diese Meinung eine Ausnahme von der Territorialität zu, und zwar die »extraterritoriale Heirat«, d.h. die Ehe, die in Kolumbien vor einer ausländischen diplomatischen oder konsularischen Vertretung geschlossen wird, auf die man kein kolumbianisches Recht anwendet, sondern das Gesetz, das das IPR des entsprechenden Staats der Vertretung anzuwenden gebietet. Diese extraterritoriale Heirat wird durch Gesetz Nr. 266/1938 geregelt. Sie ist unter den Voraussetzungen erlaubt, daß a) das Heimatrecht der Eheschließenden sie zuläßt, b) keiner der Eheschließenden kolumbianischer Staatsbürger ist, c) die Ehe nicht gegen folgende Verbote des kolumbianischen Gesetzes verstößt: Blutsverwandtschaft, Verschwägerung, Bigamie, Gattenmord und Ehebruch und d) die Heirat beim kolumbianischen Standesamt während der ersten 5 Tage nach der Eheschließung eingetragen wird.

1 Diese Meinung wird z.B. von dem anerkannten Schriftsteller Caicedo Castilla Derecho internacional privado, Bogotá 1960, 241 ff., vertreten, der sie jedoch rechtspolitisch mißbilligt.

Die zweite Meinung ist relativ jung[2]. Sie hebt folgendes hervor: Nach den Fußnoten, die Andrés BELLO in den Entwürfen zum BGB anbrachte, stammte Art. 18 BGB von Art. 3 des Code civil ab, so daß Art. 18 wie Art. 3 Abs. 1 C.civ. die öffentlich-rechtlichen Vorschriften betrifft und nicht die des Privatrechts; wenn Andrés BELLO in seinem Werk »Derecho internacional«[3] über Geschäftsfähigkeit und Familienstand spricht, behauptet er ohne Vorbehalt, daß beide sich nach dem Heimatrecht der Person richten; wenn als Personalstatut eines Kolumbianers das kolumbianische Recht angewandt werde, sei es richtig, als Personalstatut eines Ausländers ebenfalls sein Heimatrecht anzuwenden; aus dem Prinzip der Gleichberechtigung von Kolumbianern und Ausländern, das Art. 11 der Verfassung vorschreibt, folge, daß man als Personalstatut des Ausländers sein Heimatrecht anwenden müsse; Kolumbien habe dies in seinen Staatsverträgen immer vereinbart; und die »territorialistische« Auslegung des Art. 18 führe zu ungereimten Ergebnissen. All diese Gründe stimmten darin überein, daß das BGB beim Personalstatut eine Lücke aufweise, die die Rechtsgeschäfte des Ausländers in Kolumbien betreffe, und man die Lücke nur ausfüllen könne, indem man den Art. 19 zur allseitigen Norm erweitere.

Ist dies, wie mir scheint, die *richtige* Meinung, dann muß man in bezug auf die sachlichen Voraussetzungen der Ehen von Ausländern, die in Kolumbien geschlossen werden, wie folgt unterscheiden: a) Ist die Heirat katholisch, was das Konkordat erlaubt, wird kanonisches Recht angewandt. b) Ist die Heirat zivil, wird das ausländische Heimatrecht jedes Eheschließenden angewandt. c) Wird die Ehe vor einem diplomatischen Vertreter (Botschafter, Gesandter, Konsul) geschlossen, dann gilt das IPR des Staates, dem der Diplomat angehört.

2. *Staatsverträge*

Nur zwei Staatsverträge sind für das Eherecht Kolumbiens interessant: der Vertrag von Montevideo von 1889–1890, der die Verhältnisse zwischen Bolivien, Kolumbien und Peru regelt, und der kolumbianisch-ecuadorianische Vertrag von 1905.

a) Dem ersten zufolge werden die sachlichen Voraussetzungen der Heirat durch das Gesetz des Ortes der Eheschließung bestimmt. Auch wenn nach diesem Gesetz die Heirat gültig ist, kann sie von einem Vertragstaat für nichtig erklärt werden, wenn sie bestimmten Hindernissen seines materiellen Rechts widerspricht, z. B. einer schon bestehenden Ehe.

2 Ihr Begründer war COCK (Tratado de derecho internacional privado, Bogotá, 1952, 255ff.). COCK hat außerdem eine eigene, sehr originelle Theorie des ganzen IPR aufgestellt.

3 3. Aufl. 1864; 1932 in Santiago wieder aufgelegt, S. 111f.

b) Dem zweitem Vertrag zufolge wird das Heimatrecht jedes Eheschließenden angewandt; wenn es sich um trennende Ehehindernisse handelt, müssen nicht nur die beachtet werden, die das Heimatrecht vorschreibt, sondern auch die, die das Recht des Eheschließungsortes anordnet. Die trennenden Ehehindernisse beider Länder werden also kumuliert.

3. Voraussichtliche Entwicklung

Art. 19 soll nach fast allgemeiner Ansicht durch eine allseitige Norm ersetzt werden, die für Kolumbianer wie für Ausländer entweder das Heimat- oder das Wohnsitzrecht (welches von beiden, steht noch offen) vorschreibt. In einigen Reformentwürfen des BGB hat man schon eine derartige Norm aufgestellt, die entweder dem Prinzip des Heimatrechts oder dem des Wohnsitzrechts folgt, sich aber immer zur Gleichbehandlung von Kolumbianern und Ausländern bekennt.

II. Form

1. Autonomes IPR

Bis 1974 galt ein Konkordat Kolumbiens mit dem Päpstlichen Stuhl von 1887, demzufolge Katholiken in Kolumbien nur katholisch heiraten durften und, falls sie zivil heiraten wollten, zuvor auf ihren Glauben verzichten mußten. Diese Übertreibung hat die Rechtsprechung sogar auf Kolumbianer erweitert, die im Ausland zivil, aber ohne vorhergehenden Verzicht geheiratet hatten; solche Ehen wurden von den Gerichten als nichtige Ehen oder sogar als Nichtehen angesehen[4]. Der Oberste Gerichtshof änderte seine Meinung erst im Jahre 1972 in einem Fall, der zufällig einen Bezug zur Alexander von Humboldt-Stiftung hat. Es handelt sich nämlich um den Prozeß über die Nichtigkeit der Eheschließung, den der katholische Kolumbianer N. N., Wirtschaftswissenschaftler und ehemaliger Humboldt-Stipendiat, gegen seine Frau, die Deutsche X.Y.Z., eine ehemalige Mitarbeiterin der Alexander von Humboldt-Stiftung, anhängig machte. Sie hatten in Hendon, Großbritannien, ohne Verzicht auf den katholischen Glauben geheiratet[5]. Der Oberste Gerichtshof entschied, daß die Wahl zwischen ziviler oder katholischer Heirat und der eventuelle Verzicht Formprobleme seien und für die Form nach

4 Z.B. *Cas. civ.*, 30.5.1947, G.J. LXII, S. 400ff.; Caicedo Castilla, a.a.O., 371ff.; Monroy Cabra, Matrimonio civil y divorcio en Colombia, Bogota 1979, 153ff.

5 G.J., CXLII, S. 51ff.

kolumbianischem IPR das Prinzip locus regit actum gelte (das sich aus verschiedenen Einzelnormen ergibt).

Seit dem Konkordat von 1973 (ab 1974 in Kraft) brauchen Katholiken ihrem Glauben nicht mehr abzuschwören, um zivil heiraten zu können. Demzufolge gilt bei *Heirat in Kolumbien* die obligatorische Zivilehe für nichtkatholische Kolumbianer; katholische Kolumbianer haben die Wahl zwischen ziviler und kirchlicher Form; Ausländer können in bestimmten Fällen sogar zwischen ziviler, katholischer und extraterritorialer Form wählen. Bei *Heirat im Ausland* gilt: Kolumbianer und Ausländer unterliegen der Ortsform, aber Kolumbianer dürfen außerdem die kolumbianische Form benutzen (streitig!)[6], was praktisch heißt: die katholische Form, da die zivile nicht exportabel ist; es gibt keine »extraterritoriale« Heirat im Ausland von Kolumbianern vor ihrem Botschafter oder Konsul.

2. *Staatsverträge*

Die beiden genannten Staatsverträge folgen dem Prinzip locus regit actum.

3. *Voraussichtliche Entwicklung*

Das gegenwärtige Konkordat soll bald revidiert werden. Ein ziemlich verbreiteter Wunsch betrifft das Sachrecht, nämlich daß künftig die katholische Heirat keine zivilen Rechtsfolgen mehr äußert.

B. SCHEIDUNG

I. *Autonomes IPR*

Während der ersten Hälfte des 19. Jahrhunderts behielt Kolumbien zum größten Teil das spanische Recht bei, das während der Kolonialzeit galt. Das bedeutet, daß die katholische Ehe zivilrechtliche Wirkungen hatte und nicht durch Scheidung gelöst werden konnte und die Zivilehe unüblich war und ebenfalls nicht durch Scheidung gelöst werden konnte. Um 1850 verlor die katholische Kirche ihren Einfluß auf die Regierung. Das Gesetz vom 20. Juni 1853 führte eine juristische Wende herbei, indem es nur der Zivilehe zivilrechtliche Wirkungen zuerkannte und die Scheidung einführte. Sehr bald aber hob

6 Die Entscheidung des Obersten Gerichtshofs vom 27. 10. 1982 im Fall der Trennung von Tisch und Bett von *Alberto Carriazo* v. *Lilian Pedrozo* könnte freilich anders auszulegen sein.

das Gesetz vom 8.4.1856 die Scheidung auf und versah unter einigen Voraussetzungen erneut die katholischen Ehen mit zivilrechtlichen Wirkungen. Eine Verfassungsreform von 1858 verstärkte das Bundessystem, das sich 1853 zu etablieren begann. Jedes Land durfte danach seine eigene Gesetzgebung haben, und manche Länder erkannten nur die Zivilehe an und führten die Scheidung ein. 1886 kehrte der Staat zum Zentralismus zurück und die katholische Kirche gewann ihren Einfluß in verstärktem Maße zurück. 1887 wurde das einheitliche BGB angenommen, das identisch mit dem chilenischen ist und die Scheidung ablehnt, und man schloß zugleich das bereits erwähnte Konkordat. Selbstverständlich wurde das Unbehagen an den zerrütteten Ehen beängstigend. Die wenigsten von ihnen wurden tadellos in einem Prozeß über Nichtigkeit der Ehe gelöst, der im Falle der katholischen Ehe vor Kirchengerichten geführt wird. Es muß hier jedoch anerkennend vermerkt werden, daß diese sich immer flexibel verhielten. Die anderen Eheleute, bei weitem die Mehrzahl, die nicht vor einem Kirchengericht erscheinen wollten oder konnten, suchten eine andere Lösung, welche sich für sie einfacher und finanziell günstiger gestaltete, aber juristisch falsch und sogar gefährlich werden konnte, weil sie die Bigamie implizierte. Man ging davon aus, daß z. B. in Mexico oder Santo Domingo ein relativ »mildes« Scheidungsurteil zu erhalten war, um dann in Panama oder einem anderen Nachbarland eine Zivilehe zu schließen.

Diese Lage, die heute wie ein Alptraum erscheint, blieb 90 Jahre lang bestehen, bis man das neue Konkordat von 1973 schloß und das *Reformgesetz Nr. 1/1976* erließ.

Dieses Gesetz ist von doppeltem Belang: sachrechtlich, weil es die Scheidung der Zivilehe einführt, so daß von nun an die Schwierigkeiten der zerrütteten Ehen nur die katholischen Ehen betreffen, die seit 1974 immer seltener werden, und kollisionsrechtlich, weil es die Scheidung der Ehen mit Auslandsberührung regelt (Art. 163, 164 BGB i. d. Fassung durch die Reform 1976). Für letztere wird das Prinzip des Heimatrechts, dem das gesamte Personalstatut unterworfen war, verlassen und durch zwei neue Anknüpfungspunkte ersetzt: Eheschließungsort und Ehewohnsitz (der Ort, wo das Ehepaar übereinstimmend wohnt oder, mangels Übereinstimmung, der Wohnsitz der beklagten Partei). Ist die Ehe in Kolumbien geschlossen, so gilt für die in Kolumbien erhobene Klage kolumbianisches Recht; ist die Ehe im Ausland geschlossen, so gilt das Recht des Ehewohnsitzes (Art. 163). Allerdings ist kein Grund ersichtlich, einen so entscheidenden Unterschied zu machen, je nachdem, ob die Ehe in Kolumbien oder im Ausland geschlossen wurde; dennoch ist die bloße Einführung der Scheidung ein großer Fortschritt. Bei Heirat in Kolumbien und Scheidung im Ausland erhält die Entscheidung kein Exequatur mit Auflösungswirkung, wenn nicht erstens der Scheidungsgrund sowohl nach dem Recht des Wohnsitzes wie nach kolumbianischem Recht besteht und wenn zweitens nicht die Klage entweder der beklagten Partei persönlich zugestellt oder diese Partei ihrem Wohnsitzrecht entsprechend geladen worden ist; wenn die erste Bedingung nicht erfüllt ist, jedoch die zweite, gilt die Entscheidung immerhin als Trennung von Tisch und Bett (Art. 164). Zu großes Gewicht wird also dem unwesentlichen Umstand beigemessen, ob man die Ehe in Kolumbien oder im Ausland geschlossen hat, aber die Anerkennung von Scheidungen, die im Ausland ausgesprochen wurden, ist auf jeden Fall als Fortschritt zu bewerten.

II. Staatsverträge

Nach dem kolumbianisch-ecuadorianischen Vertrag ist die lex fori anzuwenden; aber wenn die Ehe im anderen Land unscheidbar ist, dann können die Geschiedenen keine neue Ehe schließen. Nach dem Vertrag von Montevideo ist das Recht des Ehewohnsitzes zur Zeit der Scheidung anzuwenden; aber kein Vertragstaat braucht eine Scheidung anzuerkennen, die aus einem Grunde ausgesprochen worden ist, der in dem Staat nicht besteht, in dem die Ehe geschlossen worden ist.

III. Voraussichtliche Entwicklung

Immer mehr wird gewünscht, alle zivilrechtlichen Wirkungen einer künftig eingegangenen katholischen Ehe abzuschaffen. Damit würde sich der Geltungsbereich der erwähnten Scheidungskollisionsnormen erweitern.

C. Ausblick

Das kolumbianische Eherecht, das materielle wie auch das internationale, das während eines Jahrhunderts unter dem Einfluß der katholischen Kirche stand, wird jetzt weltlich – es war schon einmal kurze Zeit weltlich vor 120 Jahren –, jetzt aber ohne Konflikt und sogar mit Zustimmung der katholischen Kirche.

Einige Probleme des internationalen Eherechts im südlichen Afrika

Andreas H. van Wyk, Stellenbosch

I. Einleitung*

Für die Zwecke dieses Beitrags umfaßt das südliche Afrika die Länder südlich des Sambesi, d.h. Südafrika, Südwestafrika/Namibia, Simbabwe, Botswana, Lesotho, Swasiland und die international nicht anerkannten Staaten Bophuthatswana, Ciskei, Transkei und Venda. Diese Länder haben ein gemeinsames Rechtserbe, nämlich das sog. römisch-holländische Recht. Dieses Rechtssystem ist das Resultat der Rezeption des römischen Rechts in Holland im 16. bis 18. Jh. und wurde im Jahre 1652 von den europäischen Siedlern zum südlichsten Punkt Afrikas gebracht. Als unkodifiziertes Recht (ähnlich dem deutschen Recht vor dem BGB) kennt das römisch-holländische Recht verschiedene Quellen: (a) die maßgebenden holländischen Schriftsteller des 16. bis 18. Jhs.; (b) die Urteile der Gerichte, die nach dem Präjudiziensystem autoritativ sind; (c) Gesetzgebung. Auf dem Gebiete des IPR gibt es jedoch wenig Gesetzgebung. Die Werke der großen holländischen Juristen (wie Rodenburg

* *ENTSCHEIDUNGEN:* (AC = Appeal Cases (England); AD = Appellate Division (Südafrika); SA = Suid-Afrikaanse Hofverslae/South African Law Reports); *Eilon* v. *Eilon* 1965 (1) SA 703 (A); *Guggenheim* v. *Rosenbaum* 1961 (4) SA 21 (W); *Holland* v. *Holland* 1973 (1) SA 897 (T); *Kader* v. *Kader* 1972 (3) SA 203 (R); *Le Mesurier* v. *Le Mesurier* (1895) AC 517 (PC); *Mehta Estate* v. *Acting Master High Court* 1958 (4) SA 252 (R); *Powell* v. *Powell* 1953 (4) SA 380 (W); *Seedat's Executors* v. *The Master (Natal)* 1917 AD 302; *Sperling* v. *Sperling* 1975 (3) SA 707 (A); *GESETZE:* Art. 11, 22-22*ter* Black Administration Act/Swart Administrasie Wet 38/1927 (Südafrika); Art. 2,13 Divorce Act/Wet op Egskeiding 70/1979 (Südafrika); Marriage Act 21/1978 (Transkei); Matrimonial Causes Jurisdiction Act/Wet op Regsbevoegdheid in Matrimoniële Regsake 22/1939 (Südafrika); Prohibition of Mixed Marriages Act/Wet op Verbod van Gemengde Huwelike 55/1949 (Südafrika); *LITERATUR:* Forsyth, Private International Law, 1981; Kahn, Choice of Law, in: Hahlo, The South African Law of Husband and Wife, 1975; Schmidt, Conflict of Laws, in: The Law of South Africa, Vol. 2, 1977; Silberberg, (1973) 6 Comparative and International Law Journal of Southern Africa 323; Spiro, The General Principles of the Conflict of Laws, 1982; van Rooyen, Die Kontrak in die Suid-Afrikaanse Internasionale Privaatreg, 1972.

[1608–1668], U. HUBER [1636–1694] und Johannes VOET [1647–1713]) spielen deshalb eine wichtige Rolle, obwohl die moderne Rechtsprechung auch stark vom englischen Recht beeinflußt worden ist. Aus diesen Gründen kann man von *einem* IPR für die Staaten des südlichen Afrikas sprechen.

II. ALLGEMEINE PROBLEME

1. *Domizilprinzip*

Das internationale Eherecht des südlichen Afrikas benützt das Domizilprinzip für die Anknüpfung; die Staatsangehörigkeit spielt in dieser Hinsicht fast keine Rolle. Das bereitet manchmal Schwierigkeiten, vor allem seitdem das südafrikanische Appellationsgericht sich 1965 *(Eilon* v. *Eilon)* unter englischem Einfluß für eine rein subjektive Auslegung des *animus manendi*-Begriffs entschied. In diesem Falle wurde entschieden, daß ein israelisches Ehepaar kein südafrikanisches Domizil gegründet hatte, weil es bei den Eheleuten noch Zweifel gab, ob ein vorhersehbares Ereignis sie nicht zu einer Rückkehr nach Israel veranlassen würde – und dies, obwohl ihr Vorhaben, in Südafrika zu bleiben, zeitlich unbegrenzt war.

2. *Internes Kollisionsrecht*

Wie in manchen anderen Teilen Afrikas, muß man im südlichen Afrika mit dem Bestehen eines »intergentilen« Privatrechts rechnen, das vor allem für das Familienrecht sehr wichtig ist. Obwohl es in jedem Staate des Gebietes nur *ein* Rechtssystem gibt (das römisch-holländische Recht in seiner durch örtliche Gesetzgebung veränderten Form), werden die tiefen kulturellen Wurzeln der traditionellen Rechtssysteme der schwarzen Bevölkerungsgruppen seit mehr als einem Jahrhundert berücksichtigt. Die Gerichte haben das Ermessen, im Falle einer Ehe zwischen Schwarzen das zuständige traditionelle Eherecht anzuwenden (z. B. Zulu-Recht, Xhosa-Recht usw.). Es gibt viele Urteile über die Ausübung dieses Ermessens, aber zusammenfassend darf man sagen, daß die Gerichte der Parteiautonomie großen Wert beimessen. In Südafrika gibt es deshalb keinen Zweifel über die eherechtlichen Normen, die auf die etwas mehr als 8 Mio. Nicht-Schwarzen anzuwenden sind; bei den etwas mehr als 17 Mio. Schwarzen muß die Möglichkeit entweder einer »gemeinrechtlichen« Ehe oder einer »traditionellen« Ehe berücksichtigt werden. In Südafrika werden ungefähr zwei Drittel der Ehen von Schwarzen nach den traditionellen Rechtssystemen eingegangen, und sie sind deshalb zahlenmäßig sehr wichtig.

1976 (das bisher letzte Jahr mit vollständigen statistischen Ergebnissen hierzu) wurden ungefähr 140 000 traditionelle Ehen von Schwarzen und 72 000 gemeinrechtliche »schwarze« Ehen gegenüber 66 000 Ehen von Nicht-Schwarzen geschlossen.

3. Politische Probleme

Die Unabhängigkeit von Bophuthatswana, Ciskei, Transkei und Venda wird international nicht anerkannt. Auf dem Gebiete des Eherechts haben sie jedoch schon den südafrikanischen Weg verlassen, z. B. durch den Widerruf des südafrikanischen Gesetzes gegen »gemischte« Ehen und in der Transkei durch einen nicht sehr gelungenen Versuch von 1978 zur Beseitigung des »intergentilen« Eherechts. Dieses Transkeier Gesetz ordnet die standesamtliche Eintragung der traditionellen Ehen an, findet aber in dieser Hinsicht kaum Beachtung in der Praxis: 1981 wurden nur 124 solcher Ehen eingetragen, obwohl es in diesem Jahre ohne Zweifel einige Tausende von traditionellen Eheschließungen im Lande gab. Im selben Jahr wurde nur ein Ehevertrag in der Transkei beurkundet, und die diesbezüglichen Vorschriften des Gesetzes von 1978 finden deshalb auch nur geringfügige praktische Anwendung. Ausländische Gerichte werden sich deshalb möglicherweise mit den internationalprivatrechtlichen Folgen der Nichtanerkennung dieser Staaten befassen müssen.

III. Ehevoraussetzungen

Das römisch-holländische Recht knüpft sowohl die Form der Eheschließung als auch die materiellen Voraussetzungen an die *lex loci celebrationis.* Die verwickelte ethnische, kulturelle und politische Lage im südlichen Afrika übt jedoch auch in dieser Hinsicht ihren Einfluß aus. So findet man interessante Beispiele der Anwendung der Vorbehaltsklausel (ordre public).

1. Ausländische polygame Ehen

Während Art. 30 EGBGB nur die *Anwendung* eines ausländischen Rechts im Inland beanstandet, gehen die südafrikanischen Gerichte im Falle einer ausländischen polygamen Ehe viel weiter. (Vor allem die Ehen indischer Einwanderer nach Südafrika führten zu verschiedenen Urteilen.) Schon 1917 entschied das Appellationsgericht *(Seedat's Executors* v. *The Master),* daß eine ausländische Ehe, die auch nur potentiell polygam ist, gegen die guten Sitten verstoße und keine Anerkennung finden sollte. Die rhodesischen (jetzt simbabweschen) Gerichte vertreten jedoch seit 1958 *(Estate Mehta* v. *Acting Master; Kader* v. *Kader)* eine großzügigere Meinung, nach der solche Ehen für begrenzte Zwecke (vor allem die Unterhaltspflicht) anerkannt werden dürfen.

2. *»Mischehen«*

Eine der wenigen gesetzlichen Vorschriften über das internationale Eherecht ist enthalten im sehr umstrittenen südafrikanischen Gesetz gegen »Mischehen« von 1949. Nach diesem Gesetz ist nicht nur eine Ehe zwischen Weiß und Nichtweiß, die innerhalb der Landesgrenzen eingegangen wird, sondern auch eine solche Ehe verboten und nichtig, die im Ausland von einem Mann mit südafrikanischem Domizil oder südafrikanischer Staatsangehörigkeit geschlossen wird. (Dies ist eins der wenigen Beispiele, wo an die Staatsangehörigkeit angeknüpft wird.) Die versuchte exterritoriale Wirkung und die Art dieses Gesetzes werden jedoch wahrscheinlich zu einer Anwendung der Vorbehaltsklausel des ordre public durch ausländische Gerichte führen. Glücklicherweise scheint der Widerruf des ganzen Gesetzes nur noch eine Frage der Zeit zu sein: ein Parlamentsausschuß begann Anfang November 1983 mit der Beratung darüber.

IV. Ehewirkungen

Das römisch-holländische IPR verwendet die *lex domicilii* zum jeweiligen Zeitpunkt für die persönlichen Ehewirkungen. Die *lex domicilii* des Ehemannes zur Zeit der Eheschließung (die sog. *lex domicilii matrimonii*) fixiert die ehegüterrechtlichen Wirkungen und ist unwandelbar. Zwei Probleme seien in dieser Beziehung erwähnt.

1. *Das Qualifikationsproblem*

Es gibt erstaunlich wenig Rechtsprechung über das Qualifikationsproblem. Einer der führenden südafrikanischen Autoren über das internationale Eherecht, Ellison Kahn, behauptet: »This problem, seen through a glass, darkly, by some Roman-Dutch jurists, has hitherto apparently been invisible to our judges.« Der *consensus opinionum* der modernen Schriftsteller ist jedoch erstens, daß die Qualifikation gemäß der *lex fori* geschehen muß. Zweitens gibt es Übereinstimmung darüber, daß die persönlichen Ansprüche und

Pflichten der Ehegatten (wie z. B. die Unterhaltspflicht) sowie das *jus mariti* und dessen Einfluß auf die Handlungsfähigkeit der Ehegatten als persönliche Ehewirkungen qualifiziert werden müssen; die gesetzlichen Güterstände und der Ehevertrag gehören zu den ehegüterrechtlichen Wirkungen. Die Zugehörigkeit anderer Normen ist streitig, wie z. B. der Anspruch der Ehefrau auf Prozeßkostenvorschuß und das aus dem römischen Recht übernommene Verbot von Schenkungen unter Ehegatten. Nach mehrheitlicher Lehre ist dieses letzte Verbot als persönliche Ehewirkung zu betrachten, eine Auffassung, die auch in einem Urteil (*Powell* v. *Powell* 1953) vertreten wurde. Die Antwort auf diese Frage wäre von großer Bedeutung für den Fall, in dem ein Ehemann mit einem bundesdeutschen Domizil zur Zeit der Eheschließung danach einen südafrikanischen Wohnsitz (Domizil) begründet und dann seiner Ehefrau ein südafrikanisches Grundstück schenkt.

2. *Die Unwandelbarkeit des Güterstandes*

Das römisch-holländische IPR verwendet das Prinzip der Unwandelbarkeit des Güterstandes. Dies wurde 1975 bestätigt in einem wichtigen Urteil des südafrikanischen Appellationsgerichts *(Sperling* v. *Sperling)*, das zur gleichen Zeit auch das »Einheitsprinzip« bejahte. In diesem Falle fand die Eheschließung 1954 in der DDR statt, und das Recht der DDR war auch die *lex domicilii matrimonii.* Nach einem kurzen Aufenthalt in der Bundesrepublik wanderte das Ehepaar nach Südafrika aus, wo ein neues Domizil begründet wurde. Wegen eines Ehescheidungsantrages vor einem südafrikanischen Gericht mußte der anzuwendende Güterstand ermittelt werden. Die Gütertrennung war zur Zeit der Eheschließung der gesetzliche Güterstand des DDR-Rechts, aber das Familiengesetzbuch von 1965 führte, mit rückwirkender Kraft, die Errungenschaftsgemeinschaft ein. Das oberste südafrikanische Gericht entschloß sich für die Errungenschaftsgemeinschaft: ... »I am of the view that, when the South African rule of Private International Law prescribes that the proprietary consequences of a foreign marriage must be determined in accordance with the law of the matrimonial domicile, that reference should, in general, be to the whole of the *lex causae,* including its transitional law. It is true that formulations of the choice of law rule generally speak of the ›law of the domicile of the husband at the time of the marriage‹. I do not think however, that by this mode of formulation it was intended to convey that the reference was to be to the law of the *lex causae* frozen, as it were, at the date of the marriage« (Appellationsrichter Corbett in seinem Urteil).

3. *Die geplante Reform*

Es muß gesagt werden, daß ein sehr einschneidender Gesetzentwurf zur Änderung des materiellen Rechts in bezug auf die Ehewirkungen jetzt in einem Ausschuß des südafrikanischen Parlaments behandelt wird. Der Entwurf strebt die familienrechtliche Gleichstellung der Geschlechter an. Das *ius mariti* soll beseitigt werden, und beide Ehegatten sollen eine uneingeschränkte Handlungsfähigkeit bekommen. Auch das Verbot von Schenkungen zwischen Ehegatten, das zu so manchen internen und internationalprivatrechtlichen Problemen führt, soll der Vergangenheit angehören. Die allgemeine Gütergemeinschaft soll gesetzlicher Güterstand für Nicht-Schwarze bleiben, jedoch jetzt mit gleichen Verfügungsbefugnissen der Ehegatten. Die Zugewinngemeinschaft und die Gütertrennung werden als die zwei gesetzlich vorgesehenen Wahlgüterstände vorgeschlagen, aber mit einem gewissen Vorrang der Zugewinngemeinschaft: dieser Güterstand wird automatisch als »sekundärer« gesetzlicher Güterstand eintreten, wenn ein Ehevertrag die allgemeine Gütergemeinschaft ausschließt. Die Gütertrennung wird nur dann gelten, wenn sowohl die allgemeine Gütergemeinschaft als auch die Zugewinngemeinschaft eindeutig in einem Ehevertrag durch jene Alternative ersetzt werden. Im internen Ehegüterrecht soll auch mit dem Unwandelbarkeitsprinzip gebrochen werden: ein Ehevertrag soll nicht nur vor der Eheschließung eingegangen und beurkundet werden dürfen wie bisher, sondern auch, mit Genehmigung des Gerichtes, während der Ehe.

V. Ehescheidung

Von den vielen interessanten Fragen in bezug auf das römisch-holländische internationale Ehescheidungsrecht lassen sich hier nur drei kurz erörtern.

1. *Zuständigkeitsfragen*

Die Zuständigkeit in Ehescheidungssachen wird grundsätzlich auf dem Domizilprinzip aufgebaut. Das Einheitsdomizil – d.h. das Domizil der Ehefrau folgt dem des Ehemannes – führte jedoch in manchen Fällen zu einer solchen Benachteiligung der Frau, daß 1939 und 1979 in Südafrika wichtige Abweichungen vom Grundsatz gestattet wurden. Einige dieser Ausnahmen, z.B. daß das südafrikanische Gericht zuständig ist, wenn die Klägerin seit einem Jahr ihren gewöhnlichen Aufenthalt in Südafrika hat und vor der Eheschließung die südafrikanische Staatsangehörigkeit oder ein südafrikanisches Domizil hatte, sind so weitgehend, daß die ausländische Anerkennung dieser Ehescheidungsurteile möglicherweise gefährdet ist.

2. *Anzuwendendes Recht*

Die *lex fori* wird auf die Ehescheidung angewandt, ohne jede Rücksichtnahme auf die Staatsangehörigkeit der Ehegatten oder auf ihr Domizil. Von einer Identität der *lex fori* und der *lex domicilii* kann deshalb keine Rede sein (*Holland* v. *Holland*).

3. *Anerkennung ausländischer Ehescheidungsurteile*

Das alte Prinzip des römischen-holländischen »gemeinen Rechts« war, daß fremde Ehescheidungsurteile anerkannt wurden, wenn die Parteien zu Beginn des Prozesses in dem betreffenden Land ihren Wohnsitz hatten (*Le Mesurier* v. *Le Mesurier*). 1961 wurde dieser Grundsatz durch das oberste Gericht der Provinz Transvaal erweitert in dem Sinne, daß auch ein Urteil, das durch das Gericht des Wohnsitzlandes der Parteien zu Beginn des Prozesses anerkannt worden wäre, anerkannt werden darf (*Guggenheim* v. *Rosenbaum:* Anerkennung der Ehescheidung einer Frau mit Wohnsitz in New York in Nevada). Seit dem Ehescheidungsgesetz von 1979 gibt es jedoch in Südafrika Unsicherheit über den unbeschränkten Fortbestand dieser Erweiterung: Art. 13 (1) dieses Gesetzes scheint in solchen Fällen eine Gegenseitigkeitserklärung durch eine Proklamation des Staatspräsidenten zu erfordern.

Türkisches internationales Ehe- und Kindschaftsrecht

Ergun Özsunay, Istanbul

A. Das türkische IPR-Gesetz von 1982

Die Vorarbeiten zu einem IPR-Gesetz in der Türkei haben im wesentlichen im Jahre 1975 begonnen[1]. Nach den intensiven Kodifikationsarbeiten wurde am 22. 5. 1982 das Gesetz Nr. 2675 vom 20. 5. 1982 über das internationale Privat- und Zivilverfahrensrecht (Milletlerarasi Özel Hukuk ve Usul Hukuku Hakkinda Kanun) verkündet[2]. Das IPR-Gesetz ist am 22. 11. 1982 in Kraft getreten. Damit wurde das Bedürfnis für eine moderne Kodifikation des türkischen IPR befriedigt und dieses Rechtsgebiet zum ersten Mal systematisch geregelt[3].

Das IPR-Gesetz ist in drei Kapitel gegliedert: 1. Kapitel: Internationales Privatrecht; 2. Kapitel: Internationales Zivilverfahrensrecht; und 3. Kapitel: Schlußbestimmungen.

Der erste Abschnitt des 1. Kapitels regelt einige Fragen des Allgemeinen Teils des IPR (Art. 1–7). Der zweite Abschnitt enthält die Anknüpfungsregeln im Bereich des Besonderen Teils des IPR (Art. 8–26). Die Anknüpfungsregeln in Bereichen des Privatrechts befinden sich in den Abschnitten: Personenrecht (Art. 8–10), Familienrecht (Art. 11–21), Erbrecht (Art. 22), Sachenrecht (Art. 23) und Schuldrecht (Art. 24–26).

* Abgekürzt zitierte Literatur nach Fn. 71, S. 382.

1 Über die Vorgeschichte des IPR-Gesetzes: Tekinalp, RabelsZ 46 (1982), 27 f.; Uluocak, Des réformes en droit international privé turc, 13 f.; Krüger, IPRax 1982, 252 f.; ders., ZfRV 1982, 169 f.

2 Text des Gesetzes: RG (Gesetzblatt) Nr. 17701 vom 22. 5. 1982. Entwurf des IPR-Gesetzes von 1981 in deutscher Übersetzung: Tekinalp, RabelsZ 46 (1982), 184–194.

3 Über die Quellen des IPR in der Türkei, vgl. Ansay, RabelsZ 28 (1964), 731–744; ders., Turkish-American Private International Law, 1966; Hirsch, Festschrift Hans Lewald, 245–257; ders., RabelsZ 23 (1958), 82–84. Mit dem Inkrafttreten des IPR-Gesetzes von 1982 wurde das Vorläufige Gesetz vom 23. 2. 1330 (1915) über die Rechte und Pflichten der im Osmanischen Reich sich aufhaltenden Ausländer aufgehoben (Art. 46). Grundlegend zu diesem Gesetz Sevig, 17–40; ferner Tekinalp, RabelsZ 46 (1982), 28–29. Eine deutsche Übersetzung der Art. 2 und 4 des Vorläufigen Gesetzes bei Hirsch, Festschrift Hans Lewald, 248 f.

Das internationale Zivilverfahrensrecht ist im 2. Kapitel ausführlich geregelt (Art. 27–45). Dieses Kapitel enthält Vorschriften über die internationale Zuständigkeit der türkischen Gerichte (1. Abschnitt, Art. 27–33) und über die Anerkennung und Vollstreckung ausländischer Gerichtsentscheidungen und Schiedssprüche (2. Abschnitt, Art. 34–45). Das 3. Kapitel enthält die Schlußbestimmungen (Art. 46–48).

Das IPR-Gesetz von 1982 hat sich für die Beibehaltung des Staatsangehörigkeitsprinzips im internationalen Personen-, Familien- und Erbrecht entschieden[4].

Bei unterschiedlicher Staatsangehörigkeit von Ehemann und Ehefrau sieht das IPR-Gesetz auch die Anknüpfung an den gemeinsamen Wohnsitz vor[5].

Eine allgemeine Anknüpfung an den gewöhnlichen Aufenthalt ist im Gesetz nicht vorgesehen. Nur hilfsweise wird in einer Reihe von Fällen an den gewöhnlichen Aufenthalt angeknüpft (Art. 9 Abs. 2, 12 Abs. 2)[6].

In dem Fall, daß die auf einen bestimmten Sachverhalt anzuwendende Vorschrift des anwendbaren ausländischen Rechts *offensichtlich* gegen den türkischen ordre public verstößt, wird sie nicht angewandt; in diesem Fall wird erforderlichenfalls türkisches Recht angewandt (Art. 5)[7].

Dieses Referat bezieht sich auf die Lösungen und Anknüpfungsregeln des türkischen IPR-Gesetz von 1982 im Hinblick auf die Rechtsverhältnisse im Ehe- und Kindschaftsrecht.

Für die Leser, die über das geltende türkische Recht keine ausreichenden Kenntnisse besitzen, werden in diesem Referat auch kurze Erläuterungen zum materiellen Recht gegeben. Anschließend werden die durch das türkische IPR-Gesetz vorgesehenen Anknüpfungsregeln und Lösungen erläutert.

4 Das wichtigste Anknüpfungsmoment ist im türkischen IPR die Staatsangehörigkeit. An die Staatsangehörigkeit wird angeknüpft in Dingen, die eine Partei persönlich angehen. Siehe allgemein KEGEL, 44, 168; für die Türkei TEKINALP, RabelsZ 46 (1982), 38; KRÜGER, IPRax 1982, 253; ZfRV 1982, 171. Gegenwärtig folgen die meisten kontinentaleuropäischen Kollisionsrechte dem Staatsangehörigkeitsprinzip, vgl. RAAPE/STURM, 115.

5 Näher TEKINALP, RabelsZ 46 (1982), 38.

6 Näher TEKINALP, RabelsZ 46 (1982) 38; ferner KRÜGER, IPRax 1982, 253.

7 Hierzu TEKINALP, RabelsZ 46 (1982), 37; DIES., IPR, 14; ferner NOMER, IPR, 176f.

B. Türkisches internationales Eherecht

I. Das Verlöbnis

1. Materielles Recht: Überblick

Das Verlöbnis wird im türkischen Recht als familienrechtliches Verhältnis qualifiziert. Es wird durch das gegenseitige Eheversprechen der Brautleute – die Verlobung – begründet. Die Verlobung ist an keine spezifische Form gebunden (Art. 82 türk. ZGB; Art. 90 schweiz. ZGB). Die Verlobung ist ein familienrechtlicher Vertrag[8].

Voraussetzung der Verlobung ist das Fehlen trennender Ehehindernisse und in jedem Fall Urteilsfähigkeit beider Partner. Bei Unmündigen und Entmündigten ist die Zustimmung des gesetzlichen Vertreters erforderlich (Art. 82 türk. ZGB; Art. 90 Abs. 2 schweiz. ZGB).

Die Verlobung zielt auf den Abschluß einer Ehe: Die Erfüllung des Vertrages ist die Eheschließung. Aber eine Klage auf Erfüllung, auf Abschluß der Ehe ist nicht möglich (Art. 83 türk. ZGB; Art. 91 schweiz. ZGB).

Wer das Verlöbnis ohne wichtigen Grund (z. B. schuldhafte Verletzung der Verlöbnispflichten durch den anderen) bricht, wird dem Partner schadensersatzpflichtig (Art. 84 türk. ZGB; Art. 92 schweiz. ZGB). Ersatzberechtigt sind der Verlobte, seine Eltern oder Dritte, die an deren Stelle gehandelt haben. Ist die Verletzung schwer, kann auch ein *Genugtuungsanspruch* bestehen (Art. 85 türk. ZGB; Art. 93 schweiz. ZGB).

2. Anknüpfungsregeln

Nach dem türkischen IPR-Gesetz unterliegen die Fähigkeit zu einem und die Voraussetzungen für ein Verlöbnis für jede der Parteien ihrem Heimatrecht (Art. 11 Abs. 1)[9].

Die Form des Verlöbnisses untersteht dem Recht des Abschlußortes[10]. Auf die Wirkungen und Folgen eines Verlöbnisses wird das gemeinsame Heimatrecht, und wenn die Verlobten verschiedene Staatsangehörigkeit besitzen, *türkisches* Recht angewandt[11].

8 Näher Feyzioğlu, 22 f.; Öztan, 10 f. Zum schweizerischen Recht vgl. Hegnauer, Grundriß des Eherechts, 27 f.; Deschenaux/Tercier, 31 f.; Tuor/Schnyder, 130 f.

9 Näher Tekinalp, IPR, 97; Nomer, IPR, 231.

10 Art. 6 türk. IPR-Gesetz; dazu Tekinalp, IPR, 97.

11 Näher Tekinalp, IPR, 99; Nomer, IPR, 231.

II. Die Eheschließung

1. Materielles Recht: Überblick

a) Materielle Voraussetzungen der Eheschließung

Die *Ehefähigkeit* setzt Urteilsfähigkeit voraus. Der Urteilsunfähige kann keine Ehe schließen. Geisteskranke sind, auch wenn sie teil- oder zeitweise urteilsfähig sind, nicht ehefähig (Art. 89 türk. ZGB; Art. 97 schweiz. ZGB)[12].

Um eine Ehe eingehen zu können (Ehemündigkeit), muß der Bräutigam das 17., die Braut das 15. Lebensjahr vollendet haben (Art. 88 Abs. 1 türk. ZGB; Art. 96 Abs. 1 schweiz. ZGB). In außerordentlichen Fällen kann der Richter, mit Zustimmung des gesetzlichen Vertreters eine Braut mit 14 und einen Bräutigam mit 15 Jahren für ehemündig erklären (Art. 88 Abs. 2 türk. ZGB; Art. 96 Abs. 2 schweiz. ZGB).

Unmündige oder entmündigte Personen bedürfen zur Eheschließung der *Zustimmung des gesetzlichen Vertreters,* d. h. beider Eltern, bzw. des Vormundes (Art. 90–91 türk. ZGB; Art. 98–99 schweiz. ZGB).

Als *Ehehindernisse* gelten Verwandtschaft (in gerader Linie unbeschränkt, in der Seitenlinie bis zum 3. Grad), Schwägerschaft im ersten Grad und Adoptionsverwandtschaft (Art. 92 Nr. 1–3 türk. ZGB; Art. 100 Nr. 1–3 schweiz. ZGB). Eine bestehende Ehe gilt also als ein Ehehindernis. Wer sich wieder verheiraten will, muß beweisen, daß seine frühere Ehe durch Tod, Scheidung oder eine gerichtliche Nichtigerklärung aufgelöst ist (Art. 93 türk. ZGB; Art. 101 schweiz. ZGB; Prinzip der Monogamie). Ein geschiedener Ehegatte darf während der ihm im Scheidungsurteil evtl. auferlegten Strafwartefrist keine neue Ehe eingehen (Art. 96 türk. ZGB; Art. 104 schweiz. ZGB). Außerdem dürfen Frauen (außer in einigen Sonderfällen) innerhalb 300 Tagen nach Auflösung einer früheren Ehe keine neue Ehe eingehen (Frauenwartefrist; Art. 95 türk. ZGB; Art. 103 schweiz. ZGB)[13]: Die Wartefristen sind also Ehehindernisse.

b) Formelle Voraussetzungen der Eheschließung

Die Ehe wird rechtlich durch Vertrag der Brautleute begründet. Er unterliegt wegen seiner Tragweite strengen Form- und Verfahrensvorschriften (Art.

12 Feyzioğlu, 103 f.; Öztan, 60 f.; zum schweizerischen Eherecht vgl. Hegnauer, Grundriß des Eherechts, 35; Deschenaux/Tercier, 44.

13 Von diesen Ehehindernissen sind Verwandtschaft und Schwägerschaft »trennende« Ehehindernisse, d. h. eine trotzdem geschlossene Ehe ist nichtig. Wartefrist und Adoptionsverwandtschaft dagegen sind bloß »aufschiebende« Ehehindernisse; dazu Tuor/Schnyder, 140–141.

97–111 türk. ZGB)[14]. In der Türkei ist die *Zivilehe obligatorisch*. Die Eheschließung soll auf jeden Fall vor dem zuständigen Eheschließungsbeamten durchgeführt werden[15]. Eine nur in religiöser Form erfolgte Eheschließung (Imam-Ehe) ist nichtig (Nichtehe). Außerdem sind religiöse Eheschließungen vor der standesamtlichen Trauung verboten und mit bis zu sechs Monaten Freiheitsentzug zu bestrafen (Art. 237 türk. StGB)[16].

2. *Anknüpfungsregeln*

a) *Voraussetzungen der Ehe*

Nach dem türkischen IPR-Gesetz unterstehen die materiellen Voraussetzungen der Ehe dem Heimatrecht jedes Verlobten. Auf die Ehefähigkeit und die Voraussetzungen der Eheschließung (Ehemündigkeit, Ehewille, Einwilligung des gesetzlichen Vertreters, Ehehindernisse) wird für jeden der Beteiligten sein Heimatrecht im Zeitpunkt der Eheschließung angewandt (Art. 12 Abs. 1)[17]. Das Personalstatut jedes Verlobten bestimmt über Ehehindernisse. Von Bedeutung ist der Unterschied zwischen einseitigen und zweiseitigen Ehehindernissen. Ein einseitiges Ehehindernis verbietet die Ehe mit einem Nupturienten nur, wenn es in seiner Person selbst gegeben ist[18], ein zweiseitiges Ehehindernis aber auch dann, wenn es in der Person des Partners erfüllt ist[19]. Ein zweiseitiges Ehehindernis ist z. B. Geisteskrankheit. Es macht einen Eheschluß auch dann unmöglich, wenn das Heimatrecht des anderen dieses Hindernis nicht kennt. Falls die auf die Ehefähigkeit oder die Ehehindernisse anzuwendende Vorschrift des ausländischen Rechts offensichtlich gegen den türkischen ordre public verstößt, z. B. religiöse Eheverbote[20], Ehehindernisse der Rassenverschiedenheit[21], ansteckende Krankheiten[22] usw., so wird sie

14 Näher FEYZIOĞLU, 167 f.; ferner KRÜGER, StAZ 1974, 60 f.

15 Art. 108 türk. ZGB besagt: »Die Trauung wird öffentlich im Rathaus oder im Saal des Ältestenrats durch den Gemeindevorsteher oder den von ihm mit den Eheschließungen beauftragten Beamten oder den Muhtar in Gegenwart von zwei volljährigen Zeugen vorgenommen.«

16 Religiöse Eheschließungen vor der standesamtlichen Trauung sind auch für Ausländer in der Türkei verboten und rechtsunwirksam. Die Trauung in religiöser Form darf erst *nach* der standesamtlichen Trauung (Vorlage des standesamtlichen Heiratsscheins) vorgenommen werden.

17 Näher TEKINALP, IPR, 101–107; NOMER, IPR, 232 f.

18 Einseitiges Ehehindernis ist z. B. das Alter.

19 Näher zu Ehehindernissen NOMER, IPR, 233; TEKINALP, IPR, 104.

20 Hierzu näher *MünchKomm.*/SCHWIMANN, nach Art. 13 EGBGB, Rdnr. 62.

21 Wie z. B. in Südafrika. Dazu *MünchKomm.*/SCHWIMANN, nach Art. 13 EGBGB, Rdnr. 65.

22 Im türkischen Recht ist eine ansteckende Krankheit ein Ehehindernis. Siehe Umumi Hifzissihha Kanunu (Gesetz über das allgemeine Gesundheitswesen), Gesetz Nr. 1953 von 1930.

nicht angewandt[23]. In diesem Fall kommt erforderlichenfalls türkisches Recht zur Anwendung (Art. 5 des türk. IPR-Gesetzes).

b) Form der Eheschließung

Nach dem türkischen IPR-Gesetz unterliegt die Form der Eheschließung dem Recht des Ortes, an dem sie stattfindet (Art. 12 Abs. 1). Vorbehalten bleibt die Gültigkeit der Eheschließungen, die gemäß den Bestimmungen internationaler Verträge in Konsulaten vorgenommen werden (Art. 12 Abs. 1).

Die Form einer *Ehe*, die *in der Türkei* geschlossen wird, bestimmt sich ausschließlich nach den türkischen Gesetzen (Art. 108f. türk. ZGB)[24]. Es besteht kein Zweifel, daß auch Ausländer in der Türkei vor einem Eheschließungsbeamten nach türkischem Recht heiraten können[25]. Außerdem können die Konsulate mancher Staaten nach einem Ministerratsbeschluß von 1928 die Trauung vornehmen, wenn beide Verlobte ihre Staatsangehörigen sind[26]. Zwischen der Türkei und einigen Staaten wurden *Konsularverträge* geschlossen. Nach diesen Abkommen sind die Konsuln der betreffenden Staaten befugt, Eheschließungen vorzunehmen[27]. Der Konsularvertrag zwischen dem Deutschen Reich und der Türkischen Republik wurde am 28. 5. 1929 geschlossen und trat am 18. 11. 1931 in Kraft[28]. Nach Art. 18 dieses Vertrages können die Konsuln, soweit sie nach den Vorschriften des Entsendestaates dazu befugt sind, Eheschließungen vornehmen, sofern die beiden Verlobten Angehörige dieses Staates sind. Die Konsuln müssen solche Eheschließungen umgehend der Behörde des Empfangsstaates zur Kenntnis bringen. Außerdem ist das CIEC – Übereinkommen zur Erleichterung der Eheschließung im Ausland vom 10. 9. 1964 in der Türkei in Kraft[29].

23 Näher dazu Tekinalp, IPR, 109–110.

24 Näher Nomer, IPR, 234; Krüger, StAZ 1974, 60f.

25 Dazu Tekinalp, IPR, 114; Nomer, IPR, 235; Boschan, 544.

26 Der Ministerratsbeschluß zitiert nur Italien, Frankreich, Schweden, Deutschland; dazu Tekinalp, IPR, 115f.

27 Die folgenden Konsularverträge sind hier zu nennen: Konsularverträge zwischen der Türkei und Bulgarien vom 6. 10. 1970 (Art. 28), Italien vom 9. 9. 1929 (Art. 18), Jugoslawien vom 30. 3. 1967 (Art. 30). Näher Tekinalp, IPR, 116.

28 Dieser Vertrag ist laut Bekanntmachung vom 29. 5. 1952 (BGBl II 608), im Verhältnis zur BRD wieder in Kraft; s. Boschan, 543.

29 Text des Übereinkommens in: RG (Gesetzblatt) Nr. 12783 vom 22. 12. 1967. Das CIEC-Übereinkommen gilt in der Bundesrepublik Deutschland (BGBl 1969 II, 451), den Niederlanden und Spanien; dazu Jayme/Hausmann, 29f. Das (neue) Haager Übereinkommen über die Eheschließung und die Anerkennung der Gültigkeit von Ehen vom 14. 3. 1978 ist noch nicht in Kraft getreten. Siehe Recueil des Conventions, Conférence de La Haye de Droit International Privé (1951–1980), 242.

Türken können *im Ausland* entweder vor einem türkischen Konsul nach türkischem Recht oder in der Form des Rechts des Heiratsortes heiraten[30]. Nach dem Ministerratsbeschluß vom 10. 4. 1927 kann die Eheschließung vor dem türkischen Konsul im Ausland vorgenommen werden. Wenn die Eheschließung vor dem türkischen Konsul stattfindet, so wird die Eintragung ins Personenstandsregister von Amts wegen durch den Konsul vorgenommen[31]. Die konsularische Eheschließung ist für die türkischen Staatsangehörigen nicht obligatorisch. Die z. B. vor einem deutschen Standesbeamten in der Bundesrepublik erfolgte formgerechte Eheschließung ist auch in der Türkei voll gültig (Art. 12 Abs. 1 des türk. IPR-Gesetzes)[32].

III. Die Wirkungen der Ehe

1. Die allgemeinen Wirkungen

a) Materielles Recht: Überblick

Im türkischen Recht verbindet die Trauung die Ehegatten zur *ehelichen Gemeinschaft* (Art. 151 Abs. 1 türk. ZGB; Art. 159 Abs. 1 schweiz. ZGB). Die Ehegatten verpflichten sich gegenseitig, das Wohl der Gemeinschaft in einträchtigem Zusammenwirken zu wahren und für die Kinder gemeinsam zu sorgen[33]. Die Pflicht zu Treue verbietet beiden Ehegatten in gleicher Weise geschlechtliche Beziehungen zu Dritten.

Die Ehegatten schulden einander Beistand (Art. 151 Abs. 3 türk. ZGB)[34].

30 Ob die Ehe in der ausländischen Ortsform in ziviler oder religiöser Form geschlossen wird, ist unerheblich. Diese Auffassung wurde vom türkischen Justizministerium in einem Runderlaß vom 7. 3. 1933 zur Eheschließung von Türken im Ausland vertreten. Denselben Standpunkt vertrat die Rechtsprechung, s. die Entscheidung vom 29. 11. 1974 (E. 7820/K. 7499) des 2. Zivilsenats des türkischen Kassationsgerichtshofes in SEVIĞ/NOMER/TEKINALP/SAKMAR, 279; KRÜGER, StAZ 1974, 61.

31 Näheres TEKINALP, IPR, 118.

32 Die Verbalnote des türkischen Außenministeriums vom 16. 4. 1973, wonach es für die Wirksamkeit einer im Ausland zwischen Türken oder zwischen Türken und Ausländern geschlossenen Ehe auf die Registrierung der Ehe in dem zuständigen türkischen Personenstandesamt ankommen soll, ist unzutreffend. Näheres bei KRÜGER, StAZ 1974, 61; DERS., StAZ 1977, 187; ferner OTTO, StAZ 1973, 283; TEKINALP, IPR, 118 Fn. 43.

33 Die elterliche Gewalt über die Kinder wird von dem Vater und der Mutter gemeinsam ausgeübt. Nach dem türk. IPR-Gesetz unterliegt die elterliche Gewalt dem Recht, das die Abstammung regelt (Art. 19).

34 Die Ehefrau schuldet dem Ehemann Beistand (Art. 153 Abs. 2 türk. ZGB; 161 Abs. 2 schweiz. ZGB). In Form von Arbeit leistet die Ehefrau dem Manne Beistand namentlich durch die Führung des Haushaltes; näher FEYZIOĞLU, 194 f.

Der Ehemann ist das Haupt der Familie (Art. 152 Abs. 1 türk. ZGB; Art. 160 Abs. 1 schweiz. ZGB). Er bestimmt die eheliche Wohnung und ist für den Unterhalt der Familie verantwortlich (Art. 152 Abs. 2 türk. ZGB; Art. 161 Abs. 2 schweiz. ZGB), doch hat die Ehefrau einen den Verhältnissen entsprechenden Beitrag zu leisten.

Die Ehefrau erhält den Familiennamen und das Bürgerrecht des Ehemannes (Art. 153 Abs. 1 türk. ZGB; Art. 161 Abs. 2 schweiz. ZGB). Gemäß Art. 21 türk. ZGB gilt der Wohnsitz des Ehemannes kraft Gesetz als der der Ehefrau.

Die Ehefrau ist unter jedem Güterstand handlungs- und prozeßfähig (Art. 160 türk. ZGB; Art. 168 schweiz. ZGB).

Die Ehefrau ist befugt, einen Beruf oder ein Gewerbe auszuüben. Sie bedarf hierfür aber der ausdrücklichen oder stillschweigenden Zustimmung des Ehemannes (Art. 159 Abs. 1 türk. ZGB; Art. 167 Abs. 1 schweiz. ZGB). Verweigert der Ehemann die Zustimmung, so kann die Ehefrau vom Richter zur Berufsausübung ermächtigt werden, wenn sie nachweist, daß dies im Interesse der ehelichen Gemeinschaft oder der Familie geboten ist (Art. 159 Abs. 1–2 türk. ZGB; Art. 167 Abs. 1–2 schweiz. ZGB).

Die Ehegatten sind befugt, miteinander Rechtsgeschäfte abzuschließen. Rechtsgeschäfte bezüglich des von der Frau eingebrachten Gutes oder des Gemeinschaftsgutes sind nur rechtsgültig, wenn sie vom Richter genehmigt werden. Eine solche Genehmigung ist auch erforderlich, wenn sich die Ehefrau gegenüber Dritten zugunsten des Ehemannes verpflichten will (Art. 169 türk. ZGB; Art. 177 schweiz. ZGB).

Der *Ehemann* ist der *Vertreter der Gemeinschaft* (Art. 154 türk. ZGB; Art. 162 schweiz. ZGB). Seine Vertretungsbefugnis umfaßt alle ihre Bedürfnisse. Seine Handlungen verpflichten ihn auf jeden Fall persönlich. Er haftet dafür mit seinem ganzen Vermögen. Die Ehefrau hat in der Fürsorge für die laufenden Bedürfnisse des Haushalts die Vertretung der Gemeinschaft neben dem Ehemann (Schlüsselgewalt) (Art. 155 türk. ZGB; Art. 163 schweiz. ZGB). Im Rahmen der Schlüsselgewalt verpflichtet die Ehefrau primär den Ehemann. Der Ehemann kann sie aber darüber hinaus ausdrücklich oder stillschweigend zu einer weitergehenden Vertretung ermächtigen. Mißbraucht die Ehefrau die Schlüsselgewalt, so kann ihr der Ehemann die Vertretung ganz oder zum Teil entziehen (Art. 156 türk. ZGB; Art. 164 schweiz. ZGB).

Dritten gegenüber ist die Entziehung nur wirksam, wenn diese sie kennen oder kennen müssen. Die Ehefrau kann beim Richter die Aufhebung der Entziehung verlangen, wenn diese ungerechtfertigt ist. Die Aufhebung ist zu veröffentlichen, sofern die Entziehung veröffentlicht worden ist.

Verletzt ein Ehegatte seine Pflichten, kann der andere den Richter um Hilfe angehen (Art. 161 türk. ZGB; Art. 169 schweiz. ZGB). Der Richter kann die notwendigen Verfügungen treffen und z. B. die Schuldner des Ehemannes anweisen, ihre Zahlungen ganz oder teilweise an die Ehefrau zu leisten (Art. 163 türk. ZGB; Art. 171 schweiz. ZGB).

Ein Ehegatte ist berechtigt, den gemeinsamen Haushalt aufzuheben, wenn Gesundheit, guter Ruf oder wirtschaftliches Auskommen durch das Zusammenleben gefährdet sind (Art. 162 türk. ZGB; Art. 170 schweiz. ZGB). Die Ansprüche, die einem Ehegatten gegen den anderen zustehen, können grundsätzlich nicht vollstreckt werden (Art. 165 türk. ZGB; Art. 173 schweiz. ZGB). Das Verbot bezweckt den Schutz der ehelichen Gemeinschaft.

b) Anknüpfungsregeln

Nach dem türkischen IPR-Gesetz unterliegen die allgemeinen Wirkungen der Ehe dem gemeinsamen Heimatrecht der Ehegatten (Art. 12 Abs. 2)[35]. Falls die Parteien verschiedener Staatsangehörigkeit sind, wird das Recht des gemeinsamen Wohnsitzes (Art. 12 Abs. 2) angewandt. Bei Fehlen eines solchen gilt das Recht des gemeinsamen gewöhnlichen Aufenthalts (Art. 12 Abs. 2). Falls auch ein solcher nicht besteht, wird türkisches Recht berufen (Art. 12 Abs. 2)[36].

2. Ehegüterrecht

a) Materielles Recht: Überblick

Der gesetzliche Güterstand nach türkischem Recht ist die Gütertrennung (mal ayriliĝi)[37]. Grundsätzlich besteht Gütertrennung, soweit nicht vertraglich etwas anderes vereinbart ist (Art. 170f. türk. ZGB). Durch Ehevertrag (evlenme mukavelesi) kann die Güterverbindung oder die Gütergemeinschaft eingeführt werden. Nach türkischem Recht können Eheverträge vor oder nach der Heirat geschlossen werden (Art. 171 türk. ZGB). Der Ehevertrag bedarf der öffentlichen Beurkundung (Art. 173 türk. ZGB)[38]. Bei Gütertrennung kann die Ehefrau über ihr Vermögen frei verfügen. Allerdings kann die Ehefrau bei Gütertrennung dem Ehemann die Verwaltung und Nutznießung ihres Vermögens übertragen. Diese Übertragung kann sie jedoch jederzeit widerrufen (Art. 186–190 türk. ZGB).

35 Falls die auf die allgemeinen Wirkungen der Ehe anzuwendende Vorschrift ausländischen Rechts offensichtlich gegen den türkischen ordre public verstößt, wird sie nicht angewandt. In diesem Fall wird erforderlichenfalls türkisches Recht angewandt (Art. 5 türk. IPR-Gesetz); dazu Tekinalp, IPR, 128–130 und auch das Urteil des *AG Altena*, 16. 3. 1981 (8 F 69/80), sowie dazu das Gutachten Aksoy, Inf.AuslR, 1981, 148–149.

36 Näher Nomer, IPR, 241; Tekinalp, IPR, 125f.

37 Dies war auch der gesetzliche Güterstand des früher (bis 1926) geltenden osmanisch-islamischen Rechts; vgl. Krüger, IPRax 1982, 255 Fn. 38; ferner Feyzioğlu, 249f.

38 Ehegüterverträge kommen in der Türkei kaum vor; vgl. Krüger, IPRax 1982, 255 Fn. 38.

b) Anknüpfungsregeln

Nach Art. 14 türk. IPR-Gesetz können die Ehegatten hinsichtlich ihres ehelichen Vermögens das Recht ihres Wohnsitzes oder eines ihrer Heimatrechte *im Zeitpunkt der Eheschließung* wählen. Den Ehegatten ist eine beschränkte Wahlmöglichkeit zwischen dem gemeinsamen Heimatrecht und dem Recht des (gemeinsamen) Wohnsitzes eingeräumt[39]. Im Fall des Fehlens einer Rechtswahl gilt das gemeinsame Heimatrecht im Zeitpunkt der Eheschließung (Art. 14 Abs. 1). Falls ein solches nicht vorhanden ist, wird das Recht des gemeinsamen Wohnsitzes zur Zeit der Eheschließung angewandt (Art. 14 Abs. 1). Falls auch ein solcher fehlt, wird das Recht des Ortes, an dem sich die Güter befinden, angewandt (Art. 14 Abs. 1)[40].

Auch eine beschränkte Wandelbarkeit des Güterrechtsstatuts nimmt das IPR-Gesetz im Interesse der Parteien in Kauf: Erwerben die Ehegatten eine neue gemeinsame Staatsangehörigkeit nach der Eheschließung, so können sie dieses neue gemeinsame Heimatrecht als neues Güterstatut wählen (Art. 14 Abs. 2)[41].

IV. Beendigung der Ehe

1. Materielles Recht

a) Allgemeines

Die Ehe endet normalerweise mit dem Tod, in besonderen Fällen durch gerichtliche Auflösung (Ungültigkeitserklärung[42] oder Scheidung). Einen Son-

39 Dazu TEKINALP, IPR, 133. Die Idee der Rechtswahl ist im internationalen Güterrecht nicht neu. In mehreren europäischen und außereuropäischen Staaten können die Ehegatten das anwendbare Güterrecht schon seit langem wählen (Frankreich, Großbritannien, Luxemburg, USA). Vgl. Bundesgesetz über das internationale Privatrecht, Gesetzesentwurf der Expertenkommission und Begleitbericht von VISCHER/VOLKEN, Schweizer Studien zum internationalen Recht, Bd. 12, 1978, 97.

40 Näher NOMER, IPR, 242; TEKINALP, IPR, 131.

41 Dazu TEKINALP, RabelsZ 46 (1982), 44.

42 Das Gesetz sieht bei Fehlen bestimmter abschließend aufgezählter Voraussetzungen der Eheschließung die Ungültigkeitserklärung der Ehe vor. Man unterscheidet zwei Gruppen: Die Fälle, welche die Nichtigkeit, und die Fälle, welche nur die Anfechtbarkeit zur Folge haben. Nichtigkeitsfälle sind nach Art. 112 Ziff. 1–3: Doppelehe, Geisteskrankheit und Urteilsunfähigkeit aus einem dauernden Grunde, sowie Verwandtschaft im verbotenen Grade (vgl. Art. 120 Ziff. 1–4 schweiz. ZGB). Die Nichtigkeitsklage wird vom Staatsanwalt von Amts wegen erhoben (Art. 113 türk. ZGB; Art. 121 schweiz. ZGB). Außerdem ist jedermann, der ein Interesse hat, zur Klage berechtigt.
Die anfechtbare Ehe ist gültig, aber durch ein Gestaltungsurteil vernichtbar.
Zahlreicher sind die Fälle, in denen einer der Ehegatten die Ehe anfechten kann. Das türk. ZGB führt an: Vorübergehende Urteilsunfähigkeit bei der Eheschließung, Irrtum, Betrug und

derfall bildet dabei die gerichtliche Auflösung einer Ehe wegen Verschollenheitserklärung[43]. Sie ist bezüglich des Verfahrens der Scheidung gleichgestellt.

b) Ehescheidung und Ehetrennung

Nach türkischem Recht kann die *Ehescheidung* nur auf Klage des dazu berechtigten Ehegatten und beim Vorliegen eines gesetzlichen Scheidungsgrundes ausgesprochen werden.

Man unterscheidet zwischen den *besonderen* und den *allgemeinen* Scheidungsgründen. Die ersteren sind: Ehebruch, Nachstellung nach dem Leben, Mißhandlung, Ehrkränkung, unehrenhafter Lebenswandel, Verlassen des Ehepartners, Geisteskrankheit (Art. 129–133 türk. ZGB; Art. 137–141 schweiz. ZGB). Der allgemeine Grund besteht in einer tiefen Zerrüttung des ehelichen Verhältnisses (Art. 134 türk. ZGB; Art. 142 schweiz. ZGB)[44]. Nachherige Verzeihung schließt eine Klage wegen Ehebruchs, Nachstellung, Mißhandlung und Ehrkränkung aus (Art. 129 Abs. 3, 130 Abs. 3 türk. ZGB; Art. 137 Abs. 3, 138 Abs. 3 schweiz. ZGB).

Die *gerichtliche Trennung* (Trennung von Tisch und Bett, séparation de corps) ist nur zulässig, wenn ein gesetzlicher Scheidungsgrund (Art. 129–134 türk. ZGB; Art. 137–142 schweiz. ZGB) vorliegt. Verlangt der Kläger nur die Trennung, so kann nur diese und nicht die Scheidung ausgesprochen werden (Art. 135 türk. ZGB; Art. 143 schweiz. ZGB). Die Trennung wird für eine Dauer von ein bis zwei Jahren ausgesprochen.

Die geschiedene Ehefrau behält ihr durch Heirat erworbenes Bürgerrecht des Ehemannes, nimmt aber wieder den Namen an, den sie vor der Eheschließung trug (Art. 141 türk. ZGB; Art. 149 schweiz. ZGB). Dem schuldigen Ehegatten ist die Eingehung einer neuen Ehe auf ein bis zwei Jahre zu untersagen (Strafwartefrist) (Art. 142 türk. ZGB; Art. 150 schweiz. ZGB). Nach der Scheidung ist die gemeinsame Ausübung der elterlichen Gewalt durch beide Eltern nicht mehr möglich. Der Richter muß sie dem Vater oder

Drohung (Art. 115 f.). Das Klagerecht steht nur dem Ehegatten, der vom Anfechtungsgrund betroffen ist, und dem gesetzlichen Vertreter zu, dessen Einwilligung nicht eingeholt worden ist. Sonstige Dritte haben kein Klagerecht. Näher HEGNAUER, Grundriß des Eherechts, 49 f.
Auf die Ungültigkeitserklärung der Ehe wird für jeden der Beteiligten sein Heimatrecht im Zeitpunkt der Eheschließung angewandt. Die Nichtigkeits- und Anfechtungsgründe betreffen die materiellen Voraussetzungen der Ehe. Dazu TEKINALP, 140.

43 Nach dem türkischen IPR-Gesetz unterliegen Verschollenheits- und Todeserklärung grundsätzlich dem Heimatrecht, weil sie zum Personalstatut gehören (Art. 10 S. 1). Gemäß Art. 10 S. 2 kann die Verschollenheits- oder Todeserklärung nach türkischem Recht erfolgen, falls für jemanden nach seinem Heimatrecht keine Verschollenheits- oder Todeserklärung erfolgen kann, unter der Voraussetzung, daß sich Vermögen des Betreffenden in der Türkei befindet oder sein Ehegatte oder einer seiner Erben türkischer Staatsangehöriger ist (IPR-Gesetz Art. 10 S. 2). Näher TEKINALP, IPR, 27 f.; NOMER, IPR, 224–225.

44 Näher ÖZTAN, 213 f.; FEYZIOĞLU, 228 f.

der Mutter zuweisen (Art. 148f. türk. ZGB; Art. 156f. schweiz. ZGB). Mit der Scheidung enden auch die güterrechtlichen Verhältnisse der Ehegatten.

Der unschuldige Ehegatte, dessen Vermögensrechte und Anwartschaften durch die Scheidung geschädigt werden, hat Anrecht auf eine angemessene Entschädigung seitens des schuldigen Ehegatten. Wenn durch die Tatsachen, die die Scheidung herbeigeführt haben, die persönlichen Interessen des unschuldigen Ehegatten in schwerer Weise verletzt worden sind, kann der Richter ihm außerdem eine Geldsumme als Genugtuung bewilligen (Art. 143 türk. ZGB; Art. 151 schweiz. ZGB).

Da die Trennung die Ehe nicht auflöst, sind ihre Nebenfolgen weniger einschneidend als bei der Scheidung. Auch im Falle der Trennung hat der Richter die erforderlichen Verfügungen über die Elternrechte und die Unterhaltsbeiträge zu treffen (Art. 147 türk. ZGB; Art. 155 schweiz. ZGB).

2. *Anknüpfungsregeln*

a) *Ehescheidungs- und Trennungsgründe*

Nach dem türkischen IPR-Gesetz unterliegen die Gründe der Scheidung und Trennung grundsätzlich dem gemeinsamen Heimatrecht der Ehegatten (Art. 13 Abs. 1)[45]. Falls die Ehegatten verschiedener Staatsangehörigkeit sind, wird das Recht des gemeinsamen Wohnsitzes angewandt.

Bei Fehlen eines solchen, wird das Recht des gemeinsamen gewöhnlichen Aufenthalts angewandt. Falls auch ein solcher fehlt, kommt türkisches Recht zur Anwendung (Art. 13 Abs. 2 IPR-Gesetz)[46].

b) *Wirkungen der Scheidung und Trennung*

Die Wirkungen der Ehescheidung und Trennung unterliegen also dem gemeinsamen Heimatrecht der Ehegatten (Art. 13 Abs. 1 IPR-Gesetz). Falls die Ehegatten verschiedener Staatsangehörigkeit sind, wird Abs. 2 des Art. 13 auf die Folgen der Scheidung und Trennung angewandt[47].

c) *Türkischer ordre public*

Falls die auf die Ehescheidung anzuwendende Vorschrift des maßgebenden ausländischen Rechts *offensichtlich* gegen den türkischen ordre public verstößt (z. B. einverständliche Scheidung oder Verstoßung der Ehefrau durch eine einseitige Willenserklärung), kann diese Vorschrift nicht angewandt werden

45 Näher Nomer, IPR, 239; Tekinalp, IPR, 137. Über die türkische Lehre vor dem Inkrafttreten des IPR-Gesetzes von 1982, vgl. Sakmar, 169; Uluocak, 55f.; Göğer, 193.

46 Das Übereinkommen über die Anerkennung von Entscheidungen in Ehesachen vom 8. 9. 1967 ist seit 10. 12. 1977 in der Türkei in Kraft: RG (Gesetzblatt), Nr. 15356 vom 14. 9. 1975.

47 Näher Nomer, IPR, 241.

(Art. 5 IPR-Gesetz). In einem solchen Fall wird türkisches Recht angewandt[48].

C. Türkisches internationales Kindschaftsrecht

I. Eheliches Kindesverhältnis

1. Materielles Recht

Die drei Quellen im türkischen Recht, auf denen die Ehelichkeit eines Kindes beruhen kann, sind: eheliche Abstammung, Legitimation (Ehelicherklärung) eines außerehelich geborenen Kindes und Adoption.

a) Eheliche Abstammung

Die Ehelichkeit eines Kindes wird vermutet, wenn es während der Ehe oder innerhalb von 180 Tagen nach deren Auflösung geboren ist[49]. Ist ein Kind vor dem 180. Tag nach der Eheschließung geboren oder waren die Eltern zur Zeit der Empfängnis gerichtlich getrennt, wird die Ehelichkeitsvermutung durch bloßen Einspruch des Ehemannes bei Gericht entkräftet. Der Ehemann kann die Ehelichkeit eines Kindes binnen einer Frist von einem Monat von dem Tage an, an dem er von der Geburt erfahren hat, anfechten (Art. 242 türk. ZGB; Art. 253 schweiz. ZGB). Die Anfechtungsklage ist gegen die Mutter und das Kind zu richten.

Das Gesetz nennt als Anfechtungsberechtigten für den Normalfall nur den Ehemann. Ist ihm aus gewissen Gründen (wie Tod, Urteilsunfähigkeit, Unkenntnis der Geburt) die Ausübung des Rechtes unmöglich, so wird die Anfechtung auch Personen gestattet, die durch das Kind in ihren Erbansprüchen beeinträchtigt werden (Art. 245 türk. ZGB). Nach der Lehre kann auch das Kind selbst unter gewissen Voraussetzungen seine Ehelichkeit anfechten[50].

48 Näher Tekinalp, IPR, 141–142; Uluocak, 21; Sakmar, 137. Denselben Standpunkt vertritt die Rechtsprechung, s. Entscheidungen des 2. Zivilsenat des türk. Kassationsgerichtshofs vom 26. 10. 1945, 28. 10. 1950 und 1. 3. 1953 in: Berki/Ergüney, 76, 62, 78.

49 Näher Feyzioğlu, 475 f.; Öztan, 309 f. In der Schweiz ist das Kindschaftsrecht ganz neu gestaltet worden. In der 2. Abteilung des Familienrechts über die Verwandtschaft (Art. 252 ff.) sind der 7. Titel (Eheliches Kindesverhältnis, Art. 252–301) und der 8. Titel (Außereheliches Kindesverhältnis, Art. 302–327) ebenfalls von Grund auf neu gestaltet worden durch das BG vom 25. 6. 1976 über die Änderung des ZGB (Kindesverhältnis). Der 7. Titel (Art. 252–269 c) ordnet nunmehr die Entstehung des Kindesverhältnisses, der 8. Titel (Art. 270–327) seine Wirkungen. Näher Hegnauer, Grundriß des Kindesrechts, 24 f., 34 f.

50 Näher Akintürk, 261; Inan, 114 f.; ferner Krüger, StAZ 1980, 2 f.; Ansay/Rumpf, StAZ 1982, 169 f.; *BGH,* 23. 12. 1981, StAZ 1982, 175.

b) Ehelicherklärung (Legitimation)

Das türk. ZGB kennt einen Normalfall und einen Ausnahmefall der Ehelicherklärung: Normaler Weg ist die der Geburt nachfolgende Ehe zwischen den Eltern des außerehelichen Kindes (Art. 247 türk. ZGB; Art. 258 schweiz. ZGB)[51]. Ausnahmsweise erfolgt die Legitimation durch richterliche Erklärung Art. 249 türk. ZGB; Art. 260 schweiz. ZGB). Sie setzt voraus, daß die Eltern des Kindes sich vor oder nach der Zeugung die Ehe versprochen hatten und daß sie infolge Tod oder Eintritt der Eheunfähigkeit des einen Verlobten nicht haben heiraten können.

c) Adoption

Im heutigen türkischen Recht ist die Adoption eine Nachbildung des natürlichen Verhältnisses zwischen Eltern und Kind[52]. Adoptieren können Männer und Frauen, die mindestens 35 Jahre alt sind, keine ehelichen Abkömmlinge haben und mindestens 18 Jahre älter als der Anzunehmende sind. (Art. 253 türk. ZGB). Ein Ehegatte adoptiert nur mit Einwilligung des anderen Ehegatten. Nur Ehegatten können gemeinschaftlich adoptieren (Art. 255 türk. ZGB)[53].

Die Adoption erfordert stets eine öffentliche, vor dem Notar errichtete Urkunde (Adoptionsvertrag), die vom Richter des Wohnsitzes des (der) Annehmenden genehmigt und im Geburtsregister des Angenommenen vermerkt wird (Art. 256 türk. ZGB).

Das adoptierte Kind erhält grundsätzlich die Stellung eines ehelichen Kindes. Es untersteht der elterlichen Gewalt des Annehmenden, erhält dessen Name, hat ihm gegenüber ein Erbrecht, sogar ein Pflichtteilsrecht wie ein eheliches Kind (Art. 257 türk. ZGB).

Im türkischen Recht kann die Kindesannahme zu jeder Zeit durch Vertrag in denselben Formen wie die Begründung oder durch Richterspruch aufgehoben werden (Art. 258 türk. ZGB).

2. Anknüpfungsregeln

a) Eheliche Abstammung

Nach dem IPR-Gesetz unterliegen die Beziehungen der elterlichen Abstammung dem Recht, das die allgemeinen Wirkungen der Ehe im Zeitpunkt der

51 Näher Boschan, 553.

52 Die Art. 264–269 des schweiz. ZGB von 1907 sind gemäß BG vom 30. 6. 1972 über die Änderung des ZGB (Adoption) ersetzt worden durch die neuen Art. 264–269c, in Kraft seit dem 1. 4. 1973. Bei der Revision des Kindesrechts von 1976 wurde das neue Adoptionsrecht von 1972 materiell unverändert (als 4. Abschnitt) mit drei redaktionellen Änderungen übernommen. Näher Hegnauer, Grundriß des Kindesrecht, 67.

53 Näher Öztan, 339 f.; Feyzioğlu, 528 f.

Geburt regelt (Art. 15)[54]. Auf die eheliche Abstammung wird das gemeinsame Heimatrecht der Parteien im Zeitpunkt der Geburt angewandt (Art. 15 und 12 Abs. 2). Falls die Parteien verschiedener Staatsangehörigkeit sind, wird das Recht des gemeinsamen Wohnsitzes angewandt (Art. 15 und 12 Abs. 2). Bei Fehlen eines solchen wird das Recht des gemeinsamen gewöhnlichen Aufenthalts angewandt (Art. 15 und 12 Abs. 2). Falls auch ein solcher fehlt, wird die lex fori, d. h. türkisches Recht, angewandt (Art. 15 und 12 Abs. 2)[55].

b) Legitimation

Nach dem IPR-Gesetz unterliegt die Legitimation dem Heimatrecht des Vaters im Zeitpunkt der Regelung[56] (Art. 16). Falls die Legitimation nach dem Heimatrecht des Vaters nicht durchführbar ist, wird das Heimatrecht der Mutter angewandt (Art. 16). Wenn auch nach diesem keine Legitimation möglich ist, unterliegt die Legitimation dem Heimatrecht des Kindes (Art. 16)[57].

c) Adoption

Hinsichtlich der Fähigkeit zur und den Voraussetzungen für die Adoption wird für jeden Beteiligten sein Heimatrecht im Zeitpunkt der Adoption angewandt (Art. 18 Abs. 1 IPR-Gesetz)[58]. Auf die Zustimmung des anderen Ehegatten zur Adoption[59] werden die Heimatrechte der Ehegatten gemeinsam angewandt (Art. 18 Abs. 3 IPR-Gesetz). Nach dem IPR-Gesetz unterliegen die Wirkungen der Adoption dem Heimatrecht des Annehmenden (Art. 18 Abs. 2). Im Falle der gemeinschaftlichen Adoption wird das Recht, das die allgemeinen Wirkungen der Ehe regelt, angewandt (Art. 18 Abs. 2)[60]. Auf die Form der Adoption wird das Ortsrecht oder die lex causae angewandt (Art. 6 IPR-Gesetz)[61].

54 Näher TEKINALP, IPR, 146 f.; DIES., RabelsZ 46 (1982), 44.

55 Näher NOMER, IPR, 244.

56 Im Zeitpunkt der Legimitation, vgl. TEKINALP, IPR, 148.

57 Näher NOMER, IPR, 246 f. – S. das *CIEC-Übereinkommen über die Legitimation durch nachfolgende Ehe* vom 10. 9. 1970. Vertragsstaaten sind bisher: Frankreich, Österreich, Italien und die Türkei, RG (Gesetzblatt) Nr. 15364 vom 22. 9. 1975.

58 Näher NOMER, IPR, 248; TEKINALP, IPR, 152 f.

59 Im Falle der gemeinschaftlichen Adoption.

60 Näher TEKINALP, IPR, 156; NOMER, IPR, 249.

61 Näher TEKINALP, IPR, 154 f. Das *Haager Übereinkommen über die behördliche Zuständigkeit, das anzuwendende Recht und die Anerkennung von Entscheidungen auf dem Gebiete der Annahme an Kindesstatt* vom 15. 11. 1965 ist bisher von Österreich, der Schweiz sowie vom Vereinigten Königreich ratifiziert worden. Es ist am 23. 10. 1978 für diese Länder in Kraft getreten, s. JAYME/HAUSMANN, 54. Das *Europäische Übereinkommen über die Adoption von Kindern* vom 24. 4. 1967 ist am 26. 4. 1968 für Irland, Malta und das Vereinigte Königreich in Kraft getreten und gilt außerdem für Italien, Norwegen, Schweden und die Schweiz. Für die

II. *Das außereheliche Kindesverhältnis*

1. *Materielles Recht*

Außerehelich ist ein Kind, dessen Eltern zu keiner Zeit zwischen Zeugung und Geburt miteinander verheiratet gewesen sind.

a) *Rechtsverhältnis zwischen Mutter und Kind*

Das außereheliche Kindesverhältnis zwischen der Mutter und dem Kind entsteht mit der Geburt. Eine spezielle Anerkennung des Kindes durch die Mutter ist nicht erforderlich. (Art. 290 Abs. 1 türk. ZGB)[62]. Das Kind folgt dem Stand der Mutter und erhält damit deren Familiennamen. Die Mutter hat für das Kind wie für ein eheliches zu sorgen, erhält aber nicht notwendigerweise die elterliche Gewalt.

b) *Rechtsverhältnis zwischen Vater und Kind*

Rechtsbeziehungen zwischen Vater und Kind können außergerichtlich (durch Anerkennung) oder durch gerichtliches Urteil hergestellt werden[63].

Der Vater oder – falls dieser verstorben oder dauernd urteilsunfähig ist – dessen Vater können das Kind (den Enkel) in öffentlicher Urkunde oder Verfügung von Todes wegen anerkennen (Art. 291 Abs. 1 türk. ZGB; Art. 303 Abs. 1 schweiz. ZGB)[64]. Die Anerkennung ist an keine Frist gebunden[65]. Mutter und Kind oder nach seinem Tode seine Abkömmlinge können die Anerkennung durch bloßen Einspruch beim Richter mit der Behauptung beseitigen[66], der Anerkennende sei nicht der Vater (bzw. Großvater) oder die Anerkennung sei dem Kinde nachteilig (Art. 293 türk. ZGB; Art. 305 schweiz. ZGB)[67].

Bundesrepublik Deutschland ist es am 11. 2. 1981 in Kraft getreten. Das Übereinkommen enthält keine Kollisionsnormen, sondern vereinheitlicht das materielle Adoptionsrecht, s. JAYME/HAUSMANN, 54 Fn. 1.

62 Das *CIEC-Übereinkommen über die Feststellung der mütterlichen Abstammung nichtehelicher Kinder* vom 12. 9. 1962 ist für die BRD, die Niederlande, die Schweiz und die Türkei in Kraft. Das Übereinkommen wurde durch Gesetz Nr. 578 vom 8. 4. 1965 ratifiziert; s. RG (Gesetzblatt), Nr. 12123 vom 11. 10. 1965. Näher NOMER, IPR, 250; TEKINALP, IPR, 163.

63 Näher FEYZIOĞLU, 588 f.; ANSAY/WUPPERMANN, StAZ 1974, 113 f.

64 Ein in Ehebruch oder Blutschande gezeugtes Kind kann nicht anerkannt werden (Art. 292 türk. ZGB; Art. 304 schweiz. ZGB). Näher ÖZTAN, 421 f.; FEYZIOĞLU, 600 f.; AKINTÜRK, 321 f.

65 Näher AKINTÜRK, 322.

66 Drittinteressenten, namentlich der Fiskus (trésor), müssen, um die Anerkennung zu beseitigen, direkt klagen, wobei sie nur geltend machen können, der Anerkennende sei nicht der Vater (bzw. Großvater) des Kindes oder die Anerkennung sei wegen Blutschande oder Ehebruch unzulässig. Näher AKINTÜRK, 329 f.

67 Will der Anerkennende an der Anerkennung festhalten, muß er den Einspruch durch gerichtliche Klage beseitigen (Art. 293 Abs. 2 türk. ZGB). Näher AKINTÜRK, 328.

Die Vaterschaftsklage ermöglicht drei Arten von Rechtsbegehren: Finanzielle Leistungen an die Mutter (Ersatz der Entbindungskosten, Unterhalt während mindestens je vier Wochen vor und nach der Geburt, Ersatz weiterer Auslagen infolge Schwangerschaft und Entbindung, in gewissen Fällen Genugtuung) (Art. 304–305 türk. ZGB; Art. 317–318 schweiz. ZGB), Unterhaltsbeiträge an das Kind (Alimentationsklage) (Art. 306 türk. ZGB; Art. 319 schweiz. ZGB), Zusprechung des Kindes an den Vater mit Standesfolge (Statusklage)[68].

Voraussetzung für die Gutheißung der Vaterschaftsklage ist in jedem Fall der Beweis der Vaterschaft. Diese wird vermutet, wenn der Beklagte der Mutter zwischen dem dreihundertsten und dem einhundertachtzigsten Tag vor der Geburt beigewohnt hat[69]. Die Klage kann schon vor der Geburt und muß innerhalb eines Jahres nach der Geburt eingereicht werden (Art. 296 türk. ZGB). Die Klage richtet sich gegen den Vater und nach dessen Tode gegen seine Erben (Art. 295 türk. ZGB).

Zur Zusprechung des Kindes mit Standesfolge ist überdies erforderlich, daß der Schwängerer die Beiwohnung durch besondere Beeinflussung erlangt hat, entweder, indem er der Mutter vor der Beiwohnung die Ehe versprochen hat, oder, indem er sich durch die Beiwohnung eines Verbrechens schuldig machte oder schließlich, indem er die ihm über die Mutter zustehende Gewalt (z. B. als Lehrer, Arbeitgeber) mißbraucht hat (Art. 305 türk. ZGB; Art. 318 schweiz. ZGB).[70]. Bei der Zusprechung mit Standesfolge tritt das Kind auch zum Vater in persönlich-familienrechtliche Beziehungen. Es erhält dessen Namen und Bürgerrecht (Art. 312 türk. ZGB). Ferner entsteht ein gegenseitiges Erbrecht zwischen Kind, Vater und väterlicher Verwandtschaft (Art. 443 türk. ZGB)[71].

68 Näher FEYZIOĞLU, 619 f.; ÖZTAN, 433 f.; AKINTÜRK, 330 f.

69 Die Vaterschaftsvermutung wird durch den Nachweis des Beklagten entkräftet, daß die Mutter z. Z. der Empfängnis einen unzüchtigen Lebenswandel geführt hat (Mehrverkehr der Mutter) (Art. 302 türk. ZGB; Art. 315 schweiz. ZGB). Die Vermutung der Vaterschaft fällt ferner weg, wenn der Beklagte Tatsachen beweist, die erhebliche Zweifel an seiner Vaterschaft begründen (Art. 301 türk. ZGB). Näher AKINTÜRK, 337 f.

70 Näher AKINTÜRK, 340–342. Früher war nach Art. 310 Abs. 2 eine Zusprechung ausgeschlossen, wenn der Vater z. Z. der Beiwohnung schon verheiratet war. Diese Vorschrift wurde durch Urteil des türkischen Verfassungsgerichts vom 21. 5. 1981 (RG [Gesetzblatt], Nr. 17438 vom 24. 8. 1981) aufgehoben.

71 Näher AKINTÜRK, 345 f.

2. *Anknüpfungsregeln*

a) *Rechtsverhältnis zwischen Mutter und Kind*

Nach dem IPR-Gesetz wird auf die persönlichen und vermögensrechtlichen Beziehungen zwischen einem nichtehelichen Kind und seiner Mutter das Heimatrecht der Mutter angewandt (Art. 17)[72].

b) *Rechtsverhältnis zwischen Vater und Kind*

Auf die Voraussetzungen und Wirkungen der Anerkennung und der Vaterschaftsklage wird das Heimatrecht des Vaters angewandt (Art. 17)[73]. Die persönlichen und vermögensrechtlichen Beziehungen unterliegen diesem Recht[74].

72 Näher Tekinalp, IPR, 148f.; Nomer, IPR, 251; vgl. *CIEC-Übereinkommen über die Feststellung der mütterlichen Abstammung nichtehelicher Kinder* vom 12. 9. 1962 (oben Fn. 62).

73 Das *CIEC-Übereinkommen über die Erweiterung der Zuständigkeit der Behörden, vor denen nichteheliche Kinder anerkannt werden können* vom 14. 9. 1961 ist seit dem 21. 7. 1965 für die Türkei in Kraft. Näher Tekinalp, IPR, 162 Fn. 41; ferner Nomer, IPR, 251. Das Übereinkommen ist auch für die Bundesrepublik Deutschland, Belgien, Frankreich, Niederlande und die Schweiz in Kraft getreten, s. Jayme/Hausmann, 49f.

74 Das *Haager Übereinkommen über das auf Unterhaltsverpflichtungen gegenüber Kindern anzuwendende Recht vom* 24. 10. 1956 ist in der Türkei in Kraft, vgl. RG (Gesetzblatt) Nr. 14052 vom 24. 12. 1971. Näher Tekinalp, IPR, 179f.; Nomer, IPR, 252. Das Übereinkommen ist auch für die Bundesrepublik Deutschland, Frankreich, Belgien, Italien, Japan, Liechtenstein, Luxemburg, Niederlande, Österreich, Portugal und die Schweiz in Kraft getreten; vgl. Jayme/Hausmann, 47f. Das *Haager Übereinkommen über das anzuwendende Recht in bezug auf die Unterhaltsverpflichtungen* vom 2. 10. 1973 ersetzte das Haager Übereinkommen von 1956. Das Haager Übereinkommen von 1973 ist von der Türkei ratifiziert worden; s. RG (Gesetzblatt) Nr. 17951 vom 6. 2. 1983. Näher Nomer, IPR, 252. Die Türkei hat auch *das Haager Übereinkommen über die Anerkennung und Vollstreckung von Unterhaltsentscheidungen* vom 2. 10. 1973 ratifiziert, RG (Gesetzesblatt) Nr. 17961 vom 16. 2. 1983. Näher Tekinalp, IPR, 187f.; Text bei *Jayme/Hausmann, 196ff.*

Abgekürzt zitiert werden: Akintürk, Aile Hukuku (Türkisches Familienrecht), 3. Auflage, Ankara 1978; Aksoy, Gutachten über türkisches Unterhaltsrecht, Amtsgericht Altena, 28. 10. 1980 (AZ 8 F 69/80), InfAuslR 1981, 148f.; Ansay, Zur Eheschließung nach türkischem Recht, StAZ 1974, 78–79; Ansay, Türkische Rechtsprechung zum internationalen Privatrecht 1945–1962, RabelsZ 28 (1964), 731–744; Ansay, Turkish – American Private International Law, 1966; Ansay/Rumpf, Ehelichkeitsanfechtung durch ein Kind nach türkischem Recht, StAZ 1982, 169f.; Ansay/Wuppermann, Das Vaterschaftsanerkenntnis in den türkisch-deutschen Rechtsbeziehungen, StAZ 1974, 113–123; Berki/Ergüney, Yabanalar Hukuku ve Kanun Ihtilâflari ile ilgili Karalarin Tahlil ve Izahlari (Analysen und Erklärungen der Gerichtsentscheidungen betreffend das Fremdenrecht und Gesetzeskollisionen), Ankara 1963; Boschan, Europäisches Familienrecht, 5. Aufl. 1972; Deschenaux/Tercier, Le marriage et le divorce, 1974; Feyzioğlu, Aile Hukuku (Familienrecht), 2. Aufl., Istanbul 1979; Göğer, Devletler Hususi Hukuku (IPR), 4. Aufl., Ankara 1977; Hegnauer, Grundriß des Eherechts, 1979; Hegnauer, Grundriß des Kindesrechts, 2. Aufl. 1983; E. Hirsch, Die Quellen des internationalen Privatrechts in der Türkei, Festschrift Hans Lewald, 1953, S. 245ff.; E. Hirsch, Die Gesetzgebung der Türkei auf dem Gebiete des Privatrechts 1939–1956, RabelsZ 23 (1958), 81–110; Jayme/Hausmann, Internationales Privat- und Verfahrensrecht, 2. Aufl. 1983; Kegel, Internationales Privatrecht, 4. Aufl. 1977; Krüger, Anfechtung der Ehelichkeit eines Kindes nach türkischem Recht, StAZ 1980, 2–5; Krüger, Eheschließung von Türken im Ausland, StAZ 1974, 60–63; Krüger, Nochmals: Eheschließung von Türken im Ausland, StAZ 1977, 187; Krüger, Das türkische IPR-Gesetz von 1982, IPRax 1982, 252–259; Krüger, Neues internationales Privatrecht in der Türkei, ZfRV 1982, 169–189; Nomer, Devletler Hususi Hukuku (IPR), 2. Aufl., Istanbul 1982; Otto, Zur Wirksamkeit der von Türken im Ausland geschlossenen Ehen, StAZ 1973, 283; Öztan, Aile Hukuku (Familienrecht), Ankara 1979; Raape/Sturm, Internationales Privatrecht, Band I: Allgemeine Lehre, 6. Aufl. 1977; Sakmar, Devletler Hususi Hukukunda Boşanma (Ehescheidung im IPR), Istanbul 1976; Sayman, Türk Devletler Hususi Hukukunda Evlenmenin Kuruluşu (Eheschließung im türk. IPR), Istanbul 1982; Seviğ, Türkiye Cumhuriyeti Kanunlar Ihtilâfı Kaidelerinin Sentezi (Synthese der Kollisionsnormen der Republik Türkei), Istanbul 1941; Seviğ/Nomer/Tekinalp/Sakmar, Devletler Hususi Hukuk Pratik Çalışmaları (Praktische Arbeiten zum IPR), 2. Aufl., Istanbul 1976; Tekinalp, Milletlerasi Özel Hukuk-Bağlama Kuralları (Internationales Privatrecht – Anknüpfungsregeln), 2. Aufl., Istanbul 1983; Tekinalp, Der türkische »Gesetzentwurf über internationales Privatrecht und Zivilrechtverfahrensrecht«, RabelsZ 46 (1982), 26–56; Tuor/Schnyder, Das schweizerische Zivilgesetzbuch, 9. Aufl. 1975; Uluocak, Des réformes en droit international privé turc, Bol. Min. Just. (Lisboa) Nr. 302 (Jan. 1981), 13–23; Uluocak, Kanunlar Ihtilâfı (Gesetzeskollisionen), Istanbul 1971; Vischer/v. Planta, Internationales Privatrecht, 2. Aufl. 1982.

The Child in Private International Law

PETER E. NYGH, SYDNEY

The purpose of this paper is to explore the possibility of developing a law of the child, i. e. a pre-determined legal system which would have priority over other relevant legal systems in cases where a conflict of laws or jurisdiction has to be resolved.

I propose to discuss first of all the various connecting factors which have been used in relation to children and then go on to see what role they traditionally play in relation to the most important questions of descent, support and child care before trying to summarize my conclusions in the final chapter. The discussion will be largely from the point of view of the Anglo-Commonwealth system. But there will be, from time to time, sideward glances both at the United States branch of the common law and the civil law systems of Western Europe.

I. THE PERSONAL CONNECTING FACTOR

1. Nationality

Until recently at least, nationality has been the most important connecting factor for most civil law systems. It determines legitimacy, the relationship between ex-nuptial children and their respective parents and custodial rights, see for instance Art. 18–23 EGBGB, and the age of majority: Art. 7 EGBGB. In contrast, nationality has not played a large part in the common law. In recent years it has come to be accepted to a certain extent e. g. in relation to jurisdiction in matrimonial causes following acceptance of the 1970 *Hague Convention on Recognition of Foreign Divorces*, but it still plays very little part in matters which affect children. Australian nationality of a child was however relied upon by WADDELL J. of the *New South Wales Supreme Court* in *Kelly* v *Panayiotou*[1], as a basis for exercising jurisdiction over an ex-nuptial child born

1 (1980) 1 NSWLR 15.

in Australia who had been taken by her Cypriot father to live with his relatives in Cyprus. This approach was endorsed subsequently by McLELLAND J. in *McManus* v *Clouter*[2], who after reviewing the authorities concluded:

> "... I am of the opinion that the prerogative jursidiction of this court is available in respect of a minor who is an Australian citizen within the meaning of the Australian Citizenship Act 1948, wherever he may be."

The claim is derived from the jurisdiction once exercised by the *Court of Chancery* in England as representative of the sovereign in its capacity as "parens patriae" over minors who were British subjects wherever within or without the Empire they might be residents[3]. But it must be pointed out that it has been doubted whether this principle of obviously feudal origins can be adapted to the needs of the individual succession states of the former British Empire[4].

The common law, whatever it may be, applies today only in relation to ex-nuptial children. Jurisdiction in respect of nuptial children is governed by sec. 39 (4) of the *Family Law Act* 1975 which allows the Australian courts to assume jurisdiction i. a. if either parent is an Australian citizen. Whether such a wide jurisdiction should in fact be exercised in respect of children resident abroad is another question which will be discussed later.

How effective is nationality as a connecting factor in relation to a child? For those countries who adhere to nationality, the connecting factor was a derivative one: in the case of a legitimate child the relevant law was the nationality of the father; if the father had died or the child was illegitimate the relevant law was the nationality of the mother, Art. 19 and 20 EGBGB. In the common law courts where the *jus soli* applies, it is possible for the nationality of parent and child to diverge. The *Australian Citizenship Act* 1948 gives in sec. 10 Australian citizenship to all who are born on Australian soil with the exception of the children of accredited diplomats. The child of an unnaturalised foreigner will be an Australian citizen. The grant of Australian citizenship under sec. 14 will normally include his children under the age of 16, sec. 14 (9).

There has however been a further diffusion of the effectiveness of nationality as a connecting factor by the increasing tendency to combine the *jus sanguinis* with the *jus soli* and to provide for nationality by descent from either parent. Thus the Australian Act in sec. 11 provides for Australian citizenship by descent in the case of a legitimate child if either parent is an Australian citizen and in the case of an ex-nuptial child if the mother is an Australian citizen at the time of birth.

2 (1980) 29 ALR 101, 117.

3 *Re Willoughby* (an infant), (1885) 30 Ch. D. 324.

4 See the remarks of POWELL J. in *A.* v. *B.*, (1979) 1 NSWLR 57 (62), and of WELLS J. in *Chignola* v. *Chignola,* (1974) 9 SASR 479 (487).

Hence dual nationality is a common occurrence. An illustration is seen in the case of *Nankervis and Mobasser*[5], which involved a child born of an Iranian father and an Australian mother in the United States. It had the nationality of all three countries involved. But he was in the care and control of his father's sister who lived in Switzerland and had been sent by her to a boarding school in England. It is obvious that in such a situation the law of the child's nationality is not a good indicator of the law which should determine his legal relationships.

There is also the problem of statelessness. This problem as well as the related problem of refugees has assumed greater importance since 1945. Australia, like the Federal Republic of Germany, is a party to the United Nations *Convention on the Avoidance of Statelessness* of 1961 and the Geneva *Convention on the Legal Position of Refugees* of 1951. The first-named Convention provides in Art. 1 for the applicability of the jus soli to children of stateless persons born in the territory of contracting states and the second Convention prescribes in Art. 12 that the personal law of a refugee shall be the law of the country of his ordinary residence or, failing that, the country of his presence. This provision has required legislation to amend the existing choice of law rules in those countries which adhere to the nationality principle. It has not been necessary to make any alteration to the rules which apply in common law countries. This supports the conclusion that a rigid adherence to the principle of nationality at least is unsuitable to present day-circumstances.

2. *Domicile*

Traditionally, domicile – like nationality – has been a derivative relationship between a legitimate child and its father on the one hand or an ex-nuptial child or orphan and his mother on the other. There was some support at common law for the proposition that a child's domicile might become dependent upon that of the mother if the parents were divorced and mother obtained custody[6]. But the idea that a child could have a domicile independent of either parent was only hinted at in *Re G.*[7] when WILSON J. said[8]:

> "... the true position may now be that a dependent person's domicile changes when his parents intend it to change and the change is for his benefit, irrespective of whether the domicile of the parent also changes."

5 (1983) FLC 91-326.

6 *Duncan* v. *Duncan*, (1963) NZLR 520, and in the United States *Miller* v. *Miller*, 231 A (2nd) 27 (1967).

7 (1966) NZLR 1028.

8 At p. 1031.

But in that case it was held that a child who was born in New Zealand of New Zealand parents but had been sent to an institution for mentally handicapped persons in Scotland permanently, still retained a New Zealand domicile.

The law relating to domicile has been reformed in Australia and New Zealand by legislation of which the *Domicile Act* 1982 *(Commonwealth)* is an example. Sec. 9 of that Act provides that the domicile of a child whose parents are separated, shall be that of the parent with whom the child has its "principal home", i. e. the United States position arrived at by judge made law in *Miller* v. *Miller.* This reform certainly avoids the absurdity whereby the personal law of a child was that of a parent who had abandoned his family. But it does not permit the child to acquire separate domicile even though he may be living in another country. Indeed, the section specifically provides that the child's domicile continues to be that of the parent with whom he has last lived till he attains majority. An interesting example is again seen in the case of *Nankervis and Mobasser* when looked at to determine the child's domicile. Unlike nationality, a child can only have one domicile. At common law that would have been the father's domicile wherever and with whom the child might be resident. Under the reformed principles, the child's domicile would still have been Iranian for the father was the last parent with whom he had lived. Even though he had been sent abroad to avoid the consequences of the revolution in Iran, as long as the father remained in Iran so did the child's domicile.

3. Residence

There have been three different terms used to describe residence: simple residence, ordinary residence and habitual residence. Is there any difference between the three terms?

"Residence" was in the past given a meaning which indicated a slightly stronger connection than mere presence. A tourist is not resident in the country through which he is travelling, but it was held that a person who came to a country for a specific purpose such as to adopt a child there, was resident in that country even though the stay took only 10 days[9].

More recent authority, however, has taken the view that "residence" requires a usual place of abode which is not fulfilled by a stay in a hotel room[10]. The meaning of "residence" differs only in emphasis from "ordinary residence" which makes clear that some greater degree of permanence is required. The latter term has now been authoritatively defined by Lord

9 *Re an infant,* (1973) QdR 116.
10 *Re an infant,* (1980) QdR 225.

SCARMAN in *Reg* v. *Barnet LBC, ex parte Nilish Shah*[11], as referring "to a man's abode in a particular place or country which he has adopted voluntarily and for settled purposes as part of the regular order of his life for the time being, whether of short or long duration".

"Settled purposes" His Lordship defined as including[12]: "Education, business or profession, employment, health, family, or merely love of the place ... all what is necessary is that the purpose of living where one does has a sufficient degree of continuity to be properly described as settled".

"Habitual residence" is the term commonly used in the English version of the Hague Conventions. Despite the attempt by LANE J. in *Cruse v. Chittum*[13], to give it a meaning which was stricter than "ordinary residence" it must now be accepted that the meaning is really the same. LORD SCARMAN in the *Shah* case[14] accepted LORD DENNING M.R.'s definition of "ordinarily resident" as meaning "habitually and normally resident". The *Australian Family Law Act* 1975 in sec. 4 (1) declares specifically that "ordinarily resident" includes habitually resident.

Assuming the identity of the three terms, how is the residence of a child determined?

Prima facie a child is resident with its parents. Temporary absences from that home for the purposes of holiday clearly do not affect that residence. It has been held that a young child who is sent to boarding school does not acquire a separate residence there[15]. However, more recently it has been held that a person who goes abroad for an education can acquire a residence in that country[16]. The fact that the child may return home for holidays does not affect the proposition that during study periods at least he is resident in that country.

An interesting question is whether the parents of a child who is not yet mature enough to form an independent will, can determine the residence of that child by sending it to live in another country. That issue arose in *Holden* v. *Holden*[17], where children of a very young age whose parents lived in the Australian state of Victoria were sent by their parents to live with relatives in New Zealand for an indefinite period. GOWANS J. held that the children were no longer ordinarily resident in Victoria.

If the parents are separated, the child's ordinary residence will be with the parent with whom he or she lives either by virtue of a custody order or by the consent or acquiescence of the other parent. But the custody cannot be

11 [1983] 2 WLR 16 at p. 26.
12 At p. 27.
13 [1974] 2 All E. R. 940.
14 At p. 25.
15 *L.* v. *L.*, (1959) VR 213.
16 *Reg* v. *Barnett LBC, ex parte Shah* at p. 27 per LORD SCARMAN.
17 (1968) VR 334.

changed by the unilateral act of the other parent such as kidnapping or improper retention after access[18]. The mere fact that the child is on access with the other parent in another country does not deprive him of his ordinary residence in the country of the custodial home[19].

Can a person have more than one ordinary residence at the same time? In theory that possibility is always open. However, even the rejection by the *House of Lords* in the *Shah* case of the "real home" test does not make this possibility any more likely. The student who attends university in country A and goes home to his parents in country B for vacation, is not resident simultaneously in both countries. He is resident seriatim in term times in country A and in vacation times in country B. As LORD WARRINGTON said in *Levene* v. *IRC*[20]: "A member of this House may well be said to be ordinarily resident in London during the Parliamentary session and in the country during the recess". Thus, the chances of a confusion of laws, whilst a possibility, is only a remote one.

More realistic is the chance of a vacuum. A waif or refugee may be without a home at all. The insistence of the *House of Lords* that legal presence is a prerequisite to acquiring the status of ordinary resident will mean that refugees who have no immigration status and are lodged in detention centres cannot be ordinarily resident in that country. Nor can a person who has been deported or driven from his previous home. The International Convention dealing with the Status of Refugees to which I have referred earlier, attempts to fill that gap by referring as a fallback position to any form of residence however short[21].

4. Presence

Sec. 39 (4) of the *Family Law Act* 1975 permits an Australian Court to assume jurisdiction with respect to the welfare of a child if that child is at the time of institution of proceedings present in Australia. In the United States, the *Uniform Child Custody Jurisdiction Act* permits a court which is not the court of the child's home state or has another significant connection with the child or its parents to assume emergency jurisdiction over a child who is present within the jurisdiction.

Presence is a pure test of fact. It exists independently of volition, age, parental residence or presence or any of the other factors earlier referred to. It

18 *Re P (GE) (an infant)*, [1965] Ch. 568 at p. 585 per LORD DENNING M. R.

19 *Zwillinger* v. *Schuloff*, (1963) VR 407.

20 (1928) AC 217, 232.

21 Art. 12 of Geneva Convention of 1951, and semble, however involuntary, *Keil* v. *Keil*, (1947) VLR 383.

may be brought about by the very act complained of, namely the abduction of a child into the jurisdiction or its improper retention there.

The presence of a child is a jurisdictional factor which no court can ignore. It must come to some decision concerning the child even if that decision is to send it back to the country of its nationality, domicile or residence. But it is not normally a proper basis for the application of law, except for those rules which are universal and fundamental concerning the safety and well-being of the child.

II. The Law Determining the Existence of the Parent-child Relationship

Not so long ago this chapter would have been entitled "The law determining legitimacy". Today an increasing number of countries have replaced legitimacy as the test of legal kinship with that of natural descent thereby providing for the total equality of both nuptial and ex-nuptial children. The process started in New Zealand with the *Status of Children Act* 1969 and was followed in each of the Australian States in the next decade. In Europe the principle of equality is now found in the *European Convention on the Legal Status of Children Born Out of Wedlock* of 1975 and legislation in most European states which provide, at least partially, for the equality of rights between nuptial and ex-nuptial children[22].

To what children does the principle of equality apply? There has not been any decision in common law countries to my knowledge.

One simple answer is that if the question of the child's entitlement is to be determined for the purposes of the law of the country which has abolished the distinction between legitimate and illegitimate children, that law is to prevail. Thus the *Compensation to Relatives Act* 1897 of the State of New South Wales permits relatives of a person killed as the result of the wrongful act of the defendant to recover damages. Provided the defendant can be sued in New South Wales such a claim can be brought even though the accident occurred outside New South Wales and the relatives all live outside that State[23]. Relatives includes children and that word must by virtue of sec. 6 (1) of the *Children (Equality of Status) Act* 1976 *(NSW)* be read to include ex-nuptial children. If a foreign worker died as a result of an accident leaving children who were illegitimate by the law of his nationality and domicile and not entitled to make any claim for compensation under that law, a New South Wales court would still have to treat them as "children" for the purposes of the New South Wales Act. The same would apply to the distribution of an estate governed by New South Wales law.

22 Meulders/Klein, Cohabitation and Children in Europe, 29 (1981) Am. J. Comp. L. 359.
23 *Kolsky* v. *Mayne Nickless Ltd,* (1970) 72 SR (NSW) 437.

The more difficult question is what notice a country which still maintained a distinction would take of the abolition of the distinction between legitimate and illegitimate children. That, it can be argued, is a matter for the personal law governing the relationship between each parent and child. Thus the law of the domicile or nationality of the father at the relevant time would determine the right of the child vis à vis the father, and that of the mother the same as regards the mother: in *Re MacDonald*[24], an Ontario court gave effect to Mexican law which had removed the legal consequences of illegitimacy from children who had been recognised by their fathers as their children, the father in question being domiciled in Mexico at that time.

The necessary relationship can be established in various ways:

1. Biological Evidence

This is simply evidence that a child was physically born of a mother or, in the case of paternity, evidence in the form of blood tests and the like. The acceptance of such evidence will depend on the law of the forum.

2. Presumption of Descent Through Marriage or Co-habitation

The traditional common law rule that a child born or conceived during wedlock is presumed to be the child of the mother's husband has been restated in sec. 10 (1) of the *Children (Equality of Status) Act* 1976 *(NSW)* as a proposition that a child born during or within 10 months of the marriage is presumed to be the child of the mother's husband. A new rule in sec. 10 (3) provides that the man who co-habited with the mother at the time of conception is presumed to be the child's father. New South Wales courts would apply these provisions to children born abroad of foreign parents if their status was relevant to New South Wales law.

3. Admission and Acknowledgement of Paternity

This is another way in which descent may be acknowledged by deed or registration under sec. 11 of the New South Wales Act. It has to be in a certain form and this may prevent foreign acknowledgements from becoming effective under New South Wales law. Otherwise the same principle applies: if the question is one of status for the purposes of New South Wales law, the personal law of the child is irrelevant.

24 (1964) 44 DLR (2d) 208.

However, if the acknowledgement is relied upon to give rights under foreign law, it is the law of the domicile of the relevant parent which determines the effect of the declaration or registration[25].

4. *Declaration by a Foreign Court*

A declaration of paternity or maternity as such is not an institution found traditionally in common law countries. It has been introduced by legislation such as the *NSW Children (Equality of Status) Act* 1976, sec. 13 and sec. 15. Prior to that a finding of paternity was an essential part of affiliation proceedings whereby the natural father could be obliged to support his ex-nuptial offspring. A hint of a status approach is seen in certain early English decisions such as *R* v. *Blane*[26], that jurisdiction could only lie to make a determination of paternity if the child were born or had his domicile of origin within the jurisdiction. But this has now been overruled by the *Court of Appeal* in *R* v. *Bow Road Justices ex parte Adedigba*[27], which has held that it is sufficient if the parents and the child are all resident in England at the time of institution of the proceedings even though the child was born abroad of a foreign mother.

The only decision I have been able to find dealing with the recognition of a foreign paternity declaration is the English case of *Re Macartney*[28], where a declaration of paternity had been made in Malta against the estate of a deceased Englishman who had lived in Malta prior to his death and whose Maltese girlfriend had given birth to a posthumous child there. On the test of *R* v. *Blane* the child was born in Malta and through his mother had a domicile of origin there. ASTBURY J. characterised the order as a decree *in rem* insofar as it determined the status of the child, but refused to recognise the accompanying obligation under Maltese law to pay maintenance out of the estate as an obligation enforceable against the deceased's English assets. That deprived the abstract recognition of status of any real effect in English law.

It might be said that at common law a declaration of paternity, like an acknowledgement of paternity, only will be recognised as creating a legal relationship between a child and a parent if it does so under the law of the domicile of that parent at the relevant time. What that relevant time is, is not certain, but the analogy with legitimation would suggest that it was the time of the declaration or acknowledgement.

But this only applies if the declaration of paternity is relied upon to assert rights derived from foreign law. If it is asserted that a child is to be treated as

25 *Re MacDonald.*
26 (1849) 13 Q. B. 769.
27 [1968] 2 Q. B. 572.
28 [1921] 1 Ch. 522.

descended from his natural father or mother for the purposes of New South Wales law, the statute provides for the recognition of paternity declarations in other Australian states or in New Zealand under similar legislation: sec. 12 (6), or in specified overseas countries: sec. 12 (5). This may, regrettably, be interpreted so as to exclude recognition of orders made in other countries.

5. *Legitimation*

Here we return to well-known territory. The traditional approach of the common law was to require that the legitimation be effective under the law of the father's domicile both at the time of the birth of the child and the subsequent act of legitimation, whether that be marriage of the parents, recognition by the father or royal decree[29]. The origin of that somewhat absurd rule was the English insistence that bastardy is indelible and consequently that a child born with an English domicile of origin had to remain in that situation throughout its life for fear that subsequent changes in the personal law would upset the settled order of inheritance of the peerage and gentry.

That ancient rule has now been abolished by statute in relation to legitimation by subsequent marriage[30] and it has been ignored where legitimation is effected by statute[31]. The relevant time at which the domicile must exist is the time when the act relied upon as giving rise to the legitimate status took place. In *Heron's* case a statute passed in 1959 in England granted legitimated status to children born in adultery but whose parents had afterwards married each other. The marriage had taken place in 1938 when the father was domiciled in England. By 1959 he had left England to live in France. 1938 was treated as the relevant date. Indeed, the father may well have died by the time the legitimating act was passed[32].

Legitimation by subsequent marriage is permitted by Australian law under sec. 89 of the *Marriage Act* 1961. By virtue of sec. 89 (3) that rule applies (a) when the father was domiciled at the time of the subsequent marriage in Australia wherever the marriage may have taken place, and (b) where the subsequent marriage took place under Australian law, whatever may have been the domicile of the parents at that time. The domicile rule is the primary rule, but the missionary fervour of the legislator extends to the benefit of all who avail themselves of Australian marriage rules.

29 *Re Luck's Settlement Trusts*, [1940] Ch. 864.

30 See the Australian Marriage Act 1961, sec. 90 (2).

31 *Heron* v. *National Trustees Executors and Agency Co.*, (1976) 10 ALR 593.

32 *Re Hagerbaum*, (1933) IR 198.

Sometimes the law regards children as legitimate even though born out of wedlock. In Australia sec. 91 of the *Marriage Act* 1961 provides that children of void marriages shall be deemed to be the legitimate children of their parents, if either parent at the time of marriage reasonably believes the marriage to be valid – the so-called putative marriage. This rule by virtue of sec. 91 (2) applies if either parent was domiciled in Australia at the time of birth.

There is no recognition provision in the Act, but the English decision in *Hashmi* v. *Hashmi*[33], supports the proposition that an English court will regard children of a marriage which is void as the legitimate issue of both parents if the children are regarded as legitimate by the law of the father's domicile at birth.

This raises the interesting question: why in this day and age should it be the father's personal law which determines the relationship? The traditional answer has been that legitimacy is a relationship with the father which gives his name, wealth and support to the child. Some text writers such as DICEY/MORRIS[34] have on the basis of the ancient decision in *Shaw* v. *Gould*[35] argued that the personal law of each parent must combine to give the child legitimacy. The alternative view to allow the personal law of each parent alone to confer legitimacy as regards the child, has not been canvassed, nor has the proposition that the relevant law should be one related to the child itself.

6. *Adoption*

In adoption, the common law at first displayed the same split approach as in legitimation: the lex fori has been applied vigorously to permit the adoption of children physically present within the jurisdiction without regard to their personal law[36], even to the point of ignoring the requirements of consent imposed by that law[37]. Contrast Art. 5 of the *Hague Convention on Adoptions* of 1965 which requires the application of the national law of the child to the question of consent.

At the same time there has been an initial reluctance to recognise adoptions effected abroad. Some judges have refused to recognise foreign adoptions at all[38]. Others required both the adopting parents and the child to be domiciled in the country of adoption at the time the order was made[39]. Finally LORD

33 (1972) Fam. L. R. 36.
34 10th edition, rule 62 (2) at p. 456.
35 (1868) LR 3 H. L. 55.
36 *Re B (S) an infant*, [1968] Ch. 207 at p. 212 per GOFF J.
37 *Re Leduc*, (1961) 25 DLR 2d 680.
38 *Re Wilson*, [1954] 1 Ch. 733.
39 *Re an infant*, (1934) 34 SR (NSW) 349.

Denning *M. R.* in *Re Valentine's Settlement*[40] suggested that the domicile of the adopting parent and the residence of the child in the country of adoption would suffice.

These uncertainties have been resolved by legislation in Australia and New Zealand. In Australia the Adoption Acts now require only that the adoptor or each of the adoptors be resident or domiciled in the country of adoption at the time the legal steps that resulted in the adoption were commenced. As mentioned earlier, residence was given a very wide interpretation at first to include a ten-day stay in a hotel in Jakarta[41]. Later decisions have made the requirements more stringent by insisting on a "usual place of abode"[42], which must be shared by both adoptors[43]. This approaches the requirement of Art. 3 of the *Hague Convention on Adoptions* that both adoptors must be habitual residents of the state of adoption.

But unlike the Hague Convention the child's personal law is left out of account. Presumably prospective adoptors could take a child to an adoption haven of which there are several in the West Pacific area. Provided they are habitually resident there at the time, the adoption will be effective.

To summarize, the relationship between a child and a parental figure (to use a neutral term to include adoptions) is determined by the law of the parent, not the child. If the child is ex-nuptial it is the personal law of the parent with whom a relationship is sought to be established. If the child claims legitimacy, this is determined by the personal law of the father. If the child is adopted, the personal law of both adoptors is predominant.

III. Support

1. Governing Law

The obligation of a parent to support his or her child is universal. But the rules may vary as regards the degree to which each parent is liable, the length of period for which a person may be liable, and whether persons other than parents are liable. The common law has been very insular in this regard. It has only applied its own standards which are basically that only the parents are liable and that, with very few exceptions, a maintenance order can only operate during the minority of the child and the lifetime of the parent obliged

40 [1965] 1 Ch. 831 at p. 842, 843.
41 *Re an infant,* (1973) QdR 116.
42 *Re an infant,* (1980) QdR 225.
43 *Re C.,* (1979) 25 ACTR 43.

to pay. Foreign laws and judgements based thereon which depart drastically from those standards have been denied recognition as being contrary to public policy[44]. That policy has been maintained by statute: Regulation 143 of the *Australian Family Law Regulations* lists Malta as a country with restricted reciprocity where maintenance orders can only be enforced in Australia if they correspond with orders which an Australian court can make.

Until legislation extended the jurisdiction of common law courts, the obligation to support children was confined to children resident within the jurisdiction[45]. In that case a conflict of laws can generally be avoided, unless enforcement of a foreign order is sought.

But recent legislation such as sec. 39 (4) of the *Australian Family Law Act* 1975 has extended the jurisdiction to cover cases where either parent is an Australian citizen or is present in Australia or the child is present in Australia at the date of institution of proceedings. In theory, this is an extremely wide jurisdiction and would allow an application to be made in respect of a child who at all times is resident abroad. If the father is resident in Australia, such an application may be a real possibility. Yet, I have very little doubt that the support obligation would be measured exclusively according to Australian law.

To summarize: at an early time jurisdictional constraints ensured that the applicable law coincided with the law of the child's residence. But this was never applied as such and the extension of jurisdiction has left the lex fori unfettered.

2. *The Hague Conventions*

There are a number of Hague Conventions dealing with support obligations. The earliest of these is the Convention of 1956 dealing specifically with the law applicable to determine the duty to support a child. It is followed by the 1958 Convention which deals with the enforcement of child-support judgments and the two Conventions of 1973 dealing respectively with the enforcement of maintenance and support judgments generally and the law applicable to the obligation to maintain and support wives and children. We are not here concerned with the question of enforcement as such.

The 1956 Convention has had considerable success. It has been ratified by the Federal Republic of Germany, Belgium, France, Italy, Japan, Liechtenstein, Luxemburg, the Netherlands, Austria, Portugal, Switzerland, Spain and

44 *Re Macartney*, [1921] 1 Ch. 522, where an order for lifetime support made in Malta was denied recognition.

45 *Renton* v. *Renton*, [1918] 25 CLR 291 at p. 299 per ISAACS J.

Turkey. The scheme of that Convention is very simple: the primary rule is that the law of the child's habitual residence from time to time determines the right and extent of support (Art. 1). The law of nationality can only be applied by a contracting state if a claim is brought before the authority of that state, both the defendant and the child have the nationality of that state and the defendant is habitually resident within that state (Art. 2). The lex fori, including its choice of law rules, may only be applied if the law of the habitual residence of the child refuses it any right to support.

The 1973 Convention which dates from the period after common law countries took an active part in the Hague Conferences, reasserts in Art. 4 the primary rule of the habitual residence of the maintenance creditor, a term expressed to cover both the child and the adult claimant. If that law does not permit recovery, the law of the common nationality of the creditor and debtor can be invoked (Art. 5). If that also fails, the court can fall back on its own internal law (Art. 6).

Finally, there is a reservation under Art. 15 of the Convention allowing a state to apply its own law as the law of the nationality if both parties are its nationals, and the debtor is habitually resident in its territory.

Both Conventions represent a considerable move away from the application of the law of nationality. However, as we have seen, the common law has at the same time moved away from the law of the residence of the child to an even wider jurisdiction.

3. The Australian Enforcement Rules

The enforcement rules which are found in Australia in Part XVI of the *Family Law Regulations* give only indirect guidance as to the existence or assumption of common law rules. Unlike the Hague Conventions of 1958 and 1973 they do not require any jurisdictional nexus between the creditor and/or the debtor and the jurisdiction in which the order is obtained. That is left entirely to the internal law of the country with which a reciprocal arrangement for mutual enforcement has been made. There are of course requirements which are designed to ensure due process.

The only rule approaching the character of a choice-of-law provision is found in regulation 146 which allows the defendant to an overseas provisional order which has been registered in Australia to raise defences applicable both under the law of the country in which the order was made or under Australian law. A provisional order is an order made against a defendant resident abroad. There is a great practical likelihood but no legal requirement in most of the jurisdictions between which the arrangement applies, that the applicant should be a local resident. The registration of an order in Australia is only possible if the registering authority has reason to believe that the defendant is resident in Australia. The effect of the legislation is to ensure that a debtor who is resident in Australia at the time of the hearing abroad, can limit his or her liability by reference to Australian law. If he or she was resident in the country of origin at the time of the hearing, the order cannot be resisted by reference to Australian law unless the country is one of restricted reciprocity and the order is of a kind which an Australian court cannot make.

IV. CHILD CARE

For common lawyers there is no choice of law in relation to child care in the sense that a particular legal system such as that of the child's domicile or residence is given any particular preference.

The jurisdiction of English courts derives its origins from the feudal past. The basis of the jurisdiction was the Crown as *parens patriae*, a function which was eventually delegated to the *Court of Chancery*. That concern for children was not originally based on humanitarian grounds, but on the desire of the Crown to exact its feudal dues especially from wealthy infants. It was based on the child's allegiance to the Crown, a concept which pre-dates modern notions of nationality. Originally it was strictly territorial in scope: persons within the realm owed the King their allegiance, persons without did not, a useful concept when some Lords held lands from both the Kings of England and of France. Later as the British Empire expanded, the jurisdiction was extended to cover all who were born within the King's many dominions, wherever they might be.

The result is that an English court can exercise jurisdiction on the ground of physical presence over an infant of foreign nationality and ordinary residence[46], over an infant of British nationality who is ordinarily resident abroad[47], over a stateless child travelling on a British travel document abroad[48], and over a child who was ordinarily resident in England immediately prior to his or her abduction from that country[49].

The courts may decline to exercise jurisdiction over a child who is resident abroad and on occasion they have done so[50]. But they will not generally speaking do so if the child was abducted from the jurisdiction even if the child

46 *Dawson* v. *Jay*, (1854) 43 ER 300.
47 *Re Willoughby*, (1885) 30 Ch. D. 305.
48 *Re P (GE) (an infant)*, [1965] 1 Ch. 568.
49 *Re P (GE)*.
50 *Szintay* v. *Szintay*, (1956) 73 WN (NSW) 330.

is a citizen of the country to which it has been taken and proceedings have been instituted there[51]. Even if the child is ordinarily resident abroad, courts have at times found excuses to assume jurisdiction. Thus in *In the Marriage of Ding*, an Australian court assumed jurisdiction over the child of an Australian mother and Malaysian father who had remained with his father in Malaysia after the mother had left on the ground that the child possessed Australian nationality.

By the same token English courts asserted their territorial supremacy against foreign guardians and custodians. A guardian appointed by the law of the children's domicile has a prior claim to appointment by an English court[52], but the claim is ineffective unless confirmed by an English court[53]. It may be ignored at the discretion of the English court which may appoint a different person as a local guardian if it so desires[54]. English courts have always imposed strict territorial limits on supervision by persons appointed by foreign courts and tribunals such as the committal of persons to state custody, deprivation of parental power or the appointment of curators[55].

In relation to foreign custody orders the common law courts have invoked the rule that the welfare of the child is the paramount consideration to justify the assumption of jurisdiction on the merits over a foreign infant which has been taken into the jurisdiction. The leading case within the Commonwealth is still the decision of the *Privy Council* in *McKee* v. *McKee*[56], which states[57], that a foreign custody order by a court of competent jurisdiction "has not the force of a foreign judgment: comity demands not its enforcement, but its grave consideration".

Whilst that principle still stands, English courts have in recent years modified it by ordering the summary return of children abducted from their ordinary residence. The leading case is the decision of the *Court of Appeal* in *Re T (infants)*[58], where an English-born mother had taken the children from their Canadian home before the Canadian father had any knowledge of the impending separation. The court held that "these children belonged to Canada and other things being equal, there they should go", without a full investigation of the merits of the case. That decision was followed in Australia in *Re*

51 *Re P (GE).*
52 *Nugent* v. *Vetzera,* (1866) LR 2 Eq. 704.
53 *Re Hellmann's Will,* (1866) LR 2 Eq. 363.
54 *Re Willoughby (an infant).*
55 *Re Langley's Settlement Trusts,* [1962] Ch. 541.
56 [1951] A. C. 325.
57 At p. 365.
58 [1968] Ch. 704.

Kress[59] where the child was returned to its German home and in the case *In the Marriage of Reihana*[60] where New Zealand children were sent back.

But the principle has not been uniformly applied. It lies in the discretion of the judge and in one recent Australian case[61] the court dismissed the argument that the child should be returned to its Norwegian home by saying that kidnapping was a matter which merely went to the question of justice as between the parents, but was not relevant to the issue of the welfare of the child. A similar approach was taken by the English *Court of Appeal* in *Re C (minors)*[62]. There is therefore, at best, an acceptance of an inchoate principle that the country of the child's ordinary residence should have paramountcy. That acceptance is also obvious in the definition of "home state" under the American *Uniform Child Custody Jurisdiction Act* which no doubt is fully discussed in BRUCH'S article[63].

The bilateral arrangements between Australia and New Zealand are not based on any jurisdictional principle. The provision of sec. 68 of the *Australian Family Law Act* 1975 and sec. 22C of the *New Zealand Guardianship Act* 1968, as amended in 1979, which are virtually identical, represent in fact an agreement to trust one another's courts. Only the jurisdictional prerequisites of each country apply which allow the courts of each country to assume jurisdiction over children ordinarily resident in the other because either parent is ordinarily resident or the child is present within the jurisdiction[64].

The great difficulty in devising any scheme for the division of jurisdiction in matters of custody has been to accommodate the principle that the welfare of the child is the paramount consideration. For instance in the New Zealand case of *D.* v. *D.*[65] the New Zealand judge, after holding that an Australian custody order met the requirements for registration and enforcement in New Zealand under the bilateral scheme, held that the rule that the child's welfare was paramount overrode the obligation to enforce. After conducting a hearing on the merits of the dispute, he concluded that the welfare of the children required that they remain in New Zealand and consequently refused to enforce the Australian order.

The reasoning of the Australian court in *Schenck*[66] although this did not involve a New Zealand order, betrays a similar failure to distinguish between

59 (1976) 2 Fam. L. R. 320.

60 (1980) 6 Fam. L. R. 134.

61 *In the Marriage of Schenck*, (1981) 7 Fam. L. R. 170.

62 [1978] 2 All E. R. 230.

63 Below p. 405.

64 Sec. 5 of the New Zealand *Guardianship Act*, sec. 39 (4) of the Australia *Family Law Act* 1975 as amended by the *Family Law Act Amendment Act* 1983.

65 (1981) 1 DCR 213.

66 See page 390 note 61.

the question of what court should have jurisdiction and the quite separate question of determining the merits of the dispute. The rule that the child's welfare is paramount is not controlling as regards jurisdiction. The schemes such as the Australia/New Zealand one, which do not deal with the question of jurisdiction may help to confuse that issue.

The civil law appears to have moved from the nationality principle embodied in the 1902 Hague Convention to the principle that the primary law is the law of the child's habitual residence as found in Art. 1 of the Hague *Convention on the Law Applicable to the Protection of Minors* of 1961 which is in force in several European states. The country of the child's temporary residence may under Art. 4 intervene in emergency situations.

The merger of the two strands can be seen in the 1980 Hague *Convention on the Civil Aspects of International Child Abduction* which Australia proposes to ratify. That Convention is clearly based on the proposition that the determination of the custody of the child shall be the prerogative of the child's ordinary residence as it existed prior to abduction or its improper retention and there is an obligation to return the child summarily to that jurisdiction without an investigation of the merits, Art. 16, subject only to the relatively narrowly defined exceptions in Art. 13.

Only if no proceedings are instituted for the recovery of the child within 12 months and the child in the meanwhile acquires a new settled home, will the latter residence prevail over the earlier.

V. IS THERE A LAW OF THE CHILD?

By this question is meant whether there is a general principle whereby a particular legal system is generally determinant of the status, rights and obligations of or towards a child. To any such principle there must of necessity be exceptions safeguarding the right of any state to intervene to preserve the best interests of the child.

Once it could be said that the law of the domicile in common law countries and the law of nationality in most civil law countries performed that role. At common law that certainly was and to some extent still is true with respect to questions of status such as legitimacy, but it was never true in relation to support and child care. Here the law was strictly territorial, dealing with children within the jurisdiction but giving little or no effect to rights acquired outside the jurisdiction.

I have sought to show that the connecting factors of domicile and nationality are each defective because, apart from their inherent defects, they are really connecting factors to a parent and do not necessarily relate to the child. Even the recent reforms of the law of domicile in Australia and New Zealand which certainly have weakened but not entirely removed the predominant role of the father, still leave a situation where a child may have a parental domicile which has no bearing on its current situation and may be subjected to a law which may have no real relevance, as is illustrated by the facts of *Nankervis and Mobasser*.

Presence is clearly too anarchic a connecting factor to be relied upon. That leaves ordinary or habitual residence. The rules by which the ordinary residence of a child is determined are not yet completely defined. Although the residence must be voluntary, it is not possible for a young child to exercise a free will until it is emancipated either by reaching the age at which the custody order ceases to operate or by marriage. A child will normally be resident with its parents and, if they are separated, with that parent who has custody or factual care and control, provided the latter is exercised with the acquiescence or consent of the other parent. A change of ordinary residence cannot be effected by an abduction or an improper retention[67]. A child can however have an ordinary residence separate from that of its parents if by their mutual decision they send the child to live indefinitely in another country. The person who has legal custody has the right to determine the child's place of residence[68]. Thus the Iranian father in *Nankervis and Mobasser* in sending his child to his sister in Switzerland to live, clearly determined that child's ordinary residence in Switzerland. Similarly the guardian of an orphan can determine the child's residence.

It cannot be denied that there may be uncertainties: Thus in *Nankervis and Mobasser* it may have been open to argument whether the boy's ordinary residence was in England where he attended boarding school or in Switzerland where his aunt lived and where he spent his holidays. Or even whether he was ordinarly resident in both countries. But it certainly was not in Iran even though his father had continued to live there after the revolution, nor would Iranian law have been very helpful to resolve the issue of custody.

Another interesting issue is what the ordinary residence would be of a child who has run away and whether a distinction should be drawn between the child who is actively sought by his parents and the waif who is actually abandoned. A child who is an illegal immigrant cannot obtain ordinary residence, nor can a child who still waits for admission in a detention centre. But what about the multitude of refugees who live in camps close to the border of their war-torn home, as do the Kampuchean refugees in Thailand?

There is also a danger that terms such as *ordinary* or *habitual* residence may be given different meanings in different legal systems. There have been few

67 *Re P (GE)*.

attempts, if any, by common law courts to take account of interpretations of the terms in other legal systems. But this is a problem which can be overcome[68].

There may be some reluctance to make the status of a child dependent on such an easily moveable connecting factor. But the question of status per se is becoming less relevant with the abolition in many countries of the distinction between legitimate and illegitimate children. It is a question of enforcement of rights against biological parents. Those rights are conferred by other laws with their own conflictual rules. The determination of biological descent is largely a question of evidence. In adoption as we have seen, there is now a greater acceptance that the adoption should be valid according to the law of the habitual residence of the adoptors at the time of adoption. This is a departure from the general movement towards a law of the child, in that it stresses the law of the adopting parents. The Hague Convention at least gives the national law of the child a vetoing role by requiring that consent be given in accordance with that law: the common law gives it no role at all. However, consideration should be given to making validity of an adoption depend on the ordinary residence of the child. There is a need to co-ordinate the law relating to changes in custody with that relating to adoption, as it is easy to use the law of adoption to defeat the natural custodial rights.

Finally it must be acknowledged that where the care of children is concerned, there must always be an emergency power to deal with children who are physically present within the jurisdiction. It should, as in the American *Uniform Child Custody Jurisdiction Act*, be an emergency power only to allow interim arrangements to be made subject to full investigation by the proper home jurisdiction. Similarily, in relation to support there must be an emergency power to order support if such rights are denied or are inadequate under the law of the ordinary residence. Care should be taken not to return to old rigidities. But subject to those considerations, ordinary or habitual residence is a useful and flexible concept which appears to have gained considerable international support.[69]

68 Art. 5 (9) of the 1980 Hague Convention.

69 See the excellent work by SUMAMPOUW, Les Nouvelles Conventions de la Haye, Vol. I, 1976, Vol. II, 1980.

Neue Ansätze im internationalen Privatrecht: Das interlokale und internationale elterliche Sorgerecht

CAROL S. BRUCH*, DAVIS/KALIFORNIEN

In vielen Rechtsgebieten werden kollisionsrechtliche Streitigkeiten entweder durch vorbeugende Planung ausgeschlossen oder deshalb nicht vor die Gerichte gebracht, weil die Anwälte gewandt genug sind, den Rechtsstreit durch einen Vergleich beizulegen oder die andere Seite auszumanövrieren. Im elterlichen Sorgerecht hingegen gibt es kaum eine vorbeugende Planung zur Vermeidung von interlokalen und internationalen Problemen, so daß fortwährend Fälle auftauchen, die die kollisionsrechtlichen Streitfragen in ihrer ganzen Vielfalt zeigen.

Die praktische Bedeutung des Problems ist groß. Allein in den Vereinigten Staaten haben im Zeitraum von September 1980 bis November 1982 243 veröffentlichte Entscheidungen Probleme des interlokalen und internationalen Sorgerechts berührt. Dies ist natürlich nur die Spitze des Eisberges, da nur wenige Fälle in die Berufungsinstanz gelangen und einige amerikanische Einzelstaaten nur wenige untergerichtliche und nicht alle obergerichtlichen Entscheidungen veröffentlichen.

Diese 243 Fälle werfen eine Anzahl von Problemen auf. In einigen Fällen stellt sich die Frage, ob das Gericht für den Erlaß einer Erstentscheidung überhaupt zuständig ist. In anderen Fällen wird eine Sorgerechtsregelung beantragt, die im Widerspruch zu einer anderswo ergangenen Entscheidung steht und bei denen die Wirkung der Erstentscheidung streitig ist. Außerdem gibt es Fälle widersprüchlicher Entscheidungen der Gerichte verschiedener Einzelstaaten, über deren jeweilige Wirksamkeit und Vollstreckbarkeit gestritten wird.

Nicht alle diese Fälle betreffen Kindesentführungen oder Zurückbehaltung eines Kindes nach einem Besuch und führen zu einer Entscheidung darüber,

* Herr Peter Kleinschmidt, LL. M. (Berkeley), fertigte die Übersetzung aus dem Englischen an, mit Unterstützung von Herrn Prof. Dr. Friedrich K. Juenger, Herrn Prof. Dr. Edgar Bodenheimer und Herrn Dr. Rainer Hüsstege. Die Verf. möchte ihnen ihren herzlichsten Dank aussprechen.

wer das Kind großziehen wird. Oft unterrichtet ein Elternteil den anderen frühzeitig von einer bevorstehenden Wohnsitzverlegung. Solche Fälle sind zwar weniger dramatisch, aber sie werfen ähnliche Streitfragen hinsichtlich der Zuständigkeit der Gerichte und der Vollstreckung von Entscheidungen auf.

Mein heutiges Thema berührt beide Fallkategorien. Da jedoch die Mängel des früheren Rechts im Bereich der Kindesentführungen besonders deutlich hervorgetreten sind und in den letzten Jahren die Häufigkeit der Kindesentführungen sprunghaft zugenommen hat, werde ich mich auf dieses Gebiet konzentrieren. Ich werde untersuchen, inwieweit Probleme des elterlichen Sorgerechts das traditionelle Kollisionsrecht in Frage gestellt haben und zunehmend sowohl in der Gesetzgebung als auch im Rahmen internationaler Übereinkommen nach neuen rechtsschöpferischen Ansätzen drängen.

A. Die frühere Rechtslage

Der frühere Rechtszustand und die Unwilligkeit oder Unfähigkeit öffentlicher Institutionen, bei der Auffindung des Kindes Beistand zu leisten, sowie die finanzielle Belastung durch die Inanspruchnahme von Detektiven und Anwälten haben den ohne Kind zurückbleibenden Elternteil stark belastet.

Bei der Vollstreckung von Entscheidungen außerhalb des Hoheitsgebietes, in dem sie ergangen sind, wird traditionsgemäß danach unterschieden, ob die Vollstreckung in einem anderen Teilrechtsgebiet desselben Landes stattfindet, wie z. B. zwischen Bundesstaaten der USA, oder ob es sich um einen internationalen Fall handelt. In den Vereinigten Staaten z. B. konnte bis vor kurzem jedes zuständige Gericht wegen der Möglichkeit, Sorgerechtsentscheidungen bei Nachweis veränderter Umstände jederzeit abzuändern, die Rechtslage neu prüfen. Die Veränderung irgendwelcher Umstände konnte fast immer als Vorwand herangezogen werden, um den Sachverhalt einer neuen rechtlichen Prüfung zu unterziehen, z. B. wenn ein Elternteil oder das Kind nach der Erstentscheidung in einen anderen Staat gezogen waren. Wie ein früherer Richter des *Wisconsin Supreme Court* einst bemerkte, ist es leider so, daß »erstinstanzliche Richter ... zögern, sich den Entscheidungen der Gerichte anderer Staaten zu fügen. Das mag an der Neigung eines jeden Menschen liegen, zu glauben, daß er in einer Situation, die salomonische Weisheit fordert, dieser näher komme als irgendein anderer«[1].

Ebenso verständlich wie unheilbar sind Vorurteile zugunsten örtlicher Verhältnisse und Parteien. Im Grunde war ein Elternteil, dem eine Sorgerechtsentscheidung mißfiel, geradezu eingeladen, das Kind in einen anderen

1 B. Bodenheimer, 22 Vanderbilt Law Review 1207, 1211 (1969) (Erklärung des Richters Fairchild, Supreme Court of Wisconsin).

Staat zu bringen und dort einen neuen Antrag auf Erteilung des Sorgerechts zu stellen, insbesondere wenn er zu jenem Ort irgendwelche persönliche Bindungen vorweisen konnte. So konnte der unzufriedene Elternteil vielfach eine Sorgerechtsentscheidung einfach ignorieren und dem zurückbleibenden Elternteil die Last der gerichtlichen Durchsetzung aufbürden. Der zurückbleibende Elternteil mußte den Entführer und das Kind zunächst finden und ihnen folgen. Er mußte dann versuchen, die Erstentscheidung zu vollstrecken oder das Gericht des zweiten Staates davon zu überzeugen, daß er immer noch am besten geeignet war, für das Kind zu sorgen.

Noch problematischer ist die Anerkennung ausländischer Entscheidungen, die im Gegensatz zu den Urteilen anderer Einzelstaaten in den USA nicht automatisch aufgrund der Verfassung anerkennungsberechtigt sind. Amerikanische Gerichte sind zwar im allgemeinen recht anerkennungsfreundlich, jedoch unterliegt die Anerkennung ausländischer Entscheidungen einer Anzahl von Einschränkungen, insbesondere der Vorbehaltsklausel (ordre public) des Zweitstaates.

Auch in anderen Ländern ist die Vollstreckung von ausländischen Entscheidungen problematisch. Soweit internationale Abkommen im Interesse des Wirtschaftsverkehrs die Anerkennung und Vollstreckung erleichtern[2], sind Sorgerechtsentscheidungen zumeist ausgeklammert[3]. Somit verschärfen sich die Schwierigkeiten, die in interlokalen Sorgerechtsfällen auftreten, bei internationalen Fällen noch um einiges mehr.

B. Neuere Entwicklungen in den Vereinigten Staaten

Neuere Entwicklungen in den Vereinigten Staaten zeigen sowohl die Unzulänglichkeit traditioneller kollisionsechtlicher Methoden als auch die mögliche rechtsschöpferische Verbesserung des Rechtsschutzes von Eltern und Kindern.

In den USA erhöhte sich während der ersten Hälfte dieses Jahrhunderts die Zahl der möglichen Schauplätze für Sorgerechtsstreitigkeiten, weil sich eine Regel durchsetzte, die § 79 des zweiten IPR-Restatement[4] folgendermaßen

2 S. Wei Jia Ju, 31 American Journal of Comparative Law 520, 521 (1983).

3 Sogar das Haager Minderjährigenschutzabkommen von 1961, das besonders Probleme des Sorgerechts und der Vormundschaft regelt, sieht nachträgliche, nicht übereinstimmende Sorgerechtsentscheidungen in Fällen vor, in denen sich der gewöhnliche Aufenthaltsort des Kindes geändert hat oder in denen die Staatsangehörigkeit und der gewöhnliche Aufenthaltsort des Kindes voneinander abweichen. Übereinkommen vom 5. Oktober 1961 über die Zuständigkeit der Behörden und das anzuwendende Recht auf dem Gebiet des Schutzes von Minderjährigen, Text bei Jayme/Hausmann, Internationales Privat- und Verfahrensrecht, 2. Aufl. 1983, 59. S. allgemein Siehr, IPRax 1982, 85.

4 Restatement 2d on Conflict of Laws, § 79 (1971).

formulierte: Zuständigkeit ist gegeben, wenn entweder (a) das Kind sein Domizil im Gerichtsstaat hat, (b) das Kind sich im Gerichtsstaat aufhält, oder (c) die Parteien des Verfahrens der »personal jurisdiction«[5] des Gerichts unterworfen sind. Diese breite Zuständigkeit fand die Billigung profilierter Juristen. So etwa meinte Traynor, ein früherer Richter des *kalifornischen Supreme Court* und ehemaliger IPR-Professor in Berkeley, die Konkurrenz von Gerichtsständen für Sorgerechtsentscheidungen und sie abändernde Entscheidungen sei angemessen, weil es nicht darum gehe, »Sorgerechtsentscheidungen zu fällen ... welche die Gerichte anderer Staaten abschließend binden«[6]. Richter Frankfurter vom *United States Supreme Court* führte aus, »das Kindeswohl in Sorgerechtsfällen ist ein so besonderes Anliegen des Staates, daß die Wahrnehmung der staatlichen Verantwortung nicht durch eine frühere gerichtliche Entscheidung ausgeschlossen werden sollte...«[7].

Das unglückliche Ergebnis dieser gutgemeinten Regel war, daß das Sorgerecht vom »seize and run«[8] abhing. Aufgrund der Entscheidung des United States Supreme Court in *May* v. *Anderson*[9] wurde die ohnehin verworrene Situation noch komplizierter. Danach soll (entgegen der Regel des Restatement) die gerichtliche Zuständigkeit in Sorgerechtssachen nur dann gegeben sein, wenn »personal jurisdiction« hinsichtlich beider Elternteile vorliegt. Da personal jurisdiction für den Erlaß von Zahlungsbefehlen erforderlich sei und Kinder mindestens so wichtig seien wie Geld, meinten die Richter, daß personal jurisdiction auch für Sorgerechtsfälle verlangt werden solle. Diese Stellungnahme kann aber bei Trennung der Eltern dazu führen, daß das zuständige Gericht aufgrund der Abwesenheit des Kindes dessen Lebensumstände nur schwer ermitteln kann. Wegen dieser Probleme ist die Entscheidung im Fall *May* zurecht als eine der am wenigsten befolgten Supreme Court-Entscheidungen in die Geschichte eingegangen.

I. Der Uniform Child Custody Jurisdiction Act (UCCJA)[10]

Zunehmende Besorgnis über die amerikanische Situation führte im Jahre 1968 zu dem Entwurf eines Modellgesetzes, des *Uniform Child Custody Act* (UCCJA). Dieser Entwurf, den meine verstorbene Kollegin B. Bodenheimer ausarbeitete, bezweckte, durch einheitliche Gesetzgebung in den verschiede-

5 S. Hüsstege, Der Uniform Child Custody Jurisdiction Act – Rechtsvergleichende Betrachtungen zu internationalen Kindesentführungen, 1981, 41 ff.

6 *Sampsell* v. *Superior Court,* 32 Cal. 2d 763, 780, 197 P.2d 739, 750 (1948).

7 *May* v. *Anderson,* 345 U.S. 528, 536 (1953) (Begründung des Richters Frankfurter).

8 345 U.S. 528, 542 (1953) (Sondervotum des Richters Jackson).

9 345 U.S. 528 (1953).

10 Der UCCJA ist abgedruckt in 9 Uniform Laws Annotated 111 = Hüsstege (Fn. 5), 259.

nen Einzelstaaten Klarheit in die kollisionsrechtlichen Probleme des Sorgerechts zu bringen. Was dieses Ziel betrifft, ist dem Entwurf ein ungewöhnlicher Erfolg beschieden worden. Der UCCJA wurde in allen Staaten außer Texas und Massachusetts Gesetz[11].

Die Hauptelemente dieses Gesetzes sind drei rechtspolitische Zielsetzungen. Erstens soll sichergestellt werden, daß Sorgerechtsentscheidungen von einem Gericht getroffen werden, das die engste Verbindung mit dem Kind hat. Zweitens soll die Lage von Kindern dadurch stabilisiert werden, daß die Änderung von Entscheidungen aufgrund eines interlokalen oder internationalen Chauvinismus ausgeschlossen werden. Drittens will das Gesetz die Kindesentführung dadurch unattraktiv machen, daß mögliche rechtliche Vorteile eines solchen Verhaltens entfallen.

Diese Ziele werden durch folgende Maßnahmen verfolgt: Verschärfung der Zuständigkeitserfordernisse in Sorgerechtsangelegenheiten, um die Wahlmöglichkeiten zwischen konkurrierenden Gerichtsständen zu verringern, das grundsätzliche Verbot der Abänderung von Sorgerechtsentscheidungen der Gerichte anderer Staaten und das Erfordernis einer nur summarischen Prüfung bei der Vollstreckung von Gerichtsentscheidungen anderer Staaten.

Die Vorschriften über die Zuständigkeit stellen eine deutliche Abkehr von der bisherigen Praxis dar. Statt die Zuständigkeit auf so unzureichende Umstände wie z. B. die physische Anwesenheit des Kindes oder der Parteien zu gründen, sieht das Gesetz eine Art »forum conveniens« vor (also die Zuständigkeit eines für die Streitigkeit örtlich günstig gelegenen Gerichts). Zuständig zum Erlaß einer Erstentscheidung sind Gerichte des »Heimatstaates« des Kindes[12], d. h. des Staates, in dem das Kind mindestens sechs Monate vor Einleitung des Verfahrens lebte[13]. Die Gerichte des Heimatstaates bleiben noch sechs Monate nach der Entführung des Kindes aus dem Staat zuständig[14], damit Elternteile von Kindesentführungen vor Verfahrensbeginn abgehalten werden und der zurückbleibende Elternteil nicht benachteiligt wird. Zwar kann die Zuständigkeit für die Erstentscheidung auch durch eine enge Verbindung (significant connection) zwischen dem Gerichtsstaat und dem Kind und seiner Familie begründet werden[15], aber dieses Erfordernis wird nicht durch den bloßen Besuch des Kindes im Gerichtsstaat oder seine Anwesenheit bei

11 Bruch, 16 Family Law Quarterly 277, 278 (1982). Die Prinzipien des UCCJA sind z. T. in diesen letzten beiden Staaten durchgeführt worden. S. *Murphy* v. *Murphy*, 404 N.E.2d 69, 73 (Mass. 1980); *Doe* v. *Roe*, 387 N.E.2d 143, 145 (Mass. 1979); §§ 11.045, 11.053 Texas Family Code (Vernon Supp. 1982).

12 § 3 (a) (1) (i) UCCJA.

13 § 2 (5) UCCJA: »und im Falle eines Kindes unter 6 Monaten der Staat, in dem das Kind von Geburt an gelebt hat...«.

14 § 3 (a) (1) (ii) UCCJA.

15 § 3 (a) (2) UCCJA.

dem Elternteil, der es entführt hat, erfüllt. Es gibt also Möglichkeiten konkurrierender Erstzuständigkeit, aber sobald ein Antrag auf Sorgerechtsentscheidung beim zuständigen Gericht vorliegt, muß jedes andere Gericht dessen ausschließliche Zuständigkeit beachten[16]. So vermeidet das Gesetz sowohl die allzu weite Zuständigkeitsregelung des zweiten Restatement als auch die übertrieben einschränkende Stellungnahme von *May* v. *Anderson*[17].

Weiterhin ist eine perpetuatio fori des für die Erstentscheidung zuständigen Gerichts vorgesehen[18]. Diese endet erst dann, wenn das Kind und beide Eltern den Staat verlassen haben, oder wenn das Gericht seine Zuständigkeit aus Gründen des »forum non conveniens« ablehnt (z. B. wenn das Kind und sein sorgeberechtigter Elternteil solange in einem anderen Staat gelebt haben, daß die Lebensumstände des Kindes dort besser als in dem ursprünglichen Gerichtsstand ermittelt werden können).

Diese Grundregelungen werden flankiert durch andere fortschrittliche Bestimmungen. So müssen die Beteiligten dem Gericht jedes relevante vorherige oder anhängige Sorgerechtsverfahren mitteilen[19]. Das angerufene Gericht ist verpflichtet, formlos, z. B. telefonisch, mit einem anderen Gericht, das mit der gleichen Sache befaßt ist, Kontakt aufzunehmen[20]. Das Gericht ist befugt, einer Partei die Pflicht aufzuerlegen, für die entstandenen Reisekosten und Auslagen für einen Detektiv aufzukommen, so daß die Anwesenheit der anderen Partei oder des Kindes im Verfahren sichergestellt wird[21]. Schließlich erlaubt der UCCJA eine nur summarische Prüfung bei der Vollstreckung von Sorgerechtsentscheidungen[22]. Das angerufene Gericht kann also die Erstentscheidung nicht abändern, es sei denn, es liegt eine der speziell aufgeführten, eng umschriebenen Notzuständigkeiten für dringende Fälle vor[23].

Nach diesem Gesetz gilt weder im interlokalen noch im internationalen Bereich das Erfordernis der Gegenseitigkeit[24]. Falls zum Zeitpunkt der auswärtigen Sorgerechtsentscheidung Tatsachen vorlagen, die die Zuständigkeit des erstentscheidenden Gerichts nach den Bestimmungen des UCCJA begründet hätten, wird seine Entscheidung anerkannt, auch wenn das auswärtige

16 B. Bodenheimer, 14 Family Law Quarterly 203, 213 (1981).

17 Außerdem gab damit das Gesetz die traditionelle amerikanische Unterscheidung zwischen »in personam« und »in rem jurisdiction« auf, womit neueren Entscheidungen des United States Supreme Court um fast zehn Jahre vorausgegriffen wurde. S. Hüsstege (Fn. 5), 54 ff.; B. Bodenheimer/Neeley-Kvarme, 12 University of California Davis Law Review 229 (1979) und *Shaffer* v. *Heitner*, 433 U.S. 186 (1977).

18 § 14 (a) (1) UCCJA. – B. Bodenheimer (Fn. 16), 213 ff., und Hüsstege (Fn. 5), 108 ff.

19 § 9 UCCJA.

20 §§ 6, 19–22 UCCJA.

21 § 11 (c) UCCJA.

22 § 15 UCCJA.

23 § 3 (c) (3) UCCJA; B. Bodenheimer (Fn. 16), 225.

24 § 23 UCCJA.

Gericht seine Zuständigkeit auf Vorschriften stützte, die denen des UCCJA nicht entsprechen.

Mit dem Gesetz ist beabsichtigt, konkurrierende Zuständigkeiten nach Möglichkeit einzuschränken, um Eltern von Kindesentführungen abzuhalten. Wie die bisherige Praxis zeigt, hat dieses Gesetz in der Tat erhebliche Fortschritte gebracht.

II. Der Parental Kidnapping Prevention Act (PKPA)[25]

Durch den UCCJA ist jedoch noch kein völliger Entscheidungseinklang erreicht worden. Erstens haben nicht alle US-Einzelstaaten den UCCJA übernommen; zweitens divergieren die Regelungen in den Staaten, die das Modellgesetz übernommen haben. Ferner fehlt es an einer übergeordneten Rechtsmittelinstanz für die Entscheidungen der Gerichte der Einzelstaaten[26]. Unterschiedliche Interpretationen des Gesetzeswortlauts sind daher weiterhin möglich.

Im übrigen haben sich einige Regelungen des UCCJA als problematisch erwiesen[27]. Um dessen Mängel zu beheben, wurde der *Parental Kidnapping Prevention Act* (PKPA) auf Bundesebene erlassen. Außerdem verfolgt dieses Bundesgesetz das Ziel, weitere Verbesserungen bei der Bewältigung der praktischen Probleme des Auffindens eines entführten Kindes zu schaffen. Zu diesem Zweck ermächtigt es die Einschaltung eines »Elternsuchdienstes« (Parental Locator Service) auf Bundesebene, sowie des Federal Bureau of Investigation, falls Kindesentführungen nach einzelstaatlichem Strafrecht Verbrechenstatbestände erfüllen.

Aus Gründen, die mit dem »Bund-Länder«-Verhältnis in den USA zusammenhängen, regelt der PKPA die Zuständigkeit von einzelstaatlichen Gerichten in Sorgerechtsangelegenheiten nicht direkt. Stattdessen schreibt das Gesetz die bundesweite Anerkennung von Entscheidungen vor, wenn die Zuständigkeit der erlassenden Gerichte auf im einzelnen aufgeführten Regeln beruht, die

25 Pub. L. No. 96–611, §§ 6–10, 94 U.S. Stat. 3568–73. Die Bestimmungen über volle Anerkennung wurden kodifiziert in 28 U.S.C. § 1738A (Supp. IV 1980).

26 Der US Supreme Court hat keine Überprüfungsbefugnis für Entscheidungen, die auf einzelstaatlichem Recht beruhen.

27 Unklar war die Frage, welches Gericht zur Erstentscheidung in Fällen zuständig war, in denen neben dem Heimatstaat auch ein anderer Staat enge Verbindungen mit dem Rechtsstreit hatte. Unterschiedlich wurden auch die Tatbestände interpretiert, nach denen die Gerichte, die für die Erstentscheidung zuständig waren, ihre Zuständigkeit verlieren, so daß die Gerichte eines anderen Staates Zuständigkeit zur Abänderung der Erstentscheidung erlangen können. Einstweilige Sorgerechtsentscheidungen und Besuchsregelungen wurden nur indirekt im UCCJA geregelt.

denen des UCCJA weitgehend entsprechen[28]. Das Gesetz bestimmt weiterhin, daß Sorgerechtsentscheidungen nur bei Vorliegen bestimmter Umstände abgeändert werden sollen, die wiederum denen im UCCJA nachgebildet sind. Im Zusammenhang mit diesen Bestimmungen sieht der PKPA jedoch im Gegensatz zum UCCJA vor, daß die Sorgerechtsentscheidung des Gerichts eines Staates, der eine enge Verbindung mit der Streitsache aufweist, die Anerkennung dann versagt wird, wenn zum Zeitpunkt der Entscheidung ein anderer Staat »Heimatstaat« im Sinne des Gesetzes war[29].

Der PKPA regelt außerdem die perpetuatio fori und die damit verwandte Zuständigkeit zur Abänderung von Sorgerechtsentscheidungen[30]. Weil jedoch die Gesetzgebungskompetenz zum Erlaß des PKPA auf der Zuständigkeit des Bundes für den Rechtsverkehr zwischen Einzelstaaten beruht[31], erstreckt sich das Gesetz nicht auf den internationalen Rechtsverkehr. Die Vollstreckung von Entscheidungen der Gerichte ausländischer Staaten ist nur in den US-Einzelstaaten gewährleistet, die den § 23 des UCCJA übernommen haben.

Obgleich der PKPA einen bedeutenden Fortschritt darstellt, sind bereits einige Mängel in der Konzeption und Formulierung des Gesetzes sichtbar geworden. Zwar waren die Abweichungen des Bundesgesetzes vom UCCJA dazu bestimmt, die Mängel und Unklarheiten des UCCJA auszugleichen, aber die fehlende Übereinstimmung von PKPA und UCCJA hat neue Probleme aufgeworfen, die eine Überarbeitung des UCCJA nahelegen. Ob es dazu kommt, wird wahrscheinlich davon abhängen, in welchem Maße das Bundesgesetz die Auslegung gewisser UCCJA-Bestimmungen – wenn auch nur indirekt – beeinflußt[32].

Von den beiden amerikanischen Gesetzen behandelt der UCCJA hauptsächlich Zuständigkeitsfragen und die Vollstreckung einzelstaatlicher und ausländischer Entscheidungen. Er regelt ferner praktische Bedürfnisse, wie den informellen Kontakt zwischen beteiligten Gerichten und die Kostenerstattung. Der Schwerpunkt des PKPA liegt dagegen im Bereich der Vollstreckung

28 Vgl. 28 U.S.C. § 1738A (c).

29 Vgl. 28 U.S.C. § 1738A (c) (2) (B) (i).

30 Vgl. 28 U.S.C. § 1738A (d), (f), (g). Diese Regelung stimmt überein mit BODENHEIMERS Auffassung des etwas unklaren Konzepts des UCCJA.

31 Der PKPA bestimmt, welche Urteile eines Schwesterstaats nach Art. IV, § 1 der US-Verfassung zu voller Anerkennung berechtigt sind.

32 Es besteht die Möglichkeit, einzelne Bestimmungen des UCCJA so zu interpretieren, daß der Einklang mit dem PKPA gewährleistet ist. Das Bundesgesetz räumt z. B. den Entscheidungen der Gerichte des Heimatstaates des Kindes einen klaren Vorrang ein. Es schränkt die Gründe ein, die sonst leicht zur Begründung einer Ausnahmezuständigkeit für dringende Fälle führen. Außerdem macht das Bundesgesetz klar, daß eine Zuständigkeit, die auf enger Verbindung zwischen Kind und Gerichtsstaat beruht, nicht als begründet angesehen wird, wenn sie auf der physischen Anwesenheit des Kindes und eines oder beider Elternteile beruht. Vgl. die vorgeschlagene deutsche Kollisionsregel des Art. 5 Abs. 3 IPR-Entwurf.

einzelstaatlicher Entscheidungen und der behördlichen Unterstützung beim Auffinden entführter Kinder. Beide Gesetzgebungswerke verbinden die einschlägigen Kollisionsregeln mit den Sachnormen und bringen deutlich zum Ausdruck, welche rechtspolitischen Ziele verwirklicht werden sollen. Sie gehen außerdem davon aus, daß die Gerichte rechtliche Regelungen nur dann sinn- und zweckmäßig interpretieren, wenn sie ihr eigenes Recht anwenden. Weiterhin enthält der UCCJA eine sachgerechte Regelung häufig auftretender Verfahrensprobleme.

C. Entwürfe internationaler Übereinkommen

Zwei Entwürfe internationaler Übereinkommen im Bereich des Sorgerechts enthalten Neuerungen, die vielfach denen des PKPA und des UCCJA ähneln.

I. Das Straßburger Übereinkommen vom 20.5.1980

Zwar folgt das *Straßburger Übereinkommen über die Anerkennung und Vollstreckung von Sorgerechtsentscheidungen*[33] traditionellen Regeln, aber es enthält auch recht fortschrittliche Bestimmungen für Fälle der internationalen Kindesentführung. Insbesondere stärkt das Übereinkommen die Position des Elternteils, dessen Kind entführt worden ist. Wichtig ist zunächst, daß es zentrale Behörden vorsieht, die beim Auffinden des Kindes und bei der Prozeßführung kostenlos Unterstützung leisten[34]. Verfahrens- und Anwaltsgebühren, mit Ausnahme der mit der Zurückbringung des Kindes verbundenen Kosten, dürfen nicht erhoben werden[35].

Das Übereinkommen findet in allen Fällen Anwendung, in denen eine Entscheidung über das Sorgerecht oder Besuchsrecht für ein Kind unter 16 Jahren[36] von einer zuständigen Stelle gefällt worden ist[37]. Es sieht die

33 European Convention of 20 May 1980 on Recognition and Enforcement of Decisions Concerning Custody of Children (Straßburger Übereinkommen). Für Erörterungen des Übereinkommens s. *Council of Europe,* Explanatory report on the European Convention on Recognition and Enforcement of Decisions concerning Custody of Children and on Restoration of Custody of Children, Straßburg 1980, und Jones, 30 International & Comparative Law Quarterly 467 (1981); vgl. ferner den Hinweis bei *Jayme/Hausmann,* Internationales Privat- und Verfahrensrecht, 2. Aufl. 1983, 59 Fn. 2 (sub nomine *Luxemburger* Europäische Übereinkommen).

34 Art. 2–5 Straßburger Übereinkommen.

35 Art. 5 Abs. 3 Straßburger Übereinkommen.

36 Das seinen gewöhnlichen Aufenthalt nicht selber bestimmen darf, Art. 1 (a).

37 Art. 1 Straßburger Übereinkommen. Das kann entweder ein Gericht gewesen sein oder eine zuständige Verwaltungsbehörde in Ländern wie Dänemark, Norwegen und der Schweiz, wo

grundsätzliche Anerkennung und Vollstreckung von Besuchsregelungen vor, erlaubt aber dem ersuchten Staat, im einzelnen neu festzulegen, wie die Besuchsregelung verwirklicht wird[38].

Außerdem sieht das Übereinkommen eine sogenannte gerichtliche »chasing order« vor. Dies ist eine nach der Entführung ergangene Gerichtsentscheidung, die feststellt, daß die Wegnahme des Kindes widerrechtlich war[39]. Wenn zum Zeitpunkt der Kindesentführung noch keine Sorgerechtsentscheidung vorlag, ermöglicht die prompte Erwirkung einer »chasing order« den Antrag auf Wiederherstellung des Sorgerechts unter erleichterten Anerkennungs- und Vollstreckungsvoraussetzungen[40].

Ähnlich wie der PKPA regelt das Straßburger Übereinkommen nur die indirekte internationale Zuständigkeit, indem es die Voraussetzungen, unter denen Entscheidungen anderer Staaten vollstreckt werden, im einzelnen aufführt. Diese Vollstreckungsvoraussetzungen sind in dem Übereinkommen nach drei Fallgruppen unterteilt, für die verschiedene Anforderungen hinsichtlich der Vollstreckungsfähigkeit gelten.

In Fällen der ersten homogen verknüpften Kategorie wird die innerhalb von sechs Monaten nach der Entführung zu beantragende Wiederherstellung des Sorgerechts nur veranlaßt, wenn innerhalb dieser Frist eine Sorgerechtsentscheidung aus einem der Vertragsstaaten vorgelegt wird, dem das Kind und beide Elternteile als Staatsbürger angehört haben und in dem das Kind seinen gewöhnlichen Aufenthalt gehabt hat[41].

In der zweiten Fallgruppe unrechtmäßiger Wegnahme, für die auch eine Antragstellung innerhalb von sechs Monaten nach der Entführung vorgesehen ist, kann die Anerkennung und Vollstreckung unter bestimmten Umständen versagt werden[42]. Hierbei handelt es sich um typische internationale Entfüh-

solche Stellen die Sorgerechtsentscheidungen treffen. S. Botschaft vom 24. 11. 1982 betreffend die Ratifikation von zwei internationalen Übereinkommen, die dazu dienen, Fälle internationaler Entführung von Kindern durch einen Elternteil oder eine dem Kind nahestehende Person zu regeln, Schweizer Bundesblatt 1983 I, 101, 110.

38 Art. 11 Straßburger Übereinkommen. Das ist eine wichtige Verbesserung. Meistens müssen ursprüngliche Besuchsregelungen in internationalen Fällen abgeändert werden. Dabei ist zu berücksichtigen, daß das Gericht des Staates, in dem sich das Kind befindet, wahrscheinlich am besten vertraut ist mit solchen Sachen wie Schulferien.

39 Art. 12 Straßburger Übereinkommen.

40 In bezug auf die günstigsten Anerkennungs- und Durchführungsvorschriften muß die Anordnung rechtzeitig erwirkt werden, um eine Einbeziehung in ein innerhalb von 6 Monaten nach der unzulässigen Wegnahme eingereichtes Unterstützungsgesuch zu ermöglichen, Art. 8 Abs. 1 (b), Art. 13 Abs. 1 (b) Straßburger Übereinkommen.

41 Art. 8 Straßburger Übereinkommen.

42 Art. 9 Straßburger Übereinkommen. Die Anerkennung und Vollstreckung kann in solchen Fällen versagt werden, wenn eine abweichende Entscheidung eines Gerichts des ersuchten Staates existiert, die vor der Entführung des Kindes vollstreckbar geworden ist. Sie kann in

rungsfälle, bei denen eben nicht alle Parteien Staatsangehörige des Landes sind, in dem das Kind seinen gewöhnlichen Aufenthalt hatte.

Das Übereinkommen sieht in der dritten Fallgruppe weitere Gründe vor, auf die die Versagung der Anerkennung und Vollstreckung gestützt werden kann[43]. Zu dieser Fallgruppe gehören der Fall, daß ein Antrag auf Wiederherstellung des Sorgerechts nicht innerhalb von sechs Monaten nach der rechtswidrigen Wegnahme oder Zurückbehaltung gestellt worden ist, und die Fälle, in denen keine Kindesentführung erfolgt ist, aber Anerkennung und Vollstrekkung dennoch beantragt werden.

Obwohl die Gründe für die Versagung der Anerkennung in der dritten Kategorie breiter als wünschenswert sind, sind sie doch enger als die, die traditionell zur Versagung der Anerkennung ausländischer Sorgerechtsentscheidungen geltend gemacht werden konnten. Der Vorbehalt des ordre public z. B. greift nur dann durch, »wenn die Wirkungen der Entscheidung mit den Grundwerten des Familien- und Kindschaftsrechts im ersuchten Staat offensichtlich unvereinbar sind«[44]. Veränderte Umstände können nicht aufgrund eines bloßen »Wechsels des Aufenthaltsortes des Kindes infolge einer unzulässigen Entführung« geltend gemacht werden. Eine Änderung der Verhältnisse rechtfertigt ferner die Versagung der Anerkennung nur dann, »wenn die Wirkungen der ursprünglichen Entscheidung offensichtlich nicht mehr dem Wohle des Kindes entsprechen«[45].

Inwieweit das Straßburger Übereinkommen tatsächlich einen Fortschritt bringen wird, bleibt abzuwarten. Es stellt es den Vertragsstaaten frei, wichtige Vorbehalte zu machen. Auf der einen Seite kann ein Staat sich vorbehalten, die Vollstreckung aller Entscheidungen, also auch der ersten und zweiten Fallgruppe, aus den an sich nur für die dritte Fallgruppe anwendbaren weitgefaßten Versagungsgründen abzulehnen[46]. Außerdem kann jeder Vertragsstaat durch seinen Vorbehalt die bindende Wirkung der sogenannten »chasing orders« ablehnen[47].

Jedoch schließt das Übereinkommen nicht aus, daß Sorgerechtsentscheidungen aufgrund anderer Gesetze oder internationaler Übereinkommen des

dieser Fallgruppe außerdem dann versagt werden, wenn die Entscheidung in Abwesenheit des Beklagten erging und die Zuständigkeit der erlassenden Instanz auf anderen als den in der Konvention vorgesehenen Vorschriften beruht. Im Gegensatz zum UCCJA verlangt das Übereinkommen also nicht nur eine faktisch identische Basis, sondern auch die Übereinstimmung der die Zuständigkeit begründenden Rechtsregeln. Vgl. § 13 UCCJA.

43 Art. 10 Straßburger Übereinkommen gewährt weitere Einwendungen, die auf der Staatsangehörigkeit des Kindes, grundsätzlichen Familienrechtsprinzipien des betreffenden Staates, gewissen Veränderungen der Umstände und spezifizierten unvereinbaren Urteilen beruhen.

44 Art. 10 Abs. 1 (a) Straßburger Übereinkommen.

45 Art. 10 Abs. 1 (b) Straßburger Übereinkommen.

46 Art. 17 Abs. 1 Straßburger Übereinkommen.

47 Art. 18 Straßburger Übereinkommen.

Gerichtsstaates möglicherweise unter erleichterten Bedingungen anerkannt und vollstreckt werden[48]. Als solche kommen sowohl das Haager Übereinkommen als auch Gesetze wie der UCCJA in Betracht. Selbst wenn die Vollstreckung nicht bewilligt wird, ist die zentrale Behörde befugt, den Parteien bei der Antragstellung vor dem örtlich zuständigen Gericht oder der Verwaltungsbehörde, die über das Sorgerecht entscheidet, Unterstützung zu gewähren[49].

Im ganzen gesehen richtet das Übereinkommen keinen Schaden an, vermag aber viel Gutes zu tun, und läßt auch Raum für zusätzliche, weitergehende Schritte.

II. Das Haager Übereinkommen vom 25.10.1980[50]

Im Hinblick auf die zügige Rückgabe von Kindern geht das Haager Übereinkommen über das Straßburger Abkommen hinaus. Es bestimmt insbesondere die Rückgabe des Kindes, das widerrechtlich aus einem anderen Vertragsstaat, wo es seinen gewöhnlichen Aufenthalt hatte, entführt worden ist[51]. Außerdem erlaubt es ein Einschreiten gegen das widerrechtliche Zurückbehalten von Kindern nach einem Besuch[52]. Eine bereits ergangene Sorgerechtsentscheidung kann dem entsprechenden Antrag auf Anordnung der Rückgabe des Kindes beigefügt werden, um die Widerrechtlichkeit der Wegnahme oder Zurückbehaltung des Kindes zu beweisen[53]. Jedoch kann das Verfahren auf Rückgabe des Kindes auch in Fällen eingeleitet werden, in denen keine Sorgerechtsentscheidung vorliegt, nicht einmal in der Form einer »chasing order«[54]. Allerdings kann das angerufene Gericht, bevor es tätig wird, verlangen, daß der Antragsteller eine derartige Verfügung erwirkt[55]. Wahrscheinlich wird dies aber nur in unklaren Fällen erfolgen. Für den Normalfall sieht das Übereinkommen einen einfacheren und kostengünstigeren Weg vor: Das Gericht ist befugt, zum Zweck der Feststellung der Rechtswidrigkeit der Wegnahme oder Zurückbehaltung des Kindes von Amts wegen vom Recht des

48 Art. 19–20 Straßburger Übereinkommen.

49 Art. 5 Abs. 4 Straßburger Übereinkommen.

50 Convention of 25 October 1980 on the Civil Aspects of International Child Abduction (Haager Übereinkommen). Für Erörterungen des Übereinkommens s. Anton, 30 International & Comparative Law Quarterly 537 (1981); B. Bodenheimer, 14 Family Law Quarterly 99 (1980); Deschenaux, Schw. Jb. Int. R. 37 (1981), 119; Eekelaar, 32 University of Toronto Law Journal 281 (1982).

51 Art. 3 (a) Haager Übereinkommen.

52 Art. 1 (a), 8 Haager Übereinkommen.

53 Art. 3 Abs. 1 Haager Übereinkommen.

54 Art. 3 Abs. 1 Haager Übereinkommen.

55 Art. 15 Haager Übereinkommen.

Staates Kenntnis zu nehmen, in dem das Kind zum Zeitpunkt der Entführung seinen gewöhnlichen Aufenthalt hatte[56]. Dabei kann das Gericht Sachverständigengutachten und Verlautbarungen der zentralen Behörden[57] als Hilfsmittel bei der Bestimmung des Rechts verwenden.

Für die Beurteilung der Widerrechtlichkeit der Wegnahme oder Zurückbehaltung eines Kindes ist ein Sorgerecht insbesondere dann anzuerkennen, wenn es »kraft Gesetzes, aufgrund einer gerichtlichen oder behördlichen Entscheidung oder aufgrund einer nach dem Recht des betreffenden Staates wirksamen Vereinbarung« besteht[58]. Wie weit sind wir demnach von der Zeit entfernt, als selbst Gerichtsentscheidungen keine Garantie für die Rückgabe eines entführten Kindes waren! In dieser Überwindung der traditionellen Anerkennungs- und Vollstreckungsvoraussetzungen liegt die wohl wichtigste Neuerung des Haager Übereinkommens. Aber auch in anderen Beziehungen bedeutet das Haager Übereinkommen eine Verbesserung gegenüber dem Straßburger Übereinkommen. Es sieht keine dem Straßburger Übereinkommen entsprechende Möglichkeit vor, Vorbehalte zu erklären, um die Anforderungen an die Vollstreckungsfähigkeit bei zwei der drei Fallgruppen zu erhöhen. Statt dessen sind gerichtliche und behördliche Entscheidungen aller Art gleichermaßen anerkennungs- und vollstreckungsfähig. Sogar eine Sorgerechtsentscheidung der zuständigen Stellen des Staates, der um die Rückgabe eines Kindes ersucht wird, stellt keinen Grund dar, die Rückgabe zu verweigern[59]. Ebenso kann das Rückgabeersuchen nicht aus Gründen des Verstoßes gegen den ordre public verweigert werden. Die Rückführung eines Kindes kann vielmehr nur dann abgelehnt werden, »wenn sie nach den im ersuchten Staat geltenden Grundsätzen über den Schutz der Menschenrechte und Grundfreiheiten unzulässig ist«[60]. Diese Vorschrift bezweckt, die Möglichkeit zu eröffnen, Rückgabegesuche wegen drohender Verletzung von Grundwerten abzulehnen, wie z.B. im Falle eines Verstoßes gegen den deutschen Verfassungsgrundsatz der Gleichberechtigung von Mann und Frau oder gegen die amerikanische Gewähr eines rechtsstaatlichen Verfahrens (due process).

Ferner vereinfacht das Haager Übereinkommen die Vorschriften über die indirekte Zuständigkeit. Die Entscheidung braucht lediglich nach dem Recht des Staates, in dem das Kind seinen gewöhnlichen Aufenthalt hat, wirksam zu sein[61].

56 Art. 14 Haager Übereinkommen.
57 Art. 7 Abs. 2 (e) Haager Übereinkommen.
58 Art. 3 Abs. 2 Haager Übereinkommen.
59 Art. 17 Haager Übereinkommen.
60 Art. 20 Haager Übereinkommen. Aber s. auch Art. 13 (vorangegangene Nichtausübung des Sorgerechts, schwere Gefahr psychischer und physischer Schädigung des Kindes und Einwendungen des gereiften Kindes gegen die Rückgabe sind Verweigerungsgründe).
61 Art. 3 Haager Übereinkommen; vgl. Art. 17.

Der Haager Entwurf vermeidet außerdem gewisse prozessuale Schwierigkeiten, die dem Straßburger Übereinkommen innewohnen. Der Elternteil, dem das Kind entführt worden ist, kann z. B. den vom Abkommen vorgesehenen Kindersuchdienst in Anspruch nehmen, ohne zuvor nachweisen zu müssen, daß das Kind in ein anderes Land gebracht worden ist[62]. Dies ist wichtig in Fällen, in denen es keinen eindeutigen Anhaltspunkt für den gegenwärtigen Aufenthaltsort des Kindes gibt.

Weiterhin garantiert der Antrag auf Rückgabe des Kindes innerhalb eines Jahres nach der widerrechtlichen Entführung oder Zurückbehaltung die Anwendung der Vorschriften mit Minimalanforderungen an die Begründetheit des Antrags[63]. Das Verbergen des Kindes allein kann die Anordnung seiner Rückgabe nach diesen Vorschriften nicht ausschließen[64]. Spezialvorschriften erlauben außerdem, daß angemessene Maßnahmen getroffen werden können, wenn ein Besuchsrecht[65] oder gemeinsames Sorgerecht[66] verletzt wird. Im Rahmen des Haager Übereinkommens wird den zentralen Behörden eine faktisch bedeutendere Rolle, insbesondere bei der informellen Zusammenarbeit mit den Parteien und den Behörden, zuerkannt[67].

Nur auf einem Gebiet, nämlich dem der kostenlosen Rechtshilfe, ist das Haager Übereinkommen möglicherweise weniger vorteilhaft als das Straßburger. Hier ermöglicht das Haager Übereinkommen einen Vorbehalt: Vertragsstaaten können erklären, daß sie den Parteien nur in dem Rahmen Rechtshilfe gewähren, der im innerstaatlichen System die Rechtshilfe erlaubt, anstatt kostenlos tätig zu werden[68].

Schließlich enthält das Haager Übereinkommen ein Prinzip, das sich auch im Straßburger Übereinkommen, dem UCCJA und dem PKPA findet. Die letztlich maßgebliche Frage, wem das Sorgerecht über das Kind zugesprochen werden soll, wird nicht behandelt[69]. Vielmehr ist es das Ziel, so schnell wie möglich den status quo ante wiederherzustellen, d. h. den Zustand, der vor der Entführung herrschte. Sorgerechtliche Fragen sollen erst später in einem ordentlichen Verfahren gelöst werden. Dadurch wird der Anreiz zur Kindes-

62 Vgl. Art. 8 Abs. 2 (d) Haager Übereinkommen mit Art. 1 (d), Art. 8 Abs. 1 Straßburger Übereinkommen.

63 Art. 12 Abs. 1 Haager Übereinkommen. Vgl. Art. 8 Abs. 1 (b) Straßburger Übereinkommen (6 Monate).

64 Art. 12 Abs. 2 Haager Übereinkommen (außer wenn das Kind in seine neue Umgebung eingewöhnt ist).

65 Art. 4 Haager Übereinkommen.

66 Art. 3 Abs. 1 (a) Haager Übereinkommen.

67 S. Art. 7 Abs. 2 (d) Haager Übereinkommen (Informationen zum sozialen Hintergrund d. Kindes).

68 Art. 24 Abs. 3, Art. 42 Abs. 1 Haager Übereinkommen.

69 Art. 19 Haager Übereinkommen.

entführung gemindert, denn der entführende Elternteil erhält auf Dauer gesehen keinen Rechtsvorteil.

Wie das Straßburger Übereinkommen bezweckt auch das Haager Übereinkommen eine möglichst breite Beteiligung der Staatengemeinschaft[70]. Es soll die Koordinierung mit anderen internationalen und innerstaatlichen Regelungen ermöglichen, die der Bekämpfung der Kindesentführung dienen[71]. Länder, die beide Übereinkommen ratifizieren, verschaffen Familien, die in einen Konflikt divergierender Rechtsordnungen geraten sind, den Vorteil einer Kombination der positiven Aspekte beider Konventionen[72]. Die zentralen Behörden können die von den Konventionen vorgesehenen Maßnahmen koordinieren und sie in Verbindung mit dem anwendbaren innerstaatlichen Recht zur Verwirklichung ihrer gemeinsamen Ziele einsetzen.

D. Zusammenfassung

Diese kurze Übersicht über das interlokale und internationale Sorgerecht erlaubt mehrere Schlußfolgerungen. Sie bietet ein Beispiel dafür, daß das IPR ein Mittel zum Zweck der gerechten und sachgemäßen Handhabung von Fällen mit Auslandsverknüpfung sein kann. Zweitens zeigt sie, wie groß der Bedarf an einfallsreichem Denken ist und wie notwendig die Überwindung des Druckes vorherrschender Denkformen mit Hilfe des gesunden Menschenverstandes und Sinnes für das praktisch Durchführbare ist.

Diese Eigenschaften hatte mein Mentor, meine schöpferische Kollegin Brigitte Bodenheimer, in ganz besonderem Maße. Die Bestimmungen und Institutionen, über die ich hier berichtet habe, sind zum großen Teil in ihrem Arbeitszimmer konzipiert worden. Es ist nicht lange her, daß Lord Denning schrieb: »Equity is not beyond the age of childbearing«[73]. Die Entwicklungen des elterlichen Sorgerechts in den letzten fünfzehn Jahren haben gezeigt, daß selbst das IPR dann fruchtbare Lösungen hervorbringen kann, wenn konkrete Probleme auf einer klaren rechtspolitischen Grundlage angesprochen werden.

70 Vgl. Art. 37, 38 Haager Übereinkommen (alle Staaten dürfen ratifizieren) mit der engeren Vorschrift des Art. 23 Abs. 1 Straßburger Übereinkommen (jeder eingeladene Staat darf ratifizieren).

71 Art. 18, 36 Haager Übereinkommen.

72 So auch Botschaft vom 24. 11. 1982 betreffend die Ratifikation von zwei internationalen Übereinkommen (Fn. 37), 107; ferner Reymond, Zeitschrift für Schweizerisches Recht 100 (1981), 329.

73 *Eves*, v. *Eves*, [1975] 1 W.L.R. 1338.

Anhang

Verzeichnis der Teilnehmer

AIMONE GIBSON, Prof. Enrique Guillermo
Unversidad Catolica de Valparaiso, Chile

ALEXANDRIDOU, Prof. Dr. Elisa
University of Thrace
Thessaloniki, Griechenland

ANSAY, Prof. Dr. Tuğrul
University of Ankara, Türkei

AUTERI, Prof. Dr. Paolo
Milano, Italien

BEIER, Prof. Dr. Friedrich-Karl
Max-Planck-Institut für ausländisches und internationales Patent-, Urheber- und Wettbewerbsrecht, München

BEITZKE, em. o. Prof. Dr. Günther
Universität Bonn

BEKEMEYER, Dennis Lee
Seattle/WA, USA

BERBERICH, Dr. Thomas
Alexander von Humboldt-Stiftung, Bonn

BERGER, Prof. Dr. Don
University of the Pacific
Sacramento/CA, USA

BETANCOURT REY, Prof. Dr. Miguel
Colegio Mayor de Nuestra Señora del Rosario
Bogotá, Kolumbien

BRUCH, Prof. Dr. Carol S.
University of California
Davis/CA, USA

CARIC, Prof. Dr. Slavko
University of Novi Sad, Jugoslawien

CHUNG, Prof. Dr. Hi-Chol
Seoul National University, Korea

DAVRAN, Prof. Dr. Bülent
Istanbul, Türkei

DIETZ, Dr. Adolf
Max-Planck-Institut für ausländisches und internationales Patent-, Urheber- und Wettbewerbsrecht, München

DIMITRIADIS, Dr. Ismene
University of Athens, Griechenland

ELLINGER, Prof. Dr. Peter
Monash University
Clayton/Vic., Australien

FANARA, Prof. Dr. Elio
Università di Messina, Italien

FILIOS, Prof. Dr. Paul Chr.
University of Athens, Griechenland

FILIPOVIĆ, Prof. Dr. Velimir
University of Zagreb, Jugoslawien

GEORGAKOPOULOS, Prof. Dr. Leonidas
University of Athens, Griechenland

GOTZEN, Prof. Dr. Frank
Katholieke Universiteit Leuven, Belgien

GRIMES, Dr. Warren S.
Washington/DC, USA

Henrich, Prof. Dr. Dieter
Universität Regensburg

Herrmann, Dr. Gerold
United Nations
Wien, Österreich

Hoffmann, Prof. Dr. Bernd von
Universität Trier

Holl, Dr. Wolfgang
Alexander von Humboldt-Stiftung, Bonn

Holtan, Ramer B. Jr.
Seattle/WA, USA

Immenga, Prof. Dr. Ulrich
Universität Göttingen

Ishikawa, Prof. Dr. Akira
Keio University
Tokyo, Japan

Juenger, Prof. Dr. Friedrich K.
University of California
Davis/CA, USA

Kasemsup, Prof. Dr. Preedee
Thammasat University
Bangkok, Thailand

Kawai, Prof. Dr. Takeshi
Hitotsubashi University
Tokyo, Japan

Kegel, Prof. Dr. Gerhard
Universität Köln

Kim, Prof. Jeong Hu
Kangweon National University
Chuncheon, Korea

Kim, Prof. Dr. Ukkon
Soong Jun University
Seoul, Korea

Krneta, Prof. Dr. Slavica
University of Sarajevo, Jugoslawien

Larsen, Prof. Dr. Paul Bertram
Georgetown University
Washington/DC, USA

Lee, Prof. Dr. Ho-Chung
Seoul National University, Korea

Lee, Prof. Yong-Koo
Yeungnam University
Gyongsam, Korea

Lipstein, Prof. Dr. Kurt
University of Cambridge, Großbritannien

Malan, Prof. Dr. François R.
Rand Afrikaans University
Johannesburg, Südafrika

Mazzoni, Prof. Dr. Cosimo Marco
Università di Siena, Italien

Mestmäcker, Prof. Dr. Dr. rer. pol. h.c. Ernst-Joachim
Max-Planck-Institut für ausländisches und internationales Privatrecht, Hamburg

Nishigori, Prof. Dr. Seishi
Kyoto University, Japan

Nishihara, Mitchio
Kobe University, Japan

Nomer, Prof. Dr. Ergin
Istanbul University, Türkei

Nygh, Prof. Dr. Peter Eduard
Family Court of Australia
Sydney/NSW, Australien

Özsunay, Prof. Dr. Ergun
Istanbul University, Türkei

Papenfuss, Dr. Dietrich
Alexander von Humboldt-Stiftung, Bonn

Patti, Prof. Dr. Salvatore
Università di Sassari, Italien

Pellon, Luis Felipe de Freitas Braga
Rio de Janeiro, Brasilien

Peterson, Prof. Dr. Courtland H.
University of Colorado
Boulder/CO, USA

Pfeiffer, Dr. Heinrich
Alexander von Humboldt-Stiftung, Bonn

Picone, Prof. Dr. Paolo
Università di Napoli, Italien

Radisic, Prof. Dr. Jakov
Belgrad, Jugoslawien

Saito, Prof. Dr. Hiroshi
Niigata University, Japan

Sakurada, Prof. Yoshiaki
Hokkaido University
Sapporo, Japan

Schlechtriem, Prof. Dr. Peter
Universität Freiburg

Schurig, Prof. Dr. Klaus
Universität Passau

Shibuya, Prof. Tatsuki
Tokyo Metropolitan University, Japan

Shih, Prof. Dr. Jhy-Mou
National Chengchi University
Taipei, Taiwan

Shoda, Prof. Aloysius Akira
Keio University
Tokyo, Japan

Siehr, Dr. jur. Kurt
Max-Planck-Institut für ausländisches und internationales Privatrecht, Hamburg

Sonn, Prof. Dr. Ju-Chan
Yonsei University
Seoul, Korea

Stein, Prof. Dr. Eric
University of Michigan
Ann Arbor/MI, USA

Stewart, Charles E.
New York/NY, USA

Stojanovic, Prof. Dr. Dragoljub
University of Kragujevac, Jugoslawien

Straus, Dr. Joseph
Max-Planck-Institut für ausländisches und internationales Patent-, Urheber- und Wettbewerbsrecht, München

Strömholm, Prof. Dr. Stig Fredrik
University of Uppsala, Schweden

Sumampouw, Dr. Mathilde
T.M.C. Asser Instituut
Interuniversitair Instituut voor Internationaal Recht
's-Gravenhage, Niederlande

Taki, Prof. Dr. Hiroshi
Tohoku University
Sendai, Japan

Ubertazzi, Prof. Dr. Luigi Carlo
Universita di Ferrara, Italien

Ulmer, Prof. Dr. Dr. h.c. Eugen
Max-Planck-Institut für ausländisches und internationales Patent-, Urheber- und Wettbewerbsrecht, München

Van der Merwe, Prof. Dr. Schalk S. W. J.
Johannesburg, Südafrika

van Wyk, Prof. Dr. Andreas Herculas
University of Stellenbosch, Südafrika

Vékás, Dr. Lajos
Eötvös Loránd University
Budapest, Ungarn

Walter, Dr. Michel
Wien, Österreich

Wilson, Prof. Dr. Geoffrey Philip
University of Warwick
Coventry, Großbritannien

Yagasaki, Prof. Takekatsu
Fukuoka University, Japan

Yamashita, Prof. Takeshi
Hiroshima University, Japan

Verzeichnis der Autoren

Ansay, Tuğrul

Geboren 1930. Dr. jur., Ankara, M. C. L. und LL. M., Columbia; em. Professor für Handelsrecht, Universität Ankara

Wichtigste Veröffentlichungen (nur Bücher):

- Türk Borçlar Kanununa göre Taksitle Satışlar ve Satıcı. Ankara 1954
- Bankacılar için Şirketler Hukuku Bilgisi. 10. Aufl. Ankara 1984
- Anonim Şirketler Hukuku. 6. Aufl. Ankara 1982
- Adi Şirket, Dernek ve Ticaret Şirketleri. Ankara 1967
- Bankacılar Yönünden Ticaret Hukuku Kuralları. Ankara 1969
- Çağdaş Anonim Şirketlerin Sorunları ve Türk Anonim Şirketleri. Ankara 1971
- Devletler Hususi Hukuku ile Ilgili Danıştay ve Yargıtay Kararları, C.: I Tabiiyet Hukuku, 1963–1975. Ankara 1975 (Berki ve Arat ile birlikte)
- Yargıtay Uygulamasında Anonim Şirketler Hukuku (Yargıtay – ın 1975/1980 yılları Arasında Verdiği Kararlar). Ankara 1981
- American-Turkish Private International Law. New York 1966
- Introduction to Turkish Law (Herausgeber, mit Don Wallace Jr.). 2. Aufl. New York 1978
- Introduction to Swiss Law (Herausgeber, mit Dessemontet). Deventer 1983
- Gastarbeiter in Gesellschaft und Recht (Herausgeber, mit Gessner). München 1974

Beier, Friedrich-Karl

Geboren 1926. Honorarprofessor für gewerblichen Rechtsschutz und Urheberrecht, Handels- und Wirtschaftsrecht an der Juristischen Fakultät der Universität München. Geschäftsführender Direktor des Max-Planck-Instituts für ausländisches und internationales Patent-, Urheber- und Wettbewerbsrecht, München

Wichtigste Veröffentlichungen:

- Grundfragen des französischen Markenrechts. Köln etc. 1962
- Das Recht des unlauteren Wettbewerbs in den Mitgliedstaaten der EWG, Bd. I, Bd. III. München/Köln 1965, 1968
- Der Schutz wissenschaftlicher Forschungsergebnisse. Weinheim 1982
- Europäisches Patentübereinkommen. Münchner Gemeinschaftskommentar. Köln etc. 1984 ff.
- Mitherausgeber der Zeitschriften Gewerblicher Rechtsschutz und Urheberrecht (Inlandsteil und Internationaler Teil); International Review of Industrial Property and Copyright Law und verschiedener Schriftenreihen

Betancourt Rey, Miguel

Geboren 1931. Rechtsanwalt und Professor für IPR, Rechtswissenschaftliche Fakultät des Colegio Mayor de Nuestra Señora del Rosario (Bogota). Mitglied des Consejo de Estado

Wichtigste Veröffentlichung:

- Übersetzung ins Spanische von Kegel, Internationales Privatrecht, 4. Aufl. 1977 = Derecho Internacional Privado, 1982

Bruch, Carol S.
Geboren 1941. Professor of Law, University of California, Davis
Wichtigste Veröffentlichungen:
- Property Rights of De Facto Spouses, Including Thoughts on the Value of Homemakers' Services, 10 Family Law Quarterly 101 (1976)
- The Legal Import of Informal Marital Separations: A Survey of California Law and a Call for Change, 65 California Law Review 1015 (1977)
- Nonmarital Cohabitation in the Common Law Countries: A Study in Judicial-Legislative Interaction, 29 American Journal of Comparative Law 217 (1981)
- The Definition and Division of Marital Property in California: Toward Parity and Simplicity, 33 Hastings Law Journal 769 (1982)
- Management Powers and Duties Under California's Community Property Laws: Recommendations for Reform, 34 Hastings Law Journal 227 (1982)
- Interstate Child Custody Law and *Eicke*: A Reply to Professor Coombs, 16 Family Law Quarterly 277 (1982)

Ellinger, Peter E.
Geboren 1933. Ordentlicher Professor für Rechtswissenschaft, Universität Monash, Australien
Wichtigste Veröffentlichungen:
- Documentary Letters of Credit – A Comparative Study of Law. Singapore 1970
- Benjamin's Sale of Goods (England). Kap. 22–24. 2. Aufl. 1981
- Chitty on Contracts. Kap. Bankrecht. 25. Aufl. 1983
- Zahlreiche Artikel über Fragen des Bank- und Handelsrechts

Filipović, Velimir
Geboren 1935. Ordentlicher Professor an der Juristischen Fakultät der Universität Zagreb
Wichtigste Veröffentlichungen:
- Vanugovorna odgovornost poduzetnika nuklearnog broda za nuklearnu štetu (Außervertragliche Haftung des Inhabers des Atomschiffes für nukleare Schäden). Zagreb 1964
- Suvremeni razvoj pomorskog privatnog prava (Die Entwicklung des privaten Seerechts in unserer Zeit). Zagreb 1974
- Nacrt zakona o odgovornosti za nuklearne štete (Entwurf des jugoslawischen Gesetzes über die Haftung für nukleare Schäden). Zagreb 1977
- Saobraćajno pravo (Vekehrsrecht). Beograd 1979 (zusammen mit anderen)
- Odgovornost za štetu bez krivnje u Zakonu o pomorskoj i unutrašnjoj plovidbi (Die Haftung ohne Verschulden im See- und Binnenschiffahrtsgesetz). Split 1980
- Fizička zaštita nuklearnog materijala u prijevozu (Der Schutz des nuklearen Materials beim Transport). Zagreb 1980
- Zakon o pomorskoj i unutrašnjoj plovidbi s napomenama i komentarom (Kommentar und Einleitung zum jugoslawischen See- und Binnenschiffahrtsgesetz). Zagreb 1981 (zusammen mit anderen)

Gotzen, Frank Armand Elza
Geboren 1947. Professor, Dekan der Juristischen Fakultät der UFSAL-Universität in Brüssel
Wichtigste Veröffentlichungen:
- De artistieke eigendom en de mededingingsregels van de EEG (Das Urheberrecht und die Wettbewerbsregeln der EWG). Leuven
- Der Anwendungsbereich des europäischen Kartellrechts und der Schutz der Urheber nach der Berner Übereinkunft, in: Gewerblicher Rechtsschutz – Urheberrecht – Wirtschaftsrecht, Mitarbeiterfestschrift für Eugen Ulmer. Köln 1973, S. 83–89
- Het Bestemmingsrecht van de Auteur (Das Bestimmungsrecht des Urhebers). Brüssel 1975

- Overzicht van rechtspraak (1970–1975). Industriële Eigendom. Auteursrecht. (Die Rechtsprechung auf dem Gebiet des gewerblichen Rechtsschutzes und des Urheberrechts von 1970 bis 1975), Tijdschrift voor Privaatrecht 1977, S. 689–741
- Reprographie, Antwerpen 1978
- Das Recht der Interpreten in der Europäischen Wirtschaftsgemeinschaft. Baden-Baden 1980
- E.E.C. ni okeru jitsuenka no kenri (Der Schutz der ausübenden Künstler in der EWG). Tokio 1980
- Die Verträge über die Verwertung der Rechte von ausübenden Künstlern, EG-Kommission Dok. XII/47/80, 1981
- L'élimination des barrières non tarifaires avec référence particulière au droit de la propriété industrielle ainsi qu'au droit d'auteur, Generalbericht für den X. Kongreß der FIDE in Dublin, in: The Elimination of Non Tariff Barriers with Particular Reference to Industrial Property Rights Including Copyright. Dublin 1982
- Wetboek Intellectuele Rechten, Story – Gent (Losebl.)

Grimes, Warren

Geboren 1943. Chief Counsel, Subcommittee on Monopolies, Committee on the Judiciary, House of Representatives, Washington

Wichtigste Veröffentlichungen:

- Anschwärzung und vergleichende Werbung im Recht der USA. Weinheim 1974
- Die Federal Trade Commission, GRUR Int. 1973
- Control of Adversiting in the United States and Germany: Volkswagen Has A Better Idea, 84 Harvard Law Review 1769 (1971)
- The Changing Structure of East German Industrial Enterprises, 17 American Journal of Comparative Law 61 (1969)

Henrich, Dieter

Geboren 1930. Ordentlicher Professor für Bürgerliches Recht, IPR und Rechtsvergleichung an der Universität Regensburg

Wichtigste Veröffentlichungen:

- Vorvertrag, Optionsvertrag, Vorrechtsvertrag. Berlin/Tübingen 1965
- Einführung in das englische Privatrecht. Darmstadt 1971
- Kommentierung von Art. 18 und (teilweise) von Art. 19 EGBGB, in: Staudinger, Kommentar zum BGB. 12. Aufl. Berlin 1979
- Familienrecht. 3. Aufl. Berlin 1980
- Großbritannien, in: Ferid-Firsching, Internationales Erbrecht. München (Loseblattsammlung)
- Der Erwerb und die Änderung des Familiennamens unter besonderer Berücksichtigung von Fällen mit Auslandsberührung. Frankfurt 1983

Immenga, Ulrich

Geboren 1934. Ordentlicher Professor für Bürgerliches Recht, Handels- und Wirtschaftsrecht sowie Rechtsvergleichung an der Universität Göttingen; Direktor der Abteilung für internationales und ausländisches Wirtschaftsrecht; Mitglied der Monopolkommission

Wichtigste Veröffentlichungen:

- Wettbewerbsbeschränkungen auf staatlich gelenkten Märkten. Tübingen 1967
- Die personalistische Kapitalgesellschaft. Frankfurt 1970
- Politische Instrumentalisierung des Kartellrechts?. Tübingen 1976
- Beteiligung von Banken in anderen Wirtschaftszweigen. 2. Aufl. Baden-Baden 1978
- Kommentar zum Kartellgesetz. München 1981 (zusammen mit Mestmäcker)
- Strompreise zwischen Kartell- und Preisaufsicht. Baden-Baden 1982
- International Encyclopedia of Comparative Law, Vol. XIII, Chapter 7: Company Systems and Affiliation. 1985

Juenger, Friedrich K.
Geboren 1930. Professor of Law, University of California, Davis; Member of the Bar, State of New York, State of Michigan, Supreme Court of the United States
Wichtigste Veröffentlichungen:
- The German Stock Corporation Act. 1967 (zusammen mit Lajos Schmidt)
- Business Regulation in the Common Market Nations – West Germany. 1969 (zusammen mit Markert, Pfeifer und Steckhan)
- Zum Wandel des internationalen Privatrechts. 1974
- Choice of Law in Interstate Torts, University of Pennsylvania Law Review 118 (1969), 202
- Möglichkeiten einer Neuorientierung des Internationalen Privatrechts, NJW 1973, 1521
- Trends in European Conflicts Law, 60 (1975) Cornell L. Rev. 969
- La doctrina estadounidense contemporánea en matéria de conflicto de leyes a través de algunos autores, in: Primer Seminario Nacional de Derecho Internacional Privado. 1979, S. 250
- Marital Property and the Conflict of Laws: A Tale of Two Countries, in: Symposium in Honor of Willis L. M. Reese, 81 (1981) Colum. L. Rev. 933, 1061
- American and European Conflicts Law, 30 (1982) Am. J. Comp. L. I, 117
- Parteiautonomie und objektive Anknüpfung im EG-Übereinkommen zum internationalen Vertragsrecht – Eine Kritik aus amerikanischer Sicht, RabelsZ 46 (1982), 57
- The E.E.C. Convention on the Law Applicable to Contractual Obligations: An American Assessment, in: Contract Conflicts. 1982, S. 295
- La convention de Bruxelles du 27 septembre 1968 et la courtoisie internationale – Réflexions d'un Américain, Rev. crit. d. i. p. 72 (1983), 37
- Conflict of Laws: A Critique of Interest Analysis, 32 (1984) Am. J. Comp. L. 1
- A Page of History, 35 (1984) Mercer L. Rev. 419

Kegel, Gerhard
Geboren 1912. Emeritierter ordentlicher Professor an der Universität Köln; emeritierter Direktor des Instituts für internationales und ausländisches Privatrecht
Wichtigste Veröffentlichungen:
- Probleme der Aufrechnung. 1938
- Die Einwirkung des Krieges auf Verträge. 1941 (zusammen mit Rupp und Zweigert)
- Soergel, Bürgerliches Gesetzbuch, Bd. 4: EGBGB, 8. Aufl. 1955; Bd. 5: EGBGB, 9. Aufl. 1961; Bd. 7: EGBGB, 10. Aufl. 1970; Bd. 9 (Nachtrag): EGBGB, 10. Aufl. 1975; Bd. 8: EGBGB, 11. Aufl. 1984 (zusammen mit Hartmann und Lüderitz)
- Probleme des internationalen Enteignungs- und Währungsrechts. 1956
- Internationales Privatrecht, 1960; 2. Aufl. 1964; 3. Aufl. 1971; 4. Aufl. 1977
- Die Grenze von Qualifikation und Renvoi im internationalen Verjährungsrecht. 1962
- The Crisis of Conflict of Laws, Rec. de Cours 112 (1964 II), 91–268
- Zur Schenkung von Todes wegen. 1972
- Haftung für Zufügung seelischer Schmerzen. 1983

Larsen, Paul B.
Geboren 1931. Adjunct Professor of Law, Georgetown University Law Center, Washington D.C.
Wichtigste Veröffentlichungen:
- Über 40 Artikel zu Fragen des Transportrechts

Lipstein, Kurt
Geboren 1909. Emeritus Professor of Comparative Law und Fellow of Clare College, Cambridge, Großbritannien; Humboldt-Preisträger 1980

Wichtigste Veröffentlichungen:
- The Law of the European Economic Community. London 1974
- Principles of the Conflict of Laws, National and International. Den Haag 1981
- (Hrsg.), Bd. III (Internationales Privatrecht) der Encyclopaedia of Comparative Law
- (Hrsg.), Harmonization of Private International Law by the EEC. London 1978
- Mitherausgeber und Mitarbeiter: Leske/Loewenfeld. Das Eherecht der Europäischen Staaten. 2. Aufl.: Bd. I, Teil 1, Lieferung 3. Köln 1965, 379–462
- Vollständige Bibliographien, in: Principles of the Conflict of Laws, XI–XII, und in: Festschrift für K. Lipstein. Heidelberg/Karlsruhe 1980, 379–382

MESTMÄCKER, ERNST-JOACHIM
Geboren 1926. Direktor am Max-Planck-Institut für ausländisches und internationales Privatrecht, Hamburg; Professor an der Universität Hamburg
Wichtigste Veröffentlichungen:
- Verwaltung, Konzerngewalt und Rechte der Aktionäre. Eine rechtsvergleichende Untersuchung nach deutschem Aktienrecht und dem Recht der Corporations in den Vereinigten Staaten. 1958
- Verfassung oder Technokratie für Europa. Fischer Athenäum Taschenbücher. 1974 (gemeinsam mit Hans von der Groeben)
- Europäisches Wettbewerbsrecht. München 1974
- Medienkonzentration und Meinungsvielfalt. Eine vergleichende wirtschaftsrechtliche Untersuchung im Auftrage des Bundesministers des Innern. Baden-Baden 1978
- Recht und ökonomisches Gesetz – Über die Grenzen von Staat, Gesellschaft und Privatautonomie (Aufsatzsammlung). 2. Aufl. Baden-Baden 1984
- Kommentar zum Gesetz gegen Wettbewerbsbeschränkungen (gemeinsam mit Ulrich Immenga). München 1981
- Kommentar zum deutschen Urheberrecht (gemeinsam mit Erich Schulze), Loseblattsammlung. Frankfurt a. M.
- Der verwaltete Wettbewerb. Tübingen 1984

NYGH, PETER E.
Geboren 1933. Richter Family Court of Australia, Sydney, Australien
Wichtigste Veröffentlichungen:
- Conflict of Laws in Australia. 4. Aufl. 1984
- Guide to the Family Law Act 1975. 4. Aufl. in Vorbereitung
- Die Anerkennung im Ausland geschlossener Ehen in Australien, StAZ 1977, 334
- Zahlreiche Artikel zu Fragen des IPR und Familienrecht

ÖZSUNAY, ERGUN
Geboren 1934. Professor für Zivilrecht und Rechtsvergleichung an der Universität Istanbul; Direktor des "Centre for Comparative Legal Researches", Rechtswissenschaftliche Fakultät, Universität Istanbul, Türkei
Wichtigste Veröffentlichungen:
- Einführung in die Rechtsvergleichung (türkisch). Istanbul 1976
- Einführung in das Zivilrecht (türkisch). 4. Auflage Istanbul 1983
- Juristische Personen im türkischen Recht (türkisch). 5. Auflage Istanbul 1982
- Rechtslage der natürlichen Personen (türkisch). 5. Auflage Istanbul 1982
- Allgemeiner Teil des Obligationenrechts (türkisch). 2. Auflage Istanbul 1982
- The Total Adoption of Foreign Codes in Turkey and Its Effects (englisch). Milano 1979
- Produzentenhaftung im türkischen Recht (deutsch). Zürich 1981
- Products Liability in Turkish Law (englisch). Istanbul 1983

- Cohabitation without Marriage in Turkey: Some Remarks on the Turkish Experience (englisch), in: Gedächtnisschrift für L.-J. Constantinesco. Köln 1983
- Legal Science During the Last Century in Turkey (englisch). Padova 1976
- Zahlreiche Artikel zu Fragen des Haftpflichtrechts und zu aktuellen Fragen des europäischen Kartellrechts

Peterson, Courtland H.
Geboren 1930. Professor of Law, University of Colorado School of Law, Boulder, Colorado USA.
Wichtigste Veröffentlichungen:
- Die Anerkennung ausländischer Urteile. Frankfurt 1964
- Die Anerkennung und Vollstreckung ausländischer Urteile in den Vereinigten Staaten, RabelZ 1969
- Foreign Country Judgments and the Second Restatement of Conflict of Laws, Columbia L. Rev. 1972
- Particularism in the Conflict of Laws, Hofstra L. Rev. 1982
- Zahlreiche Artikel zu Fragen des Conflict of Laws und zur Rechtsvergleichung

Saito, Hiroshi
Geboren 1934. Ordentlicher Professor für Bürgerliches Recht und Urheberrecht an der Universität Niigata, Japan
Wichtigste Veröffentlichungen:
- Forschung über das Persönlichkeitsrecht. Tokio 1979
- Grundriß des Urheberrechts. Tokio 1980
- Zahlreiche Artikel zu Fragen des Urheberrechts

Sakurada, Yoshiaki
Geboren 1944. Ordentlicher Professor an der Juristischen Fakultät der Universität Hokkaido, Sapporo
Wichtigste Veröffentlichungen:
- Die diplomatische Ehe in Deutschland lebender Japaner, StAZ 1975.
- Shogai Kazokuho niokeru Hongokuhoshugi (Zum Staatsangehörigkeitsprinzip im internationalen Familien- und Erbrecht), in: Gendaikazokuho Taikei (Das moderne System des Familienrechts). Tokio 1980.
- Savigny no Kokusaishihoriron – Kotoni sono Kokusaihokyodotai no Kannen nitsuite (Zur IPR-Theorie von Savigny, insbesondere über seinen Gedanken der völkerrechtlichen Gemeinschaft), Hokkaido Law Review, Vol. 33, No. 3, 5, 6; Vol. 35, No. 3, 4, 1982, 1983, 1984.

Schurig, Klaus
Geboren 1942. Ordentlicher Professor für Bürgerliches Recht, Internationales Privatrecht und Rechtsvergleichung an der Universität Passau
Wichtigste Veröffentlichungen:
- Das Vorkaufsrecht im Privatrecht. Geschichte, Dogmatik, ausgewählte Fragen. Berlin 1975
- Kollisionsnorm und Sachrecht. Zu Struktur, Standort und Methode des internationalen Privatrechts. Berlin 1981
- Bearbeitung des internationalen Ehe- und Erbrechts im BGB-Kommentar von Soergel (ab Nachträge 1984 zur 11. Aufl.)
- Artikel zu Fragen des internationalen Privatrechts (insbes. internationales Familien- und Staatshaftungsrecht)

Shoda, Akira
Geboren 1929. Professor an der Universität Keio, Tokio
Wichtigste Veröffentlichungen:
- Rechtsnatur und Entwicklung des Wirtschaftsrechts. Tokio 1972
- Kommentar zum Antimonopolgesetz. 3. Aufl. Tokio, 1. Bd. 1981, 2. Bd. 1982

Siehr, Kurt
Geboren 1935. Privatdozent für Privatrecht, Rechtsvergleichung und internationales Privatrecht an der Universität Zürich; wissenschaftlicher Referent am Max-Planck-Institut für ausländisches und internationales Privatrecht in Hamburg
Wichtigste Veröffntlichungen:
- Auswirkungen des Nichtehelichengesetzes auf das Internationale Privat- und Verfahrensrecht. Bielefeld 1972
- European Private International Law of Obligations. Tübingen 1975 (zusammen mit Ole Lando und Bernd von Hoffmann)
- Das gesamte Familienrecht, Bd. 2: Das internationale Recht. 3. Aufl. Frankfurt 1979 ff. (zusammen mit Christof Böhmer)
- Einführung in die Eigenart des Internationalen Privatrechts. 3. Aufl. Zürich 1984 (zusammen mit Max Keller)
- Münchner Kommentar zum BGB, Bd. 7: Art. 14–16 EGBGB sowie Haager Übereinkommen. München 1983

Straus, Joseph
Geboren 1938. Wissenschaftlicher Referent am Max-Planck-Institut für ausländisches und internationales Patent-, Urheber- und Wettbewerbsrecht, München
Wichtigste Veröffentlichungen:
- Das Wettbewerbsrecht in Jugoslawien. Eine entwicklungsgeschichtliche und systematische Darstellung mit Hinweisen auf das deutsche Recht. Köln, Berlin, Bonn, München 1970
- Der Schutz wissenschaftlicher Forschungsergebnisse. Weinheim, Dearfield Beach/Fla., Basel 1982
- Zahlreiche Aufsätze und Abhandlungen zu Fragen des geistigen Eigentums

Strömholm, Stig
Geboren 1931. Professor für Zivilrecht und internationales Privatrecht an der Juristischen Fakultät der Universität Uppsala; Vize-Rektor der Universität Uppsala
Wichtigste Veröffentlichungen:
- Torts in the Conflict of Laws. Stockholm 1961
- Das Veröffentlichungsrecht des Urhebers. Stockholm 1964
- Le droit moral de l'auteur. Stockholm. Bd. 1 1967, Bd. 2 1973
- Allgemeine Rechtslehre. Göttingen 1975
- La philosophie du droit scandinave. Paris 1974 (zusammen mit H.-H. Vogel)
- Rätt, rättskällor och rättstillämpning. Stockholm, 1. Aufl. 1981; 2. Aufl. 1984

Ulmer, Eugen
Geboren 1903. Emeritierter ordentlicher Professor der Rechte an der Universität München; emeritiertes wissenschaftliches Mitglied des Max-Planck-Instituts für ausländisches und internationales Patent-, Urheber- und Wettbewerbsrecht
Wichtigste Veröffentlichungen:
- Warenzeichenrecht und unlauterer Wettbewerb. Berlin 1929
- Das Recht der Wertpapiere. Stuttgart 1938
- Urheber- und Verlagsrecht. Berlin/Heidelberg, 1. Aufl. 1951; 2. Aufl. 1960; 3. Aufl. 1980

- Das Recht des unlauteren Wettbewerbs in den Mitgliedstaaten der Europäischen Wirtschaftsgemeinschaft, Bd. 1: Vergleichende Darstellung. München/Köln 1965
- Die Immaterialgüterrechte im internationalen Privatrecht. Köln 1975
- Urhebervertragsrecht. Bonn 1977

van Wyk, Andreas H.
Geboren 1941. Ordentlicher Professor an der Juristischen Fakultät der Universität Stellenbosch, Südafrika
Wichtigste Veröffentlichungen:
- The power to dispose of the assets of the universal matrimonial community of property. Leiden 1976
- Vertragsrecht und Handelsrecht (afrikaans). Durban 1978 (Mitherausgeber)
- Family, Things and Succession. Durban 1983 (Mitherausgeber)
- Zahlreiche Artikel zu Fragen des vergleichenden Familienrechts und des südafrikanischen Handelsrechts

Vékás, Lajos
Geboren 1939. Ordentlicher Professor für Zivilrecht und internationales Privatrecht der Eötvös Loránd Universität Budapest; Leiter des Lehrstuhls für Zivilrecht
Wichtigste Veröffentlichungen:
- Die wichtigsten Entwicklungsstadien des Vertragssystems. Budapest 1977
- Ungarisches internationales Privatrecht. Budapest 1981 (zusammen mit Ferenc Mádl)